阅读日本书系

反古典的政治经济学(上)

进步史观的黄昏

〔日〕村上泰亮 / 著

张季风 / 丁红卫 / 译

北京市版权局著作权合同登记　图字:01－2010－7673
图书在版编目(CIP)数据

反古典的政治经济学(上、下册)/(日)村上泰亮著;张季风,丁红卫译．—北京:北京大学出版社,2013.1
(阅读日本书系)
ISBN 978－7－301－21796－2

Ⅰ.①反…　Ⅱ.①村…②张…③丁…　Ⅲ.①古典资产阶级政治经济学－研究　Ⅳ.①F091.33

中国版本图书馆 CIP 数据核字(2012)第 296970 号

Shinposhikan no Tasogare — Hankoten no Seijikeizaigaku Jo
Copyright © 1992 Yasusuke Murakami
Simplified Chinese translation copyright © 2010 Peking University Press
All rights reserved

Original Japanese language edition published by CHUOKORON-SHINSHA. INC.
Simplified Chinese translation rights arranged with CHUOKORON-SHINSHA. INC. Through Nishikawa Communications Co., Ltd.

书　　　名:	反古典的政治经济学(上、下册)
著作责任者:	〔日〕村上泰亮　著　张季风　丁红卫　译
责 任 编 辑:	马　霄
标 准 书 号:	ISBN 978－7－301－21796－2/F·3447
出 版 发 行:	北京大学出版社
地　　　址:	北京市海淀区成府路 205 号　100871
网　　　址:	http://www.pup.cn
电 子 信 箱:	em@pup.cn　QQ:552063295
新 浪 微 博:	@北京大学出版社　@北京大学出版社经管图书
电　　　话:	邮购部 62752015　发行部 62750672　编辑部 62752926 出版部 62754962
印　刷　者:	北京大学印刷厂
经　销　者:	新华书店
	965mm×1300mm　16 开本　41.5 印张　579 千字 2013 年 1 月第 1 版　2013 年 1 月第 1 次印刷
定　　　价:	85.00 元(上、下册)

未经许可,不得以任何方式复制或抄袭本书之部分或全部内容。
版权所有,侵权必究
举报电话:010－62752024　电子信箱:fd@pup.pku.edu.cn

序

《反古典的政治经济学》，这似乎是一个颇有些自命不凡的标题。在这本书中，我打算把迄今三十余年来我本人以各种形式研究和讨论过的观点做一总结，重点放在对以往观点的评判上。遗憾的是，本书尚未达到积极提出"反古典的政治经济学"的程度，若将书名定为"古典的政治经济学批判"或"反古典的政治经济学概述"，或许更能贴切地反映本书的主要内容。但是，关于反古典的政治经济学的积极内容，我也并非毫无洞察，也做过一定程度的探讨和研究。至于其内容，却不免带一些生物学风格的研究方法与架构，即基本上以信息（通常意义上的信息）为基本概念的研究框架。但是，即便只是粗略地完成这一框架，我也不知道自己是否有这样的能力和时间。所以，尽管自感不足，但我还是决定姑且以现在这种批判性内容占较大比重、带有概述性质的，或者说消极的形式发表出来。如果各位读者能够允许本书使用这个连我自己都略感自命不凡的书名发表的话，我将倍感荣幸。

回过头来看，在这30年的时间里，我一直对马克思主义的社会科学，或者更为一般地说，对进步主义的历史观所具有的优势存有疑问。虽然人类正在"进步"这种说法不是完全没有可能，但是这并不意味着对物质世界的征服，以及向某一特定社会形态的聚拢。人类，说得好听些是可以更加自由，说得难听些就是越来越无法收拾，这种感觉从未消失过。我之所以对通常所说的近现代经济学，如果使用正文中的表达方式就是"新古典经济学"抱有强烈的关注，理由就在于其作为针对进步史观的解毒剂、批判力量和对抗思想所发挥的作用。但是，归根结底，近现代经济学也只是一门专业学科，其视角也是狭隘的、自我满足的，所以只依靠这一门学问的话，似乎无论如何也不能成为对抗思想。如果是以近现代经济学乃至新古典经济学为基础形成的某种思想，鉴于其将忠实于近现代传统、带有古典的和近现代的色彩，只能对所有的思想做出诸如是先进的还是落后的、是否存在扭曲和滞后等单一性的历史性把握。所以结果就是，不管是马克思主义的分析，还是近现代经济学和近现代政治学，都只是"进步"的思想的表现。针对此种现象的不满，成为我所萌生写作想法的根由，并且其程度逐渐增强，本书的书名就反映了这一状况。

毋庸置疑，这样的问题并不是单纯的学术问题。有人认为，受欧洲的近现代理念所推动而得以发展的世界政治经济体系，如今似乎正面临着重大的"拐点"。就连采用不同于欧美社会的发展方式却取得了毋庸置疑的成就的日本，不也到了应该有人做出具有思想性和实践性贡献的时期吗？我并不认为本书达到了与此相匹配的水平，但是请允许我抱有这样的期望，希望这本书也能成为年轻一代基于全球视角进行有意义的社会分析或者在思想领域做出贡献的垫脚石。要做出这样的贡献，其条件恐怕是具备对"近现代"所界定的所有内容——提出质疑的勇气。这并不是一件容易的事情，但是在我心中，仍对此抱有期待。

由于有太多的想法，本书变成了一部长篇巨著，分为上下两卷。如果对书稿进行重新整理和删减，或许能够变得简明些，也更便于读者阅读。但是，这样做的话，很明显就意味着出版日期又将延迟几个月，所以我决定以目前的状况出版本书。本书上卷由六章构成，主要进行一般性和理论性的批判。下卷也由六章构成，其中第七章到第九章提及了一些特定的稍稍带些专业性的经济学话题，第十章和第十一章围绕目前存在的世界性政治经济问题尝试着提出了若干建议。最后的第十二章稍有不同，我尝试着进行了一些概括性的、略带哲学色彩的讨论。或许这不可避免地会让人感到唐突，但是我认为，为了尝试着对"近现代"提出疑问，即便不是专门的哲学家，进行此类考察的尝试也是不可或缺的。所以，虽然第十二章包含了许多不成熟的观点，但是，为了充分表达我的一些想法和意图，请允许我强行附加上这些内容。

此外，虽然被命名为"政治经济学"，但本书的特别之处在于，书中完全没有收录用于说明数据的图表。之所以如此，最大

序

的一个原因就是为了不使这本书变得比目前的篇幅还要长。另外一个理由是,像我这样"坐在安乐椅上的社会科学者",通常情况下所使用的资料都只是二手资料而已,不收录图表,也是为了能够避免添加用于说明资料来源的注释。这绝对不是为自己进行辩解,只是希望能够得到各位读者的谅解。

最后,借此机会,请允许我向众多为此书的出版而努力的人们表达感激之情。由于直接和间接的相关者众多,在此我只能列举出自开始筹备此书以来三年间直接参与过讨论的各位学者。首先,我想要感谢自1976年以来和我同为"政策构想论坛"这一政策谏言团体成员的诸位学兄。该论坛提供了对《世纪末的保守与革新》(《中央公论》1990年1月刊)的初稿进行讨论的机会,而这最终成为本书的出发点。之后,还特别得到了铃木淑夫、小池和男以及蜡山昌一等成员的亲切指导。

另外,在过去的两年中,以本书下卷所涉及的一部分内容为议题,定期举办了小规模的研讨会。在此,我想对参与这些讨论的前首相中曾根康弘、东京大学名誉教授佐藤诚三郎以及学者西部迈等表示深深的谢意。这一研讨会的成果《共同研究:冷战以后》(《文艺春秋》杂志)已经发表,与我所论述的观点既有相重合的部分,也有不同之处。

还有,一桥大学的清川雪彦、东京都立大学的水谷三公、专修大学的宫本光晴以及日本银行金融研究所的重原久美春所长等,也对书中的个别论点提出了宝贵的意见。以色列大学的 S. N. 艾森施塔特(Shmuel Noah Eisenstadt)、华盛顿大学(西雅图)的山村耕造、斯坦福大学的托马斯·劳克林(Thomas Laughlin)等诸位教授也承担了本书相当部分的工作。当然,书中所存在的谬误以及不准确之处将完全由我负责。

此外,从我目前就职的国际大学环球交流中心(简称"GLOCOM")的研究人员身上,我也获得了各种各样有益的启示。在此,我想再次向以我的长期研究伙伴公文俊平为代表的(包括西山贤一、出口弘、会津泉、藤野幸嗣、新谷隆等在内的)所有研究人员表示感谢。特别是田中辰雄、山内康英、井口让二、平田耕一郎等，他们为最后的编辑加工和索引制作等工作付出了辛勤的劳动，对此我表示衷心的感谢。另外，我还要对弥补我在事务性工作上的无效率性的笹原万里和寄村朱子表示感谢。

除此以外，我还想对给予我两年多时间的自由研究环境的国际日本文化研究中心特别是梅原猛所长表达谢意。另外，原日本开发银行总裁平田敬一郎先生一直给予我鼓励，当书稿写成时他像我一样高兴，但在本书出版过程中平田先生不幸过世，对此我表示深切的哀悼和缅怀。我还要对东京女子医科大学的小幡裕教授表示感谢，如果没有教授的悉心指导，我不能确定自己健康状况是否允许我完成这本书的写作。最后，我还要感谢因为出版本书而长期交流的中央公论社的拓植纮一先生，如果没有他耐心而巧妙的循序善诱，我都没有把握本书何时能够完成。

最后，我还要再次对一直支持我的众多知己表达我的谢意。

村上泰亮
1992 年 6 月

译者序

《反古典的政治经济学》,为日本著名政治经济学者村上泰亮所著,分上下两卷,分别是《反古典的政治经济学(上)——进步史观的黄昏》和《反古典的政治经济学(下)——面向21世纪的绪论》。村上泰亮在《反古典的政治经济学》上卷中,以"进步史观的黄昏"为副标题,从"思想"的本质谈起,以三大问题轴即产业主义、国家主义以及自由为主线,对近现代政治学、近现代经济学以及马克思主义等传统"进步"思想逐一进行了批判。

关于"思想",村上泰亮认为,在面对现实社会中形形色色的客观存在时,不同的人有不同的描述,会选择不同的姿态,而且随着外部环境的变化要不断进行调整,不管是坚持哪种姿态,为了使自身的选择在尽可能广阔的范围内保持一致而进行的努力就是思想。简言之,思想即"坚持自己的意见"、"追求作为整体的连贯性"。在此基础上,村上泰亮围绕着保守与进步的对立关系、思想的自由与行为的自由的关系进行了论述,认为:人类是能够进行反省的动物,人类在发挥这种基本特性时不会受到干涉,这便是"思想的自由";"思想的自由"这一概念中几乎包含了所有事物的萌芽,行为的自由只是思想的自由在现实平面上的投影;不管是保守主义还是进步主义,是否尊重思想的自由胜过一切,是检验其是否为真品的试金石。

村上泰亮在《反古典的政治经济学(上)》中分别对"产业化—跨产业化"和"国家主义—超国家主义"这两大问题轴进行了论述,并指出"霸权稳定论"是为了弥补两大理论的缺陷、以综合性为目标的第三种立场,旨在将自由主义的经济理论和现实主义的政治理论结合起来。他在肯定"霸权稳定论"为国际关系的政治经济学分析提供了"国际公共产品"、"霸权"等基本概念的同时表示，虽然"霸权稳定论"意图弥补现实主义的政治理论和自由主义的经济理论的不足，但事实上只是两大理论的机械式结合。

村上泰亮认为，黑格尔、圣西门、孔德、斯宾塞等学者尤其是马克思在 19 世纪时的欧洲表现出单一体系史观，即"一元史观"。"一元史观"普遍采取了将社会的某一特定侧面视为原因、其他的所有侧面都视为结果的"单一要素优越论"，虽然"为理解历史提供了简单的第一次近似"，但是随着电子信息技术、"地球村"、遗传基因学等进入人们的视野和生活，这些乍一看各自独立的变化实际上却推动着人类社会的发展。从一般意义上来讲，社会整体面貌所发生的改变，是作为多元化的波，包括经济的波、政治的波、技术的波以及思想和宗教的波等相互重合作用而表现出来的。当历史发展到 20 世纪末，无国界化、信息化、美国经济的相对衰退、NIEs 国家的崛起以及冷战格局的瓦解等一系列"新的现实"陆续出现，坚持传统的一元史观、利用古典的解释概念已经无法透视世界，应该从多元主义出发来理解历史。

通读全书不难看出，作者村上泰亮坚持对"近现代"以来的重要观点一一提出质疑的立场，试图基于更广泛的观察视角和最新的社会动向对国际政治经济进行深刻诠释。虽然村上泰亮在书中充满了对传统观点的批判精神，但是在谈及马克思主义以及前苏联和中国等的社会主义建设时的观点是我们所不能认同的。

本书在翻译过程中，得到中国社会科学院哲学研究所研究员王柯平、龚颖，中国社会科学院世界历史研究所研究员郭方，中国社会科学院日本研究所研究员高洪、胡欣欣的无私帮助，李桂英、惠颖、胡雪梅和张震宁等同仁也做了大量的校对和审读工作，北京大学出版社马宵女士也为译著的出版付出了辛勤汗水，在此一并表示衷心感谢。

译　者
2012 年 4 月

目 录

第一章 思想解体的时期 ... 001
第一节　思想的世纪之末 ... 001
第二节　自由的再定义 ... 022
第三节　三大问题轴 ... 032

第二章 从产业化迈向跨产业化 ... 037
第一节　超级产业化与反产业化 ... 037
第二节　跨产业化 ... 050

第三章 国家主义与超国家主义 ... 054
第一节　国家主义 ... 054
第二节　超国家主义 ... 074
第三节　针对超国家主义的障碍 ... 094

第四章 霸权稳定性的理论
——经济自由主义和国家主义的折中 ... 106
第一节　经济自由主义 ... 106
第二节　以国家主义为基础的国际关系理论——权力政治型的接近 ... 113
第三节　霸权稳定性的理论 ... 119
第四节　超越霸权国理论 ... 125
第五节　技术变化的原动力 ... 130
第六节　霸权概念的重新定义——美国的霸权在衰退吗？ ... 137

第五章 古典观念的终结 ... 143
第一节　两大原动力 ... 143
第二节　国民国家体系的衰退——古典国家主义的终结 ... 145

第三节	通商国家化——媒介的现象	170
第四节	产业化的扩散	174
第五节	面向多元史观——对产业化概念的重新反省	183

第六章 英国古典案例的再剖析 ... 196
- 第一节 本章概要 ... 196
- 第二节 最早的大众消费型资本主义 ... 199
- 第三节 对英国革命的再评价——革命史观批判 ... 224
- 第四节 以绝对王权政治为名的开发主义 ... 242
- 第五节 产业化的多元性 ... 257

第七章 成本递减的经济学 ... 271
- 第一节 开发主义的政治和经济 ... 271
- 第二节 新古典派的成本递减分析——幼稚产业论批判 ... 279
- 第三节 幼稚产业的替代品 ... 289
- 第四节 成本递减的反古典式分析 ... 309

第八章 作为体系的开发主义 ... 329
- 第一节 产业政策 ... 329
- 第二节 开发主义的政策体系 ... 337
- 第三节 非开发主义的失败案例 ... 357
- 第四节 开发主义与古典式经济自由主义 ... 366

第九章 国际经济的多样化 ... 379
- 第一节 开发主义的国际含义 ... 379
- 第二节 国际公共产品的再探讨1——国际通货 ... 386
- 第三节 国际公共产品的再探讨2——海外投资与援助 ... 402
- 第四节 国际产业政策的可能性 ... 416

第十章　新国际体制的蓝本
　　　　　　——多样态的自由主义规则 426
第一节　再论民族主义的历史 426
第二节　民族主义的继承者 432
第三节　地区性安全保障同盟的可能性 445
第四节　经济组织的多样性——与开发主义间的关系 461
第五节　新经济自由主义的规则——开发主义的对策 473

第十一章　技术·经营·议会政治
　　　　　　——有关三个问题的备忘录 495
第一节　技术发展的视角 495
第二节　从日本企业异质性的视角考虑1
　　　　——系列化和雇佣制度 521
第三节　从日本企业异质性的视角考虑2
　　　　——相互持股与金融政策 542
第四节　从批判民主主义的视角考虑——自由与平等 568

第十二章　对于理解的解释 589
第一节　文化说明的三种形态 589
第二节　若干的哲学准备 594
第三节　日本文化中所谓的"暧昧性" 618

跋——著者简约 634

索引 640

第一章 思想解体的时期

第一节 思想的世纪之末

人们不再能坚持标准的时代，不再能拥有思想的时代，这就是 20 世纪末。早在距今有百年历史的 19 世纪末，就已经有人开始讨论"上帝已经死了"。但是在那个时候，依然存在着具有合理性的进步思想，对一元化科学的信仰也依然发挥着作用。甚至可以说，当时的欧洲世界似乎处于巅峰状态。而在当下的 20 世纪末，对合理性进步的怀疑悄然临近，对科学技术的信仰出现动摇，作为现代化思想源泉的笛卡儿主义正在解体。具有象征意义的是，自诩为合理性进步的终极旗手的社会主义体制正在瓦解。这一事件可以看成是欧美资本主义的胜利，也可以解释为对欧洲式现代化进程完成的庆祝。但是，我们认为，这一胜利成果本身也包含着自我破坏的因素。此前的几乎所有思想恐怕都已经消耗殆尽，而能够取而代之的新事物也还没有找到，人类将在这种情况下迈入 21 世纪。很多人都没有注意到这一状况，或者说也有人认为诸如思想之类的陈腐的、麻烦的东西反而更应该消失。

但是，在此我所说的"思想"，并不是通常所说的那种大信仰。仅仅是难懂的哲学和评论并不是思想，甚至连用言语来表达都是没有必要的。所谓的思想，归根结底就是尽可能按照前后一致的原则思考所有的事情，是一件谁都能做到的平凡的事。或许就连"思考"这种表达方式都过于严格了。人类，不管是谁，都是将自己直接观察到的世界描绘成某种形象而生活着的。这可以被称为世界想象、生活世界观,或者简单地称为生活观。为使这种印象在尽可能广泛的范围内保持一致而进行的努力,就是思想。在英语中,为表示"作为整体的连贯性",有"integrity"(整体性)这一独特而恰当的单词。感受到"整体性"的不足、追求具有连贯性的道理,是人类最基本的本性。至少我相信是这样的。①当然,现实中的人,并不总是能够保持前后行动的一致。但是,当切身感受到已经失去了自己所坚持的道理的时候,不管是谁,都会产生"自己到底为何物"的疑问,进而对自我同一性(identity)抱有不安。可以说,人的一生,就是在反复地为适应不断变化和扩大的环境、挽回自己所坚持的道理而努力。不管是看起来多么无赖的人,归根结底都一直在摸索具有自己特色的"整体性"。这就是人类。

总之,思想并不是处于人类之外、对人类进行评判的标尺。所谓思想,就是在面对现实社会中各种活生生的可能性的时候,不同的人所选择的姿态,以及对各种姿态的不断调整。换言之,这就是最广泛意义上的"反省"(reflection)。并非只有言行一致的圣者才是思想家。言行不一致是不可避免的现实,对此采取何种态度、进行怎样的反省,都是在创造思想。比如,我们都认为强奸是一种恶行,但是,如果我们在将其视为恶行的同时,又喜欢观看描写强奸行为的影片的话,我们的"整体性"将在一定程度上受到质疑(来自他人或者我们自己)。大部分的人会简单地认

---

① 此处所说的"道理"是什么,所谓"追求道理是本性"是什么意思,诸如此类的一系列哲学问题相继产生。但是在追溯到本质以前,也可以进行一些整理。第一,所谓的"道理",一方面指的是贯通过去、现在和未来的自我同一性的问题,与"时间是什么"这类问题具有同等的价值。就像将精神病理学作为问题一样,自我同一性并不是能够预先完成的,需要通过不同的个体花费时间追求一些"道理"而制造出来。比如,根据木村敏的观点,将过去同现在割裂开来是抑郁症患者的特征,而将未来同现在割裂开来则是精神分裂症患者的特征(木村敏『時間と自己』、中央公論社、1982年)。第二,人类能够鉴别"道理"的能力来自哪里,这也是一个问题。也可以称之为辨别真善美的能力。这种能力的源泉,可以称为终极的原理(理念),或者超越一切的原理(印度人所说的"达摩"),或者最具终极意义的上帝等。我们不得不假定这些被称为真善美源泉的终极超越者。请参照后述第十二章的内容。

第一章 思想解体的时期

为,喜欢看这种影片和真正实施其中的场景是有天壤之别的。但是,这里所说的差别又是什么呢?在目前的法律法规和舆论环境中,从功利主义的观点来看,实施强奸是一种愚蠢的行为。但是,如果只是单纯基于功利性的考量而将空想和付诸实践区分开的话,就没有了关于强奸行为是好是坏的判断。对于可能观看描写强奸行为或者自己也有可能将强奸行为付诸实践的可能性(可以认为,即便是善良的普通市民,作为士兵进入敌占区的时候往往也会变得很残忍),如果我们没有自己的姿态,也就没有了关于强奸行为的思想。归根结底,当遇到言行不一致的情况,如果我们不努力找回自己的"整体性",同意也好,否认也好,思想都是不存在的。

比较常见的例子是,关于某种类型事件的"舆论的正义"有时会突然热起来。比如,当突然碰到女童遭人侮辱甚至被杀害的事件时,人们往往会强调即便是作为性犯罪事件,其情节也太恶劣了,进而以为这似乎是恢复了正义的思想。但是这种亢奋,一般都不是思想的证明,往往是思想衰退的征兆。不管是不是女童受害,也不管是不是影片上的强奸情景,都是对一贯坚持否定(或者是肯定)态度的思想的检验,这一点是不会改变的。古代罗马人并不坚持教旨主义的宗教伦理,但对这种类型的问题反而很认真。

> "理应被视为罪过的各种事件中,既有重大的,也有微不足道的。但是,犯下罪行这一行为的本质……是单纯不变的……就像正确的行为都没有优劣之分一样,所有的罪过也都是平等的,不管怎样都该是这样。"(西塞罗,Marcus Tullius Cicero)[①]

这种"舆论的正义"对自己内心整体性的不足置之不理,为

[①] 引自キケロ「ストア派のパラドックス」。例如鹿野治助编《世界の名著 14 キケロ エピクテトス マルクス・アウレリウス》,中央公论社,1980 年,97—99 页。我认为斯多葛学派是基于"辨析学"(hermeneutics)方法的思想。请参照本章下一节以及第十二章的相关内容。与此相对地,在具有强烈的"超越论"性质的宗教中,罪恶的大小是可以定级的。从这个意义来讲,基督教和伊斯兰教的信徒有资格追究罪恶的大小。

了警示众人而选出恶人,没有比这更远离思想的东西了。"即便是红灯,如果大家都一起过马路的话就不可怕了。"同理,"如果大家都谴责的话,就不内疚了"。这种令人担忧的事情,在现代社会的各个角落都可以看到。比如,在批评利库路德事件①的同时,自己又给学校的老师送礼;在谴责政治家的男女关系的同时,又热衷于观看电视里播放的描写不伦关系的影视剧;在批判不平等的同时,事事都想占便宜;在标榜正义的同时,不择手段地获取特别消息的媒体人;在倡导自由经济的同时,为了特权和组织利益而忙于进行各种干预的政客、经营者和政府官员;在提倡思想自由的同时,对自身学派内的权威主义视而不见的学者,等等。我并不是要解释道德,也不是要审判别人。不是说送礼、乱伦、特别消息、对特权的追逐以及对不同意见的不宽容态度等就是不好的,对这些行为持肯定态度的思想也不一定就不存在。乍一看认为是言行不一致,但如果换个角度来看却是意想不到的始终如一,这种情形也是常有的。在此我只是想说,既然坚持了一种想法,就需要有接受其所有含义的思想准备。这就是所谓的"整体性"。但是,在富足生活和安全有保障的现代化、高级化的大众消费社会,对整体性的感觉迟钝,也不会要求人们在生活中立刻承担责任。人们想要放弃追求连贯性,也相互允许这种放弃。为了忘记其中的内疚感,为正义而牺牲的替罪羊就被创造出来。从这个意义上来讲,目前的大众社会状况正在加速思想的衰退。

这里所说的广义的思想,就是人类之所以成为人类,其与思想的关系,最终成为无法从中逃离的人类的宿命。但是,背过脸打算逃避的反应还是以各种形式出现。首先,为了从因整体性的崩溃和统一性的丧失而产生的不安中逃离,有人选择口授并借用他人的思想,也有人通过群聚而生存下去。在此,我打算将这些

---

① 1984年12月至1985年4月,日本房地产公司利库路德公司(株式会社リクルート)会长江副浩正向政界要人、政府官员及通信业界要人赠送其子公司"利库路德Cosmos"未上市股票,引发丑闻。——中译本编者注

第一章　思想解体的时期

人称为"大众"。与"大众"相反的概念，众所周知，就是"精英"。而现代的"精英"，几乎都是"专家"。这些专家，总是对超出其专业之外的问题不闻不问而固守于自己的"小天地"。所以，正如乔斯·奥特加—加西特（José Ortega y Gasset）和西部迈所说的那样，大部分的专家还是大众。究其原因，是因为在其"小天地"以外，他们也要通过借用他人的想法来生存。所以千万不要被官僚、记者以及学者等在其擅长的领域表现出来的才能所蒙骗。因为这些所谓的现代精英，正是最巧妙地利用思想的衰退，坚守自己所处的组织、业界和学界"小天地"的人，是现代"大众"进化最成功的变种。

以感性为名的不在场证据

但是，与上述有所不同，专注于自身同一性的问题、以自身所见所闻为根据进行思考并创造道理的积极姿态也是存在的。从这个意义上来讲，这种谁都能够做到的事，就是这里所说的"思想"。如果用日语来表达的话，也可以说就是"拥有坚实的主见"。但是，思想所要求的连贯性，不同于逻辑的连贯性。正如库尔特·哥德尔（Kurt Godel）的"不完备定理"所示，逻辑连贯性的范围绝不是漫无边际的。如果只依靠逻辑能力的话，想象世界内这些理论所存在的很多错乱将被忽略（除了逻辑能力外还有何种能力，这是第十二章所要谈论的话题）。所以，这里所说的思想，不一定是条理清楚的言论。如果说存在成为思想家的必要条件的话，那只能是对连贯性具有超乎常人的开阔、敏锐的感觉。学习能力和知识量并不是问题，学者中反而有不少患有"拒绝思想症"。比如，柳田国男派认为，反倒是默默无名的"平民"的智慧中存在着思想；克洛德·列维—斯特劳斯（Claude Lévi-Strauss）派则认为，部落民众的日常修补工作（bricolage）的工作要领中也存在着思想。不光是语言，思想也可以通过图画和音乐等形式来表达。最近，在全球范围内，对逻辑语言所持的怀疑主义，作为反笛卡儿主义的一环蔓延开来，这其中也的确有充分的理由。

即便是在当前的日本，似乎也已经出现了表现手段超越文字等传统形式的趋势，戏剧、绘画和音乐自不用说，还进一步向时装、漫画、会展等方向扩展。表现思想的手段，正超越逻辑性的言语表达而不断扩大。虽然有些人对此表示担忧，但是这种发展趋势本身并不一定意味着思想的衰退。想象世界的图像化（比如曼陀罗），自古以来便是表达思想的正统手段，希腊时代以来的修辞学（rhetoric）中所提及的"对比"（analogia）和"比喻"（metaphora）的本质，就是以图像作为媒介的言语表达的重叠。从言语表达向图像表现的转变，以及图像表现自身的多样化，这种种尝试本身绝不只是无意义的游戏。通过调整视角并进行重叠，或许可以期待获得新的想象的世界。

但是，表现手法的多样化和视角的差别化本身往往成为了目标，于是开始创造"思想不在"的不在场证据。这种不在场证据的创造活动的最新口号，是所谓的"感性的时代"这一流行语。作为流行语，"感性"因为其本身的模糊性惹恼了很多的现代人。原本，这一词汇是作为康德哲学基本概念之一的"Sinnlichkeit = Sensibilität = sensibilis"的译文而被创造出来的。[①] 总之，究其含义，只不过就是感受性（sensibility），代表了对形状、颜色以及声音的瞬间感觉（perception）的敏锐程度。与此相同的表达方式目前之所以重新获得人气，在于想得到与"悟性"、"理性"和"知性"之类的概念相比肩的地位的宣传。的确，传统意义上的感受性，是指探求差别、发现多样性的能力。这种意义上的感性（感受性）的力量能够得到最好的发挥，是在感知想象世界中出现了某种龟裂的时刻以及此前的阶段里。如果只是将这些龟裂的感觉作为一个个片段置之不理的话，各个瞬间的想象将没有条理地流逝。这时，即便思想发生了崩溃，也是无法创造的。就像被割裂

---

① "感性"这一说法最早是否出自对康德哲学的翻译，对此我没有充分的把握，但是至少可以确定的是在这以后这一词汇就成了固定用法。如果要赋予感性以与知性和理性相抗衡的地位的话，就有必要构筑能够超越康德的体系。请参照第十二章的相关讨论。

第一章　思想解体的时期

开的电影胶卷,不管一幕幕场景多么精彩,没有情节的电影,人们也是永远无法忍受的。只有反复熟读有思想的情节后,人类才能与想象世界的变化和谐相处。尽管感性是否定过去的思想的契机,但是仅仅依靠感性是不能创造思想的。日本的市场营销技术所发明的"感性的时代"这一口号,的确适合用于代表思想衰退的时代。

感性(即感受性),尽管是思想的素材,却并非思想。对感性反应迟钝的思想是已经死去的思想,而没有思想的感性则不具备开创历史的力量。在今天这种向所谓的"感性"的倾斜中,不能说没有进行过向思想靠近的努力。针对截至目前一直处于支配地位的所谓的"知性"和"理性"等范式,曾经有过摸索新的想象(思想)的尝试,也曾经有因为不知道如何称呼自己比较恰当而称为"感性"的情形发生。川久保玲、山本耀司和中岛美雪或许就是隐藏着可能性的思想的实践者。北野武或许就是因为知道自己的无赖性格而一直坚持特立独行的思想。但是,这些现代艺术家的危险就在于,在向那些搭他人思想"便车"的大众和轻易就厌倦的大众强行推销消费产品的同时,被迫走贯彻自己的主张这条钢丝绳。他们将如何避免已被大众所平均化的感受性所消磨掉的危险呢?对于大众而言,感性的时代,恐怕只是利用借来的思想填补空白的同时,偶尔享受一下感受性的刺激而已。即便如此,也还有人将这种状态称为"个性的时代"。但是,如果说人类有所谓的"个性"这种东西存在的话,也不外乎是坚持自己的整体性、坚持自己的思想。外貌、时装以及对当季流行信息的卖弄等,都不能说与个性的表现完全无关,但也只不过是一些细枝末节的部分而已。

20世纪末的现在,合理主义的思想的确可以算是对过去的逃避,而感性主义实际也是对未来的逃避。不管是其中的哪一个,都不能弥补思想的丧失。当然,这里所说的思想,既不意味着统一的科学,也不代表唯一正确的道德和理想的体系。从这个意义上来讲,思想并不能解决所有的问题,但是没有思想的话,社会也是无法建立的。当人类失去思想的时候，以人类为名的这个社会也就不复存在。可以说，社会是由个人组成的。但是，所谓的个人，并不是单纯的生物个体，而是承担着各种各样在一定程度上具有连贯性的想法的个人。所以，纵观整个社会，社会是形形色色的思想的集合体，社会的变化是五花八门的思想相互作用的体现，或者可以说是辩证法的表现。也就是说，各种思想的竞争创造了社会，而社会又为思想提供了竞争的场所。

这里所谓的"竞争"，指的是诸如与众不同的经济学者哈耶克（Friedrich August von Hayek）所强调的那种影响力和相互批判的竞争，而一提及"竞争"这个词汇，首先浮现在我们脑海里的"市场的竞争"只不过是其中受局限的特例而已。但是，在今天，虽然"市场的竞争"非常激烈，其原本意义上的"思想的竞争"却日渐衰弱。关于没有连贯性的各种形象的构思之间的竞争，也不是这种意义上的竞争。究其原因，是因为这种连贯性被最巧妙地推销的想法所轻易吸收并生成疑似思想的垄断体制，之后很快没落。整个20世纪，我们在一次性地使用一个又一个的思想的同时向前迈进。于是，到今天，在面对反思产业文明、再建世界体系、重新讨论民主主义等重大课题的时候，人们茫然呆立而不知所措。但是，人们已经清楚感受到了古老思想的不恰当，也厌倦了不断形成差别的"思想模仿"的不可信赖。就目前的现状而言，称之为"思想衰退的时代"或许是十分相称的。

保守与进步的对立

关于思想的对立和竞争，过去曾经有过各种各样的例子。众所周知的"进步主义"（progressivism）和"保守主义"（conservatism）之间的对立，就是其中最耐人寻味的例子。在日本，这组对立通常被称为"革新与保守的对立"，但接下来的论述将统一称之为"进步与保守的对立"。尽管这组对立是人尽皆知的，但并不能说进步和保守的概念都为人们所正确理解。首先，如后所述，进步主义和保守主义的对立是"近现代社会"以后特别显著的现象，

第一章　思想解体的时期

并不仅仅是维持现状和反对现状之间的对立。如果不对此进行区别，就没有必要特意使用进步主义和保守主义这样的表达方式。

当然，在近现代社会以前，思想的对立也是存在的。比如，15—17世纪的中世纪欧洲，承认罗马教会现状的立场与反对这一状况的反教会立场之间也存在着对立。胡斯（Johannes Hus）运动、文艺复兴运动、伊拉斯谟主义、宗教改革、各种新教主张以及经验主义（比如弗朗西斯·培根，Francis Bacon）等等，都是反对教会现状的主张。另外，到了17—18世纪，政治思想的对立淡化了宗教色彩，采取了保王派和革命派之间的对立的形式。但是，这些中世纪、近现代的对立并不是保守与进步之间的对立。不管是反教会派还是革命派，虽然都提出了"抗议"（protest）这样的说法，但是没有使用"进步"这一词汇。与此相反，即便出现了"正统"（orthodoxy）这种说法，也没有使用"保守"这一表达方式。其含义，只不过是在承认现存秩序的基础上的正统与异端之间的争斗。能够称得上保守主义和进步主义之间的对立的概念，出现在伏尔泰（Voltaire）以及启蒙运动思想家在18世纪后期确立了"合理的进步"这一概念之后。经由卢梭（Jean-Jacques Rousseau）的推进，启蒙思想引爆了法国大革命这一具有象征意义的伟大事件，以伯克（Edmund Burke）为代表的反对这种过激行为的人们，开始自觉地以"保守主义"的形式将对"进步"的疑问系统化。事实上，"保守主义"这一词汇也是19世纪出现的。①

如上所述，保守和进步这一对概念很明显是在近现代以后才出现的，但是，由于在近现代历史上其形态屡次发生转变，混淆了人们的理解。截至目前的一般观点认为：保守与进步之间的对立，是两大政治势力之间势不两立的斗争，或者更进一步说特指阶级斗争。毋宁说，这种理解是20世纪所特有的。比如，在19世纪的英国，保守党常常比自由党更积极地进行改革，反倒是自由

---

① Karl Mannheim, *Das konservative Denken*, 1926. カール・マンハイム『歴史主義/保守主義』、森博訳、恒星社厚生閣、1969年、86頁。

党常常表现出守旧的倾向，两大政党的立场常常发生调换，议会制度作为系统整体演变为保守主义与进步主义之间的对立关系的形式。而在产业化进程落后的国家，一般认为是保守主义的一方反而更积极地推进改革，这样的事情屡见不鲜。① 这些事例正好表明，保守与进步之间的对立本来就是思想的对立，并不一定是集团之间的争斗。将这种思想的对立转化为集团之间势不两立的斗争的，实际上是马克思（Karl Marx）的"阶级斗争理论"，是其认为资本主义必将向社会主义发展进步的"唯物史观"。结果，进入20世纪以来，保守与进步之间的对立越来越狭隘，越来越局限于资本主义和社会主义之间的体制对立，政治性的大动员组织围绕着革命进行激烈争斗的形式逐步增强。也因为这样，保守与进步之间对立关系的辩证性（对话法）完全消失了。

于是，在马克思主义出现以后的20世纪，在欧洲所处的这种状态之下，保守与进步之间对立关系的版图发生了混乱，让人们产生了迷惑。假如依据两次世界大战将20世纪划分为三个时期的话，其政治状况可以简单总结如图1.1。图1.1中所使用的保守主义、自由主义、社会民主主义等用语都只是通俗的说法，至于其更为准确的定义将在后面的内容中进行说明。

① 第一次世界大战以前

议会民主政治 ├ 保守主义政党
　　　　　　 └ 自由主义政党

② 第一次世界大战与第二次世界大战之间的"战争期间"（interwar period）

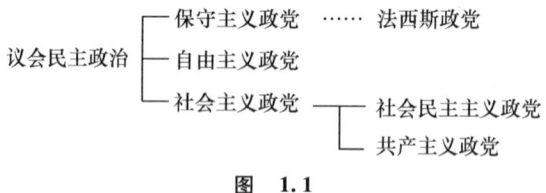

图 1.1

---

① 村上泰亮『新中間大衆の時代』、中央公論社、1984年。第五章中对这一点进行了分析。下面的讨论也使用了该书中的模型。

第一章 思想解体的时期

但是,仅从保守主义中寻求法西斯的源泉是不可能的。法西斯主义是保守主义所包含的国粹主义的一面和共产主义所包含的计划经济性的一面的混合体,归根结底是政治光谱的两个极端部分的"虚数空间"的结合体。

③ 第二次世界大战以后

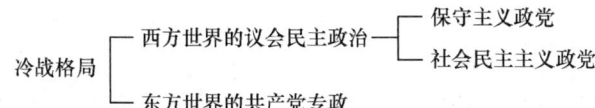

特别地,在战争期间,保守主义与进步主义的对立关系格局处于完全混乱的状态。第二次世界大战爆发的一个重大原因,也可以说是保守主义与进步主义的对立关系没能很好地融入政治体系中。而且,凭借实力收拾这一战前局面的美国,是残留着19世纪特征色彩最浓厚的议会民主政治制度国家,这一点恐怕值得关注。

第二次世界大战后冷战格局下的政治状况,很明显也是处于战争期间的格局的延长线上。第二次世界大战以后,战前已经出现的发展趋势加上冷战的影响,共产主义和社会民主主义完成了分裂。在西方世界内部,作为"教条主义的反对党"(奥托·基希海默(Otto Kirchheimer))的共产主义政党大致上已经被划为异端分子,其结果就是社会民主主义与保守主义之间稳健的政治对立关系格局成立。不过,其中也包括两种类型。

Ⅰ. 两党制——英国、北欧国家、联邦德国的保守党与工党,虽然形式稍稍有些弱化,但还是保留了19世纪的形式,以及美国的共和党和民主党等。在这些国家中,共产党的力量非常弱,几乎可以无视其存在。

Ⅱ. 一党优位制或准一党优位体制——法国、意大利和日本等国家所表现出的保守党政权或者以保守党为中心的联合政权(日本的自民党实质上也近似于政党联盟)的长期化。进步主义的势力因为存在着分裂倾向而无法组成联合政权。

反古典的政治经济学（上）

第一种类型不言而喻，即使在第二种类型中，战后西方世界的进步主义的实质性核心力量也是社会民主主义，虽然从原理上不反对资本主义，但是表现出积极推进政府对市场经济的干预（凯恩斯主义政策、支柱产业和企业的国营化）、实施再分配政策（福利国家政策）的姿态。第二次世界大战结束至 20 世纪 80 年代的时间里，成为西方国家政策主流的，实际上就是这种进步主义的政策。

如果仅从这一期间来看的话，在西方发达国家中，总体来看还是保守主义政权持续的时间更长。即便是在实施两党制的国家，这种倾向也没有发生改变。①但是，即便是保守主义政权，在第二次世界大战后如果不采用社会民主主义的政策的话，是无法维持其政权的。战后型对立关系格局中所谓的进步与保守之间的对立，无非表现为对这些政策的态度是积极的还是消极的这种差别。换言之，也可以说是只限定在经济层面上的自由（市场的自由）和平等（分配的平等）之间的对立。包含对话的这种对立关系的日益稳健，很明显促进了政治对立结构的稳定，对战后西方世界的繁荣做出了贡献。顺便提一下，在一些国家，思想的竞争是不被允许的，只能被视为争论正统性且伴随着肃清运动的神学论战。

如上所述，保守主义与进步主义的对立中存在着不同的局面，也有各种各样的形态。比如，"自由主义"政党的作用就随着时代的变迁而发生了变化（关于"自由主义"的概念后文再进行准确

---

① 在美国，可以认为，共和党是保守派，民主党是进步派，其间共和党执政 28 年，民主党执政 19 年。但是，在里根政权以前，共和党执政 16 年，而民主党执政 19 年。这期间，在议会中，民主党几乎一直是多数党。在英国也是如此，保守党内阁的执政时间比工党内阁持续得更长。艾德礼（Clement Attlee）1945—1951 年，丘吉尔（Sir Winston Churchill）第二届内阁 1951—1955 年，艾登（Sir Anthony Eden）1955—1957 年，麦克米伦（Harold Macmillan）1957—1963 年，威尔逊（Harold Wilson）1964—1970 年，希思（Sir Edward Heath）1970—1974 年，威尔逊第二届内阁 1974—1976，撒切尔夫人（Margaret Thatcher）1979—1991 年，梅杰（John Major）1991 年至今。联邦德国也是如此，即便不算大联合政权时期，保守党（CIU）执政的时间也比较长。艾登纳（Konnad Adenauen）1949—1966 年，大联合内阁 1966—1969 年，小联合内阁勃兰特（Willy Brandt）1969—1974 年，小联合内阁施密特（Helmut Schmidt）1974—1982 年，科尔（Helmut Kohl）1982 年至今。

第一章 思想解体的时期

的定义)。社会主义政党也分化为共产主义和社会民主主义两种路线,而且分化后所发挥的历史作用也完全不同。事实上,就连保守主义政党,也根据时代的变化改变了其政策主张。很明显,保守与进步的对立的本质,已经不完全是某某党与某某党这种具体政治势力之间的对立,不能再还原为关于是否赞成资本主义和议会制这种特定话题的对立。换言之,通过近现代历史可以发现,保守与进步之间的对立的基本性格是"在思想形成时的姿态"的差别,似乎只能说是所谓的"解释思想含义"的差别。

关于新保守主义

截至目前,在保守与进步的对立的历史中,最后的主角是20世纪80年代出现的通常所说的"新保守主义"(neo-conservatism),它很可能将作为历史的一座里程碑而被铭刻于历史长河中。回顾截至20世纪80年代的战后35年历史,如果从政策的内容来看,这个时期,是就连保守党政权都采用了凯恩斯主义政策和福利国家政策的时期,是进步主义(社会民主主义)的政策占据支配地位的时期。众所周知,被认为比共和党的传统更具共和党色彩的尼克松(Richard Milhous Nixon)总统曾经说过,"我们都是凯恩斯主义者"。而在日本,使福利制度实现飞跃式完善的,正是连骨子里都是自民党性质的田中角荣首相。这种连保守党也被卷入其中的政策的进步主义化,基本上都是因为受到一般意义的民主化倾向的压力(参见第十一章),其之所以成为可能的条件就是第二次世界大战后发达国家经济所出现的前所未有的高速增长。这无非是受到20世纪第三个25年——借用后文所用的表达方式就是20世纪体系的最终成熟局面——的特质的支撑而实现的。

但是,历史开始进入20世纪的最后一个25年,这宣告了21世纪体系即将到来。以1971年尼克松总统的"新经济政策"作为具有象征意义的前兆,迎来了经济低速增长时期。财政赤字、国际收支的不平衡等在"西方世界"的很多国家中缓慢蔓延,1973年开始的石油危机进一步将其推向了低速增长和通货膨胀。政府所提供的产业保护和福利国家收入分配等既得权益，产生了几乎难以承受的"大政府"，财政赤字导致了普遍性通货膨胀压力的出现。很明显，这些都是习惯了经济高速增长这一事实的长期的进步主义政策留下的账单。在对外关系方面，受越南战争心理后遗症的影响，美国继续坚持着进步主义的（即缓和型）外交，勃列日涅夫（Леонид Ильич Брежнев）则趁此机会实现了大规模的军事扩张。战后的四分之一个世纪里，西方世界处于"进步主义"的时代，进入20世纪70年代后被迫开始从经济和安全保障两方面进行清算。作为其财产管理者登上历史舞台的，是里根、撒切尔夫人和中曾根等"新保守主义"。20世纪80年代，是新保守主义取代战后的进步主义掌握政策主导权的时代。这也是步入21世纪之前的阵痛时代。

但是，新保守主义带有复杂的性格，不能称之为保守主义的正统嫡子。新保守主义的使命是对战后进步主义的松散经营进行调整，为解决进步主义政策受挫而导致的政府财政破产、西方世界军事力量的相对弱化以及潜在经济增长力低下等问题打开突破口。为此，新保守主义采取了诸如大规模削减"大政府"、强调民族自豪感以及重视尖端技术等攻击性政策。换言之，所谓新保守主义可以归纳为下面三项，并以此作为武器，对现状进行改革的尝试。

{ 国家主义（以对苏强硬外交为重点）
  经济的自由主义（通过放松规制、解散国有企业等手段缩减政府机能）
  技术乐观主义（后述的对超产业化的乐观论）

这三大要素，很明显是与下面的具有战后进步主义（旧称左翼）特征的三大要素相对应的产物。

{ 世界主义（劳动者的国际大联合和缓和型外交）
  对经济领域导入计划要素
  技术乐观主义（但技术悲观主义，比如以对公害问题和资源枯竭的担忧为特征的新左翼在不知不觉中临近）

第一章　思想解体的时期

但是，在现代的条件下，新保守主义的三大构成要素中存在着发生矛盾的可能性。比如，经济自由主义和国家主义之间的矛盾就表现为，一方面是贸易摩擦，另一方面是国防费用的负担即"大政府"，再加上技术因素的技术国家主义（techno-nationalism）将使这种趋势进一步激化。为了不让这些矛盾表面化，有必要在相当程度上增强国内的经济实力。一般而言，保守主义的生命源于对在历史经验中逐步成熟的协调的信赖。但是，新保守主义中存在着危险性，即把解决自己内生的矛盾寄希望于不确定的科学技术的未来发展。[1] 新保守主义在20世纪80年代的确发挥了重要作用，即便如此，也并不能说新保守主义作为承担未来政治发展的"保守主义"的理念已经十分成熟了。

但是，与此相比，旧进步主义存在着更为深刻的困难。马克思主义的"科学社会主义"是将旧进步主义的三大要素统一起来的理论，继承这一理论的战后进步主义原来也是以产业化为目标、以技术乐观主义为支撑的思想。但是，在资本主义的运营（特别是增强企业活力、推进技术革新以及抑制通货膨胀等）活动层面上，社会民主主义政权下的产业化所取得的成果并没能超越保守主义政权下所取得的成就。从20世纪70年代起，社会民主主义政权努力拉拢持反对公害等观点的"新左翼"的技术悲观主义势力，其结果是在思想上造成了对"科学社会主义"的否定，在政治上导致了旧左翼和新左翼的分裂，整个社会民主主义阵营的势力开始变弱。最终，战后的社会民主主义，为了保护战后经济增长时期产生的既得权益而忙得不可开交，所发挥的作用已经无法超越

---

[1]　日本的中曾根政权与里根政权和撒切尔政权之间存在着若干不同。英美的经济自由主义具有悠久的传统，容易与国内的国家主义相调和。但是，在日本，经济自由主义的传统比较薄弱，容易与国内的文化和社会习俗形成冲突。另外，日本的经济状况比英美要好些。所以，中曾根的改革遭到了大部分官僚机构、农业和中小企业以及一般民众的日本式平等主义的强烈抵抗，但是就其性质而言，与其说是源自经济层面的问题，不如说是文化层面的问题。反对消费税、谴责利库路德事件等都是这种国内抵抗运动多少有些扭曲的表现。另一方面，里根和撒切尔夫人的国家主义因为经济上的负担，反而引发了对外摩擦。但是，这三个政权在企图清算此前的进步主义这一点上，很明显是同质的。

忘却了理想、仅仅维持现状的势力。新保守主义正好巧妙地弥补了这一缺陷。

1989—1990年"东方世界"的瓦解，也在相当程度上为新保守主义的力量提供了依据。即便在此之前，社会主义的全盘衰退机制也已经开始启动，通过合理计划实现社会进步的构想本身因为经济的僵化（特别是技术进步的停滞和经营资源的枯竭）而陷入崩溃。尤其是作为"东方世界"盟主的苏联，因其对思想自由的残酷迫害和屡次进犯他国而遭到沉重打击。勃列日涅夫政权企图通过军事扩张和对卫星国家的严格控制等手段度过这一危机。但是，与此相对抗的西方世界的新保守主义，通过由新技术支撑的军事扩张（星球大战计划）进行了反击，此时持续了70年的计划经济和一党专政的体制已经超过了继续维持的限度。假设不是里根（Ronald Wilson Reagan）而是卡特（James Earl Carter）掌握着20世纪80年代的美国政权的话，如果撒切尔夫人（Margaret Hilda Thatcher）和中曾根不那么支持里根的话，或许苏联体制还能继续延长些许寿命。不管怎么说，西方世界的思想极点新保守主义和东方世界的思想极点勃列日涅夫主义发生了正面冲突，后者以失败告终的历史一幕早已开启。毋庸置疑，旧进步主义的构想已经走到了死胡同。作为旧进步主义衍生物的"新左翼"，只要不切断与马克思主义的联系，恐怕也无法成为具有连贯性的思想；如果成为具有连贯性的思想，其是否还具有进步主义的性质则值得怀疑。总之，新保守主义似乎可以看成是打倒旧进步主义的主角，但是也不能说新保守主义取得了全面的胜利。

保守与进步的再定义——历史并没有终结

另一方面，考察最近发生的一系列事情，认为保守与进步的对立关系已经结束的人也为数不少。说起来，16、17世纪以来由西欧主导的近现代文明，基本上相信人类理性创造出来的变化是值得欢迎的。特别是产业化进程开始以来的两个世纪，更是将这种想法培育成了"合理的进步的思想"。受这一背景影响的大约

第一章 思想解体的时期

500年期间,总的来说,进步主义描绘了历史发展的蓝图,掌握着主导权,保守主义则以守势进行了对抗。但是今天,我们却看到了"合理的经济计划思想"遭受挫折。此时产生了这样的一种印象,即希望合理建立最优社会的旧进步主义很明显失去了基础,保守与进步之间存在的对立轴已经丧失了意义。从这个意义上来讲,诱发了一种断言保守与进步的对立关系已经结束的倾向。比如,最近弗朗西斯·福山(Francis Fukuyama)就称这种事态为"历史的终结"(the end of history),并预言"无聊的世纪"(centuries of boredom)即将到来,引起了人们的关注。①

对市场经济和计划经济对立关系以及资本主义和社会主义对立关系的终结的指摘或许是正确的。但是,很显然福山想要说的并不是这一点。他——给美国读者带来一个出其不意——以黑格尔(Georg Wilhelm Friedrich Hegel)的德国唯心论哲学(以及对其进行解释的亚历山大·科耶夫(Alexandre Kojève)的观点)为依据,表明思想的进化早在19世纪初(通过美国革命和法国革命)就已基本终结,政治和经济的自由主义的胜利在思想层面上早已确定,历史已定格在那一刻。此后的历史是这一思想的胜利的具体化,虽然其间也经历了迂回曲折,但所有的社会都正朝着"普遍的同质的国家"(universal homogeneous)靠近。但是,福山解释称,现代世界存在的各种各样的问题,只不过是在处理战争胜败的遗留问题,这种解释比"给人以出其不意"的滑稽更难以让人苟同。

比如,如何看待地球资源和环境问题,亚洲地区存在的异类资本主义的繁荣意味着什么,等等。针对这些黑格尔做梦也想不到的问题,福山并没能给予充分的说明。他只不过是以苏联解体的现象为依据,做出一番素描而已。从这个意义来讲,我认为其主张的实质,是对过去丹尼尔·贝尔(Daniel Bell)提出的"意识形态的终结"的重复。但是,正如贝尔也在《资本主义的文化矛

---

① Francis Fukuyama, "The End of History?", *The National Interests*, Summer 1989.

盾》中进行了自我批评一样，旧进步主义的终结并不意味着思想竞争的消失。① 新的问题集群的奔流，将以最令人瞩目的形式冲击旧进步主义，但是，新保守主义中也隐含着矛盾的可能性，保守主义的立场也不确定。思想的竞争还将继续，保守与进步之间的对立，虽然姿态发生了变化，但不会走向死亡。究其原因，是保守与进步这两种姿态的分化是根植于人类的意识结构中的，一旦形成了自觉意识，以这种分化为基础的思想竞争就不会终止。

截至目前，对保守与进步的问题进行了最一般性论述的是卡尔·曼海姆（Karl Mannheim）。他首先将保守主义与单纯的传统主义（即维持现状主义）进行了明确的区分。

> "（保守主义）被清晰地烙上政治和精神潮流的印记而存在于现实中是近现代以后的事情，它的确蕴含着近现代的起源。……我们将对作为普通人的本性的传统主义，和一种作为特殊历史的近现代现象的保守主义进行区别。"②

另外，曼海姆还打算根据在应对近现代这一动态过程时的不同姿态，对保守主义和进步主义进行区分。

> "传统主义之所以发展成为保守主义，是因为在此之前（进步的热情）……成为了具有结构中心的（一种潮流）。……传统主义绝不会意识到自我……和这种趋势相对地，保守主义作为反对运动已经是自我反省的了。这是……作为（进步的）要素对（自我组织化）和凝聚化的回答而成立的。"③

归根结底，根据他的理解，保守主义的姿态不外乎是对近现代所特有的进步思想的反作用。以他的议论为依据，同时对形形

---

① Daniel Bell, *The Cultural Contradictions of Capitalism*, N. Y.: Basic Books, 1978, pp. 41—43.
② Karl Mannheim, *Das konservative Denken*, 1926. マンハイム『歴史主義/保守主義』、森博訳、恒星社厚生閣、1969 年、79~80 頁。译文有若干变更。
③ 同上书，第 87 页。译文有若干变更。

第一章　思想解体的时期

色色的"主义"的特征进行归纳的话，可以得出以下结论。

　　进步主义，基本上应该算是基于对未来期待的维度进行的思考，带有抽象的体系化的趋势，即具有理想主义（idealism）、合理主义（rationalism）、一元的视角、整体计划、革命主义等特征。

　　保守主义，基本上应该算是基于对过往回忆的维度进行的思考，带有对具体事物的执着，即具有现实主义（realism）、经验主义（empiricism）、多元的视角、局部改革、渐进主义等特征。

曼海姆所说的保守主义，不单单是维持现状主义和守旧主义，也就是说它并不否定变化。单纯的维持现状主义者，和单纯的理想派革命家一样，将在发生重大变革的环境中落伍。进步主义和保守主义，不管是哪个，都是应对变化的各种智慧。就像过去的世界帝国和正统教会一样，在以秩序的理念为基础、不承认发展的观念的情况下，仅仅是关于秩序的解释的正统和异端之间的争论而已，并非进步与保守的对立。就这样，曼海姆开辟了一条超越进步和保守的通俗理解而进行讨论的道路。但是，他将进步和保守视为针对近现代社会所特有的合理主义的进步观念的作用和反作用。而目前，即20世纪末，这种理解意义上的"近现代"，即合理主义的进步的近现代，可以说正在走向终结。如果是这样的话，根据曼海姆流派的说法，近现代正逐渐远去，同时保守主义与进步主义的对立关系格局恐怕也将不再有用武之地。但是，现实的确是这样的吗？

我认为，曼海姆的观点也并非尽善尽美的通论。如他所说，导致保守和进步这两种思想倾向日益凸显的正是近现代社会。但是，在其背后还潜藏着更为基础的人类心理姿态的差异，而曼海姆的讨论中并没有对这一点进行充分的探讨。究其原因，是因为如果说保守主义者并非单纯的维持现状主义者的话，保守主义所依据的就不仅仅是单个的事实，而是对通过对世界想象进行不断的再解释来维持生命的延续这一现象的信赖感。同样地，如果说进步主义者不是单纯的狂热信仰者的话，进步主义者所信仰的就不是提炼出的抽象及其法则在不同时候所表现出的形态，而是关于法则不断进行调整将最终形成终极法则的乐观论。于是，所谓保守的思考并不是对过去的"回忆"，而是以"回忆"作为一种方法的思考。进步的思考也不单单是对未来的"期待"，而是以对原理认识的"期待"为手段的思考。

换言之，曼海姆所说的进步主义和保守主义的特征，如果再进一步追溯到更深层次的意识结构的话，可以做如下修改，虽然所使用的词汇不是耳熟能详的，但是：

进步主义的基础在于，一心一意地、不断地追求高层次的法则和理念。在此，将其称为"超越论型的反省"（transcendental reflection）。

保守主义的基础在于，经常性地参照比对具体的生活世界和历史的姿态。在此，将其称为"辨析学型的反省"（hermeneutic reflection）。

接下来，为了更容易理解，简单地将重视超越论型的反省称为"超越的思想"，将重视辨析学型的反省称为"辨析的思想"。更为详细的讨论将在第十二章进行。

当然，这里所说的"反省"，并不是指道德上的后悔这种意义的反省，而是重新审视世界并进行再解释的过程。作为对人类的界定，"政治性的动物"（zôon politikon）和"制造东西的人类"（homo faber）这样的说法常常被提及，但是如果从更根本的角度来进行规定的话，人类是"进行反省的动物"。作为基督教诞生前最后登场的思想流派，斯多葛学派（stoic school）的观点中也能找出同样的想法。下面引用一段爱比克泰德（Epictetus）的话：

所有的技术和能力，都是对某种主要对象进行考察。……所以，他们是不能对自身进行考察的。

"这样的话，理性到底是因为什么而为自然所赋予的呢？"

第一章 思想解体的时期

就是为了应该像使用意象那样去使用。

"那么,理性自身又是什么呢?"

它是由具有某种特性的意象所形成的整体。这样的话,理性也就成为在本性上能够对自身进行考察的东西。①

虽然在上述引言中使用了"理性"这一词汇,但是很明显,斯多葛学派所说的"理性"并不是笛卡儿(René Descartes)所说的"理性"。斯多葛学派的理性,是为了使用包含自身在内的想象(意象)而使用,尤其是为了能够对自身进行考察,归根结底就是我们所谓的"<u>反省论</u>"的总体。但是另一方面,笛卡儿之后的近现代的理性,却是<u>对象论</u>的高级形式。从这个意义上来讲,"反省的动物"这一观念,并不等同于近现代人常用的"理性的动物"的观念,其内容更加广泛。对其区别的评价,与辨析学型的反省在多大程度上受到重视有关,在此对这一问题不进行深入探讨(请参考第十二章的相关内容)。

动物(甚至是植物)对其关于世界的印象,在必要的情况下也会进行重新改建。但是,动物所抱有的关于世界的印象,在进行重新改建的同时,旧的印象是被舍弃的,不能再回溯到"自身的考察"。普通的动物,不必为过去、现在以及未来的意象之间的连贯性而伤脑筋,而人类所拥有的回忆和期待形成的地平线则向过去和未来延展。虽说不能认为人类与其他动物之间存在着绝对的割裂,但是这种回忆和期待所带来的扩展的量的差异是相当大的,甚至可以说是质的区别。我并不是想说人类要比其他的生物优秀,这种反省的能力,既是人类的武器,同时也造成了重负,也可以称之为"业"。如果不忽略这种"业"的因素的话,宣讲人类比自然更具优势的"人类中心主义"(anthropocentrism)思想是不会诞生的。在下一章关于产业化的讨论中,我们还会探讨"人类中心主义"这一话题。更一般来讲,即便克服了近现代的对象

---

① エピクテトス「語録 Enchiridion」、鹿野治助編『世界の名著 14　キケロ　エピクテトス　マルクス・アウレリウス』、中央公論社、1980 年、296 頁。

论，人类还是无法从"业"中脱身。而且与此同时，最广泛意义上的保守与进步之间的那种解释思想含义的对立，辨析的思想与超越的思想之间的对立，将永远存在。

第二节 自由的再定义

思想的自由和行为的自由

人类是会反省的动物，是会对自己的想法（印象）进行自我批评的动物。从上述这种基本的界定可以得出一些重要的结论。首先，如果人类具有人类应有的性质的话，在发挥这种基本的特性的时候将不会受到干涉，换言之应该要求有思想的自由，即基于人类的基本界定得到的最直接的结论，是"思想的自由主义"。所以，真正的思想总是必须包含着思想的自由主义。只要是将保守主义和进步主义视为实现人类天性的东西，就必然是这种意义上的自由主义。不管是保守主义者还是进步主义者，是否认为尊重思想的自由胜过一切，这是检验其是否为真品的试金石。

与这种"思想的自由主义"相对地，普遍情况下所说的"自由主义"，实际上是"行为的自由主义"。这两种自由之间存在着距离，在实践活动中也存在着对立。所以，在论述自由主义的时候，对思想的自由和行为的自由进行区分是非常重要的。截至目前普遍认为的"自由论"所涉及的都是行为的自由，指的是"人类充分满足欲求的行为不会受到干涉"。借用现代意义的自由论的代表人物以赛亚·伯林（Sir Isaiah Berlin）所做的慎重的定义，就是"人们或许会进行的潜在的、可能的选择和活动不会受到干涉"。如果按照自由论的传统术语来说就是"消极的自由"（negative freedom）或是"来自……的自由"。[①] 在此，虽然不想使用不

---

① アイザィア・バーリン『自由論』、小川晃一ほか訳、みすず書房、1971年、56頁、58頁。参照相关内容对原文进行了若干编辑。

第一章 思想解体的时期

准确的词汇,但是如果硬要冒这个险的话,"集体主义与个人主义的对立"中所提到的"个人主义"大致上指的就是这种行为的自由。不管怎么说,传统的自由论特别是英美的自由论都是以行为的自由为中心构建起来的。但是,如果要作为社会性原则来看待的话,行为的自由存在两难困境,正因为如此,其不能成为终极标准。

这种两难困境,自霍布斯(Thomas Hobbes)以来已经在相当程度上广为人知。一般而言,人们的自由行为不一定是相互协调的。这是因为,如果对充分满足个人欲望的行为不加任何限制而完全放任的话,给他人造成伤害的可能性很大。当然,认为行动自由将带来和谐的乐观主义也是存在的,但悲观主义往往更有势力。古典哲学的代表人物柏拉图(Πλάτων, Plato),在关于个人行为可能导致的结果的问题上就持悲观主义,认为指导民众的"哲人政治家"很有必要。近现代政治学创始人霍布斯之所以认为"君主"有必要存在,也是基于悲观主义的思想。但是,如果要谈论近现代思想的主流的话,应该说还是乐观主义思想所占的比重更大些,毋宁说正是这种向乐观主义思想的倾斜促成了近现代社会的形成。但是,洛克(John Locke)、卢梭、麦迪逊(James Madison)等主流的政治思想家并不是无条件的乐观主义,也提出了各种制衡机制(如限制选举、三权分立等)。

最典型的乐观主义的例子,可以在亚当·斯密(Adam Smith)及其后的经济学家的身上看到。但实际上,如果对从古典主义经济学开始截至目前的理论发展进行回顾的话,并不一定能够获得充分支持这种乐观主义思想的成果。比如第二次世界大战后新登场的"博弈理论"认为,对个人行为之间的相互作用进行精密且一般性的讨论是可能的,但是借用博弈理论的专业术语来讲,如果对参加"博弈游戏"的一个个玩家的战略不加以约束的话,很难保证具有博弈论式的稳定性的均衡状态(即便相互争斗,也能够自动恢复到一定的稳定状态)。经济学中所说的"完全竞争均衡"也是一种博弈(多人非合作博弈),但是只有在玩家以价格为前提条件采取应对行动，或者是玩家的数量无限等前提条件下，这种均衡才能成立。进一步来说，就算在这种前提条件下，如果没有边际生产率递减等附加条件的话，这种完全竞争均衡状态的稳定性也是不可靠的。在经济学家中，一直存在致力于对这种批判进行解答的力量，所谓的"芝加哥学派"可能最为突出。比如最近，布坎南（James Buchanan）就对此提出了部分相当明确的解答。① 但是，归根结底，他的理论无非是，具有十分长远的视野、充分考虑他人反应的理性个人，通过自我选择，是可以创造出就利害冲突达成妥协的"规则"的。这种讨论，如果从经济学家提出"规则"和行为的二重模型这一点来看，有一定的意义。但是，即便将视野拉长并扩大至整个社会，也不能保证个人的自由选择就能统统收敛为一个规则。视野的长期化反而可能导致个人选择的分裂。事实上，布坎南并没有就视野长期化和扩大化的深层意义充分展开说明。

实际上，在明确的制度框架下实施的经济行为是容易控制的，如果有诸如制度框架下的缓慢政治行为等因素的介入，问题将变得更为复杂而不容易处理。结果是，并没有从行为的自由这一公理体系引导出协调或者自我约束的机构。所以，自古以来"自由论"的中心议题就是，探索约束个人的行为自由、防范冲突的标准。这种标准存在的必要性，除了极端的无政府主义者外，恐怕是谁都不得不承认的。

关于这种标准，从古至今曾经出现过各种各样的提案。其中最完美的是"理想主义"（idealism）的理论，即"真正的高层次的自我"应该理解为适当的自我约束的范围，朝着这种高层次的自我进步才是真正的自由。这一观点常常被称为"积极的自由"（positive freedom）理论，也被称为"朝向……的自由"理论。费希特（Johann Gottlieb Fichte）和谢林（Friedrich Wilhelm Joseph

---

① 比如，G.ブレナン、J. M.ブキャナン『立憲的政治経済学の方法論』、深沢実監訳、文真堂、1989年。请参照第五章相关内容。

第一章 思想解体的时期

Schelling）等提出的德国唯心论就是其典型代表，但其起源应该是柏拉图。这是因为他所谓的"理念"（idea）指导了标准的形成，而最关注理念的哲学家们揭示了这种理念。在这种观点中，行为的自由，即所谓的"消极的自由"的观念，逐步被吸收纳入"积极的自由"的观念中。

另外，作为其他标准的例子，在许多人的默许中设定了"民主主义"的理念，认为自由应该受到（机会乃至结果的）平等理念的制约。但是，在这种观点中，自由和平等的区别并不是很明确，而更多的人都认为自由将会引导出平等。但是，正如后文（第十一章）将详细阐述的那样，自由所引导出的顶多只是机会的平等，所以在普遍意义上，并不能防范行为的自由的冲突。伯林自己意识到了这种认识的危险性，并且明确表示，应该将自由主义和民主主义清晰地区别开来，并在此基础上同时并用民主主义的标准。但是，像伯林这样的人很少。①

另外，还有边沁（Jeremy Bentham）和詹姆斯·穆勒（James Mill）等持"功利主义"思想的理论家认为，为了达成大多数人最大限度的幸福，应该约束行为的自由。但是，这种观点很容易对行为的自由造成重创。当然，除此以外，约束行为的自由的标准可能还有无数。

正如这些例子所显示的，如果只是从行为维度来进行讨论的话，一方面，行为的自由（即消极的自由）的理念是存在的，另一方面，理念、平等、幸福等超越行为的约束理念也是存在的，双重结构不可避免。也就是说，产生了自由对至善、自由对平等、自由对幸福等二元结构。但是，当这些二元结构——或者说这些二元结构组合形成的多元结构——成为框架的时候，"真正的希腊式城邦"（或者黑格尔和费希特所说的国家）、平等主义的民主主义、"大多数人最大限度的幸福"等理念逐步占据支配地位，行为

---

① アイザィア・バーリン『自由論』、小川晃一ほか訳、みすず書房、1971年、71頁、74頁。

的自由的理念则无限度地后退，这种情况时有发生。国家主义镇压"反叛者"的事态为人所熟知，但是多数派舆论也常常压迫少数派的生活，设计完美的福利社会实际上也是将一定的人生规划强加于人。正如伯林也曾坦率承认的那样，为了避免无政府主义，行为的自由的理论常常被这种多元主义的模棱两可所吞噬。①

行为的自由（即消极的自由），无论如何都是思想的自由在现实平面上的投影。欧美的自由主义，拘泥于为了确保现实中的自由而坚持的行为的自由，这一点能够得到充分的理解。"人身权利保护律法"和"权利典章"等就是很好的例子。对美化积极的自由的抽象论持谨慎防范态度也不是不可理解的。② 但是，依靠停留在行为层面的东西，是不能确保自由的。行为的自由只是多元价值中的一个方面，往往受到其他价值的制约，容易出现倒退。为了防范这一事态的发生，有必要界定不允许其他理念进行干预的"行为的自由的圣域"。因此，需要有一种逻辑，来夯实自由的概念基础。

作为这种逻辑的一个例子，应该从"本能"这一朴素的立场出发来追求自由的基础。也就是说，如果暂且将自由定义为"充分满足欲望的行为不受到干预"的话，作为欲望的源泉，首先想到的就是"本能"。但是，就人类而言，食欲、性欲等所谓的"本能"，归根结底也不能算是纯粹的生物学的东西。就连饮食和性行为等也是文化的产物。假如硬要以动物来作比喻并对"本

---

① アイザィア・バーリン『自由論』、小川晃一ほか訳、みすず書房、1971年、86頁。

② 对于欧洲人而言，行为的自由的理念就像日常使用的盘子和食用的肉一样不可或缺。关于其历史起源问题在本书中无法深入探究，但是作为其原因之一，可以作如下考虑。对于欧洲人而言，自由的体验的原点在于，针对国王、贵族以及教会的压迫所进行的反抗行为的（社会横截面式的，换言之阶级性的）有组织化。比如，始于中世纪的身份制议会就是其中的一个例子，行为的自由主义，正是作为将这种反抗行为具体地组织起来的意识形态而诞生的。于是，欧洲的自由，是以默认阶级这一历史性制度为前提进行定义的。另一方面，在印度，阶级（种姓等级制度）是根据出身来规定的，可以说是超越历史而固定下来的，完全不可能出现阶级间的流动；相反，在中国和日本，关于阶级的规定模棱两可，阶级间发生流动的机会也很大；对这两种情形下的行为的自由的概念没有进行充分的强调，或许并不是偶然的。

第一章　思想解体的时期

能"下定义的话，工具、文化产生以前的人类的形象，作为动物的人类的形象或许会成为自由观念的原点。这意味着将动物的社会作为人类社会的模范。在这种情形下，自由的圣域只能是与吃饭、寻求住所、遮掩身体等活动相关的领域，充其量再扩展至生育和养育子女等活动。但是，正如之前所论述的，自由的问题发端于人类无论如何不是单纯的动物这一事实。自由论从本能论无法解决的问题开始发展。换言之，自由论的原点，必须被归置为人类（并非动物）所具有的特性即反省的自由、思想的自由等问题。

这样的话，所谓不允许其他理念侵入的"行为的自由的圣域"，很明显就是与思想的自由具有最深刻关联性的诸多领域。在传统的"自由论"中，与这种立场最为接近的，恐怕应该算是 J. S. 穆勒（John Stuart Mill）。

> 人类自由所固有的领域，包括以下诸多方面。第一，意识等内在的领域，即最广泛意义上的良心的自由，要求思想与感情的自由，以及关于实际的、思索的、科学的、道德的、神学的等所有问题的意见和感情的绝对自由。表达意见并进行出版的自由……实际上也与思想的自由不可分割。①

如上可见，J. S. 穆勒所坚持的立场是我们所说的"思想的自由主义"，但是其观点中也涉及了其他的一些论点。他强调人类的进步，强烈主张思想和讨论的自由是人类进步所不可欠缺的。他所谓的思想的自由，并非是单纯地降低导致利害冲突的可能性，而是极大地增进人类整体的利益。在穆勒看来，思想的自由和人类的进步这两种理念是合二为一的，展示了解决回避利害冲突这一自由的两难窘境的构想。无论好坏，这反映了穆勒作为19世纪人的特征。但是，如果人类开始对穆勒丝毫都不曾怀疑的所谓进

---

① J. S. ミル「自由論」、早坂忠訳、関嘉彦編『世界の名著38、ベンサム　J. S. ミル』、中央公論社、1967 年、227~228 頁。

步的理念产生怀疑的话，穆勒所倡导的"思想的自由主义"理论的说服力恐怕就会变弱。而且，目前的确能够看到这样的征兆。

但是，思想的自由，并不是必须依靠进步的概念来支撑的。正如截至目前所论述的那样，思想的自由是人类最根本的欲望，不管人类（基于19世纪式的意义）是否以进步为目标，这一事实都不会改变。不管是古代还是中世纪，甚至是近现代社会，或者说不管是西方社会还是东方世界，这种感觉没有从人类的内心中消失过。反省、批判和思考等行为，是人类共有的特征，至少有历史文明以来的人类一直注重这一点。当意识到这一事态之时，人类，不管是谁，都成了此处所说的广义的自由主义者。甚至毋宁说，拥有这种特征的，即便从其身体结构来看是外星人，是E. T.，或者是没有碳水化合物构成的身体、具有不同的遗传基因，也可以算是"人类"。对于这种"人类"而言，确保思想的自由的领域是其最为关心的大事。

作为原点的思想的自由

但是，在思想的自由这一概念中，几乎包含了所有事物的萌芽。或许可以说，不同的人所进行的反省、批判和思想等行为都是内心的活动，不管原本处于怎样的外部制约下，都可能是自由的。但是，在现实世界中还这样想则是危险的。即便是在内心深处，自由也是不能自动得到确保的。比如说，梅洛-庞蒂（Maurice Merleau-Ponty）就用最鲜明的言语表述了这一观点，认为内心和身体总是相关联的。① 的确，正如哲学家通常所说的"身心问题"（mind and body problem）指出的那样，不管是内心还是身体，两者都不能够相互置换还原，但是身心之间的关联性却是难以否认的。从口渴、饥饿、痛苦（比如因为拷打或幽禁等造成的）等例

---

① メルロー=ポンティ『知覚の現象学1』、竹内芳郎・小木貞孝訳、みすず書房、1967年。参见该书第一部"身体"中的相关内容。

第一章　思想解体的时期

子来看可以发现，如果身体条件恶化到一定程度的话，所谓的反省也好、思考也好，这些活动都是无法继续进行的。在这种情况下，作为身体意义上的人类只不过是一分一秒地承受煎熬、延续生命而已。这恐怕就是人类的软弱之处。就其程度而言，当然是因人而异的，也因为习惯和接受的训练等而有所不同。西方社会的神秘哲学家、印度教的修行者、佛教徒以及老子、庄子等东方世界的思想家，都强调应该为了驾驭甚至超越身体条件而进行训练，以此作为通往内心"自由"的一个路径，或许是有意义的。但是，通过这种训练使内心和身体相分离，对于大部分人而言恐怕都是极端的假想。我认为反省的自由、思想的自由都是依附于身体条件的。

另外，自由并不仅仅与身体相关联。正如现象论所描绘的，在人类所持有的想象（如果借用现象论的语言来说的话，也称为"生活世界"（lebenswelt））中，与自我、身体相并列，他人是不可欠缺的构成要素。即便是在最朴素的世界想象中，人类也会将单纯的物体与他人（其他的人）区别开来，并将他人作为一个特殊的对象来处理（参照第十二章）。最能代表这种生活世界的"主体间性"（intersubjectivity）的，是语言对于人类而言是不可或缺的这一事实。致力于与他人建立关系的同时经常对此进行反省，这就是人类。与他人建立关系（用更为强烈的表达方式来说就是秩序）是人类的又一根本特性，可以称之为<u>被动的根本特性</u>。但是，这种能够识别同类的特性，如果不充分使用语言的话，在相当程度上也可以看成是动物。与此相对，截至目前所论述的反省的作用，则可以称为<u>能动的根本特性</u>。在反省这一行为上，人类和动物之间存在着更加显著的差别。在反省中，他人被认为是与动植物和非生物不同的特殊的对象。也就是说，在反省这一行为中，自我指的是经常与过去的自己以及未来的自己进行对话，而他人则指和过去的自己以及未来的自己几乎一样、能够成为进行对话的对象的存在。① 所谓思想，如前所述，是通过过去、现在和未来追求同一性，同样，和他人之间围绕印象进行交流并追求作为人类所共有的同一性，换言之，以他人为对象表达意思并解释他人的思想等活动，是创造思想这一作业中不可或缺的一部分。从这个意义上来讲，正如穆勒所强调的，表现的自由是思想的自由的一部分。在此，行为的自由和思想的自由相互渗透。

以反省为名的自我的能动性，存在于创造关于世界（包括他人）的印象的过程中，而且从本质上来看只有在这一过程中才得到发挥。被称为行为的能动性的，是由此派生出来的产物，即行为的自由不过是思想的自由的必然结果（附带的结论）而已。行为的能动性并不是"本能"的表现。通常所说的本能的"欲望"是在想象世界中创造出来的，而人类"为充分满足欲望而实施的行为"则是为适应不断更新的想象世界的尝试。就连对衣、食、住的欲望，也不外乎是在包括文化的传统、对他人的关怀（如炫耀等）等在内的解释性文理中生成的。而在除人类以外的动物的行为中，是没有迷惑和犹豫不决的。只有人类的行为，是伴随着对想象世界的不断反省，或者说追随其后的。行为和反省就像相互交织的藤蔓一样，说不清楚到底是谁寄生在谁身上。关于人类的行为，往往会使用决断或者选择之类的特别的表达方式，这反而表明了人类所具有的迷惑和犹豫的根深蒂固，即体现了与反省的深刻联系。但是同时，行为与反省之间，或者说行为与思想之间，虽然存在着重复的部分，却不尽相同。

换言之，当以思想的自由作为基本的公理时，关于经济的自由、政治的自由等，并不必然会导致特定的形态。比如说，经济的自由主义和政治的自由民主主义等特定的自由主义的主张，就是思想的自由的理念以这样那样的特殊形态固定而成的东西，但并没有完全遮蔽自由主义的可能性。关于"经济的自由主义"和

---

① 胡塞尔（Edmund Husserl）也有同样的想法。参见 E. フッサール『ヨーロッパ諸学の危機と超越論的現象学』、細谷恒夫・木田元訳、中央公論社、1974年、266頁。

第一章　思想解体的时期

"自由民主主义"的理解也早已包含了多种意义。不是说没有作为标准的解释，即便是针对标准的解释，也可以提出各种各样的疑问。比如，

国家对发行货币功能的垄断应该被否定。（哈耶克）

垄断的法律应该被废止。（米尔顿·弗里德曼，Milton Friedman）

承认专利制度合适吗？

固定汇率制度和浮动汇率制度，哪一个才是更优的自由主义？

与"自由民主主义"相匹配的选举制度应该是怎样的？

一人一票的无记名投票制度，其存在依据是什么？

这些并不一定都是细枝末节的问题，而是蕴含着今后成为重大争论点的可能性。经济的自由主义也好，自由民主主义也好，并没有限定为一个含义。我们所说的广义的自由主义，思想的自由主义，不管是对经济的自由主义还是对自由民主主义而言，确实都为其提供了基础。但是并不是说，就必然从思想的自由主义推导出这些特定形态的行为的自由主义。

超越论的反省和辨析学的反省，二者共同的基础就是这种最广泛意义的自由，是之前所论述的"思想的竞争"的根据。并不是说，随着旧进步主义与旧保守主义之间的对立的消除，通向广义的自由的途径（如福山所说的那样）就表现为一种意义了。经济的自由主义、国家主义和对技术的乐观主义这三种要素之间依然存在着分裂的可能性。

自宗教改革和文艺复兴开始到20世纪80年代，追求自由的历史绝不算短，但是人类恐怕还没有完全地理解自由主义的真正含义。就连欧美式的（尤其是目前美国式的）理解，即使称其为最值得参照的东西，但也不是绝对的。所谓自由的程度，毋宁说，应该通过坐姿的品味（英语表达为 self-possession）以及思考方法的条理等方面来进行测量。今后思想的竞争的主要课题，应该是

对新条件下的广义的自由主义进行摸索。即便在这一过程中，也会产生从理念和原则的角度进行摸索的"超越的思想"的立场，与基于经验和交流的积累的观点进行摸索的"辨析的思想"的立场之间的分歧。而这不外乎是今后的进步和保守的意义。

第三节　三大问题轴

在此，将尝试着将讨论进一步具体化。不管是保守主义还是进步主义，其今后必须着手努力解决的问题是什么？决定问题方向的主要因素是什么？换言之，决定世界以及日本未来的存在方式的最基本因素是什么？在诸多因素中，我首先想提出产业化（industrialization）的存在方式和国民国家（nation-state）的存在方式这两种。针对当前所面临的问题，这些问题轴包含着正向和负向两种极端的回答，暂且表示如下：

产业主义（industrialism）⟵⟶反产业主义（anti-industrialism）

国家主义（nationalism）⟵⟶国际主义（inter nationalism）

这两大问题轴之间并不是没有联系，但基本上两者是独立的层面。但是，"难道这两大问题轴就能包含所有的基本问题吗"？很多人或许会对此产生怀疑。比如说，可能有很多人都认为以下的对立关系很重要：

自由（freedom）⟵⟶平等（equality）

正如此前所说的那样，自由和平等的问题尤其是自由的问题，对于人类而言是终极的主题，是界定人类的决定性条件。但是，以前发达工业国家所讨论的，并不是这种终极意义上的自由与平等，而是经济活动的自由与分配的平等之间的对立，实际上是资本主义和社会主义之间曾经有过的对立的后遗症。经济活动的自由当然是一种<u>行为的自由</u>，而不是<u>思想的自由</u>。结果，所列举出

第一章 思想解体的时期

的这第三大问题轴是被夸大的对立轴,自由与平等并不是真正意义上的对立概念(与自由相对立的是终极的秩序)。这种类型的自由与平等之间的对立,与上述的第一、第二大问题轴相比,如果在发达国家中作为主题的话,从本质上而言正在逐渐丧失其重要性。特别是在考虑所谓发达国家的国内收入和资产等突出的经济问题的时候,这种自由与平等的问题正逐渐简化。关于这一点,将在后面的第十一章进行论述。

这三大问题轴并不是忽然想到而列举出来的。关于其配置具有如下意义。首先请记住,人类印象中的世界,是由事物(假定称之为自然)、他人以及自己(自我)等诸多要素构成的。如果将现阶段所面临的问题按照这种想象的构成来表现的话,会浮现出如下形态:

表示人类对自然的基本姿态的轴
　　产业主义⟷反产业主义
表示人类对他人的基本姿态的轴
　　国家之间:国家主义⟷国际主义
　　国家内部:经济的自由⟷经济的平等

其中,之所以进行国家之间和国家内部的划分,正如后面也将进行论述的,是因为不得不重视"国民国家"这一现代社会的现实。三大问题轴,与人类所持有的世界想象的构成相对应。

但是,这种三元对立图式,或许并不能捕捉到现阶段所面临的课题的微妙之处。比如"产业化",从20世纪70年代后期开始进入了新的高涨阶段,在微电子、遗传基因学以及新材料等新技术的支撑下,目前正在引发通常所说的"信息化"现象。将这种被认为至少在其中占据支配性地位的最新阶段的产业化称为"超级产业主义"(super-industrialism)。与此相对地,包含着反产业主义的要素,试图在更高层次的秩序下包罗产业化的态势,则被称为"跨产业主义"(trans-industrialism)。听起来,可以说超产业主义是针对产业化(当然也包括超级产业化)的命题和反产业化的逆命题,旨在超越这两者的综合性命题。比如，科学与反产业化的相互协调，对于通常所说的"新左翼"来说就是一个大课题，现阶段的反公害运动中，过去那种朴素的反产业化的色彩也在减少。

另外，与国家主义相反的一面，一般而言会认为是国际主义（国际化），但是所谓的国际主义，归根结底是以国家（nation）为单位、谈论国家与国家之间（inter）的关系的构想。国家（更为准确的说法是国民国家 nation-state）确实是现代社会中最具实力的现实存在，但是另一方面，最近国民国家消亡的可能性也有迹可循。实际上，关于国家消亡的构想，早在列宁以前的旧马克思主义理论中就已经出现过，进一步追溯到近现代以前的话，类似于国民国家的政治体反而是异类。所以，将不以国民国家为基轴的构想，即包含国家主义和国际主义、同时超越二者的"超国家主义"（trans-nationalism）放在与国家主义相对立的位置，作为对现实状况的素描反而更恰当。和跨产业主义一样，跨国家主义也是一种综合命题型的概念。经济领域的自由和平等的对立是过于狭隘的问题，关于这一点已经有过启示。所以，本书打算将三大问题轴叠加起来，以稍稍带些"辩证法"色彩的形式继续进行讨论。

【超级产业主义⟵⟶反产业主义】⟵⟶跨产业主义

【国家主义⟵⟶国际主义】⟵⟶跨国家主义

【经济的自由⟵⟶经济的平等】⟵⟶更加广义的自由

不同的情况下（比如，尤其是第二种国家主义的问题轴的情形下），象征初级对立的括号（【】）内的对立关系将变得不那么明显，而与综合命题的比例将进一步变强。

这三大问题轴所覆盖的空间中，能够显示出各种各样选择的可能性。但是，为了从中进行选择，所需遵循的指针是什么？需要提前说明的是，并不可能有推导出唯一答案的唯一解法。期待像数学和工学中那样得出明确的答案，将是向18世纪启蒙主义以来的合理的进步主义的倒退。正如18世纪以后的历史所教导我们的，现实是在各种各样的靠近和相互竞争、相互影响的同时，不

第一章　思想解体的时期

断向前发展的。如果要大致对其进行整理的话，保守主义和进步主义的对立的动力将再次浮现出来。究其原因，如果用我的语言来表达，是因为这两种姿态的分化，是扎根于辨析学与超越论这一人类认识结构的双重性中的。

在这三大问题轴上所显示出的各种各样的选项中，今后的进步主义和保守主义将被如何定位？第一，从大范围的长期性来看，不管是对保守主义还是对进步主义而言，其基本课题应该是克服乃至进一步提升截至目前所使用的"进步"的概念。也就是说，截至目前推动合理性进步（产业化的基本原理）将由加速发展转向踩刹车的预期不会崩溃。但是，那时我们将直接面临"不可能有克服合理性进步的合理方案"的悖论。列宁曾经说过，"如果没有革命的理论，就不可能有任何形式的革命运动"，马克思主义的强项，就在于提供了贯彻通向理想世界的合理方案的"科学的理论"。今后的进步主义，或许将不得不朝着旨在建立超产业化、超国家主义的社会的柏拉图主义发展，但是没有描绘实现这一目标的全面的、一元化蓝图的方法。没有人能够提供一个可以同时实现保护地球环境、世界和平以及经济（包括国内的和国际的）平等等诸多目标的进步的方案。

进步主义，至少在今后的一段时间里，随着与合理的进步的思想划清界限并朝着心理的理想主义发展，将逐渐失去其此前所具有的优势。可以预见，在今后的思想配置方面，已经失去了整体方案的进步主义，将朝着针对一个个问题严肃地提出异议的姿态（通常所说的单一争论点 single issue 主义）转变，与此相对地，保守主义将朝着更多地承担探索单一争论点之间的现实一贯性的责任方面转变。从这个意义上来讲，思想的主导权将从进步转向保守。在合理性进步的加速期，进步的思想握有主导权，与此相对，在减速期则是保守的思想掌握主导权。很多人都已经预感到了保守和进步的作用的变化，但是变化的核心就在于这一点，而并非是广义的进步主义的消亡，以及通常所说的保守与进步之间的对立这种思想对立格局的消亡。

第二，保守主义和进步主义都不能做出单一方向的选择。以第一种产业化的问题轴为例，在发达国家内部，保护地球环境的问题、医学的界限以及遗传基因学等都成为问题，跨产业主义成为讨论的焦点；与此同时，发展中国家对产业化的欲望高涨也不容忽视。而在第二种"国家主义还是超国家主义"的问题轴上也一样，世界国家主义、国家间集团主义等多个方面的选择也成了问题，这将在后面部分进行论述。另外，在第三种"自由对平等"的问题轴上，在发达国家的大众民主主义中的平等过剩成为问题的同时，世界各地依然有必要切实保障为了自由的最低限度的平等（人权问题）。如果不能对这些多方向的选择进行整理的话，不管是进步还是保守，今后都不能发挥其作为思想的作用。理应重新掌握主导权的保守主义也被要求克服对环境问题的过敏反应，从古典的经济自由主义和国家主义中挣脱出来，甚至超越传统的依靠产业化成果的保守主义常识。特别是成为日本自民党政治的传统的"后发国家型保守主义"，从某种意义上讲是旧进步主义的"亚种"，非常强烈地执着于产业化。我认为自民党政治也将被迫进行大规模的调整。可以说，今后是此处所提到的具有新意义的保守主义主导的时代，但是没有航海图和思想指导的航行将充满波澜与不测。

第二章 从产业化迈向跨产业化

第一节 超级产业化与反产业化

超级产业化

首先,关于第一个问题轴。这是关于在过去的两个世纪将人类卷入其中的"产业化"的问题轴,目前在这一问题轴上可以看到如下两种姿态的对立。

(1)超级产业化(super-industrialism)——具有代表性的表现是微电子化、信息化和资本的流动化等。

(2)反产业化(anti-industrialism)——具有代表性的表现是保护地球环境、反对核能发电和反企业运动等。

关于已经持续了两个世纪的产业社会,目前有一种可能出现重大转机的预期。早在20世纪60年代中期,丹尼尔·贝尔就曾经使用过"后工业化社会"(post-industrial society)的表达方式。① 应该说,贝尔所设想的正是此处所说的超级产业化的倾向。但是,如果从现在开始回溯的话,不难发现"后工业化社会"并不仅仅指超级产业化,也包含着反产业化的倾向。

在此,我打算首先从对超级产业化开始进行说明。关于产业化,其古典形象是使用大功率的<u>机械</u>、消费大量的<u>能源</u>。与此相对地,对庞大规模的<u>信息</u>进行高速处理,它象征着20世纪70年代

---

① Daniel Bell, *The coming of Post-Industrial Society*, N. Y. : Basic Books, 1973, p. 52.

中后期以后出现的尖端产业化,即以信息(information)承担物质的细微结构,并大量且高速地进行处理、加工和传送。其中没有机械的磨损,对能源的消耗也少得惊人。信息这一概念本身就极其模糊,如果要对其重新进行定义的话,在人类的知识(knowledge)范畴中,基于一定的认识体系进行整理并形成手段的东西,即属于一定体系的知识,就是信息。① 从历史的角度来看,对于产业化而言,机械、能源和信息是"神圣的三位一体",不管缺少了其中的哪一个,产业化都不能成立。但是,产业化的历史也是一个主角不断更替的故事。19 世纪的主角是机械,从棉纺织机开始,不断有新的机械被发明创造出来,使人们的生活发生了翻天覆地的变化。与此相对,20 世纪的主角是能源,石油尤其如同电力所展现的那样,能源的利用方法出现了令人吃惊的多样化和高效率,使得机械的生产加工的可能性进一步扩大,其影响还渗透至人类日常生活的方方面面。读者可以试想一下,如果现代生活中没有电,那将会是怎样一种情景?照此继续进行类推的话,现在正在起步的第三阶段的主角则是信息,信息将使机械和能源的使用以及人类生活的某些侧面(作为手段的侧面)几乎发生质的变化。在此,我将这第三种局面称为"超级产业化"。

产业化是什么

在此,先对"产业化"(industrialization)这一词汇的使用方法进行界定。产业(industry)这一词汇,一般认为来源于拉丁语 industria,为"勤勉"之意。一种有说服力的观点是,这一拉丁语是由 indu 加上 struere 得来(其中,indu 可能与 in 具有同样的意义,而 struere 则是表示制造或者建造之意的动词,structura 是其完成被动分词)。② 从这一拉丁语的词源来看,industry 原本的语感,

---

① 如果按本书中所使用的概念,所谓"知识"则是指想象世界通过"反省"不断积累而成的一般性事物。
② *The Universal English Dictionary*, London: Routledge & Kegan Paul.

第二章　从产业化迈向跨产业化

应该是指在某种既定框架（structure）下的活动。比如在托马斯·阿奎那斯（St. Thomas Aquinas）和邓斯·司各脱（Duns Scotus）的构词理论中，industry 就是指非体力劳动的、指导性劳动和管理性劳动。① 该词由此发生转变，特别用于表示从事某种标准化的工作、在接受某种管理的组织（具体来说，比如工作场所和"工厂"）中进行生产，即通常所说的"制造业"之类的情形。这是 industry 这一词汇的狭义用法，在日语中非常方便地将 industry 分别译成了两种含义——"工业"与"产业"，其中"工业"这一词汇被用于表达其狭义的地方。所以，包含大量需要酌情处理的、难以对工作进行标准化处理的、同时也是自己的私人乐趣的农业、家务、教育、娱乐、艺术活动等，这些行业是不能使用"工业"这一词汇来表示的。

但是最近，从赢利的角度出发，这些活动也逐渐开始被纳入经营合理性的框架，并朝着标准化、程序化的方向发展。这样的话，这些活动就没有理由不被纳入 industry 之中了。目前，与教育、娱乐、艺术和信息等相关的很多活动，似乎可以被称为"服务产业"。农业也因借助遗传基因学和人工栽培技术的力量而变得难以与制造业相区别。所以，不拘泥于传统的工业与非工业的分类，industry 这一词汇开始在广泛意义上得到使用。现在，"产业"这一词汇被大量地用于表达这种广泛的意义。

如此看来，在现代经济学中，事实上所有的生产活动似乎都可以看成是"产业"。比如，农业虽然不是工业，但也可看成是一种产业（通常所说的第一产业）。始于工业的生产体系的原理向其他产业或其他国家（通常所说的后发国家）扩展的现象引起了人们的关注，这种现象用"产业化"这一词汇来表达。目前经济学

---

① 参见上田辰之助『トマス・アクィナス研究　上田辰之助著作集 2』、みすず書房、1987 年、186 頁、202 頁以降。这本书虽然是很久以前的著作，但现在看来依然是力作。

家将"产业化"定义为人均生产和收入的持续性增长。① 西蒙·库兹涅茨（Simon Smith Kuznets）和 W. W. 罗斯托（Walt Whitman Rostow）等就是具有代表性的例子，他们在精心收集和分析长期性统计资料的基础上，确认了经济整体在18世纪末的"产业革命"以后才明显具备上述特征，似乎将"产业化"视为库兹涅茨所说的"近现代经济增长"（modern economic growth）的同义词。于是，"产业化"似乎已成为从宏观层面（与经济整体相关联）进行明确定义、从统计学角度进行确认的概念。至少经济学家是这样认为的。但是，这一定义并没有把与此相对应的微观的（与一个个经济主体相关联）社会结构将发生怎样的变化视为问题。换言之，企业、劳动者以及财产权等的存在方式，如马克思主义所说的"生产关系"等问题被忽视了。另外，人均生产的持续性增长这一现象是否真的仅限于近现代社会，也颇值得商榷。关于这些问题，将在第五章进行详细的论述。

于是，industry 这一概念的含义就这样扩展开来。利用对译词的灵活使用也是很奇妙的，其含义从工业扩展至产业。但是，被不断进行广义解释的"产业化"的本质究竟是什么？人均生产的增长的意义是什么？"生产"（produce）一词来源于拉丁文 producere，其原意是将物品拿到或引入到（适当的场所），而在现在的构词理论中，则指将（人类世界以外的物品）引入人类世界，即让"自然"成为有用于人类的东西。"人均"这一表达方式则意味着平均性。换言之，支撑产业化的是一种信念，即平等的人类可以推进对自然的把握、操作和改变。的确，这是笛卡儿主义的世界观所代表的西欧世界近现代社会的基本命题，与对人类中心主义（anthropocentric）的、被称为近现代科学的信赖并入一个轨道。

---

① サイモン・クズネッツ『諸国民の経済成長』、西川俊作・戸田泰訳、ダイヤモンド社、1977年；W. W. ロストウ『経済成長の諸段階』、木村健康・久保まち子・村上泰亮訳、ダイヤモンド社、1961年。

第二章　从产业化迈向跨产业化

如果进一步挖掘此类逻辑法则的本质的话，尽管微电子、遗传基因学和新材料开发等的发展将使机械和能源的作用相对缩小，但很明显，这也是沿着产业化的逻辑发展的。可以充分预测到，半导体、光缆通信、电子计算机、机器人和激光等技术的发展，将引起所谓"信息化"现象，并改变社会面貌。但是，这种现象的变化也不能轻易颠覆支撑社会的根本性逻辑法则。究其原因，是因为不管传送的信息量有多大，其中的内容也只是根据近现代科学的逻辑法则创造出来的，是为产业化服务的。其所导致的结果就是，产业化的逻辑法则出现进一步的亢进。技术的快速发展给人们留下了足以扫除民众任何疑虑的深刻印象，至少在社会上的一部分人中间产生了强烈的技术乐观主义。但是，即便是面貌焕然一新的"超级产业化"阶段，也很明显地处于"产业化"潮流的延长线上。

产业化的归宿，并不是仅仅停留于上述这种可以称为<u>质的深化</u>的趋势。20世纪的一个重大特征，就是产业化的逻辑法则的所谓<u>量的扩大</u>。诞生于欧洲文化圈的产业化，即便在非欧洲文化圈，也并不是强制性行为，而是作为当地自行选择的课题而被接受和对待的，这样的事态正在发生。从贫穷的发展中国家到几乎达到发达国家水平的国家（通常所说的NIEs），始终追求以开发为名的产业化政策。虽然所使用的方法因为国家的不同而多种多样，但是接受吸纳的方向成为大趋势，这是难以撼动的。其道理很简单，如果硬要拒绝产业化所带来的便利，特别是如果无视受产业化支撑的军事力量的作用的话，不同的社会或者不同的个人，其自身的存续乃至生存都将受到阻碍。产业化的质的深化和量的扩大，将同时不可避免地向前发展。正如下一章还要进行论述的那样，阻挡这种潮流的制度和思想在目前这个阶段并不存在。所以，地球上的60亿人口，都不得不在一定程度上考虑诸如至少使人均收入达到5000美元的水平之类的课题。如果想象一下能源消耗和环境污染将造成多么巨大的后果的话，几乎任何人都会不寒而栗。乐观主义者将希望寄托在产业化的质的深化上，但是忘却了量的扩大，这是想象力有所欠缺的表现。超级产业化的彼岸，也未必是光明的未来。

反产业化

与此相对，此处所提及的"反产业化"，则指否定产业化逻辑法则的姿态。当然，这是对机械、能源和信息所创造出来的人工世界的反对，但并不仅仅止于此，而是针对基本想法的思想的反抗。换言之，人类不是世界的中心，并没有被赋予操纵世界、征服自然的使命。人类认识世界的能力总是有限的。虽然人类似乎具有按照所设想的那样进一步扩展的力量，但实际上，人类所创造出来的景况只不过是极其不完全的东西。也就是说，很有可能有某种不确定的、终极的超越性秩序在发挥作用，人类不能超越这一法则，而且还会不时地受到其残酷而迅猛的即时报复。比如，当人类俯瞰宇宙的协调和生态的秩序，并因为可能成为超越性主体而意图为所欲为时，人类就开始将自身逼向灭亡的境地。……这种想法，是针对笛卡儿式的近现代西欧的反命题，甚至可以说是针对"人类是仿照上帝的形状创造出来的"这一基督教起源即"人类中心主义"的反命题。大部分东方世界的宗教和思想都没有坚持人类中心主义，而且实际上即便在20世纪的西欧哲学中，现象学、存在主义、结构主义、诠释学等各门科学中都可以看到这种反笛卡儿主义的萌芽（参照第十二章）。

实际上，使这种"反产业化"的方向转化为社会运动和政治行为的推动力量的，是具体事实的力量。从20世纪60年代开始，无约束的产业活动的不断膨胀可能造成环境破坏和资源枯竭，这已经是显而易见的了。不管是核裂变的污染，还是二氧化碳气体的大量排放，谁都很难否认，人类已经具有了自我毁灭的能力。问题的严重性得到了广泛而普遍的承认，因而保护环境的法律和规定作为当今发达工业国家共同的制度得到确定。从这个意义上来讲，世界上已经没有不以某种形式的环境主义者自居的人了。不仅如此，伴随着产业化的量的扩大，环境破坏正在向发达国家

第二章 从产业化迈向跨产业化

以外扩张。今后的环境破坏,与其说是在发达国家,不如说将以发展中国家为中心铺开。这种影响很自然地会蔓延至世界范围内,殃及全世界人民。这样的话,不单单是已过上了富足生活的发达国家的人民,最终全世界人民都不得不成为环境主义者。从环境主义开始出现这个意义上来讲,20世纪70年代可以算是人类历史上具有划时代意义的时期。但是,关于环境主义的主张也存在着各种水平、各种层次的观点,其中有些内容也含有很难说是属于此处所定义的"反产业化"理论。而且,即便是在同一种环境主义的主张中,往往也是不同水平的论点未经梳理地混杂在一起。

第一,"社会工程"(social engineering)式的环境主义。此处所说的"社会工程",正如其字面意思,是关于社会的工程学,其采取的手法是在基本承认产业化的基础上进行根本性的局部改良。比如,最近各国都在组建相当于环境厅之类的组织机构,负责对新产业活动和技术的影响进行监督检查。这种通常所说的"环境评价乃至技术评价"(technology assessment),正是社会工程派操作方式的典型例子。这种手法继承了普通工程学的特征,将环境恶化所造成的损害和环境改善所带来的效果放在同一水平上进行比较权衡,这确实具有客观主义的一面。尤其是在测算环境改善所带来的效果的背后,潜藏着认为通过持续的技术积累就能改善社会状态的技术乐观主义。显然,这种乐观主义起源于人类中心主义的产业化逻辑。社会工程式环境主义不是反产业主义。

第二,以技术悲观主义为基础的环境主义。在环境主义者中,也有不少人在对产业化持某种容忍态度的同时,在核能发电站建设、农药散播以及森林砍伐等方面持强烈的反对立场。他们之所以常常对"技术评价"得出的数据持强烈的反对态度,并不单单是因为这些数据不准确、不可靠,即便是让最有良心的专家通过计算得出最佳的数据,环境主义者中的相当一部分人恐怕还是不能接受这些数据。这是因为,导致他们持反对态度的不是这些数字本身,而是其所象征的部分改良主义以及技术乐观主义。他们指出,认为核能发电的安全性、二氧化碳气体带来的温室效应以及氟利昂造成的臭氧层破坏等问题能够通过技术得以解决的乐观主义，最终只能造成新的而且恐怕会更加麻烦的公害。如果不让全世界共同行动、改变原有观念，环境将继续恶化下去。……在有如此考虑的时候，环境主义已经相当接近于"反产业化"的思想了。

但是，不论是乐观主义还是悲观主义，在依赖于对产业化成果进行预测的主张中，并没有能称其为思想的强大力量。比如，今后或许能够成功利用核聚变发电，能够在世界范围内再造森林，能够找到替代氟利昂气体的物质，等等。届时，基于悲观主义立场的环境主义将发生极大的动摇。但是，如果没有不受预测结果成功与否而一喜一忧的影响而长期通用的逻辑的话，是不能成为创造新的生活方式、改变时代的思想的。为了使反产业化的思想成为实实在在的东西，就不得不对产业化思想的核心即人类中心主义进行批判。只要没能实现这样的批判，产业主义的思想将循环往复地不断复苏。这样看来，单单坚持技术悲观主义立场的环境主义是模棱两可的反产业化理论。

关于人类中心主义的理解五花八门，但是在其普遍性的解释中，人类的健康和对生命的追求被置于核心地位。环境主义也好，反对公害运动也罢，在多数情形下依然是以人类的健康和生命作为目标，基于与自然相对应的意义，采取了人类中心主义（anthropocentric）的姿态。① 但是，人类中心主义的环境主义，绝对达不到反产业化的思想境界。

从更为广泛的意义上来讲，从传统的进步主义出发是不能生成反产业化的思想的。比如，被称为社会主义的"旧的左翼思想"，是人类中心主义的进步思想的代表性例子，也是其最后的旗手，但即便可以算是反企业主义，也绝不会发展成为反产业主义。

---

① 顺便提一下，这种姿态被称为 anthropocentrism 而不称为 humanism 是有理由的。究其原因，是因为 humanism 指的是文艺复兴运动时针对中世纪的秩序所做的反假设，主要是指人与人之间的关系。

第二章　从产业化迈向跨产业化

如果说通常所说的"新左翼"包含着反产业化的思想的话,在环境问题等重要争论点上,新旧左翼不得不发生分裂。在思想的空间中,"旧左翼"和"新左翼"处于相反的位置。再举一个例子,"和平主义者"往往认为每个人的生命比地球更为重要,这样的姿态很明显是人类中心主义,并没有彻底坚持反产业主义。关于这一点,接下来将进行更为深入的讨论。

真正的反产业主义

人类中心主义所存在的两难困境在各个方面都已经表现得很明显,比如在最具先驱意义的医学领域,这种两难困境就表现得非常尖锐。医学,的确是最直接以维持人类的健康和生命为目标的科学技术。但是,尽管如此,医学技术无限制地获得进步就是好事吗？医学的进步,确实延长了人类的生存期限。但是,其成果从目前来看,或许已经到了一个极限。当看到患有阿尔茨海默病(即老年痴呆症)的患者继续活着、癌症晚期的患者日复一日地在痛苦中挣扎、植物人长年累月地躺在床上不能动弹的时候,人们对以单纯延长人类的生存期限为目标的医学,会产生深深的疑惑。即便没有患有上述比较特殊的疾病,随着年龄的增长将会逐渐丧失各种能力,也可能变成无用的个体,当想到这些时,老年人的心中也将产生同样的疑问。难道应该仅仅是以单纯的延续生存为目标吗？难道不应当把有尊严地活着确定为目标吗？难道不应该允许安乐死(毋宁说,更应该称之为有尊严的死亡)吗？斯多葛派提出了这一问题,并给出了能够允许的答案。很明显,关于尊严是什么的问题,不仅是医学领域,就连全人类也难以回答。如果不对给予人类尊严的高层次价值,或者说高层次的世界观乃至秩序进行设想的话,是不能给出明确的答案的。在此,现代医学预先设定的人类中心主义将陷入无底深渊。

的确,所谓生存这一生物性的要求,和所谓尊严这一价值性的要求,在某种阶段是一致的并且是相互促进发展的。截至目前的普遍性常识认为,只要活着就可以追求理想和价值,换言之,生存不遭到威胁，是获得尊严的必要条件。比如，看到胸怀理想的年轻生命因贫穷而受苦，以及因战争和疾病等暴力方式而被终止生命的时候，我们的心会感到疼痛。但是，随着20世纪后半期福利国家的发展和戏剧性的医学进步，似乎大部分人都受到了保护，远离疾病、远离死亡。对他们而言，追求个人理想、完成工作的生存期限和健康，在平均意义上得到了保证。就目前发达社会的人尤其是年轻人的感觉而言，死亡和重病只不过是与交通事故同等程度的不幸事件。当打算进一步超越现有水平进而追求生存和健康的时候，"为了活着而活着"的空虚感将涌上心头。的确，作为动物的人类，哪怕仅仅是一瞬间，也是希望尽可能长寿的。但是，人类不能只满足于这种作为单纯的动物的追求。比如，笛卡儿以来的近现代社会的传统中，已经获得生存保障的时候，人类就开始朝着"实现自我"（self-actualization）（亚伯拉罕·马斯洛，Abraham Maslow）的方向迈进。①

但是，正如前面所论述的，问题在于真正的自我是什么。从我的个人观点来看，其中常常还包含着真正的自由是什么这一问题。对瞬间的本能的满足和感性（感受性）的充足，并不能对这一问题进行充分的回答。甚至毋宁说，瞬间的感动，在生存遭到威胁的恶劣环境下反而会增强，而且当感动到极致的时候，我们反而会说"即便死了也无所谓"。如果说瞬间的陶醉是终极目标的话，就没有理由禁止毒品了。即便在经历了超常的感动（也可以说是感悟）的瞬间之后，人们还是不得不继续过着平凡但并非毫无意义的日常生活。更一般性地来讲，真正的自我的意义，并不在于瞬间的感动之中，毋宁说在"生活世界"（lebenswelt）中，在于其间不断的自我反省（自我省察或者是自我论及）。自己（自我）的意义是由世界来支撑的，而不是单纯依靠自身所支撑的。如果自己支撑自己的话，则是自我的绝对化，是对笛卡儿主义的回归，甚至可以说是对产业化逻辑的回归。马斯洛派所提出的

---

① Abraham H. Maslow, *Motivation and Personality*, N. Y.：McGraw-Hill, 1960.

第二章　从产业化迈向跨产业化

"实现自我"这一概念，就非常典型地包含着这种危险。比如，"为了实现自我而努力"之类的东西，反而会使不少人成为异样的沉溺者（御宅族？）。其中，恐怕也有那些被科学技术愚弄的人（疯狂的自然科学家？）。

使自我的意义得到平衡的是世界，是其大气魄，是其壮美，换言之是其中所洋溢着的价值。至少如果不这样想的话，就无法克服人类中心主义（产业化）。也就是说，如果没有即使赌上生命（自我消亡的威胁）也必须要保护的价值的话，生存（自己的存续）也已经没有了价值。所以一旦超越了某个点，对生存的追求和对价值的追求将陷入自相矛盾的局面。[①] 为了避免没有价值的生，在和世界整体相关联的价值中，必须把包含着人类价值的人类中心主义从王座上拉下来。如果不这样的话，将无法完成反产业主义。

反产业主义能算进步主义吗？

那么，反产业主义想要实现的理想，到底能描绘成什么样？有人说，社会的理想状态是充满绿色的丰富的农业社会，也有人认为应该向狩猎采集社会学习。另外也有人认为，生物体系中可以看到的自动平衡的机制应该成为社会的原型，还有人愿意将生态系统的平衡看成理想的秩序。提倡与自然相融合、和谐等说法的也大有人在。如果依据这些想法，自然的自动平衡与和谐是秩序的原型，人类的活动尤其是以产业化为名的活动，可以看成是破坏这种协调的自我增生的异物。极端一点来说，所谓人类这一物种，似乎可以被视为寄生于自然这一大的有机体（大地女神盖娅），并最终将其推向死亡的癌细胞。如果将自然与人类之间的对立关系比做有机体和癌之间的对立关系的话，那么要恢复自然的和谐，最为明确的解决方法，很明显就是预防甚至切除"癌"。

---

① 命令生存、禁止自杀的宗教也是存在的，但其本质在于生存即意味着首先要为神的秩序而献身。

但是，作为异物，应该去除什么东西？仅仅是推动产业化进程的人，或者是全体人类本身？为了回答这一问题，在描绘自然的理想秩序的时候，必须具体地考虑人类占据怎样的地位。比如，在理想的社会中，为了母亲而选择杀掉婴儿是否合适，即人工流产是好是坏。为了食肉，对动物进行品种改良、饲养和储备是否合适？为了培育食用植物，将森林烧之殆尽并除去其他的植物（人类将其称为杂草）是否合适？顺便提一下，现在日本人用于观赏的森林和树木（比如松树），就只不过是通过农耕活动生成的次生植被而已。杀掉害鸟和害虫（甚至是苍蝇和蚊子等相对无害的昆虫）为什么会得到允许？提出这些问题，并不是单纯找茬挑衅。比如，以不杀害昆虫作为教义的宗教（如耆那教）也的确是存在的。尽管保护濒临灭绝的物种是好事，但是举一个大胆的例子，为什么谁也不会责怪灭绝黑死病菌和天花病菌的行为？这些问题乍一看，或许会被认为提得过于极端了，但是在向自然学习理想的秩序观的时候，这恐怕也是不可避免的。

不过，在这些提问过程中逐渐变得清晰的是，所谓"自然"就是不同时期的人类最擅长且随意观察到的自然，是与狩猎采集社会、农业社会和工业社会等各个阶段相适应而得出的人类的解释。如果要具体地规定自然的话，其中许多重要的东西常常会从指缝中漏掉。所以不能将自然定义成简单划一的概念，应该是包含着深信不疑的信念等各种观念，不管采取哪种观念，都包含着自然，而且常常可以进一步描绘无限制的自然景况。所谓"自然"这种东西本身是不存在的。我们只能是回归到过去的某种自然观。将过去的种种自然观相互叠加、相互融合，或许确实有一定的意义（这是广义的保守主义的一种）。但是，如果将某种过去的姿态绝对化为"自然的秩序"的话（这是广义的进步主义的一种），将不得不依赖于"自然"以外的标准。

但是，不可否认的是，人类也是"自然"的一部分。其中，通过产业化戏剧性地显性化的人类的能力，换言之常常对世界进行重新解释、设想新的世界的人类的能力，即反省的能力、思想

第二章　从产业化迈向跨产业化

的能力，也还是"自然"的一部分，常常紧紧跟随并纠缠着人类。人类能否定这种吗？这是人类的"本性"，或者说是人类的"宿业"，被编织到最广泛意义的自然之中。即便只是将笛卡儿派所说的主权者地位从人类中剥离出来并硬塞进一定的秩序中，人类与自然的对立格局，也只不过是向以自然为主、人类为辅的又一种人为格局的逆转而已。如果使人类与自然形成对立关系的话，大致来说这种秩序的观念，确实可能因为人类进行思想活动的能力而离经叛道。比如，过去人类所经历过的最强有力的秩序的框架，是有史宗教和世界宗教下的框架。基督教、佛教和儒教等，都提供了这样那样有机体式的秩序的观念，旨在抑制人类的"宿业"。但是，至少在基督教文明圈的情形下，人类挣脱了这种设想的秩序而得以发展，极大地背离了上帝王国的秩序，创造了工业社会。因此不少人认为，在这种工业社会中，"上帝已经死去"。

所以，像 A. J. 汤因比（Arnold Joseph Toynbee）一样，将拯救产业文明称为新的"宗教"的非宗教者也有不少。[①] 但是，这种"宗教"，至少在截至目前的有史宗教乃至世界宗教中是不可能存在的。过去的宗教以严格的教义和对异端思想的非宽容为特征，而这正体现了有史宗教下的秩序的局限性。在普遍覆盖整个世界的产业化浪潮中，人类知道了各种思想的可能性。这不仅仅显示了非基督教的文化的可能性，毋宁说，反倒是在基督教的文化圈中，从结婚到家族的尊严、同性恋和裸露主义之类的性禁忌等社会风俗出现瓦解，所有的相对价值主义得以诞生。根据教义对这样的混乱进行机械式整理的"宗教的秩序"，恐怕已经不会出现了。今后应该出现的，必须是超越过去的秩序理念的形象。如果要给其下一个定义的话，可以将其称为高层次的宗教，这与截至目前的有史宗教形似而神不似。

---

① アーノルド・トインビー『試練に立つ文明』、深瀬基寬訳、社会思想研究会出版部、1952 年、51 頁、139 頁など；Arnold J. Toynbee, *Civilization on Trial*, London: Oxford University Press, 1947.

不管怎样，在此想要确认的是，就算"反产业化"的出现有充分的根据，但是对此发挥引导作用的思想的到来还存在着相当多的困难。这是因为，这几乎等同于将过去人类历史的主要成果——不仅仅是产业化，也包括有史宗教——进行颠覆。对于这种讨论，或许也有人会因为这是对理想主义泼冷水的无稽之谈而大皱眉头。但是，比如说我就相信，因为有大量环保人士的存在，产业化受到抑制的社会，不可避免地会到来。不过与此同时我也认为，如果颠倒这一方向发展的前后顺序的话，人类过去所有的经营活动以及人类本身都有可能会遭到灭绝——换言之，这种人类的自杀行为，如果从更为广阔的宇宙的视野来看，也可以视为一种解决问题的办法。

第二节　跨产业化

如前所述，超级产业化和反产业化这两种相悖的潮流，目前都各自得到强化，围绕产业化的角力将逐渐激烈化。作为对遥远未来的预测，认为超级产业化最终受到人类中心主义的局限的反弹，将不得不朝着抑制产业化的方向发展的观点或许是比较稳妥的。这是因为，仅仅拥有有限能力的人类，是不可能无限发展的。在一部分人中也存在着带来超级产业化的所谓"信息化现象"将使人类软着陆于超越产业化的世界的乐观论。这种乐观派的先驱者有增田米二以及从很早就开始倡导"致知社会"的公文俊平，还有将"致知社会"进一步扩大为所谓"知价社会"普及版的堺屋太一等，从他们身上都能够看到这种征兆。[①] 但是，这种乐观论并不是被无条件地接受的。信息——至少是到目前为止意义上的信息——只不过是在一定体系下经过整理的知识。不管向超级计

---

① 增田米二的观点在其著作中进行了归纳。参见增田米二『原典　情報社会——機会開発者の時代へ』、TBSブリタニカ、1985年；公文俊平『社会システム論』、日本経済新聞社、1978年；堺屋太一『知価革命』、PHP研究所、1985年。关于信息化，实际上我的想法也还没有确定，在此所说的只是暂定的尝试性论述。

第二章　从产业化迈向跨产业化

算机投入多大规模的信息，也是不可能产生思想的。最重要的是，并没有产生对这种电子计算机进行批判的思想。这就是人类与电子计算机之间具有决定意义的差异。正像文字的发明、谷登堡（Johannes Gensfleisch zur Laden zum Gutenberg，即活字印刷）的发明以及电视机的发明等一样，电子计算机也促进了一定体系下的知识（尤其是通常所说的科学）的发展，也为其进一步发展提供了突破口。能源的消耗获得了大幅度的节约，笨重的机械没了踪迹。但是，现在的信息化，或许还没有成为足以克服人类中心主义这一产业化的基本逻辑的决定性武器。如果抱有期待的话，也仅仅在于信息化能够丰富人类的知识，推进关于形象的交流，有助于创造思想等方面。在这种情况下，主角是具有思想能力的作为动物的人类，而不是电子计算机和通信线路。所以，在超级产业化完全让位之前所需要花费的时间，恐怕不会少于数十年。

今后一段时期的主要潮流将是超级产业化，而不是反产业化。反产业化可能仅局限于一些少数激进派所坚持的立场。那是因为，首先，没有受到产业化恩泽的人在全球范围内还大量存在，他们依然追求产业化的扩大并逐步登上历史舞台。在今后几个世代的时间里，来自发展中国家的这种影响恐怕都将成为随时面临的最重要课题。但是，问题还会更加严重。所谓产业化，并不单单是普遍狭义的工业化，还包含着现代科学，包含着人类中心主义。针对这些产业化的基本前提的反命题，意味着有文字记载以来不断增强的人类的倾向发生的逆转。这一逆转所包含的课题相当巨大，不是一朝一夕就能完成的。所谓征服自然这种形式的朴素的进步信仰，作为环境问题和资源问题的结果，很明显表露出不好的征兆。但是，从根本上超越人类中心主义的思想，还在地平线上遥远的彼岸。这种还不见踪影的思想对于人类而言，可能最终也无法出现。但是，我毫不怀疑人类正在向这一方向前进，而且对实现这一目标的发展路径进行消极形态的说明也是可以尝试的。

最需要说明的是，对人类中心主义踩刹车使其减速的过程，并不是利用笛卡儿派意义上的人类的理性预先进行合理性的设计。

究其原因，如果这成为可能的话，作为这一合理过程的汇聚点，理想的秩序将再度成为人类的制成品。此时，与近现代化、产业化的对比将明白无误地展现出来。不管是启蒙主义，还是马克思主义，那个时代典型的进步思想都具有合理地、清晰地描绘出通向理想状态的路线的特征，正因为如此，才使人类为之倾倒。也正因为社会主义不是"空想的"而是"科学的"，所以才具有强大的力量。但是，今后这种状况将发生逆转。即便超越人类中心主义的理想状况能够被描绘出来，但是要以合理的进步形态描绘出达成这一目标的过程，也是不可能的。人类不可能对反人类中心主义进行管理。于是，进步主义再度成为"空想的"。这里存在着应该称之为"为超越进步的进步"的悖论，也存在着"合理的进步"的思想在衰退时代的"进步主义的两难困境"。即便今后还能有进步这一概念，那也只能是具有两种含义的，包含着二律必反（antinomy）的概念。实际上，人类的理性遇到了各种各样的局限，通过试错、妥协和折中，结果是某种类型的秩序逐渐浮现出来。这基本上是具有与笛卡儿主义所代表的"超越论"的方法处于对立意义的"诠释学"的方法，是最广泛意义的"保守主义"的过程。所以，与截至目前的工业化时代相反，凡事正在以"保守主义"掌握主导权、"进步主义"常常提出异议、不让历史停滞不前的形式向前推进。但是，此处所说的保守和进步，都是我们所说的非常广义的概念，与传统意义上的保守和进步有着极大的差异。

将其与传统型的进步和保守混为一谈的危险性，恐怕无论怎么强调都是不过分的。若依照进步主义的传统类型，或许会产生这样的构想，即符合愿望的秩序只是简单划一地被确定，而且通向这一目标的路径也只能有一条，其实这只不过是对合理主义信仰的重复。但是，今后这种混同或许会以急躁的空想秩序的提案的形式不断出现。快速向"超级产业化"靠近的苏联和中国的秩序，就没有重新以"反产业化"名义出现，但是生态学的秩序、基督教的秩序、伊斯兰教的秩序等都向各种各样的原教旨主义回归，或许会以新的"进步主义"的名义登场。这些都是空想的，

第二章 从产业化迈向跨产业化

提及最切身的具体问题,则以"单一问题主义"(single issue)的形式表现自我。

但是,另一方面,保守主义中也会产生混淆。传统型的保守主义,或许对这些新的空想的进步主义、单一问题主义等心存反感。但是,对人类中心主义占统治地位心存疑虑,原本就是保守主义的属性;对产业化飞跃发展的疑问、对环境破坏的恐惧,就属于保守主义者的感受性的原有范围。基于这些基本的论点,保守主义(诠释学)的姿态,实际上是超越产业主义思想的源泉。

我并不打算断言上述我个人的讨论就是正确的。比如,人类超越地球的范围向宇宙进军,以超越现存生物极限的形式推进超级产业化的飞跃发展,这种种事态或许并不单纯是科幻(SF)空想。反过来说,或许也可以认为,反产业化的实现,是除了人类这一物种自杀以外不可能会发生的不祥事态。我的判断是,未来的发展趋势恐怕还是要走超级产业化和反产业化两者之间的平衡的道路。但是,不管做出何种判断,21世纪的政治将以超级产业化和反产业化的对立作为一个问题轴来考虑相关事宜。在这一预兆下,截至目前支配我们的保守与进步的对立,比如说资本主义和社会主义的对立,不过是在古典的产业化框架下关于手段选择的争论而已,早就体现出其只具有局限的渺小的意义。苏联式的或者说中国式的社会主义正在趋向于超级产业化,这一最新的状况具有极其突出的象征意义,因为这预示着传统的保守与进步的对立已失去意义。新的进步主义,作为对反产业化的秩序的憧憬登场,新的保守主义则一边对其急躁性进行批判,一边承担起主导性责任。今后,保守与进步的意义将发生很大的变化,其中所包含的悖论肯定会成为21世纪的人类需要努力解决的课题。但是,古老意义的保守与进步的对立已经死去,如果20世纪的人们不能认识到这一点,恐怕就无法开辟通向新世纪的道路。

第三章　国家主义与超国家主义

第一节　国家主义

我们所列举的三大问题轴中，最为紧急的就是今后国际社会的存在方式。通常所说的美国霸权衰退、苏联和东欧世界瓦解、海湾战争及后续处理等，对诸如此类问题一旦应对失误将会导致世界格局一举崩溃，问题堆积如山。当然，日本这个国家应该采取怎样的国际行动之类的问题，也只能是这种世界性问题中的一环。接下来将以这种国际关系的问题为中心，对如下问题轴进行说明。

    国际化和国际主义（internationalism）⟷ 国家主义（nationalism）

但是，正如前面所提到的那样，如果要对早已开始出现的种种征兆进行解读的话，下面的对立轴的方式或许更好。

    超国家主义（trans-nationalism）⟷ 国家主义（nationalism）

我打算从处于这一对立轴一极的国家主义的定义开始进行论述。这一词汇的使用相当模糊，但是如果说是严格意义上的国家主义的话，指的是尊重"国民国家"（nation-state）或者"近现代主权国家"（modern sovereign state）的思想，即"国民国家主义"。在讨论国家主义时所提及的国家，总是指国民国家或者近现代主权国家，而不是部族自然发展形成的国家，也不是过去那种在文明史上刻意将自己的理念具体化的大帝国（empire）。国家主义，

第三章　国家主义与超国家主义

是欧洲历史创造出来的特殊的历史遗产，具有不能称之为单纯的、自然生成的共同体的自我主张的复杂特征。

另一方面，处于另一极的国际主义或者超国家主义，带有各种各样的侧面，不能简单地进行确定。但是，<u>如果仅限于从与截至目前的近现代相关的角度来说的话</u>，支撑国际主义的背后的实力派，则是跨越国境将国家与国家联系起来的贸易活动，或者说是倡导全面性扩张的经济自由主义的思想。所以，在截至目前的阶段中，上面所列举的问题轴，在一定程度上也可以被解读为国家主义与经济自由主义之间时而矛盾、时而和谐的关系。但是，按照我的预想，在目前这种大幕正在拉开的新的历史局面下，这两种古典思想正共同引起对现实社会的适应不充分的问题，同时这两种思想之间的矛盾也将不断加深。但是我必须事先声明，我并不是要预告常常被提及的世界主义（无国籍主义，尤其是文化的无国籍主义）和计划经济主义即将到来。毋宁说，形势恰恰与此相反。坚持国家主义和自由主义的古典式理解是相当非历史性的（a-historical），而对其进行抽象颠覆的世界主义和计划经济主义也只不过是反历史性的（anti-historical）英雄主义。目前需要做的是，针对国家主义和自由主义，追溯到其核心部分进行重新讨论、重新构建。接下来，我将斗胆对这一显然不太容易的课题发起挑战。在本章中，首先选择前者的国家主义，即国民国家的思想，从对其原本的形态进行讨论开始。

作为历史例外的国民国家

正如历史学家们广泛承认的那样，所谓国民国家或者说近现代主权国家，是16世纪以来的西欧地区所特有的历史现象，指的是nation、sovereign state（主权国家）和territorial state（领土国家）三者达成一致的特殊状态。第一种要素，所谓nation，是以种族、语言和历史的同一性为基础形成的<u>自然</u>的单位，即普遍意义上的共同体单位。但是，这里所说的"自然的"并不是生物学（可遗传的人种的特征）的意义，而是即使有意识地想要创造也造不出来的东西，是在历史过程中自然发生的事物。nation 的词源是拉丁语 natio，具有自然而然地生成的事物的意思，从这个意义上来讲，较之 nation，或许 natio 这样的表达方式反而更清楚。事实上，也时常出现关于 nation 也是通过意识形态创造出来的事物的观点。但是，不管进行多大强度的思想性宣传活动，如果自然生成的基础不够充分的话，nation 最终也是不可能实现的。

第二种要素，所谓的 state，是指实现政治和经济统一的社会制度。其中，尤其是在谈论主权国家的时候，指的是这一 state 不受其他任何（包括国内和国外的）权力的制约，具有绝对的权力（即主权 sovereignty）。第三种要素，所谓的领土国家，指的是 state 的权力在一定的领域（territory）内得以确立。从普遍意义上来讲，nation（即 natio）、主权国家和领土国家这三者并不是一致的。这三种组织单位之所以偶然达成一致，正如接下来将进行具体论述的那样，是源于欧洲在挣脱通常所说的"中世纪"时所面临的、特有的历史条件。另外，实际上日本也是这种少数例外社会的一个代表，具有因地缘政治学上的孤立状态等而导致三种特性容易达成一致的可能性。在欧洲体系的社会中，国民国家的存在被认为是理所当然的，日本人也认为国民国家的存在就像空气一样自然。但是，如果从一般意义上来讲的话，natio（自然的单位）即便是历史上普遍存在的事物，也并没有成为 territorial sovereign state（领土主权国家）的必然性。

但是，正如后文所论述的，只要是与<u>中世纪以后的欧洲</u>的情形相关，所谓国民国家和由国民国家所组成的体系，几乎是唯一有效的解。而且，当欧洲文明征服世界成为历史发展的大趋势的时候，这种政治制度几乎向全世界扩展，即便是地理环境、政治经济条件迥异的国家，也常常被强行要求建立形式上的国民国家。1919 年签订的《凡尔赛条约》提出了"民族自决原则"，这就是很好的例证。实际上在当时，西欧世界的有实力的国家本身早已具备了殖民帝国的性质，就算是美国、苏联和中国等也很难说是国民国家。亚洲和非洲地区新出现的多民族国家也不能说已经具

第三章　国家主义与超国家主义

备了国民国家的资格。当今世界体系的现实，充其量只能算是模拟国民国家体系。但是，只要起源于欧洲的各个国家掌握着主导权，就决定了世界政治将以欧洲的这种国民国家体系为活动舞台，作为其遗产，到目前为止，国民国家体系在世界体系中依然保持着正统理念的地位。比如，联合国存在的功能不健全问题，其很大的原因在于继承了这种政治的神话（比如联合国大会所采取的一国一票制度）。于是，如果要对目前的世界体系进行再探讨的话，重视国民国家的理念，即国家主义，将不得不成为我们所说的问题轴的一极，或者说是理所当然的原点。

但是，我还想再一次强调，国民国家是历史的例外。比如，被称为首长制（chiefdom）、王权制（kingship）和神权政治（theocracy）等早期的国家（state），是按照血缘和宗教结成的人类集合体，领土的观念充其量是次要的东西。紧接着出现的历史上有名的各大文明帝国，比如说中华帝国、罗马帝国等由为数众多的民族组成，并不是 nation，因为深信全世界本就是自己的，所以并没有执着于国境和领土之类的概念。最为明确的领地乃至领土的概念，是形成于欧洲以及日本的中世纪封建社会。在此，核心的人类关系（家臣制，vassality）是利用有关土地（采邑制，beneficium）的语言来表达的，下级领主和上级领主之间围绕着领域支配权发生激烈的争斗，下级领主对自己的领土也拥有一定的权利。顶级的领主是国王（比如神圣罗马帝国的皇帝、日本的天皇以及将军），其所拥有的领土主权也远远没有达到绝对的程度。中世纪结束后，历史进入"近代"（early modern period），这种事态开始发生变化。近代是通常所说的绝对王权政治的时期，正如绝对王权这一名词所示，国王的权力实现了绝对化。但是，在 16 世纪的时候，也存在着国家通过王室（比如西班牙和奥地利的哈布斯堡家族）联姻和继承王位等途径进行合并的现象。这种合并国家是多民族、多文化的人工产物，不能称之为 nation。三种特性逐步达成一致，是从近代社会逐步深入发展，绝对王权政治与一定领土之间的联系日益强化之后开始的。具有象征性意义的事件，是

1648年的威斯特伐利亚条约。

说起来，导致欧洲中世纪封建社会结束的一个重要原因，是火器（如大炮、铁炮）的登场。其所具有的压倒性威力，使此前封建领主依靠城堡要塞和骑兵的安全保障能力失去意义。机动的常备军（初期主要以雇佣军为主）和对其发挥支撑作用的强大的经济实力变得很有必要，因此出现了要求更加广阔范围的政治统一的动向。国王的领土支配权逐步增强，并朝着可以称之为主权的形式接近。于是，从15、16世纪起，"近现代"拉开大幕。

> 从中世纪向近现代的转换，……从某种意义上来讲，也是领土国家（territorial state）形成和强化的过程。国家单位聚集，并围绕着武力、影响力和领土相互展开竞争。（理查德·罗斯克伦斯，Richard Rosecrance）①

这种领土国家，从其成立开始就是崇尚武力和扩张主义的国家。从人类历史的一般性趋势来看的话，在这种相互竞争中出现征服整体并实现统一的权力是很普遍的。事实上，以日本为例，由于战国大名所进行的获取领土的对抗——随着火器的登场——很自然导致了织田—丰臣政权以及德川政权对全国的统一。但是，在欧洲地区的近现代社会中，不管是西班牙、哈布斯堡家族的奥地利，还是法国，没有一个国家能够实现整个欧洲的统一。那么，这种欧洲所特有的社会进展是怎样发生的呢？

当然，如果只是与日本进行比较的话，欧洲整体的规模较大，也可以被列为导致其统一存在困难的原因。但是，很明显，规模的巨大并不是起决定作用的因素。比如，如果和处于欧亚大陆中央地带的草原地区进行比较的话，范围比欧洲更广阔的这一地区却经历了由驰骋草原的骑马部族组成的庞大帝国的形成和兴亡。所以，很明显，重要的不是单纯的地理性扩张，而是欧洲所特有

---

① Richard Rosecrance, *The Rise of Trading State*, N.Y.: Basic Books, 1986, p.77；リチャード・ローズクランス『新貿易国家論』、土屋政雄訳、中央公論社、1987年、96頁。译文有少许变更。

第三章　国家主义与超国家主义

的自然和历史特征。第一，为森林所覆盖、被丛山切割开来的欧洲的自然环境，有助于多民族共存；第二，封建制度，即与土地紧密联系型制度的登场，完成了种族并存的初级形态向建立相互抗争的多语言圈发展的过程；第三，与给人的表面印象相反，宗教和教养的同质性（以罗马教会下的天主教教义和拉丁语为基础的上流阶层间的亲和性）的影响不容忽视。这种既不完全统一、又不彻底分裂的共存状态之所以得以持续，其秘密恐怕就在于语言和种族的异质性与宗教和教养的文化同质性之间维持着微妙的平衡关系。从这个意义上来讲，对于欧洲中世纪时的共存体系而言，基督教具有决定性的意义，尤其是其双重结构发挥了重要作用。换言之，在西欧式的基督教社会中，神圣的权威（罗马教会）和世俗的权力（神圣罗马帝国）被分离开来，而且神圣与世俗之间经常越权并相互伤害。由基督教形成的集结力，并不像伊斯兰教那样是顽石一块。其软弱性，反而产生了异质性和同质性之间的平衡。

但是，当笼罩整个欧洲的天主教教义的保护膜因为宗教革命而变弱的时候，这种平衡就瓦解了。导致地域隔断的裂缝开始出现，以主要语言圈为基础、采取新的军事技术的实力派国王（即通常所说的绝对主义的原型）在欧洲各地抬头，神圣罗马帝国作为"帝国"的实质逐渐丧失。但是，中世纪以来基督教信仰的整体性（corpus Christianum）的传统并没有完全消失。受其留下的遗产的影响，欧洲开始摸索新的共存体系，结果是相当数量的中等规模国家在维持平衡的同时相互竞争这种欧洲独特的国际体系逐渐生成。在本书中，将这种体系称为"国民国家体系"（nation-states system）。这一体系的起点就是著名的威斯特伐利亚条约。1648年缔结的这一条约，结束了新旧教国家之间进行对抗的三十年战争，从神圣罗马帝国皇帝那里夺取了权力果实，确定了各国国王的领土主权，决定了"国民国家体系"的框架。所以，虽然之前曾经说过国家主义是国民国家的思想，但更为准确地说，根据威斯特伐利亚条约建立的欧洲式"古典的国家主义"，有以下两个不可或缺的构成要素：

① 国民国家本身的存在

② 国民国家体系的存在

　　上述两大条件，在欧洲的历史中总是保持着不离不弃的关系以及相互依存的关系。

　　实际上，日本也因为地缘政治学的孤立状态等稍稍有些不同的理由，而成为 nation、sovereign state、territorial state 三种特性容易达成一致的少数例外社会之一。在此不对日本和欧洲的状况进行详细的比较，但是欧洲和日本存在一定的共同点：比如都经历过封建社会、对土地的执着根深蒂固等。比如，在两个地区与中世纪法制相关的资料中，都记载着无数能够充分体现这种执着之念的纠纷案例。从这个意义上来讲，国民国家可算是封建制度的遗产，如同封建制度是例外事物一样，国民国家也是世界历史中的例外。在欧洲体系的社会中，国民国家的存在被认为是理所当然的，日本人更认为国民国家的存在是不可动摇的，以至于任何人可能都会说"国家怎么能是无用的呢"。但是，如果从一般意义来讲的话，国民国家是不容易得到的历史性稀缺事物。

　　特别是伴随国民国家的"国民国家体系"的成立，完全是仅限于欧洲内部的罕有事件。从这一点来看，近现代化过程中的日本，确实也少了上述第②种条件。19世纪末日本的国民国家化进程是以孤立形态进行的，是在没有能够承接国民国家的地区性（东亚地区的）国际体系的情况下进行的。所以，近现代日本的国家主义，如后所述，表现出在政策和思想上存在混乱趋势的现象，与这一事实也不是没有关系的。这并不只是日本的问题。"承接国民国家的国际体系"的欠缺，是非欧洲世界共同的现象，成为通常所说的导致现代化出现困难的一个原因，也成为当今世界中最重大的问题之一。

　　但是，关于国家主义的传统讨论，对于这一重大论点却采取了模糊的态度。欧洲人认为，国民国家的存在（即上述的第①种

第三章　国家主义与超国家主义

条件）由国际体系来承接（第②种条件）是理所当然的。基于这个意义，欧洲古典的国家主义或许可以被命名为"体系化的国家主义"。与此相对地，想要从欧洲世界的殖民主义中挣脱出来的非欧洲世界中，种族的以及语言的共同体希望借助国家主义的形式实现自立。但是，其内容只不过是对第①种条件的追求，或许可以称为"朴素的国家主义"。在接下来的讨论中，这两种国家主义的区别具有重大意义。

　　体系化的国家主义（古典的、欧洲式的、同时满足第①种和第②种条件）

　　朴素的国家主义（常常是反抗的、非欧洲的、只满足第①种条件）

在无条件地肯定国民国家的时候，多数情况下是潜意识当中存在着"体系化的国家主义"。的确，种族的乃至语言的共同体在政治层面提出自我主张——通常所说的民族自决——是理所当然的。但是，这未必是天经地义的正义。如果变成只顾自己的利益而具有攻击性的时候，这种自我主张对于其他国家而言将成为脱缰野马，无法控制。欧洲式的古典国家主义之所以能够持续，就是因为在拥有所谓国民国家这一自我主张的同时，还有能够约束自我主张并实现共存的国际体系发挥作用。从这个意义上来讲，后者的体系问题——能否达成上述的第②种条件——将成为左右尤其是今后的国家主义现象的可持续性的重要论点。为了对此进行讨论，首先必须学习欧洲式体系的历史经验。

古典国家主义的三种局面——脱正义战争论的变迁

如前所述，最初的"国民国家"是主权国家，其基本特性是在根据民族、语言等划定的领土范围内的所有问题上，不从属于任何权力。以这种"主权性的公理"为前提构建国际体系的时候，在逻辑上发挥引导作用的是"脱正义战争论的定理"。首先，国民国家因为不承认其他更高等级的权力，所以不得不提出某种比其他"世间的正义"更为正确的主张。所以，正如在欧洲那样，为了维持国民国家能够共存的体系（即国民国家体系），就有必要承认<u>多元的正义</u>并存。换言之，这种体系，是彰显正义的战争——通常所说的"正义战争"（bellum justum）——在国民国家之间得不到公认的体系，也就是说，这种体系必须是坚持"脱正义战争论"的体系。与此形成对比的是"帝国"的存在，所谓的帝国，就是只承认<u>一元的正义</u>乃至秩序（比如有史宗教所倡导的秩序）的体系，从本质上来看是坚持正义战争论的体系。事实上，如果没有给"神圣罗马帝国"的权威画上休止符的话，欧洲的国民国家体系也是不可能存在的。所以，为了描绘国民国家体系的历史，以脱正义战争论作为基本的主题应该是妥当的。的确，也正如接下来将要论述的那样，当脱正义战争论受挫的时候，正义战争论（也包括后文将述及的圣战论）常常登上历史舞台。但是，纵观过去500年历史的基本趋势，基本可以归纳为是遵循脱正义战争论的逻辑发展的。

再具体一点来讲，脱正义战争论的存续形态是中等规模国家之间相互牵制的权力竞争。最能清楚表现这种特性的，是均势外交和作为合法手段的战争。顺便提一下，所谓的均势，指的是为了防止某个国家的大国化野心，其他国家随时结成同盟，一般翻译成势力均衡，但是在本书中，为了与equilibrium这一经济学观念相区别，我特意使用标记balance of power这一英文的片假名（バランス・オブ・パワー）来表示。对于国民国家体系而言，战争是均势政治的合法性延长，所以不可能存在因为采取战争这种手段而被问责的"战争罪犯"。<u>脱正义战争论</u>的体系，并不是<u>非战争论</u>的，即和平论的体系。充分展示这一特征的是作为权力竞争规则的"近现代国际法"，据此确定了合法战争的规则。但是，不能断言近现代国际法就是人类唯一的普遍性规则（通常所说的自然法）。从其生成的条件来看，早期对这一近现代国际法的有效性起支撑作用的，是通过长年形成的亲戚关系网所结成的欧洲国家的国王之间的个人信义，是各国宫廷间教养的同质性。从这个意

第三章 国家主义与超国家主义

义上来讲,近现代国际法在很大程度上依赖于欧洲的历史性文脉。比如,罗马人的国际法"万民法"(jus gentium)与欧洲的国际法相比只是似是而非的东西,阿拉伯人和东亚地区如果要制定"国际法"的话,其内容恐怕会大不相同。17世纪中叶以后的近现代欧洲的历史,是一个独特的"国际体系"的历史,是以脱正义战争论的变化为主题的均势外交和合法战争的传奇故事。

脱正义战争论的第一个阶段是从威斯特伐利亚条约(1648年)到18世纪末。在这一时期的欧洲,战火从没有停息。脱正义战争论思想的确定没有带来非战争论。以英荷战争(1652—1654年、1666—1667年、1672—1674年)、西班牙继承战争(1701—1714年)、奥地利继承战争(1740—1748年)、七年战争(1756—1763年)等为代表,战争一直持续,几乎没有中断过。但是,威斯特伐利亚条约以后的战争表现出新的特征,即战争再也不可能打着宗教的正义的旗号,各国国王之间的私斗(继承战争就是其典型)的性质增强。这种私斗与宗教战争有所不同,从这个意义上来讲,孕育着长期化、恶性化的危险。在现实世界中为各国国王提供避免这种危险的规则的,是以格劳秀斯(Hugo Grotius)为始祖的坚持脱正义战争论的国际法,事实上他所著的《战争与和平法》一书就是奉献给国王们的(参照该书的序言)。另一方面,战争的实际状态是雇佣军(而且其中很多是外国人)之间的战斗,一般民众只不过是这些战争的旁观者或受害者。国家主义还没有渗透至民众中间,实际上这也成为18世纪脱正义战争论体系能够发挥其相应功能的一个重要原因。

脱正义战争论的第二个阶段是从拿破仑战争开始直到第一次世界大战之前,几乎贯穿了整个19世纪。18世纪末的产业革命(产业化)和法国革命(民主化)以来,国家开始发挥代表平民的利益和理想的作用。特别是19世纪初的拿破仑战争以后,国家主义的观念渗透至百姓中,由于实行了征兵制,战争发展成为国民军之间的大规模冲突。从这个时候开始,国王间的战争开始转化为国民间的战争,为了动员平民参加战争,"正义"的旗帜逐渐变得很有必要。① 但是，在整个 19 世纪中，脱正义战争论和均势的框架大致上还是持续发挥了作用。1815 年的维也纳会议，重新确认了脱正义战争论和均势的理念，19 世纪欧洲的国际政治正是在这种理念框架下活动的。实际上，均势的体系也发挥了一定的约束作用，该时期的战争（例如，克里米亚战争（1853—1856 年）、法奥战争（1859 年）、普奥战争（1866 年）、普法战争（1870—1871 年）、俄土战争（1877 年）等）都被控制在较短时间或者局部地区内，没有达到使交战国出现凋敝的程度。这一时期，从某种意义上来讲是脱正义战争论的黄金时期，事实上，从普法战争到第一次世界大战爆发前的 44 年时间里，整个欧洲大陆没有发生过战争。

但是，另一方面，削弱这一 19 世纪框架的一系列变化也在政治的水面下持续发生。随着大众化的发展，国家主义变得越来越难以驾驭。而且最糟糕的是，19 世纪后期出现的技术革新（有人将其称为"第二次产业革命"）导致国家力量的均衡状态崩溃，均势框架开始出现极大混乱。最终，作为均势（主要国家间的聚合离散）机制僵化的结果，萨拉热窝的一声枪响将欧洲所有主要国家都卷入了战争，第一次世界大战爆发。交战各国都遭受了极大的破坏，受损程度非常严重。任何国家都没有得到什么，只留下了深深的徒劳感。

脱正义战争论的第三个阶段是通常所说的两次战争之间的时期，以第一次世界大战为分水岭，古典的国民国家体系开始出现衰退的迹象且越来越明显。但是，在这一衰退过程中，<u>两种相反的方面交织在一起</u>。第一，第一次世界大战结束时召开的凡尔赛会议，给予了"民族自决"原则，超出西欧地区的正统性地位，

---

① 所以，也有人认为，不是威斯特伐利亚条约，而是拿破仑战争导致了国民国家或者说国家主义的产生。比如，E. H. 卡尔（Edward Hallett Carr）所著的《国家主义的发展》一书就完全没有将关注点放在威斯特伐利亚条约上（参照该书 11 页以后的内容）。但是，正如之前已经论述过的那样，国民国家体系的理念是在 17 世纪时产生的，这是很明显的。19 世纪所生成的是国家主义的所谓民主化乃至民众化。

第三章　国家主义与超国家主义

并且打算以此为理念重新构建战后世界。所谓民族自决原则，就是承认民族这一natio为领土主权国家，这不外乎是我们之前所说的"朴素的国家主义"得到了正式的确认。

民族自决原则的正统化，自然要求坚持脱正义战争逻辑的体系化，所谓"自卫的正义"观念成为实现这一目标的核心概念。以朴素的国家主义为前提、承认多国的多元正义的共存的时候，最容易达成共识的是针对侵略进行自卫的权利。但是，在这种情况下，各个国家都是将他国的自卫权作为对于本国的正义而言不得已的制约或者妥协的规则而接受的，并不承认高于本国正义的更高级别的正义。从这个意义上来讲，"自卫的正义"这种说法并不十分贴切。毋宁说，"自卫的规则"这种表达方式更能确切地反映事态本质。正义和规则常常被混用，但即便从词源来讲，两者也并不相同。比如，左侧通行，可以说是规则，但并不是正义。换言之，正义是从抽象的价值体系（超越论型的思考）中推导出来的，而规则是历史经验积累（诠释学型的思考）的结果，从这一点上可以对两者进行区别。当然，经过长年的时间检验的规则很有可能会转化为正义，实际上两者也是很难区别的，但是凡尔赛体制所生成的自卫权这一观念，可以说较之正义更接近于规则。

于是，《凡尔赛条约》签订以后，从组建国际联盟（1919年）到缔结凯洛格·白里安条约（放弃战争条约，1928年）和日内瓦第三条约（1929年），其间的种种努力都再次清楚地表达了最小限度自卫的规则，并希望以此为抓手重新构建坚持脱正义战争论的体系。这就是通常所说的凡尔赛体制，可以看成是将传承至今的脱正义战争论的逻辑进一步扩展至超越西欧地区并重建大战后的世界的一次尝试。

第二，与19世纪的历次战争相比，第一次世界大战后各国遭受了惨重的损害，甚至到了难以承受的地步。机枪、远程大炮、装甲车、飞机和飞船、毒气、潜水艇等的出现，使战争的心理影像发生了彻底的改变。结果，战胜国一方尤其是法国，打算对德国提出超越传统的脱正义战争论理解的、条件苛刻的战争赔偿要求。但是，正如 J. M. 凯恩斯（John Maynard Keynes）所指出的那样，这一规模巨大的赔偿将威胁到德国的生存，将使正处于世纪末以来严重不稳定过渡期的国际经济出现更大的波动。① 象征着这种报复性正义登场的，是凡尔赛条约中的战争责任条款（第231条）。这一条款规定只针对德国追求战争责任，打破了脱正义战争论的规则。② 这种报复性的正义，好比在支撑传统国家主义的欧洲式"脱正义战争论"的逻辑上钻了一个窟窿，结果大堤由此开始瓦解。这样，从两次大战之间的时期可以看到的是在正义战争论和脱正义战争论两种方向之间左右摇摆的理念的"蹒跚前行"，第一次世界大战后的"战争之间的期间"的国际政治，就纠结于这种关于原则的混乱中。不少历史学家对为第一次世界大战后的和平体制所做的努力全都采取冷嘲热讽的态度，将两次战争之间的时期仅仅称为"20年的休战"。

但是，两次战争之间的时期并不是对第一次世界大战以前的时期的简单重复。自1648年的威斯特伐利亚条约开始直到1815年的维也纳会议得以完成的欧洲体制，对此的不信任逐渐侵蚀了人们的内心。英国著名的现实历史学家 A. J. P. 泰勒（Alan John Percivale Taylor）对此做了如下论述：

> 自古以来可以信赖的体制自1919年以后不再能发挥其功能。通过大联合应对强国的体系发生了瓦解。瓦解的理由在于崇高的道义感。战胜国虽然依照均势主义采取了行动，但也对此深感惭愧。很多人认为均势政策引发了第一次世界大战，如果继续执着于此，将成为下一次战争爆发的原因。③

---

① J. M. ケインズ『ケインズ全集2 平和の経済的帰結』、早坂忠訳、東洋経済新報社、1977年。
② Morton A. Kaplan, *System and Process in International Politics*, N. Y. : John Wiley, 1957, p. 23. 在此，卡普兰简洁地规定了他所说的"势力均衡体系"的规则，但是所提出的第六条规则要求失败者的复活。
③ A. J. P. テイラー『第二次世界大戦の起源』、吉田輝夫訳、中央公論社、1977年、50頁。译文有少许改变。

第三章　国家主义与超国家主义

这种不信任感与《危机的二十年》（E. H. 卡尔）以及《西欧的没落》（O. 施本格勒，Oswald Spengler））的感觉是相呼应的。有"危机"的，当然是在欧洲内部。通过民族自决原则的普遍化本应得到强化的、被称为"修正的脱正义战争论的体系"（包括国际联盟在内意义上的凡尔赛体制）反而开始使欧洲的政治出现不稳定状态。比如，实际上民族自决的理念的最大目标，是在中欧、东欧等地区分别设立国家。这其中包含着抑制德国重新扩张的目的，民族自决的理念原本就有作为实现这一目标的美丽辞藻的一面。结果是，这些分别设立的国家反而开始加剧欧洲政治的动摇，正如格但斯克问题和苏台德问题所表现出来的一样。众所周知，最后成为第二次世界大战导火索的，正是这些问题。

帝国主义与脱正义战争论

不仅如此，从更为深刻的意义上来讲，民族自决的理念是导致发展至今的国际体系崩溃的定时炸弹。中欧和东欧地区的问题仅属于局部性的案例，如果从长期来看，更加深刻的是民族自决的理念对欧洲各国的殖民地造成的影响。最初，在欧洲式的国际政治的逻辑中，隐藏着双重标准（两种标准的灵活使用）。脱正义战争论仅适用于欧洲内部，对非欧美世界，欧洲各国则毫不留情地作为"帝国"采取行动。支撑这种行为的理念是文明的正义，即认为文明应该教化野蛮的正义。欧洲的国际政治体系就是由欧洲内部的脱正义战争论和对欧洲以外地区的帝国主义正义战争论所支撑的。但是，如果要在整个世界真正适用民族自决原则，那么这种双重标准离取消也就不远了。

众所周知，从16、17世纪抢夺中南美洲地区的矿山资源、18世纪的奴隶贸易和殖民地争夺开始，欧洲实施殖民主义的历史悠久。但是，殖民地统治在制度上与本国融为一体，实际上是进入19世纪以后才开始的。这就是历史学家通常所说的"帝国主义"。比如，英国对印度的经营活动，自伊丽莎白一世开始的很长时间里都委托给了东印度公司（East India Company）这一"民间公司",国家正式对印度行使支配权是在19世纪前期的事情。法国匆匆忙忙中对印度支那地区进行殖民地统治也是19世纪的事情,还有荷兰在印度尼西亚臭名昭著的"强行培植制度"也是19世纪的产物。在这种"帝国主义"制度完成的同时,欧洲各国围绕殖民地的争夺战也差不多结束了,世界地图上的"空白处"几乎全部消失,帝国主义陷入了零和博弈的竞争局面。但是,这个时候所看到的世界性分割地图,与欧洲内部的情况有所不同,无论如何也不能说是实现了平衡状态。在第一次世界大战结束后,德国的海外领土及土耳其帝国的阿拉伯属地都被重新分割,结果反而加剧了其不平衡状态。

作为其结果,首先,殖民主义的先发国家和后发国家之间开始出现摩擦,即通常所说的"不能拥有的国家"开始掀起针对"可以拥有的国家"的反抗。比如,日本对中国东北地区的控制,意大利侵略埃塞俄比亚,以及德国屡次违背凡尔赛条约规定等事件,就是例证。但是,以前就有帝国主义侵略经历的欧洲地区的"可以拥有的国家"并没有否定"不能拥有的国家"主张的逻辑。比如,英国对日本、意大利和德国都采取了绥靖政策,以便将其留在国际联盟中,但是因为遭到自我标榜不是帝国主义的美国以及中欧、东欧等地区的新独立国家的反对,并没有将这种态度贯彻到底。随着这些"不能拥有的帝国主义国家"的退出,国际联盟的力量开始丧失。这并不单纯是制度设计的失败。脱正义战争论的(第一种)特征,从不承认针对目前的领土设定进行反抗的"正义"的意义来讲,本来就是维持现状(status quo)的逻辑。这种欧洲式的,或者说过分欧洲式的逻辑,并不能适用于包括众多殖民地在内的整个地球,这才是失败的真正原因。

但是,"不能拥有的国家"所实行的帝国主义也是落后于时代的尝试。究其原因,是因为以凡尔赛条约中民族自决理念的出现为重大契机,当时反殖民主义运动的潮流已出现了高涨局面,帝国主义的时代即将结束。在中欧、东欧地区,实施民族自决的决心非常坚定。关于日本对中国东北地区的控制,国际联盟之所

第三章 国家主义与超国家主义

以采取否定的态度,在很大程度上也是因为欧洲小国所投的反对票。在欧洲以外的地区,比如中国的孙中山(孙文)、印度的甘地等有影响的反殖民主义运动家开始出现,独立运动进一步激化。更进一步说,除此以外,埃及、突尼斯、印度尼西亚和越南等也开始出现反殖民主义运动的有组织行动。客观来讲,很难说这些国家已经具备了作为古典的国民国家的前提条件——即一个民族一个国家。而且,这些民族自决运动也没有余力考虑是否存在着能够接受自己的国际体系,是名副其实的朴素的国家主义。

但是,尽管孙中山和甘地等的确是属于这一类的例子,但是以不屈的热情对这种反殖民主义运动的有组织行为进行指导的,却是当时向欧美国家学习的后发国家的知识分子。他们坚持民族自决的理念,所采取的模型正是欧洲的国家主义。从欧美国家的层面来看,因为是自己倡导了民族自决的理念,所以原则上不能否定殖民帝国内自然的文化单位 natio 的独立。于是,受这种理念的传入支撑的"反抗性国家主义"(reactive nationalism)在两次世界大战之间的时期内开始植根于殖民地国家。反殖民主义的文学作品出现,甚至是针对欧美文明进行文化对抗的理论,即单纯的超越欧美式国家主义的理论也开始显露端倪。[①] 但是应该说,到第二次世界大战爆发之前,这些运动还没能取得显著的成果。

战前日本的情况

在此,虽然有些跑题,但我还是想对因为历史时机的错位而被视为特例的日本的情况进行简单说明。19 世纪后期的日本,也

---

① ベネディクト・アンダーソン『想像の共同体——ナショナリズムの起源と流行』、白石隆・白石さや訳、リブロポート、1987 年。关于这种文学的出色介绍,可以参见该书第二章的内容。作为文化对抗的体系化理论的例子,最早可以在伊斯兰世界看到。奥田敦「イスラーム統一の法理論と国家主権——アブー・ザフラの所説にしたがって」、黒田寿郎編『国際大学・現代中近東選書 3 共同体論の地平——地域研究の視座から』、三修社、1990 年。奥田列举了 19 世纪后期的伊斯兰思想家哲玛鲁丁・阿富汗尼(Jamai al-Din al-Afghani)的例子。

被置于很有可能成为欧美殖民主义最后的割草场的危险境地，日本将应对这一现状的反抗性国家主义化为巨大能量，开始推进开放和近现代化进程。就日本的情况而言，因为其文化（尤其是语言）圈和领土的单位保持一致，所以朴素的国家主义在日本的确立就如同在欧洲地区一样容易。但是，其所具有的基本性质是反抗性国家主义，这一点并没有发生改变，反对欧美国家的殖民主义、反感种族歧视、亚细亚主义以及对欧美式思维的怀疑等，是贯穿整个日本近现代化进程的一股强大暗流。福泽谕吉、中江兆民、德富苏峰、陆羯南、三宅雪岭和内村鉴三等不同类型的明治时期具有代表性的知识分子，至少在其生涯中的某个时期都公开表示过这种想法。①

比如，常常有意见认为日本应该帮助朝鲜半岛和中国推进近现代化，并携手向前发展；打算为孙中山、金玉均和阿奎那多（Emilio Aquinaldo）等提供革命运动的基地和资金的日本人也不少。但是，在这一时期的亚洲地区，在现实中真正取得了富国强兵的实质性成果的，最终只有日本一家，在其他后发国家推进国民国家的形成和产业化进程并不容易。能够接受日本国民国家化的亚洲版"国际体系"的形成几乎没有希望，而日本又没有能力独立构建这一体系。结果，为了防止欧美式帝国主义向亚洲地区扩张，日本也不得不走帝国主义的路线以便与欧美势力相对抗，诸如此类意见的力量开始变强。比如，福泽的"脱亚入欧论"就是其中的代表性例证。

于是，日本人开始在反对欧美殖民主义和追随欧美文明的两种方向选择中左右摇摆。这种混乱，也可以说是之前所论述的欧美自身内在的双重标准（双重性格）的反映，单单只对日本进行责难是苛刻的。但是，欧美国家自身则将其针对本地区内外灵

---

① 按照通常观点，一般将中江兆明看成进步主义的代表性人物。对欧美式思维的怀疑，是贯穿中江兆明一生的基调，尤其是对进步的观念的质疑根深蒂固。在被迫终结于草稿阶段的《续一年有半》中，其基调表现得最为明显。作为持同样观点的最近一个例子，参见坂本多加雄『市場・道德・秩序』、創文社、1991年、97頁以降。

第三章　国家主义与超国家主义

活使用不同原则视为正当行为，并称之为"文明的正义"，与此相对，在日本，始终也没有产生能对混乱进行梳理和对现实问题进行处理的思想。在没有思想的时候，人类总是会随着既得利益的力量随波逐流——正如此后的日本现代史上常常看到的那样。

以两次世界大战之间的时期为例，这种思想在凡尔赛会议召开之际象征性地消失了。在这次会议上，日本代表团考虑到美国总统威尔逊的一贯主张，提出了"消除种族歧视"等附加项目的方案，一旦多数赞成，提案就可获得决议通过。但是，在这个时候作为大会主席的威尔逊本人，迫于欧美各国内部事务的压力，其立场发生了倒退，最终表示抉择应该以与会代表一致通过为条件。在日本代表团内部，年长的全权代表们主张应该一贯坚持消除歧视的立场，与此相对，属于中坚派力量的外交官们则因为担心会损及日本在亚洲大陆的权益而提倡妥协，经过激烈的争论后，最终日本代表团一致同意撤回"消除种族歧视"的提案。一方面，这种行为可能被视为对现实政治的"英明"妥协；另一方面，也可能有这样的批判，即一直对中国台湾和朝鲜半岛进行殖民化统治的日本到底有没有资格主张消除歧视。不管怎样，一方面是加入落后于时代的帝国主义潮流，另一方面是反对欧美的殖民主义，战前日本独具特点的思想混乱在这里表现得尤为典型。

在两次世界大战之间的时期，不是没有人试图解决这种混乱。一方面，有少数马克思主义者存在，他们一贯认为所有的帝国主义都是罪恶的。但是，即便没有被镇压，当时马克思主义知识分子所倡导的世界主义，能够深入到潜藏着反抗性国家主义心理的一般日本国民的感情的机会也很少。另一方面，也有北一辉、大川周明等通常所说的右翼思想家的存在。但是，他们的主张因为没有获得亚洲近邻国家的心理认同，最后收敛于国粹主义。这种思想的贫困所生成的一个产物，是以"八纮一宇"（构建能够覆盖世界各个角落的房屋）为标语的"大东亚共荣圈"这一口号。这种想法，作为能够代表战前日本的思想，在国外经常被引用，但是，实际上这是在世界战争逼迫的氛围中所创造出来的应急作文，无论如何也达不到能称得上思想这一名称的水平。① 日本军人在战争期间所出现的"残虐行为"，在很大程度上也起因于军部领导层的思想混乱。

但是，这种思想的发育不全，并不仅仅是<u>战前</u>的事情。在<u>战后</u>的日本，国家主义被认为是与战争有关的所有罪恶中具有代表性的反文明的思想，长时间被情绪化地划为禁区。正如后文将论述的，战后进步主义主流派的否定国家主义论，正是严重依赖于这种厌战感情，而且最后也没能摆脱这种轻而易举的依赖。于是，在战后的日本，即便是直到现在，对于国家主义及其意义，始终也没有进行过合乎情理的思想讨论。一方面，战后日本人搭乘美利坚治下和平的便车而享受了"富足"；另一方面，因为没能将对自身文化习惯的留恋、对种族歧视的受害者意识等给予思想层面的升华而郁郁寡欢。关于国家主义，即便是对其进行批判，也不是仅仅贴上了军国主义和法西斯主义的标签就能草草了事的。放弃对"追随和反对"的混同状态进行处理的思想层面的努力，这种状态从过去到现在都没有发生改变。至少我的感觉是如此。这一问题在下一节中还将再一次论及。

---

① "大东亚共荣圈"这一词汇的出现，是第二次世界大战爆发前一年即1940年的事情，参见矢野暢『日本の南進史観』、中央公論社、1979年、183頁。常常有人说，西田哲学和京都学派哲学赋予了"大东亚共荣圈"这一观念的思想基础。这些哲学，作为对截至19世纪的欧洲哲学的批判，在某种意义上是相当标准的，"八纮一宇"的理念也不是依据西田几多郎那样极端抽象的理解就能领会的。三木清和腊山政道进一步努力寻求其深层次的普遍性原理。但是，这些哲学并不能充分地在具体的社会分析这一水平上对一些最为迫切的问题做出回答，比如：为什么日本在与欧美帝国主义进行对抗的时候又采取了很难与此相区别的帝国主义的手法？如果能够进行区分的话其差异又是什么？如果将区别之处定位于"万世一系的天皇"这种特有的历史体验乃至记忆的话，这不能算是普遍性原理。如果认为是过渡性的必要的恶的话，这并非思想的言语。另外，保罗·肯尼迪（Paul Kennedy）认为"大东亚共荣圈"这一想法始于1919年。他以何为依据说出这样的话并不清楚，但是作为日本思想史的解读方式的话很明显有些夸张了。参见ポール・ケネディ『大国の興亡 下』、草思社、1988年、27頁。

第三章　国家主义与超国家主义

第二次世界大战的意义

离开日本的情况再回到本书讨论的主题上,在第二次世界大战爆发前夕,可以说以下三种观点处于对立状态。

① 国际联盟式的经过修正的脱正义战争论
② "不能拥有的国家"的落后于时代的正义战争论
③ 反殖民主义的朴素的正义战争论

其中,②和③,是从①派生出来的无法预期的副产品,但结果是这三种观点之间确实形成了对立态势。第二次世界大战使这种状态终于有了清晰的结果。不管怎样,规模不断扩大的第二次世界大战,是通过国民总动员体制而战的凄惨的战争,是一场没有能够动员民众的正义旗号就不能打的战争。德国的纳粹政权,由陆军主导的20世纪30年代后期的日本历届内阁,以及意大利的法西斯政权,从很早开始就多次利用恢复正义之类的花言巧语,为战争进行心理层面的准备。另外,对于希望维持现状一方的联合国家而言,参与战争的决心不是那么容易下的,但是一旦参战,就频繁地使用了大规模的无差别爆炸袭击,并公开承认以抵抗运动为名的游击战,彻底投入了战争。理所当然,这些战术,不管是哪一个,都可以被视为违反了传统脱正义战争论式的"国际法"规则。为了使其被视为正当行为,有必要取代传统的脱正义战争论,形成"针对反文明(法西斯主义)的正义战争"的逻辑。其具有象征性的归结点,就是纽伦堡和东京的甲级战犯审判。应该说,象征着近现代欧洲的古典脱正义战争论,此时也从理念上破产了。关于从那时到现在的形势的发展,第五章将进行详细论述,但在美苏冷战这种正义战争论的对立中,古典的脱正义战争论的破产到目前为止依然被掩盖了。结果是,即便是进入20世纪90年代,国民国家体系的没落依然没有得到充分的关注。但是,之后这一事实暴露出来,古典的国家主义将被迫进行根本性的改变。

第二节 超国家主义

世界国家是什么

与国家主义相对应，处于另一极的、我们称之为超国家主义的东西，到底应当包含怎样的内容？关于超国家主义的形象是多种多样的，甚至可以说其正处于一团迷雾的状态。实际上，就连也应该称为超国家主义的前期阶段的国际主义（日本人所说的国际化），其各种各样的形象也是没经过梳理地混杂在一起的。这种混乱，是因为国家主义的三大要素，即 natio 性（文化的个性）、主权性和领土性没有被区分开而引起的。如果将重点放在超越（trans-）natio 性上的话，脱离固有的传统文化、朝着普遍意义的世界主义文化的方向发展，或许就是"国际化"，不少日本人持有这种观点。如果聚焦于主权性的话，将国家主权委托移交给国际组织和同盟关系就是国际化。其典型事例包括，以国际协调的名义对货币政策、宏观经济政策等进行国际协调，日美结构调整协议就是具体事例之一。如果旨在超越领土性的话，比如对跨国公司开展的活动进行约束恐怕就会失去依据。目前，这些"国际化"处于多元发展、齐头并进的状态。但是，国际主义乃至超国家主义应该包含什么内容，何种形式是所希望的，如果要对这些问题进行判断的话，必须首先将主权性、领土性以及文化的个性这三种要素区分开来，并对其中哪些是最容易改变的、哪些是难以改变的进行思考。

说起来，所谓超国家主义，是对一定形式的国民国家的否定，但作为其最小限度的要件，绝不是主张"无政府化"。如果要让超国家主义变为现实的话，很明显，某种程度的全球规模的政治经济体制，换言之，基于这种意义上的世界国家（world state）是有必要的。关于"世界国家"，有各种各样的定义，但是将其定义为消灭国境（无国界）的全球规模的政治经济制度，应该最接近于

第三章 国家主义与超国家主义

普遍意义上所认为的形象。也就是说，将世界国家定义为：人类不再与所谓国籍之类的东西有关联，可以自由进入任何地方的社会；货币也不再有美元或者日元之类的名称，可以用在任何地方的社会；思想和技术也可以无障碍地传播至任何地方的社会；而且这样的社会以政治经济制度的形式得以稳定并实现存续。下面以此定义开始进行讨论。很明显，这是出于以领土性为关注焦点并超越领土性的考虑而做出的定义。这种"世界国家"依然是一种国家（state），但是不一定具有绝对的主权。就是说，也可以将其视为包含伴随权力分散而形成的诸如世界联邦（United States of Earth）那样的机构。这是否是超越了文化个性（natio 性）的 state，关于这一点也暂且不做明确回答。

所以，这里所说的"世界国家"可以包含各种各样的具体内容，可以考虑采取多种多样的运营方法。比如，为了形成世界国家而应该跨越的国界，就包括两种形式。一种是肉眼能够看到的国境，例如，国境线上的铁丝网、边防守备军和外汇管理法、出国护照等就是其典型象征。一般人们所说的边界，指的就是这种"肉眼能够看到的国境"。但是，在某种意义上更为重要的，是人们心中的"肉眼看不到的国境"，主要由养育子女和培育语言所特有的思维结构、教育所带来的思考和信息内容、历史和文学等古典的可以传播的形象的扩张等内容所构成。也可以说，被称为社会风俗和传统的东西几乎都与此相符。前者与"领土性"相对应，后者则与"文化的个性"相对应。正如后文将论述的那样，这两种类型的边界的持续力量存在很大的不同，根据对这种差异进行处理的态度的不同，世界国家的前景构想也会发生变化。

如果对现状进行考察的话，两次世界大战造成惨剧以来，以和平为目标的超国家主义论变得越来越有实力。但是，过去的世界帝国，也带有很接近于以正义为依据的超国家主义的性质。纵观整个人类历史，可以发现存在着和平优先还是正义优先的两种姿态。在现代，针对超国家主义应该采取的合适的姿态是哪一种？另外，届时争论的焦点又是什么？

正义战争论的传统

的确，20世纪是基于理想主义的和平论立场的世界国家论盛行的时代。比如，在战前的欧洲地区，就有亨利·巴比塞（Henri Barbusse）和罗曼·罗兰（Romain Rolland）等例子，战后特别是核武器出现以来，"最重要的首先是世界和平"的形象逐渐成为推动超国家主义发展的核心概念，战后日本的思想状况也可以算是其典型例子。但是，以维持和平为着眼点、以实现和平为手段而对世界国家进行论述的主张，在世界历史上也不过是最近两三个世纪才出现的现象。回溯到公元前的有史文明，重新探究与和平相关的历史，认为作为某种特定形式的正义（比如基于基督教和伊斯兰教等宗教教义的正义）的胜利结果，和平才得以实现的立场，反而是主流。毋宁说，讨论的主流是正义论，和平论只是其副产品。

比如，著名的罗马帝国统治下的和平，很难说是以和平为目标而创造出来的。布匿战争、伊利里亚战争、马其顿战争等罗马势力的扩张行为，都不是在一定的和平秩序等理念的指导下进行的。下面打算以由迦太基的灭亡宣告结束的著名的布匿战争为例进行说明。当时，在罗马的元老院中，是摧毁迦太基还是让迦太基存续下去的两种主张形成了对立的态势。主张与迦太基和平、竞争地共存的少数派，比如西庇阿（Scīpio）派还流连于希腊以来的城邦国家联盟的观念。但是，实际上，大加图（Marcus Porcius Cato）等坚持的"应该摧毁迦太基"的主张取得了胜利。以布匿战争为契机，之后罗马人不得不脱离城邦国家的传统，陷入了帝国型统治这一未知课题中。实际上，进一步扩大市民权这一罗马式的统治手法，也吸收了城邦国家的传统，与此前的波斯和马其顿（亚历山大大帝）的手法相比是坚实而有效的，对于被征服者而言也是比较容易接受的。但是，不拥有世界宗教的罗马人，不能将为其带来的绝对统治权扩大的数次战争称为"正义的战争"。例如——即使今天也经常会看到的那样——他们常常以类似"同

第三章　国家主义与超国家主义

盟国的保护"、"违反条约"等借口为根据挑起战争。从这个意义来讲，罗马是缺乏正义战争观念的特殊的世界帝国。①

"正义的战争"（bellum justum）的概念，一直到作为世界宗教的基督教神学登上历史舞台后才开始以明确的形式展现出来。罗马帝国解体时期出现的，构建了基督教神学基础的奥古斯丁（Aurelius Augustinus），试图从基督教的辩证（神的国家的问题）和罗马帝国的辩护（人间的国家的问题）这两方面进行解读。从"人间的国家"的视角出发来看，他规定了针对不义国家的战争是"正义的战争"（正战），认为罗马因为其所具有的重视自由和秩序的品性，和其他国家相比是正义的国家，所以判定"罗马的统治权……是由真正的神所赋予的"。② 顺便提一下，他尖锐地指出，罗马的诸神（即在他看来属于异教的诸神）在赋予罗马以历史意义方面是毫无作为的。但是，他对罗马的"优良习俗"的赞扬，与此前罗马人的典型观点（如西塞罗的观点）并没有多大的差别。其根本差异在于，他毫不犹豫地看清了在"人间的国度"、"和平是不确定的善"、正义和不义是相对的等问题。③ 对他而言，真正关心的是"在神的国家的永远和平"，而"人间的和平"只不过是其不完全的反映而已。④ 但是，正因如此，他才能对"人间的国家"所存在的"正义"做出果断而坚定的判断，进而能够支持"正义的战争"。上述讨论的目的在于，证实奥古斯丁确实无愧于正义战争论始祖这一称号。最近的"和平论"将人间的和平与真正的永远的和平混淆起来，还有很多地方需要学习他的逻辑思想。

---

① 長谷川博隆「10　ローマと地中海世界」、『岩波講座　世界歴史 2、古代 2』、岩波書店、1969 年。关于布匿战争请参见本书第 241 页。
② アウグスティヌス『神の国（一）』、服部英次郎訳、岩波書店、1982 年、第四卷第十五章、第五卷第十二章~第二十一章、418 頁から。
③ アウグスティヌス『神の国（五）』、服部英次郎・藤本雄三訳、岩波書店、1982 年、第十九卷第五章、40 頁から。
④ アウグスティヌス『神の国（五）』、服部英次郎・藤本雄三訳、岩波書店、1982 年、第十九卷第十七章、76 頁以降。

受上述奥古斯丁观点的影响，中世纪的基督教世界里，正如托马斯·阿奎那等所代表的那样，正义战争论成为支配性意见，具体详细地规定正义的观念的努力一直在持续进行。随着封建秩序的确立，基督教世界内的"正义战争"被限定为维持现状型的战争，以针对所遭受的损害进行报复行为、不以复仇和权力欲望为基础、行使武力的方法正确等为构成要件。① 另一方面，关于与异教徒的战争，这些要件并不适用。所以，正像从十字军远征那样一时冲动的大事件所看到的，出现了针对异教徒的毫不留情、无所约束的战斗行为。这与其说是"正义战争论"，倒不如称之为"圣战论"或许更好。这种中世纪的正义战争论，包含着自身文化内部的维持现状主义和针对异文化的圣战论等双重的性质，此后直到今天都对欧美世界造成强大影响。

与此相对，印度和中国之类的其他农耕文明圈内，并没有将正义战争论如此清晰明确地升华至思想境界的例子。中国的情况是很典型的，但是农耕式的亚洲文明认为全面性的秩序是自然地存在的，与其扩展这种秩序不如坚守这种秩序，或者花费时间将外来的侵略者同化融入这种秩序。在这种秩序中，任何形式的战争都是不被认可的。唯一的例外是针对已经失去了天命的王朝进行的革命运动，除此以外没有正义战争论存在的余地，圣战论的思想自然也不可能有。比如，作为中国文明的承担者，汉民族从来没有进行过持久的殖民地经营（元朝是个例外，但这是蒙古人建立的王朝）。一个显著的例子是15世纪由郑和率领的、最远达到桑给巴尔（Zanzibar）的海洋远征活动，但这次远航完全没有征服的意图，只是一次规模庞大的彰显国威的行动。与此相对，紧随其后从16世纪开始进军亚洲地区的葡萄牙人、西班牙人、荷兰人以及英国人等，不惜掠夺、杀戮，不放过任何征服的机会。形成这种鲜明对比的根本原因，恐怕就在于有无正义战争论这种传

---

① トマス・アクィナス『神学大全』、*Summa Theologica*, tr. by Fathers of the English Dominican Province, First Complete American Edition, 3 Vols, 1947。

第三章 国家主义与超国家主义

统的差别。在这一点上，可以与欧洲人相提并论的，也只有同样属于圣典宗教（scriptual religion）的泛伊斯兰教主义了。①

和平论的系谱

参照这种观点的流派，世界国家论可以分为以下两种形成鲜明对照的派别：

"正义战争论型"：认为世界国家应该象征正义，与不正义的势力相对抗并进行战争

"和平论型"：认为世界国家应该象征秩序，并长期维持其中的和平

这两种类型，（正如奥古斯丁所解释的那样）在遥远的彼岸或许会汇聚为一体。但是在现实中，正义和和平几乎总是不一致的。

但是，作为后者的和平论型的世界国家思想逐渐形成体系，实际上也是发生在欧洲。其系谱是从 18 世纪的圣皮埃尔神父（Saint-Pierre）、卢梭以及康德（Immanuel Kant）等开始的。之前已经有所触及，16、17 世纪的欧洲被卷入了也应该被称为基督教内部"圣战论"的宗教战争中。根据 1648 年的威斯特伐利亚条约，欧洲终于摆脱了宗教战争的泥潭，不再主张正义，进入了所谓的脱正义战争论的时代。但是，即便是进入 18 世纪，各国间的（毋宁说是各国国王之间的）战争依然没有停止过。但是可以看到，17 世纪对基督教的同质性的重新确认，最终随着 18 世纪启蒙主义的普遍性发展而出现了新的发展。圣皮埃尔、卢梭和康德等认为，如果遵从合理性的引导的话，"为了永远和平的"（康德）世界国家是可以实现的，也能够给脱正义战争论型的战争画上休止符。自此以后，在这种和平论的系谱中，将世界国家的形成作为实现和平的第一手段并展开讨论。但是，这种讨论是以比较同

---

① 奥田敦「イスラーム統一の法理論と国家主権——アブー・ザフラの所説にしたがって」、黒田寿郎編『国際大学・現代中近東選書 3 共同体論の地平——地域研究の視座から』、三修社、1990 年。

质的欧洲诸国间的脱正义战争论体系的经验为背景进行的，所以不能原封不动地在含有异质性的社会中推广适用。比如，其在殖民控制下的完全异质的非欧洲世界的适用就会存在重大问题。

今天，很多人都在谈论世界国家，但思想性根据都不充分。康德所代表的启蒙主义的接近也不是很充分。的确，大家都认为普遍的人类这一概念是早就已经确立了的。如果是这样的话，作为人类共同体的世界国家这一理念就可以看成基于这一概念的必然结论。一般认为，只要不召唤出种族主义的亡灵，世界国家的理念从原则上就是无法抵抗的。但是，所有的理念都有作为思想的历史，也存在相应的局限。确立了普遍的人类这一概念的，实际上是18世纪的启蒙主义，作为其背景，包含着产业化以及同根生成的人类中心主义、合理主义的哲学等要素。由此推导产生的世界国家，是受到启蒙的人类、文明的人类主宰的共同体，对文明的程度进行测量的是"合理的进步"这一标尺，其中隐藏着对未开化和文明进行区别的逻辑。比如，将对殖民主义的批判放在嘴边的康德，也对文明人类教导世界国家的作用进行了预先设定。①

当然，启蒙主义本身带有让文明的恩泽普遍惠及所有的未开化人类的善意，并不打算将文明人类和未开化人类的区别固定下来。文明人类只不过被赋予了带有善意的领导者的作用而已。和种族主义的差别相比较的话，其中的差异是非常显著的。但是，可以认为，目前人类将非欧美文化的贡献和反产业化的可能性都纳入考虑范畴，打算从基本层面重新考虑一元化的合理的进步的

---

① カント「永遠の平和のために」、『カント　実践理性批判・判断力批判・永遠の平和のために』、土岐邦夫訳、河出書房新社、1956年。比如420页以后的叙述"某一强势且已经启蒙的民族……"关于康德对殖民主义的批判，可参考该书421—423页的"为了实现永远和平的第三确定条款"。ルソー『サン・ピエール神父の「永久平和論」抜粋と批判』、『サン・ピエール神父の「顧問会議制論」抜粋と批判』、1756年。另外，卢梭和康德都认为，如果要放弃专制君主制而采取立宪制的话，会产生防止战争的效果。但是，这种期待被拿破仑战争以后直到第二次世界大战发生前的历史所打破。这是因为民众，往往比政府更为好战。这也正是18世纪那种和平论的又一个局限性。

第三章 国家主义与超国家主义

理念，至少做如此思考的人正在增加。如果是这样，围绕着对作为合理的进步的最高境界（极顶状态）的世界国家进行描绘的途径达成共识将变得很困难。对近现代文明人类（即人类中心主义的理性人）领导地位的支持将变弱。近现代文明人类，为了实现进步——即便不说非文明人类——至少毫不留情地抹杀非文明的文化的这种既往经历也可能成为阻碍。自卢梭和康德开始的<u>和平论型</u>世界国家论，以基督教的信仰→启蒙主义→合理的进步的思想的潮流作为默认的共同理念，也存在着面对拒绝进步的非欧洲世界时变质为<u>圣战论型</u>的可能性。今后，如果以超产业化作为主题，从基本层面重新考虑人类中心主义和合理主义的理念的话，世界国家的前景蓝图，将不是一元化的进步主义的逻辑，而必须通过多元化文化共存的构图来描绘。究其原因，是因为能够将 natio（自然的文化单位）全部汇聚成一种极顶状态的进步的逻辑已经找不到了。启蒙主义的世界国家论，从这个意义来讲已经失去了说服力。

具有真实感的和平论的局限

现在很多人都开始认为，由一元化的合理的进步的思想所支撑的世界国家的理念正在失去其意义。但是，作为其结果，在合理的进步的和平论逐渐褪色的时候，是否会出现能够替代其发挥作用的东西呢？针对这一问题，不少人倡导重视自己的性命、孩子的性命以及家人的性命远胜于其他，守护身边的和平这种"具有真实感的"和平论。的确，这种真实感，尤其是在作为战败国的日本（恐怕德国也是），引起了人们对厌战情绪的共鸣，并不断增强甚至超越了政治立场。比如，在战后，日本的教师从讲台开始一直努力教导学生"和平的珍贵"。与其说这是日教组（日本教师工会——译者注）影响的结果，不如说是战败的心理阴影。这样做的结果就是，日本的年轻一代往往会表现出一听到战争就否定、一听到和平就安心的反射性情绪。但是，凭借人类不断积累具有真实感的和平论，就能够实现世界国家吗？如果要先表明我的结论，那么我的回答是：不能。问题的焦点在于，为了保护自己的性命、爱人的性命以及孩子的性命，而夺走别人的性命的自卫的逻辑正在生成。以爱情为名的自私的爱，与对他人（陌生人，stranger）的冷漠、残酷仅仅是毫厘之差。

经常有人说，为了保护<u>生存</u>（生命的存续），"自卫"和"正当防卫"是被允许的。但是，不管怎么称呼，夺走他人生命的事实是不会改变的。那些认为无论如何也不能想象自己会夺走他人生命的人（这样的人在女性中大概更多些），可以试着考虑一下关于死刑的是非问题。至少赞成死刑论的人，就已经做出了为了保护自己的生活，可以夺走别人的性命的判断（反对死刑论的人也有不少是以存在误判和纠正的可能性为考虑依据，并不一定就持有绝对不可以夺走他人生命的信念）。一旦坚持了这种赞成死刑的立场，就很难否定那种如果<u>生活</u>受到了威胁，即便发动战争也在所不惜的观点。

作为一种观点，对<u>生活</u>的威胁和对<u>生存</u>的威胁是可以区分开的，也可以主张正当防卫或者说自卫是只有当生存遭到威胁时才被允许的。这样一来，对生存和生活的识别，就成为对自古以来困扰着法律专家们的正当防卫乃至自卫的界限应该画在什么地方这一问题的应对之策（参照刑法第36、37条）。但是，对生活的威胁最终会关系到对生存的威胁，这种可能性常常是不能被否定的。特别是在不太富裕的一般老百姓的心目中，这种担忧更加强烈。所以，如果存在着对生存造成威胁的可能性的话，就要百分之百地去除，以保证安心生活的这种逻辑，常常具有很强的说服力（在反对核能发电和公害的时候，这种逻辑经常被使用）。于是，对生存的威胁就被扩大解释成了对生活的威胁。认为应该以生活权替代生存权（宪法第25条）的压力总是很大。

在国内的法律问题上，正当防卫以及自卫的界限可以根据不同判例在相当程度上得以确定，从这个意义上来讲，对生存的威胁的内容也在某种程度上有所界定。但是，在国际关系中，能够确定这种界限的法庭并不存在（通常所说的国际司法法院的管辖权，

第三章　国家主义与超国家主义

只不过是在当事人宣布接受条款以后才能发挥作用)。比如,虽然很多国际条约都采取了承认"自卫战争"的态度(比如与1929年的《非战条约》相关的美国政府的公文、《联合国宪章》的第51条等),但是关于自卫的定义的解释所存在的对立总是使这些条约成为一纸空文。比如自卫,其传统意义上的理解是对本国领土的防卫,但是这种理解是以古典的"领土国家"的观念为前提进行界定的,从历史的角度来看并不是绝对化的(比如,今后很多国家的权益都将从领土性的转向贸易性的、投资性的)。而且,领土这一概念本身,如果按照本尼迪克特·安德森(Benedict Richard O'Gorman Anderson)派的说法,其根本也是"想象出来的"东西,对于国家而言的"生存圈"(lebensraum)的形象很容易扩大化。①

比如在最近发生的国际性纠纷事件中,摩卡迪沙机场和恩德培机场的人质解救行动,以及以色列对伊拉克核反应堆的袭击事件等,有不少是与侵犯领土没有直接关联的。如果以此进行类推的话,或许还包括驶向日本的油轮不断被击沉,在海外的日本人屡屡被杀害等事件。这种时候让人痛感领土自卫论的局限,日本国民关于正当防卫的观念恐怕会发生极大的动摇。这让人想起了战前曾经发生过的一些事例,诸如美国对日本移民的排斥、在中国大陆发生的日本籍居民遭到杀害等事件导致日本国内舆论突然变得非常激进。在直接面对这种事态的时候,具有真实感的和平论——尤其是日本人所坚持的那种——或许给予了能够摆脱这种危机的逻辑。虽然具有真实感的和平论的视野只限于"身边",但是如果这种应该保护的"身边"无限扩展并且与国际政治的逻辑相联系的话,是好事吗?这是作为领土属性的国家,还是——脱离了"领土国家"概念——就连散居于世界各地的数十万规模的日本人也包括在内的国家?决定这些内容的逻辑在具有真实感的

---

① Benedict R. O. Anderson, *The Imagined Communities: Reflections on the Origin and Spread of Nationalism*, London: Verso, 1983; ベネディクト・アンダーソン『想像の共同体』、白石隆・白石さや訳、リブロポート、1987年。

和平论中并不存在。基于这种没有逻辑的未经考虑而生成的，只能是随意对自卫观念进行扩大化解释的可能性。

更为重要的是，不管是何种人群，都不是仅仅依靠狭义的生活——衣食住——过活的。即使是今天，在世界范围内，还是有不少人将理想和信仰作为生活的中心。即便没有达到能够称为理念和信仰的程度，每一个人，不管是谁，都拥有自己理想的世界观或者说生活观（参照第一章）。不管是如何玩世不恭的人，实际上也是遵循着自己所描绘的世界观的道理生活着，这种对世界观的执着追求，是广义的生活中不可或缺的一部分。比如，体型的保持、家务事的处理、与他人的交往模式、对故乡的眷恋、食物的喜好、兴趣的方向等等，一个个看起来都是微不足道的。但是，如果作为整体，这些东西对于本人而言，就形成了珍贵的具有连贯性的形象，如果能够为人们所共有，就成了通常所说的社会习俗（ethos），即具有最广泛意义的文化。人类总是身处于某种程度的社会习俗中过活。比如，不少日本人之所以拘泥于食用"大米"，或许就是因为大米象征着传承至今的日本农民的社会习俗。当然，这种社会习俗（或者说生活观）的危机，与粮食供应不足之类的问题并不相同，没有与生物意义上的生存危机直接相连。但是，失去了社会习俗的愤懑是根深蒂固的，不容易从记忆中消除而淤积下来。这时就出现了"具有生活意义的生活"的问题，更进一步说，就是第一章中所论述的具有基本意义的"自由"的问题。即便是一般看起来对信仰、理念和社会习俗等毫不关心的日本年轻一代，也在现代消费文明的万花筒中寻找着与自己的生活模式相匹配的地方并生活着。与讨厌三K（日语中"脏"、"累"、"危险"的罗马字发音的字头均为K——译者注）工作一样，他们也拒绝与战争发生关系，期待着将自己生活模式的核心部分置于"和平"的日本的环境中来生活，是仅仅因为单纯的生存保障而满足的是动物。也不知道是幸运还是不幸，拘泥并受制于信仰、理想、社会习俗和生活模式的，才是人类。当这种人类所特有的执着追求受到威胁的时候，就能够感受到"对生活的威

第三章 国家主义与超国家主义

胁"。"对生存的威胁"的这种扩大化趋势,是人类的——过于典型的——本性之一。

此时,"和平"的定义就成为一个问题。将和平单纯地定义为没有生存威胁的状态,是不够充分的。究其原因,是因为在这种单纯的生存中,人类找不到任何意义。仅仅是为全体人员提供了生存的保障,而不允许除此以外的任何行为和思想的自由,这样的国家是能够想象的,在现实世界中也有不少与此相似的例子。但是,这样就没有了生活的意义。没有生存威胁的状态只是和平的消极条件,问题是纳入其中的生活的内容。没有加入人类的生活意义和社会习俗的社会体制,往往会因为内乱而倒台。很明显,赋予和平以意义的,是信仰、理想、社会习俗和生活模式等积极的内容,而且实际上内乱是调整条件与内容之间矛盾的安全阀。

就国际意义层面的和平而言,情况也是一样的。能够将这种情形下的和平单纯地定义为没有战争的状态吗?如果世界确立了单一国家的体制的话,根据定义,不可能存在国家间战争,能够实现"和平"。但是,这种世界国家,如果包含着诸如殖民地体制,或者是抹杀异质文化的奥尔德斯·伦纳德·赫胥黎(Aldous Leonard Huxley)式的压制体制的话,将其所带来的秩序称为"永远的和平"又有何意义?在其带来的和平之下,只要对个人而言非常珍贵的正义和传统不能有效发挥作用,和平又有何意义?而且,即便从历史的角度来看,能够将这种"单纯的没有战争的状态"称为和平并满足于此的思想也是不存在的。一方面,在犹太教、伊斯兰教和基督教等圣经宗教看来,所谓战争,是因为神的旨意的实现遭到了阻碍或者扰乱而发生的,从这个意义上来讲与战争相对的终极对立项,只能是奥古斯丁所说的作为"神的国度中永远的生存"的"和平"。比如,犹太人所说的"和平"(shalom)和伊斯兰教所说的"顺从"(islam)等著名的词汇,都可以翻译成"和平",但其原本的意思是对创造之神的绝对皈依。另一方面,在印度和中国,社会的和平是对世界创始之初的宇宙论秩序的反映,当然必须伴随着心境的平和。在这种情况下,与战争状态处于对立一极的，最终是包含心灵静谧的协调性秩序。希腊和罗马的和平观念（eirene 和 pax），实际上只不过是处于这两极中间的协调性概念而已。不管是哪种思想，完全脱离正义和秩序来谈论和平的思想是没有的。作为例外，仅仅是像印度的耆那教和贵格会之类的少数基督教分支派系那样，将对生命造成损伤本身全部视为罪恶的情形。

　　总之，具有真实感的和平论容易陷入的陷阱，是将对应该保护的自我的生活观进行反省以前的真实感绝对化，没有关注其狭隘性和相对性。具有真实感的和平论，在普遍情形下也不否定自卫的概念。但是，令人眼花缭乱的是对自卫范畴的界定。领土自卫、本国国民（拥有本国国籍的人）防卫等"肉眼能够看到的"层面的自卫观念也是如此，应该采取自卫行动的范围纷繁复杂，没有明确的界定。尤其是"肉眼看不到的"层面，即所谓心理上的自卫的问题，也还是被遗留下来。比如，日本人对"大米"尤其重视，如果是包括这种情形在内的话，其他国家的人恐怕只能将其视为对自卫观念的不正当扩大化解释。不管怎样，在这种真实感中心主义中，针对其他国家的人的"真实感"的反应往往会很迟钝。另一方面，坚持圣经宗教（基督教和伊斯兰教）系列的超越论信仰的很多人，即便在面对自己所在国家以外的事件时，也会感到宗教的迫害似乎会对自己的生活形成重大威胁。追求平均的美国人，针对"自由和平等"受到侵害表现出的激烈反应也可以看成是与此相类似的现象。对于地球上的很多人而言，生活观中包含着对原则化的正义的追求，而且是其不可或缺的一部分。如果将美国式的正义感称为意识形态，而仅仅将自己对"大米"的反应称为身边的生活的话，这种东西本身也只是日本式的真实感结构的表现。正如后面部分（第十二章）还将论述的，这种日本式的社会习俗中有其自身的意义，美国式的过剩正义感中也存在着问题。在此我想要指出的是，这种日本人的"具有真实感的和平论"，如果只凭借这种形式的话，是绝对不能变成世界整体的和平论的。

第三章　国家主义与超国家主义

确实，广泛意义上的具有真实感的和平论，不仅是在日本，而且在世界各地以各种各样的形式存在，作为和平论一般意义上的原动力而不可或缺。但是，其中，在无意识当中包含着对支撑自我生活观的社会习俗的留恋，这本身就是保护最平缓意义的"正义"的愿望。但是，具有真实感的和平论作为最低限度所要求的自卫的逻辑，也常常包含着一些基本的两难困境，即保护自己的生活观的行为的自由往往会对他人的自由造成损伤。正如奥古斯丁所说的，在"人间的国度"，和平论和正义论实际上是不可能完全分隔开来的。或者聪明的读者已经领悟到了，这一问题其实是早已经论述过的"行为的自由"的两难境地的特例。如果没有对自由论进行解释，和平论之谜就难以解开。只要不从正面与自由的两难境地进行交锋，具有真实感的和平论是不可能成为创造出世界国家的思想的。

战后日本的和平论

对迄今为止的战后日本历史进行回顾可以发现，战后的进步主义者高唱"非武装中立"的和平论，与具有真实感的和平论者产生了共鸣。但是，这种"非武装中立"论的理论背景，实际上往往是马克思主义。在其看来，战争是资本主义的必然属性，社会主义的世界革命是消灭战争的唯一途径。普通民众具有真实感的和平论之所以不能积少成多直至形成世界和平，就是因为资本主义这一制度的恶劣。这种马克思主义的世界革命论，其现实性另当别论，作为一种思想，从经济领域到政治层面进行了具有连贯性的说明。对战后日本具有真实感的和平论形成支撑的，就是马克思主义理论的连贯性。但是，因为马克思主义理论实际上是针对资本主义的"正义战争论"，所以其与和平论的矛盾不可避免。

为了应对诸如此类的情况，战后日本秉持"非武装中立"和平论的具有实力的评论家们，在某一时期之后也至少不再将对马克思主义思想的依赖表露在外，并以被称为"和平的战略论"的观念善后。比如，石桥政嗣就基于苏联不可能发起侵略、美国也没有做出要保护日本的保证、军备是一种自我繁殖的东西、美国的"产军复合体"（military-industrial complex）特别危险、缩小军备是全球的大趋势等战略性判断，对非武装中立论进一步展开阐述。① 但是，上述这些判断，不管哪一个其实都是特定经验的假设。这种假设，也不是说不值得作为权力政治的现状分析进行考虑，但是仅仅依靠这些并不能给出非武装国家的思想。以这种只不过是几个不可验证的经验假设的混合物作为基本前提，是不能从原理上否定为准备应付最坏事态而维持军备的行为的，或者说至少不能先验性地否定遭受侵略的可能性。这时，只剩下不管是哪种侵略都不可能根绝民族及其文化这一不得已的"经验假设"的逃亡之路了。比如，石桥政嗣等说过下面的话。

> 如果坚持贯彻非武装的话，不管变得多糟，其极限也只是日本列岛被军事占领，……不用说民族的灭绝，就连要夺走其文化和精神，在至少拥有希望获得自由和自立勇气的人们所组成的国家里，都是不可能的。②

在上述言论中，对历史教训的无视和思想的混乱交织在一起。"有勇气的人们"以数十万、数百万的规模被歼灭的例子，从古时的迦太基到近来的斯大林治下的苏联，可以说有过很多；在这种情况下，"文化"往往失去了核心的承担者并开始变质，最终消亡。作为与此相反的例子，也有人举出战后美国对日本的占领，

---

① 在这种主张者中，石桥政嗣最具扣人心弦的能力。参见石橋政嗣『増補 非武装中立論』、日本社会党機関紙局、1983 年。作为战略性判断以外的论据，他还进一步提出了护宪论，但是纯粹的护宪论除了更容易为民众所接受外再没有其他意义。问题发生在宪法第九条被修改的时候。在那时，如果尊重"选民的意思"而保持沉默的话，非武装中立论确实会变成单纯的护宪论。自然就不得不转向宪法的再次修改或者是倡导颠覆宪法，继续主张少数意见。问题是支持这一意见的思想的内容，其是否会变成护宪并非本质性的。另外，其他的代表作还可以列举出：石田雄『平和の政治学』、岩波書店、1968 年；坂本義和『軍縮の政治学』、岩波書店、1982 年。

② 石橋政嗣『増補 非武装中立論』、日本社会党機関紙局、1983 年、67 頁。此处引用了小林直树的观点。同样的论争也发生在森岛通夫和关嘉彦之间。

第三章　国家主义与超国家主义

但是这种占领包含着美国霸权所具有的特殊性质（参照第六章），所以终究不能作为一般性规律。另外，倘若否定为了对抗侵略的军备，那么如果不对占领后的武装抵抗运动也进行否定的话就不符合情理了。这种甘愿接受文化的变质而不进行抵抗运动的国家，能够称为"拥有希望获得自由和自立的勇气的人们所组成的国家"吗？在这里所说的"有勇气的人们"，意味着即便不在思想上采取任何的抵抗运动，或者不管被强制要求采取任何促进思想转变的行为，也绝不会迷失自我思想的条理逻辑的人。但是，具有这种强势的人又能有多少？

对这一问题回答"是"，意味着从自由论的文理来说的话，假设人类可以使行为的自由和思想的自由分割开来（具体的例子如第一章中所提到的西方世界的神秘哲学家、印度教的修行者、佛教徒以及老子、庄子等）。并不是说这样的人就绝对不存在，但是这种观念是自由论的一个极端论点，在现实中，能够从对行为的束缚中完全自由地把握思想的人几乎不存在。以拥有这种强势的人作为构成主体的国家，包括日本在内都是不可能有的。做这种极端的假设，是不能突破基本意义上的自由的两难困境的。结果，战后日本所坚持的"非武装中立"和平论——与马克思主义断绝关系以后——并没能达到具有连贯性的思想的水平，我是这样认为的。毋宁说，这应该说是日本人甘于日美安保条约使日本远离战争这一"和平的事实"，是令人担忧的思想懈怠。

之所以会造成这种情况，是因为无论怎样都称不上是思想的东西使思想发生了动摇。迄今为止日本关于和平的观点，实际上却成为使世俗观点枝繁叶茂而思想更加腐烂的土壤。而对民众的真实感的献媚、单纯的懈怠懒惰等是其主要成分。比如，非武装中立论者，就常常提出民众具有真实感的和平主义和反美民族主义等诉求。这种方式在聚集支持的时候或许是有效的，但是作为思想的手段却是不被允许的，因为太浮躁了。这并不是说，具有真实感的和平主义和反美民族主义总是错误的。其中所包含的问题点，即通常所说的只能看到自己身边的狭隘视野以及国家主义中所包含的独善性等，是无论何种形式的和平主义思想都必须克服的障碍。对这种非连贯性束之高阁并聚集支持者的行为，是导致战后和平主义的思想不够格的原因。①

　　这并不是说，非武装中立论绝对不能成为具有连贯性的思想。在此所追究的，是忘了进行思想活动的严密性的责任。有些人认为，在完全放弃武力这一点上，日本宪法可以被视为世界史上的一次实验。假使是这样的话，就应该有能够证实这一点的<u>世界史上的思想形成的实验</u>。培养不仅仅依赖于战争体验的后遗症和对原子弹爆炸的恐惧的思想，不依赖于具有强烈的正义战争论意义的马克思主义以及不能彻底摆脱正义战争论的朴素的国家主义等的绝对和平主义的思想。但是，何种思想才具有这种资格呢？就连即便是为了自卫也绝不能对他人的生命造成损伤的<u>绝对非暴力</u>的立场（绝对的反对死刑论就是基于这种立场），也还是不够充分。如果仅仅是单纯不使用武力的话，人类将失去思想并陷入精力不足、缺乏朝气的状态。行为的不足几乎总是意味着思想的枯竭。通过非暴力来表达抵抗意志这种方式，最初的非武装和平论可以具有作为思想的连贯性。这样的话，非武装和平论就收敛成<u>非暴力抵抗的原则</u>。实际上，日本被占领并受到压制的状况，如果设想成与甘地在印度所处的状况一样的话似乎就可以理解了，即作为思想的非武装中立论，不得不与最严格的非暴力抵抗的理论无限接近。上述"有勇气的人们"所处的立场也只能以这种形式才能够成立。比如，非武装中立论者的代表性人物石田雄和坂

---

　　① 比如，在《和平运动中的心理和逻辑》一文中，坂本义和就注意到了其危险性。根据他的观点，这是相对于"逻辑主义"、"心理主义"受到优待的危险。但是他所说的"心理主义"，只是单单作为"逻辑主义"的反义概念而选择出来的表达方式，还缺少更为明确的思想层面的努力（即"逻辑主义"）。坂本義和「平和運動における心理と論理」、坂本義和『新版　核時代の国際政治』、岩波書店、1982年、122頁以降。

第三章　国家主义与超国家主义

本义和等,最终都不得不向这种非暴力的立场靠近。① 我认为,这件事对于他们来说,与其说是失败,毋宁说是名誉。但是,思想必须在没有误解余地的文理中进行表达。就像贵格会的教徒一样,绝对的非暴力理念中应该有与其相对应的语言表达。

石田和坂本的言论也可以看成是其中的例子,但是对美国的反共产主义进行责难、对安保体制进行批判以及对自民党进行攻击等行为,虽然还不至于说是矛盾,但也是仅局限于重要性很低的枝节问题的讨论。这是因为,即便这些批判都击中要害,也不会成为绝对的非暴力的理念的积极性根据。而且,尤其是其中所体现出的肯定北方力量在越南战争中所采取的军事行动的口吻,很明显属于思想的混乱。拥护北方论,当然是反殖民主义的"正义战争论"。所以,针对殖民主义进行的斗争只能被视为绝对非暴力原则的例外。但是,如果是这样的话,也就不得不在原则上承认针对国内的"体制"进行的暴力革命。这不外乎是对马克思列宁主义的回归,但是马克思列宁主义,无论如何都不是绝对非暴力的思想。20世纪70年代出现的苏联超越美国的军备扩大,以及苏联军队入侵匈牙利和捷克斯洛伐克等,从同样的意义上来讲,都是思想的试验台。战后日本所坚持的非武装中立论,常常有成为马克思列宁主义正义战争论的掩护的危险境地的可能,事实上在意识形态论战这一层面中也已经发挥了这样的作用。使日本的和平论不断腐蚀的,正是这种缺少连贯性的态度。

但是,非暴力抵抗的原则,即便能够成为破坏既有体系的革命的原动力,也不能成为建设和维持新政治经济体制的足够的指引。比如,即便可以通过非暴力抵抗运动推倒殖民体系,但是在绝对禁止暴力的约束条件下,要在不同部族的集合体中创建新的独立国家,事实上也是不可能的。究其原因,是因为绝大多数的

---

① 石田在这一点上最为彻底。石田雄『平和の政治学』、146頁。坂本义和有时也坚持与此相近的立场。坂本義和『軍縮の政治学』、159～160頁、164～165頁。但是,就坂本而言,非暴力抵抗论,是在预先设想了联合国维和军队制度这一基础上的一种思想准备理论。

人们，还没有强势到即便牺牲自己的生活和社会习俗也要就绝对非暴力的原则达成共识的程度。假设甘地在战后承担起建设独立国家印度的责任的话，或许他将不得不以另一种面孔出现。在国家的集合体中创建世界国家这一事业，从问题的类型上来看也是一样的。要使所有的国家牺牲各不相同的理想和利害，为非暴力原则献身，这是绝对不可能的。比如，关于对暴力行为应该采取何种制裁措施这一问题，就已经出现了意见的分裂。

问题还不仅仅止于此。作为比较非暴力型的社会制度，通常可以列举出市场经济和议会制民主主义等特征。但是，正如一部分人所说的那样，这些制度也并不是能够带来均衡和均质、保证和平的体制（参照第四章）。在这些制度中，也包含着可能导致对立激化、为暴力火上浇油的因素。尽管如此，之所以选择这些制度，不仅仅是因为其依赖暴力的程度较低，也是因为其对自由主义和民主主义这种理念本身的支持力量很强。请注意这一点，自由主义和民主主义并不是保证和平的手段，反而是与此起源不同的另外一种理念，在这中间甚至存在着产生对立的可能性。

从具体的国际关系实践来看，联合国的民主化和贸易的自由化也并不一定能带来均衡和协调。即便基于这种原则创建"世界联邦"，要完全避免军事冲突的发生也是很难的。如果将消灭战争作为唯一理念设计世界国家的话，或许为将暴力降至最低限度而献身的、冷酷无情的独裁统治者的出现反而是有效的。实际上，罗马的支配（imperium）之所以成为正当行为，正是基于"同盟者的保护"这一逻辑。如果保留欧洲的殖民主义，非洲人牺牲的数量恐怕会更少些。在核战争已足以使人类这一种族灭绝的今天，抑制全面战争的爆发是世界国家的重要目标（或者说重要目标之一），关于这一点是没有异议的。但是，如果没有即便赌上自己的性命也应该捍卫的理念（比如民族的独立和思想的自由）的话，实现在独裁统治者指令下的某种世界和平，又有什么意义？不应该将世界国家想象成乌托邦，世界国家并不是终点。如果要使世界国家在现实世界中更加具体的话，只能是为不仅仅是和平，

第三章　国家主义与超国家主义

也包括思想的自由等在内的多元的理念相互竞争的试验过程提供场地。纯粹的"和平论型"的世界国家论，即认为仅仅为了和平而创建世界国家的想法，只不过是视野狭隘症。从这个意义上来讲，不管是康德的启蒙主义的世界国家论，还是日本式的具有真实感的和平主义，都还没有为实现世界国家的思想做好充分的准备。目前还只是空想的形态。

当然，也并不只是日本的情况如此。从整个世界范围来看，关于世界国家的理念都处于一种混沌迷惘的状态。回顾欧美世界的历史可以发现，凭借脱正义战争论的国民国家体系能够在相当程度上抑制战争的负面影响的观点，已经在相当长的时间内占据主流思想地位了。不仅如此，而且存在着一些期待，即如果继续推进脱正义战争论，总有一天会实现非战争论。但是，也可以看到，这种"脱正义战争论思想"只是在毫无意义地不断循环往复而已。

　　中世纪时期正义战争论的支配
　　→威斯特伐利亚条约以前的新教和旧教之间的正义战争论的分裂
　　→从18世纪到第一次世界大战以前的脱正义战争论的权力政治（但是，根据正义战争论，殖民主义被视为正当行为）
　　→第一次世界大战以后的脱正义战争论逐渐变得无力，正义战争论重新登场（反殖民主义的正义战争论、"不能拥有的国家"的正义战争论）
　　→第二次世界大战以及战后脱正义战争论的破产（针对轴心国家的正义战争论）、正义战争论的分裂（针对苏联的正义战争论和社会主义的正义战争论）

这中间，在脱正义战争论的延长线上，也曾经描绘出所谓国际联盟和联合国之类的世界国家型的前景蓝图，但最终脱正义战争论（集体安全保障条约体系）和正义战争论（美苏冷战）的双重结构成为主流，并维持了战后的相对和平状态（参照第五章）。

从这个意义来讲，把脱正义战争论从破产的边缘挽救回来的，虽然很具讽刺意味，但的确是美苏冷战的正义战争论，而并非一部分人所期待的非战争论的力量。但是，正义战争论的重新崛起这种最新局面，似乎也不可能持续。针对越南、阿富汗的战争的失败，在很大程度上削弱了美苏两国之间存在的"正义战争论"的士气。而且目前，以苏联为领导的社会主义正义战争论内部出现了解体，与此相呼应，以美国为领导的针对苏联的正义战争论也失去了依据。不管怎样，因为立即彻底执行"正义战争"很容易导致人类的灭亡，所以其重心正在从关于理念的神圣战争向经济战争等所谓世俗的战争转移。正如17、18世纪欧洲社会摸索宗教教义的共存一样，目前的世界也正是在探索异种文化能够共存的新的脱正义战争论的协定。非常必要的一点或许是（看起来像能够容忍新旧两教的威斯特伐利亚条约那样的）对理念的多样化（polymorphism）的宽容（tolerance），而不是单一理念的绝对化。实现超国家主义的最低条件，必然是这样的宽容的思想。

第三节　针对超国家主义的障碍

国家主义和产业化曾经是协调的

如前所述，世界国家的理念还不够成熟，还不能描绘出实现这一目标的蓝图。但是，即便关于世界国家的理念和前景蓝图都已经非常清楚地展现出来，要使其变为现实，也很明显存在着巨大的障碍。究其原因，是国民国家是确确实实的主权国家，是现存的势力最强的政治和军事单位，不管是规模更大的单位（任何形式的国际组织）还是规模稍小的单位（国内的地区），在通常情况下终究是无法对其发起挑战的。即便到20世纪末，国家主义也还是不会让出其最强有力的政治性神话的地位。对此形成支撑作用的，是现存的国家之间的利害对立，以及共同的文化 natio（尤其是语言）的差异，这些差异以具体生活的细节为依据，拥有为

第三章　国家主义与超国家主义

数众多的历史的记忆,继续与国境的消失作抵抗。如果说超国家主义要取代国民国家而形成任何形式的统一体制的话,实现这一目标不可缺少的必要条件,就是出现能够压倒性地战胜国家主义历史性遗产的现实性诱因。

说到底,不仅仅局限于超国家主义,要在一定范围内产生政治的统一,其必要条件,也不仅仅在于确立实现这一目标的理念,还在于在"现实"的层面也要满足一定的条件。如果从统一的规模这一点来考虑的话,根据不同大小的统一规模,经济层面上比如人均生产量,军事层面上比如战略性的易攻易守,文化层面上比如生活模式的同质性的程度和教育的普及程度等,这诸多层面上存在着现实性的(被认为与生活便利相关的)正向作用和负面作用。如果对这种意义上的现实性便利的"合计"进行比较的话,应该可以得出与实现总体便利的最大化最相匹配的统一规模。所以,至少要选择总体便利为正向作用的规模,而且尽可能地向能够使这种正向作用最大化的规模接近,这是成功实现统一的重要的现实性条件。当然,宗教等理念的力量或许也会使这种现实的利害得失在一时之间被忘却,但是要完全无视现实性条件是不可能的。国民国家的统一也不例外。

第一节中曾经有所提及,在 16、17 世纪以后的欧洲,通过以语言的同一性为基础的国民国家这种形式实现的中等规模的政治统一,恐怕是接近最适的现实解。一方面,火炮革命使得封建主义的统一(将通常所说的贵族领地视为典型的封建主义的统一单位)过于狭小,而另一方面,文化(尤其是语言)的多样性又使得"帝国"型的大规模统一存在重重困难。但是,比这些军事的、文化的要素更重要的是,16 世纪开始的"资本主义"模式的经济发展。如果借用最近流行的"早期产业化"(proto-industrialization)这一词汇的话,也可以换种说法,即从早期产业化直到 18 世纪后期开始的真正的产业化为止的经济发展。关于早期产业化和资本主义的关系,第五章以后对后者进行严密定义的时候将进行详细的论述,但是不管怎样,这一时期的发展正如卡尔·波兰尼(Karl

Polanyi）等很多人所说的那样，远远超过地方市场（local market）和远距离市场（interlocal market）规模的市场变得非常必要。① 而且更为必要的，不仅仅是市场规模。资本主义的生产将有规律地生产出大量的产品。为了发挥这种新的供给方式的优点，必须有可持续的治安及和平环境以保证商品货物顺畅地流通，以及总是切实履行交易合同。也就是说，交流密度高且稳定的市场必须实现制度化。这就是创造出所谓的高质量的市场。为实现这一目的，以共同拥有语言和习惯的文化共同体作为国家的基础是有效的。这是将 natio 和 state 连接在一起的重要原因之一。

具体而言，提高市场质量的方法包括，健全完善旨在提高交流密度的法律制度、警察、军备、道路、桥梁、运河、港湾等所进行的经济性投资。这种对通常所说的"公共产品"（public goods）进行的投资，必须能够达到使收益超过投资费用，表现为正向作用的最低限度的规模，与此同时不能出现因为毫无益处地扩大范围、增加费用而导致的负面作用。为了实现费用的利用效率，将公共产品的投资集中于一定领域的做法是有效的，这与领土国家化（罗斯克兰斯）的要求是相关联的。② 于是在资本主义经济的初始阶段，政治统一所要求的条件，采取了 natio 和 territorial sovereign state 相一致的形式，与"国民国家"（nation-state）的形态相重叠。波兰尼将这种现象称为"一国市场"（national market）的登场，可以说的确是非常贴近的表达。③ 比如，16 世纪在英国诞生的"commonwealth"（共同拥有财富的人们和地区）这一概念，也可以认为是所谓的一国市场概念的另一种表达方式（参照第六章）。以英国为先驱，西欧地区的国民国家提供了支撑优质市场的政治统一。于是更多的一国市场开始出现，接着威斯特伐利亚条约以后的权力均衡体系，保证了这些一国市场（国民国家）的相

---

① カール・ポラニー『大転換』、吉沢英成ほか訳、東洋経済新報社、1975 年、86 頁以降。
② リチャード・ローズクランス『新貿易国家論』。
③ ポラニー『大転換』、86 頁以降。

第三章　国家主义与超国家主义

互竞争和存续。

当然，资本主义并不仅仅限于国内市场（一国市场），也依赖于国外的市场，正因为如此才能抓住获得更大发展的契机。在早期的资本主义中，重商主义（mercantilism）常常强调这一点。但是，正如第六章将进行详细论述的那样，资本主义的产业，如果没有稳定的国内市场是无法发展的。而主要依靠国外市场的"贸易国家"获得了繁荣发展的，只有葡萄牙和西班牙。

尤其是<u>产业革命以后</u>的资本密集型产业，对投资收益的稳定提出了更为严格的要求，也越来越强调劳动力的均质性，对政治统一的要求进一步增强。西欧地区中等规模的国民国家，为产业革命时期生产力所要求的最低限度的必要的国内市场做好了准备。从这个意义上来讲，西欧地区早就建成了国民国家及其体系，对于产业化而言是一种幸运的历史性偶然，产业化的发展正是在这一偶然的基础上得以持续。使国民国家更加坚固的一个重要的现实性因素，就在于产业化的发展趋势。

于是，进入19世纪，国民国家进程和产业化进程相互扶持着向前迈进了一步。当然，军事因素的作用也是相当大的，正如之前所论述的，拿破仑出现以后的战争，增强了国民之间的战争的色彩。但是，其背后是英国和法国之间激烈的贸易战争，英国的胜利是其所倡导的经济自由主义的胜利，也是其产业的胜利。随之而来的是，各国经济生产力的发展及对此形成支撑作用的公共产品的健全完善，逐渐成为即便对一般国民而言也是国家实力的象征，甚至可以看成是国民的骄傲。1851年在伦敦水晶宫举行的世界博览会，以及与此相对抗的拿破仑三世投入全力的埃菲尔铁塔1889年世界博览会，不管是哪一个，都展示了大型产业国家的实力，是动员国民意识的活动。自产业革命和拿破仑战争开始的19世纪中，国家主义在感情层面动员了所有阶层的人们（国民），与产业化不可分割地联系在一起并向前发展。在19世纪，国家主义和经济自由主义（市场经济）是协调发展的。

但是，在此后生产力和技术都不尽相同的局面中，尤其是现在这个时点的局面下,国民国家或许已经不能够提供最适当规模的市场了,领土国家和产业化的联系也不再是必然的。同样,经济的发展动向,如同信息化、资本的国际流动、企业的跨国化以及环境破坏的跨越国境等所表现出来的那样,正在为向超国家主义发展创造强有力的现实性诱因。市场的最佳规模,正超越国民国家,朝着整个世界扩张。很好地体现了这一发展趋势的,一方面是目前跨国公司的活动,另一方面是东亚地区显著的"通商国家"(trading states)的抬头趋势。如果仅仅从领土国家和产业化的联系是经济层面的条件来说的话,早就已经不是必然的了。产业化曾经支持过国家主义的发展。但是发展至今天,其令人惊叹的进展(超级产业化),正在成为走向国际主义,或者毋宁说超国家主义的决定性诱因。但是,另一方面,产业化和国家主义协调发展这一过去的幸福记忆产生了心理惰性,成为阻碍超国家主义的因素。

经济无国界化的前进

通向超国家主义的道路应该采取怎样的形式向前推进?所谓世界国家的理念还不够成熟,所谓国民国家这一被神话化的现实的阻力很强。所以,超国家主义,虽然受到了强有力的经济层面因素的推进,但也只是获得了部分的阶段性的发展。回忆一下本章开篇所进行的讨论,主权性、领土性以及文化的特有性,在这三者中间到底是哪一方面率先开始发生变化?我打算稍稍改变一下角度,将发生变化的场所分成:(1)国家内部的经济主体(具有代表性的是企业)、(2)国家自身以及(3)国家之间的关系三方面来进行考虑。

(1)在超级产业化的局面下,企业和各种组织跨越国境开展经济活动的趋势,很明显正在加速发展。所谓无国界经济(没有国境的经济)这一词汇最近经常被使用,正是基于这一最重要的机缘。的确,经济主体,不管是个人还是法人,都存在着削弱与出身地所在国的联系、不服从于其统制的趋势。尤其是投资,国

第三章　国家主义与超国家主义

家早就不能对其进行控制了。其中，交通和通信领域令人惊叹的进步，即通常所说的信息化的影响非常大。尤其是规模庞大的资金，不顾及国家利益跨越国境在瞬间实现流动，进一步史无前例地强化了各国经济间的联动性。各国的经济政策之所以被强制要求进行前所未有的紧密协调，其根源就在于此。世界上许多主要企业，在母国（此处将企业最初创建时所在的国家称为母国）以外的其他地方广泛建立工厂、研究所和旗下企业，即所谓的"企业跨国化"成为发展的大趋势。其结果是，处于尖端产业的有实力的企业，甚至常常采取违背母国国家利益的行动。比如，跨国企业在海外进行投资活动，可能会相应地减少母国国内的就业，增加国内的不稳定因素。当然，与母国政府之间的政治性联系（比如国防费用等其他政府契约）是重要的经济利益的来源，在多数情形下，跨国企业还是最重视与母国的联系。但是，跨国企业早就打算成为一种不完全受制于母国政府的存在。从经济层面来看，暗示着国境消亡的现象确实已经出现了。

（2）国家本身的性质将发生变化。尤其是国家的领土性质已经出现了发生变化的迹象。如前所述，目前，很多国家都前所未有地在国境以外的地方拥有国家利益。正如罗斯克兰斯所暗示的那样，各国经济加强对世界市场的依赖，领土国家常常变身成为通商国家。不仅仅是贸易，各国的海外投资，即便没有殖民主义的支配和坚船利炮外交的保护，也达到了极其庞大的水平。不仅仅是发达国家，亚洲地区的 NIEs 也开始活跃于对海外的投资活动。这表明，一方面作为（1）所论述的企业跨国化的结果，国民国家正不得不开始尝试任何形式的超国家主义。但是，国家的<u>领土性</u>，作为发挥象征性作用的东西，这一点是不容易发生改变的。所以，作为更加容易的过渡性途径，大概会选择（3）中将论述的集团主义趋势。

（3）这样就出现了国家的自立性开始减弱，国家之间的联系变得更加密切的趋势。很明显，在整个战后，各种各样的国家间集团主义不断增加，今后这种趋势也不会发生改变。也有不少人将所有这些集团主义统称为"区域主义"（特指第二次世界大战前各主要宗主国主导的区域经济——译者注），警告说这是时代的倒退，但是这种观点并没有击中要害。在"国民国家体系"这种分立式体系和世界国家这种综合性体系的中间可以考虑的，是国家之间的集团主义。其一般性特征是，多个国家相互削弱彼此间存在的壁垒并进行合作，如果这种合作向前推进的话，事实上就成了在一定程度上放弃主权。第二次世界大战以后最为引人瞩目的例子包括，NATO、日美—美韩—美菲—美台[①]—ANZUS 的网状结构以及华沙公约组织等集体安全保障条约体制等，与第二次世界大战以前的军事同盟相比更具可持续性，加盟国家之间的技术合作关系得到了更高级别的发展。从经济层面来看，目前所存在的 OECD、OPEC 以及双边自由贸易协定、发达国家首脑峰会等，虽然多少有些差别，但是各种各样的经济（政策）集团主义自然而然地产生了。战前的区域经济，只不过是经济集团主义中排他性比较强的一个例子而已。战后经济集团主义的另一个特征现象是，围绕个别问题的国际合作关系的制度化，即国际关系理论学者们所说的"机制"（regime）的成立。在机制中，存在着以 GATT、IMF 以及海洋法公约等为代表的无数例子，制度化的程度很高，加盟国之间开展合作的程度也很高，特别引人关注。但是，这些机制，并不是所有国家都参与其中，从这一意义来讲是一种力量较弱的集团主义。

战后世界的特征在于这种条约和合作关系的无数网络相互交织重合，如果用系统论学者所喜好的表达方式来说的话就是，不是树枝状（tree）而是根茎状（rhizome）的体系的形成。其中也存在着排他性强弱的差异，经济层面的诱因更强烈的东西，文化层面的机缘更深刻的东西，以及两方面原因混杂在一起的东西等等，各种各样的形式都有。尽管与产业化相关的经济层面的因素指向了世界性的大规模，但是诸如与文化相关的因素可能旨在实现与

[①] 指中国台湾地区。——中文版编者注

第三章 国家主义与超国家主义

此不同的规模。而且在经济层面的因素中，根据资源供给（比如石油）、产品市场、资金筹措等不同的问题，其范围和规模也是存在差异的。另外，正如上面列举出的众多例子那样，集团主义并不是仅仅局限于地区性的，也不仅仅局限于与更高级别的国际组织敌对的状态。战前集团的形成为数不多，而且以区域主义为轴划分成不同阶层；与此相对，战后的集团形成，虽然存在着东西这两大阵营，但也超越了这种格局而混杂在一起。从中确实可以看出树枝状和根茎状的对照。

结果，基本的原因是战后世界中相互依存关系的加速发展，在这方面，"相互依存理论"（interdependence theory）学者的主张是正确的。在经济层面，"超级产业化"不断进步；在军事领域，不管哪个国家都变得不能独立（尤其是考虑到经济成本）开展本国防卫；其背景是国际间令人惊叹的"信息化"的发展趋势。在这种向前发展的相互依存的动力中，国家之间的集团主义作为最常见的应对方式，今后可能会不断出现。究其原因，这是在不让国民国家这一构架崩溃的情况下可能采取的应对手段。但是，在错综复杂的集团主义的可能性中，到底应该选择哪个，是难以预料的，如果从其根茎状的性质来看的话，能否保证收敛成全球性的某种秩序也确实是令人怀疑的。但是，不管怎样，如果集团主义继续向前发展，并具有前所未有的可持续性的话，恐怕国家的<u>主权性</u>在事实上将逐渐变弱。

文化无国界化的光与影

强调无国界经济现象的不少人认为，除前面所列举的经济问题以外，还要包括人员、信息和知识的交流不断提升。认为全面的无国界化是自然的长期趋势的意见，似乎很容易成为普遍认可的看法。从国际关系理论来讲，始于20世纪70年代的"相互依存理论"，主张这种自然发生的国际交流的强化会自然而然地生成协调的世界秩序。具体来说，机制的大量确立应该收敛为世界秩序。但是，就连"相互依存理论"之父哈斯（Ernst B. Hass），基于经验性研究，对这一理论也变得非常悲观。①

最大的问题点在于，"肉眼看得见的国境"的消除与"肉眼看不见的国境"的消除之间存在着巨大的差距。经济的无国界化，不能认为是自然地与文化的无国界化联系在一起的。究其原因，是为了实现文化的无国界化，仅仅依靠人员和信息的交流是远远不够的，关于消化这些交流的诠释框架（世界观和价值观，换言之世界想象）的某种公分母，即哲学家所说的"可共约性"（commensurability）是有必要的。如果不能理解的话，可以与经济活动的情形进行比较。关于经济活动这一人类行为一个侧面的诠释框架（比如关于货币、契约等的理解），岂止是共约的，甚至可以说是世界范围内所共有的，所以经济的无国界化很容易推进。但是，与跟经济等相关的"肉眼看得见的国境"相比较，要消除人们心中那种"肉眼看不见的国境"是非常困难的。

自古以来，不同的文化集团在同一个场所居住生活，集团之间的经济交易活动繁荣，人员之间的接触和信息交换的机会频繁，诸如此类的例子数不胜数。自古以来生活在欧洲各国的犹太人、美国社会中的黑人以及战后欧洲国家中的外籍工人等都是很好的例子，但同时他们也是说明单纯增加接触机会并不容易带来文化共约性的典型例子。与此相比较，就连精英分子留学他国所进行的交流，其效果也只能是有限的，何况是通过海外旅行的所见所闻，更是只有走马观花的程度。经常能够看到有过留学经历的精英分子反而对前往留学的国家存在反感的例子，而且观光旅游者的行为举止也常常在当地播下了反感的种子。问题是，只要国家之间不存在诠释框架的共约性，就只能通过知识、信息和感情发生了歪曲的过滤器这种形式来接受。

---

① アーンスト・B. ハース「進歩とは何か——国際組織研究の足跡」、蝋山道雄訳、日本国際政治学会編『国際組織と体制変化——季刊国際政治第七六号』、1984年5月。另外，Ernst B. Hass, "Why collaborate? Issue-Linkage and International Regimes", *World Politics* 32: pp. 357—405。关于"机制"，参见 Stephen D. Krasner, *International Regimes*, Ithaca: Cornell University Press, 1983.

第三章　国家主义与超国家主义

最近经常有人说，通过大众媒体尤其是电视，世界正在向共同享有同样的信息的方向发展。的确，从狭义来讲，信息的共有性或许正在提高。但是，<u>信息</u>的交流并不一定意味着<u>诠释</u>的交流，也不意味着<u>知识和智慧</u>的传播。的确，同样的信息正在向世界各地传播，但是在不同的国家其诠释会出现怎样的差异，关于这一点总是让人感到吃惊。各国对新闻的不同编排制作以及电视新闻解说员的只言片语，会使新闻的色调完全发生变化。各国的大众媒体，总是根据符合本国国民的诠释框架的原则对信息进行挑拣，以便让大家看到想看的、读到想读的。要突破这种按照不同国别而确定的知识菜单的框架是极其困难的。从长期来看，人员和信息的交流，最终会对诠释框架造成影响，政治的国境与世界观边界相一致的事态或许会慢慢消失。但是，这一过程是以一代人为单位的，或者说是以世纪为单位的带有滞后性的东西，在某种局面下接触反而会加深文化上的反感，甚至引起逆行后果。不管怎样，经济的无国界化与文化的无国界化，至少在节奏上必须对二者进行区分。

不仅如此，文化也会成为抵制经济无国界化的手段。经济的无国界化，往往会导致商品和资本急剧且规模庞大地流入，使国内的产业企业被迫发生严峻变革。作为国内的既得权益，主张那些无法完全换算成经济价值的生活、生存方式、文化所固有的价值等，以此来抵制经济层面的侵入。与经济的无国界化相比，文化层面的国境的<u>壁垒</u>往往会被提高。比如，在目前的日美经济摩擦中，这种迹象就很明显地表现在日美两方面。所以，至少在过渡期，经济的无国界化反而会提高文化层面的国界门槛。因此必须看到，经济的无国界化和文化的无国界化是基于不同的理由、遵循不同的途径分别向前发展的。

称为相互依存也好，称为无国界化也好，在"肉眼看得见的层面"的超国家主义的发展流向，几乎认为国民国家是历史的特殊现象的逻辑性归宿，超级产业化的力量推动了这一潮流的发展趋势。如果重新回到我们之前所提的问题轴格局上的话，至少在肉眼看得见的层面可以看到，从国家主义的一极向超国家主义的一极的移动似乎正在发生。但是，这一动向绝不是随着自然的发展潮流而顺利发展的，很可能成为对人类进行决断的局面的要求。比如，后面第十章之后将进行详细论述的，是联合国中心主义比较好，还是恢复美国的霸权，或者除此以外的"国际体系"能否实现？基于这一点的决断，将出现包括对很多人所设想的趋势的超脱、逆行或者是世界性破裂在内的动荡。而且，这一决断，的确在很大程度上依赖于"肉眼看不到的层面"的无国界化的存在方式。

说到底，人类的世界诠释是遵循怎样的动力发生变化的？简单的预测是不可行的。一方面存在着，正如过去的启蒙主义所预想的那样，朝着唯一的科学的或者说合理的世界观收敛的观点；但是，另一方面也存在着一种观点，即好比每个人都有自己的个性一样，即便在世界观中，在其关键的部分（比如我所说的超越论的或者诠释学的）将继续发挥各种文化的个性的作用。这种世界观的个性并不必然与国民国家相联系。但是，热带地区的人和寒带地区的人，海洋地区的人和内陆地区的人，生活在沙漠中的人和生活在湿润三角洲地区的人等等，他们之间自然而然会存在着关于世界诠释的差异性。正是因为有能够培育出这些多样化的世界观的人存在，人类才能获得理解整个地球的线索。而且，正因为有回顾过去人类的生活并宽容待之的人存在，才能够理解整个人类历史。自从有了这种（社会学家所说的）同时性（synchronic）或者说异时性（diachronic）的不断扩展，作为"反省的动物"的人类才得以存在。

截至目前，作为共有过去和现在的生活的场所，共同体 natio 具有其存在的意义，国民国家发挥了重要作用。当然，所谓的国民国家这一特殊的历史实体，并没有理由独占作为这种场所的作用。但是，某种形式的 natio 提供这样的场所，并表现出某种地域性，对于拥有历史性时间的人类而言是不可或缺的。被称为国家主义的东西恐怕会逐渐变弱，但是被称为 natio-ism 的东西是不会

第三章　国家主义与超国家主义

消失的。虽然不能称为国民国家,但是某种文化的个性是不应该被抹杀的。如果再回到本章最初部分所尝试的讨论,可以看出主权性以及领土性等视点上的国家主义崩溃的可能性很高,但是社会习俗和传统等文化的个性是不容易崩溃的,而且可以认为其不发生崩溃是人们所期待的。

这样的话,对于我们而言的课题就是,一边接受肉眼看得见的层面的无国界化,一边创造出能够充分发挥文化的多样化个性的世界。但是,这种文化层面的个性的单位,即便暂时会受到国民国家这一框架的惰性的拖拽,也不可能永远固定在诸如日本、美国或法国之类的历史性存在上。政治经济意义上的世界体系,也不得不被创造成与此相匹配的形式。

第四章 霸权稳定性的理论
——经济自由主义和国家主义的折中

第一节 经济自由主义

第二章所论述的"产业化—跨产业化"的问题轴，以及第三章所论述的"国家主义—超国家主义"的问题轴，二者之间存在着怎样的关系？两大问题轴之间的关系并不简单。或许有人会简单地认为，随着产业化的进行，贸易和海外投资变得繁荣，超国家主义朝前发展。但是，不管是从逻辑来说还是从过去的经验来看，道理都并不是如此简单的。比如19世纪，国家主义和产业化之间反而出现了相互强化的趋势。可以看到，产业化的力量通过无国界化等形式朝着与国家主义相反的方向变化，并推动超国家主义向前发展，这是第二次世界大战以后出现的现象。如果从历史的经过来看，这两种问题轴之间的关系可谓是从正相关向负相关的180度大转变。但是，很多人依然认为，经济自由主义和国家主义这两种古典的近现代思想，在理论上或者说至少在事实上是可以协调的（即正相关关系）。但是，关于这种乐观主义，今后有必要进行深刻的重新认识。

结合最近出现的具体的争论对这一问题进行讨论。众所周知，在最近的国际关系分析中，通常所说的"美国霸权（hegemony）的衰落"这一议论非常盛行。其中当然有赞成的，也有反对的，但是在进行深入讨论前首先想要强调的是：作为此种争论的背景下的"霸权理论"可以说是将经济自由主义和国家主义这两种古典的近现代思想进行折中的尝试——而且实际上恐怕也是最后的

第四章 霸权稳定性的理论

尝试。从这个意义上来讲,"霸权理论",对于此处所进行的讨论而言是绝佳的案例分析。首先,打算从明确界定"霸权理论",准确地说应该是"霸权稳定性理论"在过去的诸多理论中所处的位置开始进行论述。例如,如果借用这一理论的代表性人物罗伯特·吉尔平(Robert Gilpin)的观点,可以从大的方面将在国际关系分析中登场的政治经济学理论分成以下三种类型。

　　自由主义的经济理论(自由贸易理论)
　　现实主义的政治理论(权力政治理论)
　　霸权稳定性的理论(theory of hegemonic stability)

吉尔平的目标是,作为弥补第一种和第二种理论的缺陷,以综合性为目标的第三种立场,提出霸权稳定性的理论。① 的确,在此之前,几乎还没有过尝试着将第一种和第二种理论在国际关系理论的水平上结合在一起的先例。经济自由主义和国家主义这两种古典思想一直处于各自分别存在的状态。正如苏珊·斯特兰奇(Susan Strange)所说的那样,虽然最近有些人开始强调政治经济学的必要性,但是关于其具体内容的展开还不够充分。而且,虽然马克思主义派系的确围绕着一个具有连贯性的政治经济学展开了论述,但是似乎打算完全否定两种古典思想。与此相对地,霸权稳定性的理论,则是旨在将自由主义的经济理论和现实主义的政治理论结合起来——能不能称之为"综合起来"另当别论——的首次具体尝试。但是,正如前面早已经多次指出的那样,经济自由主义和国家主义都分别具有各自的特点,相互之间也存在着矛盾之处,要将二者综合起来并不容易。为了探明这种困难之所在,不得不重新对自由主义的经济理论和现实主义的政治理论,即自由贸易理论和权力政治理论的特征进行讨论。

---

① Robert Gilpin, *The Political Economy of International Relations*, Princeton, New Jersey: Princeton University Press, 1987. 这是我自己认为最佳的概括,并不一定完全忠实于他的表达。

自由主义的经济理论的弱点

第一种理论,即成为与经济的自由主义型接近的基础的,是标准的经济理论。国际关系理论的专家们开始对经济学表示关注,是比较新的现象,可以说是作为20世纪70年代登场的"相互依存理论"(interdependence theory)的一环开始的。但是,国际关系理论专家们的经济学理解,实际上还停留在原封不动地接受标准理论的层次上,这就留下了问题。在任何教科书里都能够学到的现在的标准经济学理论,给出了一种与古典力学相类似的美好的理想状态的模型,提供了围绕经济这一复杂而相互依存的体系的理性思考的出发点。但是实际上,为了建立这样的模型,必须具备环境的不变性、商品的定量化、边际成本递增以及完全竞争状态等接下来将进行论述的诸多严格的前提条件。所以,这种理想状态的模型是否真的能够适用于现实世界,换言之,为数众多的前提条件能否成为现实,就成了大问题。

当然,这种模型能够适用于现实世界的例子也是有的。比如,在"假设其他的条件都相同"(ceteris paribus)的条件下,即在通常所说的局部均衡分析中,关于前提条件能否成立的预期相对容易,其现实的有效性颇值得期待。但是,如果以超越这种部分分析的整体性分析(比如通常所说的一般均衡分析)为目标的话,前提条件是否成立以及现实是否适用就完全无法预测了。但是,尽管如此,许多济学家在使用这种整体性模型描绘出理想世界,而这种理想与现实世界又不相符的时候,往往存在着这样的倾向:较之前提条件,反倒认为是现实世界(现实世界中的政策运营)的方面出现了错误。通过这种对标准的理论的疑似扩大创造出来的世界,在接下来的部分为简单起见,将其称为"新古典派"(neo-classical school)。所以,此处所提及的新古典派并不是单纯的理论模型,而是指包含着默认的价值判断的一种世界诠释,其内容是指以达成特定形式的经济自由主义为理想的假设。

根据这种意义的新古典派的经济学,国际性的产业结构变动

第四章 霸权稳定性的理论

可以利用古典的"比较优势"(从传统意义上来讲包括劳动力、资本、土地等资源的稀缺性的比较)的概念来进行说明,还可以推导出自由贸易是最受欢迎的这样一个中心命题。IMF 和 GATT 等第二次世界大战后建立的自由贸易机制的产生背景中,也存在着这样的观点。但是,新古典派的国际经济理论存在着一些弱点。第一,根据新古典派的观点,导致比较优势发生变化的资源禀赋、技术和偏好等因素,并不是经济学能够"科学地"进行处理的对象,而被视为经济外部的已知条件(环境的不变性)。资源状况的变化、技术的进步等,也不过是来自经济外部的冲击。所以,国际关系的结构变化也只是基于这些外部性冲击、原则上每次都有所不同的事件。对结构变化和经济增长进行说明的不是经济,反而是经济的外部性要素。新古典派的经济学只不过是针对经济增长和结构变化,提供了一种根据所谓的外生变量进行说明的框架。①

但是,这种解释并不能够充分抓住常常持续性自我扩张的产业化的发展实际状态。比如在目前的现实世界中观察到的技术变化,并不是间歇性地发生、仅限于一次的事件,而是如同一波波涌来的浪潮一样连续不断的过程,并不是与经济毫无关系的事件,而是在某种程度上清晰地反映了经济内部的状况。如果是这样的话,由于技术升级总是连续地进行,在其调整完成之前经济的均衡常常会出现偏差,这种没有完成的调整还会诱发技术变化。可见,动态的整体性轨迹,表现出通向均衡的路径往往会被通向下一个均衡的路径所超越的姿态,即所谓的包络线,换言之就是不得不描绘成一种不均衡的连锁曲线。的确,长期的动态的内生性理论,从原理上来讲是不可能依靠人类的力量完成的。技术变化

---

① 被称为新古典派的增长理论是存在的,这是事实。但是,在这一理论所描绘出的各种路径中,唯一经得起分析的就是通常所说的"匀称增长路径"(balanced growth path),以及其所具有的稳定性等特性。在这一路径中,虽然生产量有所增长,但是稀缺资源(如劳动)每一单位的平均生产量,即人均 GNP 停留在一定的水平。在一般的经济发展理论的解释中,这种事态不能算是增长,而是常态。

也常常在一定程度上包含着不可预测的冲击。但是，即便如此，基于新古典派经济学的经济增长和结构变化的理论，还是不能避免地遭到认为其在相当程度上忽视了现实中的经济发展所包含的内生性的和不均衡的侧面的批判。正如吉尔平所说，"其基本的问题在于，经济学者们在关于经济变化的理论上有所欠缺"。① 为了突破这种局限，顾及内生性的和不均衡的侧面的动态学分析，正如后面所论述的，尤其是技术的动力，是非常必要的。

经济自由主义的另一个弱点是，不具备比较严密的"国家"（state）的理论。在新古典派看来，根据自亚当·斯密以来的经济学传统，所谓国家，只不过是被消极地设想成提供最低限度的"公共产品"、不介入普遍意义上的私人产品市场的中立性存在。作为与今天所说的公共产品相对应的产品（亚当·斯密使用了"主权者的义务"（duty of the sovereign）这一词汇），亚当·斯密列举了国防、司法制度、公共设施（包括道路、桥梁、运河以及港口等）和教育等四大领域，但是其中后两者<u>根据不同情形</u>也可以由民间力量来承担，是具有中间性的。正如斯密此番论述中已经表现出来的，所谓公共产品与私人产品并不是可以先验性地区分开的，有很多产品具有中间性质。而且，公共产品的最低限度范围也没有先验性地明确规定，关于公共产品的供给机制也不是单一的界定。* 如果要对这些论点进行追问的话，就不得不回溯到对诸如国家为什么是必要的、国家的机能是什么等问题进行论述的一般性理论。很明显，所谓"公共产品"这一概念，是供经济学家使用的专业术语。"公共产品"这一概念，是通过将对于国家而言必备的机能（按照亚当·斯密的说法就是主权者的义务）硬塞进经济学的"产品"这一概念中而创造出来的。将国家定义为公共产品的提供者，是仅仅为了迎合经济学的需要而本末倒置的争论。

---

① Gilpin, *The Political Economy of International Relations*, p. 82.

第四章 霸权稳定性的理论

★根据标准的新古典派的经济学理论，所谓"公共产品"（public goods），被定义为同时具备"可共同使用性"（nonrival consumption）和"对希望使用的人的不可排除性"（non-excludability）这两种性质的产品。另外，所谓"私人产品"（private goods），是从公共产品这一概念诞生以后，对其进行反向界定的概念，即作为非公共产品来下定义。所以，所谓"私人产品"，被定义为具有"不可共同使用性"或"使用者可排除性"之中的任何一种性质（或者两种性质）的产品。但是，围绕着不可共同使用的产品，如果不对使用者进行限制的话，纠纷将不间断地发生，而产品的效用也将消失。换言之，关于不可共同使用的产品，必须建立健全对使用者进行限制的社会制度（比如私有财产制度和使用费征收制度等）。所以，在为了稳定和存续而毫不懈怠地致力于创建贤明制度的社会，将不得不采取如下形式：

"不可共同使用性"→"使用者可排除性"

而在普通社会中，大体来说，做如下定义就足够了。这也与常识相符合。

私人产品：使用者可排除的产品

公共产品：使用者不可排除的产品

作为定义论，通过上述内容，其条理就很清楚了。但是，可共同使用性本身，并不是可以清楚地选择回答"是"或"否"的概念。比如，接受来自警察和消防的生活便利，对于住在警察局或者消防队附近的居民而言便利性更大，而住在较远地方的居民要为此支付相应的费用。另外，许多耐用消费品，如果能够忍受因为时间调整所带来的或多或少的不便的话，也是可以共同使用的。信息，只要支付复制所需的费用，就可以共同使用。诸如此类的可共同使用性，包含了这样或那样的中间情形，总之是指通过支付少量的费用、多数人可以享受便利。从概念的意义来讲，这与通常所说的"外部性经济"（external economy）是相同的，有人将公共产品定义为"具有外部性经济的产品"也是基于这一原因。但是，更进一步来讲的话，可以认为几乎所有的产品都或多或少具有外部性经济效果。换言之，并没有一个先验性的界线，可以明确地对可共同使用性和不可共同使用性加以区分。

而且，另一方面，可以认为，为了排除使用者而确立的社会制度也存在着无数种形式。实际上，对使用者进行限制和排除，并不仅仅是单纯关于不可共同使用性的制度，在不少情况下还会波及可以共同使用的产品（比如收费的美术馆、私人海滩等）。实际上，土地的私有制度或许也可以算是其中的一个例子。根据这种存在界限的情形的不同处理方式，制度也会发生各种各样的变化，但是对其起决定作用的往往是以往的历史性原因。

于是，公共产品这一概念，是以社会现实的历史和制度作为前提条件的概念。在上述讨论中登场的"可共同使用性"和"使用者可排除性"等，都是在以制度为前提条件的基础上，为了识别私人产品和公共产品、具有实用价值的标准，而不是先验性的、普遍意义上适用的理论性判断标准。比如，只有私人警察和私人消防的社会、对所有车道都征收使用费的社会等，这些例子都是可以充分想象的。虽然也可能有超越所有制度变迁的强大"可共同使用性"的情况（比如抽象意义上的法律等），但那是例外，即便是这样的法律，其具体内容也是各种各样的。实际上结果是，依赖于制度的选择，"可共同使用性"的适当程度也会发生各种各样的变化，在公共产品和私人产品之间还存在大量的具有中间性质的产品。公共产品并不是具有先验性的范畴。

但是尽管如此，新古典派经济学者还是对国家的问题采取了轻视的态度。很明显，这其中已经悄悄渗入了诸多经济自由主义的价值判断，比如政治不应该介入经济活动、政府应该越小越好等。如同 19 世纪的英国和 20 世纪的美国一样，经济自由主义的模

第四章　霸权稳定性的理论

型也存在着比较容易与之相匹配的情形。在这样的情形下，认为经济自由主义的价值判断支配社会、国家和政府应该作为最低限度的存在等主张日益强烈，这是可以理解的。而且，这种经济自由主义还常常被扩大至国际关系领域，发展成为自由贸易的主张。在这个时候，至少是针对主要的国家，要求政府仅限于在最低限度范围内提供公共产品，换言之即倡导将政府的机能控制在最小限度的"自由主义的国家"。这是因为，如果不这样的话，新古典派模型就不能清楚地与世界状况相匹配。但是，国家应该发挥的机能，即作为公共产品被要求提供的内容，根据不同的社会、不同的国际环境，即便发生变化也并非不可思议。现在，各个国家分别处于不同的条件下，既有实施保护主义的国家，也有采取开发主义（关于这一问题将在后面部分进行论述）的国家。不管是否将这种状况视为不好的东西，从一开始就将保护主义和开发主义视为异端事物并置之不理，是不应该的。如果要探究保护主义和开发主义的理由，自然而然就会觉得有必要对国家的作用的范围（公共产品的内容）进行再讨论。这样，比较严密的关于国家的一般性理论就会诞生。关于公共产品的理论，有必要基于这样的一般性理论，并适应于今后新事态的变化而进行重构。尤其是稍后将要分析的"国际公共产品"，其重构的必要性更大。

第二节　以国家主义为基础的国际关系理论
——权力政治型的接近

吉尔平所列举的第二种理论，即现实主义的政治理论，作为处理国际关系的理论是最具古典意义的，20世纪70年代以前的国际关系理论分析大都属于这种类型。① 这种理论，认为国民国家只顾追求自身利害，将国际关系描绘成这些国家之间所发生的冷酷

---

① 经常被列举的具有代表性的作品，如 H. J. Morgenthau, *Politics among Nations*, N. Y.: Knopf, 1948。

无情的对立以及见机攻守进退的动力。在这种情形下，往往伴随着一种倾向，即作为抗争的直接手段更重视军事力量的作用。也就是说，这种接近，就其内容而言是"军事的=政治的"权力政治的分析。从传统意义上来看，依赖于历史性叙述的手法是有力的，但是最近带有数理性的"博弈论分析"手法也经常被使用。但是，在这种权力政治的接近过程中，要有以下两大前提。

第一是应该被称为"非渗透性的前提"。有资格参加权力政治的，只能是国民国家（具体来说是其政府）。国民国家，将企业和个人等国内行为主体的利害和意见进行调整并作为其集中代表，在国际舞台上参与谈判。企业和个人等只能在各国政府所设定的约束条件下进行交流。基本上各国的国内情况都是不可窥探、不可渗透的。换言之，现实主义的政治理论所描绘的体系，是"'硬球'相互碰撞，即通常所说的弹子球游戏的影像"。当然，所谓的"硬球"指的是国家，而其内部的机制是不可知的，但是在受到某种刺激时往往会进行一定的反应，换言之就是黑箱（或者说应该称之为黑球）。①

第二是"同质性的前提"。为了使弹子球游戏式的体系有效运作，实际上各个国家之间都必须存在某种程度的同质性。只有当弹子球满足了某种固定的通用标准时，游戏才能成为可能。首先，国民国家的规模和实力必须在某种程度上旗鼓相当。如果其大小存在很大的差距，国家间的博弈就不能比作弹子球游戏了。不仅如此，现实主义的政治理论还经常被称为"均势论"。从其具体意义来看，就是指其他国家联合起来共同抑制冒尖的大国出现，但是为了使这种战略性行动值得期待，国家之间有必要形成共有的观点和共通的惯例。至少，必须有认识上的"可共约性"（commensurability）（参照前一章的第三节）。

利用"博弈论"框架来解释可能更容易理解。众所周知，博

---

① 山本吉宣『国際的相互依存』、東京大学出版会、1989年、75頁。弹子球这一比喻很早开始就在使用。

第四章　霸权稳定性的理论

弈理论的基本分析工具是"支付矩阵"（pay-off matrix，即表示根据自己和他人不同的战略组合、自己和他人的支付会发生怎样的变化的表格），但是在具体决定这一矩阵的要素时，关于支付（pay-off）的测算方法和战略（strategy）的范围，我们往往会默认设定某种认识的共约性。究其原因，是因为博弈论往往假设所有的玩家（参与者）共有一个支付矩阵，并在一定程度上掌握其内容的相关信息。如果不这样做的话，"联合"（coalition）和"合作博弈"（cooperative game）这样的中心议题，预先就会被分析所拒绝。但是，均势政治的内容，恰好正是这种联合和合作博弈。这样，权力政治是以虽然不知道对手会做出怎样的选择，但知道其依赖何种因素进行选择的这种弱势形态的共同认识（共约性）为前提的，如果没有这一前提就不能作为一种体系成立。换言之，连某种共通基础都不具备的权力政治，并不知晓如何遮蔽、阻止不信任的升级以及破产局面到来的谋略。

这第二种"同质性的前提"，与前一章所论述的国民国家体系的存在是相对应的，现实主义的政治理论很明显是反映威斯特伐利亚条约以后的欧洲现实的产物。正如之前已经论述过的那样，国民国家体系，以围绕共同拥有基督教起源的文明达成的共识为基础，并意图据此推动"脱正义战争论型的战争"的日益规则化。比如，围绕着宣战和投降的外交礼仪、战斗人员和非战斗人员的区别、对待俘虏的做法、对武器种类的限制以及作为战胜国能够提出要求的范围等内容达成共同认识，形成一定的规则，并逐步将其写入条约，最终成为"国际法"。只要遵守规则，战争也是国际政治的一种正当手段。关于普奥战争，俾斯麦（Otto Eduard Leopold von Bismarck）有这样一段发言，恰如其分地点明了这一体系的要点。

"正如我们的要求并没有出现错误一样，奥地利反对我们所提出的要求也并非是错误的。"

这样，国民国家体系作为具有一定框架的均势体系发挥作用。

在国民国家和这种体系的理念主导世界的期间，现实主义的政治理论显示出一定的有效性。

但是，以第一次世界大战为分水岭，这种框架开始出现裂痕，关于这一点在前一章中已经进行过论述。《凡尔赛条约》只让德国一个国家承担战争责任，就已经打破了传统的脱正义战争论的规则。而且，在第二次世界大战中，通常所说的总体战的观念开始渗透，由民间人士发起的游击战、无差别爆炸袭击等频繁发生，此前所坚持的规则逐步走向名存实亡。说到底，同盟国方面将这次世界大战的性质定为"针对反文明的文明"的战争，这本身就否定了传统的那种同质性前提。即便在第二次世界大战后的东西方冷战期间，针对非正义的正义理念的战争这种理解也支配着两大阵营。进一步说，第二次世界大战结束后的殖民地独立战争，在理念上毫无妥协的余地，对传统规则的突破逐步升级。自日中战争开始，在印度尼西亚、阿尔及利亚等国家的反对殖民主义战争中，毫不留情地开展游击战的殖民地原住民看到了胜利的机遇。在上述事例中，同质性的前提已经崩溃，出乎意料的"战略"最终意外地出现，"支付矩阵"开始变得不确定。关于认识共约性的信赖逐渐变弱，虽然国民国家的外壳还在发挥作用，但是支撑国民国家的国际体系的实际状况正走向空洞化。围绕分裂国家这一冷战产物所产生的对立、各地出现的民族争端、19世纪以来殖民主义后遗症严重的伊斯兰世界的战争，以及苏联的解体等等，这些问题似乎都不能依靠传统的国民国家体系的观念进行解决。今后"正义战争论"的思考是否会步其后尘，或者新的"脱正义战争论"的观念是否会出现？21世纪的世界恐怕将苦苦挣扎于对共约性的摸索。

由此看来，博弈论分析的有效性也变得不可信。作为均势政治的分析工具，"博弈论"的确是最恰当的。第二次世界大战后，国际关系的专家们喜欢使用博弈论分析，诸如美苏冷战也常常作为其分析因素使用。的确，可以认为，美苏之间，至少在核战争引致惨剧这一点上的认识似乎是一致的。但是，不管是西方还是

第四章 霸权稳定性的理论

东方社会，与以利益为基础的合作（coalition）相比，根据理念（乃至意识形态）集结而成的同盟的色彩更为浓厚。在涉及理念的追求方面，因为是为了正义而歼灭对手，所以战略选择及其成果的范围（用博弈论的专用术语来说就是战略（strategy）和支付（pay-off））进一步扩大，甚至包含为理念而殉职的自杀式冒险，远远超过了预期。"正义的战争"会导致关于对手的应对策略的相互不信任升级，不能完全纳入由战略和支付规定的博弈论分析框架中。欧洲式的国民国家之间，在认识上具有共通点，围绕争端的规则也达成了一定的共识，与此相对，在冷战时期，东西双方之间关于共通认识和规则都互相存有疑心。今后，在诸如与伊斯兰世界的对立中或许也会出现同样的问题。尽管伊斯兰世界也有超国家主义的规则，但是与欧洲的传统模式并不同质。①

概而言之，机械地使用无视历史背景的"博弈论分析"是有局限的。最近，利用"超博弈"（super-game）进行细致分析引起了人们的关注，但是超博弈也要求认识的共约性，这一点并没有发生改变。因为超博弈是以无数次的试行为前提的，所以其要求的内容反而更加强烈。② 不管怎样，支撑均势的重要因素是国家间在文化层面上的共约性，而不是能够还原到"博弈论的稳定性"这种技术性概念的东西。博弈论的有效性仅仅体现在由共约性支撑的脱正义战争论的世界中。在传统框架逐渐溶解的未来世界中，博弈论分析在多大程度上是有效的，值得怀疑。

关于第一种"非渗透性"或者说"硬球"的前提，即以只有国民国家是国际政治的主体为前提的观点，之前已经屡次提及。

---

① 黒田美代子「民族国家の虚構性」、刊载于黒田寿郎编『共同体論の地平』。
② 最近比较有名的例子就是，R. Axelrod, *The Evolution of Cooperation*, N. Y.: Basic Books, 1984；R. Axelrod and R. O. Keohane, "Achieving Cooperation under Anarchy", *World Politics* 38: 1, 1985, pp. 226—54. 阿克塞尔罗德（R. Axelrod）模型认为，"以眼还眼"战略的重复最终将产生合作，关于这一模型有很多话要说，但是在此只想说，为了使无限次数的超级博弈能够成立，除了某一时点上的合作以外，参与者的忍耐是有必要的。这是因为当"以眼还眼"战略超越相互忍耐的限度并导致悲惨结局的时候，博弈游戏的反复将会停止并开始新的超级博弈。

在交通和通信实现了超乎想象的发展的今天，企业、各种组织以及个人等行为体，开始大张旗鼓地跨越国境开展活动。随着跨国公司的贸易和投资活动、组织之间的国际信息交流、个人的移民和海外旅游以及电视和广播信号的大范围传播等种种无国界化，国家的硬壳开始变薄，到处都有漏洞，并逐渐形成裂缝。苏联8·21政变等事件通过电视节目迅速为国际社会所知晓，正是代表新型裂缝的象征性例子。国家已经不再是黑箱。现实主义政治理论的第一种前提是将国民国家作为完全不可渗透的分析单位，发展到今天它已使该理论走到尽头，国家主义这一思想的局限也在这里得到极端的表现。

最后，我打算再稍微提一下通过政治的现实主义的接近的另一个弱点。这一接近——和经济自由主义的接近一样——也具有浓厚的外生性说明的性质。在这种接近中，国际关系的变化可以通过各国实力的此消彼长来进行说明。但是，所谓的国家实力是什么，导致国家实力此消彼长的原因是什么，关于这些问题，政治的现实主义总是只能给予特定的说明。比如，作为国家实力重要组成部分的经济实力的变化，正如我们目前所看到的那样，正在决定性地改变国际关系。如果是这样的话，现实主义的政治理论，就不得不依靠某种经济理论（对经济实力的盛衰进行说明的理论）来补充完善。

不过，现在假设现实主义的政治理论能够通过自由主义的经济理论来补充完善，但需要注意的是，这两种理论的思想背景存在鲜明的不同，甚至可以说是不能并存的。经济的自由主义是以相信均衡和协调的乐观主义为思想背景的，与此相对，政治的现实主义对世界的协调——即便还没有达到可以称之为悲观主义的程度——持怀疑的态度。换言之，经济学将关注的目光集中于产生分工和贸易等形式的合作的通常所说的积极（positive-sum）的世界，与此相对，传统的政治学的构想，则倾向于相互争夺同样版图的通常所说的零和（zero-sum）的世界。回过头来看，这种鲜明的不同乃至对立的问题，在过去常常发生。经济的自由主义和

第四章 霸权稳定性的理论

国民国家主义这两种理念，在思想上并没有获得统一，只不过是作为事实，在欧洲式的近现代现实世界中实现了共存而已。在能够看到国民国家间的利害可协调的局面下，经济的乐观主义具有支配地位。但是，如果经济利害的分裂越来越明显的话，即使在通常所说的重商主义式的报复活动发生、战争爆发的可能性升高的局面下，政治的悲观主义也将掌握主导权。这两种思想，根据不同的局面进行交替，相互在对方面前登场，并支撑着截至目前的产业社会。但是，从中所看到的思想状况，并不是无原则的折中性产物。到今天，随着国家实力分布的剧烈变化以及经济相互依存关系的日益提升，对这两种理念的单纯并存状态早已不能置之不理。现实主义的政治理论和自由主义的经济理论是包含利害纠缠关系地对立着的，在现实的国际政治上甚至会演变成水火不容地相互排斥、争夺主导权的状况。比如，日美之间是作为国家发生冲突，还是通过经济的利害关系进入协调状态，人们关于这一点的判断很明显是存在混乱的。这两种理论、思想以某种形式所确立的并存乃至融合，是目前的现实所要求的。

第三节 霸权稳定性的理论

与前面所论述的政治的现实主义和经济的自由主义的理论相对应，第三种霸权稳定性的理论，正如吉尔平自身也承认的，确实是为了弥补前两种接近所存在的这样那样的缺陷的综合性理论的尝试。首先，需要进行补充的第一个缺陷，大概是世界规模的"国家"（或者说具有此种机能的等价物）存在问题。正如之前所论述的，经济的自由主义的理论，虽然没有严密地处理国家的问题，但是作为不完全的替代品，至少有公共产品的理论。与此相同的接近，也可以就国际关系的相关问题进行考虑。的确，世界国家是不存在的，即便是作为缓和世界的形式，也存在着统一的问题。但是说到底，自由主义的国际经济理论，是将一国国内的市场经济的理论移至国际经济中的产物。所以，在一国经济理论中被默许设想的"公共产品供给者",在国际经济中也应该是可以假设的。传统的国际经济理论的主流,事实上对这种理所应当的要求采取了无视的态度,但是国际层面意义上的公共产品的问题当然是必须进行考虑的问题。

换言之,为了不使自由主义型的国际经济的动向出现不稳定甚至扭曲,必须充分发挥建立健全并维持国际性市场环境的机能。比如,在战争接连发生的状态下,贸易活动出现停滞是理所当然的事情,如果充当国际货币的物品的价值发生变动,贸易也会受到抑制(从这个意义来讲,正如后面部分内容将提及的,对"浮动汇率制"的意义进行考虑是很重要的)。维持和平以及提供国际货币等,从这个意义来讲是"国际公共产品",无视这一问题的国际性市场经济模型,将失去作为描绘现实经济的模型的资格,变成只不过是对既没有战争、国际货币也处于稳定状态等理想条件下的自由主义的乌托邦所进行的描绘而已。从这个意义上来讲,吉尔平以及走在他前面的金德尔伯格(Charles P. Kindleberger)明确提出国际经济中的公共产品——通常所说的"国际公共产品"——这一问题,具有重大的意义。自由主义型的国际经济,也不是仅仅依靠自身就自然而然形成世界秩序的。很明显,它也要以某种类型的国际公共产品作为必要条件,要求确立为实现这一目标的<u>国际政治体系</u>。

需要进行补充的第二个缺陷是现实主义的政治理论和自由主义的经济理论共同的弱点,即对"国力变化的原动力"的分析。在工业化开始以后的世界中,决定各国国力的最重要因素,最终还是经济实力。尤其是殖民主义和大规模战争不可能发生的第二次世界大战以后,军事力量及其自身所具有的直接意义逐渐变弱,经济实力的重要性越来越凸显。经济地位的相对变化,似乎正在成为改变国际政治现存体系的力量。很明显,为了国际政治体系的稳定,各个国家的经济地位必须进行某种配置。于是,我们的讨论将要转个圈。自由主义的国际经济秩序要求某种类型的国际政治体系,这样的国际政治体系又要求某种配置的国际经济实力

第四章　霸权稳定性的理论

分布。对能够满足此处所包含的两个要求的解进行描绘，成为国际关系理论讨论的课题。为此，对经济实力的原动力进行分析变得不可或缺。

金德尔伯格和吉尔平基于历史性考察，主张能够无矛盾地解决这些要求的是"霸权国"（hegemon）的存在，同时指出：在美国这一霸权国逐步衰落的现状下，要维持世界体系的稳定是极其困难的事情。① 所谓 hegemon，是在16世纪由希腊语 ηγεμον 直接演变形成的词汇，其含义是指虽然没有形式上的正统性，但拥有压倒性实力的实质领导者。就翻译而言，译为盟主或许更好些。如果更具体些来说的话，hegemon，即霸权国，是依靠实力立国的国家，指的是在军事、政治、经济等诸多层面的实力都占有优势，而且具有将这些优势投射到世界各地的意向的国家。如果说国际公共产品的供给是有必要的，那么霸权国确实是其供给者的有力候选人。

国际公共产品的供给并不仅仅是理论的要求，也部分地成为事实。比如，针对不同问题的全球性规则以及对此形成支撑的制度，即国际关系理论学者通常所说的"机制"（regime）已经大量产生，很明显，机制是分别提供国际公共产品的。② 作为实例，与国际货币相关的 IMF，与贸易规则相关的 GATT，与海洋利用有关的"海洋机制"，与民航、邮政以及电信等相关的机制，与地球环境保护相关的 UNEP，与动物保护相关的机制等等，目前无数不同性质的机制正在发挥着各自的作用。在相互依存理论派学者中，也有人期待着这种个别性质的机制逐步发展并相互形成关联，最

---

① Charles P. Kindleberger, "Dominance and Leadership in the International Economy: Exploitation, Public Goods, and Free Rides", *International Studies Quarterly* 25, pp. 242—54. R. Gilpin, *The Political Economy of International Relations*, CH. 2.

② 山本吉宣『国際の相互依存』、169頁。关于机制的定义的其他问题，请参考同书的第五章。在此举一个定义的例子。"所谓的机制，是由一组明示的或者暗示的原则、规范、规则以及政策决定的手续等所组成的，以此为中心，向国际关系某一问题领域相关的行为主体的期待方向收敛。"アーンスト・B. ハース「進步とは何か——国際組織研究の足跡」、蝋山道雄訳、日本国際政治学会編『国際組織と体制変化——季刊国際政治第七六号』、1984年5月、20頁。

终自然生成综合性的国际公共产品供给体系。但是，他们的期待恐怕过于乐观了。

第一，最重要的问题，由于难以达成共识反而没有机制化而容易被搁置不管。比如，关于经济开发这一在某种意义上极其重要的问题（关于将其视为国际公共产品的理由将在第九章进行论述），虽然出现了诸如联合国贸易发展会议（UNCTAD）和新国际经济秩序（NIEO）之类的组织和新思潮，但是几乎没有作为机制的实质性内容，这就是现状。第二，这种个别性质的机制在理念上相互矛盾的情形也不少。比如，联合国环境计划（UNEP）和NIEO（假定其发展成为一种机制）之间，就存在着先发国家型的环境主义与后发国家型的产业主义等理念上的偏差。第三，更为重要的是，如果没有有实力的国家的积极参与，机制是无法维持的。NIEO之所以不能有效运作，就是因为有实力的先发国家的态度消极。正如相互依存理论学派的鼻祖哈斯所承认的那样，并不能认为相互依存高涨和国际组织大量涌现的潮流会自然而然地形成综合性的国际公共产品供给体系。①

可见国际公共产品并不一定机制化。其最典型的例子就是安全保障，联合国的武力制裁能力，在发生重大事件时几乎没有采取过有效的行动（关于海湾战争将在后面进行论述。）怎样做才能填补这一重大缺失部分？怎样做才能消除机制之间的理念分歧？在此，可以想到的最可行的解决办法就是，在现有国家中，经济实力、军事力量以及政治力量等诸多层面具有优势的巨大国家，<u>自发地</u>承担供给国际公共产品的责任。换言之，这一巨大国家，主要根据自己的便利供给国际公共产品。对于其他国家而言，这或许并不是理想的形式，但是只要有某种积极影响，这些国家就没有理由不搭便车（free ride）。当然，根据不同的具体问题（国

---

① アーンスト・B. ハース「進步とは何か——國際組織研究の足跡」。Ernst B. Haas, "Why collaborate? Issue—Linkage and International Regimes", *World Politics* 32: pp. 357—405.

第四章 霸权稳定性的理论

际公共产品），情况或许有所不同。也有可能会出现因理想不同而强烈不平的国家和最终因为理念无法信服而不做让步的国家。要笼络这些异议者或者使其保持沉默，仅仅依靠经济实力或者军事力量是不够的。巧妙地使赞成意见成为多数的暗中活动以及与其他问题协作的工作得以进行的政治力量，以及最终说服反对意见，至少使其保持沉默的信念的魄力是不可或缺的。

于是，这个国家所拥有的理念的力量、思想的力量以及文化的力量最终将发挥作用。"霸权"这一词语，一般而言带有实力、武力等微妙感觉，但是在现代世界以及未来世界中，如果没有思想的力量的话，是不能成为"霸权国"的。这一点恐怕会成为接下来的论述中的重要论点。而且，即便承担了这种国际公共产品供给的责任，对其他国家保持国力优势就更成为约束的条件。这是因为，如果不能满足这种条件的话，一旦其他大国进行干涉，国际公共产品的体系将不能维持。于是可以重新对"霸权国"做如下定义："所谓霸权国，是指在国力所涉及的几乎所有层面上，都能够维持绰绰有余的优势地位的巨大国家。"

但是，霸权国的理论，并不是由国际公共产品理论推导出的唯一的结论。即便国际公共产品的必要性在广泛的领域内获得普遍性承认，霸权国的理论也不是其唯一的解，有实力国家的共同供给也可以成为一解，前面所提及的个别性质的机制的体系化收敛——其现实性另当别论——也可以看成是理论上的解。另外，基于和对国内公共产品进行论述的同样的道理，国际公共产品的范围乃至内容也并不是事先已经决定的。所以，随着世界形势的变化，其解也应该有所不同。但是，如果姑且遵循战后西方世界普遍接受的观点，作为国际公共产品，以下所列事项都是必要的。

> 凭借政治力量使其遵守国际性的自由主义规则；
> 凭借军事力量维持国际性的安全与和平；
> 凭借经济实力维持国际货币的价值、为发展中国家提供

市场和资金。

另外，为了实现这些目标，以下要素就成为现实中非常重要的要素。

凭借技术实力在科学技术层面上领导世界；

凭借文化力量在思想层面上领导世界。

而事实上，战后的美国，已经具备了能够很好地发挥上述"国际公共产品"供给机能的国力，认为20世纪的世界体系是以霸权国美国为中心的美利坚治下和平的这一观点，是具有说服力的。

同样，认为维持19世纪大不列颠治下和平的霸权国是英国的观点，也是有迹可循的。进一步来说，诸如16世纪哈布斯堡皇室控制的西班牙、17世纪的荷兰及18世纪的英国等，在不同的世纪都能够发现具有强大国力的大国。但是，即便追溯到那个时期，具有压倒性优势的大国究竟是哪一个，也并不十分清晰。比如，关于16世纪的霸权国，有学者（George Modelski）还列举出葡萄牙，而17、18世纪波旁王朝下的法国也不容忽视。[①] 最近保罗·肯尼迪（Paul Kennedy）所撰写的畅销书《大国的兴衰》，就是描绘这种大国力量此消彼长以及相互更替的力作。但是通过这些例子也可以看出，由于历史条件存在这样那样的不同，与此相应地"国际公共产品"的内容也有明显的不同。比如，从16世纪到18世纪，由于国民国家体系尚不成熟、工业化尚未到来等局限，自由贸易的理念很薄弱，所以，考虑实现自由贸易的国际公共产品这一概念就没有意义。在这一时期即便考虑霸权国，除政治、军事大国之外，别无其他意义。

但与上述时代相比较，产业革命以后的19、20世纪，实现自由贸易开始具有其意义。所以，在此为了避免混乱，我打算将霸权国这一概念限于工业化开始以后的阶段，基于为实现自由贸易

---

① George Modelski, *Long Cycles in World Politics*, Houndmills: Macmillan, 1987.

第四章　霸权稳定性的理论

提供国际公共产品的供给者的意义来进行考虑。换言之，接下来所说的"霸权国"必须是产生于自由贸易，并为实现自由贸易提供支持的国家。但是，在第一次世界大战发生的前后，其意义有少许的不同。在第一次世界大战以前，国民国家体系的欧洲式规则在相当程度上抑制了有实力的大国。所以，19世纪英国政治力量所承受的负担，和20世纪后期美国所承受的负担相比要小一些。因此，大不列颠治下的和平所提供的"国际公共产品"，与美利坚治下的和平所提供的国际公共产品相比，不管是范围还是规模都比较小。比如，英国的陆军实力绝不具有压倒性优势，在GNP和贸易量等层面所占据的优势也很快就开始缩小。但是，英国的海军实力在当时比任何其他国家都要优越。而且，"伦敦城"（the city）所进行的高明的国际投资活动，以及巧妙的金本位制度的运作等，都确确实实为全球性市场经济贡献了国际公共产品。与此相比，美利坚治下的和平所提供的国际公共产品，为了应对国民国家体系功能的下降以及产业化进程的突飞猛进等，伴随着前所未有的范围和规模的扩大。正如上述事实所显示的，随着历史性条件的变化，国际公共产品的内容会发生重大变化。即便是在未来的条件下，所需要的国际公共产品的内容恐怕也会发生变化。在后面讨论中我们将发现，对国际货币和对发展中国家进行援助（正如后面将进行论述的那样，具有非常广泛的意义）等意义的再探讨是很重要的。

第四节　超越霸权国理论

如果重新进行评价，霸权国理论所进行的综合尝试，只是自由主义的经济理论与国家主义的政治理论之间的机械式结合，仍然停留于不彻底的状态。究其原因，最为重要的是，针对应该成为两者的共同基础的"国力变化的原动力"，依然只进行了特定性分析。举一个典型的例子，只要没有针对国力变化的原动力进行分析，说到底就不能对霸权国的产生（或者说更替）进行说明。

这里所说的"霸权",是为自由贸易提供支持的国家。所以它必须是在全球性市场经济机制下自然生成的。否则,就会变成军事的和政治的支配权演变成经济的支配地位,从而给霸权国自身违背经济自由主义原则开一个不好的先例。但是,此时机械性的理论结合就会出现裂痕。究其原因,是关于市场的自由主义的经济理论(即新古典派理论),并不能保证能够称得上霸权国的经济大国而且是唯一的经济大国,总能从全球性市场经济机制中自然地生成。当然,由于资源等其他条件的不同,各个国家之间会产生<u>经济规模</u>(比如说 GNP)上的差距。但是,这并不意味着会出现唯一的一个在<u>技术和生活水平</u>(如人均 GNP)上出类拔萃的强国。问题不仅仅在于霸权国的出现。正如吉尔平所说的那样,各国之间的"不均衡增长"(uneven growth)是实现了工业化的世界的基本事实,但是关于其发生的原因,新古典派经济学也没有发表任何看法。

实际上,如果仅局限于对新古典派经济学的忠实理解,出现在生活水平上超群的经济强国是不可能的。根据成为标准的国际贸易理论核心内容的赫克歇尔—俄林—萨缪尔森(Heckscher-Ohlin-Samuleson)的要素(价格)均等化定理,(除完全的产业专业化分工的情形之外)各国间的实际工资水平是趋向均等的。所以生活水平的差距,(排除特定的矿产品、农产品等实现了完全专业化分工的情形)应该会通过自由的国际贸易活动而消除。这一结论,是认为国内的自由市场竞争将使所有劳动者的实际工资水平趋向均等这一标准的国内命题的国际版本。实际上,这一"要素价格均等化定理"成立所需要的几个前提条件能否实现,还存在着问题,其中,认为各国具有相同的技术(具有同一性的线性齐次生产系数)的这一前提,等同于无视各国技术水平的差异。很明显,以这一定理为中心的传统的新古典贸易理论,并不具备对国家间的差距进行说明的能力。而且,放宽定理的前提条件而

第四章 霸权稳定性的理论

成功对差距进行说明的例子，孤陋寡闻的我从来没有听说过。① 事实上，依赖于新古典派经济学理论的自由贸易理论学者中，有很多人都满足于含蓄的乐观主义，认为如果实现理想的自由贸易的话，世界是可以实现均质的。为了解释清楚"不均衡增长"这一无法撼动的基本事实，有必要打破新古典派经济理论所具有的依赖于外生变量的、均衡论性质的局限。

根据市场不完全性的说明——从属论批判

如果打算扩大经济理论并对国力的差距进行说明的话，从大的方面来看，恐怕有两个方向可以考虑。一个是根据市场的不完全性进行说明，另一个是根据技术的原动力进行说明。一般而言，经济学家首先会解释说，市场竞争的不完全性，导致了差距的产生。他们的观点是，巨型企业和企业卡特尔对世界市场的控制、保护主义和倾销以及本国对殖民地经济进行的统制等所造成的市场竞争的不完全性，不正是导致国家间出现差距的原因吗？但是，如果将这些不完全性视为全部原因的话，就会推导出如下命题，即如果富裕的国家开放市场，连发达国家的企业也进行激烈竞争的话，发展中国家的贫困问题就会消失。但是，这一命题显然是过于乐观而且不现实。比如，被认为世界贸易自由化快速发展的20世纪五六十年代，反而出现了发展中国家因为与发达国家之间的经济差距不断扩大而不满情绪高涨——但是这一事实只能作为一个旁证。②

---

① 实际上，关于差距，用新古典理论是很难说明的。如果放弃生产系数的线性齐次假定，以收益递减为前提的话，将会产生微妙的结果，即劳动和资本较少的国家的实际工资水平较高。如果允许资本国际流动的话，实际工资水平均等化即消除差距的可能性反而更高。如果以技术差距为前提的话，当然可以对增长的不均衡性进行解释，这将是我们接下来要进行的尝试。

② 普雷维什（Raùl Prebisch）报告和通常所说的"依附理论"就是例子。在日本，相似的例子有恒川惠市『従属の経済学』（東京大学出版会，1988年）进行的实证研究。在这一讨论中，也有人持保留意见。比如，Paul Bairoch, "International Industrialization Levels from 1750 to 1980", *Journal of European Economic History*, Vol.11, 1980。参见田中明彦『世界システム』、82页以降。

但是，即便允许这种乐观主义存在，问题也并没有得到解决。垄断、卡特尔和倾销，都是私人企业为了自身利益而采取的经营战略，对于整个国家而言可能存在着负面影响。而且，由国家实施的保护主义和殖民地统治等，如果不能相当巧妙地进行，也存在着削弱该国私人企业的可能性。马克思主义者经常会使用"国家垄断资本主义"这一词汇，主张一个国家以及该国的企业完美地进行通力合作。只要不采用这种马克思主义的假设，就不能轻易地从市场竞争的不完全性中推导出国家间的贫富差距。

　　退一步说可以认为，标准的不完全竞争的经济理论，可以在一定程度上解释国家间差距的出现。但是，再进一步深入说明单单一个国家强大起来并成为霸权国则是不容易的。如果不假设这个国家具有几乎能够完全抑制其他国家的强有力的市场干预的政治力量的话，就无法进行解释。此时霸权国的说明理论，就成了和以前一样的政治、军事大国理论，霸权国理论完全脱离经济理论。如果说政治、军事大国通过充分使用其力量也能够获取强大的经济实力的话，在这个国家掌控霸权的世界中，自由贸易主义早就不可能是正统理念了。于是，差距或者说"不均衡增长"的原因，尤其是霸权国形成的原因，如果要从竞争的不完全性中探求的话，这一讨论则很明显将超越经济理论的领域。

　　政治、军事大国理论在一定意义上最为彻底的形式，就是主张国家只不过是贯彻"资本"逻辑的道具的马克思主义经济学。尤其是从罗萨·卢森堡（Rosa Luxemburg）到列宁所形成的帝国主义理论的流派中，认为旨在实现全球控制的资本通过国家实施的政治、军事的支配引发了激烈的争夺殖民地的竞争。属于这一流派的最近的一个例子，是伊曼纽尔·沃勒斯坦（Immanuel Wallerstein）提出的"中心—外围理论"。他认为，发达国家组成的"中心"（core）和发展中国家组成的"外围"（periphery）之间的经济分工受中心国家的政治、军事的支配而被固定下来，外围继续遭受中心的剥削。换言之，沃勒斯坦理论是适用于国际关系的阶级斗争理论，可以和基于同样想法的所谓"依附理论"（depend-

第四章 霸权稳定性的理论

ence theory）一起被称为新马克思主义。[①] 在这里，受篇幅的限制，无法对新马克思主义的理论进行充分讨论，但是中心与外围的关系，并不能被认为就像这些理论所说的那样是固定不变的。正如喧嚣一时的美国衰退、日本和新兴工业经济体（NIEs）的崛起等所表明的，政治＝军事的地位和经济的地位之间存在不均衡性（跛脚），是当今世界经济最为显著的事实。这表明，政治、军事力量确实不能保证经济实力，同时经济实力也不一定能够带来政治、军事力量。

如果按照经济理论的说法，沃勒斯坦理论和依附理论之所以失去了说服力，是因为他们将"中心"设定为制造业、将"外围"设定为第一产业，这一完全分工的前提是不能成立的。如果能够以这种完全分工为前提的话，对差距的说明就比较简单了，就连最典型的新古典派的理论——要素价格均等化定理——也能够对差距的存在加以说明。问题是，在现实中，这种过时的前提正遭到否定。比如，目前正处于快速发展阶段的NIEs，并不是初级产品的出口国，而是制造业产品的出口国，这不符合新马克思主义的前提。如果用沃勒斯坦派的话来说，NIEs或许可以被归为"准外围国家"——正在脱离外围国家的地位但还没有发展成为成熟的中心国家——这一分类，但实际上NIEs并没有追随传统的中心国家的发展模式轨迹。正如后面将进行论述的那样，NIEs的发展特征，是且应该是技术的"雁阵"分工的新的产业战略，也可以称为开发主义的贸易国家化的新的国家（或地区）体制。目前具有这些新特征的NIEs，即便是在未来也不会发展成为传统意义上的"中心"。认为由这些新兴国家（地区）扮演重要角色的新的世界体系会变成过去的"帝国主义"秩序，是缺乏想象力的想法。即便暂且搁置关于未来的讨论，世界范围内的准外围国家所占的比重也早就相当高了，而且还在继续攀升。这种国际性"中产阶

[①] I. ウォーラーステイン『近現代世界システムⅠ、Ⅱ』川北稔訳、岩波書店、1981年。尤其是第二卷。

级"不断扩大的现状,在沃勒斯坦理论和依附理论中并没有阐述清楚。

正如上述讨论所说明的那样,"不均衡增长"是不能用不完全竞争来充分解释的。如果坚持这种解释的话,将不得不走回以往那种强调政治、军事的支配的理论。但是,使古代罗马和古代中国的"帝国循环论"(imperial cycle)和"文明兴衰论"复活的做法,并不能充分吸收工业化以后所表现出的经济因素作用的重要性。充分吸纳了这一点的是马克思主义的国际阶级斗争理论,或者说是现代版的新马克思主义理论,但是这种理论在日本和迅速崛起的 NIEs 中很容易受挫。我们恐怕不得不放弃依赖于市场的不完全性的说明,转而根据任何人都不得不承认的重要因素,即技术变化的原动力来推动说明。

第五节 技术变化的原动力

技术变化,是此前的经济学家——抛开诸如凡勃伦(Thorstein Bunde Veblen)和熊彼特(Joseph Alois Schumpeter)等人不谈——都不敢挑战的课题。的确,对技术变化进行分析是很难的。但是,其中一个原因是,各种各样异质性的东西都作为技术变化而简单地汇总在一起。根据这一宗旨,在此可以将技术变化视为由"理论研究→基础研究→应用研究→开发(工程乃至商品的开发)"等一系列环节组成的。按照箭头符号的顺序,应用性逐步提升,基础性则逐步降低。在此之所以敢将理论研究和基础研究分割开来,是因为这象征着即便是在广泛意义的科学中,也存在着从理论性相当高的东西到应用性较强的东西的差别。比如,可以说,原子物理学是理论研究,而物性物理学(比如半导体理论)是基础研究,新的半导体的发明则属于应用研究。进一步而言,在开发环节,比如稳定制造出硅的巨大结晶体的诀窍、熟练技术的培训以及支撑上述工作的各种经营努力都包含在其中。所谓技术变化,是由上至最高层的科学家、下至经营者和员工都参与其中的社会

第四章 霸权稳定性的理论

化过程。比如，在讨论发展中国家的技术转移时，这种社会性的性质就成了课题。下文将在这种最广泛意义层面上对技术加以探讨。

如果要对上述各个阶段的研究进行"科学社会学"式的分析，很明显存在着难易程度的差异。究其原因，最为重要的是存在着独创性的差异。比如，对此前所定义的"理论研究"的发展进行预测就几乎是不可能的。这是因为，具有独创性的科学家，他们的特征就是敢于推翻和超越其他所有人（尤其是他们的同事）的常识。"对科学性创造进行预测的科学"原则上是不可能存在的，但是不会轻易地将这种不可预测性扩展到其他更具应用性的研究阶段中。

关于技术变化的原动力，在此我打算通过展示自己提出的假设来推进讨论。本书将具有较强的内生性质、不拘泥于均衡机制的发展模式称为"原动力"。受篇幅的限制，在此只能给出假说的核心内容，暂且作为能够得出的假说的一个例子，并将其作为接下来所进行的讨论的线索。以下所列举的内容，都是具有多数倾向性的规则。

（1）越是接近应用性的技术进步，其可预测性越高，风险越低。换言之，越是接近基础性的技术进步，其可预测性越低，风险越高。这是因为，更具理论性的研究阶段所产生的成果能够为更具应用性的研究环节的技术进步的发展方向提供指导方针，并提高在此框架中进行耐心细致研究开发的努力的回报可能性。

（2）另一方面，越是接近基础性的技术进步，越具有在广泛的应用中得以展开的可能。所以，在基础性和应用性之间进行选择的时候，开展应用的可能性与预测的可能性（低风险性）之间是反向相关关系（trade-off）。所谓"技术先发国家"，就是发现开展应用的可能性和开发风险之间的最优平衡状态，即基础研究和应用研究之间的最佳均衡，并具有最早对此发起挑战的能力和意图的国家。这样的国家，从概率来讲，每个时代都只有一两个。

为成为技术先发国家而选择的战略，并不是一味地致力于最具理论性的研究，并不是要成为 Jonathan Swift 所描绘的"天空之城"（Laputa，浮岛）。恰当的战略是，只要应用的可能性较大，就以基础性研究为目标，总之就是要寻求基础和应用之间的平衡。18世纪末，如果从综合性理论研究这一点来讲，可以认为，拥有物理学领域的拉普拉斯（Pierre Simon de Laplace）和拉格朗日（Joseph Louis Lagrange）、化学领域的拉瓦锡（Antoine Laurent de Lavoisier）等科学家的法国，比包括英国在内的其他国家都要优越。但是，这一时期确立了"技术先发国家"地位的并不是法国，而是英国。确立了技术先发国家地位的英国，在19世纪后期在理论研究层面似乎也领先其他国家一步。法拉第（Michael Faraday）、汤姆逊（开尔文勋爵，William Thomson）、麦克斯韦（James Clerk Maxwell）等英国科学家，正是这一时期的代表。但是，德国早就显示出几乎要凌驾于英国之上的发展势头，法国取得的业绩也不容忽视。而从19世纪后期开始崛起的20世纪的技术先发国家，却是几乎没有任何理论研究成果的美国。托马斯·爱迪生（Thomas Alva Edison）和亚历山大·格拉汉姆·贝尔（Alexander Graham Bell）等的经历，正好反映了当时美国的状况。美国能够在理论研究层面拿出成果的时间相当迟，要到第二次世界大战以后，而追求高端的理论研究则是在确立了技术先发国家的地位后才真正开始的。这符合过去的经验规律。

（3）后发国家（先发国家以外的国家）中的技术进步，与先发国家中的技术进步相比，从本质上看风险较低。知晓某种技术已经由先发国家开发出来这一事实本身，就已经对后发国家有所帮助。另外，先发国家开发出来的技术，当然也会通过某种形式传入后发国家并被模仿。这些都将减轻后发国家推动技术进步的风险。以前是凡勃伦，最近则是亚历

第四章　霸权稳定性的理论

山大·格申克龙（Alexander Gerschenkron）强调这种效果，在此我打算根据道尔（Ronald Philip Dore）的观点将其称为"后发效应"（late-developer effect）。①

（4）但是，后发国家要想获得成功，仅仅依靠"后发效应"是不够的。如何将有限的资源（人才和资金）分配到技术进步的各个阶段将决定其成功与否。根据命题（1），如果从降低风险这个角度来讲，越是接近应用性的技术进步越容易被后发国家所采用，越是接近基础性的技术进步越容易留在先发国家。如果后发国家只是想尽快地发挥效果，应用指向型的开发投资或许是比较合适的选择。

（5）所以，在接近应用性的技术进步占据优势的历史局面下，后发国家的追赶步伐较快，而在接近基础性的技术进步占据优势的历史局面下，则表现为先发国家容易保持领先地位。这也是从上述各个命题中提炼出来的线索。

以上这些论述并不是什么新的观点。但是，因为强调了应用性和基础性的区别，并将这种差异纳入到先发国家和后发国家的问题中，所以能够在一定程度上描绘出"技术变化的原动力"的基本轮廓。换言之，技术变化整体的大趋势，是由突破基础性与应用性的最优均衡点型（breakthrough）的不连续性变化以及对此进行应用和消化的成熟型（maturization）的连续性变化组成的，其不断重复形成了循环周期。我个人的观点认为，至少在过去的200年中，最基本的循环周期是以一个世纪为单位的，由钢铁、蒸汽机和铁路为代表的19世纪技术范式的循环周期和电气、化学和耐用消费品的20世纪技术范式的循环周期构成。在这种循环周期中，还包含着更小范围的基础性变化和应用性变化的循环周期（即通常所说的康德拉季耶夫周期），但是风险较大的突破型技术进步的成果需要花费几乎一个世纪的时间才能收获果实。这就是

---

① Ronald P. Dore, *British Factory—Japanese Factory*, Berkeley: University of California Press, 1973.

过去两个世纪的基本形态。关于这一点在第十二章中还有重新进行论述的机会。

实现突破型技术进步的国家，即先发国家将发展到何种程度，从依赖于历史性条件这个意义上来讲，是"偶然"决定的，相对而言，基础性技术进步占据优势的局面往往持续较长的时间，在这期间，先发国家的优势地位不会发生改变。这种优势地位将支撑该国的军事力量，通过贸易活动扩大经济实力，带来国内的物质富足，培养一定的文化（理论研究也是其中的一部分），逐渐确立起霸权国的地位。但是，一旦这种技术范式的潜力被消耗殆尽，应用性技术进步将占据支配地位，后发国家的追赶将变得引人注目。以 19 世纪为例，在第三个 25 年间英国的优势地位达到顶峰，同时德国、法国和美国在纤维产业和铁路技术等方面几乎追赶上了英国，并开始发挥自己的特征。在这些有实力的后发国家中，作为各种条件作用的结果，进入第四个 25 年后，美国和德国成为下一个范式的领导者的有力候选人。在 20 世纪的第三个 25 年（用日本学者的话说就是战后经济高速增长时期）到第四个 25 年间，也可以看到相似的情形再度发生，即日本在应用性技术进步层面逼近美国。[①]

如此来看，工业国家的成长，并不是单纯的"不均衡"，而是具有一定的范式。一旦先发国家诞生了，它最终将发展成为霸权国，接着就是相当数量的后发国家开始追赶，其中会出现下一个时代的先发国家。换言之，① 首先是出现先发国家率先发展这一意义上的不均衡。② 后发国家追赶发展意义上的不均衡紧随其后，两者合起来形成一个循环周期。在其背景中，③ 没有参加先发—后发竞争（或者说是不能参加该竞争）的国家是存在的，它们被落下的结果就是差距进一步扩大。许多长期循环周期论学者早就

[①] 关于以上讨论的详细内容，请参见我以前的著述。村上泰亮『新中間大衆の時代』中央公論社、1984 年、第八章、および村上「二〇世紀の創造者アメリカ」、山崎正和編『花咲ける新文化　文明としてのアメリカ1』、日本経済新聞社、1985 年。

第四章 霸权稳定性的理论

意识到了这三种不均衡性的区别,尤其是赤松要的"雁阵发展模式论"和沃勒斯坦的"中心—准外围—外围理论"强调了这一点。[①] 很明显,如果不将这三种不均衡性区别开来的话,就不能对霸权国的产生、此消彼长的机制进行说明。如果只坚持通过自由贸易实现均等化的观点,即便以先发国家的发生作为偶发性的初期条件为前提,也不能对其发展成为霸权国的强大过程进行说明。根据"技术进步的原动力",自古以来经济学和政治学就被结合在一起,经济的自由主义和政治的国家主义相组合,霸权国的理论由此而成为更加完整的理论。

但是,在将技术变化的原动力纳入其中的这一过程中,应该注意作为霸权国理论支柱的"经济的自由主义"正面临被迫变质的局面。最为重要的是,一般而言,各国的技术(生产函数)并不是同质的。技术变化的原动力是先发国家努力在前面跑、后发国家拼命追赶的激烈竞争,而不是技术水平朝着国际平衡化收敛的过程。根据赫克歇尔—俄林定理的经典表述,技术的同质性是新古典派经济学家常常默认的基本前提。但是,在国家间技术的异质性持续存在的时候,不可能保证要素报酬(工资和利息)的国际均等化,于是就出现了国与国之间的贫富差距。自由主义的市场经济,早已经不是均等化的机制。<u>如果将国际均等化作为使命</u>,经济的自由主义应该追求的目标,只能是尽快使技术在全球范围内得到普及。废除专利制度的想法正是从这里产生的。

说起来,标准的经济学,是对"私人产品"的价格竞争的分析,并没有准备专门致力于解决与技术相关的竞争的问题。技术,

[①] 赤松要『世界経済論』、国元書房、1965 年。如果是参考沃勒斯坦派的理论的话,如 T. K. Hopkins, I. Wallerstein, et al. "Patterns of Development of the Modern World-System", *Review*, Vol. 1, No. 2. 是非常便利的。可以认为作为沃勒斯坦学派一员的尼古拉(Nicolle)的观点与此相近。但是,她似乎将关于领先过程和追赶过程的讨论与经济的长期性波动的讨论分离开来。但是,如果像我这样以一个世纪为单位进行思考的话可以发现,很明显这两种原动力是存在相关关系的。N. Bousquet, "From Hegemony to Competition: Cycles of the Core?", in T. K. Hopkins & I. Wallerstein eds, *Processes of the World-System*, Beverly Hills: Sage Publication, 1980。关于这种观点,田中明彦『世界システム』提供了方便的总结。

原本是由发明者在垄断的前提下提供的"产品"（但是这里所说的产品，不一定是定量化的、标准化的产品，具有最宽泛的性质）。但是与此同时，技术也是可以在几乎没有成本的条件下进行复制的产品，所以又是几乎"可共同使用"的产品。换言之，技术具有供给的垄断性和潜在的公共性（公共产品的性质）这两种极端的性质。所谓"专利制度"，不外乎是在舍弃这种对立性质中的公共性的侧面加大比重，通过向发明者支付报酬而生成激励技术开发动力的制度。根据这一制度，技术成了疑似的私人产品（即限制共同使用的产品）。结果是，即便在技术的世界中，也在以专利买卖的形式进行着某种类型的价格竞争。但是，因为还残存有供给垄断性，专利的买卖市场很明显不可能是完全竞争的市场。所以，任何地方都不能保证技术这种资源能够通过专利买卖市场进行高效率的配置。

另外，与技术相关的竞争中的重要部分，与其说是专利的买卖竞争不如说是技术的开发竞争，普通商品中不存在能够与其相比拟的类型的竞争。于是，包含技术的竞争从普通意义的市场竞争模式的框架中凸现出来，技术的竞争是哈耶克所说的一般意义上的知识和思想的竞争的特殊例子。由此产生的疑问是，与技术的竞争相符合的自由主义的制度将是怎样一种制度？尤其是今后，如果可以预测技术的竞争将更加激烈，这一问题将具有最高级别的重要性。我们也将在第七章对这一问题再度进行详细论述。

引入技术变化的原动力，也改变了关于国家的分类。普遍采用的是"发达国家—准发达国家（新兴工业经济体）—发展中国家"这样的分类方法，这是在现阶段对产业化成果进行速写式的分类。如果按照此处所讨论的观点，将国家类型分为"先发国家—后发国家—连后发国家也不是的国家"的这种分类方法将变得很重要，但是其依据的标准不是现阶段的成果，而是截至目前的发展类型，是动态的分类方法。先发国家，根据定义几乎是唯一的例外，却又是必不可少的例外。于是具体来讲，除去英国这样的例外，其他所有国家都是后发国家。德国、法国以及日本等

第四章　霸权稳定性的理论

现阶段都应该算是<u>发达国家</u>，但不是<u>先发国家</u>。美国在 19 世纪时也曾经具有后发国家的性质，而并不是纯粹的先发国家。于是，世界经济增长，几乎是后发国家的故事。自由主义的经济学，是以接近英国这一最纯粹的先发国家的脉络创作出来的，几乎大部分国家都不符合这一要求。对于大部分国家而言，在现实世界中有意义的是以追赶先发国家为目标，即被称为"发展主义"（developmentalism）的政治经济学。但是，诸如德国的历史学派等对发展主义进行过尝试性研究，虽是少数派，他们的观点也被接受了下来。可以认为，这似乎扰乱了截至目前的社会分析，既存的霸权国理论，也没有从正面对这种发展主义的问题进行深入探讨。

第六节　霸权概念的重新定义
——美国的霸权在衰退吗？

　　虽然上述讨论的重点主要集中于指出"霸权稳定性理论"的局限性，但其对国际关系的政治经济学做出的重大贡献也是值得肯定的。这一理论所提出的"国际公共产品"、"霸权"等概念，作为分析的手段具有十分重要的意义。但是，这些分析概念，此后逐渐作为一种便利的修辞方式，开始独立出现于大众媒体上，在所谓"美国的霸权在衰退吗"之类耸人听闻的标题下，赞成与反对两种观点充斥着报纸和杂志。但是正如眼光锐利的人很快就意识到的那样，在这种新闻业特有的争论中，国力、大国以及霸权等词汇全都按照个人的需要和喜好被使用。但是，现在流行的"霸权"概念，起源于"霸权稳定性"理论这一特定的模型，毕竟是分析用的构成概念，并不是说这种东西作为事实而存在或不存在。根据其所采纳的意义的不同，既可以说美国的霸权正在衰退，也可以说美国的霸权依然持续。关键在于以这一概念为基础的国际体系及模式整体的说服力，毋宁说，"霸权稳定性理论"的贡献，应该从为了提供新的说明范式而对"霸权"这一概念进行明确界定这一点上去探求。

反古典的政治经济学（上）

在"霸权稳定性理论"的最初想法中，把能让其他各国在经济和政治等领域自由行动，同时又能独立为实现上述目标提供国际环境（即所谓国际公共产品）的具有充裕的实力的国家称为"霸权国"。这一要求包含着非常强大的内容，不是一极体制（unipolar system）或者超级大国体制（super-power system）之类的国际体系的外观表述就能言尽的。比如，最近有不少人强势地将霸权国这一概念定义为"拥有在<u>所有层面</u>都占据优势的国力，通过其强大的力量能够一手提供<u>所有</u>的国际公共产品的超级大国"。[①] 但是，这是非常强的定义，不管是"国力的所有层面"还是"所有的国际公共产品"，如果按照字面意义严格规定条件的话，霸权国出现的可能性将变得极小。如果要探寻与此相近的例子，或许能够举出其他国家都因为战争而疲惫不堪的第二次世界大战刚刚结束时的美国。比如，维多利亚王朝时期的英国，虽然在产业化以及海军实力等层面上明显领先于其他国家，但是陆军力量这方面怎么看都不是最强的。而且，即便是在产业化这一点上，数十年之后其他的国家也追上了英国。如此看来，鉴于条件的严苛，几乎可以从定义直接推导出霸权国必衰的结论。这种霸权必衰论可以说是被称为霸权概念的苛刻定义所造成的结果。假设将此视为霸权衰退理论的第一种理论，那么从这一观点中几乎不能得出有意义的结论。"霸权稳定性理论"也并非有意进行得出这种观点的讨论。

霸权衰退论的第二种理论是在国力的各个层面重视经济实力的讨论，换言之，即认为统治者所具有的<u>经济实力</u>逐渐不能负担维持支配地位的费用的观点。的确，如果经济实力变弱，其他层面的实力是不能维持的。以最近的事情为例，在保罗·肯尼迪称为"过度扩张的帝国"（imperial overstretch）这种"研究以往的大国兴衰的历史学家耳熟能详"的说明中，预测了美国霸权的衰退，

[①] 在日本，诸如此类的论述可以在以下著述中看到。坂本正弘『パックス・アメリカの国際システム』、有斐閣、1986 年、37 頁。

第四章　霸权稳定性的理论

但是他的观点也属于这种类型的理论。的确，古典帝国的王朝更替以及王国之间霸权的移动，在多数情况下，是以过度扩张→政府财政破产→国家经济凋敝的过程发生的。① 但是，这种类型的讨论将关注的焦点集中于支配的范围与费用的平衡上，是纵观古今东西在一定程度上成立的一般性观察，并不能认为在讨论超级产业化背景下的霸权问题时具有充分的敏锐度。以目前的美国为例，要消除其经济层面承受的过重负担，如果国内政治决策比较明智的话，并不是那么困难。比如，如果将军费支出在 GNP 中所占的比重控制在 5% 以下，将储蓄倾向（或者是租税负担率）提高 2% 以上，就能够恢复宏观经济的平衡，进而避免因为军事力量的负担导致经济破产的事态发生。有勇气的总统是完全可能完成这一课题的。

霸权衰退论的第三种理论，经常与上面所论述的重视经济实力说相混淆，是基于增长的视角重视技术力量的观点。的确，就算宏观经济恢复到均衡状态，如果增长能力很低的话，其经济实力与其他国家相比还是有所减弱，相对地位也会下降。这是产业化开始以前的帝国不存在而近现代霸权国家所特有的问题。其中，决定增长能力的最重要因素，就是技术创新的力量，紧接着就是为生产性投资活动融通资金的能力，比如储蓄和税负的倾向等。前一节也已经提到过，所谓的技术创新并不单单是理论层面，还包括应用层面的成果，涉及产品开发和品质保障等环节。所以，技术创新的能力，与企业经营的方法，如对从业人员的激励机制以及教育水平等也存在密切的联系。另外，储蓄率和税率的变动也深刻依赖于国内社会的整体氛围以及国内政治的运营。关于最近美国的情况，很多人对这种微观层面的经济结构持悲观看法，不少人指出美国包括产品化在内的技术力量确实存在种种问题。

---

① ポール・ケネディ『大国の興亡　下』、347 頁。在谈论拿破仑、希特勒和日本军部的时候，他一律使用了 overstretch 这种表达方式（参见上述著述的上卷 213 页、下卷 122 页）。另外，比如关于过去的中国，在 Mark Elvin, *The Pattern of the Chinese Past* (Stanford: Stanford University Press, 1973) 中也可以看到这一类主张的实例。

诚然，将技术能力视为霸权兴衰的决定性因素并没有错，但是其背后还存在着推动社会进步的教育以及组织构成等问题，还有思想和理念的力量发挥作用。技术问题，不能单单依靠其自身而与其他要素分离。美国的霸权到底是复活还是衰退，决定于推动变革的思想和理念的力量能否在美国社会中生成。

概而言之，不管是宏观平衡还是微观结构，美国经济实力的恢复程度，并不意味着美国霸权的重现。经济实力的恢复仅仅是一个结果。与霸权的回归相关联的问题点，毋宁说是美国的政治模式和理念的结构，在多大程度上能够适应新的世界现实。诚然，经济实力很容易转化为其他层面的实力，但是不用说转化为军事力量，就是对技术力量的转化，以及对政治力量以及文化的说服力等的转化也不是轻而易举的。在这一点上，保罗·肯尼迪自不待言，目前在很多人看来重视经济实力的理论者和重视技术力量的理论者也难免遭到批判。现在，即便是霸权稳定性的理论家，如吉尔平，也对重视经济力量采取了相当谨慎的态度。

在此，我想强调一点，假设在目前20世纪末的这一时点，宣告文明转换的"新的现实"（彼得·德鲁克，Peter Drucker））正在出现，那么今后的"霸权国"的资格，与其说是军事力量、经济实力，不如说是能够捕捉这种新的现实的意义的洞察力。① 19世纪的霸权国英国，从英荷战争和拿破仑战争，尤其是贸易战层面惊险的讨价还价中学到了很多东西。大不列颠治下和平的成功，有很大部分是缘于英国人对历史所具有的冷静的洞察力。20世纪后期的霸权国美国，也从"两次大战之间的时期"的经济不景气状况和保护主义的报复行动中积累了不少经验并创造出新的体系。如果没有向先行的历史潮流学习，并理解未来、定位与此相符的国际体系的感悟，霸权是不能成立的，至少是不能持续的。比如17世纪的西班牙，就因为错误地解读了正在逐步走向工业化的历史

---

① P. F. ドラッカー『新しい現実（The New Realities）』、上田惇生・佐々木実智男訳、ダイヤモンド社、1989年。他的观点与我的观点存在很多重叠的地方。

第四章 霸权稳定性的理论

潮流而舍弃霸权。军事力量和经济实力也正因为拥有这种历史感悟，才成为力量。

国内社会的存在方式也并不是与这一问题没有关系。强大的国家也会时不时地经历混乱。在当今的美国，可以看到存在着诸如毒品、教育水平低下和犯罪多发等确实值得担忧的社会性症候群。但是，问题并不在于这些症候群，而在于解决这些问题的努力方向和可持续性。对此起决定作用的也是历史的感悟，或者说该国所持理念的幅度。在此，我打算重新对"霸权国"下定义：具有把握历史发展潮流、提示世界的存在方式的思想的力量，具备为实现这一目标发展提供国际公共产品的经济实力的国家。

针对这一观点，也许有人会冷嘲热讽地提出反对论调，即认为权力政治的重复就是国际政治，其中并没有什么新颖的东西。但是，历史偶尔会改变大的潮流，这一点是谁都能够感受到的。如果说目前的"新的现实"正在从根本意义上改变历史发展的潮流，那么在此间发挥作用的并不单单是权力政治。至少权力的意义发生了变化，权力相互作用的模式也一定会发生改变。所以，经济的无国界化、信息化、NIEs等国家（地区）的崛起、美国经济的相对衰退以及冷战格局的瓦解等等一系列被称为"新的现实"的现象，是否真的是新发展潮流的征兆？是否要求超越依然如昔的权力政治的新的理念？这些都必须重新进行诊断。这将是下一章的课题。在此基础上，我们还将论述新的理念的内容。

接下来对本章的内容进行总结。霸权国理论，通过提出国际公共产品这一概念，尝试着将"自由主义的经济理论"和"国家主义的政治理论"这两种传统的正统理论融为一体，这一点是值得肯定的。但是，其结论却仅仅止于为了古典的经济自由主义的维持乃至复活，霸权国依然是必要的这一判断。遵循这一讨论来考察目前的现状，除了期望美利坚治下和平的维持乃至复活（Pax Americana Mark-II）以外，并没有实质性的处方。吉尔平在其著作的最后一章中所表露出的悲观和无力感也很好地反映了这种思想状况。① 想要找到某种积极的处方，就必须创造出包含霸权国理论作为特殊的情形在内的、更一般化的观点。如果遵循此前所进行的讨论，更一般化的观点就必须包含"国力变化的原动力"。国力变化的原动力的基本构成要素，是以<u>市场机制的分析</u>（其自身也必须将成本递减的可能性和预期变量的变化纳入其中并进一步扩大）为中心，包括<u>技术变化的原动力和政治的原动力</u>等两种不可或缺的要素。这种一般化，超越了传统的新古典派的经济学和国民国家的政治学，此处不可能进行充分论述，但是下一章之后将大胆提出一些尝试性论述。

其中的一个例子，就是"技术变化的原动力"，以及由此引出的开发主义的理论。这种理论，在关于无视国家之间在贫富和增长能力层面的差距这一点上，对新古典派经济学进行批判。但是，这并不是说由此就产生了对过去的马克思主义理论，或者说新马克思主义理论的回归。对剥削进行毫不留情的揭露的马克思主义理论，是以阶级统治结构的不变性作为前提的。但是，今天我们所关注的是无法复原至阶级统治的结构的多样性，其中包含着与背负着过去的历史的理念的对立，以及与对未来的历史进行推测的视角对立。古典的自由主义和马克思主义，或者说资本主义与社会主义的这两种对立，发展到今天已经成为不得不超越的课题。为此，日本的经验以及 NIEs 的经验或许会成为重要的材料。

另一个例子是此前几乎没有触及的政治的原动力的问题，这其中也包含着至少两个重要的课题。一个是象征国家之间政治的"国际公共产品"概念的再讨论，具体而言，其焦点集中于国际货币和广义的对外援助、投资等。另一个课题是发达工业国家内部的民主主义发生变质的问题，大众民主主义成为课题。这些尝试性讨论将在第九章的后半部分以及第十章进行。

---

① R. Gilpin, *The Political Economy of International Relations*, Ch. 10, Conclusion.

第五章 古典观念的终结

第一节 两大原动力

此前常常提及的经济的无国界化、信息化、美国经济的相对衰退、NIEs国家（地区）的崛起以及冷战格局的瓦解等一系列"新的现实"，基本上来说，都是"产业化"和"国家主义"这两种历史性原动力以及它们之间的相互作用的产物。这些新的现实，利用古典的世界观（经济的自由主义和国民国家体系）的词汇是无法透彻理解的。产业化和国家主义正在滋生出对自身（至少是对自身的一部分）造成破坏的因素。现归纳为以下两个方面。

"古典的国家主义的衰退"

第一，出现了从"领土国家或者说军事的、政治的国家"向"通商国家"的改变。领土性的后退，很明显意味着国民国家的根本性变质，正在改变国家主义的性质。导致这一结果的原因是，在美利坚治下和平的背景下第二次世界大战后的产业化在推进自由贸易中获得了成功，加上以核武器为核心的规模庞大的军事破坏力已经被开发出来，引起了乘数效应。但是，较之领土性，以文化的共同性natio为基础的新国家建设的尝试在战后兴盛起来，而且延续至今。所以，第二，古典的"国民国家体系"自两次世界大战之间的时期以来一直处于衰退状态，这具有重要的意义。应该承接正在变质的旧的国家主义以及正在扩大的新的国家主义等各种变化的国际体系还没有登上历史舞台。

"古典的经济自由主义的机能不全"

20世纪70年代后期发生了可以被称为"第三次产业革命"的

变化，"超级产业化"的阶段已经到来。超级产业化的基本特征，一方面是通常所说的以"信息化"为标志的质的深化，另一方面是跨越国境的产业活动（尤其是投资活动）的量的扩大。其结果是，经济层面的国力的国际分布开始出现急剧变化。最戏剧性地展示这一情况的现象是，日本和亚洲 NIEs 等国家（地区）的快速崛起，如果借用后文表达方式的话，可以说是"开发主义"（developmentalism）的登场。古典的经济自由主义并没有显示出能够吸收这种急剧变化的能力。这表现为开发主义与古典的经济自由主义之间出现的冲突。

接下来，我打算对军事破坏能力的巨大化，尤其是核武器发达的影响谈论一二。第二次世界大战中核武器的发明，如果从能源历史观的角度来看的话，是人类历史上最重大的事件之一。其后的核能发电的普及也非常重要，特别是核力量的蓄积已经达到了能够毁灭人类的程度，这一点具有重大意义。核武器的发明本身，并不能说是产业化或者国家主义的必然产物。但是，当与"火炮革命"开始的近现代国民国家的发展与产业化的动力相联系时，其最终实现的目标，即产生具有巨大杀伤力的武器，难道不是必然的吗？即便不是核武器，也可能是生物武器、化学武器或者是 X 武器。从这个意义来讲，核武器的发达，并非单纯的偶然性事件，它象征着传统意义上的产业化和近现代国民国家的命运。换言之，这也暗示着产业化和国家主义这两种原动力的结合是可以具有自我破坏性的。

当然，自核力量开始具有毁灭人类的能力以来，为控制其使用所进行的努力就以各种各样的方式展开。这并不意味着，为了应对这种核武器的急速开发与发展，就能直接促成了世界和平的新理念和实施计划的产生。但是，即便新理念诞生的时机还不成熟，实际上的努力已经开始发挥作用，自核力量出现以来，所有的大国似乎都开始对全面使用军事力量进行自我约束。其结果是，出现了交战状态显著局部化的现象。比如朝鲜战争、越南战争、中东战争、阿富汗战争以及目前（20 世纪 90 年代——译者注）的海湾战争等,都没有将整个世界卷入其中。而且世界上的贸易活动与其说是出现了混乱状态,毋宁说更加繁荣(第四次中东战争并非是战斗行为本身引发了石油危机)。换言之,核抑制能力暂且可以定义为,维持一定水平的和平和安全的状态,以及促进在这种和平状态下经济活动的活跃发展,即这意味着与经济实力相比,军事力量的意义出现了相对下降。这种倾向成为"通商国家"或者说"开发主义国家"出现的具有附属性的、但非常重要的原因,正如后面将进行论述的那样。大致上来说,产业化和国家主义这两种原动力之间的相互作用创造历史的形式并没有发生改变。第二次世界大战后,产业化和国家主义的相互作用这出戏,在核武器这一达摩克利斯剑下开始上演。虽说紧张态势有所缓和,但是世界体系的大转变,恐怕不能通过世界战争和世界革命这样的形式来实现。

第二节　国民国家体系的衰退——古典国家主义的终结

战后世界中的国家主义——正义战争论的重新登场

在对迄今为止的历史的诠释中,重视经济层面因素的情形较多。认为政治只不过是经济的"上层建筑"的马克思主义就是其中的典型。但是,我认为,政治层面的因素遭到了不合理的轻视。实际上,即便是关于近现代社会,将政治视为"上层建筑"的理解,从一般意义上来讲也是不能成立的。作为近现代最重要的政治层面因素,国家主义就具有仅仅从资本主义和产业化等经济层面因素中无法推导出来的固有的原动力。这一现象可以从英国的近现代历史中得以解读,第六章将对这一问题进行说明。在此,我打算继续围绕第三章中论述过的第二次世界大战以前的国家主义发展的相关内容,对第二次世界大战以后的政治的原动力进行解说式的讨论。

所谓的政治,是指在影响人们的想法的同时,做出作为集体的决定，所以其中包含着各种各样不同的层面，如提供为做决定而准备的信息，主张使决定正统化的正义（或者说规则），选择使决定具体化的手段等。其中发挥最引人注目的作用的，恐怕是"正义的观念"和"战争的手段"。正如在第三章中已经论述过的那样，近现代欧洲的国际政治史，就是均势外交和作为合法手段的战争的历史，其基调是对为实现共存的<u>脱正义战争论</u>的尝试，即为绕开"正义战争"（bellum justum）概念而进行的努力。对历史进行回顾可以发现，对国家主义的原动力起支配作用的，是"正义战争论"和"脱正义战争论"之间的对立，其中也可以窥探到"非战争论"这一配角的影子。这是第二次世界大战以前的国际政治历史大的脉络，如果将其划分为以下三个时期的话，或许会更便于分析。这在之前也已经进行过论述。

第一个时期：威斯特伐利亚条约（1648年）开始到18世纪末。

第二个时期：拿破仑战争开始到第一次世界大战，包括几乎整个19世纪。

第三个时期：第一次世界大战开始到第二次世界大战爆发之间，即通常所说的两次大战之间的时期。

可以说，在这三个时期之间，以欧洲的国民国家体系为基轴，尽力保护并实现脱正义战争论的理念的努力一直在持续。但是，其中也一直贯穿着两个难以解决的问题。第一，国家主义的民众化和武器破坏力的增强导致战争伤害的程度更大，依靠传统的脱正义战争论的潜规则已经不能对其发挥刹车作用，这种认识日益强烈。作为解决之道，一方面有进一步明确并强化脱正义战争论的规则这种困难的方法（如结成国际联盟），另一方面也有利用"胜利者的正义"这种正义战争论的复活的简单办法（例如对德国的清算）。第二，欧洲地区内的"正义战争"之所以能够回避，在某种程度上是因为采取殖民统治形式的"圣战"同时进行，但是这种双重标准并不能彻底坚持下去。在凡尔赛体系中，这两种类

第五章 古典观念的终结

型的缺隙已经开始出现,最终进一步在横纵两个方向扩大。于是,在第二次世界大战爆发的前夕,以下三种观点是相对立的。

① 国际联盟式的经过修正的脱正义战争论
② "不能拥有的发达国家"落后于时代的正义战争论
③ 反殖民主义的朴素正义战争论

第二次世界大战,使这三种对立状态很明确地得到解决。第一,规模不断扩大的第二次世界大战,是在国民总动员体制下进行战斗的惨烈的战争,是没有正义的旗帜就无法进行的战争。两大阵营违背了传统的脱正义战争论型的"国际法",进行了彻底的战斗。为了使其正当化,取代传统的脱正义战争论、"针对反文明(法西斯主义)进行的正义的战争"的逻辑变得很有必要。作为其具有象征意义的归结点,是在纽伦堡和东京对甲级战犯进行的犯罪审判,但实际上应该是象征着近代和现代的欧洲的古典的脱正义战争论在这个时候出现了理论上的破产,正义战争论重新登上历史舞台。

在这种逻辑更替中发挥重要作用的,是以理念为基础的国家——美国的国力,这是正义战争论的素质与力量的所在。美国是拥有不同种族移民的多民族国家,严格来说并不是国民国家。是取代自然的单位 natio 的同一性、依赖于共同的理念(自由竞争和民主主义)的半国民国家,或者用塞缪尔·亨廷顿(Samuel Huntington)的说法,反而是"超级国民国家"(super-national state)。① 传统的东部 13 州组成的美国,确实具备了清教徒革命以来的自然的文化统一性。但是,从 19 世纪后期开始,移民所占的比例激增,根据理念形成的统一的作用逐渐增大,传统的清教徒式的理想主义重新获得宣扬。正如纽约港口的自由女神像所具有的象征意义那样,对于移民而言,美国这个国家确实代表着自由

---

① Samuel P. Huntington, "Transnational Organizations in World Politics", *World Politics* 25: April, 1973.

的理念。

出席凡尔赛会议的威尔逊（Thomas Woodrow Wilson）总统，自恃代表着美国式的理想主义，也承载着他人的期待。但是，要想凭借自身力量打破欧洲政治家们所演绎的 19 世纪的博弈框架，他还是显得力不从心。被克列孟梭（Georges Clemenceau）任意要弄的威尔逊，作为失意的理想家回国，美国国内的政治斗争使他下台。这意味着，美国人选择了孤立主义。但是，在美国的领导阶层中，通过理想主义的外交展示大国意志的热情并没有消失。美国对日本发动侵略战争采取的干涉行为，既有牵制日本的直接目的，也表现出对英法那种维持现状的双重标准外交，或者说是对奄奄一息的古典的脱正义战争论发起挑战的一种姿态。

但是，第二次世界大战完全改变了这种状态。同盟国阵营的全胜，很明显是因为美国的参战，美国的国力具有压倒性优势。而且更为重要的是，对于作为两次世界大战战场的欧洲各国而言，均势外交所带来的结果是相当悲惨的，欧洲人自身对过去长期实行的外交手法已经完全丧失了自信。依据脱正义战争论的"国民国家体系"进行战后重建的尝试，只不过是第一次世界大战后徒劳无功的重复。如果没有美国人在军事、经济乃至理念上的干预，战后重建就不可能实现，在这种态势下，对于欧洲人而言，除了追随美国的政策，再没有其他出路。

在截至此前的国际体系中发挥霸权国作用的，不用说自然是英国。英国坚持的方针是，维持脱正义战争论的均势外交，默认殖民主义，换言之即通过"双重标准"维持现状。在第一次世界大战以前，国际外交中几乎没有有实力的新的参与者加入，这也是英国维持现状主义的幸运。对于日本这一例外的参与者，谨慎地采取了日英同盟以及在华盛顿和伦敦召开的缩减海军军备会议等方式出手干预，日本也在英国的主导权发挥作用的范围内保持了与英国的方针的<u>协调一致</u>。

但是，在第二次世界大战后美国掌握霸权的时候，势态发生了根本性改变，新的参与者的数量出现飞跃式增加。新兴独立国

第五章 古典观念的终结

家的反殖民主义,苏联等大国的重新登场,等等,战后新的参与者表现出明显的多样化,而且是反协调的。为了处理这一问题,依靠英国式的维持现状外交已经不够了,有必要形成超越这种双重标准性质的理念。与通过继承 17 世纪以来的欧洲式思维而确立的英国的霸权相比,美国的霸权理念被凸显出来。这一历史性课题与美国这一国家的理念性体质正好相符。从这个意义上来讲,或许应该说这一时期的美国抓住了历史的发展潮流。

作为新的领导者,美国的一大优势是,没有因为殖民主义而玷污双手,或者说其程度相对较少。美西战争后对菲律宾的占领总是会成为讨论的话题,而且美国的"门户开放政策"也可以解释成后发型帝国主义的高级战略。但是,美国的扩张主义行动,与古典的殖民主义具有异质性,认为其目标不是"领土的帝国"而是"机能的帝国"的萨缪尔·亨廷顿的主张具有合理的部分。比如,美国本身也曾经是殖民地,对于欧洲式的殖民主义(关于日本的亚洲式殖民主义更不用说)一直采取了批判的态度。① 虽然现在,美国完全背负着欧美殖民主义的历史性债务,常常处于被责难的立场,但不管是朝鲜战争还是越南战争,或者是当前的海湾战争,如果将其行动仅仅视为为了获得"军产复合体"的利益的话就过于愚蠢了,而其贯彻理念的侧面更强一些,这一点似乎更容易理解。

如果从打算扩大单边的正义这一意义来讲的话,美国外交或许也能够称为"帝国"主义性的。但是,其中缺少了过去五个世纪中欧洲式帝国主义所具有的领土控制的性质,所以在经济支配层面也具有一定的局限。亨廷顿等将这种美国的姿态称为"超国家主义",这或许有些过了,但是连欧美地区以外的人对于美国的霸权也比较容易接受,确实是这个原因。关于联合国(由赫尔

---

① Samuel P. Huntington, "Transnational Organizations in World Politics", *World Politics* 25: April, 1973;本间长世『理念の共和国』、中央公論社、1976 年。参见其中的第二篇论文。

(Cordell Hull) 国务卿提出）的美国方案，比起丘吉尔以及其他任何提案都更具革新性。从对苏伊士战争的态度中也可以看出，美国至少已经有意识地想要超越传统的殖民主义，在这一点上集聚了不少的期待。很明显，美利坚治下的和平并不仅仅是美国的经济实力和军事力量的成果。最重要的因素，毋宁说是被认为为殖民主义难以维持的战后世界提供规则的美国外交的理想主义。但是，其根源在于所谓的欧美应该对世界进行教化的信念，在这一点上与英国的姿态相比几乎没有什么改变——如果排除更加单纯明快的主张这一点。这种美国式的理想主义会发生怎样的变化，或者是完全不会发生变化，大概会成为决定今后世界形态的最重要因素。

和美国相并列，社会主义国家苏联也通过反对资本主义的斗争这种逆向形式的正义战争论坚持进行斗争。在两次世界大战之间的时期，基于各自的利益坚持孤立主义的这两个大国，在战后的国际舞台上逐步作为主角登场，其中两种正义战争论从理念上形成对立。两国在核武器的大规模杀伤性能力制约背景下的具体表现，只能是"冷战"。这种冰冷的"战争"并不是偶然的产物，也不是斯大林（Иосиф Виссарионович Сталин，Iosif Vissarionovich Stalin）和杜鲁门（Harry Shippe Truman）的个人性格的结果。这是欧洲近现代的潜在理念发生分裂——通过外围的两个大国——的最终表现。于是，与所谓的"又一种反文明（即苏联型的共产主义）"进行对决和封锁对手的新的正义战争论的逻辑被创造出来，据此，以欧美为中心的通常所说的西方世界（市场经济型国家）的秩序——东方世界的秩序也按照自己的模式——得以维持。

假设将战后重建委托给脱正义战争论型的均势机制作用，情况会是怎样？西方世界恐怕一定会陷入不可收拾的混乱局面。假设因为核力量的发达，不管是东方还是西方都无法完全屈服的话，分割成坚持不同正义的两个世界，将成为避免这种混乱的唯一的现实解。从这个意义上来讲，从第一次世界大战以来脱正义战争论的框架走向死胡同的状态中拯救出欧洲的，是制造出冷战的美

第五章　古典观念的终结

国的"道义外交"（乔治·凯南，George Frost Kennan），而且实际上支撑这种美国式秩序的不可或缺的因素正是苏联的存在。仅仅从 19 世纪的欧洲外交的视角来看待美国外交的理想主义并对其"幼稚"进行批判，是一种消极和倒退。① 问题在于，美国人的理想主义是否抓住了未来的历史发展潮流。

构成"霸权"的层面包括经济实力、军事力量等多个方面，但是在国家主义和产业化的相互作用所导致的复杂的战后状况——如东西问题和南北问题的相互交织——的情形下，推动事态发展的是美国的理念的力量。"霸权稳定性"理论动不动就被解释成以经济实力为中心，但是战后美国霸权的重要支柱，正是这种政治的正统性的供给能力。

对联合国的评价

于是，以脱正义战争论为目标的古典的国民国家体系，朝着美国主导下的正义战争论体系的方向发生变化。割断了持续很长一段时间的脱正义战争论的混乱状态的，是美国理念的领导力。第一次世界大战后威尔逊的理想主义外交，因为美国国内支持力的弱小而不得不大幅度后撤。但是，和当时有所不同，在第二次世界大战即将结束之际，美国人已经开始为创造战后体制做准备，很早就开始通过与英国进行合作准备"联合国"的提案。而且，正如赫尔提案对丘吉尔提案的胜利所象征的那样，联合国的成立意味着霸权的接力棒从英国移交给美国。但是，所谓的"联合国"到底为何物？对这一问题的回答，即便到今天也常常处于混乱状态。

一方面，联合国旨在继承国际联盟以来的脱正义战争论。在此，我打算再一次回到国际联盟成立当时的凡尔赛体制进行考察。

---

① 作为这种批判的代表性作品包括：George Kennan, *American Diplomacy 1900—1950*, Chicago: University of Chicago Press, 1951, Chap. 6. G；ケナン『アメリカ外交五十年』、近藤晋一・飯田藤次訳、岩波書店、1952 年、第六章。

的确，国际联盟章程和凯洛格·白里安的非战公约，都极力主张非战争论的基调，即从一般意义上否定战争，但其内容当然不是绝对的非战争论（绝对的非战争论只能存在于所谓的"从永恒的观点来看"（sub specie aetenitatis）的情形中，关于此种观点早在第三章中就已经进行过论述）。国际联盟章程也好，非战公约也好，都承认各国为了自卫而进行的战争。换言之，在不承认超越自卫规则的正义的体系这一意义上，追求的目标是脱正义战争论的体系。比如，即便在非战公约下还是对自卫权进行了确认的美利坚合众国政府公文就很有名，成为同一条约的标准化解释。国际联盟也在其章程的第十条中提出，将保护同盟国不受到来自外部的侵略作为第一目标。关于将"自卫"称为规则而非正义的理由，此前已经论述，此处不再详细重复，但是需要强调的是，国家的自卫权和个人的生存权一样，只不过是为了追求正义的最低限度的必要条件，是正义之前一步的观念。很好地保卫自己的国家或者个人，不一定是正义的国家或正义的人。

  此话题暂且不论，毋庸置疑，问题在于围绕诸多问题点制定规则，包括所谓自卫是什么，所谓战争是什么，针对"不是为了自卫的战争"所采取的制裁又是什么。但是，比如凯洛格·白里安的非战公约，正文部分仅仅由两个条款构成，只不过是没有确定任何制裁手段的精神规定。国际联盟所制定的规则恐怕也不能说是成功的。比如，在关于违反规则的制裁方面，国际联盟的规定也存在着很多缺陷。国际联盟主要考虑的是非军事的经济制裁（根据《国际联盟章程》第十六条第一款，禁止"金融领域、贸易领域以及人员往来"），但是在最大的经济强国美国没有加入国际联盟的情况下，这种经济制裁完全没有实效。国际联盟关于军事制裁的规定（第十六条第二款）——不同于后来的联合国——完全缺乏具体性，不能认为曾经认真考虑过军事制裁的可能性。但是，不管怎样，最为重要的问题在于被称为"争端审查"的国际联盟所特有的争端解决程序。在"争端审查"的过程中，国际联盟理事会制作并公布包括劝告等内容在内的报告书，但是其内容

第五章 古典观念的终结

是包括政治性考虑在内的调停提案,从这个意义上来讲与司法决定的性质有所不同。

但是,只要与国际联盟章程相关,就将进入所谓启动制裁这一更强劲的阶段,因此接受报告书的劝告的国家被判定为被侵略国家,不接受的国家则被判定为侵略国家,只对后者启动制裁。打个比方就是,民事法庭突然变身为刑事法庭,换言之,原本应该是为了实现调停的政治性努力的审查报告,在此一举跃升为追求正义的司法判决,脱正义战争论也变身成为正义战争论。在这种向正义战争论的跳跃之时,国际联盟相对来说(和后来的联合国进行比较的话)更加重视全体会议,所以一般而言对侵略的恐惧感很强的小国的意见发挥了作用,这些都不能忽视。① 原本"争端审查"是对和平的协商以及寄希望于国际性"舆论"的压力而做的努力。但是,正如此前所论述的,脱正义战争论和正义战争论的三种对立状况很明显存在着局限性。基本的问题点是,国际联盟在脱正义战争论和正义战争论中左右摇摆,反而增加了国际对立激化的危险。事实上,1933年日本和德国退出国际联盟就是其表现。

与这种《国际联盟章程》相比较,从《联合国宪章》的文字上,能够感到其打算从脱正义战争论进一步向非战争论的方向迈出一步。理想主义的和平论者往往强调这一点,并努力倡导联合国中心主义。也有人将联合国幻想成世界国家的萌芽,认为联合国中心主义就等同于正义。但是,联合国宪章的立场也并不是非战争论,从国际联盟的失败中吸取了教训,进一步明确并大幅度强化了针对违反规定的国家进行制裁的方法。联合国宪章认为应该竭力避免(refrain)使用武力(第二条),同时又承认通过安全保障理事会(安理会)的劝告和指示、"为了维持和恢复和平与安

---

① 在国际联盟的情形中,国际联盟理事会的权力并不强大。常任理事国没有否决权。另外,根据理事会的判断或争端当事国的申请,争端审查可以移交给国际联盟全体会议。在全体会议中,各国都有一票表决权。

全"而实施的军事手段（第三十九条和第四十二条），还赋予了包括设立"军事参谋委员会"等在内的各种规定。比如，允许在当前的海湾战争中实施武力制裁。从中可以看到的基本线是，因为存在联合国实施的"集体制裁"，所以个别国家没有必要付诸武力。

但是，这种逻辑并没有完全贯彻执行。比如，<u>如果不接受这种安理会的劝告和指示，针对某个国家能否个别地根据自身的判断</u>（即使表示遵守《联合国宪章》的精神）而采取武力行动，联合国宪章没有明确的规定。的确，虽然在关于承认启动自卫权的情形中，明确规定了肯定个别的武力行动（第五十一条），但同时又附加了"在安全保障理事会……采取必要的措施之前的阶段"这样含糊不清的恶劣条件（如果安理会始终不采取必要措施的话又该怎么办）。

结果，联合国宪章，虽然以由联合国提供集体的安全保障为中心，但是并没有禁止在无劝告下的武力行动。但是，对是否符合联合国宪章精神进行判断的，终究还是安全保障理事会。但是，怎样的行为可被视为自卫行为，对其进行判定是很困难的。比如，如果对联邦德国摩加迪沙机场和以色列在恩德培机场实施的解救人质行动进行比较的话，从国际舆论来看，容许前一行为的意见似乎很强烈，但是其中的差异从某种意义上来讲是微乎其微的。①1981 年以色列对伊拉克的反应堆进行破坏的事件也是存在很多问题的事例，但是以色列方面所坚持的自卫的宗旨并不是不能理解的。就像第一次中东战争时一样，一旦某个国家（以色列）受到攻击并进行反击，最终会有进入并占领他国领土的情况发生，要判断自卫的界限变得很困难。秘密输入武器和士兵的"间接侵略"的问题，在中美洲和非洲地区也常常发生。

于是，联合国的特征就在于，安理会的作用极其强大。安理会的行动将决定联合国这一现实性制度的意义。只是从《联合国宪章》条文的角度来看待联合国，仅仅从理念上进行理解，是不

---

① 筒井若水『現代資料　国際法』、有斐閣、1987 年、165 頁。

第五章　古典观念的终结

够的。作为制度的联合国，很明显并不单纯是国际联盟的重现。在国际联盟中，全体一致是基本的原则，换言之，所有的加盟国都平等地享有否决权，结果导致很难做出有效的决定。全体会议在国际联盟中的作用也是相当强大的。① 也就是说，这种制度，忠实于对（国家与国家之间的）平等主义的理想，却牺牲了现实的有效性。通过学习这种经验，战后的联合国增加了反映现实的国力分布方面的工作。正如常任理事国（美国、苏联、英国、法国和中国）在安全保障理事会中所拥有的否决权所表明的那样，联合国实际上是作为第二次世界大战胜利国联盟所领导的体系进行设计的，而且为了实现集体安全保障的武力制裁程序也准备得非常清晰。② 对联合国的期待之一，是在一种国际性的"被领导的民主制"的框架下，现实性地对武力争端实施有效的镇压。但是，这种制度，只要处于领导阶层的国家之间没有达成理念的统一，也就不能做出有效的决定。比如，领导者国家之间在重大利害和意见上出现分歧的时候，否决权将被使用，武力制裁将不能启动。又比如，关于对自卫和侵略进行的解释，尼加拉瓜和阿富汗这两种情形就非常具有典型意义，作为不同干预事件的当事者，美国和苏联各执己见，毫不让步。

纵观战后的45年，由于领导阶层国家间的分裂（尤其是美苏对立的激化），以及多数新兴独立国家强烈自我主张的凸现，联合国"被领导的民主主义"并没有发挥功能，联合国大会变成了发表"各种各样的正义"主张的讨论会场。联合国既没能阻止冷战的正义战争论，也不具备将反殖民主义的正义战争论纳入其中的

---

① 但是，在关于争端审查的理事会决议中，要求排除争端当事国的全体一致，而移交给全体会议的争端案件，则要求非争端当事国的理事国之间的全体一致以及非理事国过半数的支持。参见国际联盟章程的第十五条第六款、第七款和第十款。

② 顺便提一下，如果要将日本宪法第九条解释为完全放弃武力的话，与联合国宪章第四十二条、第四十三条相矛盾，日本不可能成为正式的加盟国。宪法的"原案起草者"或许并没有认真考虑作为战犯国的日本加入联合国这一事态。众所周知，第九条第二项开篇部分故意使用的模糊表达，可被视为日本方面为了应对这一事态（芦田均主导的委员会）所附加的内容。

能力。联合国或许能够成为联络和接触的场所,但是由此自然而然地生成世界国家的期冀是无法实现的。倡导以联合国为中心的理想主义者不能对这样的事实视而不见。

集体自卫以及集体安全保障同盟

如果冷静地看待现实状况的话,带来战后相对和平的,是以集体自卫权为基础的复合型"集体安全保障"体制,而不是联合国。战后西方世界国家,以高举对苏正义战争论的霸权国美国为中心,建立了集体自卫(collective self-difense)的全球性安全环,在与苏联、东欧国家圈形成对峙的同时,在西方发达国家内部确立了不能使用武力的秩序。① 换言之,在对苏正义战争论的大框架中嵌入了发达国家间的脱正义战争论的,无非是以集体自卫权为基础的"集体安全保障"体制。这种双重结构,可以看成是300年来脱正义战争论和正义战争论之间的对立关系(但是前者是主角)提取出的一个终点(但是,如何应对新兴独立国家的国家主义正义战争论的问题依然没有得到解决而残留下来)。不管是北约还是日美安保体制,或是美韩条约,以集体自卫权为基础的集体安全保障体制,并不仅仅是针对苏联等假想敌的军事同盟,也是各加盟国之间不使用武力的盟约,具有双重性格。

其中作为后者的这种性质很容易被忽视,但是战后几乎半个世纪里主要国家之间没有发生过战争的事实,从历史的角度来看是不容忽视的。第二次世界大战结束以来,主要国家之间直接进行武力对决的最后案例,是中美两国在1950—1953年的朝鲜战争中发生的激烈冲突。② 这似乎可以说,至少创造了16世纪初以来的最长时间纪录。如果仅仅从欧洲中心地区来看的话,从1871年

---

① 在此,对联合国所体现出的集体安全保障和以集体自卫权为基础的所谓集体安全保障区别使用。
② 如果更准确地说,1969年3月,中国和苏联之间围绕珍宝岛的归属问题发生的武力冲突应该是最后的一次。但是,这只不过是双方合计死亡人数不到百人的小规模边界纠纷。

第五章　古典观念的终结

的普法战争到1914年第一次世界大战爆发的44年中，没有发生过战争。但是，其间，包括俄土战争、中法战争、甲午战争、日俄战争等等也可以称为主要国家间的战争。另一方面，在朝鲜战争以后的时期内，虽然也出现了越南战争和阿富汗战争，但是这些战争很难说是主要国家间的战争。就连海湾战争，恐怕也不能说是主要国家间的战争。过去，主要国家间的关系从未取得过像这样几近非战争状态的成就。

战后型集体安全保障条约的加盟国，在处理大规模杀伤性能力的管理问题上必须共同协作，并为形成共同作战做准备。在北约中，形成了一种各主要国家在自己具有优势的领域提供兵力和武器的分工体制。即便是在被称为单边性很强的日美安保体制中，进入20世纪80年代以来，也逐步形成了以西北太平洋为焦点的共同作战体制。可以认为，即便在目前美国向海湾地区派兵的过程中，驻日美军基地也在兵站这一层面上发挥了决定性作用。随着这种合作关系的不断深入，加盟国之间发生战争在历史上首次出现从技术层面来看几乎不可能的状况，加盟国之间的关系被赋予了更为浓厚的超越军事问题的政治和经济合作的色彩。当然，这并不是说这些国家之间就没有了政治层面和经济层面的摩擦。

比如，20世纪80年代变得尤为激烈的日美经济摩擦，如果在半个世纪以前的话，这甚至达到了可能引起经济断交（甚至让人联想起1939年日美通商条约的废除）的严重程度。但是，像经济断交这样陷入僵局的事态能够得以防范，恐怕最重要的原因，不外乎是对安全保障层面合作关系的顾虑。不仅仅是日美关系，即便在美欧关系中，经济摩擦被控制在某种范围内的最重要原因也在于此。不管是否情愿，安全保障问题和经济问题之间的联系日益紧密。通常所说的"经济峰会"正是这种联系具有象征性的收敛点，而不仅仅是经济大国的首脑会议。尽管只是一种假设，如果日本废弃了日美安全保障条约，恐怕就不会得到参加峰会的邀请了。美苏冷战结束以后，虽然以集体自卫权为基础的集体安全保障体制已经失去了建立之初所确定的目标，但是加盟国之间的多层面合作关系这一成果，并不会从 NATO 和日美安保体系中简单地消失。目前，CSCE（欧洲安全保障合作会议）正在摸索超越北约的军事性质的多层面合作。所谓集体自卫的同盟关系，留下了非军事层面合作这一重要遗产。

　　最近，以此为依据，有人提出从冷战状态的缓和可以直接推导出废除安保论。的确，和冷战氛围正浓时期进行比较的话，可以发现形势似乎已经发生了根本性改变。如果是冷战当时，对于日本和联邦德国这种拥有庞大的产业能力和重要的地缘政治地位的国家而言，中立恐怕是不可能的选择。如果这样的国家表明"非武装的中立政策"的话，冷战中所有的政治能源恐怕都会集中到这个国家。加上来自美苏双方的强大压力，其国内政治将出现混乱，不管来自哪方势力的支持，革命政府都会得以确立，干涉这种"内乱"的"间接侵略"将发生，热战由此拉开序幕，等等，出现这一系列连锁反应的可能性很大。"非结盟政策"，只能是印度、印度尼西亚、南斯拉夫和中国这类的，要么在地缘政治学层面和经济领域不具有重要性的国家，要么同时具有充分的防卫能力和能够完全承受孤立的国家，才被允许做出的选择。和冷战正盛的时期相比，乍一看，"没有安保体制的日本"可以被接受的可能性目前似乎有所增加。

　　但是，废除安保体制论者无意识地——或者实际上是有意识地——不愿意正视的，是战后集体安全保障体制所具有的双重意义。换言之，安全保障，不再单单是对苏冷战体制的一部分，而成了超越军事性质的经济和政治等层面的西方世界内部合作关系的象征。所以，废除安保，不仅仅是单纯否决军事合作，也可以解释成对政治经济层面的日美合作路线发起挑战。而且并不仅仅是美国一方采取了这样的解释，这恐怕也是世界各国（不管是否对美国抱有善意）的平均化解释。废除安保体制论者的主张中也有不少是不彻底的，他们并不否定与美国的经济相互依存关系所具有的特殊的重要性。所以附加上拒绝军事合作并不一定意味着政治经济层面的不合作的说明。但是，这种观点要么是揣着明白

第五章 古典观念的终结

装糊涂的谎言，要么是朴素的无知。实际上，表明军事不合作的姿态，毫无疑问会招致日美经济摩擦的深化。众所周知，日美之间的经济关系已经不是可以称之为自由贸易的合作了。冷战时期产生的保护主义、自愿规制等对经济关系捆绑上了两重甚至三重的枷锁，政治层面的对话支撑着日美贸易关系。合作关系的弱化与日本产品被美国市场拒之门外是有一定联系的，这种现象如果从目前美国议会的态势来看，好似洞中观火般明显。废除安保体制不可能不对日本经济造成伤害。日本废除安保体制，或许会产生与戴高乐脱离北约、北欧国家和加拿大对美国进行批判等完全不同的破坏性效果。

的确，从抽象意义上来看，军事合作和经济合作是可以分割开来的。但是，外交不是在抽象中而是在历史条件下开展活动的。就目前的情形而言，所谓的历史条件，指的是集体安全保障条约的安全环逐步发展成为超越军事层面的合作网络这一战后40年的成果。只有在能够否认这种历史性成果的时候，这种抽象论才能得以主张。换言之，只有在能够提示出足以取代以集体自卫权为基础的集体安全保障体制的、更为优秀的体系，让实现这一目标的能力为世界所认可的时候，废除安保体制论才有意义。但是，目前日本还无法就这种世界体系提出具有说服力的理念，在这种情况下，废除安全保障的主张不可能超出试图否认"对美依附"和"对美依存"的未经调整的心理状态的喷发这一范围。这是外交以前的单纯的英雄主义，只不过是与战前日本所常见的同样的思想的非调整状态的暴露，换言之是受屈情绪的幼稚爆发。从世界的平均化解释来看，日本废除安保体制恐怕可以看成是比表明和平主义更为朴素的国家主义的表现。日本废除安保体制对东亚和环太平洋地区造成的不安感，与派遣扫雷艇和向中东地区派遣自卫队是不可同日而语的。日本废除安保体制，可能会面对来自全世界的质疑。日本将不得不一边忍受完全的孤立状态，一边展示一条路走到黑的外交。

但是，在这种观点给世界造成一定的印象之前，日本的国内政治、东亚和西太平洋地区的和平以及这两者,作为日美安全保障体制解体的结果将陷入混乱状态,这种可能性极高。集体安全保障条约体制的解体,即便是令人期待的(虽然我并不这样认为),但是日本率先从这种体制中脱离出来,恐怕是对于日本和全世界而言都将导致极大牺牲的愚蠢政策。从日本人确立的超级合理化企业经营来看,这些人所构成的国家的外交正在受到心理委屈的支配,是难以置信的。相反,倒是有可能让人产生是不是隐藏着某种世界战略的疑虑。究其原因,实际上这种心理委屈并不是只有日本才有。

  作为战后历史的特征,前所未有的紧密的集体安全保障条约体制下的体验,对于各加盟国而言是各种各样的让步和不满的接连发生,经历了心理委屈的不仅仅是日本。法国最为清楚地将其说出口,并在行动上表达了这种意思(法国从北约的军事合作中退出)。实际上,就连本应该是最自由地采取行动的霸权国美国,也没能例外。基本上,这是各发达工业国家的主权正在变弱的象征,导致"朴素的国家主义"出现焦躁情绪。但是,朴素的国家主义,如果说是新兴独立国家的话则另当别论,就连自第一次世界大战以来积累了众多苦难经历的发达国家,也没有可能给自己开出的处方。的确,从世界和平的观点来看,集体安全保障条约体制恐怕并不是完全理想的解。如果对其收支状况进行核算的话,虽然在一定程度上生成了传统的脱正义战争论的经验,但是新兴独立国家的正义战争论的自我主张却没有得到充分的解决,最重要的是不得不承担以冷战的正义战争论为大框架的心理风险(核战争的危险)。但是,不能仅仅强调这方面的阴影而忘记集体安全保障体制几乎抹掉了在西方发达国家之间的正义战争论心理这一成就。有关今后的集体安全保障同盟的问题,在第十章中将再度进行讨论。

作为正义战争论的反弹的国家主义

  第二次世界大战后与美苏各自的主张相并列的又一种类型的

第五章　古典观念的终结

正义战争论，是反殖民主义的正义的主张，从某种意义上讲具有更重要的历史意义。民族自决理念登场以来的反殖民主义运动，在第二次世界大战以后，以新的国家独立的形式广结硕果，世界的面貌出现了在战前连做梦也想象不到的雪崩式变化。其首要因素是，对于公开表示民族自决（＝国家主义）的理念是其不可欠缺的一部分的欧美文明而言，在相信自己的文明的普遍性的基础上，还不得不承认各个殖民地的民族自决——反抗的国家主义。进一步而言，还存在着其他一些次要原因。比如，日本高喊解放殖民地的口号对东南亚的侵略——尽管日本方面存在着相当部分的言行不一致——也成了导致欧洲国家的殖民主义体系基础土崩瓦解的一个原因。①

更为重要的原因是，美苏冷战为这种反殖民主义的正义战争论提供了帮助。美苏为了以各自出于自身利益所坚持的"平等"为轴展开新的正义的体系，竞相将后发国家的国家主义纳入自己的阵营。对于民族解放的战略而言，这意味着产生了越来越有利的讨价还价的机会。尤其是打算与战前型殖民主义划清界限的美国的外交姿态，正如其对苏伊士动乱、印度问题、阿尔及利亚问题等所采取的直接或间接的干预行动所表现出的那样，令英法等国焦躁不安，发挥了推动殖民地解放运动不可倒退地朝前发展的作用。关于美国对后发国家的外交（关于国内的种族主义问题也是一样），可以谴责其言行不一致。美国的外交中恐怕也存在着扭曲。但是，即便仅从对国内舆论的顾虑这一点来看，美国的外交也不可能大幅度偏离平等的思想（消灭殖民地或消灭种族主义）。这也正是美国独自占有霸权的优势所在。

这些复合性因素作用的结果收敛于殖民主义的消亡，时至今日不用说已经是众所周知的事实。截至20世纪60年代，殖民地几乎都获得了独立，最后剩下的法国系统的殖民地（越南和阿尔及

---

① 入江昭『日米戦争』、中央公論社、1978年。该书对这一事态进行了冷静的叙述。

利亚）以及若干英国系统和葡萄牙系统的非洲殖民地在经历了激烈的内乱后也几乎都实现了独立。殖民主义的消亡，是第二次世界大战以后的世界以及未来的世界不可逆的趋势。

这种变化生成了各种各样的结果，但是其中能够左右今后发展的重要因素是，<u>军事投资的非胎化</u>。所谓殖民主义，也可以说是从经济利益中回收军事投资的机制。军事支出包含着作为保护本国对殖民地的资本投入、提高收益的"经济性"投资的一面。反映这种状况的具有象征意义的例子，是以英国为代表的欧洲国家设立的东印度公司。比如，英国的东印度公司（English East India Company）具有高度的行政组织和强大的武力，但是这些都被记入本公司所需投资的一部分。直到第二次世界大战前，培育军备、派遣军队等都是确保本国在海外的经济权益的正统手段，对此谁都不会感到奇怪。

但是，随着第二次世界大战后殖民地的消亡，对军事的投资——除了培育本国的军事产业和对少许民间产业的技术溢出（spill over）以外——不能再生成直接的经济收益，至少是产生收益的机会显著减少。军事支出变成了纯粹的消费，为了安全和霸权的支出，充其量只能是"为了正义的消费支出"。尤其是美苏两国的情形，其所持有的庞大军事力量遭遇了几乎闲置不用的命运。核力量是不能使用的武力，电子战能力的逐步升级也是实际使用机会很少的技术开发竞争（关于海湾战争的意义后面再进行论述）。美国在海外的利权确实相当大，但是作为保护这些权益的投资，军事支出的规模过于庞大，也非常没有效率。比如，第七舰队在保护美国的海外投资方面到底发挥了怎样的作用（在多大程度上保护了其在中东地区的石油利权）？如果仅仅从经济的观点来看的话，美国的军事支出是大大的浪费。和殖民主义时代相比，维持霸权的经济负担逐渐变得难以承受。苏联阵营崩溃的一个很重要的原因，也是这种过重的负担。军事力量，不用说自然是"霸权"的重要构成要素，但是对此形成支撑的经济层面的负担，目前其规模正在空前地庞大化。"霸权国型体系"，如果没有非凡

第五章　古典观念的终结

卓越的经济实力的话，是不能支撑的。

　　这些对于美苏而言存在的问题点之后还将再次讨论，现在先回归到殖民主义消亡之后的问题上。战后的新兴国家主义，是由对欧美（以及日本）的殖民主义的反感和排斥而引爆的，可以说是在 nation 和 state 相一致的条件还没有成熟的情况下勉强形成的产物。在亚洲和非洲地区，多民族和多语言的国家很多，领土和国境的观念从一开始就没有确立的情况也不少。所以，即便作为形式建立健全了国民国家的制度，国民国家的实质也不可能沿着一条直线变强。部族间的分裂危及国家的存续，这样的例子屡见不鲜，针对独立时偶然决定的国境提出异议的军事行动也时有发生。宗教的同一性使国家合并的尝试，在伊斯兰世界早已有过先例（如1958—1961年埃及和叙利亚统一的尝试）。

　　正如这些现象所表现出的那样，尽管反抗的国家主义高涨，但是通过这种方式对国民国家的形式进行整备并维持稳定不是那么容易的。而且尤其重要的是，与古典的欧洲的情形有所不同，承接国家主义的"国际体系"还没有准备好。当然，诸如官方语言的统一等模仿欧洲朝着古典的国民国家的方向建立制度的进程正在推进，加盟联合国也获得承认。但是，这并不意味着形成了真正的国民国家。反倒正是因为其不足的部分，对于使国家主义共存的"国际体系"的潜在要求变得更加迫切。所以，在伊斯兰地区、非洲以及东南亚等地区，在国民国家成熟以前，或许新型的集体主义的形成会抢先发展。如果从国民国家是逐步形成的这一国际政治的传统观点来看的话，不管是飞跃发展还是出现倒退，都是可能发生的。

　　下面举一个例子，对具有独特历史背景的东南亚地区进行考察。东南亚地区是由印度半岛和与此相连的世界上最大的多岛屿海域共同构成的，自古以来经历了无数王朝的兴衰。其中也有很多非常富裕的王国，留下了许多非常珍贵的宗教建筑和城市遗迹，包括夏连特拉王朝（公元8—9世纪）创建的婆罗浮屠等寺院遗迹，高棉王国（公元9—13世纪）建造的吴哥遗址和吴哥窟遗迹等。而且，这些富足国家中的大部分都不是以领土控制为基础的欧洲型国家，用今天的话说是通商国家（但是高棉王国可以看成是例外的领土国家）。利用季风每半年一次的交替，印度洋上的贸易活动从很早开始就已经非常发达，比如在 15 世纪的时候，麻喏巴歇帝国、马六甲、大城王朝（犹地亚王朝）、占婆王国、黎朝越南以及位于东端的琉球等王国，作为从阿拉伯地区到远东地区的广阔贸易网络的据点繁荣起来。这些王国都是"通商国家"或者说"港口国家"，而不是领土国家。① 中国人大量进入东南亚地区也是在这个时期，位于这一贸易网络最东端的日本人乘船前往东南亚地区、每个主要贸易港口都开始出现日本人街也是在这个时期。以贸易活动为主、不同民族和宗教混合在一起的世界，这就是 15 世纪的东南亚地区。

但是，众所周知，这种自然形成的印度—亚洲的贸易世界，最终被卷入了以葡萄牙为先锋的欧洲武装船队的全球性贸易世界。葡萄牙占领马六甲（1511 年）就是这一动向的象征，接踵而来的是西班牙、荷兰、英国以及稍稍迟些的法国都采用同样的手段占据主要贸易港口，最后更朝着获得领土的方向发展，到 19 世纪，除了泰国以外，整个东南亚地区完全成为殖民地。目前，东南亚地区的各个国民国家，正是继承过去那种殖民地划分的地理框架而建立起来的。但是，正如很多人都指出的那样，在东南亚地区，"海洋是一个"这一自古以来的广域文化传统——尽管曾经因为殖民主义而中断——时至今日也可以看成是共同享有的。② 比如，目

---

① Anthony Reid & Lance Castles eds., *Pre-Colonial State Systems in Southeast Asia：Monographs of the Malaysian Branch of the Royal Asiatic Society*, No. 6, Kuala Lumpur：Rajiv Printers, April 1979; O. W. Wolters, *History, Culture and Region in Southeast Asian Perspectives*, Singapore：Institute of Southeast Asian Studies, 1982；土屋健治「インドネシアの社会統合」、平野健一郎ほか『アジアにおける国民統合　歴史・文化・国際関係』、東京大学出版会、1988 年、第二章；矢野暢『国家感覚——政治の生態史観のすすめ』、中央公論社、1986 年；Harry J. Benda, "The Structure of Southeast Asian History", *Journal of Southeast Asian History*, Vol. 3, No. 1。"港口城市"是上述文章中的用语。

② "海洋是一个"是沃尔特斯（O. W. Wolters）在上面所提及的书中所使用的表达方式，也请参见土屋健治的论文。

第五章 古典观念的终结

前的 ASEAN（东南亚国家联盟）就是在拥有各种不同宗教的多种文化的同时，从领土扩张的怨恨中形成的相对自由的独特的联合体（菲律宾和马来西亚之间存在的沙巴占有问题作为这种类型的争端事件，也例外地不那么严重）。不管怎样，最近东南亚地区的各个国家几乎一起朝着贸易主义型的产业化迈进并取得成功，从世界范围来看是值得关注的事实，让人觉得其中隐藏着过去未曾有过的某种形式的（国家间）集体主义的可能性。

国民国家体系的原动力的归纳

此前所论述的历史性事实表明，近现代的国民国家体系具有独特的原动力。近现代的国民国家体系，原本是以具有相同资格的体系大量并存为前提的"以多元性为本质的体系"。如果说要进行比较的话，过去的大文明帝国是建立在认为自身是唯一存在的一元性信念的基础之上的，对于现实中能够与自己相匹敌的体系——比如对于中国而言的罗马——虽然模糊不清地知道一些情况，但具有可以泰然无视这种事实的实力，这是构成大文明的必要条件。另一方面，所谓的小国，指的是完全不能忽略存在着很有可能将自身吞并的强国的现实的国家，是就连倡议多元性体系的力量都没有的国家。中世纪末期的欧洲，既非帝国也不是单纯的小国群体，是中间性的场所，而且清楚地意识到这种中间性，在这一点上具有显著的特征。多元的政治单位的并存，在人类历史的任何阶段都可以看到，但是作为多元性的理念而共享的政治体系的例子却为数不多（唯一的例外恐怕是以城邦的多元性为前提的古代希腊）。其中近现代国家体系的原动力存在着异质性，但是决定其面貌发生改变的原动力的，第一是围绕正义的多元性的攻防，第二是多个单位之间的实力变化。

第一，多元性问题，最重要的是正义的多元性的问题。比如 19 世纪，基本上可以算是脱正义战争论的时代。但是这一时期同时也是国家主义的民众化进程向前发展、民族的正义的观念开始悄悄培育的时代，另外还是认为欧美文明应该对野蛮进行教化的

<u>文明的正义</u>的观念登场的"帝国主义"的时代。第一次世界大战，从某种意义上来讲，是对这种19世纪的状况进行的总决算，为结束战争而签订的《凡尔赛条约》，承担了如何将<u>民族的正义</u>和<u>文明的正义</u>这两种理念融入脱正义战争论的国际体系中的课题。但是，为了解决这一问题而提出的"民族自决"的理念，引发了"民族"对"文明"的攻击，反而使问题进一步扩大化了。在两次世界大战之间的时期，由于这种矛盾，以国际联盟为名的脱正义战争论的尝试失败了，经过第二次世界大战，重组为将强调的重点移至文明的正义的战后体制。如下图所示：

[两次世界大战之间的时期的三足鼎立状态]　　[战后时期的三重结构]

① 国际联盟式的脱正义战争论 ——→ 联合国式的脱正义战争论 ——→ 机能不全
　　　　　　　　　　　　　　　　① 美苏冷战的正义战争论
② "不能拥有的国家"的正义战争论 ——→ ② 集体安全保障同盟内部的脱正义战争论破产
③ 反殖民主义的正义战争论 ——→ ③ 新兴独立国家的正义战争论

按照上述形式，两次世界大战之间时期的三足鼎立状况向战后时期的三重结构转变。脱正义战争论的体系，因为难以承受被称为正义的观念的攻击而瓦解了。

第二，脱正义战争论的体系，基本上是以维持现状（status quo）为指向的体系，如何吸收实力分布的重大变化以及人们世界观的变化是其存续的关键。当不能完全吸收这些变化趋势的时候，脱正义战争论的体系，往往被迫进行重组。比如，发达国家之间，发生了如下剧烈的变化：

美国和德国借助19世纪末的技术革命大潮流的崛起。

两次世界大战之间的时期美国的压倒性发展，德国、日本和意大利的挑战，苏联的国力充实。

战后时期苏联的政治力量和军事力量的巨大化。

20世纪末日本和亚洲NIEs的经济实力上升，社会主义经济破产。

第五章　古典观念的终结

国力的分布不断发生变动，每当此时均势的脱正义战争论的体系就不得不进行重组。第一次世界大战后形成的凡尔赛体系（包括国际联盟）、两次世界大战之间到第二次世界大战之前发生的英国的霸权向美国的霸权的转移、第二次世界大战后产生的美苏冷战体系（与联合国的空洞化表里一致）等，不管哪一个都是这种重组的产物。最近日本和亚洲NIEs经济实力的上升，以及苏联和东欧国家的解体等，对于脱正义战争论式的思考而言，也凸显出非常严峻的挑战。

但是，与此同时，<u>与后发国家相关的问题</u>也不容忽视。正如此前反复论述的那样，在欧洲以外的地区，缺乏能够使文化的共同体和领土的范围相一致的历史性背景，也缺少多个具有相同资格的单位并存的经验。所以，在第二次世界大战以后，殖民地的解放、新兴独立国家的诞生相继成为现实，但是由于条件尚未成熟，这些新兴国民国家的政治依然不太稳定。现实状况是，虽然朴素的国家主义似乎在世界各地爆发，但是能够承认这种形势的国际体系并不存在。联合国意图进一步扩大传统的国民国家体系，将新兴独立国家纳入其中，但是就连联合国也很难承受新兴国家的国家主义、其关于分配的正义的主张以及其经济实力的冲击。以联合国这种形式存在的脱正义战争论体系，在关于后发国家的问题上也无法有效发挥作用。

具有讽刺意味的是，此前将这种脱正义战争论的破产掩盖起来的，正是美苏冷战的对峙格局。通常所说的"霸权理论"，不外乎是主要从经济实力的角度，单单围绕西方世界，对正义战争论所支撑的这种国际关系结构进行的分析。美国（苏联也是）通过积极地发挥作为向各同盟成员国提供以安全保障为中心的"国际公共产品"的霸权国（hegemon）的作用，逐步构建起各自牢固的集体安全保障机构。如果仅仅从这种提供国际公共产品的角度来看，从19世纪到20世纪的英国的霸权也具有同样的性质，"霸权稳定性理论"试图对此进行概括性说明。但是，如果从政治的角度，或者说脱正义战争论的转变这一角度来看的话，英国的霸权和美国的霸权之间存在着很大的断层。英国的霸权坚守脱正义战争论的原则，与此相对，美国则是以正义战争论为基础构筑国际体系。如果用"霸权稳定性理论"来说的话，可以认为，在国际公共产品的诸多层面中"理念力以及文化力"变得尤其重要，但是其中也包含着只是简单地换种说法并不能说清楚的内容。虽然多次强调经济与政治这种多视角接近的必要性，但是如果要对美国的霸权进行评论的话，必须同时关注其既具有国际公共产品供给这一可以视为大不列颠帝国治下和平的延续性的一面，也具有正义战争论登上历史舞台这种非连续性的一面。

如果从后者来看，表现为以下观点。在以冷战为名的正义战争论的压力之下，各国领土主权的一部分，实际上已经委托给了北约和华约等集体安全保障同盟，由美苏霸权代为执行。以这种史无前例的形式紧密化的集体安全保障同盟，只要是与先发国家间的关系相关的问题，都继承并强化了脱正义战争论的性质。结果就是，产生了古典的国民国家体系似乎还存在着的错觉。但是，委托代管的主权只不过是幻想的主权。加入集体安全保障体制，意味着承认美国军队的基地，在非常时期将被纳入其主导权之下，失去一部分的领土主权。"放弃使用武力"的战后日本就是一个极端的例子，日本正在丧失作为古典的国民国家的性质。但是，同样的情况，不仅仅是日本，一般而言在西方发达国家中或多或少都能看到一些。被纳入华沙条约组织框架的东方国家，自然更不用说。勃列日涅夫主义正是这种现象的象征。随着正义战争论成为主流框架，国家主权早就开始退化。

回过头来看，将脱正义战争论纳入下层结构、帮助其摆脱消亡危机的，正是美苏各自的正义战争论。但是，正如很多人所指出的那样，在美苏冷战中，存在着核战争恐怖的负面效应。所以，随着前年到去年（1990年）这段时间的"冷战终结"，开始出现安心的心理是很自然的事情。但是，实际上冷战结束最重大的意义是，导致了此前一直存续的某种形式的稳定体系的消亡。海湾战争也是其表现之一。但是从一般意义上而言，在消除了美苏冷

第五章 古典观念的终结

战这一格局框架后,可能会发生各种各样的情况。正如早已表明的那样,在除掉具有三重结构的美苏冷战的大框架的时候,集体安全保障同盟内部(主要是发达国家之间)的脱正义战争论和新兴独立国家的潜在的正义战争论,如果没有能够将这两者都包含在内的正义战争论的大框架的话,将陷入迷失方向的状态。先发国家维持现状的指向和后发国家的自我主张,在没有媒介的情况下发生正面冲突,这种可能性显露出来。这就是所谓的"新的南北问题"。而且,先发国家间的脱正义战争论体系或许也不会像此前那般稳定。这是能够从日美关系上看到的所谓的"新的东西问题"。冷战后的世界,恐怕将成为自17世纪(威斯特伐利亚条约)以来,从结构层面而言最不稳定的世界。

最近,虽然听到了一些强调国家主义的爆发的议论,但是这种讨论大部分都只关注了朴素的国家主义,并没有将支撑国家主义的体系问题纳入考虑范畴。对于国家主义而言,对其起支撑作用的国际体系往往是必要的。虽然后发国家的确高举着朴素的国家主义的旗帜,但是终究还是不能期待古典的国民国家体系再生并发挥承接这些国家的作用。作为被期待实现国民国家体系扩大的形式,联合国还没能成为足以承担目前这些课题的国际组织。从这个意义上来讲,在五个世纪中对欧美国家形成支撑的国家主义的理念,被迫扩大并陷入了混乱迷失状态,已经到了需要摸索新的发展方向的时候。如果对以上内容进行归纳总结的话,称其为古典的"国民国家体系"的衰退,或许一语中的。

17世纪以来的脱正义战争论因为难以承担自身的沉重性,已经让位给了美苏冷战的正义战争论。但是,今天,冷战已经被放弃,正义战争论正丧失其存在的基础。在这种状况下,关于国家主义今后的原动力,存在着如下三大选择项,即

(1)一元的正义的世界的重建(美利坚治下和平的重现)

(2)多元的正义的体系,第一类(国民国家体系的扩张、联合国中心主义)

(3) 多元的正义的体系，第二类（国民国家间的集体主义及其复合体）

关于这些选项的选择问题，在第九章以后将再一次进行论述。但是，不管怎样，在面向 21 世纪的这个节点，从古典的国家主义迈出新的一步的时代已经到来，这一点是毋庸置疑的。

第三节 通商国家化——媒介的现象

但是，从古典的国家主义出发，应该朝着哪个方向迈出新的一步呢？对这种选择产生重大影响的，最为重要的恐怕是整个战后从未衰退的产业化的发展趋势。截至 20 世纪 70 年代的经济增长的存在方式，恐怕在相当程度上决定了今后的变化大趋势，决定了国力分布的变化方向。我们必须对战后至今西方国家产业化的发展态势进行回顾。

实际上，对战后世界发挥支撑作用的技术的基础，几乎都是在战前或者战时所创造确立的。半导体和遗传基因学等都是战后产生的新技术，但是其得到充分的开发利用是在 20 世纪 70 年代以后。<u>截至 20 世纪 70 年代的战后</u>一段时期中的技术进步，具有与其说是新的创造发明，不如说是规模化和体系化的特征，最优生产规模显著扩大。所以，不少国家，较之国内市场，反而以国际市场为目标开展大规模生产的冒险活动。而依赖于小规模生产特殊产品的国家，随着全球范围内"富裕国家"增加所带来的需求的多样化，能够满足这些需求的市场的缝隙（即着眼点）也有所增加。这种对海外市场的依赖之所以成为可能，是基于美利坚治下和平这一背景下的相对和平环境和自由贸易体制。于是，相对于国内市场，国际市场的相对意义进一步增大，各个层面的国际经济活动日益活跃，跨越领土范围的利害的重要性加速增强。这种趋势是战后世界经济发展的显著特征。

但是，另一方面，国家主义并没有死亡。在现实世界中，各

第五章　古典观念的终结

国并没有打算放弃追求自身地位的提高。罗斯克兰斯将各国为提高自身地位的手段仅仅局限于通过军事力量实现的领土扩张和通过经济开发和贸易活动带来的财富扩张这两种方法，其中主要采取前一种方法的国家称为"军事＝政治的国家"（military-political state）和"领土国家"（territorial state），而主要采取后一种手段的国家则称为"通商国家"（trading state）。① 如果利用罗斯克兰斯的表达方式的话，战后世界所具有的特征不外乎是通商国家化的发展趋势。第二次世界大战以后，通过集体安全保障体制的确立和反殖民主义的普及，以国际关系的缝隙为目标扩张领土的做法变得绝对困难，所以各国的发展热情不得不集中到扩大贸易关系这一方向上。虽然具有最强大军事力量、"正义"的代言人美国和苏联时常会采取一些类似于领土扩张的行动，但结果反而是这些超级大国，在整个战后时期缩小了其领土或者说势力范围。

很明显，战后的工业发达国家，充分享受着作为国民国家前所未有的和平状态，其结果就是经济因素的比重上升。其中获得最大经济利益的是轻武装型的中等发达国家，如果从欧洲来讲的话，德国和意大利获得的利益要优于英国和法国，整个战后的经济增长率也反映出这种差距。不用说，军事力量极其贫弱的日本，在经济层面和贸易层面取得了最大程度的成功，就是最明显的例子，极端地反映了通商国家的可能性。即便没有达到日本这样的程度，先发国家正在朝着通商国家的方向发展，这一点是很难否认的。而且，正如日本和德国的发展所表明的那样，一旦经济实力的分布发生变化，东西方各自阵营内的平衡状态变得失衡，东西阵营之间的平衡关系也遭到破坏。浮动汇率制度的采用、日美之间出现的经济摩擦、联邦德国向东方世界的外交侧重以及苏联和东欧世界的解体等，不管哪个都是这种平衡状态崩溃所显露出的一系列现象，美苏冷战大框架崩溃的最直接原因是，苏联和东

---

① ローズクランス『新貿易国家論』、34 页以降。在本书中使用"通商国家"这种译法。

欧国家经济实力的相对衰退。冷战体制推动了产业化的进一步发展，促进了超级产业化时代的到来，这种产业化的高涨迫使冷战体制土崩瓦解。很明显，政治与经济之间的相互作用这一原动力推动了历史的发展。

但是，享受到战后型产业化和美利坚治下和平的利益的，不仅仅是先发国家。日本，至少在战争刚刚结束时，从多个层面来看都是处于先发国家和后发国家之间的国家。就是这样的日本率先展示了通商国家的可能性以后，被称为亚洲 NIEs 的各个国家（地区），中国香港、新加坡、中国台湾、韩国以及泰国、马来西亚等，都更有意识地追求这种可能性，并在依赖大规模的外国市场的条件下发展本国经济。比如，中国台湾地区的贸易依存度（｛出口＋进口｝/国民生产总值）就常常超过 100%。今后中南美洲地区恐怕也会出现采取同样发展模式的国家。而且可以预测，就连在苏联和东欧国家内部，今后也会出现走同样发展道路的国家。在 20 世纪的最后一个 25 年中，后发国家经济的追赶发展之所以出现显著加速，就是因为以日本为先例的这种"通商国家型开发主义"。但是，与此同时，后发国家在政治层面的实际状态，并不一定与"一民族＝一国家"这种古典的国民国家的理念相一致。但是可以认为，也正因为此，其执着于领土国家的理念的动机反而比先发国家更弱。这其中也存在着从领土国家向通商国家转型发展的又一大潮流，毋宁说，20 世纪 70 年代以后，其比先发国家中的通商国家化潮流更为强劲（日本就是顺应了这两种发展潮流）。

通商国家是不依赖于武力的国家，作为保护自身安全的途径，恐怕不得不考虑加入同盟。① 所以，在通商国家不断增加的延长线上，只要这些国家在贸易上的利益是一致的，很自然"安全保障—通商集团"主义的出现是可以预料到的。从近现代以来的欧洲来看，这种集体主义的例子，仅仅局限于汉萨同盟这种以城市

---

① ローズクランス『新貿易国家論』、35 頁以降。

第五章　古典观念的终结

国家为单位形成的同盟，其数量也比较少。常常被称为"通商国家"的欧洲传统的有实力的国家，如葡萄牙、西班牙、荷兰、英国等，都以拥有强大的海军力量、占领殖民地和势力范围为目标。这些国家不仅是通商国家，而且更多地具有领土国家的性质。与此相对地，正如早已提过的那样，在欧洲实力扩张以前的印度洋和东南亚地区，轻武装型的通商国家大量存在，并在从非洲东岸延至日本的广阔贸易网络中实现了繁荣。一举破坏了这种状况的，正是欧洲人的武装商船队，尤其是坚船利炮的威力。但是，今天，从某种意义来讲，同样是在东南亚地区，相似的条件或许正在重现。如果说通商国家的集体主义在东南亚地区诞生的话，那么这或许是过去的历史经验的再现。

朝着通商—安全保障集团发展的倾向，也在亚洲、非洲和中东等地区的还不具备国民国家条件的国家中发生。欧洲理事会也没有成为一个"巨大国家"，目前最为重要的是以通商集团获得的实际业绩为目标向前迈进。这些发展趋势中有很多都还只是萌芽状态，经济集体主义的竞争性并存覆盖全球的诱因很强。但是，其中存在的问题在于，不管是先发国家还是后发国家，截至目前支撑其通商国家化的大框架是由军事力量支撑的正义战争论体系，换言之是美苏冷战—集体安全保障体制这样一种似非而是的事实（或者说是之前已经论述过的双重结构）。冷战格局终结、集体安全保障条约体制所形成的安全环也趋向缓和的今天，会发生什么？作为企图利用同盟保护自己的通商国家，不得不对能够取代冷战体制的某种集体主义进行摸索。通商国家的性质越强的国家，不加否认地参与某种形式的集体主义的可能性越高。但是，这种集团的形成不是马上就能有所进展的。集团的重组、竞争、冲突的频繁发生也是可以预料的。所以，并不能简单地说，只要通商国家化不断向前发展，世界就会变得更和平，国际体系的稳定性就会提高。通商国家化的发展趋势，或者从更加一般性的意义上来说，"相互依存"增大的倾向，并不能单单凭借此就成为解决世界问题的决定性手段。

另一方面，并不是所有的国家都是这种冷战下的和平的受益者。根据冷战体制被纳入苏联和中国体系内的国家，处于分裂状态的国家，苦苦挣扎于反映东西对立的内乱的国家，等等，没有完成国民国家型体制建设的国家也有很多。这些国家，伴随着冷战的结束，开始强烈主张"残留下来的国家主义"。而且，即便对国民国家的形式进行了整备，因为在冷战下的和平状态中进行贸易自由化的潮流而受损的国家也不少。也许这些国家感到不合理地被惠及全球的自由贸易的利益所疏远，与其以通商国家化为目标，不如说受到了通过武力对邻近国家的资源和实现产业化的地区进行控制这种诱惑的驱使。这些国家，恐怕也不能以比局部战争更高级别的活动为目标，但是要囤积用于威胁恐吓的核武器和化学武器等是比较容易的。因此，倡导民族的正义、宗教的正义，领土国家现象或许会重现。几乎在所有的情况下，这种迷你军事国家的尝试都受限于局部地区，也不可能长期持续，但如果是关系到不可或缺的经济资源（如石油）或者具有相同性质的国家集中起来组成同盟，则可能成为引起世界性混乱的导火索。伊拉克入侵科威特，或许就是这种情况的萌芽。不管是幸运还是不幸，萨达姆·侯赛因（Saddam Hussein）似乎并不是统合阿拉伯世界的领导者人选，但是今后发展成为以某种形式的"阿拉伯联邦"，以石油供给为武器左右世界事务，这种可能性还是有的——实际上这种尝试在此前已经发生过好几次，比如埃及和叙利亚的合并，霍梅尼的泛伊斯兰构想等。这种类型的问题作为通商国家化的负面副产品，恐怕会成为今后一个重要的课题。

第四节 产业化的扩散

超级产业化的产物

但是，产业化在战后的发展局面，很明显在 20 世纪 80 年代就结束了。自 20 世纪 70 年代中期开始的产业化就已经不仅仅是产业

第五章　古典观念的终结

化了。正如第二章中已经进行过说明的那样，是"超级产业化"，带来了独特的影响。为了便于说明，我打算将超级产业化划分为两个层面，称为质的深化和量的扩大。将其归纳如下：

　　量的扩大，以通常所说的"无国界化经济的趋势"为代表。
　　质的深化，以通常所说的"信息化"为代表。

当然，这两个方面是相互影响的，尤其在先发国家中产生了各种各样的乘数效应，尖端产业的跨国化、国际资本移动的巨大化、制造业的灵活化、信息通信的高速化和大容量化等辉煌的例子比比皆是。① 但是，作为可能产生的乘数效应而成为今后的焦点的，可以认为最为重要的第一点是，后发国家的经济发展得到促进或者反而受到阻碍的问题。本章接下来的讨论将以这一课题为目标进行。

第一，所谓量的扩大，即无国界化经济的趋势，当然是指跨越国境的经济活动的日益活跃。发展到目前自不必说，第二次世界大战结束后，贸易和资本的国际性流动，并不单单表现为绝对量的急剧增加，与国内的生产和资产相比，也出现了相对惊人的扩大。不仅仅是贸易，资本和技术将各个国家联系起来，通商国家化的发展朝着无国界化的程度不断提升。结果是，经济主体，不管是个人还是法人，与母国的联系日渐弱化，表现出不服从于其统制的倾向。知识人才的流出、运动选手的移民等都是其中的例子，但是正如后面很快将论述的，企业的跨国化引起最大的关注。在战前，向其他国家拓展业务的法人和个人总是与本国保持强有力的联系以期待在非常时期获得保护，与此相比，战后的经济活动很明显已经越来越弱化国境了。

尤其是20世纪70年代中期引入浮动汇率制以来，规模庞大的

---

　　① 关于灵活化，可以参见 M. L. ダートウゾスほか『Made in America』、依田直也訳、草思社、1990 年。

资金，在不顾及国家利益的情况下跨越国境实现瞬间流动，各国经济间的联动性得到前所未有的强化。各国的经济政策不得不进行史无前例的紧密协调，最重要的原因就是这种资本流动性。进一步来说，世界上许多主要企业，在海外进行直接投资，在本国以外的地方大量建立工厂、研究所和子公司下企业等，实现"跨国化"，至此跨国企业已经不完全受本国政府统制。尤其是跨国公司向后发国家进军的现象日益显著。最后，但是从某种意义上来讲具有最重大意义的事实是，产业化所带来的环境破坏的规模已经跨越了国境，正波及全世界的各个角落。总而言之，经济的无国界化所具有的潜在压力，是今后不可避免的要件，正如之前已经论述过的那样，将引起与领土国家主义（换言之古典的国家主义）的摩擦，进而与作为国家主义的基础的各国社会所独有的制度（这在一定程度上植根于文化的独特性）发生冲突。

　　第二，信息化将在产业化的深处，从质的层面改变产业化。这一特征将成为同样支配21世纪的基本性发展趋势。正如第三章中已经定义过的那样，所谓"信息化"，是指对<u>在一定的体系下进行过整理的知识</u>（换言之就是信息），进行大量且高速的处理、加工、传送等活动的技术的发展。现在，如果谈及信息化，普遍指的是从20世纪70年代开始的微电子技术的应用。但是，19世纪后期以来的船舶、铁路、电信电话、飞机等传统交通、通信的改善，也包含着信息传送技术的发展，很明显可以看成此处所说的信息化的先驱。尽管已经是上百年前的事情，当时弗里德里希·李斯特（Friedrich List）和海因里希·海涅（Christian Johann Heinrich Heine）就主张铁路具有"使国民更加融为一体"的划时代的效应。① 如果没有这些传统类型的交通和通信的进步，就不可能实现今天的信息化。

　　信息化的趋势将在21世纪对全社会造成重大影响。如果要列

---

① フリードリッヒ・リスト『政治経済学の国民的体系』、小林昇訳、岩波書店、1970年。从该书中可以看到李斯特作为在德国建设统一铁道制度倡导者的热情。

第五章　古典观念的终结

举其在经济层面已经表现出的征兆，首先是信息化正在改变生产工序和经营的方式，就目前的日本而言，可以说已经改变了。从以标准化产品的大量生产、能源消费和排放公害等为特征的"福特—泰勒主义"开始，朝着多品种、小批量、差别生产、节约能源和抑制公害为特征的"灵活生产体系"逐步发生改变。消费的形态和购买的形式也发生了很大变化。耐用消费品的登场，尤其是提供服务的方式，将朝着根据需求实施差别化的方向发生划时代的根本性变化。而且，在政治层面，如通过电视机实现的信息化，越来越能够左右人们的政治判断。当然，信息化原本应该为民主政治下的权利者提供更多的判断材料，帮助人们做出更加具有连贯性的判断。但是，事态并不一定会朝着这个方向发展，关于这一点我们将在第十一章进行讨论。

但是，信息化的影响，并不仅仅止于对未来一段时间的短期预测的范围。信息化还将对下个世纪以后的将来，对更广泛、更深入的人类的存在方式造成影响。为了对这种长期性问题进行思考，需要将信息这一概念理解成更加广泛、<u>更为一般性的知识</u>（如果使用第一章和第十二章的表达方式就是人类所持有的对世界的想象），将信息化进一步扩大为知识处理方式的一般性发展来进行考虑。与其将这种现象称为"信息化"，不如称其为"知识化"，但是从信息化向知识化发展的道路不一定是平坦的。比如知识化的最大障碍，大概是文化的（不仅是国家与国家之间、也包括不同的思想之间的）不可比性（incommensurability）。但是，或迟或早，作为信息化发展的下一个阶段，知识化的问题终将登场。正如公文俊平的"致知游戏论"和堺屋太一的"知价社会论"那样，也有观点认为朝着知识化方向发展的趋势已经开始成为主流。但是，在本书中，因为篇幅受限，不打算从正面对这种长期意义上的信息化社会的问题进行说明（参照第二章第二节）。

但是，不管从多么短期性关注的角度来看都不能漏掉的是，信息（某种程度上可以引申为知识）正在向社会的所有层面、向世界上的所有国家渗透。于是，很明显，信息化和前面所提到的经济无国界化这两种发展趋势，在世界性扩散这一点上是相互关联并且相互强化的。资本的国际性流动、企业的跨国化等作为无国界化的表现项目而列举出的变化，很明显在很大程度上包含着信息化的要素。在此，作为信息化和经济无国界化之间相辅相成的现象，技术信息的国际化渗透的加速发展，换言之"技术的无国界化"现象需要关注。尤其是对于未来世界的存在方式而言，最应该成为问题的，就是<u>先发国家向后发国家</u>的技术传播的速度加快。

过去，技术是由先生（师傅）口头传授给学生（弟子）的，一开始很少形成文字。而且，技术要在国际上普及的话，除了工匠移民以外没有其他的方式（新教徒向荷兰移民，荷兰人和胡格诺派教徒移居英国等事件的历史性意义不容忽视）。但是，由于19世纪后期开始的蒸汽船和铁路的发展，进入20世纪初开始的国际通信的进步，以及20世纪后期开始的飞机的发展，人员交流逐渐兴盛起来。尤其是随着20世纪70年代开始的电话网络、复印机、传真、计算机网络、电视会议设备、光纤以及使用人造卫星形成的高密度的通信线路网等登上历史舞台，不需要伴随身体移动而实现的人与人之间的交流不断提升至令人惊讶的水平，现在知识和信息瞬间就能在世界各地穿梭。当然，狭义上的人员交流最近也越来越显著。国际性的学会、会议频繁召开，不仅仅是具有代表性的学者，就连中层的技术人员似乎也获得了交流的机会。学者的交换以及学生的留学也被纳入各国教育体系的一部分，在全球范围内具有共通性的专门学问领域和技术的语言体系似乎正在形成，为全球所共用的数据库也正在快速建立。进一步来说，一般的消费者似乎也可以通过大众媒体了解先进技术的魅力，并憧憬其可能产生的便利。在这种形势下，国际性的——尤其是从先发国家向后发国家的——技术传播的速度加快，基本上已经是不可能阻止的了。普遍意义上的经济的无国界化，是针对产品（贸易）和资本而言的。但是，发展到今天，技术的无国界化正紧随其后。在技术的无国界化过程中，构成超级产业化的无国界化和

第五章 古典观念的终结

信息化这两种潮流合二为一。这种现象,最能代表超级产业化目前的这个阶段,由于对待这一现象的态度不同,将来的政治经济体制的存在方式可能会发生很大的变化——留下的只是人员的无国界化,以及接下来的思想的无国界化的问题。

产业化的两种模式

这种技术无国界化的发展趋势,必然会给产业化的未来带来重大变化。在产业化领域,人们默认,只有在社会和文化等层面进行了充分的准备而被挑选出来的国家才能进行产业化,这其中包含着一种精英主义。20世纪五六十年代的"近现代化理论",作为理论的含义反而倾向于强调向产业化起飞(take-off)的困难,在具体应用时中南美洲以及亚洲地区出现过不少开发援助失败的案例。日本的情形并不能很好地与这种常识相吻合,而作为特殊案例进行说明,也只能说是唯一的例外。但是,从20世纪70年代开始出现的NIEs国家的崛起,迫使这一常识发生改变。由于技术传播速度加快(以及军备意义的下降),精英国家不可能完全垄断产业化,很多普通国家也正在成功进行产业化。产业化的发展状态,正从精英主义向平民主义转移。

拘泥于被视为"从政治的民主化向产业化"迈进的欧美型(或者毋宁说是盎格鲁·美国型)模式而生成的先入为主的观念认为,产业化是很艰难的。以日本作为最早的例子的NIEs国家则与之相反,通过反向采取"从产业化向政治的民主化"迈进的模式,目前正向前发展。正如罗斯克兰斯所说的那样:

> "第三世界和发展中国家中,很多地方都是在拥有权威主义政权的同时向贸易的世界转移,为了向贸易体制转移,民主主义未必是绝对必要的。"(所谓的贸易体制,是指依赖于产业化和贸易的国家,是罗斯克兰斯所使用的表达方式。——笔者)[①]

---

① ローズクランス『新貿易国家論』、55頁。

反古典的政治经济学（上）

如果从长远的视角来看，正放弃一党执政的苏联和东欧国家也开始遵循这一发展模式——但是，民主化已经遭受了相当严重的牺牲。本书将这种发展模式称为广义的"开发主义"（developmentalism）。最近对"民主化→产业化"和"产业化→民主化"这两种发展模式的对比进行强调的例子是查默斯·约翰逊（Chalmers Johnson），他将这些国家分别称为"章程型国家"（regulatory state）和"开发型国家"（developmental state），但是在本书中，尤其关注经济侧面，所以将其改称为"古典的经济自由主义"和"开发主义"。①

欧美国家的很多人（以及效仿他们的后发国家型进步主义者），都对这种意义上的开发主义持怀疑态度，甚至是否定态度。但是，否定开发主义的依据，比如在新古典派经济学中是不存在的，只有在以民主化至上的政治或者不如说是哲学的信念中才有据可循。的确，经济学家中也有人基于经济的效率性观点而否定开发主义，但是在他们的主张中，在包括动态状况的一般性条件下是没有根据的（请参照第四章和第七章）。之所以对开发主义持原则上否定的态度，是对非民主政治的不信任，换言之是认为不管做出多大的牺牲都应该保证民主化先行发展。

实际上"民主化"（democratization）这个概念是极其模糊的。但是，在普遍的用法中，"以自由主义为前提的民主主义"（liberal democracy）为人们所牢记，这一点是不会错的。从这个意义上来讲，此处所说的"民主化"认为，自由主义—民主主义的<u>制度化</u>，具体而言指的是多个政党下的议会制民主主义（pluralist parliamentary democracy）的成立。但是，将民主主义和自由主义理所当然地结合起来，实际上是存在问题的。正如过去一直所说的那样，或者说正如最近哈耶克所强调的那样，两者并不相同，其中甚至

---

① チャーマーズ・ジョンソン『通産省と日本の奇跡』、矢野俊比古監訳、TBSブリタニカ、1982年、20頁以降。他认为开发主义是滞后的、扭曲的形态。

第五章 古典观念的终结

还存在着矛盾的地方。① 正如第一章中已经论述过的那样，自由的核心是思想的自由。归根结底，自由主义从本质上而言是内心的姿态，保证行为的自由的制度，是为了实现自由主义的甚至可以说是外围的条件，没有自觉意识到这一点的自由主义将被制度的惰性所滥用。比如，自由的思想，就连在宪法中都不应该受到束缚，所以宪法在保障最低限度的人权条款之外并没有形成成文条例的做法——或者说容易改正的做法——是自由主义的。从这个意义上来讲，较之拿破仑法典，英国的习惯法的做法更具自由主义的性质。

与此相对，民主主义从本质上被要求作为制度而可视化。究其原因，是因为所谓民主主义，是以平等为基础的观念，换言之，必然要求在个人以外确立个人与个人之间进行比较的标准（对参政权资格的规定就是其中具有代表性的例子）。所以，在自由主义—民主主义的制度化过程中，民主主义成为具有能动性的要素，而自由主义是对其发挥抑制作用的被动的要素。从这个意义上来讲，此处所说的"民主化"会变得确实具有浓厚的民主主义色彩。但是，说起来，与自由主义区别开来的狭义的民主主义，正如从洛克、卢梭、麦迪逊直至今天的哈耶克这一派系所能看到的，即便是在欧美古典的政治哲学中往往也能看到怀疑的目光。对民主主义的批判，是本书要解决的最为根本的问题之一，之后的讨论中还会多次反复谈及。但是，接下来要指出的这些内容，也请允许我在此说一下。即将"民主化"视为终极目标，重视"民主化→产业化"这一发展顺序的信念，就连欧洲式的知识传统中也没有绝对的根据。

如果要回溯到过去的话，在一般的历史常识中，或许会忽视一些重大的问题。"产业化→民主化"的形式，即与开发主义相类似的模式，即便在欧洲也是能够广泛看到的。涉及法国和德国时

---

① F. v. ハイエク『ハイエク全集八、九、十　法と秩序①、②、③』春秋社、1987～1989年。

常常会指出这种现象，而实际上作为近现代化的发祥地，英国也不例外。从 16 世纪到 18 世纪的欧洲国家，常常被称为"产业革命以前的产业化"以及"原工业化"的现象，与绝对王权政治下的重商主义（mercantilism）携手并进。正如后面还将再一次进行论述的那样，重商主义并不单单是积攒贸易盈余的愚蠢政策。弗里德里希·李斯特曾经说过：

"被错误地称为重商主义的重工主义（industrialismus）。"

尽管重商主义在其理论构成上还有很多不成熟的地方，却是以培育工业为目标（在某种条件下）的有效政策，追求贸易收支盈余是实现这一目标最容易理解的（但是实际上存在着局限）指标和手段。① 牢记现代社会发展脉络并将这一现象尖锐地指出来的是，比如那位 J. M. 凯恩斯。② 过去的重商主义，与常常被称为"新重商主义"的出口导向型政策之间的相似性尽人皆知，已没有必要特别加以强调了。

在政治层面上，正如前面已经论述过的那样，欧洲自 16 世纪以来，是国民国家逐渐形成的时期。绝对王权政治，逐步确立了贵族、教会以及中世纪型的城市所享有的封建特权，长期发展的结果是，与以新兴产业（畜牧业、经济作物农业、各种纺织业、消费品制造业等）为基础的中产阶层联合，共同建成国民国家。但是，贵族的特权是不容易消失的，流浪贫民阶层的出现这一现象也相当显著，在绝对王权政治下，"民主化"方面严重滞后。但是，在经济层面崛起的中产阶层也确实进一步强化了其政治影响力，比如通过"英国革命"（指清教徒革命和光荣革命）产生了议会制民主主义。从这个意义上来说，被称为"原工业化→产业化"的发展脉络是显而易见的。进一步来说，即便在 18 世纪末欧洲各国的政治形态开始逐渐朝着议会民主制的方向变化，但通过普选

---

① フリードリッヒ・リスト『政治経済学の国民的体系』、第二九章。
② ケインズ『ケインズ全集 7、雇用・利子および貨幣の一般理論』、塩野谷祐一訳、東洋経済新報社、1983 年、第二三章、336 頁、346 頁。

制、女性选举权的形式彻底实现民主化，实际上大多也是进入20世纪以后的事情。这期间至少有近一个世纪的岁月，经过美国革命、法国革命，伴随着流血牺牲的革命动乱也不少。

即便在欧美地区，也可以看到"原工业化→中产阶层参与政治"、"产业革命→普选制"这样的"产业化→民主化"发展方向的潮流。如果说欧美人强迫非欧美国家快速实现民主主义，这恐怕应该称为对自己的过去的健忘症。如果从划分世纪的长期视角来看的话，产业化和政治的民主化是相互携手、齐头并进的，纠结于其中的先后顺序并没有太大的意义。将开发主义判定为扭曲的具有滞后性的形式，是不能对历史发展潮流进行解释的。如果一定要尝试着进行解释，就需要有并非古典的经济自由主义的某种形式的新的理念框架——正如在政治层面上超越古典的国家主义的理念是有必要的一样。为了实现这一课题，关于产业化、民主化以及可以充当其媒介的国家主义，恐怕都有必要从根本上进行再讨论。

第五节　面向多元史观——对产业化概念的重新反省

从前一章以来已经提及的各种各样的"新的现实"，要求古典的说明图式必须改观。作为古典图式的一个支柱，国民国家体系的实质日渐薄弱，其所探求的通向脱正义战争论的路径也已经看不清楚。引起无国界化的经济的原动力造成了视野的混乱，朴素的国家主义的泛滥、美国的正义战争论的登场和脱正义战争论的效果（这种悖论！）等所谓的政治和思想的原动力，造成了视野的散乱。从古典图式的另一个支柱经济自由主义出发，出现了所谓开发主义这一新的变种，并迫使市场经济的制度出现多元化。虽然霸权稳定性理论是所谓最后的古典图式，但是其框架已经不能清楚地说明这些变化。

在此，我打算以"开发主义"的问题为线索，着手对替代古典图式的新的图式问题进行探讨。正如前一节中所暗示的那样，要考虑开发主义的问题，就不得不回溯到对产业化和民主化这两大基础性概念而重新进行讨论。比如，产业化，一般被视为与欧洲的"资本主义"（或经济自由主义）的形成是同一过程，但是这样就足够了吗？产业化与资本主义之间究竟是怎样的关系？所谓的"工业化以前的产业化"（proto-industrialization）这一概念最近经常被使用，但这是恰当的概念吗？不管怎样，有必要再一次对产业化这一概念的历史背景进行回顾。

在民主化这一现象产生的过程中，也存在很多不甚明了之处。当然，民主主义的起源很古老，可以追溯到希腊和罗马时代。但是，正如今日所见的，将社会全部人员都卷入其中的民主主义和以家庭（oikos 以及 familia）为单位的希腊和罗马的民主主义的性质是不同的，前者是在16世纪以后的欧洲的"国民国家"中才开始出现。这种类型的民主化与近现代国家主义很明显是有关系的，但是其内容并不十分明确。为了解决本书的问题，也为了从一般性意义上理解历史，有必要对以下四种最为基本的概念之间的历史性关联进行谈论。

产业化、资本主义化、民主化和国民国家化

产业化与资本主义

自不必说，"产业化"（industrialization）是为了表现社会的发展阶段而经常使用的概念。但是令人感到意外的是，人们时常挂在嘴边的这一词汇的具体形象，实际上是相当模糊的。Industry 这一词汇，在今天一般被用于与工业（制造业）相关的场合，industrialization 也经常被译为工业化，但是如果从现代的状况来看的话，将工业与农业和服务业区别开来并没有意义。对此进行考虑并赋予这一词汇最明确的定义的，正如之前已经论述的，是西蒙·库兹涅茨以及 W. W. 罗斯托等现代经济学家，他们将"产业化"定义为<u>人均生产以及收入的持续性增长</u>。根据多数人的理解，这种意义的产业化，指的是局限在18世纪末"产业革命"以后的200

第五章 古典观念的终结

年间的现象。① 这是与宏观层面（与经济整体相关）相适应的明确的定义，但仅仅如此的话，与此对应的微观层面（与一个个经济主体相关）的社会结构变化并没有包含在内。比如，如何界定企业的出现和生产要素（劳动力和土地）的商品化等微观现象，其形象并不一定是清晰的。从宏观层面定义的产业化，是仅限于"产业革命"以后出现的现象，即便是关于这一点，实际上也没有确凿的根据。比如，道格拉斯·诺斯（Douglas C. North）认为，在"公元前五世纪的雅典，公元前三世纪的罗德斯岛，以及最早的两个世纪间的罗马帝国"，人均收入呈增长态势。② 正如后面将论述的那样，在英国，18世纪时，尽管缓慢，但人均收入持续增长，即便是在17世纪以前这种增长的可能性也是不容否认的。最近的经济史中，为了描绘这一时期的状态，"原工业化"这一概念登场，有人将其称为"工业化以前的产业化"。③ 但是如果仔细考虑一下，没有任何词汇能够像产业化概念这样混乱。

另一方面，与产业化密切相关的"资本主义"这一著名的概念，毋宁说是从微观层面的社会结构出发进行定义的。所谓资本主义这一概念，也存在着各种各样强弱不同的定义，但是<u>在其最弱的定义中</u>，资本主义被定义为<u>支撑追求利润（营利 erwerb）行为的制度在某种程度上广泛地得以确立</u>。这是布伦坦诺（Lujo Brentano）和马克斯·韦伯（Max Weber）等德国新历史学派经常使用的说法，维尔纳·桑巴特（Werner Sombart）的用法也与此相

---

① サイモン・クズネッツ『諸国民の経済成長』、西川俊作・戸田泰訳、ダイヤモンド社、1977年；W. W. ロストウ『経済成長の諸段階』、木村健康・久保まち子・村上泰亮訳、ダイヤモンド社、1961年。参见本书第二章第一节。

② ダグラス・ノース『文明史の経済学』、中島正人訳、春秋社、1989年、149頁；Douglas C. North, Structure and Change in Economic History, N. Y.: W. W. Norton, 1981.

③ 所谓的"原工业化"是孟德尔的用语，所谓"工业化以前的产业化"是承认这种观点的格廷根集团的用语。参见斎藤修『プロト工業化の時代』、日本評論社、1985年、50~51頁。但是，斎藤并没有将 industrialization 翻译成"产业化"，而是译为"工业化"。

接近。① 但是，在这一定义中，至少从可以称之为货币的东西出现以来，几乎在所有的时代，所有的社会中都可以看到资本主义。现在一般而言，最经常使用的是在马克思主义的影响下产生的更为强势的概念。满足以下三点的体系（人与人的结合体）被称为"资本主义"。②

① 存在不得不依靠出卖劳动力生活的工资劳动者（无产阶级）。

② 存在雇用这些劳动者并追求利润的企业（资本主义的企业）。

③ 市场交换的一般化（包括土地和劳动力之类的生产要素的商品化）。

接下来为了简单起见，我打算将这些条件称为"实现资本主义的三位一体条件"。顺便说一下，在这些条件中，只要求条件②，而对条件①和条件③不做要求的，正是上面所提及的"弱势的定义"。

这种三位一体的条件，乍一看似乎很复杂，但是从内容上来看，与通常所说的私有产权的成立几乎是相同的。借用因为产权中心主义的经济史模型而闻名的道格拉斯·诺斯的话来说，就是与"产权明晰化的进行"（better specified property rights）几乎是相同的。③ 所谓产权，说起来就是指不受他人约束地使用（包括处理）某种对象的权利，换言之就是对于特定的对象，完全的行为

---

① Lujo Brentano, *Die Anfänge des modernen Kapitalismus*, 1916; Max Weber, *Wirtschafts-geschichte*, 1923; Viertes Katipel （マックス・ウェーバー『一般社会経済史要論・下』、黒正厳・青山秀夫訳、第四章）; Werner Sombart, *Der moderne Katicalismus*, 1. Aufl., 2 Bde, 1989.

② 作为使用同一宗旨的定义的观点，请参见大塚久雄『大塚久雄著作集 4 资本主義社会の形成 1』、岩波書店、1969 年、8 頁。在本书正文中所提到的"体系"指的是人们构成的一种集合体，并不一定就是国民国家。比如，地域性的资本主义和全球性的资本主义是可能的。但是，资本主义和国民国家的范围出现分歧的情况下，实际上会发生各种各样的摩擦。

③ ダグラス・ノース『文明史の経済学』、213 頁。

第五章 古典观念的终结

自由能够得到保证。在中世纪社会中,农业劳动者(通常所说的农奴)不能自由地出售自己生产所收获的产品,自身的劳动力也不能完全自由地使用(因为承担着服役劳动,所以在人员移动方面也有限制)。但是,取而代之的是对公有土地(牧场和森林)具有一定的使用权,有权利期待从自己所属的共同体获得某种程度的相互扶助。另一方面,中世纪的领主也受到封建制度规则的束缚,即便是自己所拥有的领地也不能自由地处理,不能随意地劳役和驱逐自己领地上的居民,这是很普遍的。在封建制度下,自由和约束在同一对象(比如土地)上相互渗透,并没有因为对象的特定性而被区分开来。

与这种封建制度下的状态相比较,在"资本主义"下,对于那些通过契约和继承等方式和平获得的对象,具有完全的行为自由。最为重要的是,关于人身这一"对象",拥有与生俱来的行为的自由。但是如果将人身抛开不谈的话,除了通过契约和继承所获得的对象以外,其他的对象则完全没有权利。在"资本主义"下的劳动者,将失去对共有土地及其生产产品的权利,取而代之的是能够完全自由地使用自身的劳动力。他们确实是除了自己的身体以外再没有其他财产的"无产阶级"(unpropertied class),换言之即罗马人所说的"无产者"(proletariat),是工资劳动者。①另一方面,在"资本主义"下的企业,对其生产产品和资产的买卖和处理具有完全的自由,但是土地、原料以及劳动力等都必须在契约制度下购入。于是,在"资本主义"下,劳动者和企业都清晰地拥有对象特定的产权。

这样,"三位一体的条件"中的最初两点,关于两大社会阶层具体规定了"私有产权"。作为第三个条件列出的所谓市场交换的一般化,指的是和平的契约关系的普及,意味着私有产权占据支配地位。"资本主义"的基础确实是"私有产权",从这个意义上

---

① 拉丁语中的 proletarius,在增加子孙(proles)以外的点上,指的是不能凭借财产服务国家的阶层。

来讲，道格拉斯·诺斯的接近与马克思的接近具有很大的相似性。但是，与马克思不同的是，他更强调私有财产带来符合愿望的效果，或许就是因为这个原因他一直回避使用资本主义这一术语。但是，不管怎样，可以说，认为资本主义是私有产权制度的世俗说法意外地一针见血。

但是，为了后续讨论而需要注意的是，私有产权的终极形态并不是单一意义上的。针对某种对象被许可的行为的自由，实际上会对其他对象或者其他行为主体产生重大的直接影响（不经由市场交易的影响）。这种影响被称为"外部效应"，伴有这种影响的对象常常被称为"公共产品"（包括正负两种形态）。负面的公共产品就是通常所说的公害。实际上，完全不会造成外部效应的产品（对象）是很少见的。在私有产权制度中，存在着将这种实际上正在产生某种形式的外部效应的东西，换言之作为潜在的公共产品的东西勉强视为没有外部效应的东西的虚构部分。但是，这种虚构的方式并不是唯一的。作为潜在的公共产品有很多例子，如被过度使用的土地（或者说地球本身）、技术等，这些东西中的哪一项在多大程度上能够被强制确认为"私有财产"，是不能先验性的确定。私有产权制度，即便在终极形态层面也是多样化的。这种现象恐怕会成为后续论述的一个焦点。

一元史观与多元史观

可以看出，产业化和资本主义属于不同的概念，或者说至少是不同系统的概念。要在一定形式下对这些概念进行统一的理解，需要怎样的图式呢？如果依照过去的常识来说，作为其有力候补的是单一体系的（unilinear）历史观，具有代表性的例子是马克思的"原始的→奴隶制的→封建的→资本主义的→社会主义的"这样一种历史发展阶段模式。大部分学者一旦使用资本主义这一概念，即便不使用上述这种马克思的图式，也倾向于将资本主义置于单一体系的历史观中。但是，从上述定义中也可以看到，很明显，所谓资本主义这一概念是关于单一制度的分类概念，并不是

第五章　古典观念的终结

包含不可逆性的历史性概念。

我们不仅仅受马克思的影响，还受到黑格尔（Georg Wilhelm Friedrich Hegel）、圣西门（Claude Henri de Rouvroy Saint-Simon）、孔德（Auguste Isidore Marie Francois Xavier Comte）和斯宾塞（Herbert Spencer）等19世纪欧洲众多单一体系史观的影响。这种近现代的单一体系史观，换言之，是预想朝着一定的社会收敛的进步史观，归根结底是认为有唯一的重大力量推动历史发展的"一元史观"。但是，这种一元史观的强制性，目前变得越来越明显。说起来，人类社会中的个人，并非只是单纯的经济个体，而是还包括政治、宗教等不同侧面的多元化个体。当然，如果从整体上对某一社会进行考察的话，特定的侧面或许在一定时期内具有优越性。但是，至少从表面上看一看，随着时代的变迁，起支配作用的侧面也是在发生更替的。所以，纵观整个人类历史，如果要进行一元化的说明的话，就不得不提出黑格尔的"自由"和马克思的"生产力"之类的极端抽象的"第一动因"（prime mover）。但是，如果要从具体的事实的层面来理解这些第一动因的话，会产生无数种解释，并陷入没有边际的教义论争的泥沼之中。

很显然，第一动因是相当抽象的，很难具体展开。"一元史观"普遍采用的形式是，将社会的某一特定侧面视为原因，其他的所有侧面则被视为结果的"单一要素优越论"。最经典的例子，自然就是以经济为中心，认为政治、文化等诸多其他侧面都由经济决定的所谓经济因素优越论。马克思主义史观的一元性，实际上也是将政治、文化等非经济因素视为通常所说的"上层建筑"。单一要素优越论中，对于具有优越性的要素（如经济因素）和受到优越性要素影响的要素（如非经济因素）之间的原动力的解释变得很有必要。在这种说明中，最常使用的是"革命"这一概念。虽然经济这一具有优越性的因素的动向最终没有受到阻挡，但是政治和社会等一般性结构却试图采取与此不同的变动。如果以这种动向与经济的发展变化形成对抗，并且对抗逐渐变得顽固作为前提，这种抵抗最终也将被打破，新的政治和社会的框架将登场，如果不做此假设，单一诱因论将瓦解。所谓近现代意义的革命，不外乎是受到优越性要素影响的要素的顽强抵抗以及最终粉粹。因此，一元史观很容易演变成为革命史观。但是，这种关系并不是必然的。

但是，对历史现象进行详细考察的话不难发现，社会各个侧面的动向是独立的。实际上近现代化的一元史观，可以被认为是从近现代以来对经济和政治的关系进行的观察中生成的产物，但是如果基于从抽象的公式论中变得自由的角度来看，就算是近现代以来的经济和政治也很难进行一元化的说明。近现代社会中最大的政治性事实是国家主义，但是本尼迪克特·安德森就指出，对于马克思主义理论而言，所谓国家主义这一政治性事实"常常是非常麻烦的不合规则，正因为如此，在没有遭遇正面对决的情况下被忽视的情形很多"。① 而且，正如第四章所论述的那样，自由主义型的经济学和历史学也将国家的存在作为麻烦制造者来处理。的确，对于资本主义或者说产业化而言，政治的统一是必要的，这一点利用经济学的逻辑可以比较容易地进行解释（参见第四章中根据公共产品进行的说明）。但是，这并不能对欧洲国家为何会采取国民国家（national-state）这种特定的形式，以及时至今日产生的国家主义等现象进行说明（正如下一章将说明的那样，国民国家比资本主义的历史更为古老，更不必说产业化）。将近现代以后政治的发展和经济的发展视为独立的现象，具有充分的说服力。

如果采用这种观点的话，政治的侧面自然应该会在与经济的侧面不同的时机经历变革。或者说政治和经济之间的矛盾反而比较小。这是因为宗教和思想常常带有作为批判世俗社会运营状态的视角的敏锐度，这种变化有时会覆盖经济和政治。比如，<u>作为思想的马克思主义</u>确实在很大程度上改变了资本主义乃至产业化

---

① ベネディクト・アンダーソン『想像の共同体』、白石隆・白石さや訳、リブローポート、1987年。

第五章 古典观念的终结

的发展潮流,并有助于其存续。从一般意义上来讲,社会整体面貌发生的改变作为多元化的浪潮,往往与经济的浪潮、政治的浪潮以及思想和宗教的浪潮等相互重合。

的确,一元史观,利用通过革命划分的阶段论这种形式,为理解历史提供了简单的第一次近似,赞美了进步的实现。但是,这种朴素的方法,没有看到各个侧面的灵活变化,包含着轻视非暴力型的连续性变革的危险。但是,在20世纪末的现在,核武器的蓄积、电子信息技术的发达、遗传基因学的成立、地球环境的缩小、性别分工的瓦解以及计划经济的垮台等,这些看似各自独立的变化,蜂拥而至地来到人类社会。而且,这些变化,无论是哪一个,都是暴力要素很少的大变革,是所谓的"非革命的革命"。可以看到,这些变革的波及效应,与其说是扩大,不如说是贯通至意识的深层并日积月累。巨大变化的状态,如同火山爆发导致地壳的质变。这种负荷使人们所拥有的世界观朝着异常形态不断膨胀。这或许是这一汽球不久将破裂的前兆。

我们难道不是正站在仅凭借为了进步的"革命"这一概念无法清晰理解的大变革时期的门口吗?试图利用所谓资本主义(或者是社会主义)的弊端这种唯一的原因来对这种现状进行说明的朴素主义,已经不能有效使用了。根据进步的概念形成的一元史观,随着知识的进步将对自身进行否定。多元化且丰富的,与此同时却朝着高度复杂的诠释的方向前进,难道不正是现在这个时期的历史学家们所面临的课题吗?难道不正面临着19世纪以来的一元化史观应该与人类的世界观的扩大化和复杂化同步,朝着多元化发展的时期吗?本书在第二章以后,利用经济层面的产业化和政治层面的国家主义这两种要素所进行的讨论,也是尝试着向多元化的(实际上是二元的)史观迈进的第一步。怎样理解"产业化—民主化"的过程,恐怕也会成为检验到底是一元地还是多元地看待历史的试金石。

反古典的政治经济学（上）

作为一元史观破产案例的英国

当然，在考虑通常所说的近现代社会的时候，经济侧面是极其重要的，我并不打算否认这一点。比如像马克思那样，将资本主义化（虽然其严格的定义有必要进行慎重的讨论）作为标准划分时代，是有一定的意义的。但是很明显，除此以外还有各种各样其他的视角。当然，关于这种视角的多元化，在此之前也一度受到关注。比如，如果基于宗教的视角，15—16 世纪欧洲的"宗教革命"是一个重大的分水岭。众所周知，马克斯·韦伯有名的"新教教义"（protestantism）的命题，赋予了这场宗教革命以启动资本主义的作用。如果基于从社会学的结构来看待的视角，也可以考虑利用血缘组织的变化对历史进行阶段划分。比如，核心家庭化现象常常被认为是与资本主义同时发生的。滕尼斯（Ferdinand Tönnies）的所谓"从共同社会到法理社会"的阶段划分，作为区分前近现代和近现代的社会学标准也很有名。而且在政治的视角上，也有很多人关注从绝对王权政治向议会民主制的转变。但是，新教教义、核心家族化、法理社会化、议会民主制等问题，此前也都与资本主义乃至产业化的发展逻辑相联系。多元性的视角，被还原成进步的一元主义。

但是，作为最近进行的专门研究的成果，似乎有很多人针对这种向一元性的还原主义举出了反例。正如后面还将重新论述的那样，在历史学家之间，针对韦伯的命题进行的批判反而更强烈。就算是关于核心家庭化现象，认为在英国"小家庭化"现象早在 13 世纪就已经出现的观点变得更为有力。① 关于共同社会对法理社

---

① ピーター・ラスレット『われら失い世界』、第四章。其中特别强烈的观点请参见 Alan Macfarlane, *The Origins of English Individualism—The Family, Property and Social Transition*, Oxford: Basil Blackwell, 1978, p.138 ff and p.174. 中根千枝『家族の構造——社会人類学の分析』、東京大学出版会、1970 年、27 頁以降。在此所说的小家庭，指的是除了继承人（多数为长男）以外就连未成年人也离开双亲身边的情形，从这个意义来讲，小家庭的规模比核心家庭还要小。

第五章 古典观念的终结

会的二分法，根据对概念理解的不同方法，对时代的划分也有很大的变动。比如，如果将国民国家视为共同社会，那么其向法理社会的转变即使到今天也还没有完成。很明显，国民国家这种共同社会（共同体）的特殊性质将成为焦点。不管怎样，在与经济不同的其他层面发生了各种各样的变化，这些变化不一定与资本主义的开始（满足三位一体条件的改革）同时发生，不能简单地纳入资本主义的逻辑中。从这里获得的启示，无疑是多元主义。

但是，在各种各样可能的视角中，目前一直是一元的革命史观占据支配地位，经济的三位一体条件获得重视的理由到底是什么？这其中存在着广泛的知识社会学的原因，在此不可能马上说清楚。但是，如果只列举出其中比较明确的一点的话，可以认为，对于产业革命以后的近现代人类而言，经济的原动力的印象是相当深刻的，对市场力量产生的物质成果的关注成为固定观念（idée fixe）。但是，随着人类关注点的变化，关于这一点也将发生变化。随着产业化的登场和对物质主义的关注增强，这是很自然的事情，但是如果进入了之前所说的"超产业化"的局面，信息化（知识化）、能源制约、地球环境等成为新的固定观念（idée fixe），状况将发生根本性的转变，比如信息史观（麦克卢汉，Herbert Marshall McLuhan），似乎是这种观点的最早启蒙者）、能源史观（怀特，Leslie W. White），似乎是这种思想的萌芽），或者说某种类型的生态史观、气候史观等或许会纷纷登场。① 历史观，最为重要的是随着对未来的视线的移动而发生变化。

但是，历史观还被要求具有与过去的事实相符的性质。以作为一种学说的一元史观为例，各个侧面的变革的同步化将成为焦点。截至目前一元化的史观之所以占据支配地位。其重大理由在于，关于上述所列举的宗教、社会、政治等方面的重大变化都和

---

① Marshall McLuhan, *The Gutenberg Galaxy*: *The Making of Typographic Man*, Toronto: University of Toronto Press, 1962; Leslie W. White, *The Science of Culture*, N. Y.: Noonday, 1949.

经济领域的变革几乎同时发生，形成了模糊不清的印象。但是，关于这种印象，实际上并没有充分的依据。即便暂时忘却非欧洲社会的事情，欧洲自身的历史也早已成为问题。尤其是被视为近现代化进程发祥地的英国，如果仔细观察的话，各种侧面的变革也不是同时发生的。当然，能否认为是同步的，在某种程度上也存在如何界定时间刻度的问题。但是，正如接下来将进行详细论述的那样，完全可以将<u>16 世纪的英国</u>解释为早已满足了上述三位一体的条件，资本主义已经确立。如果是这样的话，由此开始到"产业革命"的近三个世纪的偏差又是什么？如果说要进行比较的话，产业革命结束至今也只不过经历了两个世纪。如果做进一步补充的话，封建社会也只不过从"9 世纪中叶到 13 世纪初的几十年"持续了大概五个世纪，尤其是在英国，不管怎么延长，封建制度自诺曼征服开始也只不过延续了三四个世纪。① 历史学家将 16—18 世纪称为"近现代"（early modern period）（为了方便我们也采用了这一称呼）。其含义或许是指朝向近现代社会的准备时期，但是将"近现代"视为产业革命以后的真正近现代化发展的纯粹助跑阶段，难道不是一元的进步史观所特有的偏见吗？近现代的资本主义和产业革命以后的产业化，难道不是存在着本质不同的两种事物吗？

比如，马克思主义史学家的代表人物霍布斯邦（Eric John Ernest Hobsbawm），在著名的《17 世纪危机论争》中，也不得不提出了以下疑问：

> "15 世纪后期和 16 世纪出现的膨胀，与 18、19 世纪的产业革命这一具有划时代意义的时期没有直接联系，到底是为什么？"②

---

① マルク・ブロック『封建社会1』、新村猛ほか訳、みすず書房、1973 年、2 頁。
② J. ホブズボーム「十七世紀におけるヨーロッパ経済の全般的危機」、ドレヴァー＝ローバー『十七世紀危機論争』、今井宏編訳、創文社、1975 年、13 頁。

第五章 古典观念的终结

很明显,对于马克思主义史观而言,这种所谓近现代的过于漫长的准备时期的存在成了沉重的负担。在这一时期,宗教改革、大航海时代、国民国家的建立、科学的登场、政治制度的变革、殖民主义的横行以及产业革命等重大事件接连发生。如果将路德(Martin Luther)、哥伦布(Christoppher Columbus)、笛卡儿等所代表的各种气势还原为仅仅是经济要素的变动,是很勉强的。如果是这样的话,认为经济、社会、政治和思想等各个侧面都分别具有自己所特有的原动力,在某种程度上相互独立,但是又相互关联并发生变化的观念,是顺理成章的。只要各个侧面的变化存在偏差的同时也向前发展,被称为封建性的社会向近现代化的社会的转变,可以描绘成相互重合并出现分歧的形象的潮流,不一定能够发现其明确的全面断绝("革命")。

于是出现了另一种反论。最清楚地表现出革命史观不合适的问题的,实际上是被视为近现代化的古典案例的英国的情形。在英国历史上,13世纪的小家庭化、16世纪的消费社会和企业家的出现、17世纪的政治革命以及19世纪的产业革命等,缓和的变革以及剧烈的变革像大小波浪一样接连出现。如果抛开成见进行考察,其整体的姿态与其说是断绝型,不如说是连续型。实际上在英国的历史学家中,大体而言,毋宁说为这种连续性而感到自豪的感觉似乎更强烈。不仅如此,如果要用一元化革命史观对英国的历史进行解释的话,需要勉强的知识特技表演,对此将在接下来的章节中进行考察。通过对这种特技表演进行批判,我打算提出对英国近现代社会进行解释的模型。这种讨论,恰恰与之前已经论述过的"开发主义"这一主题相关联,同时也与面向新的历史的图式相联系。

第六章 英国古典案例的再剖析

第一节 本章概要

众多专家参与了关于英国革命前后的历史的争论，我并非专家，要加入这一争论恐怕有些鲁莽轻率，但是如果不涉及这种近现代化争论的原点，本书所进行的讨论就不能往前推进。将英国社会视为近现代化的典范已成为一般性说法，但实际上是因为英国的历史可以告诉我们这种一般性说法存在的危险。像原来设定的那样，关于这一点的议论，将以英国为例，对与近现代化相关的四个最为基本的概念，即"资本主义、产业化、国民国家化（国家主义）、民主化"重新进行讨论。因为本章的讨论篇幅较长，所以为了便于读者阅读，我打算在此先给出结论。其内容在相当程度上与一般性说法是相反的。

（1）<u>资本主义和产业化</u>。不能将这两种概念混为一谈。这不是从产业化中也可能包含有社会主义的产业化这种意义上来说的，而是因为，在资本主义中，不仅有产业资本主义，也可能有商业资本主义、高利贷资本主义或者"贫民资本主义"等。资本主义是反映一种经济体制的非历史性概念，与此相对，产业化是非常显著的历史性概念，是划分历史阶段的概念。马克思的偏颇在于，将产业化与资本主义相对接，强行将资本主义（市场经济＋私有制）解释成一种历史性概念，此外还试图让只不过是一种经济体制的社会主义（计划经济＋国有制）扮演承担未来的历史性概念的角色。以戏剧性的形式展示这一点的，是今天我们所看到的苏

第六章　英国古典案例的再剖析

联阵营的瓦解，但实际上通过重新解读英国近现代历史，这种误读就已经体现出来了。这是因为如果仅就英国而言，资本主义早在16、17世纪就已经开始了真正的发展，产业革命以后其性质发生了重大变化。比如，目前对"资本主义"的不满和批判中，实际上有很多应该说是针对"产业化"的。

（2）<u>国民国家</u>。这并不单单是资本主义的"上层建筑"。当然，在作为经济体制的资本主义中，既有比较容易与此相适应的政治结构，也有并非如此的结构。但是，这种相适应的政治结构，作为可能性而言是多元化的，根据自然的和历史的环境自行选择。比如，这种政治结构之所以在欧洲选择国民国家这种形式，仅仅从经济的逻辑来看是不可能导出唯一的理由的。所谓的国民国家化（或者说国家主义）和资本主义化，基本上是遵循相互独立的原动力采取行动的。换言之，为了进行解释，需要坚持二元化的历史观。但是，如果说是在确认了这一理念的基础上的话，正如近现代英国的经验所显示的那样，资本主义和国家主义之间，<u>在两者出发时存在着相互强化的密切关系</u>。但是，这种相互强化的关系不是常常存在的。比如，正如之前所论述的，现阶段资本主义正打算从国民国家的框架中挣脱出来。

（3）<u>绝对主义</u>。所谓绝对主义，是以国民国家和工业资本主义为媒介相互融合培育的尝试，被称为最初的"开发独裁"。从重商主义到柯尔培尔主义（colbertisme）所包含的各种各样的"开发主义政策"，正是这种尝试的集中体现，也是不可或缺的手段。恩格斯（Friedrich Engels）将绝对主义看成是封建要素与资本主义要素之间的过渡性平衡，但是他的解释并不正确。绝对主义所具有的中间性的乃至折中的性质，并不在于从封建社会向资本主义社会的"纵向"过渡，而是国家主义和资本主义之间的"横向"相互干预的结果。英国近现代历史充分说明了这一点。如此，绝对主义的强度和可持续性，依赖于各个国家资本主义和国家主义各自的原动力的发展，尤其仰仗时机。比如，在早期成立了国民国家的英国，其绝对王权政治并没有得到强化，而是很早就开始朝着议会主义的王权政治（king in parliament）过渡。相反，建立国民国家时间较晚的法国，其绝对王权不断强化，而且一举受挫（国民国家直到革命政府和拿破仑之后才得以完成）。英国可以称得上是以绝对主义为名的"开发主义"最早的成功案例。

（4）民主主义。民主主义不能被视为自由主义的单纯衍生物。在17—18世纪的英国，成为主流的约翰·洛克（John Locke）的自由主义，倾向于只将政治权利赋予有恒产、受过教育的人们的限制性选举制。另一方面，非主流派的清教徒们（特别是那些针对美国的殖民主义者们）强烈地倾向于构筑民主主义信徒的共同体，但从信仰的非宽容性这个层面来讲很难说是自由主义的。总而言之，这一时期的政治思想，在自由主义和民主主义之间摇摆。打破这一微妙的平衡状态、推进英国的民主主义发展、促进自由民主主义的制度化建设的最为重要的因素，是与工业资本主义结合的国家主义（国民国家化）的力量。民主化，与其说是自由主义的嫡子，不如说具有国家主义的私生子的性质。

上述四个结论，在某种程度上暗示着将这些结论进一步统括起来的图式，但是本书不打算深入说明这一问题（正如第一章和第十二章屡次提及的，这种图式不外乎采取了以极其广义的自由的发展史为形式、被称为黑格尔派的第一动因说）。如果要与前一章的讨论联系起来的话，这些结论表明，将英国的情形视为"民主化→产业化"的古典案例的一般性说法的确是表面性的。上述说法一方面将产业化和资本主义混淆在一起，另一方面又忽视了以绝对主义为媒介的"民主化←→资本主义化"这种双向相互作用的存在。如果对这些混淆和忽视进行修正，那么，在实现了政治层面的自由主义的英国建立了最典型的古典资本主义的一般性说法早就已经不能成立。实际上，资本主义在与国家主义形成联动关系的同时，首先以绝对主义的形式得以发展。换言之，产业革命以前的英国，从不允许将其归结为"民主化→产业化"这种形式的意义来讲，应当是"开发主义"最早的案例。本章接下来的讨论，将以确凿的历史性事实为依据深入展开，如果仅仅满足于

第六章 英国古典案例的再剖析

上述结论的介绍而打算避开接下来稍感繁琐的历史性讨论，可以跳过本章下面关于英国历史的部分而直接阅读下卷的第七章。

第二节 最早的大众消费型资本主义

以往的各种学说

再回到本章讨论的正题上，从关于英国历史的一般性说法出发。一般认为，在英国，首先是在自由的个人之间建立了契约社会，因此在打好了基础的社会结构中培育出资本主义，最后生成最初的产业社会。这种陈旧的一般性说法，如果带着善意来解读的话，还不至于说是错误的，但在关键点上却表现出几近危险的含糊不清。如果从革命史观的角度重新书写这种古典模式，大概如下所述，即17世纪的英国革命（指清教徒革命和光荣革命）扫除了封建因素，实现了自由主义的民主政治；以这一成就为基础，18世纪末的产业革命完成了资本主义，并开启了产业化进程。这是因为，这两大革命是划分历史的两个重大事件，使"民主化→产业化"式的发展成为可能。但是，这种乍一看似乎理所当然的历史性解释，如果要仔细斟酌的话，包含着很多令人费解的地方。

在上一章的末尾处也提出了疑问，比如为什么从英国革命到产业革命持续了一个世纪的缓慢变化？是否可以认为这是为了实现"原始积累"而拖延了时间？如果往前追溯一步的话，将英国革命视为真正的"革命"，那么发生"革命"前后的社会结构不是过于相似了吗？这是因为，其结果还是王权政治复活了，即使到第二次世界大战后大贵族也没有失去实力。如果再往前一步追溯的话，会使人联想起种种疑问。例如，在英国革命发生以前的16、17世纪，也就是伊丽莎白和莎士比亚（William Shakespeare）的时代，或许被视为残存着中世纪要素的过渡期？已经如此活跃的时代，难道不是早就可以称为资本主义的活动自由发展的时期？

在这些问题中，也暗示着不能用"革命"进行明确划分的英国社会所特有的连续性。众所周知，即便到了今天，皇室的存续、各种具有古典风格的皇室仪式的存续以及贵族称号的维持等等，拿日本来说，相当于室町时代的遗风一直保存到今天。现代的各种问题，在没有成文宪法的情况下，每天依赖于习惯法进行处理。像英国这样一直保持着古老制度的国家，几乎再没有例外了。既是现代化进程中最先发的国家，同时又是最具古风的国家，在无法解开这一悖论的前提下解释英国历史是没有意义的。那么传统的革命史观真的回应了这一课题吗？这些疑问，归根结底也与对"民主化→产业化"这一捕捉方法的疑问相联系。

实际上，从20世纪30年代到第二次世界大战以前，是马克思主义在英国的历史学界中的影响力相当强大的时期。多勃（Maurice Herbert Dobb）、克里斯托弗·希尔（Christopher Hill）和霍布斯邦（Eric John Ernest Hobsbawm）等具有代表性的马克思主义历史学家屡次尝试着进行一元化革命史观型的诠释。但是，第二次世界大战以后，随着关于16、17世纪的区域历史以及生活历史的专业性研究不断积累，多元化、连续型史观的主导权重新强大起来。

特别的，认为在17世纪英国革命前发生的——所以自然比18世纪末的产业革命还要早得多——渐进的但具有根本性的变化发生在微观的社会经济结构中的观点日益强烈。作为先驱者，战前就已经有托尼（R. H. Tawney）的"乡绅崛起论"出现，紧随其后出现的是奈夫（J. U. Nef）的"早期产业化论"（early industrialization），第二次世界大战后以彼得·拉斯莱特（Peter Laslett）和里格利（E. A. Wrigley）为代表的剑桥学派的人口学研究以及费雪（F. J. Fisher）的贸易问题研究等也显露出同样的倾向。进一步来看，特雷弗—罗珀（H. R. Trevor-Roper）才华洋溢的各种作品，以及通常所说的"莱斯特学派"扎扎实实的区域历史研究等，多元化、连续型史观的诠释，似乎越来越被强调。在美国和德国具有一定实力的、门德尔斯（F. Mendels）以后的、通常所说的"原产业化"（proto-industrialization）学派，也是强有力的连续型学说的

第六章　英国古典案例的再剖析

代表，自然对英国的学术界造成了较大的影响。作为代表这种氛围的启蒙书籍而被广泛传阅的，是彼得·拉斯莱特的《我们失去的世界》。①

的确，虽然英国的历史学家传统上对历史的大理论一直是冷嘲热讽的，但是上面所列举的各种作品，是对不断被发掘出来的新资料进行努力消化的自然结果，恐怕不应该仅仅被视为传统守旧派的反击。直面这些战后历史研究的成果，多勃、希尔、霍布斯邦、汤普森（E. P. Thompson）等进行的一系列革命史观型（马克思主义型）的诠释，也被迫对自己的学说进行重新讨论。劳伦斯·斯通（Lawrence Stone）是革命史观派中最具灵活性的历史学家，他也逐渐放宽了对革命概念的解释。② 作为这种态势的反映，最近在日本似乎也开始频繁出现针对英国的革命史观的代表大众

---

① R. H. トーニィ『ジェントリの勃興』、浜林正夫訳、未来社、1957 年。原著是 R. H. Tawney, "The rise of the gentry, 1558—1640", *Economic History Review*, vol. 11, 1941。在其代表作（*Religion and the Rise of Capitalism*, London: Butler & Tanner, 1926）中，托尼所具有的多元化的一面以及连续型史观的一面很好地表现出来。关于奈夫，参见 J. U. ネフ『工業文明と現代世界』、宮本又次ほか訳、未来社、1963 年。原著是 J. U. Nef, *Cultural Foundation of Industrial Civilization*, 1960。关于里格利，参见 E. A. リグリィ『人口と歴史』、速水融訳、築摩書房、1982 年。原著是 E. A. Wrigley, *Population and History*, London: Weidenfeld and Nicholson, 1969。关于费希尔，参见『十六・七世紀の英国経済』、浅田実訳、未来社、1971 年。关于"早期产业化"学派，斎藤修『プロト工業化の時代』（日本評論社、1985 年）提供了便利的概要。ピーター・ラスレット『われら失い世界』、川北稔ほか訳、三嶺書房、1986 年。原著是 Peter Laslett, *The World We Have Lost*, 3rd ed., London: Curtis Brown, 1983。

② 关于多勃、希尔和门德尔斯，后面还有引用的机会。关于汤普森，可以列举 E. P. Thompson, "Patrician Society, Plebian Culture", *Journal of Social History*, vⅱ, No. 4。劳伦斯·斯通并不是马克思主义者，但是在早期相当同情马克思的历史观。参见ストーン『イギリス革命の原因』、紀藤信義訳、未来社、1978 年。原著是 Lawrence Stone, *The Causes of The English Revolution 1529—1642*, London: Routledge & Kegan Paul, 1972。但是斯通在最近的新作 L. Stone & J. R. Stone, *An Open Elite? England, 1540—1880* (Oxford: Oxford University Press, 1984) 中，较之以前的著作尤其是 L. Stone, *The Crisis of Aristocracy 1588—1641* (Oxford: Oxford University Press, 1965)，很明显缓和了其主张。Perry Anderson, *Lineages of The Absolutists States*, London: Verso Editions, 1974。该书是新马克思主义的革命史观的代表作，但是正如后面将论述的那样，存在着没有从正面解决英国的绝对主义这一问题的遗憾。

史学重新进行审视的尝试。①

最早的大众消费社会

20世纪60年代以后大量出现的研究社会历史和区域历史的历史学家们到底发现了些什么？一言以蔽之，就是将记载历史的时间提前的必要性。过去被认为发生在"英国革命"以后的诸多现象，比如消费社会的到来、制造业的多样化以及农业革命等，似乎早在伊丽莎白女王的时代就已经被发现了。作为其例子，我打算从引用代表"莱斯特学派"、直到今天依然是英国历史学界的代表性人物琼·瑟斯克（Joan Thirsk）的一段讨论开始。

> "在16世纪，除了生活必需品以外的不足道的奢侈品，其价格都降低到了除赤贫者以外所有人都有能力购买的水平。此前一直认为，大规模的消费产品国内市场的形成与19世纪的产业革命存在关联性。……但实际上，消费社会几乎在两个世纪前就已经诞生了。"（节自《消费社会的诞生》）

在此，她所说的"不足道的奢侈品"，主要是指毛织袜、锅、小刀、发针、玻璃器具、盐、奶酪、糨糊、香烟、肥皂、新的毛织物（巴伦西亚风格的精纺毛织物）、丝绸织物、棉麻混织物、毛毡帽子、各种妇女用的流行饰品等杂货性质的消费产品。作为"英联邦男人"（Commonwealth Man，后面还要提到）而出名的托马斯·史密斯爵士（Sir Thomas Smith）在其1549年撰写的《试论英格兰王国的繁荣》（*A Discourse of the Commonwealth of this Realm of England*）中列举了同样的消费品清单，豪斯（Edmund House）也在1615年发表的《英国大事记》中列出了几乎完全一样的新产

---

① 川北稔『工業化の歴史的前提』、岩波書店、1983年；柴田三千雄『近現代世界と民衆運動』、岩波書店、1983年；斎藤修『プロト工業化の時代』；水谷三公『英国貴族と近現代——持続する統治一六四〇—一八八〇』、東京大学出版会、1987年；常行敏夫『市民革命前夜のイギリス社会』、岩波書店、1990年。关于原来的大塚久雄的学说，参见大塚久雄『大塚久雄著作集2　近現代欧州経済史序説』、岩波書店、1969年；『大塚久雄著作集4　資本主義社会の形成1』、岩波書店、1969年；など。

第六章 英国古典案例的再剖析

品和新企业的清单。①瑟斯克的分析大概就是以这些产品清单为线索进行的。这些产品,从现代人的角度来说已经不算是奢侈品了,但是对于此前只知道有限种类的生活必需品在共同体内部自给自足的人而言,确实算是奢侈品。这些"准奢侈品"(我打算在此后使用这种表达)以前一直是从欧洲大陆进口来的,但是 16 世纪后期以后,英国国内开始培育这些进口产品的替代产业。暂且不论是进口还是取而代之以国内生产,在 16 世纪的英国,新的消费社会正在形成。瑟斯克在其著作中列举了无数的事例,对其来龙去脉进行了鲜活的描述。

这一消费社会的诞生,很显然具有自己的历史背景。实际上在 15 世纪以前,正如托尼所说的那样,"中世纪的英国处于经济文明的边缘,远离通商主航线,也远离意大利和德国等繁荣的金融中心"。②当时的英国属于偏僻岛国,赋予这一偏僻国家以强国力量的,最重要的大概是 15 世纪以来毛纺织产业的显著发展。这也是普遍认可的、正确的说法。

那么,毛纺织产业为什么会在英国特别成功呢?其中也存在着英国的风土环境适合于牧羊的因素,这是毋庸置疑的。但是,一般来说,原料资源的丰富仅仅是客观条件,并不必然带来使用这一资源的产业的崛起(比如 17 世纪以后西班牙毛纺织产业就出现了衰落)。而且,正如通常所指出的那样,在英国,的确没有发生过导致农地荒废的战争。据称,百年战争在欧洲大陆打得热火朝天,玫瑰战争——与莎士比亚的戏剧给人的印象有所不同——都是极小规模的,而且战场也避开了农地。但是,并不是说没有

---

① ジョオン・サースク『消費社会の誕生——近現代イギリスの新企業』、三好洋子訳、東京大学出版会、1984 年、日本語版への序文、1 頁。原著是 Joan Thirsk, *Economic Policy and Projects: The Development of a Consumer Society in Early Modern England*, Oxford: Clarendon Press, 1978。关于托马斯・史密斯爵士和豪斯所列出的清单,参见该书的第 19 页、第 39 页以及 17 页。托马斯・史密斯爵士的作品,参见「イングランド王国の繁栄についての一論」、收编到出口勇蔵監修『近現代ヒューマニズムの経済思想』当中、有斐閣、1957 年。

② R. H. Tawney, *Religion and the Rise of Capitalism*, p. 140.

战争产业就会崛起，这些也都只是客观条件。作为主观条件的第一要素而在最近重新被强调的是，几乎也应该称为古典的"英国的个人主义"的传统。比如，麦克法兰（Macfarlane）就认为，自13世纪以来英国就已经是"小家庭"的国家，在覆盖所有阶层的个人行为自由、私有财产的观念、市场经济的发展，尤其是土地买卖市场的成立等层面，很明显都领先于其他国家。① 另外，作为第二个主观条件，正如后面将进行详细论述的，在国民国家的成立这一点上英国也领先于其他国家，作为其表现形式的"英联邦思想"将毛纺织产业的发展作为第一关心要务。的确，如果与欧洲大陆的国家进行比较，英国似乎存在着与毛纺织产业的发达以及市场经济的发展相适应的复合型条件，诸如适合于牧羊的自然条件，国内的相对和平，个人主义的早期出现，以及国民国家的早期成立等。但是，关于其形成原因的讨论，在此暂且搁置不谈。

原因暂且不论，事实上，先是牧羊业和羊毛业，接着从15世纪开始毛纺织产业（白底广幅的半成品居多）发展起来，16世纪前期开始向欧洲大陆出口毛纺织品，接着在欧洲大陆进行加工并出口至新大陆和东方世界，英国成为数一数二的毛纺织产品出口国。在这种出口不断扩大的同时，一般来说进口也不得不相应扩大（只要没有偿还海外债务的必要）。进口产品的内容也开始从少量的奢侈品逐渐拓展至大量的准奢侈品。就这样，毛纺织产品在给英国带来财富的同时，也使英国人的生活变得丰富多彩。虽然15世纪的英国人留下了大量炫耀自身生活富足的文章，但并不能认为这些文章只是吹嘘自己人以及夸耀自己的国家。正如在这个时期访问英国的他国外交官所做的报告，也表明英国的繁荣景象恐怕已经超过了欧洲大陆上的任何一个国家。② 但是，这种繁荣，

---

① Macfarlane, *The Origins of English Individualism*。ピーター・ラスレット『われら失い世界』、第四章。中根千枝『家族の構造——社会人類学の分析』、東京大学出版会、1970年、27頁以降。

② 这些外国人的姓名不能一一列举，参见 Macfarlane, *op. cit.*, p.173ff。同样内容的叙述参见大塚久雄『近現代欧州経済史序説』、212~216頁。

第六章　英国古典案例的再剖析

在进入16世纪以前，只不过是以羊毛产品和未完成的毛纺织产品为基础的单一经营模式下的产物。如果用现代发展理论的术语来说，大概是符合"单一经营的出口产业→进口替代性产业→出口产业的多元化"型发展历程的第一阶段的现象。

从需求和供给两方面支撑这种繁荣的，首先是处于上级的中等阶层（通常所说的乡绅以及城市的富裕商人和老板）。但是，伴随着一个多世纪的持续繁荣，到16世纪中叶，生活的富足已经扩大到了一般的中等阶层（不仅仅是乡绅，还包括自耕农和各地的中小商人、行会首领等）。正如瑟斯克描绘的多彩生活历史所展示的那样，在包括上级和一般的中等阶层中，当时通常所说的"企业家"（projector）层出不穷，他们的生产生活似乎突破了中世纪那种自给自足的模式。至于都铎王朝以后这种中等阶层不断强大的趋势，以强调"乡绅的崛起"的托尼以来的讨论为基础，到今天已经成为得以确立的定论。顺便说一下，如果要提及日本的研究案例，可以说强调自耕农的活力的大塚久雄的观点也是这一体系的一种变形。就这样，随着准奢侈品的需求逐渐从中等阶层扩大至一般老百姓，其规模达到了有必要开始大量进行国内生产的程度，于是16世纪后期生产准奢侈品的制造产业大量涌现。在这种进口替代生产的过程中，欧洲大陆的先进技术也被积极模仿。

> "为了进一步开阔有教养的英国人的眼界，政府奖励他们到欧洲旅游。制造业和农业领域在16世纪的企业历史，处处都述说着英国人常常从欧洲寻求和摄取先进的发展经济的经验，以及如何将欧洲旅行奖励铭记于心。"①

这样的努力取得了果实，英国人从廉价商品的制造开始逐渐向制作高级产品发展。虽然有人认为英国"与发明相比，更擅长

---

① サースク『消費社会の誕生』、第二章。引用部分从第44页开始。

于改良",但也逐步走向"设计的才能之花盛开"。① 这种进口替代型生产向前发展的姿态,让人想到现在的 NIEs 以及此前的日本追赶发展的努力。从 16 世纪后期开始,英国进入了"单一经营的出口产业→进口替代性产业→出口产业的多元化"型发展历程的第二阶段。

最早明确捕捉到这种英国式发展的特征的先驱者,当然是托尼。他选择以"崛起的乡绅"作为主角,展示了以出口毛纺织品为中心的"第一阶段"的发展模式。与此相对,对以国内消费产品为中心的"第二阶段"的发展进行描述的瑟斯克,成为托尼的继承者。但是,正如包括瑟斯克在内的"莱斯特学派"所批判的那样,托尼(或者说大塚)对毛纺织工业的强调或许有些过度。② 毛纺织产业的发展领先于其他产业是事实,但是至少 16 世纪中叶以后的英国社会,还不能算是以羊为中心的单一经营型经济的国家。当时已经朝着我们称之为准奢侈品产业的各种活动的扇形展开,逐步赋予了英国经济以纵深发展和稳定性。虽说可能是因为当时资料不足而难以深入分析,但托尼还是忽略了从"第一阶段"向"第二阶段"的转变。在瑟斯克《消费社会的诞生》的视角中,就包含着超越托尼(或者说大塚)的地方。而且实际上,其中也暗示了一些超越笼统的通论性的经济学的东西。

以标准的马克思主义经济学为例,如果按照其图式,劳动阶级的收入被最大限度地控制在维持生存的水平,所以消费需求必然朝着资本家阶级的奢侈品和劳动者阶级的必需品这两个方向分化发展。只要受这样的消费结构支撑,资本主义社会就无法顺利

---

① 前一句话的引用依据大塚久雄所著的『近現代欧州経済史序説』第 136 页中的注释:Daniel Defoe, *A Plan of English Commerce*, 1728, 1928 ed., p. 224。后面一句的引用来自瑟斯克所著的『消費社会の誕生』第 15 页所介绍的理查德·韦斯顿爵士(Sir Richard Weston)的引用。顺便提一下,韦斯顿将"设计的才能之花在英国首次盛开"界定在 16 世纪末。

② W. G. Hoskins, "Harvest Fluctuations and English Economic History, 1480—1619", *Agricultural History Review*, vol. 12, pt. i, 1964, pp. 28—9。其中对托尼进行批判的措辞非常尖锐。

第六章　英国古典案例的再剖析

地向前发展。究其原因，是因为必需品消费的总量（与生产量没有关系）是依据工人人口来确定的，在资本家阶级的消费率（奢侈品消费总量/资本家阶级的实际收入总额）则是一定的，用凯恩斯主义的话来说，在经济繁荣时期反而会更低。所以，只要没有出现人口的急剧增加，有效需求就会表现出不足的趋势。归根结底，这就是将需求过小视为原因的停滞说，是后来凯恩斯所担忧的资本主义的病症所在。当然，在需求以外，还有投资和出口，以及政府支出尤其是军费支出。但是投资本身（基于通常所说的加速度原理的意义）不太稳定，出口和军费支出等也因为依赖于国际条件而存在不稳定性（但是，通常所说的"帝国主义"能够使出口和军费支出处于相对稳定状态）。所以，这些需求项目并不能为弥补有效需求不足的发展趋势提供保证。但是，这种资本主义停滞说，不过是认为剥削往往是彻底的、贫富必然两极分化这一先验论的反映而已。如果工人的收入增加与生产规模的扩大保持同步，一般百姓将对"准奢侈品类的消费产品"的消费需求作为"心理性制度"固定下来，经济或许能够实现顺利增长。①

这种类型的经济增长的可能性在过去总是被忽视，但是在资本主义的发展取得成功的局面下，肯定常常出现这种类型的"高水平的大众消费"（high mass consumption）的现象，我是这样认为的。② 众所周知，19 世纪以后，接连出现的棉纺织品、铁道、电

---

① 关于工人的收入伴随着生产规模的扩大而增加的可能性，可以从几个方面来考虑。第一，劳动的边际生产率，并不是像李嘉图（David Ricardo）和马克思所设想的那样是递减的，在生产毛纺织品等的制造业中，因为技术和组织上的进步或许可以表现出递增趋势。在这种情形下，存在着一部分利润分配给工人并成为他们的收入的可能性（参见第七章）。第二，对制成品（准奢侈消费品）的需求不断增多，制成品的价格或许会上涨。在这种情形下，也存在着随价格上涨而增多的利润的一部分分配给工人的可能性。这两种途径的两个方面或者是一个方面被扩大的可能性常常是不容忽视的。事实上，在第二次世界大战后的发达国家经济中，这种可能性已经成为现实。

② 所谓的"high mass consumption"这一概念，众所周知是 W. W. 罗斯托所使用的术语。参见ロストウ『経済成長の諸段階』、木村健康訳、ダイヤモンド社、1961年；村上泰亮『新中間大衆の時代』、中央公論社、1984 年、337 頁。另外参见村上泰亮「二〇世紀の創造社アメリカ」、山崎正和編『花咲ける新文化　文明としてのアメリカ1』、日本経済新聞社、1985 年、第四章。

气、汽车以及耐用消费品等"高水平的大众消费",很明显支撑了各个时代产业化的发展。接下来所引用的瑟斯克所说的这段话表明,16世纪的英国实际上就是其最早的例子。

"消费产品产业,主要是以何种顾客群为对象取得成功的?将消费产品的大众市场作为迄今为止的产业革命的结果来对待已经成为习惯,但18世纪以前的情况并没有受到重视。所以,其论述也往往认为,需求先是在中等阶层中产生,并首先被满足,再逐渐向劳动者阶层渗透。但是……17世纪的证据表明,消费产品的市场很早以前就已经存在了。我们……如果将视野扩大一些的话,就不得不马上承认,大众市场并没有像此前的经济史学家所界定的那样,总是遵守了单向通行(从高级阶层开始渗透)的原则。"(括号内为笔者的话)

炫耀性的消费、看重漂亮外观的消费所具有的一切迹象,在当时的英国中等阶层中自不必说,实际上在广泛的大众阶层中也能够看到。并非贵族的百姓的服饰潮流和时尚指向、住宅建筑的潮流、教育革命等昭和时代后期的日本人所经历和熟知的现象在当时的英国就已经发生了,都铎王朝频频出台的禁止奢侈令也完全没有效果。① 伊丽莎白和莎士比亚时代的英国,不管好坏,是洋溢着活力的最早的"大众消费社会"。马克思主义者自不用说,托尼和大塚所遗漏掉的,正是这种观点。最近连续史观所发现的,不外乎是<u>高水平的大众消费情形下的经济发展</u>这一事实。这就是我想要归纳总结的。

富裕社会中的贫穷

以上讨论的主题是"富裕",尽管与今天的姿态有所差异。与

---

① サースク『消費社会の誕生』、161～170頁。从161页开始引用。常行敏夫『市民革命前夜のイギリス社会』、60頁以降、145～148頁。川北稔『工業化の歴史の前提』、第十一章。但是,川北的重点放在王权政治复辟以后。关于禁止奢侈令及其无效性,参见川北所著书中的第362～364页。

第六章　英国古典案例的再剖析

此相对,在16、17世纪的英国历史中经常出现的另一个主题是"贫困",甚至一再以"饥饿"这种表现形式出现。"富裕社会中的贫穷"(dearth in the midst of plenty)让当时的人们感到困惑,如果没有解开这一悖论的话,是不能理解这段时期的英国历史的。此前的革命史观的错误就在于,仅仅单方面强调了贫困和匮乏。

首先,"高度的大众消费"的现象是事实,与此相同地,"贫困"至少在某种程度上也是事实,这是必须要承认的。表明这一点最明确的证据,就是1531—1601年频繁出台的"济贫法"(Poor Laws)和"反流浪法"(Vagrancy Laws)(顺便提一下,1601年以后的两个世纪里没有再制定"济贫法",直到19世纪才重新出现)。离开农村流浪的农民、失去工作场所的学徒,在这一时期以前所未有的规模大量出现,这是确凿的现象,对这一问题的担忧和讨论也频繁地出现在当时各种各样的著作和传单中。假设中世纪时的共同体继续存在的话,只要不发生战争和瘟疫,农民的生活虽然只能维持生存水平,但通过互助还是能够维持的,学徒的生活也会受到行会制度的保护,流浪现象应该不会变得如此普遍。14世纪的黑死病结束以后,英国没有遭遇过什么特别的灾害,那么农民中为什么会出现这种流浪现象呢,而且这一现象还是出现在"消费社会逐渐升级"的过程当中。

过去一种比较有力的解释是"推力"(push)理论,即认为"逐步成为资本家"的乡绅和自耕农迫使下层农民离开农庄的学说。托尼和马克思主义历史学家(在日本是大塚久雄)强调,尤其是"为了发展畜牧业的圈地运动"(enclosure)在驱赶农民方面发挥了决定性作用。的确,以托马斯·莫尔(Thomas More)的《乌托邦》(1516年)为代表,无数人撰写了对圈地运动进行谴责的文章和宣传,15世纪以后,"禁止圈地运动法"也屡屡出台。但是,根据最近的研究,"羊吃人"这种学说可能站不住脚。也就是说,"为了发展畜牧业的圈地运动",大体来说<u>在16世纪中叶以后</u>就已经趋于平静。取而代之成为主流的,是为了实现所谓"谷物牧场农业"(convertible husbandry)的发展而进行的小规模圈地运动，最初出现在不适合进行谷物生产的中部地方各郡，之后多在南部和东部的低地发生，与其说是赶走了农业劳动人口，不如说是吸收了这些劳动人口，这样的学说变得有力。对 16 世纪后期的谷物牧场农业的发现成为进一步展开讨论的关键。①

所谓谷物牧场农业，就是旨在通过在谷物生产（小麦、大麦和燕麦等）和牧草生产（意味着牧羊和肉牛的生产以及奶酪农业）之间无间歇地恰当转种而实现利润最大化的营利型农业，对施肥和改良土质等方面也给予了较多的关注。作为这种农业的经营者，乡绅以及上等农民确实就是"资本家"，另一方面，许多农民事实上逐渐沦为雇工。可以认为，随着这种新的耕作方法的引入，粮食的生产率实现了飞跃式的提高，与此相关联，大量的就业机会开始出现。总之，从经济理论的角度来说，在农业领域，作为技术创新的结果，边际生产率出现了事后性递增。过去的一般性说法认为"农业革命"是 18 世纪发生的，但是根据最近的区域历史研究，越来越多的人认为这种原型早在 16 世纪，或者说最晚在 17 世纪初就已经出现了。② 如果将这种农业（并非畜牧业）的进一步展开纳入考虑的话，由牧羊圈地运动导致农民被驱逐的说法，被用来解释有关 16 世纪中叶以后的英国整体状况，已经不能成立。

还有一种解释是，认为新出现的各种产业需要劳动力，故将下层农民召集起来，称为"拉力"（pull）说。正如瑟斯克所列举出的丰富事例所显示的那样，以在各个农家内部以及小规模的手工工场（通常所说的 manufacture）中进行的纺毛和毛织劳动为代表，为生产香烟、靛蓝（woad，采集染料的植物）等经济作物而进行的季节性劳动，编制袜子的妇女劳动等，无数的雇佣劳动机

---

① 作为日语文献，参见常行敏夫『市民革命前夜のイギリス社会』、32 頁以降、42 頁、75 頁以降。关于这一结论，川北稔也持相同的意见，参见川北稔著作『工業化の歷史的前提』第 16 頁。

② サースク『消費社会の誕生』、209 頁以降。另外参见 Joan Thirsk, *England's Agricultural Regions and Agrarian History, 1500—1750*, London: Macmillan, 1987, pp. 56—61。特别尖锐的观点，参见 E. Kerridge, *The Agrarian Revolution*, London, 1967。常行敏夫『市民革命前夜のイギリス社会』、73 頁。

第六章 英国古典案例的再剖析

会在 16 世纪后期出现了。① 托尼以来所强调的农村的毛纺织工业，只是其中最早出现的一个案例。一个有力的后发型例子就是上面所论述的新的"谷物牧场农业"，在其周边地区创造出大量的劳动机会，进而引起劳动者从牧羊地区朝着更为富饶的谷物牧场农业地区移居。② 他们或许会成为雇工，但并不意味着日渐贫困。贫穷的自耕农或许会成为相当富裕的雇工。不仅仅是谷物牧场农业和毛纺织工业，之前所论述的为数众多的准奢侈品产业大概都在各地提供了就业机会。

在多数场合下，这种雇佣劳动首先是以农业的兼业（或者说兼作自耕农和雇工）的形式进行的，但是由此获得的现金收入比较优厚，似乎可以与农业生产所获得的收入相匹敌。③ 所以，在产业状况比较繁荣的时候，从农业生产中抽出手或者离开农业生产的人可能会增多。在英国型的"小家庭主义"下，尤其是未成年的年轻人为了寻找新的工作而离开农村。但是，一旦到了不景气的时候，要重新回归到农业或者农村就不那么容易了。这种一进一退的过程不断重复的话，虽然兼业成为主要形式的事实难以改变，但是不以农业生产为主要收入来源的兼业形态逐渐增加，最终采取脱农形式的越来越多。这正好让人想起第二次世界大战后日本出现的农户通过"第二种职业"的形式提高收入水平的现象。从短期来看这种一进一退还在发生，但是作为长期性的发展趋势，各种新的产业逐渐以兼业形式作为主体，从自给自足型的农业社会中吸引（pull）具有流动性的——或者说流浪的——劳动力。于是，关于劳动力的流动化（以及流浪），推力说和拉力说这两种理论出现对立。

关于英国的人口学模式——马尔萨斯学说的不适宜性

在对推力—拉力说进行判断的时候，关键是最近的近现代历

---

① サースク『消費社会の誕生』、6 頁以降。
② 常行敏夫『市民革命前夜のイギリス社会』、57～63 頁。
③ サースク『消費社会の誕生』、142 頁。

史研究所重视的人口的问题。比如，在英国，认为自黑死病以后，从 15 世纪中叶到 17 世纪初人口持续增加的观点，目前几乎已成定论。但是，从 16 世纪末开始，人口的增长率开始表现出明显的下降趋势，之后，从 17 世纪中叶到 18 世纪中叶，人口的增长出现停滞。①

一般而言，人口的增长是一把双刃剑。一方面，人口的增长会增加老百姓的消费需求，进而扩大经济（尤其是农业）。所以，人口增加的发展趋势，是从需求层面支撑此前所论述的"大众消费型"繁荣的重要因素，所以是间接的拉力要素。但是另一方面，也可以认为，人口的增长会在粮食供给层面碰到瓶颈进而引发粮食危机，导致饥饿的流浪者出现，并折断 16—17 世纪发展的可能性。比如，在最近日本关于新马克思主义的历史研究中，这样的意见就非常强烈。② 归根结底，就是认为 16—17 世纪的英国经济因为农业供给能力有限而没能逃脱通常所说的"马尔萨斯陷阱"（Thomas Robert Malthus）的观点，是取代畜牧业圈地运动转而强调人口压力的新的推力说。在这种人口增长带来的两种可能性中，在当时英国的状况下到底应该强调哪一方面？虽然对资料的解读存在问题，但是最终将归结到与人口动态相关的两种模式的对立中。

首先，粮食危机真的存在吗？给出的答案既可以是"是"，也可以是"不"。当 16 世纪即将结束的时候，1596—1620 年，大规模的歉收间歇性地袭击了英国，在粮食歉收的年份，饥饿和疾病共同作用导致死亡率急剧上升，尤其是城市劳动者陷入了悲惨状态。但最为重要的其实是气候的急剧变冷这一外部因素的作用。尽管英格兰地区的农业生产率有所提高，但还是无法战胜气候的

---

① 常行敏夫『市民革命前夜のイギリス社会』、20 頁以降。其中有关于这一观点的介绍，另外该书第 344 页还有便于理解的图表。原表引自 V. Skipp, *Crisis and Development: An Ecological Case Study of the Forest of Arden 1570—1674*, Cambridge: Cambridge University Press, 1978, p. 3。

② 前面所列举的川北和常行都是其典型。

第六章　英国古典案例的再剖析

剧变。如果要列举出重视气候因素的代表性研究者，法国历史学家勒华拉杜里（Emmanuel Le Roy Ladurie）就将出现这种现象归因为"小冰河期"（little ice age）的到来，即数百年一遇的气候大变动的发生。的确，大规模的生产歉收波及了整个欧洲，而不仅仅局限于英国。对勃朗山下夏蒙尼村造成威胁的冰川急剧活跃等反映气候变冷的现象在各地频繁发生。①在气候急剧变化的时期，尤其是每年的气温变化非常剧烈。当时，欧洲以外的世界不存在谷物供给地，作物品种的耐寒性也比较弱，这种数年一遇的<u>短期性</u>粮食危机确实是存在的。我认为，引爆17世纪欧洲的"一般性危机"的导火索，正是源于东欧国家生产歉收这种气候剧变带来的影响。

但是，以这种短期性现象为依据，就判定英国无法挣脱"马尔萨斯陷阱"的想法过于简单了。将16世纪后期到17世纪前期的这段时间视为<u>长期性</u>粮食危机的时代，不具备充分的依据。的确，如果部分地看，也不是说没有能够反映这种状况的数据。比如，关于小麦价格，虽然有可信度较高的数据，但是对此进行长期性变动平均处理的话，16世纪初到17世纪前期，小麦的价格表现为高涨趋势。但是，这种价格的高涨在一个世纪里充其量也只达到了三倍左右的程度，十年间的上涨率略超过11%，换言之每年的增长率仅略超1%，是后来被称为康德拉基耶夫长波周期的经济扩张局面中经常能看到的程度（顺便提一下，在二战后的日本，大米的价格从20世纪50年代到80年代的仅仅30年时间里就涨了三倍）。而且，小麦属于谷物类产品中的高级产品，在当时未必已经成为老百姓的主要食品。所以，这种价格上涨，也可能是随着收入水平的提高，小麦成为主要食品这一进程所导致的。如果进行更加充分的讨论，就有必要涉及包括广泛领域的各种各样的消

---

① 例如，ル・ロワ・ラッデユリ『新しい歴史』、樺山紘一ほか訳、新評論社、1980年、90頁以降。日本也是如此，虽然没有达到欧洲那种程度，但是同一时期也能够看到小冰河时期出现的征兆。参见安田喜憲『気候と文明の盛衰』、朝倉書店、1990年、第五章及第六章。

费产品（尤其是小麦以外的谷物、肉类以及乳制品等），对实际工资水平的发展动向进行考察，而关于这些内容目前还没有确凿的数据。

目前被认为最佳的，是菲尔浦斯—布朗（E. H. Phelps-Brown）和霍普金斯（S. V. Hopkins）的时间序列数据，但是如果依据这些数据，一定单位的工业产品的价值所能够购买的食品的量在整个16世纪是呈减少之势的，实际工资水平（实际上只是关于建筑工匠的数据）的指数——根据不同的解读方式——也在下滑。① 但是，正如奈夫和瑟斯克也指出过的那样，16世纪后期以来，消费结构发生了急剧变化，尤其是同一产品种类下的具体内容不断升级，在这种时候，菲尔浦斯—布朗和霍普金斯所使用的（或者说是不得不使用的）大分类型的指数是不太可信的。② 而且，各种各样相关联的数据准确、一致地反映出粮食危机，是16世纪90年代后期以后的事情。③ 正如奈夫和瑟斯克所说，对16世纪后期整体表现出的"实际工资的长期下滑趋势"，是可以抱有疑问的。如此，支持长期性粮食危机说的资料只是部分性的，不具备充分的说服力。

另一方面，对于长期性粮食危机说而言，找出与其不相符的材料也不是那么困难的。第一，粮食危机说，是作为对汉密尔顿（E. J. Hamilton）和凯恩斯（John Maynard Keynes）所支持的"利

---

① J. U. ネフ『工業文明と近現代世界』、135頁以降。サースク『消費社会の誕生』、169頁。

② E. H. Phelps-Brown & S. V. Hopkins, "Wage-rates and Prices: Evidence for Population Pressures in the Sixteenth Century", *Economica*, n. s. vol. 24, no. 96, 1957, p. 297. E. H. Phelps-Brown & S. V. Hopkins, "Seven Centuries of Consumables Compared with Builders. Wage-Rates", *Economica*, n. s. vol. 23, no. 92, 1956, Appendix B. 参见常行敏夫『市民革命前夜のイギリス社会』、343頁、345頁。之所以"根据不同的解读方法"，是因为16世纪后期出现低落的大部分集中在90年代。

③ 之前所提到的小麦价格统计（由 G. G. A. 库勒提供）的变化，16世纪30年代以前只是微幅，50年代开始激增，60—80年代处于稳定状态，90年代再次出现剧增，之后一直维持在这个水平上，也可以解读为阶段性的变化。关于菲尔浦斯—布朗和霍普金斯的统计，前一个注释中也已经提到过，但是可以发现，实际工资水平在15世纪30—90年代几乎没有变化。

第六章　英国古典案例的再剖析

润通货膨胀说"进行批判而登场的产物。所谓利润通货膨胀说，其内容是指"一般性的价格水平高涨＋工资水平上涨的滞后"的学说，但是与此相对，粮食危机说则主张"粮食这种特殊商品的价格的上涨"。粮食危机说之所以认为一般价格水平上涨说站不住脚，其主要根据是认为流入英国的贵金属太少的货币数量说的观点，但是其中也包含着一些简单的错误。仅仅是肉眼能够看到的贵金属的流入并不是导致通货膨胀的原因。如果不管海外价格的上涨（欧洲大陆地区的确有大量的贵金属流入）而继续购入进口产品的话，（如果没有伴随贸易盈余）将会发生被称为输入性通货膨胀的现象。这在当时为大陆地区的准奢侈品的魅力而倾倒的英国，的确是会发生的现象。虽然"利润通货膨胀说"一方的证据也不能说非常充足，但是关于这两种学说中哪一种是正确的这一问题，需要进一步讨论。比如，川北对已成为定论的利润通货膨胀说进行的批判，即支持粮食危机论恐怕就过于性急了。①

第二，正如之前已经论述过的那样，16世纪后期似乎发生了农业技术的革命。至于其相关证据，据称即便在气候日渐变冷的局面下，15世纪90年代初也曾经持续过两三年的丰产，那期间谷物产品的出口是被允许的，此外1618—1621年的大丰收使"国会议员因为过多的谷物产品及其低廉的价格而感到头疼"。② 众所周知，在气候转变期，天气变动非常激烈。在16世纪90年代中期以后"饥饿年度"的到来，正好展现了因为小冰河时期的到来导致生产歉收的低迷状态的异常扩大。这种激烈的下滑，确实对人类造成了冲击并抑制了人口的增长。但是，偶尔出现的几乎达到过剩状态的谷物生产的增加这一基本发展趋势，随着谷物牧场农业的导入就已经开始了。

作为第三个重要的观点，如果认为16世纪后期出现了实际工

---

①　川北稔『工業化の歴史的前提』、28頁。
②　引用部分请参照サースク『消費社会の誕生』、209頁。参见常行敏夫『市民革命前夜のイギリス社会』、32頁；川北稔『工業化の歴史的前提』、68頁。

资水平下滑的趋势的话，为什么在这样的16世纪后期英国整体的人口还有所增加？作为增长率减速的结果，人口增长的停滞从17世纪初渐渐拉开了序幕。如果全面承认菲尔浦斯—布朗和霍普金斯的数据，那么早在16世纪前期实际工资水平就已经开始出现下滑，后期这种下滑趋势更为急剧。的确，人口对于生活条件的变化的反应大概总是慢一步，但是即便以半个世纪的滞后为前提，到16世纪后期人口增长也应该开始出现停滞。不管怎样，在此关于人口调整速度的马尔萨斯模型的不严密性受到追究。很明显，严密的人口学一般理论是非常必要的。

说起来，虽然不少人深信近现代以前的社会的人口动态常常表现为马尔萨斯式的，但这完全是世俗的观点。尤其是将马尔萨斯模型适用于英国的情形，现在大部分人口学者都对此持否定的态度。如同斋藤修根据里格利整理的那样，马尔萨斯模型的特征是人均粮食生产的减少导致死亡率上升、而出生率不发生变化，换言之对人口的调整是通过死亡率来进行的。与此相对，许多人口学者认为适合英国情形的模型，是实际工资水平的下降导致出生率降低而死亡率没有发生变化的模型，换言之，即对人口的调整是通过出生率来进行。① 问题是，在16—17世纪的英国，死亡率和出生率到底哪个发挥了更多的调整机能，对此，斋藤氏进行了如下归纳：

> "根据最近对英格兰地区人口历史的研究，一旦实际工资水平下降，死亡率也随之上升，这种关系到16世纪末已经变得相当微弱，17世纪以后则几乎看不到踪迹（但是，取而代之的是城市化进程推高死亡率的现象逐渐变强）。"②

作为典型的例子，拉斯莱特提出了"农民是不是真的因为饥饿而死去"这样的问题，并在列举大量数据后给出了否定的回答。

---

① 斋藤修『プロト工業化の時代』、第四章。
② 斋藤修『プロト工業化の時代』、111頁。

第六章 英国古典案例的再剖析

根据勒华拉杜里的观点,"从工业化以前的时代起,英国和法国的人口体系……就具有鲜明的对比性。在英国表现为,相当少的人口、比较低的死亡率、早就已经广泛传播的避孕、更加自由的习惯以及时间更晚的婚姻;而在法国则表现为过剩的人口和较高的死亡率、纵情过度的怀孕率、不懂得避孕的农村地区、更为严厉的习惯、时间更早的婚姻。"①

最近人口学者指出,这种英格兰地区和欧洲大陆的差别,源于是否实行了最广泛意义上的节制生育措施(包括晚婚、控制性生活次数、延长哺乳期以及"俄南之罪"等)。但是,这恐怕并不是因为英国人懂得一般意义上的更加丰富的知识。正如麦克法兰所强调的那样,如果说在英国从很早开始(如果根据他的观点自13世纪开始)就确立了"小家庭化"趋势,① 在青年期以前不管男女都将作为仆人或者学徒在其他家庭中工作,② 直到具有独立生存能力后才能结婚,③ 所以从两性来看都是晚婚。这样的倾向应该是自然而然地出现的。豪伊瑙尔(J. Haynal)确实在英国发现了这种现象,并称之为"西北欧洲型"婚姻模式。② 为了不依靠大家族式的相互扶助而维持独立家庭生计,更加强烈地要求有意识地实行节制生育措施(包括晚婚)的合理性,这种节制生育措施之所以在英国得到普及,一个重要原因恐怕就是这种"小家庭主义"的传统。所以,节制生育的历史应该是很悠久的。

著名的里格利对克里顿进行的研究,确认了17世纪中叶以来实施节制生育措施的事实,但是之后进行了几项研究,里格利似乎又同其合作者斯科菲尔德(R. S. Schofield)一起,承认16世纪

---

① 拉斯莱特的问题,是他的著作《我们失去的世界》第六章的标题,这一章的主要内容就是对这一问题进行考察。ル・ロワ・ラデュリ『新しい歷史』、96頁。

② J. Haynal, "Two Kinds of Pre-industrial Household Formation System", in R. Wall, J. Robin &P. Laslett, eds., *Family Forms in Historic Europe*, Cambridge: Cambridge University Press, 1983, pp. 65—104.

后期也存在同样的事实。① 这样，如果已经懂得节制生育的方法，面对生活水平变得不稳定或者降低的情形，人口就应该可以比较早（与不懂这些方法的情形相比）地适应。认为从17世纪初开始的英国人口增长停滞，是英国的百姓（依赖于包括晚婚在内的广泛意义的节制生育方法）针对几乎同一时期出现的气候逐渐变冷的现象敏锐地做出应对的观点，是可以接受的。归根结底，如果以人口学研究的大趋势为基础的话，终究不能认为在英国是通过死亡率的提高来进行悲惨的人口调整的。

目前来看，如果说几乎所有的假说都没有具有决定性意义的证据，大概是公平的。但是，不管是实际工资水平下降说还是长期性粮食不足说，都缺乏证据。尤其是将死亡率上升趋势作为这些学说的根据而列举出来，是预测的错误。结果，确凿的事实包括两个方面，即① 劳动者流动率的提高，② 在生产歉收的年份，以伦敦这样的大城市为中心，他们的贫困日益显著。这种现象，不要说依据马尔萨斯的模型，只是通过农民的雇佣工人化（包括通过兼业劳动实现的半雇佣工人化）和速水融所说的"城市化的蚂蚁地狱说"就可以进行最具整合性的解释。

在此希望作为一般性的讨论提出这一问题，农民的雇佣工人化（或者说无产阶级化）是具有多面性的现象，与通常意义的"贫困"的严重化并不是同样的含义。的确，伴随着无产阶级化的过程，受经济景气与否的影响，收入或许会变得极不稳定，但是从长期来看，收入的平均值应该是上涨的，这将促进无产阶级化的进一步扩大（拉力说）。如果从统计学的角度来说，<u>期待值的上升与分散的增加</u>并存，是劳动力从封建农民向资本主义下工人的角色转换的特征。这确实也留下了富裕与贫困两个方面相交叉的印象。

---

① E. A. Wrigley, "Family Limitations in Pre-industrial England", *Economic History Review*, 2nd ser., vol. 19, pp. 82—109. E. A. Wrigley & R. S. Schofield, *The Population History of England, 1541—1871: A Reconstruction*, London: Edward Arnold, 1981.

第六章 英国古典案例的再剖析

的确,如果将共同体的相互扶助结合起来进行考虑的话,雇佣工人所感受到的心理层面的不安感应该比收入变化这一货币层面的直观感受更强,阶级斗争理论发现了应该集中火力进行谴责的这种社会性缺陷。但是,工人阶层自身虽然处于这种不稳定的状态下,但是与此前的社会进行比较,如果无视他们已成为一种被卷入"富裕的社会"的消费者这一事实,就无法准确捕捉事态的全貌。16—17世纪的英国所具有的特征,确实是这种资本主义型的"富裕社会中的贫穷",这正好证明了早在产业革命发生的两个世纪前,无产阶级就已经出现了。这样的无产阶级聚集到能够提供大量就业机会的大城市,也是众所周知的现象,而且突然开始膨胀的城市,因为恶劣的生活和卫生环境而加速"蚂蚁地狱化",这也是纵观一般性产业化进程而广为人知的人口学的事实。偶尔出现近似于饥饿状况的伦敦的恶劣生活条件,确实是其中的一个例子,在德川时期日本的江户等其他城市也可以看到同样的现象。[①] 今天的后发国家中也能够看到类似的现象。

产业化以前的资本主义

可以看到,在16世纪的英国出现了不同于封建制度的新的社会结构。一方面,无产阶级开始出现,另一方面,"企业家"(projector)阶层也开始出现。乡绅、富裕的自耕农以及都市行会首领等具有中间身份的阶层(大大小小的土地所有者阶层)成为后者形成的母体,而承担16世纪以后经济发展的正是其中企业家精神特别旺盛的阶层。虽然是很久以后的时期的数据,如果参考格里高利·金(Gregory King)关于1688年的数据,似乎可以允许将包括贵族和乡绅、自由土地拥有者(自耕农)、工薪阶层(官吏、僧侣和将校军官)、自营业商人以及其他的自营业者五大阶层视为中

---

① 速水融·内田宣子「近現代農民の行動追跡調査」、梅村又次ほか編『数量経済史論集1、日本経済の発展——近現代から近現代へ』、日本経済新聞社、1976年、92頁。在此,作者使用了"蚂蚁地狱"这种表达方式。英国的人口学者们将其称为"城市的地狱"。

上等阶层。在英格兰和威尔士，这五大阶层的家庭数目，在136万户的家庭总数中至少有30万户，接近于四分之一。这一数字暗示着，即便从国际比较来看，在当时的英国中等阶层具有超过其他国家的厚度。①

比讨论中等阶层更重要的是，还必须对上等阶层进行讨论。在"中等阶层"以上，存在着数百个占有规模庞大的土地、在上议院拥有议席的世袭爵位贵族家族。但是，在英国自亨利八世以来，拥有土地的圣职贵族已经被完全清除，中世纪以来的诺曼系贵族势力也遭到极大削弱，爵位贵族中的实力派反而是官僚贵族。但是，在16世纪的英国，土地市场已经完全建立起来。一旦"中等阶层"开始从事畜牧业、经济作物农业和制造业并蓄积财富，通过金钱所代表的财富的力量大规模获得土地就成为可能，金钱与土地所有之间出现不均衡状态的现象，即通常所说的"身份的不一致性"（status inconsistency）（拉斯莱特）开始发生。以土地为基础的贵族身份这一概念开始变为流动的，世袭制度的意义渐趋薄弱。

比如，爵位贵族的儿子与同样拥有爵位的贵族的女儿结婚的比率，1550—1674年几乎只有40%，其余部分的结婚对象，主要是乡绅家的女儿。② 根据伊丽莎白王朝时期所留下的记录，中上阶层家的第二个、第三个儿子很多都成了商人，商人也在伦敦等城市的近郊地区购买土地并成为乡绅阶级。③ 17世纪，出现了利用金

---

① ラスレット『われら失いし世界』、46~47頁。直接引自斎藤修『プロト工業化の時代』、151頁。在此，将五大阶层定位为中等阶层的标准是这些阶层的平均家庭收入大大超过50英镑。而且，自耕农和住小棚屋的农民之间，或者商人和雇佣工人之间，在识字率方面存在着明显的差距，这也是中等阶层的标准之一。参见ラスレット『われら失いし世界』、309~311頁。顺便提一下，当时，雇佣工人的平均家庭收入是15英镑，住小棚屋的农民的平均家庭收入为6.5英镑。如果进一步将标准下调到40英镑的话，农场经营主、自营业者等也将进入"中等阶层"的行列。在这种情形下，中等阶层家庭将增加大概20万户，在英国全部家庭中所占的比重也将上升至40%。作为参考，德川时期日本武士阶层仅占总人口的6%—7%。

② ラスレット『われら失いし世界』、397頁、注12。

③ ラスレット『われら失いし世界』、71頁。

第六章　英国古典案例的再剖析

钱购买准男爵（baronet）和骑士（knight）等身份的制度，有资格参加国家政治选举的有权者范围也显著扩大。如果进行比较的话，"在欧洲大陆上的几个国家中，贵族与其他的特权阶级几乎是隔离开的，男爵的次子、三子这种社会地位下降的人在欧洲大陆上是没有生存之道的"。① 如此，在英国，大贵族、乡绅（托马斯·史密斯所说的小贵族）以及商人之间，出现了在大陆地区不会看到的社会流动性。值得强调的是，在这种人与人之间的相互渗透出现的同时，谷物牧场农业所带来的"农业革命"之后，上流贵族也鼓励对土地进行应该称为资本主义式的经营活动。换言之，通过积极地接受与传统的农业不同的新的经济结构，上中等阶层开始出现所谓意识形态层面的融合。在英国，应该说，上流的爵位贵族在16世纪也失去了既有的封建性质。

对于通常的进步史观而言，英国的贵族直到第二次世界大战后还保留着其地位，是难以解释的谜题。世俗的观点认为，英国贵族阶层具有令人惊讶的灵活性和适应能力，能够缓慢地对其自身的封建性质进行清理。但是，承认这种世俗观念，对于革命史观而言，无疑是自杀行为。究其原因，是因为只要遵循革命史观，封建性质的残存最终将成为灵活性适应的障碍，必然会引起"革命"。但是，相反，如果说（最迟）截至17世纪之前英国贵族就丧失了其封建性质的话，在此之后他们表现出"灵活性"就没什么不可思议的了。比如，拉斯莱特就曾经说过下面的话：

"英国的整个乡绅，换言之如果使用本书所做的定义的话就是统治阶层整体，应该说在17世纪中叶就已经沾染了资产阶级（bourgeois）的价值观。根据这一观点，由绅士和教区牧师、农民、工匠、贫民等组成的这个世界，早就已经变为'完全意义上的资本主义的市场社会'，抗争……似乎是由资

---

① ラスレット『われら失いし世界』、67~68頁。此处的讨论，以水谷三公『英国貴族と近現代』一书中细致的讨论为参考。关于参加国家政治选举的资格，参见常行敏夫『市民革命前夜のイギリス社会』、144頁。

本主义的内部矛盾而生成的。……英国国内的抗争、对立……只是单一阶级内部产生的。"①

如此，假设资本主义在16—17世纪就已经得以确立的话，这些贵族阶层自然就不是对资本主义的不适应者，也不是追随者，而几乎可以算是创始者集团中的一大支柱。如果是这样，英国的贵族阶层与英国式的资本主义共生，并作为资本主义社会的支柱持续至第二次世界大战后的福利国家化这一基本性变质到来之前，就是顺理成章的了。

总之，16—17世纪英国的状况表现如下。其中最为重要的是，正如瑟斯克围绕生活历史进行的生动描述所展示的那样，作为突破中世纪以来自给自足框架的生产活动的承担者，"企业"（projects）大量涌现。这些企业开始对国际性市场——不管是从出口的观点还是从进口替代的观点——比较关心，这一事实本身也引人关注。带有不断扩大自身规模的热情的"企业"以及自身导致消费者欲望上涨的"准奢侈产品"的出现，意味着资本主义的微观基础在这个时候确立了。如果结合此前论述过的土地市场的成立和雇佣工人的出现，我们所说的"资本主义三位一体的条件"是可以满足的。换句话说，私有产权制和市场经济的支配在这个时期得以确立。关于资本主义发生的时期，最近的研究将历史的日历大大提前了。应该说，可以清楚地断定英国社会早在16世纪后期就已经资本主义化了。

持反对意见的人也是存在的。但是，如果要对过去的研究进行重新解读的话，在将英国资本主义的发生置于16世纪这一点上，几乎没有从正面反对的人。但是与此同时，能够明确地断定资本主义已经发生的人也很少，尤其是马克思主义的历史学家，措词更是巧妙地含糊不清。即便是多勃和希尔，虽然对16—17世纪资本主义出现这一事实也予以承认，但是附加了"寄生的"、"过渡

---

① ラスレット『われら失いし世界』、55~56頁。

第六章 英国古典案例的再剖析

期"或者说"手工工场阶段"等限定,使用了不是真正意义上的资本主义的模糊说法。① 采取这种含糊不清的说法,其最初的原因恐怕在于认为只有产业革命以后的"工厂制工业"才是真正的资本主义这一马克思的定义。如果要对他们的(以及马克思的)观点从逻辑上进行压缩的话,资本主义这一概念将分裂成过渡期的资本主义和真正的资本主义两类。

换言之,在此面临着是以私有产权制度和市场经济的支配还是以产业革命对资本主义进行定义的选择问题。拉斯莱特公开地明确表示选择前一种定义,他指出:

> "在当时的(16—17世纪的)体系中,并不能说各个家庭在经济上是独立的,不管是在农业领域还是在制造工业领域,必须进行相互协作。而且,这种体系所具有的令人瞩目的特征,是称为资本主义式的。……所谓资本主义,不管从哪种角度的定义来说,并不是随着工厂制度的出现、在作为劳动集体的家庭濒临危机的时候才开始生成的产物,即便是经济层面的不平等,也并非是伴随产业化而出现的社会剧烈变动的产物。"②(括号内为笔者的话。)

在该引用部分前半段的拉斯莱特的讨论中,包含着从社会学层面来看非常重要的启示,即认为产业革命以前的"资本主义"社会,与产业化以后的社会是不同质的。如果要敷衍其所提出的启示,各种各样的兼业制度,以及批发商所采取的承包制度等现象是存在的,职场和家庭并不一定就是完全分离的。之后,以产业革命为界,确实发生了重大的社会学的变化。受机械的节奏支配的工厂劳动的"非人性化"、远离工作的创造性和快乐的"否定

---

① クリストファー・ヒル『イギリス革命 一六四〇』、田村秀夫訳、創文社、1956年、8頁、23頁、36頁。原著为 Christopher Hill, *The England Revolution 1640, Three Essays*, 2nd ed., 1949。如果要举出在日本与此相似的例子,参见『大塚久雄著作集4 欧州経済史』所收、21頁、99頁。

② ラスレット『われら失いし世界』、25頁、27頁。

人性"、职场和家庭的分离以及随之而来的男女分工等，都是在产业革命以后能够在英国看到的特殊现象，实际上以前是没有这样的情况的。比如，19世纪济贫法的再次出现（斯宾翰连法（Speenhamland Act）以后的事情），就象征着直到18世纪依然存续的共同体的要素最终消亡。但是，济贫法在16世纪和19世纪的两次出现也表明，社会学的变化也发生了两次。第一次是资本主义的发生，第二次是产业革命。此外，还存在能够对间隔三个世纪两度出现的济贫法进行说明的途径吗？

是承认还是否定产业革命以前已出现资本主义，其间存在着很大的不同。假设认定在产业革命发生以前已经是资本主义的话，上面提及的通常所说的"否定人性"等诸多现象就不是资本主义所固有的特性，而是产业革命以后的社会所特有的现象。比如，应该超越资本主义的社会主义，即便超过了资本主义，也不能保证可以克服产业化所特有的这些难点，将从正面对马克思的历史图式造成冲击。作为想从社会主义中找到出路的马克思主义史观，仅仅将产业革命发生以后的体系看成是资本主义、至少是真正的资本主义的观点，从其本质上来说是不可或缺的。但是，很快就会注意到，在第二次世界大战后的日本以及最近的亚洲NIEs，兼业、零售企业、批发商以及承包制度等现象会一再出现，职场中的共同体性质以及对工作的献身精神等现象成为令人瞩目的特征。尽管如此，日本和亚洲NIEs的社会，从以私有产权制度和市场经济为基调的意义上讲是"资本主义"，这一点是没有错的。拉斯莱特强调资本主义并不只是19世纪以后的英国才有的，其含义已经超越时空界限扩散开来。接下来将尝试着进一步对这一论点进行阐述。

第三节 对英国革命的再评价——革命史观批判

英国革命是经济结构的革命吗

正如此前所论述的那样，如果认为在16—17世纪资本主义的

第六章　英国古典案例的再剖析

基础性框架已经形成的话，那么17世纪中叶到末期的清教徒革命和光荣革命，即通常所说的英国革命（English Revolution）的意义何在，这一问题将重新被提及。在像我们这样坚持连续史观的立场下，针对这一问题最极端的解答，就像拉斯莱特所说的那样，就是要"清除英国革命这一惯用术语"。① 但是，在此为了叙述的方便，我打算采取一边介绍"一元史观、革命史观"的立场，一边进行批判的形式。在这种情况下，首先，是从经济因素的角度对英国革命进行说明，还是将其单纯视为政治结构的变革，或者是利用除此以外的其他因素如宗教因素进行说明，归根结底就是将何种因素视为优越因素，必须先对这一点进行区分并展开论述。

第一，先将焦点集中于重视经济要素的革命史观上来进行分析。从这种经济要素优越说的角度、基于革命史观的立场对英国革命进行考察的典型，自然是马克思主义的历史学，将英国革命视为通常所说的资产阶级革命的一种。基于马克思主义的立场对近现代历史进行尝试分析的并不少，但是成为第一引证点的却是恩格斯以绝对王权政治的性质规定的形式做出的《家庭、私有制和国家的起源》这一问题的著名论断。

> "尽管是作为例外，相互争斗的阶级之间几乎维持均衡（gleichgewicht halten），国家权力作为表面上的调停者，可能在这些阶级中的任何一个获得某种程度的独立的时候造访。17—18世纪的绝对王权政治正是这样，其中贵族和城市市民之间的力量实现了平衡（gegeneinander balanciert）。"

另外，从《共产党宣言》中也可以引用下面这段有名的文字：

> "真正的手工工场时期资产阶级的作用，是作为与贵族相对的平衡锤（gleichgewicht），以及强有力的君主政权所共通的事实上的基石（hauptgrundlage），为半封建的乃至绝对的君

---

① 拉斯莱特『われら失いし世界』一书中第八章的副标题变成了"清除英国革命这一惯用术语的尝试"。

反古典的政治经济学（上）

主政权所服务。"①

关于绝对王权政治，马克思和恩格斯的论述都只留下了只言片语。在此所列举的这两处引用部分的内容，是其中最著名的。但是，他们认为，绝对王权政治是在置于封建贵族和新兴资产阶级的平衡基础上的产物，并将这一基本论点通过全部的著作贯彻到底。② 这种平衡论，是基于阶级之间对立的力学关系而极其自然地推导出的结论，或者至少是可能得出的结论之一。但是，对势力均衡进行论述的这种机械式逻辑，比如像以前崛江英一所指出的那样，包含着与强调断绝一面的"革命"的逻辑背道而驰的可能性。③ 究其原因，是一旦接受了对两种力量（资产阶级和封建势力）进行比较的量的逻辑，就不能否定资产阶级的优势化倾向可能导致"资产阶级革命"这种质的飞跃乃至贯彻到底的可能性。所以，为了将清教徒革命视为要消除封建要素的彻底的"资产阶级革命"，有必要否定平衡逻辑。事实上，坚持马克思主义的英国历史学家想要强调，在清教徒革命发生以前的绝对主义体制下，封建要素在本质上是居于支配地位的。他们的立场，可以说是比马克思和恩格斯还要忠于马克思主义的公式。但是，在这种情况下，绝对主义并不是"半封建的"，从本质上来看恐怕是属于封建性质的东西。

比如在英国的马克思主义历史学中占据指导性地位的多勃和希尔，也试图强调都铎王朝和斯图亚特王朝的封建性质。关于这

---

① フリードリッヒ・エンゲルス『家族・私有財産及び国家の起源』、内藤吉之助訳、彰考書院、1947年、223~224頁。对马克思和恩格斯的《共产党宣言》的引用部分由我自己翻译，参见マルクス＝エンゲルス『共産党宣言』、大内兵衛・向坂逸郎訳、岩波書店、1951年、41頁。其他还可以参见「ルイ・ボナパルトのブリュメール十八日」、『フランスの内乱』、「ケルン陪審法廷におけるカール・マルクス」、『マルクス・エンゲルス全集第四巻』所収、中川善之助訳、626頁。

② 同样的意见也可以参见 Perry Anderson, *Lineages of the Absolutist States*, p. 15。

③ 堀江英一「絶対主義論の悲劇」、『経済論叢』六七の二・三号所収。与此相关联的，在日本曾经有过服部之総以来关于明治维新的性质而绵延不断的信条式的绝对主义论争的历史。例如，作为一个总结，参见楫西光速・加藤俊彦・大島清・大内力『日本資本主義の成立 1』、東京大学出版会、1955年、197頁以降。

第六章　英国古典案例的再剖析

一问题最为敏感的又一位马克思主义历史学家霍布斯邦指出：

> "在将<u>潜在的劳动力</u>、<u>为了进行生产投资的潜在的剩余</u>、<u>对资本主义商品的需求</u>等固定下来的条件下……经营全部是在封建主义的框架中采取行动的，接受其局限性和固有的要求，在某种意义上如同寄生于此一样顺应潮流。具有这种性质的经营，不仅不能克服封建社会存在的危机，反而有可能导致其进一步恶化。"（下划线为笔者所添加）

可以看出，霍布斯邦也沿着上述形式的逻辑，给出了认为正是英国革命才使"危机得以克服"的回答。[①] 但是，很明显，在这部分文章中所提及的"潜在的劳动力、为了进行生产投资的潜在的剩余、对资本主义商品的需求"这三大项目，与此前我们所说的三位一体的"雇佣工人的出现、企业的产生以及市场经济的一体化"等条件分别相对应。但是，正如迄今所进行的论述所清楚地表明的那样，正是因为在清教徒革命以前的英国社会早就已经出现有了无产阶级的产生和消费社会的诞生，"潜在的劳动力"和"对资本主义商品的需求"才没能获得显著的解放。另外，关于"为了进行生产投资的潜在的剩余"，瑟斯克曾经提出过如下具有决定性意义的启示：

> "支撑有实力的农村工业的产业结构很简单，这一点必须充分强调。……商人在进行贸易活动时所必需的资本，对于这些消费产品的制造业者而言是没有必要的。""大部分的消费产品产业中，固定资本是微乎其微的。编织袜子的工作只要有一对编织用的针，编织蕾丝产品的工作也只需要一根钩针和针、针包即可。浆糊制造业者和钉制造业者所必需的小

[①]　モーリス・ドッブ、『資本主義発展の研究Ⅰ、Ⅱ』、京大近現代史研究会訳、岩波書店、1954～1955 年。Maurice Dobb, *Studies in the Development of Capitalism*, London: Rout-ledge & Kegan Paul, 1946。这是作者最有代表性的作品。至于希尔的著作，最新的一本是 Christopher Hill, *The Century of Revolution*, London: 1961, ABACUS edition, 1978。参见 E. J. ホブズボーム「十七世紀におけるヨーロッパ経済の全般的の危機」、トレヴァー＝ローパーほか『十七世紀危機論争』所収、14 頁、27 頁、56 頁、58 頁。

屋，是很容易毁坏的木质结构，不需要能够使用一生的产品，而是能够坚持两三年的那种简易房。……不管是怎样的职业或者作业……几乎都完全有可能不用进行设备投资。"①

马克思主义历史学家牢记并坚持以对工场进行大规模投资为基础的"产业革命发生以后的资本主义"，所以对于"为了进行生产投资的潜在的剩余"的问题——通常所说的"资本的原始积累"问题——给予了重视，并且认为要实现这一目标需要花费几个世纪的时间。但是，如果说16—17世纪社会中所看到的大部分消费产品产业的必要固定资本都是微乎其微的话，"为了进行生产投资的潜在的剩余"，凭借乡绅、富裕自耕农和行会首领等手中所持的资金是完全能够应付的。

如同霍布斯邦那样，将清教徒革命发生以前的英国社会基本视为封建社会的观点，不管怎样看都是很勉强的。虽然是对已经论述过的观点的重复，但是资本主义的微观基础（三位一体的条件）早在清教徒革命以前就已经充分具备了。比如，私有财产权和移动自由在事实上是成立的，贵族和拥有自由土地的农民很早以前就已经有了进行土地交易的自由，其时间之早让人感到惊讶。关于土地的转让权，自由农民是1290年被赋予的，而贵族则是自1327年起获得的。在16世纪，关于土地的封建性权利关系在事实上已经走向消亡，典型的封建性土地占有（copyhold），早已经与自由土地占有（freehold）视为等同。最早指出这一点的，实际上是亚当·斯密。② 如前所述，贵族阶层也开始逐步由中世纪的贵族

---

① サースク『消費社会の誕生』、143頁。参见第218~219页。
② copyhold 的意思是以庄园原始账簿为基础的土地占有，原来是由领主的意志和庄园的习惯来决定的。关于亚当·斯密的观察，参见 Adam Smith, *Wealth of Nations*: Cannan Edition, N.Y.: Random House Modern Library, 1937, Book 3, Ch. 2, p. 368; E. Kerridge, *Agrarian Revolution*, London, 1967; E. Kerridge, *Agrarian Problems in the Sixteenth Century and After*, London: Allen & Unwin, 1969. 参见常行敏夫『市民革命前夜のイギリス社会』、81~83頁（注16）。其结果是，小规模农户的 copyhold 在多数情况下被自耕农、新贵族以及贵族所收买，而他们自身沦为佃农。参见常行敏夫『市民革命前夜のイギリス社会』、86~88頁。

第六章　英国古典案例的再剖析

和神圣贵族向官僚贵族转变。劳动者尤其是未婚劳动者的移动自由，是历史悠久的"小家庭主义的"传统的一部分，随着这一时期行会和庄园制度的缓和而最终确立下来。

至于法国和德国，或许有可能在某种程度上强调绝对王权政治的封建性质。但是，对英国的情况进行同样的论述是不合适的。据我所知，就连马克思和恩格斯，也没有清楚地点名断言英国革命是"资产阶级革命"，但是他们的态度非常具有启示意义。另外，比如新马克思主义者佩里·安德森（Perry Anderson），虽然是将绝对王权政治视为具有封建性质的、强调颠覆这种模式的资产阶级革命的经济意义的观点的代表者，但是他也将英国的绝对王权政治视为"没有达到成熟期"的例外的情形，关于英国革命并没有重视其与经济变革相联系的一面。① 尽管如此，如果要主张英国革命带来了经济变革的话，正如特雷弗—罗珀（H. R. Trevor-Roper）所指出的那样：

> "要想承认把18世纪的英格兰在经济上取得的进步的独特性与清教徒革命联系起来并看成是其必然结果的观点，就必须为其提出积极的证据。"

特雷弗—罗珀自己清楚地表明，"从我个人的观点来讲，截至目前，还没有哪个人提出了这样的证据"。②

特雷弗—罗珀的判断，如果仅仅与英美学界相关的话大概是正确的，但是在研究英国历史的日本学者中，基于新马克思主义的立场，力争发现清教徒革命发生前后经济结构的不连续性的探索一直在持续进行。川北稔就是其中之一，他曾经说过这样的话：

> "16世纪型的经济增长，促进了乡绅的崛起，但是却导致了平民生活水平的下降，作为工业化的基础，其水平过低。

---

① Perry Anderson, *Lineages of the Absolutist States*, London: Verso Editions, 1974, p. 142.

② H. R. トレヴァー＝ローパー「十七世紀の全般的危機」、トレヴァー＝ローパーほか『十七世紀危機論争』所収、178頁。

为了实现工业化的成功，经历17世纪后期和18世纪前期这一平均量的指标切实上涨的时代——由<u>人口增长率的降低、产业的多元化、商业革命与殖民帝国的形成、农业改革等</u>所带来的时代——是不可欠缺的。"（下划线为笔者所添加）"（从16世纪型的经济增长所陷入的危机中挣脱出来的）最大的突破口是国土的扩张，即通过重商主义帝国的建立以及与之相伴的'商业革命'开辟一条道路。"①（括号内为笔者添加的内容。）

归纳起来，川北认为16世纪的英国资本主义遭遇了挫折，其失败可以用"马尔萨斯陷阱"来加以说明，而17世纪后期到18世纪，人们所看到的英国资本主义的成功可以通过"殖民主义"进行说明。换言之，他既采用了沃勒斯坦的"欧洲世界经济"的框架，同时打算在谈论英国问题时，将以16世纪为起点的沃勒斯坦时代的划分推迟到17世纪后期。但是，在他的观点中，包含着与事实和理论各自相关的两个问题点。第一，作为清教徒革命以后出现的现象，他列举了"人口增长率的降低、产业的多元化、商业革命与殖民帝国的形成、农业改革"四大基本事实，其中<u>除去第三点"殖民地帝国化"的其他三大现象，早在17世纪以前就已出现了</u>。川北认为，有必要对此前已经进行过论述的最近学界所存在的多数意见进行更为充分的反驳。换言之，关于人口增长率的降低问题必须针对斯科菲尔德和里格利，如关于产业的多元化问题必须针对瑟斯克，关于农业改革问题必须针对克里吉（Eric Kerridge）进行充分的反驳。

那么，理论构成方面又是怎样的呢？川北利用马尔萨斯模型对17世纪前期以前的英国经济的陈旧进行了说明，并从殖民主义中探求17世纪后期以来的新意。但是，"马尔萨斯的陷阱"模型并不符合英国的情况。关于这一点在之前已经进行过说明，在此

---

① 川北稔『工業化の歴史的前提』、45頁、66頁。

第六章　英国古典案例的再剖析

不再进行更深入的分析。问题在于其提出的设想，即认为从 17 世纪后期到产业革命爆发以前的"资本主义"的发展，是由"殖民主义"来支撑的。之所以产生这种新的设想，其背景恐怕在于认为如果没有对"边远地区"的剥削，资本主义是不可能实现的这一沃勒斯坦流派的"依附理论"。的确，17 世纪后期以来，英国逐步走上殖民帝国化的道路，这是事实。但是，这一事实并不能证明使 17 世纪后期以来的英国资本主义得以存在的<u>唯一的力量</u>是殖民主义。究其原因，"大众消费的升级模式"，至少从理论层面来讲——正如之前已经论述过的那样，恐怕在实证层面也是如此——赋予了可持续发展的"资本主义"的另一种可能性。为了接受依附理论的研究路径，就必须从理论上否定由大众消费的升级所支撑的经济发展的稳妥性。

但是，对支撑 18 世纪末期开始的经济发展的棉纺织品、铁路和汽船等大众需求，对支撑 19 世纪末期开始的经济发展的电气、汽车以及各种电器产品的大众需求，表明了在当时的时代背景下"大众消费的升级"的巨大作用。尤其是第二次世界大战后的日本以及最近的亚洲 NIEs 国家的经济增长，从很大程度上讲是依赖于大众消费的戏剧性升级。这些成功的例子正是"大众消费的升级模型"成立的有力证据。沃勒斯坦模型和依附理论，并不能很好地说明帝国主义灭亡之后的这些成功案例。问题在于，认为大众消费需求与经济增长的步调相一致并不断扩大是不可能的，这一剥削论的设想存在局限性，进一步来说在于总是试图在某个地方发现"革命"的一元史观所具有的局限性。不仅仅是关于近现代，就是近现代的英国，大众消费的升级模式，也可以通过清教徒革命和光荣革命发生前后的历史、对经济结构以<u>具有连续性的</u>形式进行说明。16—17 世纪存在着大众消费的升级现象，瑟斯克的研究早就对此进行过论述。另外，18 世纪也存在着同样的现象，包括川北等在内的很多学者都曾强调过这一事实。[①] 对马克思主义的

[①] 川北稔『工業化の歴史的前提』、第十一章。

接近持比较同情的态度的劳伦斯·斯通，只要是与经济层面相关的，关于不连续性也总是持否定态度。① 历史学家们所讨论的潮流，在对清教徒革命发生前后的经济结构进行比较的时候，明显朝着承认连续性的方向展开。

英国革命是具有宗教价值的革命吗？

但是，很明显，清教徒革命至少在宗教意义上是一个重大事件。所以，站在使清教徒革命具有决定性意义的立场上，基于宗教乃至价值观的视点是不容忽视的。作为英国的历史学家，上个世纪（19世纪——译者注）的大家如加德纳（S. R. Gardner）坚持了与这种看法比较接近的立场，但是著名的例子是马克斯·韦伯或者说托尼的"新教伦理"的命题。但是，不管是韦伯还是托尼，都不是简单地认为卡尔文主义（在英国也被称为清教徒主义）的伦理，对于资本主义而言是绝对的必要条件（韦伯自己承认，他所说的理想型分析在对现实的因果关联进行认证时力量很弱）。但是，继承并发扬了韦伯的观点的美国帕森斯（Talcott Parsons）学派和日本的大塚史学给出了干脆明确的讨论结果，认为对于资本主义的形成而言，清教徒革命是必不可少的。至于韦伯自己，不能否认的是，在其内心深处，对仅仅喜爱金钱的"贫民资本主义"（pariahkapitalismus）和"近现代资本主义"进行了严格区别，潜意识里还试图从卡尔文主义式的美德中探求突出后者的最重要的原因。

但是，对韦伯提出的命题的根据表示质疑的观点，从古至今都有不少。在英国的历史学家中，作为此类批判的例子，可以举出特雷弗—罗珀。如果根据他的观点，在17世纪的欧洲大陆上能看到的具有先驱性的资本家所共通的特征是，都是厌恶罗马教会那种僵化的规则而离开父辈祖先的祖国的国际人（向新教国家荷兰移民的人尤其多），与其说是卡尔文主义，毋宁说是伊拉斯谟

---

① ストーン『イギリス革命の原因』、第三章。

第六章　英国古典案例的再剖析

(Desiderius Erasmus) 主义（不一定是脱离了教会的批判派）。事实上，在他们中间，不少人过着与卡尔文式的"世俗的禁欲主义"大相径庭的豪华奢侈的生活。以与英国并驾齐驱的资本主义化的先发国家荷兰为例，与卡尔文派相对抗的更为稳健的——或者说妥协的——阿明尼乌派（Arminians）反而占据优势。作为又一重要的反面例子，特雷弗—罗珀指出，拥有大量清教徒式的勤劳、节约型的居民的苏格兰和帕拉弟奥（Palladio）公国（普法尔茨公国）等国家，其经济发展反而存在滞后性。① 要探讨他的这一论断是否对自己的学说进行了充分的实证，又是一个大问题。但是，为了说明韦伯的命题并不一定与事实相符，他所进行的讨论还是十分充足的。

但是，当时逐步积蓄坚实势力的中等阶层，厌恶教会所制定的规则，至少对伊斯拉谟主义抱有亲近感，进而往往要求彻底改变并朝着卡尔文主义发展，这种现象是特雷弗—罗珀也承认的。很明显，这一阶层深切感受到，为了创建有利于自身阶级的思想形态，有必要充分表现出自主性。而且如果从当时的情况来看，这还意味着不得不与基督教的教义保持密切的联系。如果重申一遍的话，所有权和市场制度的普及，以及由此所象征的合理行为的"自由"的扩大，是支撑这些中等阶层存在的社会性条件。但是，如果要将这些条件上升为思想的话，就无法避免与天主教的教义和制度发生冲突。就在这个时候，作为突破以教会媒介为前提的天主教教义的思想，超越所有人类的烦恼的超绝的神的概念，以所谓新教的形式登场。其最为强势的形式，是认为"救济与人类的行为完全无关"的"宿命论"（predestination）的教义。所以，思想的课题是如何解决神的超绝性（人类的卑微性）的前提与行为自由的主张之间的两难困境，针对这一问题的问答，是认为赌上全部能力实行神的律法、扩大神的荣誉是所有基督教教徒

---

① H. R. Trevor-Roper, *Religion, the Reformation & Social Change*, London：Macmillan, 1967, Ch. 1, pp. 15—6, p. 20, p. 23. 关于苏格兰的情况，参见第6—7页。

的责任和义务。此时,个人的欲望和意图完全失去了意义,韦伯所阐述的世俗内禁欲主义得以产生。的确,这是针对这一困境的几乎唯一有意义的解答。为了方便起见,如果要将其流程化,可归纳为如下:

"(神的超绝性)&(行为的自由主义)"→(世俗内禁欲主义)

换句话说,能填平神与资本主义(经济行为的自由主义)之间的鸿沟并实现二者并存的,是世俗内禁欲主义的合理的体系化,归根结底就是卡尔文主义准则。顺便说一下,行为的自由主义越是作为事实先行确立起来,其中存在的鸿沟反而越会扩大,禁欲主义会变得更加严格,对此,越是资本主义的先发国家,卡尔文主义的倾向越是强烈(比如顺序可能是英国>荷兰>德国>法国),这一现象就是最好的佐证。不管怎样,卡尔文主义准则和"资本主义的精神"之间存在着强烈的思想关联性,这一点甚至在韦伯以前就已经很明显了。

但是,问题是从这种思想的关联性中能够解读出怎样的因果联系。是卡尔文主义生成了资本主义吗?还是与此相反,资本主义推动了卡尔文主义的普及?如果前者成立的话,利用图式来进行说明,与上面所列举出的内容具有相反形式的下面这个图式就可以成立。

"(神的超绝性)&(世俗内禁欲主义)"→(行为的自由主义)

但是,这一图式并不是由第一个图式按照逻辑推导出来的。换言之,正如韦伯自己也解释过的那样,从世俗内禁欲主义也可以推导出路德(Martin Luther)式的虔诚主义和帕斯卡(Blaise Pascal)流派的神秘主义。[①] 世俗内禁欲主义,不是几乎常常引导

---

① マックス・ウェーバー『プロテスタンティズムの倫理と資本主義の精神』、河出書房版、79頁。

第六章 英国古典案例的再剖析

出以资本主义为名的能动的姿态的强烈的观念。换言之，这第二个图式是不能成立的。这赋予了重视第一个图式那种形式的因果关系以有力的根据，认为如果没有资本主义的话，清教徒主义就不能产生。尽管社会中大量存在的现象并不一定按照思想的逻辑前进。

　　结合起来看，我们所指出的历史时机的提前是有效的。比如在英国，"清教徒"作为清晰的集团登上历史舞台，这种稍稍带些揶揄之意的绰号得以确立，是伊丽莎白王朝的16世纪60年代的事情。当时，在英国，"资本主义"这一事实，早已经受益于自13世纪以来的个人自由的惯例以及15世纪以来的羊毛业和毛纺织业的扩大而充分发展起来。但是，并没有记录表明，16世纪具有实力的英国的"企业家"尤其是清教徒已经大量存在。清教徒最终成为时代思想的主角，是进入17世纪以后的事情。因果关系中包含了两种方向的要素，这并没有错，但是在此所表现出来的先后关系表明，与其说是"清教徒主义→资本主义"，不如说"资本主义→清教徒主义"这一发展方向才是主流。与其说清教徒主义是资本主义的原因，毋宁说是其结果或补充因素。

　　但是，我们并不打算否定，清教徒革命从相当部分的人口积极参与其中这一点来看，是历史上罕见的思想变革。进入17世纪，随着资本主义进程逐渐成为事实，英国"中等阶层"中的相当一部分开始认真、自发地探索实现基督教信仰和行为自由并存的途径。遵守勤劳、节约、性道德等美德，宗教道德主义不断渗透的社会，逐渐成为他们共同追求的目标。一方面，斯图亚特王朝时的国家教会中心主义成为清教徒主义进一步激化发展的加速器，对清教徒主义的理解也出现了多样化的分歧，在英国全国境内掀起了宗教争论。一时间宗教狂热动员了社会的周边部分并掀起惊涛骇浪，这在历史上并不罕见。但是，作为社会的核心部分，中等阶层在长达数十年的时间里积极参与思想的变革，却是少有的。正如韦伯指出的那样，这一时期广泛渗透的严格自省的习惯，产生了后来的英国人、盎格鲁系美国人的最佳典型所能反映出来的冷静而透彻的自我约束的性格特征，显示了这一罕见的思想变革的重大意义。

将从清教徒革命中所看到的中等阶层的英国人的行为视为资本家追求利益的表现的经济学解释是不正确的。像克伦威尔（Oliver Cromwell）那样的，不能称其为已经彻底完成了向资本家转变的地主和农民也有很多，而且，说起来禁欲主义的劝诫也充分包含了与追求资本家利益相反的可能性（可以从准奢侈品产业来进行考虑）。在对"清教徒革命"进行解释的时候，不是从经济利害的观点出发而是从思想的观点进行考虑，将其视为追求资本主义和基督教并存的思想领域的努力所产生的分歧是很重要的。清教徒革命，在间接意义上恐怕可以称为促使资本主义确立的变革，但并不能说是"封建主义的要素"与"资本主义的要素"之间的直接对决。

不仅如此，这种宗教的或者说思想的对立也不是能够一战决胜负的。这是因为正如上面已经说明过的那样，清教徒革命的意义，其实是为实现神与资本主义并存而进行的思想调整。韦伯也曾经强调过，随着基督教信仰与资本主义折中、最终后者获得物质成果，禁欲主义的实质已经不能维持下去，将出现空洞化。① 事实上，一旦一系列的革命骚乱以"光荣革命"宣告结束，英国人最终围绕以国家教会为主流的体制达成协议。并没有证据表明，革命发生前那些认真到令人头痛的清教徒们在经过"清教徒革命"而成为资本家后，其勤劳、节约等美德就得到了进一步的提升。可以说法国革命和布尔什维克革命确实改变了当时社会的主流价值观，但是"清教徒革命"并没有在与此相同的意义层面上改变英国。比如说，承认清教徒革命具有决定性意义的大塚久雄就主张，承担建立资本主义重担的新阶层（具有代表性的是自耕农）

---

① マックス・ウェーバー『プロテスタンティズムの倫理と資本主義の精神』、143～144頁。

第六章　英国古典案例的再剖析

的出现是必要的，思想的断绝与此相伴。① 为了资本主义的起飞，过去并非商人阶层的农村工业阶层的出现是必要的，关于这一点我们也同意（参照本章下一节的内容）。

但是，在英国，农村工业新阶层在 16 世纪就已经具有支配地位，资本主义早已确立。17 世纪的清教徒革命是早期已经确立的英国资本主义的所谓思想层面的善后处理，而且这种尝试不久后就遭遇了趋向折中的命运。这种变革，恐怕不能称之为创造新的意识形态的革命。假如说清教徒主义中也稍带些创造新的意识形态的色彩，毋宁说能够看到其强制贫民阶层做到勤奋和守则，以创造出新的被统治阶级的效果。② 在清教徒革命的归结点上，使最为强硬的清教徒们被迫逃离，创造出理念主义国家美国的基础的这方面或许是相当重要的。

英国革命是政治革命吗？

清教徒革命或者说光荣革命，是导致了无法忽视的政治性变革的事件，这一点是毋庸置疑的。尤其是通过洛克等的著作，这一事件对后来的整个世界在思想层面造成了巨大影响。以这一史实为背景而对英国革命持肯定态度的，是通常所说的"辉格史观"，确立其优势地位的是上个世纪（19 世纪——译者注）的另一位大家麦考莱（T. B. Macaulay）。对这种辉格史观的优势地位发起挑战的，是将清教徒革命视为封建贵族与资产阶级之间的阶级斗争进行说明的马克思主义历史学家，最有代表性的是希尔。在这一阶级斗争版图中，的确存在着新鲜的东西，这是不可否认的。但是，如果坦率地看待当时的政治事实，要将清教徒革命视为封建贵族与资产阶级之间的阶级对立的表现，还是很牵强的。可以借用法国排名第一的英国通——安德烈·莫洛亚（André Maurois）

---

① 大塚久雄『宗教改革と近現代社会』、みすず書房、1948 年、第四章、106～107 頁。
② 常行敏夫『市民革命前夜のイギリス社会』。其中的第二部，是作为压制劳动者的意识形态的清教徒主义说。

的表达方式进行考察。

"这一革命并不是源自导致大众奋起的发自内心的剧烈动荡。它并没有导致阶层之间的相互对立，而是令各个阶层发生了分裂。30人的贵族在威斯敏斯特（即议会派）原地踏步，80人追随国王，还有20人保持中立态度。和贵族一样，地主（即乡绅）和自耕农也分化到这两大阵营中。"① （括号内为笔者添加内容。）

按阶级斗争模型对英国革命进行说明，恐怕有太多的牵强之处。希尔在其代表作《昔日义举：1640—1660年英国革命》再版时，也对这一模型进行了大幅度的修改。② 试图将英国革命解释为"革命"的劳伦斯·斯通也放弃了利用阶级间对立关系来进行说明。他认为，革命发生当时所具有的特征，与其说是阶级之间的对立，不如说是基于社会学家通常所说的"身份的不一致性"（status inconsistency）的混乱状态。③

既然如此，政治性的对立轴到底是什么呢？特雷弗—罗珀的著名的"宫廷对地方"理论对此给予了清晰的说明。根据他的观点，所谓清教徒革命，不外乎是奔放浪费的"文艺复兴式的宫廷"（renaissance court）与对此发挥支撑作用的绅士们的"地方"（country）之间的冲突。④ 的确，在清教徒革命的背后，存在着这种"宫廷对地方"的对立关系。这是扎根于历史的英国所特有的。

在英国，早在中世纪时期的<u>封建王权政治</u>，与其他国家（如法国）相比很明显是相当稳定的。受此影响，16世纪以后的都铎王朝的<u>绝对王权政治</u>在独特的框架下也维持了稳定。其框架的基础，与其说是国王权力的强大，不如说是限制了这种权力的大宪

---

① アンドレ・モロア『英国史　下卷』、酣燈社、1950年。
② Christopher Hill & Edmund Dull, *The Good Old Cause*: *The English Revolution of 1640—60, its Causes, Course and Consequences, Extracts from Contemporary Sources*, 1st ed. and 2nd ed., 1949 and 1969, p.19.
③ ストーン『イギリス革命の原因』、83～87頁。
④ 参见：トレヴァー＝ローパーほか『十七世紀危機論争』、178頁。

第六章　英国古典案例的再剖析

章以来所确立的不成文法惯例，是以此为前提的大多数非诺曼系居民对国王的支持。具体来说，关于新税，议会的同意是必要的，行政和司法的实施则委托给了地方的乡绅和富裕自耕农。另外，和15世纪的法国形成鲜明对照的是，16世纪的英国国王没有常备军反而是常态。综上所述，国王的权力受到了其他欧洲国家未曾有过的极大限制，而且这种限制作为制度确立下来。① 国王能够自由行使的，仅限于作为国家教会的首长的权限（但这成为使政治问题宗教化、导致事态更加复杂纠结的原因）、对官员的任命权以及对特权的授予权等。正如这些内容所反映的，当时的英国国王的权力，与其说是军事性的，毋宁说是都铎家族的诸位国王尤其是伊丽莎白女王巧妙构筑起来的心理层面的东西。在肉眼所能看到的制度层面，英国的绝对王权政治是不完全的，是脱离了规则的。

但是，继承伊丽莎白女王的斯图亚特王朝的国王们，对这种英国的传统并不熟悉，反而羡慕西班牙和法国的王权的存在方式。他们在宫廷生活方面变得非常浪费，希望通过欧洲大陆的权力抗争提高声望，以最大限度地利用有限的权限。比如，当时的一个大问题是垄断和专利的弊端，但是中世纪的特权（比如呢绒商会、冒险家商会那样与羊毛和毛纺织品有关的特权）所占的比重在16世纪后期已逐渐衰落，引起问题的是存有贪念的"文艺复兴式的宫廷"为了换得政治献金而胡乱发布的专利权和垄断权，其中大部分与新兴的产业和产品有关。众所周知，垄断往往会引起普遍的反感。当然，新税的创建是国王最为希望的，所以国王频繁地提出创建新税、增加税率的要求，而议会几乎否决了所有提案，这种事态一直持续发生。文艺复兴式的浪费和对欧洲大陆的野心越来越大，宫廷成为新兴中等阶层的经济负担。"地方"对国王所抱有的传统尊重，到底能够在多大程度上承受反复无常的"宫廷"

---

① 比如，新马克思主义者佩里·安德森在 Lineages of the Absolutist States 一书中的第15—16页也进行了同样的归纳总结。

所要求的各种负担,这成为17世纪前期政治领域的核心问题,斯图亚特王朝的国王们一点一点地将从都铎王朝那里继承而来的心理遗产挥霍一空。将通常所说的"清教徒革命"看成是"地方"的经济负担与对国王干预宗教问题的不满这两种要素相互纠缠、最终超越临界点的结果,这种观点大概是恰当的。

这种结果对于所有人而言都是预料之外的。说起来,关于议会与国王之间的关系,早就表现出1628年的"权利请愿"(petition of right)所确立的王权政治与大宪章以来的英国传统之间的妥协(即君主立宪制)这种大致发展方向。也正如18世纪以后的历史所证明的那样,君主立宪制归根结底是妥协的制度,包含着君主的理念与议会的理念不相容的可能性。但是,破坏这种妥协的,常常是那些谨慎的原则主义者。查理一世从性格上来讲无论如何也不可能是专制者,但是他特别在意君权神授论的原则和王室的威信。在此基础上,作为苏格兰人的他,对英格兰的历史并不是那么熟稔。所以,他以大宪章以来确立的英国传统为敌采取行动。在宗教领域,他也旨在为国家教会提供整齐井然的等级秩序(很多人都看到其中存在着旧教复活的危险),不仅仅是与清教徒而是与多半的人为敌。推动反对国王联合战线的形成的,正是国王这种拘泥于外观和抽象道理的性格癖好。如果没有1647年前的愚蠢行为(尤其是查理一世的行为)的持续发展,如果没有宗派之间越来越纠缠不清的争斗,不用等到联邦共和政体和保民官政府这种中断阶段,君主立宪制早就一点点建立起来也是很有可能的。从当时的记录中也可以明显地看到,对于英国人而言——包括保民官克伦威尔在内——没有国王的体制是超乎想象的(主张共和制之类的迪卡斯(Dikkers)和平等派(Levellers)的出现,是事态发展到益发纠缠不清之后的事情)。

但是,不管怎么说,相对于虽然受到尊重但实际上过着寄生生活的君主,掌控末端权力的中等阶层握有事实上的生杀大权。17世纪法国的柯尔培尔(Jean Baptiste Colbert)和黎塞留(Armand-Jean du Plessis de Richelieu)通过自己的双手建立了末端权力

第六章　英国古典案例的再剖析

机构，并据此构筑起名副其实的绝对王权政治，但是斯特拉福德伯爵（Earl of Strafford）和劳德主教（Archbishop Laud）不能成为英国的柯尔培尔和黎塞留，这并非偶然。16—17世纪的经济改革早已决定了英国的权力配置，议会民主制的基础在"革命"发生前就已经出现。如果有英明之处的话，恐怕能够避免处决国王这种事态的发生。但是，即便发生了处决国王这种事情，也不能说就是"革命"。如果要探究英国革命的政治意义，大概可以解释为针对欧洲大陆传来的"君权神授论"和"反宗教革命"的预防措施。大概可以看到坚守16世纪确立起来的"联邦共和政体"（后述）的理念这一层意义。但是，从预防措施中是不可能产生"革命"的。在此所发生的混乱，并不能与社会结构内部的矛盾爆发这一意义上的革命混为一谈。归根结底，毋宁说，清教徒革命是为了对偏离进行修正，维持并进一步确立截至此前的政治性惯例的革命——如果能够将这些现象称之为革命的话。

在此举一个前面已经提到过的例子，超越清教徒革命而继续保护连绵不断的大土地所有制的英国上流贵族谱系的连续性，如果不将这种"革命"视为表面性事件的话，是难以理解的。王党派大贵族的土地确实曾经被没收过，但是后来大部分又都归还原主。① 拉斯莱特所撰写的著作《我们失去的世界》，对这种连续性进行了如下总结。

> "如果对从1603年到1714年……整个时代的下层结构进行概览的话，与其说是变化巨大，不如说是变化的细微给人的印象更为强烈。17世纪中叶被认为是革命期，在这一时期，并没有任何能够表明变化程度有所扩大的证据，而且此时并不存在能够进行比较的尺度。可以认为，与经济组织或者社会结构相关的层面，并没有什么能够被认为是不存在妥协的

---

① 水谷三公『英国貴族と近現代』、第二章。尤其参见第78页的表。第二章认为，清教徒革命是雷声大雨点小。围绕着针对王党派的土地没收并不是实质性的这一观点，水谷列举事实进行了说明。

余地进而不得不招致政治性大悲剧的事情。"①

另外,水谷三公认为,"伦敦政府的建立,是防卫过度的结果,可以将其比作杀害了原本不想杀的对象的'加害者'来进行理解"。② 说起来很奇妙,我对拉斯莱特和水谷的这种观点表示赞成。将"清教徒革命"视为新兴阶级发起的暴力的资产阶级革命的革命史观,已经被太多的事实证明是错误的。劳伦斯·斯通在全盘承认这些批判的基础上,坚持认为自由主义已经作为制度得以确立,主张"17世纪英格兰所面临的危机,是世界历史上最早的'大革命',是西欧文明发展历程中具有基本意义的重要事件"。③ 他的说法是正确的。但是,他所说的"革命",是从世界历史的观点来看具有重大的长期性影响意义上的革命,而不是没有这次"革命",社会结构的基本矛盾就不能解决这一意义上的革命。这里使用了革命这一词汇的其他含义,这种意义上的革命不一定伴随使用暴力割断历史的形式。

第四节 以绝对王权政治为名的开发主义

资本主义和国家主义的相关性——分化与统合

于是,如果只与英国相关联的话,贯穿16—18世纪这三个世纪的一条纵线,就是资本主义(财产私有制和市场经济)的确立以及持续性扩大。私人个体所从事的经济的(生产和交换的)活动从形形色色的约束条件下解放出来,渗透至社会的各个角落,并逐步向全世界范围内的交易机会发起挑战。把这一过程称为资本主义的发展是恰如其分的。但是,将这种发展视为旨在实现"产业革命"的必然化过程则是有问题的。的确,如果对此进行回

---

① ラスレット『われら失いし世界』、263 頁。
② 水谷三公『英国貴族と近現代』、94 頁。
③ ストーン『イギリス革命の原因』、214 頁。

第六章　英国古典案例的再剖析

顾,可以说为产业革命的发展准备好合适环境的,是英国的资本主义。但是,环境并不能保证结出果实。比如,如同后面将进行的论述,罗马帝国和中国的宋朝,已经出现了几乎可以称之为资本主义的现象。即便如此,在这些帝国性秩序下,产业革命并没有发生。产业化并不是资本主义的必然归结点,如同马克思那样基于产业化反向对资本主义下定义的方式会产生各种各样的偏差。

16—18世纪的英国人,做梦也想不到这种被称为产业化的机械和能源的时代的到来。当时的空想小说,正如丹尼尔·笛福(Daniel Defoe)和乔纳森·斯威夫特(Jonathan Swift)所表现的那样,是在空间中旅行的海洋冒险故事,两个世纪后的威尔斯(Herbert George Wells)(以及法国的凡尔纳,Jules Verne)所体现出来的,或许可以认为是跨越时间界限的科幻未来小说。而产业化还在这种空想之外。与此相对地,资本主义则是任何一个社会或多或少都带有其要素(财产私有制和市场经济)而容易被人接受的体系。当其偶然在英国成为具有支配地位的现实的时候,各个阶层的英国人没有丝毫困惑地基于自身利益的观点做出了各种各样的反应。但是,国王、贵族、教会、商人以及农民等,因为阶层的不同,其困惑烦恼也是五花八门。原本以个人活动的解放为基础的资本主义,将导致社会的分化(differentiate)。新的产业、阶层和行为模式不断出现,导致了与自古以来的传统之间的利害冲突,甚至引发了生活方式的摩擦。在极端情况下,资本主义发展的分化作用甚至潜藏着足以破坏社会的力量。如果不事先做好维持社会最低限度的稳定的统合行动的准备,资本主义生产的追求将导致社会的荒废,甚至将其连根拔起——就像当时针对新大陆的矿山开发政策那样导致了印第安社会名副其实的灭绝。

为了避免这种社会体系的破产,新的政治统合是有必要的,以贵族为顶点的中世纪时期的等级制度不能发挥这种作用。究其原因,是因为实力的分布也发生了分化,贵族的力量相对衰弱,最终变成只能与工商业阶级的势力相并列的单一势力。以<u>分化</u>为特征的资本主义,也必须具备最低限度却坚固的<u>统合</u>的组织结构。

回顾一下不难看出，提供了这种统合的，是欧洲的"国民国家"，英国则是其中的先驱者。资本主义和国家主义的同盟关系由此形成。

绝对主义——对国民国家的突破

在此，暂且尝试进行一些稍具一般性的讨论。说起来，政治统合与经济发展之间的平衡是非常微妙的。如果要将欧洲的情况与其他的例子进行比较，比如，罗马帝国和中国的宋代就存在着几乎可以称之为资本主义的体系。在罗马，小麦、橄榄、葡萄酒、羊毛、麻、陶器以及玻璃等产业的兴旺，极大地繁荣了帝国内远距离地区间的贸易网络。此外，罗马人也已经了解了蒸汽的力量。在中国的宋朝也是如此，以新品种大米的生产急剧增加为重大契机，丝绸和棉织品、陶瓷器、漆器以及茶叶等产业发展起来，与伊斯兰世界的贸易往来也非常繁荣。指南针、火药和纸等文明的重要组成部分在中国也已经有了很长的发展历史。① 但是，在这些大文明中，"帝国"的秩序这一概念较之其他率先发展，具有对此形成支撑的统合机构的传统，所以最为繁荣的产业也只不过是保护在帝国秩序中已经被确定的地位的局部性利益。当帝国最为关心的是维持广阔版图上的秩序的永存时，产业活动的突出发展反而会被视为导致不稳定的危险因素。

所以，资本主义的体系为了允许突出发展并最终覆盖整个社会，反而期望政治统合理念的紧紧束缚（和经济力量进行比较）在某种程度上减弱，制度的统制也能有所缓和。正是从这个时候起，政治也接受了经济层面的要求，政治和经济两个层面能够<u>双向性地</u>相互适应。近现代的欧洲满足了这一条件。欧洲的国民国家之所以能够成立，不仅仅是理念层面，也有自然性的（种族的、语言的）机缘。从中抽取出来的，充其量只是种族主义和语言的浪漫主义之类的东西。基督教或许能够成为整个欧洲世界的统合

---

① 岩村忍『文明の経済構造』、中央公論社、1978 年、35 頁以降、107 頁以降。

第六章 英国古典案例的再剖析

的理念,但不能担当支撑国民国家的统合的理念。从理念的束缚逐渐弱化的意义来看,中世纪以来的欧洲的政治环境,和罗马以及中国的宋朝相比,存在着有利于资本主义发展的方面。

但是这种答案还只是一半。究其原因,是因为如果反过来政治的统合很弱的话,资本主义所诱发的阶层间的利害冲突以及意见的分裂将迅猛发展直至关系破裂。正因为欧洲的国民国家(nation-state)不是理念的国家,而是当时的历史现实下自然生成的国家,所以要重新决定其具体设计是不可能的。比如,像因为卡尔文而出名的日内瓦共和国和乌得勒支同盟(大致相当于后来的荷兰)那样,中世纪以来的自治城市及其联盟保持原样并能够与其他国民国家相抗衡的例外也是存在的。但实际上,进一步强化作为封建的主从关系中的最高级别者、具有暂时正统性的"王"的权力,是最自然的发展趋势。这种欧洲所特有的国民国家的早期形态,在今天称之为"绝对主义"(absolutism)。这意味着国王的权力<u>超越罗马教会的理念统治和封建制度的秩序惯例</u>而绝对化,在这一点上,绝对王权政治与人类历史上随处可见的专制主义(autocracy)存在着明显的区别。

要确立这种王的"绝对性",很明显,废弃国家与诸侯之间封建性的<u>双边契约</u>的观念是非常必要的。中国和罗马的皇帝是由政治传统的积累支撑起来的,欧洲的情况则与此迥然不同,其绝对主义是在放弃了中世纪后才得以成立的。在没有获得历史的帮助这一点上,"绝对主义"具有与其夸张的名称不相称的脆弱性。意在弥补这一点的理念上的努力,一个例子是"君权神授论",另一个例子则是霍布斯(Thomas Hobbes)的《利维坦》(Leviathan)。这两者,不管是哪一个,都是以超越历史的逻辑为基础所进行的正当化的努力。但是,前者导致了国家之间围绕神的大义名分的争夺战(看看宗教改革),后者的契约国家论则倡导民众的正义的主张。结果,绝对王权政治形成了必须通过展示国力的提升来支撑自己的以实力为本的政治形态。如果借用前一章中罗斯克兰斯的观点,提升实力的方法有两种。第一种,当然是借助政治、军事力量的领土扩张主义,换言之就是强兵主义。第二种则是通商主义,或者更为一般地说是经济主义,换言之就是富国主义。一般来说,依据对这两种方法中后者的重视程度,将绝对主义与专制主义明显区别开来。

如果要与历史上为数众多的专制主义的例子进行比较的话,这种欧洲绝对主义的经济(通商)性质恐怕非常明显。过去的大文明,如罗马、印度和中国等,不管是哪一个都具有强烈的专制主义的性质。但是,其支配地位,最为重要的是基于周边无法与之比肩的文明(思想和宗教)的力量以及其背后的军事力量的支撑。另外,除了这些大文明以外,在欧亚大陆的大草原地带出现过大小不一的各种各样的专制王国,虽然对欧洲造成过威胁,但是多表现为比大文明帝国更为强烈的军事性质,国力随着其军事力量的变化而消长,兴亡盛衰的变化非常激烈。与此相对,在欧洲近现代社会下,对于遭到来自东方游牧民族的压制、龟缩在欧亚大陆西端的一个地域内的国家而言,能够通过武力争斗而获得的东西很少,贸易竞争已经成为欧洲现实中不可分割的一部分。究其原因,第一是关于整个欧洲早在罗马帝国后期就已经是一个"国际经济体系"的性质并没有丧失,第二则是在16世纪开辟出通往新大陆和亚洲地区的新航线后,贸易活动出现井喷似的大规模扩大。如果从现在开始回溯,欧洲人属于在世界范围内最具海洋性的人。

综上所述,所谓的绝对王权政治,指的是清楚地意识到经济实力的扩大是重要目标之一,在对其发展过程(资本主义的出现)中出现的多方面的利害进行调整的同时,保护并培育国内产业的特殊的专制王权制度。16世纪欧洲的强国中,西班牙、法国和奥地利等都是借助政治和军事力量来扩张版图,从这个意义上来讲,并没有脱离中世纪王国的性质。法国——在黎塞留和柯尔培尔的领导下——注意到绝对主义的必要性是17世纪后期的事情,而西班牙和奥地利最终也没有产生名副其实的绝对主义。其中,正如接下来将进行论述的那样,英国早在16世纪就意识到了经济的重

第六章　英国古典案例的再剖析

要性并开始运营相关政策。不管怎样，欧洲的国民国家的统合，是以这种经济指向的专制主义——绝对主义——形态开始的形式作为其典型。

再重复一下，由于发生了火炮革命，欧洲的封建制度也变得不可维持，国民国家的统合（换言之以语言的共同性为基础的领土的一元化）是取代其最为有力的候补。但是，对于各个国家内部的国民而言，早期的国家主义（国民国家主义）恐怕只是一种同床异梦而已。对于国王而言，国家主义只不过是暂且可以用以强化其王权的新的概念。对于国内的商人而言，国家主义恐怕是为了将拥有大量资金和卓越诀窍的"跨国商人"（如富格尔（Fugger）、吉尔（Geel）、怀特（Witte）等）拒之门外，并从国王那里获得有利特权所倡导的口号。另外，对于农民而言，只要依然在中世纪以来的自给自足的共同体中从事农业生产，国民国家之类的概念也毫无意义。对于忠于中世纪以来的传统的教会（即旧教派的教会）和具有古风气质的贵族而言，国家主义可以被视为对世界主义的拉丁语世界造成威胁的世俗化的动向。针对国民国家的统合，各个阶层的反应千奇百怪，这是很普遍的。在其中，国王和商人对这种类型的统合的态度相对比较积极，但是就一般意义而言，要形成对统合的支持并不是那么容易。其最大的王牌，就是绝对王权政治的经济实力扩张主义。

国民国家在英国的诞生

下面将话题转回到英国。如果对15世纪后期围绕英国的欧洲的状态进行考察的话，西班牙，在阿拉贡、那不勒斯、米兰以及北海沿岸的低地地带（佛兰德和后来的荷兰）不断扩张版图，旨在构筑昔日的那种"帝国"。在法国，一代代国王处于必须从英国国王和勃艮第大公手中夺回王国一半以上土地的状态。德语地区，通过哈布斯堡家族的神圣罗马皇帝的努力总算整合在一起。与这些国家相比，英国从欧洲大陆抽出手，强化了作为领土国家的意识，同时因岛国之利遭受侵略的危险也很少。诺曼系的统治者和盎格鲁—撒克逊系的被统治者之间的融合经历了长期艰苦的努力，在这个时期文化层面的统合性反而有所提高。比如在14世纪后期的英国，日常语（vernacular）早已经作为宫廷语言和官方语言使用，在这一点上比其他任何一个主要国家都更为领先。相反的极端例子则是，在哈布斯堡帝国的宫廷中，截至19世纪都是以拉丁语为公共语言。另外，与欧洲其他地区不同，在英国，几乎没有国内通行税，所以定期运输业者的组织非常发达。① 以盎格鲁—撒克逊系的乡绅为主导的地方望族型行政和司法的运营状况也固定下来。在比威斯特伐利亚条约早近两百年的15世纪末，英国似乎就已经开始准备国民国家的实体。概而言之，英国人与其说是通过割舍独特的中世纪制度，毋宁说正是利用这一制度取得了成功。亨利七世（1485—1509年）以后的都铎王朝的诸位国王，利用这一状况使国家统合的氛围进一步高涨。在工商业技术的层面上，15—16世纪的英国的确是开展模仿活动的后发国家。但是，在"国民国家化"这一点上，英国很明显是发达国家。

　　当时的英国人，当然没有使用国民国家（nation-state）这种表达方式。与此相对应的是16世纪英国政策讨论中的标语"commonweal"和"commonwealth"（联邦）之类的词汇。common是来自拉丁语的词汇，但weal或者说wealth则是来自古代英语的wela的盖尔曼系词汇，与现代英语中的well和德语中的wohl属于同一系统。commonweal大多翻译成"民富"，但原本是与res publica相对应而创造出来的英语中所特有的合成语，应该说具有诸如"我们的东西"或者"我们的国力"之类的本土性语感。与此相对应的法语中的bien public和德语中的gemeingut的使用方法较少，不具有这种独特的微妙感觉（但是荷兰语中的kommenebeste似乎具有同样的微妙差别）。换言之，commonwealth这一词汇所展示的，

---

　　① ベネディクト・アンダーソン『想像の共同体』、白石隆・白石さや訳、リブロポート、1987年。顺便提一下，与帝国夸耀想象的东西相对应，国民国家想要隐藏想象的东西。关于通行税和运输活动，参见ストーン『イギリス革命の原因』、104页。

第六章　英国古典案例的再剖析

不仅仅是国王的财富和领主贵族的财富,而是关于本土的英格兰人作为整体所拥有的财富集合体,换言之即英格兰人作为一个政治、经济以及文化的统合体,并不是单纯的偶然生成的国王所有的领地这样一种意识。从展示这种意识的转变的意义上,commonwealth 这一单词的登场,确实象征着"能够想象到的共同体"(imagined community)(本尼迪克特·安德森)的诞生。

在 16 世纪中叶,托马斯·史密斯爵士等被称为"联邦人"的人才辈出,频繁地公开发表政策宣传。联邦的观念不再仅仅是在野势力的言论武器。比如构筑了伊丽莎白王朝的基础的大区长官塞西尔(Cecil)(后来的伯利男爵),是自耕农的儿子,他的构想很明显也是联邦派的思想。支撑都铎王朝宫廷的一个重要支柱,就是这种中等阶层出身的官僚贵族,"政府政策的声明与联邦人的公开讨论,在实际成就上有惊人的一致性"。① 都铎王朝的诸位国王不是将英格兰单纯作为国王的所有地和征税对象,而是直接领会到将其视为一个 res publica 的政治必要性。而斯图亚特王朝的国王们所缺少的正是这种命题,他们背离了联邦的传统,试图将国家视为国王的领土,这大概也可以说是 17 世纪出现政治混乱的原因。"英国革命"是针对斯图亚特王朝诸位国王的国际主义(或者应该称为王际主义),明确承认国家主义这一基本方向。

如此,国民国家的统合在英国最早开始发展,其中可以列举出各种各样的原因。比如,作为岛国所具有的地缘政治条件、诺曼系统治的连续性(但是正如玫瑰战争所反映出的那样,继承者之间的争斗非常严峻)、作为少数的外来征服者(诺曼人)与绝大部分的被统治者(通常所说的盎格鲁—撒克逊)之间形成的独特的妥协(如果要说具有象征意义的话是重视习惯法),作为其结果是,盎格鲁—撒克逊系一般国民在相当早期就开始享受较大的行动自由(比如土地转让的自由),以及亨利八世无意中成功地脱离罗马教皇支配的独立等。但是在其中,成为最为直接形式的杠杆

---

① サースク『消費社会の誕生』、37 頁。

的，恐怕是在整个英国，<u>无论城市还是农村</u>，广泛出现的羊毛业和毛纺织业的扩大。

农村和城市——农村工业的重要性

　　羊毛业和毛纺织业的扩大，理所当然意味着经济层面的国家力量的增强，但是从某种意义上来讲，比这更重要的是，这种现象是以农村为中心发展起来的。事实上国民国家建立的一个关键，就是克服城市与农村之间存在的差距。如果差距非常大的话，以国民国家为名的政治统一将出现困难。比如，中世纪城市的繁荣，不一定与国民国家的崛起相联系。举个例子，佛兰德（现在的比利时北部）和北部意大利的毛纺织产业，在中世纪末期到近现代社会初期是最先进的，莱茵河沿岸多个城市的毛纺织产业也紧随其后，具有先进水平。但是，这些城市并没有摆脱对中世纪式的城市特权的保护，没有成为促进国民国家形成的力量。大陆的学者常常主张"城市创造自由"。的确，虽然城市为中世纪的人们提供了实际上的以及思想上的庇护（避难场所），但是中世纪城市市民将自身的自由理解为特权，并不打算将之扩展到城市以外的地区。城市，是在中世纪的农民社会中零散存在的自由的孤岛，没有给出通往更为广泛领域的"国民国家"的路径。换句话说，仅仅依靠王室和商人的利害一致性是无法解释超越中世纪社会的国民国家化进程的，更不可能解释资本主义社会的建立。

　　在当时的欧洲大陆，诸位国王通过组建同盟或结成姻亲关系来追求王室的利益，大量的资本家和商人也在整个欧洲地区开展今天所谓的跨国性商业、金融活动，以王室为客户并获得了成功。与罗马教皇王室紧密联系的著名的福格尔家族就是其中的一个例子，另外，在新教徒中也可以举出大量的例子，如与瑞典王室保持紧密联系的吉尔（Louis de Geer），与法国国王紧紧相贴的德尔瓦尔（Barthelemy d'Herwarth），为哈布斯堡家族提供服务的怀特（Hans de Witte），等等。即便在英国，到15世纪，佛罗伦萨商人

第六章　英国古典案例的再剖析

（贝鲁奇（Beluzzi）和巴尔迪（Bardi））也很有实力。① 只要采取这种形式，经济活动就不是植根于领域性政治中，而是出现了今天通常所说的无国界经济现象。但是，反观其结果，第一，这些跨国商人的经营活动不稳定，简而言之其命运脆弱无常，陷入财政困境的王室屡次毫不留情地舍弃了这些商人。第二，只要是这些大商人主导，市场经济就不可能将一般的农民也带入其中并向整个社会渗透。

目前，最早国民国家化的英国，除了伦敦等极为少见的例外，是由几乎没有可以称之为城市的集居地的农村和地方（country）组成的国家。与意大利的领主贵族全都住在城市相对，英国的贵族以及乡绅将地方的领地视为大本营，英国的社会重心在农村。将这种农村地区卷入其中，畜牧业和毛纺织业在东部地区发展起来，并向西北部广泛扩张，其程度让人惊讶。在英国，工业的发展确实是在农村进行的，强化了乡绅、农民和商人之间的接触，并逐渐将整个英国联系起来。农民的生活也不能与毛纺织产业分割开来，与中世纪城市毫无关联地，农村地区开始大量出现城市。② 在荷兰，从某种意义上来讲也出现了同样的现象。产生于佛兰德农村地区的毛纺织业者逃离西班牙的统治，在荷兰各地的城市中扎根，改变了这些城市此前所具有的中世纪的性质。通过这种工业活动向整个区域的扩散，英国和荷兰顺利地推进了国民国家化。以国民国家为名的政治统一体，在城市和农村差距悬殊的情况下是不能实现的。在这种农村和城市之间能够融合发展的意义上，英国和荷兰是工业培育了国家主义。虽然许多早期经济学家采取了不仅仅是工业也重视农村的视角，但是其先驱者实际上

---

① Trevor-Roper, *Religion, the Reformation & Social Change*, Ch. 1。
② 大塚久雄『近現代欧州経済史序説』、184 頁。作为重视农村和工业资本主义的关系的经济学家，参见アダム・スミス『国富論』、第三篇。桑巴特（Werner Sombart）和施亨利（Sée Henri Eugène）也坚持同样的主张。在日本，强调这一论点的是大塚久雄。大塚久雄『近現代資本主義の系譜』、学生書房、1950 年、第九章及び第十章。

还是亚当·斯密。

在此回顾一下相关讨论。工业培育了国民国家这一点早在第四章中就已经强调过，但是与此同时，培育工业的是国民国家以及其所实施的工业保护政策（后来称为重商主义）。比如，很多人将西班牙的毛纺织工业的衰退归因为国家政策的欠缺。另外，也有人认为荷兰在17世纪后期以来的贸易战争中败给英国，是因为荷兰实施了"过度自由主义的贸易政策"，换言之，和英国相比其重商主义的政策相对拙劣。[1] 不管怎样，在英国，从很早开始，国民国家化就与毛纺织工业的延展相辅相成、携手并进。国民国家化是政治的过程，工业的延展则是经济的过程。这两个过程，在不能明确断言何为原因何为结果的意义上，是独立的。但是这两大过程之间的相互作用是双向性的，而且是相当密切的。尤其是，英国很明显领先于其他国家而成为国民国家，16世纪的英国人对所谓国家的存在已经没有疑问。西班牙、法国、德国和奥地利等国家，都不能被视为在16世纪时就已经带有这种意识的国家。正如之前已经触及的那样，如果从当时的英国人的意识来看，可以认为，英国革命，在努力守护联邦的传统——换言之早期的国家主义——这一层面上的色彩很强烈。

顺便提一下，将通过英国革命确立的议会民主政治视为"大宪章以来的自由主义"的表现，恐怕是过于粗放的观点。这是因为，对革命期间的议会发挥指导作用的清教徒们，距离对其他思想采取宽容态度——即思想的自由主义——还相当远。另外，认为议会主义孕育了民主主义的说法也并不正确。这是因为，英国革命后所产生的议会制度，只不过确立了绅士阶层的主导权地位。但是，如果是这样的话，今天所说的自由民主主义（自由主义+民主主义）到底是从何处而来的？我认为，与其说是来自英国革

---

[1] 关于西班牙的情况，参见大塚久雄『近现代欧州经济史序说』、71頁。对秉持这一宗旨的讨论进行了介绍。关于荷兰的情况也可参见该书的第105—106页。可以看到，当时荷兰的重商主义者威廉·尤塞林克斯（Willem Usselincx）和彼得·库尔（Pieter de la Court）进行了坚持这一宗旨的讨论。

第六章　英国古典案例的再剖析

命,不如说是来自国家主义。至少,如果没有国民国家,民主主义是不可能形成的。正如前面已经论及的,联邦这一概念与 res publica 相对应,包含着"我们的国家"的意义,从这个意义来讲与国民之间的平等的参与感是相关联的。在英国这一初始案例,以及之后出现的各种各样的历史案例中,国民国家常常是近现代化意义上的民主的温床,尤其是在 19 世纪初期的拿破仑战争以后,为了支持征兵制,民主化得到了进一步的推进。实际上,自由民主主义是一种独特的混合型概念,认为自由主义是民主主义的温床的观点只不过占有一半的真理。在自由主义中,往往存在着导致不平等的契机,即拥有大自由的人能够获得更大的自由,最终自由成为一种特权。从中可以看到创造性和伟大意义的设想自古以来就存在。平等的观念是针对此进行的反抗,在欧洲近现代社会,其最大的培养基就是国家主义。

通常所说的近现代社会,常常通过资本主义(或者说产业化)和自由主义(或者说民主主义)之间的关联性来进行说明,通过国家主义的脉络来进行的说明则相当少。从霍布斯、洛克到马克思,欧洲的思想家认为国家(state)的产生是必然的,因而并不打算对为什么采取了国民国家(nation-state)这种特定的形式进行说明。如果借用本尼迪克特·安德森的说法,就是"国家主义不同于其他的主义……并没有产生什么大的思想家"。① 但是,实际上支撑资本主义的是国家主义,培育民主主义的,与其说是自由主义,毋宁说也是国家主义。黑格尔将"国民国家"视为人伦的完成态的时候,在他的脑海里浮现出的恐怕正是这种欧洲的国民国家的经验。虽然还没有到无视国民国家这一概念的程度,但正因为有这么多人在进行考虑,可以说这一概念已成为使近现代思想发生化合作用的熔炉。在此之前虽没有被过多提及,但是近现代化与国民国家这一欧洲所特有的现象是紧密相连的。

---

① B. アンダーソン『想像の共同体』、15~16 頁。

以重商主义为名的重工主义

就这样，国家主义和资本主义成为两种相互作用的潮流。而且，绝对王权政治，在以经济发展为目标这一点上将两者连接起来。但是，其原本的作用，当然是对志向各不相同的诸多利害关系者之间的摩擦进行调整，致力于实现国内统合。换句话说，被赋予绝对王权政治的课题是平行解决发展与统合的双重目标，这一政策具有两面性和折中性，并且随着发展而一再改变前进道路。绝对王权政治绝不是维持现状的，但是在实现这两大目标的妥协并存这一意义（第一章中已经界定过的意义）上是"保守"的。关于绝对主义，虽然马克思和恩格斯使用了"平衡锤"这一说法，但是我们认为，"平衡锤"这一说法，与其说是关于资本主义侧面和封建制度侧面的关系，毋宁说是关于经济发展与政治统合的关系。政策的曲折前进，是从这种双重性质中产生出来的绝对王权政治的必然属性。

比如，都铎王朝治下的《禁止圈地法》、《限制管理谷物流通法》（Book of Orders）、《工匠限制管理法》等各种法规，在此之前屡次被认为是单方面为了保护封建的特权，但是实际上，正如最近许多研究所显示的那样，其中包含着促进发展性和协调性这两个方面，仅仅在对性急的变化踩刹车这一意义上是"保守的"政策。① 作为绝对王权政治（尤其是斯图亚特王朝）所具有的封建性质的表现，经常可以列举出滥发垄断权和专利权（为了财政的理由）这样的例子，但其授予对象不是封建性的大商人，反而是新兴的官僚贵族和企业家（如果不这样的话，就不能获得丰厚的政治献金），至少在最初的时候发挥了促进新产业创建的效果。② 资本主义的发展与国民国家的统合，在强化国家经济实力这一点上是可以联系起来的。在强化国家经济实力的过程中发生综合性负

---

① 日文的文献，参见常行敏夫『市民革命前夜のイギリス社会』、32 頁以降。
② サースク『消費社会の誕生』、46 頁及び67 頁以降。

第六章　英国古典案例的再剖析

面影响的情况下，国王有时也必须采取表面看来对于王权而言可能不会带来利益的政策以及对于经济发展而言可谓是倒行逆施的政策。上面所列举的诸多规制性法律，都可以视为倒行逆施的例子，"济贫法"乍一看似乎是不好的例子，课题的二重性在此表现出来。但很快就会发现，与此相同的政策的曲折推进，在明治时期开始的日本到今天的开发主义国家的广泛领域中都是存在的。

但是，正因为绝对王权政治是以强化经济实力为目标的，所以其政策的主要方向很明显是产业培育政策，后世将其称为"重商主义"（mercantilism），很明显带有批判意味。但是，如果从其本质来说，则正如弗里德里希·李斯特所说的那样，"所谓重商主义，实际上是重工主义"。但是，关于重商主义，概而论之，自亚当·斯密以来的经济学者对其多持否定态度。批判的焦点一般在于，重商主义（忘记了扩大国内生产这一真正的目标）过分拘泥于扩大贸易盈余这种一次性目标。但是，如果重新对重商主义者的主张进行讨论，将其视为单纯的贸易盈余主义和仅仅有利于特权商人的政策，就过于简单了。比如，众所周知，凯恩斯在《通论》中对重商主义进行了重新评价。虽然稍稍有些长，但我还是打算在此引用他的观点。

> "持续发展的国家的福利……从本质上来看依赖于诱发投资的因素是否充分。所谓的投资诱因，在国内投资或者海外投资的任何一项中都能够看到，两者相互作用并构成总投资。……当局关注贸易收支盈余在两大目的的实现中发挥作用。而且，这是实现两大目的的唯一可能的手段。换言之，在当局对国内利率或者其他国内投资诱因不具备直接的支配作用的时代，促进贸易收支盈余增加的手段，对于打算增加对外投资的人来讲是可以采取的唯一的直接手段。而且与此同时，贸易收支盈余对贵金属流入所发挥的效果，是为了降低国内利率，进而强化国内投资诱因的这些人的间接手段。……如果对采取货币量与贵金属持有量紧密相联的货币制度的社会

进行考虑的话，政府当局密切关注贸易收支状况，对于维持经济繁荣而言恐怕是不可缺少的。"①

当时，关于货币量与贵金属持有量联系在一起的意见并不存在质疑的余地，所以凯恩斯的观点一语中的。但是也留下了问题，即所引用的这段讨论背后存在的凯恩斯的有效需求悲观论，是否符合16—18世纪的英国的情形。比如，瑟斯克曾经说过，"当时，经济学者并没有考虑消费产品制造业和国内市场扩大的重要性"，的确，当时的重商主义者也漏掉了国内消费市场的强大，倾向于所谓的凯恩斯式的判断。② 但是，当时的人们没有注意到逐步出现的国内市场的扩大，这一点是可以理解的，另外，消费的扩大（只要消费的收入弹性指数没有超过1）也没有消除投资扩大的必要性。如果是这样的话，重商主义对贸易盈余的执着也是可以理解的。历史学家中也有很多人做出了相同的判断。特雷弗—罗珀提出，当时应该采用的两种政策之一就是重商主义（另外一项政策是削减官职，换言之行政改革）。③ 实际上，关于重商主义的早期阶段，瑟斯克也曾经做出过如下肯定的判断。

"强化国民自给能力的重商主义，在其早期阶段是允许植根于经济深层的诸多新兴制造业的产生的。新兴制造业，对于如果没有这些产业就将过着极度贫困生活的人们而言，是生存下去的粮食，关于这一点也得到了证明。只有在重商主义的背景下，这些小制造业者才能够出现，才能不遭遇严重损失并且实现繁荣。"④

学说史学家，常常以清教徒革命为界将重商主义分为前期和后期，但这主要是受到了试图强调封建要素在"前期"残存的革命史观型接近的影响，实际上阶段划分没有什么特别的意义。重

---

① ケインズ『一般理論』、338頁。
② サースク『消費社会の誕生』、179頁。
③ トレヴァー＝ローパーほか『十七世紀危機論争』、108頁。
④ サースク『消費社会の誕生』、200頁。

第六章 英国古典案例的再剖析

商主义是"重工主义",或者用这本书所采用的表达方式即"开发主义"的一种早期表现形式,其性质不管在前期还是在后期都保持了连贯性。深入 18 世纪后,资本主义和国民国家获得了充分的"开发",重商主义也不得不逐渐朝着真正的"重工主义"方向发展。清楚地指出这一点的,正是亚当·斯密的《国富论》。

于是,16—18 世纪的英国历史,一方面是伴随着起伏不断高涨的资本主义的连续性过程,另一方面也是领先于欧洲大陆向前推进的国民国家化的政治性过程。绝对王权政治被认为是实现这种双重过程的努力,重商主义则被定位于其政策表现。但是,英国的国民国家化,领先于资本主义的发展,相应地其绝对主义缺乏彻底性。佩里·安德森曾经说过,"在能够达到成熟以前,英国的绝对主义因资产阶级革命而中断",但是这种看法发生了逆转。[①] 真实状况是,由于国民国家化和资本主义的成熟和不断前进,所以绝对主义这一过渡性形态便显得不是那么必要。不管怎样,绝对主义的历史使命在 18 世纪末已经结束了,"产业化"发挥支配作用的时代到来,由经济发展和政治统合共同构成的双重的连续型过程被纳入其中。在此,我们将重新回到本章开篇所提出的"产业化"和"资本主义"的关系,以及对一元化革命史观进行反省的问题上。

第五节 产业化的多元性

产业化历史的分水岭

在此,我打算重新对围绕资本主义和产业化的区别所进行的讨论进行归纳。将两者混淆,是自马克思以来,包括韦伯以及之后的很多经济史学家所共通的,少数几个例外只有拉斯莱特、费尔南·布罗代尔(Fernand Braudel)和道格拉斯·诺斯等。但是,

---

[①] Perry Anderson, *Lineages of the Absolutist States*, p. 142.

正如在此之前所讨论的英国的情况所表明的那样,这二者从根本上看是完全不同的概念。产业化是表示历史不可逆的发展潮流的基本范畴,与此相对,资本主义是经济制度的状态,是非历史性的概念。尽管如此,资本主义这一概念占据了历史分析的核心,成为各种各样错误产生的原因。

正如第二章中已经论述过的那样,产业化最为基本的特征,在于坚持相信经常创造并替换新的物质环境是可能的,以及为实现这一目标的努力。从这个意义上来讲,产业化的核心,是不中断的"技术创新"的过程。在人们对待自然的姿态的戏剧性变化这一点上,产业革命是可以与一万年前的定居农耕社会相提并论的重大事件,是推动人类历史朝着不可逆的方向发展的<u>卓越的历史性</u>的事件。但是,所谓的卓越的历史性,与必然性并不相同。只是对历史事实进行考察的话,很难避免产生一种印象,即认为英国所发生的产业革命是社会学者通常所说的"突发性"的事件,换言之是偶然的事件。

比如,产业革命的种子,以古登堡以后的活字印刷出版、机械织布机、与军事相关的金属技术,以及玻璃、明矾和苏打的制造等化学技术等形式,大量存在于当时的欧洲社会中。① 但是,这些现象,并不仅仅是英国,而是所有欧洲国家所共同拥有的资产,进一步说正如后面将进行论述的那样,罗马和中国的宋朝也存在着相似的情况。恐怕可以说,英国的资本主义,为这些种子的实用化以及需求的开发准备了更为优良的复合型环境。但是,环境并不总能结成果实。从这个意义上来讲,产业化并不是资本主义的必然归宿。即便没有发生产业革命,英国的资本主义可能也具有充分的存续发展的可能性——但是,是作为奇妙的岛国的局部现象。所谓产业革命,在某种意义上是偶然的事件,但是却将英

---

① 关于认为活字印刷的书籍是最早的"近现代化大批量生产的工业制成品"的主张,参见 Marshall McLuhan, *The Gutenberg Galaxy: The Making of Typographic Man*, Tronto: University of Tronto Press, 1962 和アンダーソン『想像の共同体』、55~56 页、72~77 页。

第六章 英国古典案例的再剖析

国的资本主义推上了世界历史性的地位。所谓历史就是众多的偶然，尤其是时机的恶作剧。

顺便提一下，支撑产业化的技术创新，和17世纪爆炸式遍地开花的"近现代科学"的发展并不一样。近现代科学，在相信物质环境的<u>可把握性</u>这一点上与产业化确实是同根相生的，但是在相信环境的<u>可改造性</u>这一点上却是不同的。引领近现代科学的天体力学，存在着与试图弄清楚神所创造的不变秩序的自然神论相联系的倾向。17世纪的大科学家们如果知晓了实现产业化的世界的话，一定会因为恐惧而战栗。但是，在这中间，英国的氛围有所不同。重视经验的弗朗西斯·培根（Francis Bacon），从整个欧洲来看，是相当有特色的。哈维（William Harvey）和波义耳（Robert Boyle）的发现在这个意义上是典型的培根性经验主义的。即便在社会分析的层面上，配第（William Petty）、格兰特（John Graunt）、哈莱（Edmund Halley）等"政治算术派"，正是源于经验的归纳型。模仿培根的精神而创立的"皇家协会"象征着这种英国式的氛围。与此相对，产业革命发生时期的法国，如果从理论成果来讲，应该凌驾于英国之上。比如，化学领域的拉瓦锡、物理学领域的拉格朗日这两个法国人，都在各自领域撰写了整个欧洲最优秀的全面性的理论著作。

但是，产业革命时期所出现的发明家中，英国人（包括苏格兰人）占据了压倒性多数，阿克赖特（Richard Arkwright）、詹姆斯·瓦特（James Watt）、卡特赖特（Edmund Cartwright）等，属于对当时的理论科学充其量是一知半解的实务性慈善家。技术，与其说是科学的衍生品，毋宁说是从同一条根（作为内容，尤其是思想从教会的解放）上分出来且并驾齐驱的另一根发展枝，英国出现的资本主义的土壤促使这一发展枝获得了巨大发展（从19世纪后期起，科学和技术开始融合，是产业化不断前进所产生的一个结果）。可以将包括资本主义在内的各种各样的"进步的发展枝"的所有枝条看成是"自由"实现的历史。我在某种意义上也赞成这一点（参照第十二章）。但是，这种讨论太拘泥于概念历史性，不宜将其列入本书所采用的具体的政治经济讨论中。

资本主义的非历史性

另外，资本主义是<u>非历史性</u>的制度形态的一种。正如英国的例子所表现出的那样，即便是在产业革命以前，资本主义也是充分存在的。不仅如此，在人类历史的各种局面中，资本主义或者至少说与此相类似的形态很容易被发现。比如，正如之前已经论述过的，罗马和中国也曾经出现过资本主义或与此相类似的形态占据支配地位的时期。众所周知，在罗马文明的后期，构筑起了以私有权（当然也包括土地的私有权）的观念为中心的法律体系。小麦、葡萄和橄榄等经济作物的大规模种植，即农业资本主义的发展，就可以被称为这一"罗马法"制度的原因，也可以说是结果。当然，关于奴隶制度的存在与私有产权的基本前提（人身自由归自己所有）是相反的这种意见也是存在的。但是，在罗马帝国的末期，奴隶大都变身成为被称为隶农的雇农。在技术发明的层面上，罗马也不欠缺。关于罗马，可以列举出拱门、地板下暖气、螺丝、玻璃、制作面包的机械以及收割机等各种各样的发明。顺便提一下，当时的罗马人已经知晓了蒸汽机械的力量，但仅仅用于玩具当中。如果仅仅从经济制度的观点来看，毋宁说，仅仅以奴隶制度为理由而不将后期成熟发展的罗马称为资本主义社会的定义，或许存在着问题。①

与此同时，从 10 世纪中叶开始的宋王朝，是将中国历史划分为两大部分的具有划时代意义的朝代，可以看到众多与罗马相类似的现象。在中国，唐朝崩溃以后，土地开始变为私有，尤其是江南地区的水稻生产（通过引入通常所说的占婆稻的早熟稻米）得到大发展，并形成了新兴的富裕地主阶层（通常所说的"形势

---

① Franz Kiechle, *Sklavenarbeit und technischer Fortschritt in roemischen Reich*, Wiesbaden: 1969, K. 8, S. 188. 布罗克梅耶（N. Brockmeier）也坚持同样的主张。参见弓削達『地中海世界とローマ帝国』、岩波書店、1979 年、214 頁以降。

第六章　英国古典案例的再剖析

户",指包括官户和充当州县衙门的公吏、乡里基层政权头目的上户——译者注)。对以科举制度为基础的宋朝文人官僚制度形成支撑的正是这些阶层的子弟。丝绸和棉织品、陶瓷器、漆器和茶叶等产业也实现了前所未有的发展。宋朝是"经济优先于其他一切的财政国家",通过金钱和物品换取歌舞升平的景象,宋朝的文化是文治的、平民的,因为言论自由,所以学者之间的争论非常活跃,比如南宋的首都临安(杭州)是当时世界范围内无与伦比的巨大消费城市,在世界上最早发行纸币(交子以及会子),这些现象都是令人印象深刻。① 虽然规模各有不同,但是可以说宋王朝与都铎王朝时代的英国非常相似——比如,王安石可以与塞西尔进行对比,"形势户"相当于乡绅等。

正如罗马和宋朝的例子所清楚表明的那样,如果以市场经济和私有产权来定义资本主义的话,这是在某种类型的条件下、无论何时何地都可能出现的体系,不可能是单线发展的历史潮流中的一个必然阶段。资本主义与产业化相联系,换言之与大量使用机械和无机能源的工场制造业相联系,并不是必然的。与不以工场制造业为基础的资本主义相对,前期的资本主义、商业资本主义、高利贷资本主义、贫民资本主义等与近现代以前的资本主义相区别的各种各样的术语被发明出来,但是其中的差别又有何种依据呢?在这种将前期资本主义区别开来的背景下,存在一些臆测,即认为只要工场制造业不扩大,正向的利润率就无法持续,所以企业必然消亡、整个体系必然瓦解。换言之,基于商业和金融既有获利的时候,也有出现损失的时候,从社会整体来看,源于商业和金融的长期性利润总额为零,所以商业经营(只要不为工业的发展所支撑)不可能长期存在,以商业为主体的资本主义是不可持续的。商业主导的工业,比如批发业手工业(putting-out system)基于同样的理由也是不可持续的。马克思流派认为,只有作为使对劳动者的剥削成为普遍现象的制度的"工场制造业"确

---

① 宮崎市定『中国史　下』、岩波書店、1978年、334頁及び前後。

立以后，才会产生利润，资本主义才会成为具有牵引社会的持续性的制度。在这种情况下得出这样的结论，即资本主义只有在产业化（即工业化）的条件下才有可能存续，事实上两者是一致的。但是，正如接下来的说明那样，之所以得出这样的结论，是各种各样繁杂的信念和疑似理论的混合产物。

的确，在近现代社会或此前的社会里，商业和金融的活动常常暴露出较高的不确定性。面向新大陆和亚洲地区的远洋贸易，不能从稳定的交易对象那里获得利益，加上在航海过程中失事或遭到抢劫的可能性，很难期待获得稳定的利润。在近现代的欧洲社会，对外贸易和海盗行为往往只隔着一层纸。金融活动最终也受借款者支付利润的不稳定性的拖累而具有较大的危险性，为了弥补这一点，利率变得相当高。将这些活动称为具有危险性、侥幸性，最终认为是非道德的观点中，也是可以理解的。但是，这种高风险性和侥幸性，是因为支撑商业和金融的交通和通信的网络还不发达，并不是商业和金融自身的过错。这些活动，是通过将产品（和货币）在空间或时间范围内进行移动而产生价值的，如果运输和通信的状态能够得到完善，当然可以持续性地产生正向的利润。比如，银行和保险的历史悠久，第二次世界大战后日本的"综合商社"——尽管没有殖民帝国的庇护——就是能够确保正向利润的最好例子。要在收益性这一点上将生产商品的产业（农业、矿业和工业）与商业和金融（或者与此相连接的批发业手工业）原则性地区分开来，是很难找到相关依据的。

这一困难，在马克思看待商业和金融的观点中经常出现。马克思认为，从本质上看与劳动没有关联的商业资本和付息资本，既不会产生价值也不会产生剩余价值，只不过是从工业资本中剥离了一部分剩余价值。的确，如果不这样考虑的话，只雇用相对较少劳动者，却获得了大量利润的商业和金融业的存在方式，就无法用投入劳动价值说来进行说明。但是，马克思的时代暂且不论，尤其是在现代，正如银行和商社所表现出的那样，即便是商业和金融业，其所雇用的劳动者也已经达到了不容忽视的庞大规

第六章　英国古典案例的再剖析

模。为了遵循从工业资本中剥离这种观点，就不得不认为商业和金融业从工业领域雇用"派遣公司员工"，但是这样则与现实社会中的经营方式偏差过大。关于商业资本和付息资本的说明是马克思主义经济学的一个不足，马克思本人以及之后的马克思主义经济学家试图进行各种各样的解释，但是都只不过是提出了一种特殊性的讨论（比如流通期间的缩短、商业规模效益论等）。[①] 可以认为，即便认为商业会产生剩余价值，也不存在理论上的矛盾（但是金融的操作相当困难），但是为何马克思不这样做呢？恐怕是为了通过否定以商业为中心的资本主义的可能性，不假借工场制造业及其劳务管理，即在产业革命发生以后的形式下探求资本主义的本质。但是，在此我打算放弃基于一个世纪以前所撰写的著作中的纯理论性难点进一步深化，而止于在将商业和金融业与一般的工业区分开来的讨论，仅仅指出价值观的杂质过多。将资本主义区分成产业革命以前和以后的马克思主义型的讨论中存在着很多的问题。

结果，作为在理论上具有意义的论点而存留下来的，是认为资本主义的确立（换言之正向的利润的维持）只有在正向的增长（通常所说的扩大再生产）条件下才有可能实现的讨论。将资本主义和产业化同等对待的观点，在很多情况下也默认包含着这种理论的主张。产业革命发生以前的商业资本和高利贷资本，从长期视角和社会整体来看，潜藏着认为不会产生正向利润（剩余价值）的经验性臆测。的确，在假定平均生产率一定的单纯的部门间模型（比如马克思的再生产表达关系式）中，保证利润为正的条件和实现正向的增长率的条件是一致的。[②] 所以，可以推导出资本主义是应该进行扩大再生产的。但是，如果排除平均生产率一定的假设而认为边际生产能力递减的话，正如西方经济学的一般均衡理论所表明的那样，恒定的（单纯再生产的）资本主义也可以维

[①] マルクス『資本論』、第三巻、第四篇。
[②] 置塩信雄『資本制経済の基礎理論』、創文社、1965 年、第二章。

持正向的利润。所谓一般均衡理论，归根结底只不过是对恒定的资本主义进行描述的模型。

但是，不触及以工业为中心的资本主义的强大，恐怕是片面的。第一种强大是与政治相关的，第二种强大则是与技术相关的。

第一，工业在事实上必须具有领土性的基础。与此相对地，以商业和金融业为基础的资本主义，也可以作为人与人（比如国王与大商人）之间的关系，或者说点与点（比如城市与城市）之间的关系而成立。在某种意义上，这种类型的资本主义容易成立，但是另一方面，其与制度性的政治基础（尤其是领土国家）之间的联系变得薄弱，自我保护的能力也将变弱。与此相对，工业在一定的土地上被经营，作为其背景必然要求包括劳动力在内的、一定程度上的组织统合。虽然难以成立，但是一旦成立就比较稳定。从这一点来说的话，恐怕可以说工业资本主义比较容易确保稳定的利润。但是，如果只是与这一点相关，也不能说以农业或者矿业为中心的资本主义与以工业为中心的资本主义相比就是不利的。

第二，与技术的关联性，具有非常重要的意义。在此之前人类获得的技术成功，绝大多数是在上述各产业，尤其是工业的领域中得以展示。产业革命以后，工业领域的技术创新以史无前例的速度得以实现，其结果是利润率正向发展水平的常态化，资本主义的维持变得相当容易。关于这种技术创新，亚当·斯密只抓住了"所有机械类的发明实际上都导致了生产分工的结果"这一点，[①] 李斯特在经历了迷茫后对技术创新的将来也持悲观的态度。就连马克思，也没有预料到在其出版《资本论》以后会逐步发生技术创新。但是，事实超越了他们设想的框架而向前发展。当然，17世纪的荷兰抢先进行的金融制度合理化，18世纪在英国发展起来的保险制度等等，商业和金融业领域的革新也不容忽视，但是这些是一次性改变制度的现象。另外，19世纪以后商业和金融业

---

① 『国富論』、大河内版、77頁。

第六章 英国古典案例的再剖析

的发达,也可以看成是船舶、铁道、电信电话等工业技术进步的副产品。直到最近,认为资本主义是产业化以后才开始真正发展起来,就是因为关于工业领域的技术进步的印象极为深刻。在这一点上,可以看到,以农业和矿业为中心的资本主义的情况似乎有些逊色。

但是,在目前这种超级产业化和信息化的局面下,商业和金融业领域也发生了巨大的技术进步。认为20世纪80年代以后世界范围内的资本流动以及无国界化现象,一般而言也是其结果的观点很强烈。可以看到,各种各样通常所说的"信息产业"的出现,被称为"信息资本主义"的姿态正在出现。作为其代表性选手,各种"信息产业",概而论之,讴歌了高水平的利润。将工业资本主义视为主角的想法的狭隘之处也在此体现出来。但是,与此同时,新的令人担忧的地方也出现了。信息、商业服务、金融服务等等,都不能很好地进行定量测量。所以,生产量的意义也开始变得模糊不清,人均生产量的增长这一产业化的定义本身也变得不可靠。现代的状况确实暗示着资本主义必然是工业资本主义、工业资本主义必然带来产业革命的世俗观点的错误,但是与此同时,或许也要求对产业化的定义进行再认识。

正如之前所论述的那样,产业化的现代定义,是"人均生产量的增长"。但是,如果尝试着按照不同时期来对比英国的资本主义的宏观成果的话,可以看到两点,即18世纪时虽然程度比较缓和,但是可以看到人均生产量的增长;而产业革命以后这种增长有所提高。关于16世纪和17世纪,是否存在着人均生产量的增长并不清楚。遗憾的是,贯穿这三个阶段且可以使用的国民收入统计并不存在。科尔(Dean Cole)的最长推算也只是回溯到17世纪末。但是,如果大胆推测的话,自人口因为节制生育措施受到控制的16世纪后期以来,虽然程度比较缓和,但是人均生产量的增长确定是存在的,这样的推测也是可能的。不管怎样,至少在英国,产业革命以前人均生产量有所增长是事实。而且,正如第二章中所介绍的那样,道格拉斯·诺斯认为,希腊和罗马也存在同样的事实。"人均生产量的增长",似乎不是能够说明产业化的充分的指标。

最终来说,产业化的指标,是人类能够把握并征服自然的信念,除此以外不会有其他任何东西。更加具体来说,产业化的指标是常态化的技术创新。从这一点来讲,产业化并不是简单的制度变革,而是与定居农耕的开始和有史宗教的诞生属于同一等级的人类思想的飞跃。其影响之大,作为无法忘却的人类记忆而保留下来。反产业化运动的火焰高涨,超越产业化的尝试得以实现,这都是在产业化的记忆之上成立的。如果从这种冲击的巨大程度来看,仅仅因为碰巧与产业革命相联系,英国的资本主义就被特殊对待,这也是理所当然的。但是,正如此前已经确认的那样,英国的资本主义社会,从当时的世界来看是属于偏僻的局部地区出现的现象。马克思将这种局部性的现象视为世界史的现象,而且认为其是难以逃脱崩溃命运的不可持续的体系。另外,沃勒斯坦也将资本主义从本质上理解为"世界性的"体系(他所说的world system),认为如果没有对周边地区的剥削就不可持续。目前,几乎所有的社会科学学者,都对探求资本主义中的世界史意义没有任何疑问。但是,让人对这种世界史意义留下印象的,很明显是产业革命以后的资本主义的姿态,即与其说是资本主义,毋宁说产业化成为问题。很明显,资本主义和产业化被混淆在一起。

由于资本主义包含着善恶两个方面,被等同为产业化。如果从将其视为恶的一面来说,可以指出,国内分配的不平等、国际的不平等、产业结构的变动所导致的生活不稳定、竞争所带来的心理紧张,进一步来说是最近20年间的环境污染、资源枯竭等。关于这些现象主要将在后文进行讨论,但是大部分的产生原因在于产业化。社会主义尝试着倡导消除这些问题中的某一类型的东西(尤其是分配的不平等),但是其结果并不成功(产生了特权阶级)。但是,此次苏联阵营的瓦解,与其说是因为在消除产业化的一面中失败了,毋宁说在作为善的一面的技术进步能力的竞争中

第六章　英国古典案例的再剖析

破产是其直接原因。苏联阵营的失败，是产业化应该具备的<u>经济制度形态</u>的失败，而并非其他。今后的课题恐怕是，脱离社会主义和资本主义这一对立的框架，对各种各样的经济制度形态的可能性进行讨论。下一章将通过对开发主义重新进行考虑的形式进行尝试。

关于革命的重新考察

在此我打算重新回到前一章结尾处所提及的一元史观与多元史观，或者说革命史观与连续史观的问题上。正如以上讨论所显示的那样，被认为是古典式的英国这一事例，实际上表明了一元的革命史观的局限性。这一事件的意义重大。注意到这一点的，不仅仅是我们。比如马克思和恩格斯，就几乎不打算深入研究作为个别例子的近现代的英国历史。另外，最近，新马克思主义者佩里·安德森将英国的绝对主义作为"不成熟"的例外来对待。这些实例都表明应当对英国历史不拘于一元史观，而进行多元化的说明。对革命史观表达了同感的劳伦斯·斯通，关于"英国革命"前后历史的变化最终采取了多元化的说明，并不得不在很大程度上缓和"革命"的定义，也很好地反映了这期间的情况。①

当然，革命的定义因为人或者学派的不同而不同。但是，很多人漠然考虑的革命的概念中，确实包含着两种相互矛盾的要素。

一方面，有人将通过使用暴力颠覆社会的尤其是政治的制度称为革命。但是，如果将焦点置于使用暴力的话，则会产生所有种类的军事叛乱都可能被判定为革命的问题。比如，要在中国的王朝更替和在南美洲地区频繁发生的武装政变与"真正的革命"之间划一条线是很难的。要判定是武装政变还是革命，其标准不外乎是"暴力性"事件发生前后能否看到大的社会结构的不连续性。但是，如果能够明确这种判定的话，原本就没有必要将"使用暴力"这种标准纳入其中。很明显，社会结构的不连续性是更

---

① ストーン『イギリス革命の原因』、214頁。

为本质性的标准。

另一方面，也有观点认为可以将造成巨大的历史影响的事件称为"革命"。比如，劳伦斯·斯通在承认以"英国革命"之前和之后的英国的社会结构具有连续性的同时，也认为基于这是政治思想上的世界史性重大事件这一理由应该称之为"革命"。要说改变世界历史的事件，英国革命反而是一个小例子。拿撒勒派的耶稣、释迦族的公子乔达摩、鲁国的孔子等的讲学活动，都是人类历史上具有划时代意义的事件，很明显是比这种定义的革命更高一级的例子（有史宗教革命）。但是，他们的活动并不打算使用暴力立刻实现制度颠覆。其影响渗透到深层，缓慢却切实地改变了人类历史。通常所说的定居农耕革命、科学革命、产业革命等，不管哪一个都是这种类型的革命，不是根据使用暴力而进行定义意义上的革命。

这两种定义是完全不同的。前一种定义是假设以有实力的国内势力的激烈冲突为前提，社会内部存在尖锐的矛盾，但是这种冲突的激烈（暴力性）程度，并不一定是衡量世界史意义大小的尺度。但是，革命史观论者理所当然地试图赋予暴力革命以世界史意义。所以，通过采取一元化的进步的历史性解释、将社会的矛盾规定为反进步，革命史观使两种定义并存。革命史观必须是一元化史观的必要性也就在于此。但是正如在此之前所进行的论述那样，作为近现代化的经典案例，英国早就提示了多元化解释的必要性。革命史观中，至少还存在着重大的例外，这一点从目前来看是很明显的了。

既然如此，有可能下定决心将英国视为近代—现代历史的例外吗？这个问题乍一看是没有意义的。这一期间的英国历史，在某种意义上是例外的连续。最早的资本主义国家，最早的国民国家，最早登场的议会制民主政治等等，所有这些都是尽人皆知的史无前例的事件。其中，在英国出现的人类历史意义层面上最重大的"革命"是产业革命，针对这一观点，应该不会有人存在异议。产业革命以后，产业化的趋势推动着一切向前发展。在除英

第六章　英国古典案例的再剖析

国以外的后发国家中，与产业化相矛盾并形成障碍的东西被摧毁，产业化成为"进步"的推土机，仅从这一点来看，进步史观似乎与世界历史的发展相适应。产业革命的成果在所有人的眼里都很清楚，19世纪中期以后，后发社会的所有"革命"全都属于这种类型，这样说并不过分。德国和意大利的统合恐怕也是基于这一意义的革命。日本的明治维新、俄国革命以及第二次世界大战以后的大量后发国家的革命，按照产业化的疑似进步史观的逻辑来考量的话都变得非常容易理解。这种逻辑，实际上是将各个后发国家按照与先发国家的距离排序的意识形态。但是，正是因为如此，这成为使各个后发国家发奋图强的能源，对于后发国家而言，在实际效果上，确实作为一元化的进步史观而发挥了作用。以英国为领头羊，通过各个国家发展产业化的努力所形成的一列纵队，可以看成是进步史观的证据。

但是，这并不是普遍意义上的一元史观的证据，而在于它是通过作为初始案例的英国的历史所具有的多元性。疑似进步史观，只能在将英国作为例外的情况下成立。于是，作为初始案例的英国的经验，在这种疑似的进步模型中不能发挥作用。在后发国家中的变化过程，也没有必要模仿作为例外的英国的经验。以前，关于"可以跨越资本主义、一举迈进社会主义"的说法，曾经发生过喧嚣一时的争论（在给查苏里奇（Vera Ivanovna Zasulich）的信件中，马克思、列宁和斯大林等都是其中的参与者），但是在为实现产业化的过程中，尝试诸如计划经济、混合型经济以及此前已经论述过的开发主义等各种可能的制度，也是自然而然的事情。就连最近东欧地区所反映出的从社会主义向资本主义的转变，也没有必要为是否是历史潮流的倒退而感到困惑。更进一步来说，认为产业化只是一定时期的湍流，只是人类历史上的短期现象的超产业化的立场也是可以站住脚的。包含这种意义在内的，以产业化的发展为主轴的一元化进步史观，从整个人类历史的观点来看，恐怕也只不过是疑似性的东西。

但是，不管怎样，人类历史通过产业化，进入了不可逆转的新阶段。作为其最为具体的结果，产业化对于国民国家而言，在军事和经济层面上提供了最为强势的手段。所以，先发国家，相对于后发国家确立了军事和经济领域的优势地位，后发国家直接面对着征服、统治或者说这种威胁。在国民国家体系中相互争斗的欧洲诸国，了解了产业化的好处，尽可能快地努力追赶先发国家。这种发展趋势波及了并不知晓国民国家型激烈竞争的非欧洲世界。追赶型产业化成为全球性的至上使命。于是，以产业化作为尺度的疑似进步史观开始占据支配地位。对于追赶型产业化而言，能够作为模仿对象的，是"先发国家"英国的历史经验，所以，产业化和资本主义被混为一谈。西欧和中欧地区处于后发地位的国家自不必说，诸如俄国、瑞典、土耳其以及日本等后发国家，试图以浓缩了英国自16世纪以来三个世纪所经历的重商主义、保护主义等阶段的形式完成这一进程。这种努力，我们今天将其称为"开发主义"。如果要对这种现象逆序投影的话，即便是在英国的情形下，也可以将"近现代"的近三百年的时期称为<u>无意识的开发主义</u>时代。

而且，更为一般性而言，产业化要求开发主义。当主张产业化仅依靠古典的自由主义就足够用的时候，产业化是基于英国这一完成形态的极其狭隘的理解。但是，如果从数百年甚至数千年以后的人类的视野来看，恐怕会认为，所谓产业化这种稍稍有些不自然的运营，几乎在所有的情形下，都要求在其早期具有开发主义的独特的政治经济形态。即便在英国，虽然是无意识的，但开发主义也是不可或缺的。对开发主义进行批判，当然也是可能的。但是，这与对产业化进行批判无限接近。具有对开发主义进行批判的资格的，与其说是古典的自由主义，毋宁说是反产业化、超产业化的思想。

阅读日本书系

反古典的政治经济学（下）
面向二十一世纪的绪论

〔日〕村上泰亮/著
张季风/丁红卫/译

北京市版权局著作权合同登记　图字：01-2010-7673
图书在版编目（CIP）数据

反古典的政治经济学（上、下册）/（日）村上泰亮著；张季风，丁红卫译. —北京：北京大学出版社，2013.1
（阅读日本书系）
ISBN 978-7-301-21796-2

Ⅰ. ①反… Ⅱ. ①村… ②张… ③丁… Ⅲ. ①古典资产阶级政治经济学-研究　Ⅳ. ①F091.33

中国版本图书馆 CIP 数据核字（2012）第 296970 号

Nijuisseiki eno Josetsu — Hankoten no Seijikeizaigaku Ge
Copyright ⓒ 1992 Yasusuke Murakami
Simplified Chinese translation copyright ⓒ 2010 Peking University Press
All rights reserved

Original Japanese language edition published by CHUOKORON-SHINSHA. INC.
Simplified Chinese translation rights arranged with CHUOKORON-SHINSHA. INC. Through Nishikawa Communications Co., Ltd.

书　　　名：	反古典的政治经济学（上、下册）
著作责任者：	〔日〕村上泰亮　著　张季风　丁红卫　译
责任编辑：	马　霄
标准书号：	ISBN 978-7-301-21796-2/F·3447
出版发行：	北京大学出版社
地　　　址：	北京市海淀区成府路 205 号　100871
网　　　址：	http://www.pup.cn
电子信箱：	em@pup.cn　QQ：552063295
新浪微博：	@北京大学出版社　@北京大学出版社经管图书
电　　　话：	邮购部 62752015　发行部 62750672　编辑部 62752926
	出版部 62754962
印　刷　者：	北京大学印刷厂
经　销　者：	新华书店
	965mm×1300mm　16 开本　41.5 印张　579 千字
	2013 年 1 月第 1 版　2013 年 1 月第 1 次印刷
定　　　价：	85.00 元（上、下册）

未经许可，不得以任何方式复制或抄袭本书之部分或全部内容。
版权所有，侵权必究
举报电话：010-62752024　电子信箱：fd@pup.pku.edu.cn

目 录

第七章 成本递减的经济学 *271*
第一节 开发主义的政治和经济 *271*
第二节 新古典派的成本递减分析——幼稚产业论批判 *279*
第三节 幼稚产业的替代品 *289*
第四节 成本递减的反古典式分析 *309*

第八章 作为体系的开发主义 *329*
第一节 产业政策 *329*
第二节 开发主义的政策体系 *337*
第三节 非开发主义的失败案例 *357*
第四节 开发主义与古典式经济自由主义 *366*

第九章 国际经济的多样化 *379*
第一节 开发主义的国际含义 *379*
第二节 国际公共产品的再探讨1——国际通货 *386*
第三节 国际公共产品的再探讨2——海外投资与援助 *402*
第四节 国际产业政策的可能性 *416*

第十章 新国际体制的蓝本
　　　　——多样态的自由主义规则 *426*
第一节 再论民族主义的历史 *426*
第二节 民族主义的继承者 *432*
第三节 地区性安全保障同盟的可能性 *445*
第四节 经济组织的多样性——与开发主义间的关系 *461*
第五节 新经济自由主义的规则——开发主义的对策 *473*

第十一章　技术·经营·议会政治
——有关三个问题的备忘录.................................495
第一节　技术发展的视角.................................495
第二节　从日本企业异质性的视角考虑1
——系列化和雇佣制度.................................521
第三节　从日本企业异质性的视角考虑2
——相互持股与金融政策.................................542
第四节　从批判民主主义的视角考虑——自由与平等.................................568

第十二章　对于理解的解释.................................589
第一节　文化说明的三种形态.................................589
第二节　若干的哲学准备.................................594
第三节　日本文化中所谓的"暧昧性".................................618

跋——著者简约.................................634

索引.................................640

第七章 成本递减的经济学

第一节 开发主义的政治和经济

资本主义、产业化、开发主义

通过前面几章的讨论,我们可以得出如下两个结论。第一,必须对资本主义和产业化加以区分。第二,产业化至少具有古典经济自由主义和开发主义两种形态。在此之前多数学说都认为产业化仅仅是资本主义的延伸,开发主义则是古典经济自由主义的畸形变种。在本章中我们可以了解到,以前的那些说法其实是不充分的。

先就第一个论点来说,迄今为止经济学大都没有将产业化与资本主义加以区分。它们实质上是一种纯粹的"资本主义"的分析,是一种静态的(static)均衡论分析。换言之,它们并没有将技术创新和动机形成(motivation or incentive)的问题包含在理论体系中。然而,在此之前产业化(在此我们暂且理解为人均生产的持续增长)很明显基本上都是靠持久性的技术创新以及金钱激励(pecuniary incentive)的普遍化来支撑的。事实上令人感到奇怪的是,以前并不存在真正意义上将这些因素考虑进来的产业化经济学。从某种意义上来说,亚当·斯密的经济学的特点与其最为相近,但在产业革命完全出现之前斯密就已经辞世。不过,他似乎预感到了存在某种与产业革命相似的东西。李嘉图和马克思,或是本章将提到的马歇尔都致力于产业化经济学的研究,但他们的成果(基于马克思主义的李嘉图的研究除外)并没有被后来的经济学家发扬光大。现在主流的新古典派经济学也只有一些拼凑而成的产业化分析。

如果存在真正意义上的产业化经济学，那么我们就可以从完全不同的角度来分析各种经济现象。"开发主义"便是这种现象的一个例子。若从纯粹资本主义经济学的观点来看，开发主义是从资本主义基本形态中的脱离，或者说只是一个允许用来作为过渡的例外。但若从产业化经济学的观点来看，开发主义——与古典经济自由主义一起——都是产业化应有的一种形态。

事实上，"开发主义式"的发展、"产业化→民主化"这种形式的发展也绝非例外。上一章曾讲到，纵观近现代以后的历史，我们经常可以在以英、德、法等为代表的欧美诸国看到开发主义或者是类似开发主义式的局面。但是这些例子并未被归入后来的"幼稚产业论"的框架并从正面来对它们加以分析。日本这一显著的成功案例，一般也被认为是一个特例。然而，第二次世界大战后，特别是20世纪70年代后的事实告诉我们，日本的成功并不是一个孤立的案例。在东南亚，新兴工业经济体（NIEs）等成功完成向产业化起飞的开发主义国家和地区也相继出现。我们可以看到在这些国家和地区，高速经济增长已经持续了15年以上，培养了一批经营人才，产业化程度也大大提高。在中南美的墨西哥和巴西，东盟（ASEAN）的泰国、马来西亚、印度尼西亚发生这种变化的可能性也非常大。NIEs的成功层出不穷，已经成为超越日本的具有世界史意义的成功案例。"开发主义例外说"明显偏离事实。因此，为了维护古典经济自由主义的观点，我们将抛弃这种"例外说"，取而代之采用"过渡说"，即开发主义仅仅是向古典经济自由主义过渡的一个阶段。但是，我们必须重新验证，开发主义是否仅仅单纯是个过渡性阶段。这是今后在考虑开发主义的世界体系时必须提及的问题之一。

在此，首先要寻找一个更加明确的定义，来取代"产业化→民主化"这一含混不清的说法。

第七章　成本递减的经济学

所谓开发主义是指,以私有财产制和市场经济(即资本主义)为基本框架,以达到产业化(即人均生产的持续增长)为目标,只要有助于实现目标,就从长远观点出发容许政府介入的一种经济体系。开发主义显然是以国家或地区(或类似的政治统合体)为单位来设定的政治经济体系。在这种情况下,往往会对议会民主主义产生一些制约(君主制、一党独裁制、军部独裁制等)。

另外,之所以要在此加上"从长远观点出发的介入"这一限定,是为了阐明即使采用短期的反循环政策,即凯恩斯政策,如果仅有这一点的话,也不能称之为开发主义。凯恩斯主义的政策本身并不关心经济增长,是不具有开发主义特征的政策。

以上的定义有着重要的内涵。开发主义以国家或类似国家的政治统合体的存在为前提。换言之,开发主义是站在国家主义立场上的产业化理论或政策,是过去重商主义和德国历史学派的发展形式。因此政治与经济的相互作用发挥着中心作用。与之相对,古典经济自由主义一直主张经济从政治中独立,同时也从国家主义中独立出来。但事实上从上一章的讨论中我们可以看出,在产业化过程中,政治和经济总是相互作用、纠缠在一起的。古典经济自由主义也不例外,依靠欧洲特有的国民国家体系来支撑。最近的霸权稳定论也是为确认全世界范围内而非个别国家的政治与经济的相关性而进行的一个尝试。显然,当前有必要放弃古典的政经分离的观念,对产业化和国家主义,或者产业化和民主化的关系进行分析。

产业化与民主化的共存性

我们先前将"民主化"定义为自由民主主义(自由主义与民主主义的某种复合体)的制度化,认为其实现形态事实上仅仅是某种形式的议会民主制(parliamentary democracy)。然而,议会民主制也是一个模糊的概念,其具体的表现形式也多种多样。下面,我们就从给出议会民主制最标准的定义开始进行论述。①

（1）参政权范围的广度。面向国家决策的最高机构——议会的参政权（选举权和被选举权）的范围足够广，这一般被认为是民主主义的古典式定义。从历史上来看，其范围从有限选举制到完全的普通选举制在不断扩大。事实上即便是在英国，女性选举权的完全实现也是1928年的事。参政权的范围越大越好这一主张也未必得到公认（参见第十一章）。

（2）多元主义（pluralism）或者多数政党的存在。现在多数意见都认为，不应单纯扩大选举权，而是应该同时面向选民设置多样化的选择对象。这意味着多数政党不会有名无实，而会成为实质性存在。不过也许有人对这一定义不太满意，比如有人会提出与以下（3）或（4）相同的条件。为了表明民主主义表现形式的多样性，我们在此也将这些条件加以列举。

（3）政权政党交替的可能性。将两党制视为理想化的人，往往会以是否有执政党的交替来判断是否是真正的民主主义。按照这种观点，像瑞典、印度和第二次世界大战后的日本这样一直是"一党主导（one-party dominance）"的国家，像意大利这样战后一直是保守联合政权的国家，它们是否是民主主义国家这一点就会受到质疑。但如果那样的话，对民主主义政治原动力的理解就过于狭隘。即便没有执政党的交替，只要存在能够提出具有说服力的替代性政策的在野党（用经济学里的话来说，只要存在政策的"潜在竞争性"（contestability）），就存在潜在的政党间的竞争。另外政党内部领导人

---

① 作为自由民主主义的严密定义理论，广为人知的是 Robert A. Dahl, *A Preface to Democratic Theory*, Chicago: University of Chicago Press, 1956, Chp.3（他将其称为 polyarchical democracy）。不过在这里，我们不打算进行如此细致的讨论。关于民主主义的各种可能性，请参照 David Held, *Models of Democracy*, Stanford: Stanford University Press, 1987。

第七章 成本递减的经济学

的更换也提供了充分的政策选择范围。两党制是在特定的社会条件下形成的政治形态，尤其不应忽视选举制度的影响。

（4）经济自由主义的完成度。很多英裔美洲系的保守党人都认为，议会民主制自然应选择古典式的市场经济制度，允许行政介入的议会不具有真正的自由主义、民主主义性质。也就是说按照这种观点，民主主义式的议会理应支持古典式的经济自由主义。然而按照这种论点，不光是开发主义，就连第二次世界大战后的英、法、北欧各国的社会民主主义政权也可以被视为脱离了自由民主主义（这些政权一再主张产业、企业的国有化），对凯恩斯主义也产生了怀疑。这一主张看起来过于狭隘，但为了进行后面的讨论，在此先将其列出。

另外一点非常明显的是有必要将产业化进行某种最低限度的政治性统合。前面已经提到，第一，支撑市场经济的最低限度的制度，用经济学术语表达即广义上"公共财产"必不可少；第二，广义的再分配不可或缺。若没有某种政治性统合，这些问题便无法解决。但如果仅指定最低限度的作用，就无法从根本上确定统合的全体内容。事实上纵观历史，绝对王权、一党独裁制、军部独裁制等都是支撑产业化开始的政治统合体的例子，他们受到议会的牵制程度也各不相同。当然，像英国和它的殖民地那样，最初由极其发达的议会民主制来提供产业化所需的政治性统合的例子也是存在的。

然而，在迎接产业化开始这样一个对任何国家而言都是历史分水岭的大变革之时，其所需的政治性统合是否总是依靠议会民主制来完成的呢？民主政治的基本前提很明显是"以少数服从多数作为社会意愿决定方式来达成的全体意见的一致"。然而，对像被冠以国家（state）之名的这种大范围的集团来说，满足这一条件并不容易。不仅如此，即便在发达国家，议会民主制流于既成权利间的妥协，成为与社会的大范围变革格格不入的体系的例子也屡见不鲜。例如，在讨论是否应在前产业社会中采用产业化路线时，如果所有阶层都拥有参政权，那么自然情况下出现多数派支持产业化路线的可能性就会很小。例如在英国，如果普通选举在18世纪就已经确立，那么产业化恐怕就难以顺利发展（可以考虑一下路德运动）。如果没有至少以经济的再分配（例如后述的农地再分配）为手段的诱导性领导力，在议会民主制下很难开辟出一条通向产业化的道路。

但是，仅靠经济的再分配一般无法解决问题。这种情况下的经济再分配，其目标归根到底还是用金钱来改变人的意见，但有着自己生活习惯的阶层，其不安和不满未必是可以用金钱来补偿的。特别是拥有前产业化价值观的阶层，他们并不为金钱所动，相反他们往往会厌恶金钱。即便这些人仅是少数派，其力量也足以引发内乱，阻碍产业化的进程。所谓内乱是指反对"以多数人赞同的决策作为社会决策"的决心的一种表现。最终在前产业社会急速产业化向进军之时，民主决定很有可能一再成为产业化排斥机制。既然产业化不是人类至高无上的目标，那么从某种意义上来说出现上述情形也理所应当的。然而，如果落后国家的领导层以产业化为目的，担心成为殖民地而努力提高国家地位，这时他们往往会避而不谈议会民主制。其原因可想而知，不是好或不好，而是作为一个事实性的问题，企图依靠民主制来跨过向产业化的起飞期。但这种可能性不会一直存在，即便有也会很小。实际上，像德国、意大利等欧洲内部相对的后发国家，以及日本和亚洲的NIEs，至少在产业化初期，议会民主制还未完全确立，开发主义就已取得成果，这样的例子有很多。至今无人能够否认这一事实。

但是产业化步入正轨后接下来会发生什么呢？对这一问题的看法出现了分歧。资本主义产业化拓宽了个人的活动范围，提高了生活水平，至少是增加了这种几率。这在总体上会增强其对政治话语权的要求。事实上，资本主义产业化具有不断加强议会民主制（资本主义产业化→民主化）的趋势，这一点正得到广泛认

第七章　成本递减的经济学

同。当然，也存在诸如拉丁美洲的所谓"人民主义（populismo）"受挫倒退的例子。但从趋势上来说，既然开发主义也是资本主义的一种形态，它就有加强民主化的趋势。这样一来，经济角度的开发主义和政治角度的议会民主制能否在步入正轨的产业化社会中共存，就成为问题所在，意见分歧也由此而生。其中一个极端的观点如前述（4）所介绍的那样，认为原本议会民主制的精神仅能与古典经济自由主义共存（议会民主制→古典经济自由主义）。这一观点暗含这样一种意思，即开发主义与议会民主制的共存归根到底是仅限于产业化初期的现象，其中一种（有可能是开发主义）不久就会被摒弃。

笔者之前也曾多次强调，政治与经济这两种动态之间并没有必然的联系。那些试图为议会民主制与古典经济自由主义之间建立一种必然性联系的争论，一方面低估了自由民主主义所拥有的思想接受能力，另一方面以一种过于狭隘的视角来看待经济自由主义。例如战后半个世纪的日本，至少从前述（1）和（2）的意义上来说，算是一个教科书般的民主主义国家，而且同时也算是一个对经济的政治性介入相对宽容的开发主义国家。大多数日本人都支持以经济增长（赶超发达国家）为目标的保守党，其政治上的共识也容许采取开发主义政策。韩国、新加坡等亚洲 NIEs 最近正致力于议会民主制的正常化，越来越接近战后的日本。显然，议会民主制与开发主义之间并没有必然的矛盾。但是这并不意味着实际上这两者之间没有摩擦。这种摩擦正是开发主义最大的问题之一。

过去曾有一些争论的例子可供借鉴。20 世纪 20 年代以后曾备受瞩目的"计划经济大辩论"，就以同样类型的争论为焦点。当时多数说法都认为社会主义（计划经济）必然意味着政治独裁。相反，恩里科·巴罗内、奥斯卡·兰格、J. A. 熊彼特等拥护社会主义的一方则认为计划经济与议会民主制可以共存。作为一种抽象的理论争论（使用的是新古典派的静态模型），他们的主张并没有错。① 但之后的现实进展情况却告诉我们仅仅围绕可能性进行抽象的讨论，是无法结束这一辩论的。在之后的苏联—东欧圈（包括兰格作为初期领导人之一的波兰），议会民主制与社会主义在现实中并没有得以共存。

今后"有关开发主义的大辩论"或许将成为以往的"有关社会主义大辩论"，当时的大辩论亦或将成为一个很好的教训。诚然，议会民主制与古典经济自由主义之间没有必然的联系。政治与经济确实独立运作，作为抽象理论，议会民主制与开发主义可以共存。然而，从确认其共存性的基础来看，不同的政治制度、经济制度都拥有各自难以改变的固有的动态，在这种固有性中，政治制度与经济制度有时相互促进，有时相互冲突。计划经济催生出的党政官僚制的动态终究是在不断排斥议会民主制。议会民主制和开发主义的关系也同样存在从共存到冲突的各种可能性。的确，议会民主制与开发主义可以共存，也存在像战后日本一样的实际例子。但现实社会中，维护这种共存性却需要一定的条件，这种条件也许没有维持议会制和计划经济共存的条件那么高，但绝不能没有。

之后将进行详细论述，这种条件和计划经济一样，与官僚制的动态相关。开发主义官僚制的中立程度以及灵活应对国际国内变化的能力等都将成为重要的条件。官僚制一旦与开发主义催生出的各种利益集团一体化，形成巨大的利益组织，并且议会的政治势力（政党）丧失抑制这种官僚组织利害的能力，那么开发主义就无法发挥实现潜在增长能力这种本来的特征，变得空洞化，或者最终引起那些非既得利益者的反抗，使议会政治陷入机能不全的状态。一旦出现这种情况，开发主义所拥有的相对于古典自

---

① 参见 J·A·シュンペーター『資本主義・社會主義・民主主義』（中山伊知郎・東畑精一訳、東洋經済新報社、一九六二年）、上卷二九六頁、中卷三〇四頁等。Joseph A. Shumpeter, *Capitalism, Socialism, and Democracy* (N. Y. : Harper & Row, 1950), p. 162, p. 173 etc。

由主义的优点便不复存在。古典经济自由主义者反对开发主义,也是出于对官僚制的不信任。但分析起来,这也是开发主义与民主化相互作用的一种动态的情况,而且仅仅是一种情况。在当今超级产业化的趋势中,促进开发主义出现的原因有很多,另外开发主义本身所拥有的多样可能性还没有被很好地理解。如果不将这些因素加以充分分析,就难以解决大多数重要的现代政治经济问题。接下来,我们将本着这一宗旨,对"开发主义的政治经济学"进行尝试性分析。本章主要是从经济学的侧面加以分析。其内容正如本章标题所示,即"成本递减的经济学"。

第二节　新古典派的成本递减分析
　　　　——幼稚产业论批判

马歇尔问题

在此我们简单描绘一下开发主义经济学的框架,其出发点是边际成本递减这一命题。该命题是本书讨论的重要内容之一。

> 边际成本递增(边际收益递减)并不是普遍性的法则,边际成本递减(边际收益递增)是一种与其同等重要的现象。特别是在处理增长或开发这种长期性问题时,后者即边际成本递减法则就显得极为重要。

该命题与"边际成本递增法则"这一新古典经济学的基本前提相矛盾。众所周知,"边际成本递增法则"是与市场的均衡稳定相关的优雅的微观理论的来源,占据着新古典派教科书的中心位置。如今跟它唱反调恐怕会引来不少人的质疑。

　　＊在继续进行阐述之前,我们在此先明确两三个表达上的问题。① 与其说是"边际成本递增",毋宁说是包含了边际成本一定这种情况在内的边际成本非递减,在此我们不过度纠缠两者之间的差别。另外顺便提一下,经济学家经常使

用"边际成本=平均成本=一定"这一假设,但这一假设的根据,仅存在于资本供给具有无限弹性的部分均衡分析中完全竞争的情况。在进行如下这种经济整体而非局部的分析时,不应使用这种假设。② 与边际成本相关的递减(或递增)和与平均成本相关的递减(或递增)虽然略有不同,但在这里忽略两者的差异也并无大碍。③ 以下为了便于更清楚地进行说明,将边际成本递增或平均成本递增统一简称为成本递增。成本递减的情况亦然。

然而,如果不考虑迄今为止的学说发展情况,"成本递增"作为法则能够成立的实证性依据并不存在。作为企业的短期行为,的确存在因产量增加导致可见的追加成本随之增加的情况。从李嘉图开始,人们经常举出农业的例子来说明这一点。很多情况下即便是向一定的土地投入劳动力和资本,收益的增加部分也会减少。但对产业化的主角,产业、企业的行为进行统计学分析,却很难找出成本递增的例子(当然,在此及后文中所提及的成本均为实际值而非名义值)。特别是从时间顺序来看,单位工业产品的实际成本基本都是随时间而递减的。①

想来这也是理所当然的。因为所谓产业化,原本就是宏观层面的人均生产率的提高,简单地讲就意味着成本递减。谨慎起见,我们进行更为严谨的讨论。人均生产率的提高就是单位产品劳动力成本(平均劳动力成本)的降低,但并不意味着平均总成本的降低。两者之差即为平均原材料成本与平均资本成本之和。单位原材料成本的递增通常可以不予考虑,因此,尽管人均生产率得以提高,但平均总成本的递增仅限于平均资本成本相对于平均劳

---

① 关于日本高度增长期的例子,请参照熊谷尚夫编『日本の産業組織Ⅱ』(中央公論社、一九七三年)。

第七章　成本递减的经济学

动力成本增加这一种情况。① 也就是说，成本递增情况下的产业化仅限于人均劳动力资本（资本装备率）大幅增加的情况。然而，梭罗和丹尼逊以来的"增长会计（growth accounting）"分析显示，资本集约化对人均产量增长的贡献微乎其微。这一点出人意料，这也意味着资本系数并没有多少上升。几乎所有增长会计分析的结果都显示，经济增长率中，能够用劳动力与资本的成长率来解释的部分尚不足一半。② 除非设想存在成本递减（或收益递增）的趋势，否则无法解释剩余的部分。笔者认为，产业化意味着成本递减这一观点是一种朴素的经验性判断，产业化经济学应该是成本递减的经济学。

然而，在经济学历史上，对成本递减持反对意见的占了大多数。最明显的反对观点是李嘉图→马克思主义的理论体系，他们对资本主义产业化的未来持悲观态度，不承认收益递增这一事实本身。李嘉图从收益递增、递减的问题着手，以农业中的收益递减为原点展开了长期性分析，最终推导出从长期来看，利润率不断下降这一趋势。李嘉图并非没有注意到收益递增的可能性，但由于受到路德运动和经济危机的影响，他将收益递减视为主要趋势。可是关于这些观点的解释，在他理论中是最为含糊（但也是最有趣）的部分。③ 李嘉图和马克思认为，最终使资本主义的发展成为可能的仅仅是资本集约化，这将导致利润率的降低、资本主义的停滞或崩溃。他们明显低估了产业资本主义的增长力，与

---

① 将宏观经济的情况简单地进行定型化。人均生产水平 $= Y/L$，Y 表示国民产值，L 表示劳动力人口。实际平均劳动力成本 $= wL/Y$，将工资 w 视为一定。实际平均资本成本 $= rK/Y$，K 表示资本量，利率 r 视为一定。实际平均总成本 $= (wL + rK)/Y = wL/Y + rK/Y = (w + rK/L) L/Y$，$K/L$ 表示资本装备率，K/Y 表示资本系数。

② 参照黑坂佳央・浜田宏一『マクロ經濟学と日本經濟』（日本評論社、一九八四年）、三三頁以降。Edward F. Denison, *Accounting for Slower Economic Growth: The United States in the 1970s* (The Brookings Institution, 1979), Table 7-3. 对资本贡献度给予高度评价的有『日本經濟のモデル分析』（創文社、一九七七年）、八四頁や、香西泰・土志田征一『日本經濟』（日本經濟新聞社、一九八一年）がある。以上两者的分析都包含资本的质的提高，技术进步也包含其中。

③ デイヴィッド・リカード『經濟学および課税の諸原理』第三版、第三一章「機械論」。

其他悲观论者的论点并无区别。

与之相比，第二次世界大战后占据正统地位的新古典派反对论的理论却含糊不清。新古典派虽然承认人均生产率提高这一产业化的基本事实，却将这一事实分解为"技术创新"和"除技术创新以外的净成本的变化"这两个要因，并对后者主张成本递减法则。但正如接下来要讨论的一样，这种分解实际上是任意的、人工的。现在有必要重新探讨一下这样的努力到底有多大意义。为此，我们可以返回新古典派分支之前的经济学，以"边际革命"时期的经济学这一基本点作为一个线索。事实上，新古典派创始人之一的阿尔弗雷德·马歇尔为我们提供了一个绝好的线索。

可能许多人并不知道，马歇尔在《经济学原理》中曾明确断言：在近现代产业中，成本递减（或收益递增）法则发挥着支配作用。

> "总的来说，在生产活动中，自然往往扮演着使收益趋于递减的角色；与之相反，人类往往扮演着使收益趋于递增的角色。收益递增法则可以表述为如下形式：劳动和资本的增加一般会带来组织的改善，组织改善又会增进劳动和资本的工作效率……因此在那些不需要依靠土地进行产品生产的产业中，劳动和资本的增加一般会带来等比例以上的递增收益，而且针对自然对土地产品产量增加所产生的抑制作用，组织的改善又具有削弱甚至是压倒这种抑制作用的趋势……在大多数原料费不是很高的高度工业部门以及大多数近现代运输产业中，收益递增法则基本上都顺利发挥着作用。"①

在自然资源发挥主要作用的产业（例如农业）中，一般呈现收益递减的倾向，而在人类发挥主要作用的产业（例如高度工业化产业）中，收益递增趋势则占支配地位。虽然马歇尔是如此断

---

① アルフレッド・マｌシセル『經濟學原理』（大塚金之助訳、改造社、一九二八年）、第二分冊、第四篇、第一三章、二八一—八二頁。

第七章　成本递减的经济学

言的,但他提出的这一根本性问题如今却几乎被人们遗忘。的确,马歇尔的论点很晦涩,就像接下来我们要分析的一样,其中也包含一些理论难点。我们也不难理解,为什么战后在美国展开的新古典派的"范式化"中,他的理论被敬而远之。但是现在看来,或者说到了现在,我们更能看出马歇尔的经济学中所提出的很多重要问题。他以产业化经济学为目标,并因此充分理解到不能仅停留在"精密科学"的层次。他也许是第一个提出生物学与经济学具有类似性的人。虽然他所提出的问题有很多还未得到解决,但这些问题的重要性是不容忽视的。

他所遗留下的问题中,特别重要的一个是"成本递减下的竞争之谜"。如果近现代产业如他所说,存在成本递减的情况,那就难以保证市场的稳定均衡,其结果或许就会导致垄断的产生,并导致竞争消失。然而在实际经济中,成长产业中的竞争并未消失,事实上那种完全垄断(一个产业一个企业)的例子几乎不存在。关于如何解开成本递减趋势和市场竞争并存之谜的问题,正是斯拉法(Sraffa)以后人们所说的"马歇尔问题"。马歇尔自己也注意到了这一问题,在归纳均衡理论的一章的末尾,他这样写道:"静态均衡理论未必全部适用于遵循收益递增法则的财产"①。然而,正如与众不同的思想家式的经济学家皮埃罗·斯拉法尖锐指出的那样,马歇尔自己未能解决这一问题。但论点分析的难度不能成为忽视问题重要性的借口,特别是强调成本递减趋势重要性的人无论是谁(比如说我)都应当设法去解开这个谜。

例如在英国剑桥学派,斯拉法和琼·罗宾逊(Joan Robinson)曾继承了马歇尔的学说并试图解决"马歇尔问题"。斯拉法设定了一种介于完全竞争和完全垄断之间的拥有中间特性的概念来解决这一问题。受斯拉法的启发,罗宾逊和 E. H. 张伯伦(E. H. Chamberlin)

---

① アルフレッド・マーシセル『經済学原理』(大塚金之助訳)、第三分册、第五篇、第一五章、二七二頁。

在20世纪30年代发展了"不完全竞争或垄断竞争"理论。① 他们假设在主要产业中产品的差别化成为基调,各个企业通过差别化成为垄断者,利用成本递减的趋势获取垄断利润。但另一方面,资本的移动和类似产品间的替代关系却为这种垄断化现象间接地赋予了竞争性格。他们所使用的模型正是斯拉法所提出的介于垄断和竞争之间的一种模型,也不会出现各个市场中竞争的不稳定性。可以说,在20世纪30年代那种黑暗的时代背景下,他们只将注意力集中在垄断化的侧面,并没有认真分析竞争性的一面。然而与马萨诸塞州的剑桥学派不同,在英国的剑桥学派中,成本递减确实一直受到人们的关注。

日本的小岛清继承了自赤松要以来的开发理论,从完全不同的角度,试图建立新古典派所缺少的有关海外直接投资的经济学体系,一直对收益递增比较关注。最近,美国的经济学家保罗·克鲁格曼也指出,在支配尖端技术创新的现代世界贸易中,收益递增产业的比重非常之大。他还致力于对其作用进行分析。另外,意大利经济学家乔瓦尼·多西(Giovanni Dos)和他的团队也从技术创新问题出发进行了类似的尝试。② 关于小岛、克鲁格曼、多西等的理论本身我们在此不再多加讨论,虽然收益递增曾遭到新古典派主流的轻视,但它可以说是潜藏在经济学中的一股巨大的暗流。尽管有过各种各样的尝试,"马歇尔问题"并没有完全解决。本书打

---

① Piero Sraffa, "The Law of Returns under Competitive Conditions, *Economic Journal*, vol. XXXVI (1926), pp. 535—50. 菱山泉・田口方弘訳『經濟学における古典と現代』(有斐閣、一九五六年)に所収。Joan V. Robinson, *The Economics of Imperfect Competition* (London: Macmillan, 1933). E. H. Chamberlin, *The Theory of Monopolistic Competition—A Re-Orientation of the Theory of Value* (Cambridge: Havard University Press, 1933). 不过斯拉法对张伯伦是否有影响还不确定。

② 小岛清的尝试有,小岛清「海外直接投資の理論——アメリカ型と日本型」、『一橋論叢』一九七一年六月、以来のものである。最近の研究包括,小岛清「わが国海外直接投資の動態と小岛命題」、『世界經濟評論』一九八八年十一月。Paul Krugman 所做的代表性研究是,Paul. R. Krugman & Maurice Obstfeld, *Inernational Economics, Theory and Policy* (Ill.: Scott, Foresman & Co., 1988). Giovanni Dosi 团队的最新研究包括,Giovanni Dosi, Keith Pavitt & Luce Soete, *The Economics of Technical Change and International Trade* (N.Y.: Harvestor, 1990).

第七章　成本递减的经济学

算从一个不同的视角提出一种不同的解决方案。届时，我们自然也会夹杂之前所分析的"开发主义"的问题，具体来说就是经济开发过程中政府是否应当介入的问题。作为派生结论之一，成本递减情况下的政府介入否定论，其根据并没有我们平时所说的那么确定。为了解决开发主义的问题，必须要准确地解决成本递减的问题。

生产函数这一纯粹概念

关于成本递减的讨论，从明确定型的新古典派理论的批判性解说出发是比较方便的。重新审视新古典派经济学的理论构造可以发现，发挥主要作用的是"生产函数"这一被理想化的分析概念。众所周知，所谓的生产函数是指以投入量作为自变量，以赋予自变量一定值所得出的最大产量为因变量的函数。它也表示"技术"所拥有的最大限度的可能性，即技术上的理想状态。何谓"技术"从某种意义上讲成为最大的问题点。关于这一点的考察，我们将在接下来的讨论中逐次探讨。① 在分析生产函数时，有一点非常重要，即资本设备一定情况下的"短期生产函数"（short-run production function）和资本设备可变情况下的"长期生产函数"（long-run production function）两者之间的区别。这里所说的长期和短期很明显与时间的长短有关，但并不完全与之等同。在讨论时间的长短时，我们将会使用长期、短期这种表达方式。如果能够使资本设备发生连续性变化，那么长期生产函数就会成为短期生产函数群（数学意义上）的包络线（envelope）。乍看上去，长期生产函数仅仅是短期生产函数的扩张概念，但其现实意义却相差甚远。在现实中无法使资本设备产生连续性变化，特别是一旦资本设备被做成，就不会在短时间内急剧缩小。即便是没有大规模的技术创新，就像我们之前的引用中马歇尔提到的一样，设备规

---

① 关于生产函数到底是企业的生产函数还是工厂的生产函数这一问题存在若干争论，至少在产业成立初期，一企业一工厂是一种标准状态。从这一意义上讲，应当将生产函数视为企业的生产函数。

模的扩大总是伴随着技术和组织的改良。

因此,企业的短期行为用短期生产函数足以描述,但长期生产函数却无法对长期行为进行准确描绘。长期分析的情况下,拥有现实意义的是投资时机和技术变化等担负着履历形式的概念,也就是拥有数量、价格、时间三维定义的概念。以下我们将这种包含了履历的概念称之为"长期生产轨迹(long-run production locus)",用来跟新古典派的"长期生产函数"加以区分。这并不是一个新奇的概念,事实上马歇尔已经清楚地意识到了这一区别,并提出了相当于"成本轨迹"(与生产轨迹相对应的成本的轨迹)的概念。① 与长期生产轨迹描绘现实企业所采取的行动相反,长期生产函数不仅以技术的不变性,而且以资本设备变化的连续性为前提,是一种高度理想化的概念。长期生产函数可以作为理论分析的辅助概念,但它并不具有现实性。

我们再回到成本递增递减的问题上来。关于生产函数,新古典派是以伴随生产量扩大的边际生产力的递减,即边际生产成本递增作为普遍前提的。这就是著名的"边际成本递增法则",或可将其同义转述为"边际收益递减法则"。也就是说,这一法则认为生产的效率(平均生产水平或边际生产水平)随规模的扩大而降低。这就相当于假设对产量变化存在负的反馈效果,边际成本递增法则意味着企业内部隐藏着一种自动刹车功能。

众所周知,按照这一法则可以得出的结论是,只有当实际工资下降时,生产规模才有可能扩大(众所周知,在利润最大点,边际生产力等于实际工资)。在可以假定技术一定的短期分析中,也存在很多可以用类似分析加以解释的现象。但在分析长期现象时,伴随着实际工资增长的生产扩大即经济增长就变得无法解释。但很明显,新古典派经济学家们承认持续性经济增长的可能性,并认为事后完全可能出现收益递增的情况。另一方面,在考虑收益递减法则的同时,其实只能借助于作为外部因素的技术进步来

---

① アルフレッド・マlシセル『經濟学原理』(大塚金之助訳)、第三分册,第五篇,第八附录,注9。

第七章 成本递减的经济学

解释经济增长这一事实。正因如此，新古典派经济学家们将沿着函数（生产函数、供给函数等等）的移动与函数本身（由技术进步等外界因素所引起）的移动加以严格区分。后者被称为"函数的移动"。之所以出现成本递减现象，主要是因为存在技术进步这类外部条件的变动。但在讨论长期生产函数这种缺乏现实性的概念时，考虑"函数的移动"这一概念，除了保持理论的一贯性之外，是否还有什么其他意义呢？

成本递减概念的多义性——幼稚产业论的扩张

新古典派也承认存在边际成本递增前提不成立的"例外情况"。"幼稚产业论"（infant industry）便是一例，这种理论承认针对幼稚产业的补贴和保护性关税等形式的政府介入这一例外情况。幼稚产业论与开发主义有着密切的联系，也可以成为探明成本递减含义的绝好线索。我们将从这一意义上重新对"幼稚产业论"进行批判性探讨。

回顾 J. S 穆勒和巴斯塔布尔（Bastable）以来的古典式争论，所谓幼稚产业是指当前生产规模较小、平均成本和边际成本过高且无法参与世界市场竞争的产业，而通过给予这些产业以暂时性的保护，使其从长远来看可以自立发展。按照教科书的定义，幼稚产业是指"如果通过某种形式的政府干预，将生产水平提高到某一最小水准，供给函数（实际上就是边际成本函数）就会下移，从而能够参与世界市场竞争的产业"①（见图7-1）。一般来讲，成

---

① 有关新古典派的幼稚产业论，请参照根岸隆『貿易利益と国際収支』（東洋經濟新報社、一九七一年）、第七章を参照せよ。伊藤元重・清野一治・奥野正寛・鈴村興太郎『產業政策の經濟分析』（東京大学出版会、一九八八年）、第四、第五、第六章。之所以列出后者，是因为这是在日本为数不多的从新古典派的背景出发，对超出幼稚产业论的政府干预予以支持的理论著作。对于这四个人的研究，我虽然也有想批判的地方，但在此不做深入探讨。不过有一点需要指出，在我以下的分析中，对于无法完全包含在纳什均衡中的竞争的不稳定性和技术因素，我积极地将其考虑进来，在这一点上，与这四个人的研究有所不同。我对这一问题的讨论，最先出自村上泰亮「戰後日本の經濟システム」、『エコノミスト』一九八二年六月十四日号，后来对其进行了扩充并转载于『新中間大衆の時代』（中央公論社、一九八四年）。

本高的原因主要包括产业周边的社会环境尚不完善、技术未消化、缺乏熟练劳动力、不熟悉经营、初期投资负担过大等问题。也就是说，幼稚产业论者认为存在所谓"初期的高成本的陷阱"，除非超越某一最小限度的生产规模，否则该产业将没有发展前途。因此有必要借助政府的干预来逃脱这一陷阱，逃脱之后，这一产业将会顺利扩大。幼稚产业是新古典派的一般性行政介入否定论的一种例外情况。从"能够参与世界市场竞争"这一表达方式上可以看出，幼稚产业这一概念原本考虑的是同发达国家的竞争，"幼稚产业论"原本带有从新古典派的立场对"开发经济学"进行尝试的色彩。

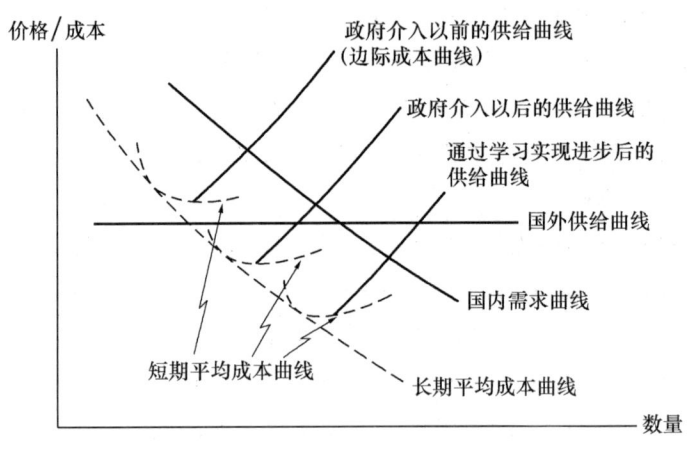

图 7-1 幼稚产业（企业）的需求/供给曲线

我们重新对上述的幼稚产业的定义进行考虑可以发现，其核心部分是"如果提高生产水平，边际成本函数就会下移"。然而事实上，关于这一重要的"函数移动"，之前有过各种各样的解释。例如，"马歇尔的外部经济"（external economy）、"干中学"（learning by doing）、"动学经济"（dynamic economies）等各种理论，都曾以自己独特的方法，尝试对"函数的移动"的含义加以解释。然而通过后面的讨论我们可以发现，这些理论都是各自对"函数移动"进行的比较随意的解释，相互之间几乎没有关联。为了消除歧义，将"函数移动"替换为移动前状态与移动后状态的比较,上述的幼稚产业的定义则可以用如下方式进行表述,即与移动前过高的边际成本相比,移动后的边际成本必须要在国际水准之下。也就是说"如果提高生产水平,就会降低边际成本,提高国际竞争力"。这正是所谓的事后边际成本递减现象。很明显,幼稚产业问题是成本递减问题的应用案例之一。

不过这里的"事后的成本递减"明显不同于新古典派意义上的成本递减。我们必须重新考虑成本递减的更加一般性的意义。概括来讲,在考虑"边际成本和平均成本"时,一般要考虑如下两个框架:① 新古典派的长期生产函数分析,② 非新古典派的长期生产轨迹分析(包含技术进步和不确定性的分析)。

这种二分法比较粗略,例如后边将要提到的借助"马歇尔的外部经济"进行的分析和"干中学"模型,概括来说应该是介于①和②中间。接下来我们将按顺序对①和②进行分析。另外,除这两者之外,我们也考虑新古典派的短期生产函数分析。但由于它与这里我们要讨论的问题关系并不密切,我们将只在需要时进行简单的介绍。

第三节 幼稚产业的替代品

长期边际成本递减的情况

首先我们围绕①的长期生产函数分析进行讨论,设定长期边际成本曲线(以及长期平均成本曲线)向右下方倾斜。在这种情况下,随着资本设备规模的扩大,长期边际成本就会下降,就能够看出"资本设备规模(而非生产规模)的生产效率"(见图7-2)。这时短期供给曲线(短期边际成本曲线)就会随着资本设备规模的增大而向下移动,收支均衡点也会向右下方移动。用幼稚产业的标准图解进行分析,大致就相当于这种情况(比较图7-1和图7-2)。在前面所述的幼稚产业的定义中,并没有特别指定

"某种程度以上的生产水平"这一中心概念的具体内容,在这里我们重新将其解释为"能够为国际水准的资本设备提供租金的生产水平"。这样,长期边际成本递减产业上的所有点均满足"幼稚产业"的定义(图 7-2 中的 x^* 是新旧短期平均成本曲线的交点,表示为避免负的利润而移动到新设备规模所需的最小生产水平)。单独拿出短期费用曲线来分析,可以明显看出,从国际范围来看,在过小的资本设备规模下,运转着的"长期边际成本递减产业"完全符合"幼稚产业"的定义。例如,后发国家的汽车产业和石油化工厂等就是一个很好的例子。从国际范围来看,他们往往苦于不大不小的设备规模。

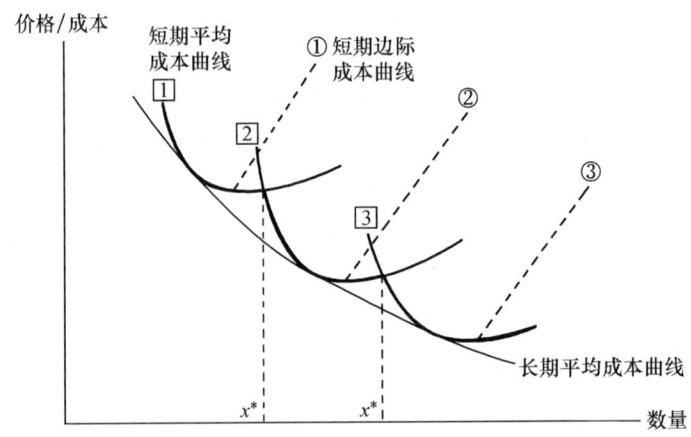

图 7-2 成本递减产业(企业)的平均成本轨迹

然而,这里的"幼稚产业"的范围已经超出了以前的常识。提到幼稚产业,人们想到的往往是那些存在于后发国家的极小规模的产业,但即便是在发达国家,那些由于国内需求和资金不足、设备规模不够大,在国际竞争中占有不利地位的长期边际成本递减产业也都被称为"幼稚产业"。也许有人反对这种源于资金不足的"幼稚产业"的概念,但这种反对是没有根据的。在幼稚产业论中,以前所列举出的一些事例,也大都默认资本市场是不完善的。如果资本市场是完善的,只要从资本市场借入相当于政府补

第七章　成本递减的经济学

贴额度的资金，等自立后再将资金返还就可以了。不管怎样，至少仅从成本函数分析的理论出发，是无法找出长期成本递减产业与幼稚产业的区别的。如果无论如何都要将幼稚产业区分出来，就必须考虑与产业相关的、广义的产业环境，如贫富程度等社会性周边条件（后述的"马歇尔的外部经济"和"干中学"的理论都属于这一类型）。相反，从国际范围来看，出现问题的产业即便是小规模的，只要是已经进入长期边际成本递增的阶段，就可将其视为幼稚产业，政府对其进行干预就没有意义。之所以这么说，是因为即便接受政府的补贴用于投资，只会使长期成本上升（某一短时期内成本可能会有所下降），并不会提高其国际竞争力。这种情况下，幼稚产业这一概念就失去了意义。最终，具有意义的只有长期边际成本递减产业这一概念。

不过，最重要的原因是资本设备不会发生连续性变化，企业无法准确地在长期曲线上移动。处在发展过程中并不断扩大其资本设备的企业，它们的行为可以描绘为锯齿状的轨迹，即当过分偏离长期平均成本曲线时，它们就会果断地进行投资，于是便直接跳跃到新的供给函数上。现实中的企业行为以长期平均成本曲线为下限，上下呈"Z"字形的轨迹移动（见图7-2，坐标$(x,(t))$，$AC[x,(t)]$的轨迹用粗线表示。AC表示平均成本函数以及单位成本的函数）。经营者在现实中进行判断所借助参考的，实际上是这种"包含投资在内的单位成本的轨迹"，即长期平均成本轨迹，而不是表示技术可能性极限的长期平均成本曲线。这样一来可以发现，直接依存于长期成本曲线分析的"新古典派"的投资行为理论几乎就没有什么意义了。[①] 那么，在边际成本以及平均成本递减的情况下，竞争究竟是以什么方式存在的呢（以下将长期平均成本简称为平均成本）？很明显，在平均成本递减（向右下方

---

① 几乎是唯一的关于新古典派投资行为理论的英勇尝试，是 Dale W. Jorgenson, "The Theory of Investment Behavior", in Determinants of Investment Behavior: A Conference of the Universities (*N.Y.*: *National Bureau of Economic Reaserch*, 1967)。

倾斜）的情况下价格是给定的（即经济学家们所谓的 price taker），这时产量越多，企业的利润就越大。如果用数理模型来解释，这时利润的最大值是"无限大"①（见图 7-3）。也就是说，追求利润最大化的行为，总是表现为以争夺有限的需求为目的而使市场占有率最大化的行为。在成本递减的情况下，追求市场占有率的最大化是企业的标准行为，属于完全正常的现象。可以回忆一下成本递增具有自动稳定功能这一理论，成本递减本身就是一种不安定化因素。

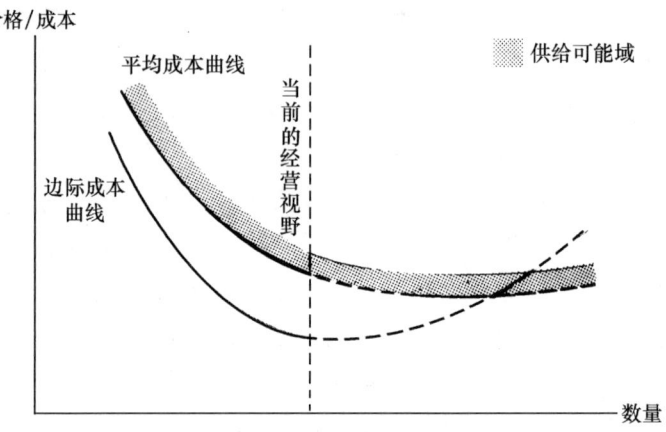

图 7-3 成本递减企业的成本曲线

各个企业为扩大市场份额而进行的努力，肯定会使它们之间产生正面冲突，各企业不得不采取扩大投资规模并压低价格的经营战略，类似的投资竞争、降价竞争的形式也是多种多样的。因此，构筑成本递减的具有普遍有效性的分析模型并非易事。当然我们能够预想到将重点放在成本递增情况的新古典派的分析并没有效果，但如后文所述，尝试分析成本递减状态的马歇尔理论也并不完善。将马歇尔的理论在某一点上进行细化的罗宾逊和张伯

---

① 也存在这样的意见，认为考虑到技术的限制，平均成本函数不会一直向右下方倾斜，理论上讲的无限大的解是不存在的。然而就像垄断理论经常假设的一样，只要需求曲线足够向左偏（往往发生在幼稚产业中），利润最大值事实上为无限大这种说法也没有错误。

第七章　成本递减的经济学

伦的"垄断竞争"分析也难以令人满意，他们分析的焦点在于产品的差别化，但对这些产品间的竞争关系的分析却并不充分。

还有一种可能就是一般性"博弈论"的应用。例如，某一企业将其他企业的行为视为给定，即该企业采取所谓的被动行为，这种分析就是常见的纳什均衡分析，纳什均衡可以说是一种包含了较多妥协和合作性的解。有关这种合作性的解的分析，最为简单的例子要数库尔诺和贝尔特朗的双头垄断理论。然而，就像斯塔克尔贝格在其双头垄断分析中所主张的那样，没有什么可以保证企业采取被动行为并达成合作。虽然纳什均衡在非合作博弈的解这一点上意味着完全竞争均衡的自然扩张，但当完全竞争消失时，纳什的被动型战略就完全没有存续下去的理由，而且纳什均衡也没有能够维持稳定的保障。更进一步，这里我们所讨论的追求市场占有率最大化的行动，很明显无法与被动型战略共存[1]（没有企业情愿将市场占有率拱手让给别人）。因此，必须承认在成本递减的情况下投资竞争、降价竞争中出现纳什均衡式的合作状态的可能性极低。

实际上像这种成本递减下的均衡的不安定性问题，不仅存在于长期，在资本设备固定的短期中同样会发生。这包括需要巨大固定设备的电力、燃气等公共事业，众所周知，这类情况下竞争均衡很难维持。[2]

---

[1]　例如，当企业试图使市场占有率最大化时，马上就可以确定库尔诺以来的"反应函数"还未定型。关于库尔诺型的寡头分析，请参照奥口孝一『寡占の経済分析』（弘文堂、一九六〇年），或者前面提到的伊藤等四人所著的书，第八章。请注意，这些被动型模型要想达到纳什均衡也需要相当强的稳定性条件，这与边际成本递增有着密切的关系。参照前述奥口的著作，22—23页。另外，伊藤等四人的理论，是以纳什均衡的成立为前提进行分析的典型的例子。

[2]　公共事业的扩大（供给网和供给能力的扩大）往往会导致追加性投资成本的巨大化，即长期边际成本递增。公共事业的特征是短期呈递减型、长期呈递增型这种鲜明对比。另外，由于与公共产业相关的国际竞争出现的可能性比较小，从幼稚产业的观点来分析公共产业的人比较少。然而在起始阶段，同原有的同种产业（与电力、燃气相对的煤油、燃料）间会出现有着相似意义的国内竞争，而且每次扩张设备，就会产生过小需求或过小生产的问题。从这一意义上讲，从幼稚产业的观点分析公共产业也并非不可能。

顺便再加一条，因经济不景气而存有闲置设备的企业也会频繁发生短期边际成本递减现象。从这一意义上来讲，也可以把凯恩斯主义看成是成本递减经济学的一部分。①

然而，在长期的情况下，不仅仅是价格竞争，对于扩增设备的竞争这一要素也应加以考虑，这将使企业的战略行为更加深层次化。这种投资竞争的出现意义十分重大，因为已经进行的投资将不可逆转地改变事态，将给对手带来影响，成为一种"确实存在的威胁"。作为例子，我们来考虑西洛斯—拉比尼和派恩的"参与阻止价格理论"。按照这一理论，现有企业为了阻止其他企业的进入而压低价格，从而垄断整个市场。但是在信息化日益发达的今天，企业不会愚蠢到因受到价格操纵的威胁就轻易放弃进入市场。如果不惧怕这种威胁，有新企业进入市场，那么事实上这些现有企业也不得不改变价格政策，开始新的降价竞争。② 阻止进入市场的价格的威胁作用最多只能改变竞争的初期状态，基本上只是一种没有实际内容的心理上的威胁，不能充分解释垄断的形成。但是，如果现有企业已经进行了投资，提高了生产效率（降低了平均成本），这种低价格就拥有了事实根据，这时即便有新企业强行进入，现有企业也可以将价格设定在跟以前一样的较低水平，从而打击新企业。虽然新企业也可以通过投资进行回击，但显然如果资金筹措能力存在差距的话，就会处于不利的境地。待到资本设备完成为止，新企业在时间（投资孕育期间）上也一定会慢别人一步。

同样的攻击性投资政策也可能存在于多个现有的企业之间，并在相互回击中得以发展。这种情况下率先进行投资的企业明显

---

① 凯恩斯自己并没有对成本递减的可能性抱有太多关心。请参照『一般理論』（鹽野谷訳）、一八頁。关注这一可能性的研究有，吉富勝『日本經濟』（東洋經濟新報社、一九七一年）、一五八頁以降。

② 例如，伊藤等在《日本的产业政策》第十章中也以同样的宗旨对进入阻止价格理论进行了批判。也可参照P・シロス=ラビーニ『寡占行動と技術進歩』（安部一成はか訳、東洋經濟新報社、一九七一年）。

第七章 成本递减的经济学

会比较有利。如果对这种价格竞争、投资竞争放任不管，那么新企业的进入就会受到遏制，相当数量的现有企业就会破产或合并，就会出现少数人串谋的寡头或垄断。当现有企业破产时，企业所投入的资本中的一部分也许会被幸存的企业所吸收，但大部分都将被抛弃，产生巨大的沉没成本。[①] 由企业破产而引发的失业现象也不容忽视。在这里进行比较严密的理论证明比较困难，事实上在伴随投资竞争的情况下，价格竞争往往变得更加激烈，达成妥协或合作的可能性也是微乎其微。长期成本递减的情况下，因降价竞争而两败俱伤的可能性也许会比短期情况要大。

这样我们大致就可以理解为什么成本递减情况下竞争很难达到均衡状态，其实原本我们期望可以进行更加详细的分析。但遗憾的是，能够对成本递减进行分析的竞争分析还没有被开发出来。在下一节中，虽然是虎头蛇尾，我们将尝试用现有的手法，对后述的政策理论进行暂时性分析。由于讨论的内容带有很强的技术性，这一部分可以跳过不读。将结论进行概括介绍，大致如下。

如前所述，在成本递减的情况下，如果视价格为给定，则利润最大化行为和产量最大化行为是一致的。这样，成本递减下的竞争就是扩大市场份额（市场占有率）的竞争，最终会导致激烈的投资竞争和降价竞争。这种情况下，几乎不存在经济上稳定均衡的可能性，通过博弈推导出产业内部合作规则的可能性也极低，结果导致串谋寡头（collusive oligopoly），最终导致垄断的产生。为了避免这种情况的发生，只有依靠某种经济之外的（立法或行政）的干预力量。成本递减趋势原本是促使价格下降的强大潜在力量的来源，因此，诸如政府补贴政策等为促使价格下降而进行的较强干预一般是没有必要的。因为这种干预要求抑制利润率，遏制降价竞争，而这并没有必要。为了便于理解，我们可以考虑短期

[①] 企业的退出通常都伴有成本，使可竞争性（contestability）理论失效。二手设备很难卖出去，而且企业构建起来的组织——某种意义上的人力资本——也完全丧失。可以回忆一下技术创新总是组织创新这一事实。

内成本递减情况下的公共事业这一实例，我们可以想象两个电力公司在同一地区进行竞争的状态。可能出现的结果只有三种，要么其中一个公司垄断，要么两个公司串谋，要么政府进行干预。

技术性附录——抑制性合作的可能性

首先作为线索，为了给各种可能性分类，我们先考虑如下一种规范的企业行为。当企业扩大生产时，若能够沿自左上方向右下方倾斜的平均成本曲线降低价格，企业就能够维持利润为零的状态，我们将其称为"抑制行为"。需要补充说明的是，当利润不为零时，无论是在以加价的形式使利润为正时，还是在使其达到仅能回收可变成本的利润为负的情况下，以下所讨论的大意并不会改变。另外，当所有企业都同意采取这种抑制行为时，便将其称为"抑制性合作"（restrictive coordination），并认为这种合作行为是产业中的一种规范状态。如果可以预测在不久的将来需求的确会增加，生产规模将会扩大到足够大，那么在需求出现之前，需要相当的长期、整体的合理性来维持这种抑制性合作。在这种规范状态下，各企业的平均成本曲线（成本图中的水平方向）总和，将发挥产业的"抑制性疑似供给曲线"的作用。如果将其视为"供给曲线"，就可以使用普通的价格理论分析的形式。从这一意义上来说，这种"抑制性合作"之下的需求供给分析，为我们提供了一种规范的理论模型。（实际上这一模型也将成为后面定义的产业政策的一个线索，关于这一点我们将在后面进行讨论）。需要注意的是，这种"抑制性合作"同纳什均衡一样，不是从短期策略中产生出来的"博弈论式"的合作，而是基于对长期事态的全员一致认识的"政策论式"的合作。

然而，即便是在这种抑制性合作得以成立的情况下，也不能原封不动地套用普通价格理论的标准结论。第一，这一产业的疑似供给曲线的斜率为负，即使效仿普通的瓦尔拉式的价格分析，供给曲线的斜率若为负，也会出现许多奇怪的状况。特别是均衡

第七章 成本递减的经济学

的存在和（标准的瓦尔拉型的）稳定性难以保证。① 第二，疑似供给曲线所表示的行为，是抑制性合作得以维持这一前提下的供给行为，市场占有率最大化这一原本的供给行为将会受到限制。不过这种追求市场占有率最大化的行为压力一直在潜移默化地发挥着作用，难以预测它何时会扰乱抑制性合作。必须设法确定这种合作扰乱的事态何时会发生，因此，根据"抑制性供给"和需求的大小，可以将各种可能发生的事态分成两种情况进行分析。

第一种情况是抑制性供给超过需求，即所谓疑似超额供给的情况（相当于后示的图 7-4 中的供求曲线交点的下方区域和图 7-5 中同样的交点的上方区域）。这时，即使降低价格，相对于"抑制性供给"的需求也会持续不足，企业将不得不降低平均生产成本并进一步降低价格。其他企业也不得不紧随其后，维持零利润的抑制型合作也不可能实现。能够取而代之的唯有负利润率的"超抑制型合作"，但这与资本主义企业原本的存在理由相违背。这样，合作几乎不可能实现，那些明知如此却仍旧相互伤害的投资竞争、降价竞争将会持续下去。无法改善利润为负的状态，企业连"抑制性战略"也无法实施，只有一个接一个地被淘汰。为了摆脱这种窘境，少数幸存者只能进行串谋成为串谋寡头并最终出现垄断，我们称这种情况为"无法抑制"。

第二种是需求超过抑制性供给的情况，即疑似超额需求的情况（相当于图 7-4 中供求曲线交点的上方区域和图 7-5 中同样交点的下方区域）。这时，很明显存在"抑制性合作"的可能。但是这种超额需求会使正的利润成为可能，并刺激扩大市场占有率的冲动，进而成为放弃"抑制性战略"的诱因。因此，除非存在某种外部压力（如政府干预），否则难以维持零利润的"抑制性合作"状态。虽然作为一种备选的合作方式，存在基于一定程度的正利润率的合作共识，但追求市场占有率而扩大企业的最基本冲动仍

---

① 如果供给函数的斜率为负，那么供给曲线和需求曲线就有可能没有交点。但是在这里我们假定它们相交。不相交的情况，适用于交点在非负象限之外以下的分析。

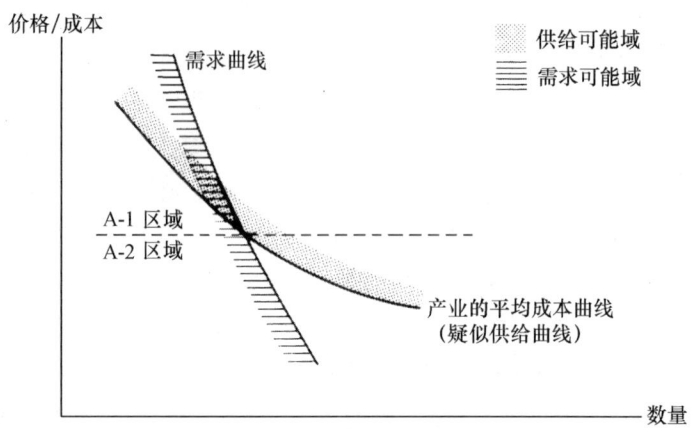

图 7-4 成本递减产业的疑似供求图：需求缺乏弹性的情况

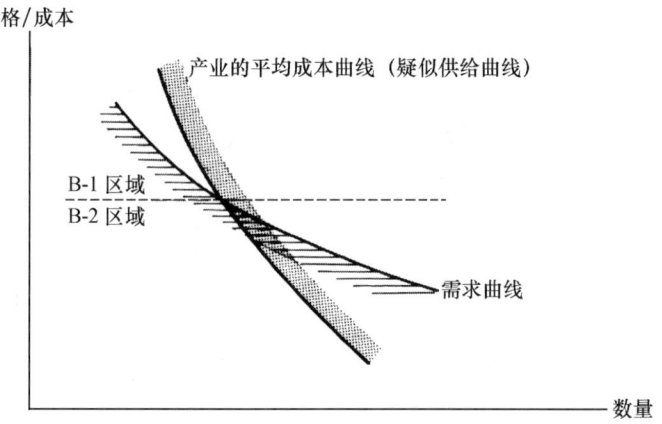

图 7-5 成本递减产业的疑似供求图：需求有弹性的情况

然会扰乱这种合作共识。需要说明的是，出现疑似性的"超额需求"，即这里所说的第二种情况，并不会引起价格的上升。因为各企业对市场占有率最大化这一基本的冲动所做出的自然反应总是降低价格，其结果是，在这种疑似超额需求的情况下，抑制性战略仍然难以实施，降价竞争激化的可能性很高。我们所设想的在"抑制性合作"——即"政策性合作"——这一点上达成共识原本就极为困难，我们将这种情况称为"抑制不稳定"。

结合需求曲线和供给函数的形状解释以上两种情况可能更容

第七章　成本递减的经济学

易理解，参照通常的稳定性分析手法，根据需求对于价格的变化是否具有充分的弹性，即需求曲线的斜率（准确地说是斜率的绝对值）相对于疑似供给曲线的斜率来说是更加平缓还是更加陡峭，这两条曲线的关系可以分为两种情形（见图 7-4 和图 7-5）。首先，我们将需求曲线比疑似供给函数更加陡峭的情况，即需求（与疑似供给相比）缺乏弹性的情况称之为 A（见图 7-4）。在需求曲线和疑似供给函数交点的上方，需求超过抑制性供给，随之出现前述的"抑制不稳定"区域。但由于存在扩大市场占有率的压力，价格就会下降，从而进入交点下方的区域。在交点的下方区域内，需求低于抑制性供给，出现前述的"抑制不可能"区域。需求缺乏弹性的 A 情形由这两个区域构成。

下面来看需求曲线比供给函数平缓的情况，即需求有弹性的情况，我们称其为 B（见图 7-5）。这种情况下，需求曲线和疑似供给函数的交点的上方是"抑制不可能"区域，而交点的下方则是"抑制不稳定"区域。情况 A 和情况 B 中这两块区域正好互换。概括来讲可以表示为如下形式。

A 需求缺乏弹性的情形　├─ A1 交点上方——疑似超额需求、抑制不稳定
　　　　　　　　　　　└─ A2 交点下方——疑似超额供给、抑制不可能
B 需求有弹性的情形　　├─ B1 交点上方——疑似超额供给、抑制不可能
　　　　　　　　　　　└─ B2 交点下方——疑似超额需求、抑制不稳定

在"抑制不可能"的 A2 和 B1 情况，竞争的不稳定性极强。由于利润为负的状态起支配作用，合作成立的可能性极低，几乎所有企业都破产，最终出现完全垄断和串谋寡头的局面。"抑制不稳定"的情况 A1 和 B2 的情况也与普通的成本递增下的一般性合作不同，正是由于扩大市场占有率的冲动始终在起作用，合作才会变得不稳定。但是由于存在利润为正的可能，合作成立的可能性相对较高。因此，为了避免出现垄断，应当使产业停留在 A1 和 B2 的"抑制可能但不稳定"的区域之内来达成合作。一旦进入 A2 或 B1 区域，除非有政府补贴，否则难以避免大打价格战而两败俱伤的局面出现。但无论如何，只要市场占有率最大化的冲动在发挥作用，价格就会持续下降，A1→A2、B1→B2 的移动就不可避

免。因此，（1）需求缺乏弹性的情况 A，最终会成为 A2 的状态，如果没有得到政府补贴，竞争就会消失。（2）需求具有弹性的情况 B，最终会成为 B2 的状态。这种情况也同样，如果没有政府的指导和业界巨大的合作压力，抑制性合作也恐难以维持。只是，此时政府补贴对合作不会起到任何帮助作用。

总而言之，根据成本递减产业组织论可以推导出这样的结论，即降价竞争存在最终可能演变成倒闭。这种情况下的企业间竞争与新古典主义的竞争给人的印象不同，表现为一种"异常"的形式，这一结论也同样适用于公共产业。众所周知在这种情况下"自然垄断"已得到公认，产业的崩溃得以避免。

长期成本递减产业的培育政策

如上所述，在长期边际成本递减产业（或广义上的幼稚产业）中，出现以垄断和串谋寡头为目的而进行降价竞争的可能性很高。新古典派的观点认为，标准的"幼稚产业保护政策"在产业发展达到能够同国外产业进行竞争的水平这一过程中，通过某种政府补贴（典型的例子是价格补贴和保护性关税）来弥补企业的损失，维持生产水平，结果是促使企业降低价格直至国际水平。但是现在我们可以看到，这种说法并不十分准确。确切地说，"幼稚产业"是长期边际成本递减产业，原本就存在引起价格下降的潜在力量。而新古典派认为只应该对能够自立的产业提供补贴（穆勒—巴斯塔布尔的标准）。如果是这样的话，就像我们前面提到过的一样，只要资本市场是完全的，即使没有政府补贴，企业也应该能够在资本市场上筹集资金，通过自己的力量实现自立。只要不存在资本市场的不完全，降低价格的潜在力量就会在某一刻爆发。因此，"幼稚产业问题"最终将归结为资本市场的培育问题。即使培育本国的资本市场存在较大难度，吸引国外资本这一点还是可以做到的（如后所述，拉丁美洲就是一个这样的例子）。也就是说，如果设想一个将资本市场也包含在内的理想的新古典主义模型，那么幼稚产业问题只不过是一种幻觉而已。

第七章　成本递减的经济学

但这样一来，只会暴露新古典派的从均衡到均衡这种断断续续的（即比较静态的）分析方法的缺陷。实际上，仅靠这些并不能解决问题。在为探寻均衡而进行降价竞争的过程中所产生的损失（用后面的表达方式来说就是过度竞争的危害）是一个重大的遗留问题。新古典派乐观地设想一种在终点上的稳定均衡状态，认为从均衡到均衡的移动过程只是暂时性的，完全无视这种损失。然而，新古典派十分关注在均衡点上效用的"无谓损失"（dead weight），其实探寻均衡过程中会产生一种相当于资源的损失。如果这种均衡的移动不是一种暂时性的、比较稀有的现象的话，就没有任何理由忽视这些出现在过程当中的损失。但是，迄今为止的关于成本递减产业的分析都从理论上告诉我们，除非出现垄断，否则价格战不会结束，在这一过程中频繁出现的企业破产问题不容忽视。实际上，受到这种危害的威胁，资金筹措也会陷入瘫痪。换言之，完全资本市场这一概念与产业化初期的现实发生矛盾。如果按照理想化的比较静态的框架来考虑，"幼稚产业政策"是没有必要的。事实上，最近的新古典派学者们，在"动态经济"的效果发挥作用的情况之外，一般也都开始采用幼稚产业政策没有必要这一说法。问题在于，在本质上是静态的新古典派的框架中，应当如何对"动学经济"进行规定，关于这一点我们将在后面重新进行讨论。

有人认为，所谓幼稚产业政策就是政府补贴政策和贸易保护政策，这是一种误解。这一误解的产生，也源于对价格竞争不稳定性的不充分分析。第一，认为幼稚产业政策等于补贴政策的观点是错误的。将需求缺乏弹性的情况（前面技术性附录中所列举的 A 情况）和需求具有弹性的情况（前面所列举的 B 情况）区别来看。正如我们曾指出的那样，只有在前者的状况得以持续的情况下政府补贴才具有合理性。第二，目前为止，认为幼稚产业政策等于国内市场保护主义政策的观点同样也是一种误解。采取贸易保护主义（关税和进口配额）主要是因为担心发达国家的大企业进入本国并设定低价格，致使国内企业进入市场受阻甚至被迫宣布破产，这种可能性的确不能忽视。国外大企业的进入可以同国内的某一企业的格列佛式垄断①相类比，但外国企业未必采取与国内企业相同的行动。除非特别关心本国政治，否则外国的大企业关注本国市场并进行战略性决策的可能性很小，至少相对于国内的格列佛式垄断企业其可能性要小。外国的大企业很有可能将国际价格视为给定，仅仅作为一个价格接受者来采取行动。

另外，即使发达国家的大企业采取阻止进入市场等攻击性经营战略，只要这一产业的前景足够清晰（否则发达国家的大企业也不会对该国的市场如此关心），国内企业就可以为进入市场先借款融资，将来再予以返还。因此，问题最终便归结为国内企业和外国企业的融资能力的差异——资本市场的不完全性。只有在外国企业的资金筹措能力远远高出国内企业时，对国内企业采取金融上的补贴措施或以此为主要目的对其初期投资发放补助金才具有正当性。因此，并没有多大必要为防止外国企业进入本国而采取保护主义措施。例如，19世纪末刚刚开放国门的日本，由于没有关税自主权，国内的棉纺织品、生丝、茶叶等被卷入激烈的国际竞争中。但这些产业通过逐步改变结构又重新发展起来，并没有成为日本经济腾飞的障碍。② 虽然不能说国内市场没有面临被外国产品席卷的危险，但幼稚产业就等同于保护主义的观点确实有些极端。保护主义政策和补贴政策对于幼稚产业政策来说，只不过是具有可选性的次要政策手段。最终，成本递减产业政策的首要目标是必须要去除降价竞争过程中产生的各种危害——一方面是企业破产和失业成本，另一方面是垄断的产生。采取某种形式的合作正是实现这一目标的有效手段，承认这一点的不仅我一人，马歇尔就曾写下这样一段具有启示性的文章。

"促进收益递增法则发挥强大作用的产品在其生产和消费

---

① 大型寡头垄断企业和多数小企业共存的形式。——中文版编者注
② Shinya Sugiyama, *Japan's Industrialization in the World Economy 1859—1899* (London: Athlone Press, 1988), cf. p. 34f.

第七章 成本递减的经济学

时，如果能够采取共同行动的话，就能使总体效益大大提高。……我们姑且可以做出这样的判断，在个人利害与共同利害相背离这一点上，收益递减的情况并不会像收益递增时那样严重。然而存在足够充分的理由让我们相信，出现后者的现象时，直接或间接地干预往往会变成社会的利益。"①

不过像之前我们所看到的一样，一般不认为成本递减下的合作，其形式是类似于纳什均衡的博弈论式合作，有可能出现基于对事态的一致认识而形成政策论式合作的情况。但是各个企业都拥有自己独自的预期，很难期待业界全体在事态认识上自主达成共识。因此，政府就有必要为其提供超出企业视点的信息以图达成认识上的一致并提出关于具体合作形式的"指导性计划"（indicative planning）。然而，针对每个企业制订"指导性计划"也绝非易事，且更为重要的是，如何才能防止违反合作行为的发生。

关于"指导性计划"这一观点，过去也曾长期存在针对它的怀疑论。不过现在，与国民经济整体（主要是为实现宏观经济政策）相关的指导性计划也被广泛接受。但是，关于各个产业（主要是进行价格指导）的指导性计划的制订却又重新引发质疑。因为制订这种计划需要与各个企业相关的直接信息。具体来说，如果想指导价格下降的进度，那么了解产业的平均成本轨迹（在技术性附录中提到的疑似供给曲线）是必不可少的。然而，不同企业之间，平均成本构造或多或少存在差异，企业过去的投资战略、经营战略也不尽相同，如果没有关于每一个企业的信息，指导性计划就会缺乏准确性。但如果通过法律强制各个企业提供相关信息，又会侵犯资本主义企业的经营自由。

更为困难的是，在指导降价进度时如何防止各企业的违反行为（具体表现为抢先降价）。当然，制定法律来惩罚违反者会有明显效果。的确，现在我们可以经常看到在欧美特别是在美国，有

---

① アルフレッド・マーシセル『經濟学原理』（大塚金之助訳）、第三分册、第五篇、第十五章、275 页。

诸多如限制倾销、禁止垄断、限制证券交易等法制化手段，对于那些违反或有违反嫌疑的人可以启动强制调查权或进行惩罚。但是一般来说，用法律解释市场经济现象需要一定的经济理论（例如限制倾销是基于成本递增的经济学），因此从法律角度对经济现象做出判断，往往会被特定的经济理解所束缚，从这一意义而言，这种判断往往会有失偏颇，有时甚至是不讲道理的。但尽管如此，反倾销法、反垄断法、证券交易法等被广泛接受是有理由的。这些法律对违法企业进行惩罚，拥有刑法的性质，旨在挫伤那些奸诈企业的经营欲望或将它们驱逐出去。例如限制倾销，即使最终将外国企业驱逐出去，国家主义也会使其正当化。再如反垄断法和证券交易法，认为受到侵害的大众的正义最终会促使不法企业倒闭。

然而，面向长期成本递减产业的政策就不同了。价格下降会受到广大需求者的欢迎，他们看不到具有危害的另一面，拥有高效率的企业很可能成为降价抑制协定的违反者。如果原本政策的目标是培养国内企业，驱逐优秀企业或使它们倒闭就与其原本的目标背道而驰。这种情况下，法律强制不仅不会被正当化，还会阻碍开发主义实现其最初的目的。如果法律强制无法实现，那么作为政府，站在中介者、裁定者（arbitrator）的立场上，除了通过间接手段引导企业进行自主合作之外再没有其他方法。至少，若只从理论角度看，面向长期成本递减产业的政策的主干部分，是依靠政府的中介性干预抑制自杀式价格竞争。也就是说，这是政府主导的一种价格联盟，补贴政策和保护主义政策只不过是次要手段而已。

很多欧美的传统理解都认为政府的干预要么不存在，要么拥有法律强制力，两者应当有其一。但是，无论人们是否愿意，在战后日本，介于两者之间的"行政指导"这一具有中介性、裁定性的形态作为事实确实存在。我们稍后将进一步探讨，这里必须明确的是这种介于两者之间的中间形态得以存续的条件，这种条件与特定的官僚制的存在形式相关。需要用到的不是保护主义

第七章　成本递减的经济学

和补贴的经济学,而是所谓合作和中介的政治社会学。

边实施边学习的理论——"干中学"理论

在进行下一步讨论之前,我们需先提出两个广为人知的有关幼稚产业论的尝试。如前所述,假设包含完全资本市场的"理想"的新古典主义模型成立,那么幼稚产业论原本就不可能存在。但这恐怕无异于完全不包含落后国家、落后产业开发论的经济理论体系,这种体系本身就意味着其不具备应对产业化现实的能力,新古典派也有必要拥有一套自己的开发理论。最近作为幼稚产业论的一种形态,被称为"动态经济"的研究方法频频出现。这里,我们探讨一下这一研究方法中的一个代表性例子——"干中学"(learning by doing)模型。这一模型也将成为下一节中"非新古典派分析"的立足点。

"干中学"理论是将经营学家们所发现的"学习曲线"(learning curve)现象理论化得出的理论。所谓学习曲线,是指通过参与实际生产,学习技术要领、了解劳动者的熟练度以及组织的运营手法,以达到提高生产效率(按照新古典派的说法就是使成本曲线下移)的效果。利用数理模型来解释,就是产量的积累值(积分值或求和值),在不需要追加成本的情况下,自动地使成本曲线向下移动。① 与函数移动的含义相同,"干中学"所学的内容是某种技能、技术、组织的改善,这与我们熟知的广义上的技术进步互相承接,二者并无区别。事实上,最初将"干中学"的概念应用到经济理论中的是阿罗对标准技术创新的解释。② 很显然"干中学"理论是以生产量的积累值为变量的技术进步内生化理论。因此,只要能够对"干中学"理论拥有一般性理解,就可以超越将

---

① 根岸隆『貿易利益と国際収支』(創文社、一九七一年),第七章非常明确地将这一理论模型化。他通过采用二期间模型,避开了本文所讨论的不稳定性问题。请参照是同书的143—151页。

② Kenneth J. Arrow, "The Economic Implication of Learning by Doing," *Review of Economic Studies*, June 1962.

技术作为外界条件的新古典派理论的框架。

我们发现,如果导入积累值模型理论,就可以得出一些反新古典派的结果。积累值是一个绝对不会减少的量。因此只要不停止生产,生产函数就会一直向上移动,生产效率就会一直提高。与幼稚产业联系起来考虑可以发现,只要生产在继续,即使其数量很少,"干中学"的效果也会得到积累,并会引起函数的移动最终脱离幼稚产业阶段。反过来讲,这时幼稚产业阶段那些难以突破的障碍和陷阱都会消失。也就是说,"干中学"并不是幼稚产业阶段固有的,而是存在于成熟阶段产业中的一种现象。可以考虑一些实际的例子,至少每次在增设新的资本设备时,"干中学"都是必要且有效的。这样,在"干中学"理论下,各个时间点的产量都依存于过去产量的累积值而变化,本应由生产函数表示的所谓"理想技术"便无法确定。也就是说,产量是累积值这一承担着企业生产经历的时间函数。很明显,这和表示技术可能性的无时间特性的新古典派函数有着不同的性质。即使考虑边际成本,道理还是相同的。边际成本是现在产量及过去产量累积值的函数,仅作为是由历史时间决定的这一动态"轨迹"得以体现。从这个意义上讲,"干中学"理论已然超出了新古典派的静态学分析范畴。

不过,学习效果模型本身并不能成为幼稚产业论,需要附加学习效果仅限定于生产水平较低阶段这一假设。否则,后发企业是绝不可能赶超发达企业的。也就是说,需要假定与熟练程度、技术以及组织等相关的专业知识的学习效果仅仅在产量较小的阶段比较明显,随着产量的增加,这种效果会急剧减小。在成本图上将边际成本的轨迹表示出来的话,在前述附加假设条件下,学习的效果会使边际成本轨迹向右下方倾斜。最终,学习效果事后将会引起边际成本递减,可以把"干中学"理论视为成本递减经济学的一种特殊形态,只不过"干中学"理论的特征在于跟它认为不需要追加成本一样,似乎完全忽略资本设备的增加(投资)考虑问题这一点。不过一般来讲,技术和组织的改善多少都需要

第七章 成本递减的经济学

实物作保障(比如现场的技术要领的发挥会一直伴随工程改良的进程)。因此,"干中学"理论是一种针对实物投资保障极少的极端情况的近似模型,明显与伴随实物投资的动态分析相承接,"干中学"理论已然站在包含了技术创新和投资的动态分析的入口处。

马歇尔的外部经济理论

事实上在内生化、动态化这一点上,阿尔弗雷德·马歇尔的旧理论更为彻底。如前所述,他将收益递增(成本递减)视为中心趋势,使用如下的"内部经济"和"外部经济"两个要因对理论的内容加以说明。

> "我们……对于生产扩大而形成的经济(这里指经济效率的提高即收益递增)进行仔细观察后可以得知,这种经济可以分为两类,一类依存于产业的一般性发展,另一类依存于从事产业的每个企业所拥有的财力和经营效率,即外部经济和内部经济这两类。""产业总产量的增加会使代表性企业壮大,进而使其所拥有的内部经济增大。而且这种增加将一直增大此企业所享受的外部经济,企业由此能够在较以往更低比例的劳动力和所耗成本之下进行生产制造(即拥有收益递增的趋势[①])。"(括号内为笔者注)

他所说的内部经济和外部经济绝不是从内容上对两者的性质进行区分的。读过《经济学原理》的人都明白,外部经济强调技术传播、关联产业特别是运输通信业等的发展,内部经济一般着眼于经营组织的改善。虽然两者存在差异,但分工、专业化、训练、机械化等基础部分是两者共同拥有的因素。至少两者在内容上是连续的,只不过是发生在企业内部还是外部这一差别。马歇尔在观察了当时的英国经济后特别重视外部经济,并主张收益递

[①] アルフレッド・マーシセル『經済学原理』(大塚金之助訳),第二分册,第四篇,第十三章,281页,关于外部经济和内部经济的内容参照该书第二分册第八章至第十一章。

增的趋势主要是由外部经济效益所引起。

　　将马歇尔的这些观点勉强纳入新古典主义的理论范畴加以表述的话，可以这样认为，所谓"外部经济"是指产业整体范围内边际成本递减的现象。具体来说，是指虽然各企业的边际成本曲线（在其他企业状态不变的情况下）有可能会向右上方倾斜，但随着大量企业进入市场并争相扩大规模，就会出现劳动力素质的一般性上升、产业的物质环境得到完善等现象，这种正的外部效益在企业之间相互发挥作用，产业整体将会出现向右下方倾斜的边际成本曲线。然而，如果外部经济具有如此重要的影响力，个别企业的生产函数这一概念就会失去意义。分析中的基础概念是产业整体的生产函数，而不是个别企业的生产函数。马歇尔的著名"代表性企业"（representative firm）概念将产业整体的生产函数缩放到企业层面，是一种为了将外部经济效益投影到企业行为平面上而采取的苦肉计。但也正因为如此，他的"局部均衡分析"也演变成了关于代表性企业的供给和针对企业的（大概是假想的）需求之间的关系的讨论。不过，无论是代表性企业还是对企业的需求，都不过是为了解释说明而设计的一些策略。马歇尔的局部均衡分析并没有描述现实的竞争市场，从这一意义上讲，这一分析无法保证竞争均衡的存在。斯拉法对这一点进行了批判，罗宾逊和张伯伦将歧视性垄断和需求歧视的观点考虑进来，试图将"代表性企业"从虚构改造为现实。在这一连串的分析中，事实上已经放弃了从单个企业出发进行统计的新古典主义方法论的个别主义这一方法。

　　从马歇尔的外部经济和内部经济的内容来看，他所谓的（代表性企业的）成本概念应当被看成是包含了技术创新、组织创新、"干中学"和实物投资的长期概念。不过，作为讨论关于"长期成本"是递减还是递增问题的决策者，他依靠的是内部经济和外部经济的概念，在这一点上还留有一些疑问。的确，19 世纪后半期产业基础的急速发展令人瞠目结舌，这使得他十分重视外部经济效益，但这不过是他所处时代的特征而已。在分析现在的经济状况时，

needed一种不同的视点。然而，他没有沉醉于优雅的理论，而是试图直面产业化的现实。我们应当对他的这种热情给予充分的肯定。

第四节 成本递减的反古典式分析

最广义的成本递减现象——技术创新与不确定性

这一节我们将进行"非新古典主义长期生产轨迹"的分析（在第二节的②中曾提到过的分析）。焦点问题是技术创新与不确定性，特别是前者。第四章以来我们曾多次提到，技术创新是一个范围很广的概念，包含从理论性创新到应用性创新的各个层面，尤其是往往伴随着组织创新。仅有创造性高的理论创新不能成为技术创新。特别是在第二次世界大战后，一直到20世纪70年代中期的大约四分之一世纪的时间里，可以称之为创造性创新的也只有基因构造、半导体和激光的发现。战后的四分之一世纪是技术创新最为繁盛的时期之一，这些创新几乎都源于战前和战争时期，其应用和积累促进了这一时期生产水平的上升。取得巨大经济效益的创新反倒是无数应用性创新，而且应用性创新本身也是一种范围极广的现象。根据著名的泰勒"科学管理"（scientific management）学说，由科学家和高级工程师设计的技术创新被经营者（management）所接受，由现场的劳动者按照操作指南将其付诸实践。然而，如果现场的劳动者接受过充分的训练，拥有丰富的经验，科学家和工程师直接在现场对问题进行分析的话，研究和生产就会实现相互交流，在这一接点上就会产生出大量改良性创新。这在QC循环等著名的日本经营方式中非常常见。这种半现场方式的技术创新也只是技术创新中的一部分。最后我们需要再次强调，组织创新也只是广义上的技术创新。无论什么样的创新，最后将其变为现实的都是新的组织的创造，而且组织的改善——与狭义上的技术创新一样——将会提高生产水平。这里我们可以回忆一下前面引用的马歇尔的话。"收益递增法则可以表述如下——劳动、资本的增加一般会带来组织的改善，组织的改善又会提高劳动、资本的工作效率……因此，一般在那些不依靠土地来进行产品生产的产业中，劳动和资本的增加一般会带来等比例以上的递增收益①……。"

实际上在上一节中我们已经提到，资本设备的扩大一定程度上包含技术进步的要素。著名的"资本一体化的技术进步"（capital-embodied technological progress）试图将这种观点定型化。② 类似资本一体化的技术进步、"干中学"、马歇尔的内部经济等理论，事实上都已将技术创新内生化。这样一来，技术创新概念的范围就因包含了应用性的东西而变得更加广泛，这种应用性的扩大——不同于具有较高理论性的东西——会提高可预测性。另一方面，技术创新在某种程度上被内生化，自然就会包含决策的相关考虑事项。如果将技术创新包含在经营决策中，它就会反映在经营者所构思的"边际（或平均）成本轨迹"中，并表现为递减趋势的强化。因为若不是这样，技术进步就没有意义。成本递减趋势增强，就更容易解释产业化的力量。

与此相比，用于解决技术创新问题的新古典派手法的特征，是将技术创新和沿生产函数的移动严格区分为不确定的部分和确定的部分，这种方法被称作"二分法"（dichotomy）。乍看上去，将模糊不清的连续的现实区分为具有鲜明对比关系的两种性质，是一种被广泛认可的分析手段。然而新古典主义却将技术进步视为不确定、无法预测的，仅将其定位为脱离理论本身（生产函数）的前提条件（使生产函数上移的要因）。这等同于将构成现实的两个侧面中的一个舍弃。但是，实际推动产业化前行的恰恰是这种不确定的动态的因素。我们可以从确定性和持久性的视角出发，即从持久均衡的概念或者趋向持久均衡的稳定性概念出发，对产

---

① アルフレッド・マｌシセル『經濟学原理』（大塚金之助訳）、第二分册，第四篇，第十三章，281—282 页。
② 例如 R. Nelson, "Aggregate Production Functions and Medium-Range Growth Projections," *American Economic Review*, Vol. LIV, September 1964.

第七章　成本递减的经济学

业化进行分析。在这里，起决定作用的是关于过去两个世纪以来所开展的覆盖整个世界的产业化的基本印象。这种印象依存于对事实的观察，依存于针对技术进步有多少是主要事实而进行的判断。然而，回顾产业革命以来的主要潮流，特别是看到第二次世界大战后的持久性技术创新的势头时，即使是新古典经济学，恐怕也不能将技术进步当成单纯的前提条件了。

诚然，技术进步曾经是一种依赖于有志之士的、间歇性的或不连续性的、难以预测的现象。因此，18—19世纪的经济学家们并没有对技术进步问题进行正面分析。亚当·斯密几乎是产业革命之前的人，所以他只是千篇一律地用"分工的发展"来研究技术进步，这也情有可原。李嘉图虽然意识到了技术进步现象的存在，但几经犹豫，最后还是判断其没有能力阻挡"社会进步停滞"的必然性。马克思或者马克思学派的经济学家们甚至不愿考虑技术进步的可能性，这似乎会降低他们悲观分析的说服力。我们已经多次提到，真正清楚认识到技术进步的强大力量的，是经历过19世纪后半叶"第二次产业革命"的马歇尔，但即便是他，也没能够做出相关的理论分析。可是，从那之后，在事实层面上，第二次产业革命以后的技术进步同科学一体化，不断加速，之后技术创新的潮流几乎都是连续的、持久的。而且，在这种技术进步的预期之下，经营决策得以制定，并不断进行投资。这种趋势在第二次世界大战后更加显著。

对现在的经营者来说，利润最大化的那一点是一个移动的目标，到达目标点时，原本很理想的技术可能性（可以认为其表现形式为新古典派生产函数）已经发生移动，目标总是如海市蜃楼，遥不可及。产量的轨迹已经不再是生产函数上利润最大点的连线，而仅仅是紧随利润最大点列之后的、有时是次优或再次优的点的轨迹。如果对应这一轨迹，将平均生产成本的轨迹描绘在成本图上的话，平均成本轨迹也是次优、再次优的点列。事实上，从第二次世界大战后一直到20世纪70年代这一时期，设备投资显著的普遍性特征是应用化、大规模化和体系化。因此，应用性技术进步不断深化并形成平均成本轨迹的递减倾向。更进一步，"资本设备规模的经济性"因素也发挥作用，这又进一步加强了轨迹的递减倾向。现在，经营者在制订中长期经营计划时首先考虑的自然是单位成本（平均成本）的轨迹，而不是理论上的平均成本函数之类。而且只有预期单位成本会降低，投资者才有勇气进行投资。

更加准确地讲，无论是谁，想要击中移动的目标，就要预测其变化情况。经营者也试图尽量进行准确的预测来解决这些不确定性。"动态"这个词使用至今，一直带有承载着过程、不可逆的意思，在此我们给其附加上另外一个意义，即解决不确定性的动态性质。新古典派中的一支（理性预期学派），将经济变量看成"期待变量"（expectation variable）也就是本质上的概率性变量，借此来应对以上情况。按照这种模型，未来的生产轨迹不再是一条线，而是线的圆周分布，象征性地讲，是面向未来拥有一定宽度（分散）的带状图形。① 产量也是概率变量，它首先在最大程度上反映的是技术变化的预期，反映的是关于如何将其产品化的自信程度。当然，不确定性不仅限于内化于生产过程的东西。就投入的生产要素来说，劳动力、资金、土地等的价格也是典型的概率变量。产品价格，也就是对产品的需求自然也含有不确定性。经营者对包含在这些变量中的各种风险进行判断，然后做出各种关于生产和投资规模的决策。这时，他们所参照的边际成本轨迹，或者平均成本轨迹也都是表示不确定性意义的、具有一定宽度的带状图形。不管怎样，包含了众多概率变量的不确定性情况下的决策，同处于确定性前提下的新古典派的结论是不一致的。②

---

① 表示这一分布的带状图形的下限，被现存的生产函数分成若干段。因为将来的生产函数肯定要比现存的更具有效率。因此，使用以现在的状态为上限的被 truncate 的形状来描绘与平均或边际成本相关的分布。相应地，边际成本递减的可能性就会增加。

② 如果按照合理预期的公设来进行决策的话，就会引起关于是否能够得到一致的讨论。关于合理预期公设所含有的矛盾意义在此不做论述。但是需要注意的是，只有在静态的情况下，一致才会得到保证。我认为在动态模型的情况下，出现泡沫的可能性会很高。可以参照村上泰亮「期待の政治経済学への序説」、福地崇生・村上泰亮編『内田忠夫先生退官記念　日本経済の展望と課題』（日本経済新聞社、一九八五年）所収。

第七章　成本递减的经济学

目标的移动究竟是可预测的，还是完全无法预测的呢。很明显，这里的关键在于对技术的预测。即便价格是剧烈波动的变量（非自我关联变量）也没有人会感到惊奇，用平均值将其替换掉也不会引起任何异议。但附加了趋势型（trend）（更加广义讲就是统计学中所谓的自我关联型（autocorrelated））因素时应如何预测，这是一个问题。例如，我们经常可以观测到工资的长期上升趋势以及产品价格的下降趋势，造成这种趋势的主要原因无非源自从经济整体范围来看的技术进步（或生产水平的提高）。的确，如果将产生于企业内外的技术创新视为完全无法预测的因素，认为技术只能作为给定条件进行分析的新古典派研究方法就是合理的。然而，在前述"技术动态"一条中我们曾提到过，技术特别是应用性高的技术进步在某种程度上是可以预测的。尤其是在技术落后的国家，无论是通过自主开发、进口还是盗用等方法，它的确可以预测从发达国家应引进、下一步应采用的新技术的具体形态。这种情况下，无论是边际成本轨迹还是平均成本轨迹都包含了技术进步的趋势，成为递减的，即向右下方倾斜的带状图形。

现在，不能再说技术创新是无法预测的了，其证据在于平均来讲，企业都在积极进行所谓R&D（研究开发）。特别是落后国家拥有发达国家技术创新的先例，落后国家的企业虽然存在学习失败的风险，但技术创新已经是一种可以充分进行预测的现象。经济学家们经常使用如下数学表达（即生产函数）$X = F(L, K)$，X表示产量，L表示劳动力，K表示资本，而现在常见的企业行为一般都表示为$X = F(L, K, R)$，其中R表示R&D投资（及其积累量）。这时，R是改变产量X的决定性变量之一，X当然也包含了作为R的成果的技术进步或生产水平的提高。R&D投资只要取得成功，成本（边际总成本或平均总成本）就会随着产量的增加而递减。

只要技术进步在当前没有表现出停滞的迹象，这条向右下方倾斜的带状就会一直延续下去，不会发生反转变为向右上方倾斜的情况。对那些不得不专心致力解决中短期问题的现实的经营者来说，没有必要考虑长期边际成本轨迹的反转情况。这样就需要成本递减（即收益递增）的经济学，而这并不是以新古典派生产函数为前提的"规模经济效益"的经济学。虽然其中的一部分包含有规模经济分析，但它是以分析技术进步及其不确定性为主体的经济学。最终，最大分歧就在于是将分析框架扩大到不确定性世界，把技术视为"期待变量"之一，还是视为完全不可能进行预测的"给定条件"。然而，当今 R&D 活动都在有组织化地进行，技术能够实现无国界传播，技术不可预测性这一学说难以让人接受。目睹了发达国家先例的后发国家，至少必须要考虑以技术传播为基础的"成本递减的经济学"。

然而，不仅是后发国家这样，即便是发达国家，也已经预测到第二次世界大战后持续不断的技术进步（或者技术进口的可能性），而且还预测到了需求将持续大幅度增长的状况。当时各个发达国家的多数产业都正处于成长期，基本上都拥有极为良好的发展前景。这在很大程度上也得益于美国一国独大而形成的世界政治的相对稳定。例如，20 世纪 50—60 年代，日本的钢铁、合成纤维、石油、石油化学以及汽车等"重化学工业"在技术和需求方面就满足了这些条件。在这些产业中，确实可以看到前述分析的"资本设备的规模经济效益"，但持久性技术创新发挥重要作用这一点也是不容置疑的。高炉扩建、OD 转炉达到全盛，连续铸造得以实现，新型合成纤维不断出现，普通的炼油设施成为包含了所有相关化学处理过程的石油加工厂，而且规模不断扩大、汽车的行驶性能和居室性能也实现巨大飞跃。战后发达国家经济的特征，是依靠连续型技术创新支撑的成本递减趋势，这是有各种统计数据为证的。20 世纪 70 年代以后的"超级产业化"的主角成为微电子产业，这些尖端产业的技术创新一个接一个出现，没有停止的迹象。因此，宏观经济上的技术进步没有终止，成本递减的状态也一直在持续。关于今后的趋势，虽然存在多种可能性。但很显然，即便是在发达国家，现在也需要"成本递减的经济学"。

第七章 成本递减的经济学

过度竞争与适度竞争

之前,为了为后续说明做准备,我们对规模经济条件下的竞争进行了分析,其结论大致也可以适用于包含了技术创新的成本递减的情况。第一,这种情况下市场占有率的扩大也将成为企业的基本战略。各企业都意识到技术创新的动向,做好了低利润甚至是亏损的心理准备,为了扩大市场占有率大打价格战,在设备更新与扩大方面展开激烈的竞争。最近,日本的企业间市场占有率的竞争经常受到批判,但这并不是源于日本的文化特性,而应当归结于成本递减的经济性因素。在此之前的讨论与我们前述的广义上的规模经济效益相同,但这次,在原来的基础之上,与新技术相关的发明竞争、进口竞争、开发竞争也开始发挥巨大作用。这种技术竞争和投资竞争一体化,成为阻碍新企业进入市场的有效武器。这种攻击性投资、技术战略有可能存在于多个现有企业之间,并在相互报复竞争中发展。很显然,哪个企业能够抢占先机就成为具有决定性的问题。[1] 但是,各个企业对技术进步的预测大多都带有各自的主观性,缺乏同质性保证。因此,觉察到对方企业的反应(库尔诺模型中提到的反应函数就是这样的例子)是很困难的。在这种条件下,达成类似纳什均衡的博弈论式合作的可能性,比没有技术创新、单纯的长期边际成本递减情况时还要低。

这样,在可预测的技术进步起支配作用的动学竞争中,妥协、合作的可能性就会变小,若置之不理则会演变成串谋寡头,随之演变成完全垄断的可能性就会增大。在演变为垄断(或串谋寡头)的竞争过程中,会出现部分倒闭企业,投入到这些企业中的大部分资本就会被浪费(即成为沉没成本)。倒闭时所产生的失业问题也绝不容忽视。静态均衡的比较静态忽视了这些过程性问题,但

---

[1] 关于这一点的讨论有,R. J. Gilbert &D. M. G. Newberry, "Preemptive Patenting and the Persistence of Monopoly," *American Economic Review*, Vol. LII, 1984。

在无法保证能够形成均衡的产业化世界中，这种忽视过程性问题的态度是行不通的。

自然淘汰学说认为取得竞争胜利的企业是生产率最高的优秀企业，但也需要注意一点，那就是在动态竞争的条件下，自然淘汰学说的神话未必能够成真。竞争等同于资源分配的效率性这种观点只有在静态均衡下才能得以证明。这里，我们所考虑的动态竞争环境下，所有企业都要放弃完全达到利润最大解（这实际上是产量无限大），依靠获取市场占有率的战略性商业技巧（比如产品发表和投资的时机）或者是资金筹措能力的大小（如与银行关系的密切程度）来求得生存。后面我们将会提到，在发展中国家，出现了很多外资企业，它们使用本国丰富的资金并占据垄断地位。战后日本的旧财阀企业依靠资本筹措能力发展壮大的例子也不在少数。另外，在基本技术这一点上，最为先进的大企业缺乏成本意识的例子也有很多。这样一来，成本递减下的竞争不仅无法保证稳定均衡的达成，其作为选择高效企业的机制这一作用也无法充分发挥。具有这种特征的成本递减状态下的市场竞争，在这里被称作"过度竞争"（excess competition）[1]。如果放任这种过度竞争，任其发展到极限状态，那么在这一过程中，就会出现资本和劳动力的浪费，完全垄断或串谋寡头出现的可能性就会增加。

过度竞争这一概念当然也有与其相反的概念，即"合理竞争"或"适当竞争"。以前的说法一般都只从最终状态（均衡）时的资源分配状况出发来考虑竞争的适当性，将其模型化的是完全竞争这一名义上的理想模型。这种情况下，竞争的好恶程度可以用最终状态这一一维基准来进行测量。然而实际上，资源的浪

---

[1] 在学者当中大概我是第一个使用经济学的理论认可过度竞争概念的人。最先发表于村上泰亮「戰後日本の經濟システム」、『エコノミスト』一九八二年六月十四日号。被再度收录于村上『新中間大衆の時代』、第一部。从新古典派的近似正统的立场出发最先承认过度竞争的意义的，是前面提到的伊藤ほか『産業政策の経濟分析』、第十二章。关于之前的讨论，二木雄策「過当競争のメカニズム」、筱原三代平・馬場正雄編『現代産業論2　産業組織』（日本經濟新聞社、一九七四年）所收。

第七章　成本递减的经济学

费不仅与最终状态相关，在达到最终状态之前的过程中也会产生。因此，一般来讲，竞争的适当程度至少应该用过程和最终状态这种二维基准（若将过程分为若干期间的话，则是无数维）来进行衡量。如果在资源分配这一点上，过程和最终状态存在取舍（一方增加则另一方减少）关系的话，那么在不偏向任何一方的中间点上，就会存在"适当竞争"（adequate competition）的状态。这是能够在新古典派中看到的最终状态的最优性，是一种与静态最优化状态并不一致的动态的状况。不仅如此，如果没有均衡的稳定性，最终状态也不会存在，新古典派的竞争理念完全依存于均衡的稳定性。一般来讲，有必要超出新古典主义的框架，从过程和最终状态二维看待竞争的最适性这一概念，特别是在均衡的稳定性无法得到保证的情况下更是如此。本书中虽然强调对过程的重视，但也必须明确理解最终状态。通过以上分析可以得出这样的理解，即在最终状态下，垄断或串谋寡头出现的可能性很高。

关于垄断

然而，一听到垄断就立刻对其全盘否定的行为也是很轻率的。当然，一直以来的多数意见都是垄断否定论，谴责"超额利润"的不正当性。[1] 但是对于那些几乎全包含了个人感情在内的多数意见，我们不应全盘接受。近现代以后对垄断的批判，原本产生于对绝对主义政权所制造的政治特权垄断的对抗，并不足以批判技术革新潮流中产生的产业化以后的垄断现象。人们经常不分青红皂白地对垄断（或串谋寡头）进行议论，然而几乎没有技术进步的状态下的垄断和技术进步显著状况下的垄断之间有截然不同的性质。众所周知，熊彼特强调了这两者的区别，他开创了垄断理论的新里程碑。[2] 按照他所说的，开发了新技术的企业获得超过某

---

[1] 关于超额利润理论，竹内靖雄进行了细致的考察。竹内靖雄『市場の經濟思想』（創文社、一九九一年）。

[2] シュンペータ－『資本主義・社會主義・民主主義』（中山・東畑訳）、上卷、第二部、第八章、たとえば一八三頁。

一平均水准的利润（例如专利收入）是企业应得的奖励，技术陈旧的企业在激烈的投资竞争和技术竞争中被淘汰也是资源分配效率化的一种表现。过去的超额利润学说完全忽略了熊彼特所谓"创造性破坏"（creative destruction）过程的意义。不能仅以超额利润学说为依据进而指责动学竞争中的垄断化倾向。

但熊彼特对因果关系的分析方法也存在不明确之处，他指出创造性破坏的过程往往会导致垄断企业的产生，他的这一分析并没有错。但他还指出，如果没有垄断企业，这一过程就无法进行下去，这一点会引起误解，留下了巨大的讨论空间。[①] 现在的技术进步与其说是来自特殊的个人或企业那些从天而降的构想，不如说是主要来自企业间的竞争，这一点在熊彼特的时代还不明显。从这一意义上讲，多个企业的存在对"创造性破坏"的过程来说是必不可少的。不仅如此，无论什么产业都有其生命周期，迟早会到达技术进步的饱和点，成本递减趋势就会消失。这时，以前的新古典派反垄断与串谋寡头的论说又会具有新的意义。不过，这时从已经扎根于社会内部的权利均衡来讲，要想打破垄断或串谋寡头已不再是一件容易事。最后同时也最为重要的是，对所有种类的竞争机制，也就是说不仅对于经济竞争，对于技术竞争和思想竞争来讲，阻止新事物出现的垄断也是不允许的，因为垄断没有给予其他主体平等的机会。正如第一章所提到的，机会平等是真正自由主义的基本条件之一。

另一方面，认为垄断不会长久持续的朴素经验论的乐观主义也出人意料地随处可见。例如，马歇尔主要关注由个人支配的企业，他认为企业随着企业家精力的衰退而衰退，企业家的孩子作为继承人并取得成功的可能性很低。马歇尔对垄断的危害持比较

---

① 可参照熊彼特同上书，182—183 页（原书 101 页）。R. J. Gilbert & D. M. G. Newberry, "Preemptive Patenting and the Persistence of Monopoly"，认为垄断在技术创新过程中将增加其支配力量。相反，认为垄断反而会使技术创新停滞的观点，可参照 K. J. Arrow, "Economic Welfare and the Allocation of Resources of Invention", in R. R. Nelson ed., *The Rate and Direction of Inventive Activity* (N. J.: Princeton University Press, 1962)。

第七章　成本递减的经济学

乐观的态度。① 同样,对垄断的危害持乐观态度的米尔顿·弗里德曼发现19世纪的企业也有类似的形态。但是进入20世纪后,个人经营企业这种形态逐渐消失,作为经营组织的形式,企业薪金雇佣经营者的趋势日趋显著,特别是最近,经营视野的长期化和企业的持续性集团（corporate group）化倾向正逐渐增强。其典型的例子就是"日本式经营",但也许这并不是日本仅有的一种现象。与19世纪相比,或者说与20世纪前半期相比,一般来说今后的企业都不会与特定的个人企业家联合,而会显示出其作为经营组织的持续性追求倾向（参照第十一章第二节）。如果这种分析方法正确,那么一旦企业以某一产业为根据地达成垄断或串谋,为了维持这一地位,它就会从长期视点来动员所有的经营战略。未来企业陷入停滞局面时,反而有可能会成为比19世纪还要顽固的经营组织。这就是乍看上去将所有生产要素都流动化的未来超级产业化所带给我们的反论之一。

垄断不单纯是一种经济现象,同时也是一种政治现象。特别是在现在大众化的民主主义制度之下,垄断成为导致政治不稳定的温床。虽然容易被夸大其辞,但垄断企业和少数寡头企业凌驾于穷苦百姓之上的这种结构,正是落后国家产业化失败的一个典型模式。曾经的中东、近东和拉丁美洲,外国企业依靠强大的资金筹措能力（特别是来自本国的资金）形成垄断的例子屡见不鲜。与之形成对比的是,在东亚取得成功的NIEs,几乎不存在完全垄断的民间企业（无论外国企业还是国内企业）支配产业的例子。如果垄断形成于向产业化腾飞的早期阶段,那么垄断的存在就有可能使市场经济的作用失效,阻碍开发主义产业化的发展。然而更为严重的是,垄断在分配方面总是导致不平等化的出现,成为政治上被抱怨的对象,甚至会摧毁向产业化腾飞所需要的最低限度的政治性一致。成本递减下的竞争导致垄断的出现,这在政治

---

① アルフレッド・マⅠシセル『經济学原理』（大塚金之助訳）,第二分册,第十一章,234页,及第十二章第六节。

上也是一种不理想的事实。

在这里,可以对过度竞争的理解进行如下 180 度的转变。如果在降价竞争的终点上形成垄断和串谋寡头,那么之前的行为则是利用了时间差,具有"国内倾销"的意思。众所周知,利用两个经济体之间状态的差异进行的"国际倾销"会受到强烈谴责,出口国国内的垄断和寡头将成为国际谴责的对象。[①] 同各个国家之间神经质般敏感地相互监视的国际倾销相比,利用不同时点之间状态的差异进行"国内倾销"时,由于其恶劣影响出现较晚,的确很难察觉。但是其追求超额利润,充分利用竞争市场和垄断市场这两者的落差这一行为类型同国际倾销是相同的,在竞争市场上打败对手企业,最终确立垄断地位这一点也与国际倾销非常相似。如果说作为国际倾销对象的出口对象国的企业利益应当得到维护的话,那么作为国内倾销对象的成本递减型产业的竞争对手企业的利益也应当得到维护。要想防止这种倾销,就需要事先保证多个企业的存在,并确保成本递减情况结束后仍可能存在竞争性市场,从这个意义上来说,必须考虑抑制过度竞争的政策。的确,过度竞争并非百分之百会导致垄断或串谋的产生。但实际上,普通的反垄断法规禁止企业的合并或命令将企业进行分割等做法,同样都是以包含了不确定性的判断为基础的预防措施。从逻辑上来讲,没有理由承认一方面而不承认其他方面。旨在抑制过度竞争的政府干预是"反垄断措施的预防性等价物"。

马歇尔问题再考——长期决策和短期决策

以上关于成本递减经济学的描述认为,在价格战争、投资战争和技术战争不断激化的过程中产生垄断的可能性很高。然而,

---

① 补充说明一点,对于成本递减状况下的产业,不应该使用普通的倾销判定基准。这种情况下,平均成本要高于边际成本。因此设定平均成本以下的价格,未必能成为倾销的证据。必须直接调查同种产品的国内外价格差。请参照小宫隆太郎・天野明弘『國際經濟學』(岩波書店、一九七二年)一二六頁。关于日美间的贸易摩擦问题经常在这一点上引起误解。

第七章　成本递减的经济学

这里我们又一次回想起了"马歇尔问题"。如果原本成本递减是一种极为一般性的现象的话,那么在拥有悠久的资本主义历史的发达国家就会不断出现完全垄断和串谋,市场经济就会自行灭亡。然而,看上去这一切并没有发生。其原因何在?成本递减的经济学当然也必须去解开这个用"马歇尔问题"可以进行解释的收益递增条件下的竞争之谜。

从某种意义上讲,最为简单的解答是,市场经济内部所包含的不稳定性受到政治性,更确切地说是社会性的抑制。更为一般地讲,可以说是人类所具有的行为惰性、制度粘性将资本主义的不稳定性抑制在一定范围内。总的来说,在未曾摆脱大萧条回忆的20世纪30年代以后的时代中,提出资本主义的不稳定性,主张垄断危害巨大的观点层出不穷,对用来矫正这种缺陷的社会制度的关心非常强烈。美国建立了批判资本主义的政党,还制定了反垄断法。例如施泰因德尔(Steindl)认为,与技术、市场和金融相关的制度性因素对完全垄断化具有抑制作用。[①]凯恩斯很明显也将价格和工资的粘性视为不可或缺的稳定化因素。所谓的凯恩斯政策,可以看成是为了弥补这种粘性在反面所产生的缺陷而进行的一种创建附加制度的尝试。一般来讲,认为政治和经济的相互干涉作用出乎意料的强,资本主义因此实现稳定化,这种观点是没有错误的。不过,完全依靠非经济性因素的作用来解决经济不稳定性的想法也有些极端。大萧条和石油危机时那种经济陷入危机的情况下,政府的确进行了干预。但至少在典型的经济自由主义国家(例如全盛时期的英国和美国),针对经济的局部性问题,比如个别产业的问题,非经济性的力量并没有逐个对其进行干预。经济之外的社会制度,以及依靠这种制度使经济稳定的制度论式稳定化理论,与认为经济能够进行自我调整的古典式的经济自由

[①] J・シュタインドル『アメカ資本主義の成熟と停滞——寡占と成長の理論』(宮崎義一ほか訳、日本評論社、一九六二年)。同じく『小企業と大企業』(米田清貴・加藤誠一訳、厳松堂、一九五六年)。

主义相同，都是一种观念上的东西。应当认为，在政治性、社会性抑制发挥作用前，即便不是市场机构本身，某种与其紧密相关的局部性的稳定化机制也会发挥作用。试图通过导入非经济性因素来解决"马歇尔问题"的做法过于简单。

说到用形式近似于经济学的解决方案进行的尝试，我们不能不提到罗宾逊和张伯伦的分析。他们着眼于卖方产品差别化的发展程度，认为虽然在每个差别化的市场上垄断一般占据支配地位，但是在市场与市场之间却存在直接（罗宾逊的情况）、间接（张伯伦的情况）的替代关系，实质上是竞争在发挥作用。这就是"垄断竞争"或者是"不完全竞争"，也就是他们设定了一个介于竞争和垄断之间的中间概念，来解释成本递减趋势与竞争行为并存的现实。按照罗宾逊的解释，企业进入利润率高的领域，利润率就会水平化，从而达到一种均衡状态（就是她所谓的 full equilibrium）。不过她的这种解释很难让人接受，因为为了维持因进入和退出自由而产生的间接竞争性状况，（与可竞争市场理论的情况相同）需要零沉没成本和资本市场的完全性等诸多条件。另一方面，张伯伦试图对差别化产品间密切的替代关系进行直接分析，却未能得出令人满意的理论结果。的确，选择性较高的高级消费产品确实存在某种程度的产品差别化。但并不能认为这就缓和了相似产品间优胜劣汰相互竞争的局面，中和了实质上的垄断化（以及串谋寡头化）倾向。不仅如此，更重要的是，像战后日本的重化学工业一样，很多领域的竞争是关于中间产品的同质、无差别化产品的竞争。

总的来说，20世纪30年代的这些分析反映的都是两次世界大战之间发生的大萧条及其后一直持续的经济低迷的痛苦经验，是对资本主义发展能力的悲观判断，对垄断的分析也仅仅局限在停滞状况下的垄断。然而，在第二次世界大战之后，虽然没有证据表明垄断的程度有什么特别的变化（日本和德国例外），但却产生了持续性的大繁荣，特别是20世纪70年代以后，以积极的竞争为特征的东南亚NIEs经济实现爆发性增长。应当说，依靠停滞性垄

第七章 成本递减的经济学

断和制度粘性进行的这种两次世界大战之间类型的分析，并没有完全解决马歇尔问题，或者说至少没有解决这个问题的现代形态。

我们再回过头看一下马歇尔，对他来讲内部经济和外部经济的区别至关重要。换言之，即规模经济、技术创新和组织创新等"企业的内部环境"与广义上讲的以基础设施或公共产品为代表的"企业外部经济环境"这两者之间的区别。而且这两者之中的外部经济作为成本递减的原因和经济增长的原动力曾受到他的重视。当然，企业一般不会依靠外部经济，而是致力于对内部经济进行控制和调整。因此，如果以成本递减趋势为主并起因于外部经济的话，企业的行为就未必会导致市场的不稳定化、形成垄断支配地位。事实上，马歇尔对垄断的危害是持乐观态度的，支撑他的这种乐观的，是外部经济和内部经济的区别，以及对外部经济的重视。的确，他所看到的19世纪后半期社会基础设施发生了剧烈的变化。狄更斯·曼福特所谓的"焦炭城市"的丛生、四通八达的铁路和电信尤其是初等教育的普及可以说都是改变原有世界的重大事件。的确，从那之后经过一个世纪到第二次世界大战之后，全世界各种社会基础设施取得了显著的发展。然而，现代城市、信息化和大学的大众化，可以说只不过是焦炭城市、铁路和电信以及初等教育普及的扩大和改良。虽然可以想象信息通信基础设施的急速发展将会给21世纪的世界带来巨大变革，但目前这些还没有完全变为现实。最近，公害等"外部不经济"反而成为问题。在现代，"外部经济"变化的剧烈程度并没有超过"内部经济"。而且经济增长的事实越来越显著，其原因主要是他所说的"内部经济"特别是企业内部开发的技术创新。他的这种将外部经济和内部经济区分开来重视前者，试图使成本递减趋势和市场竞争性共存的理论，已经不再被认为是有效的。但是，究竟怎样的解释才算是有效的呢？

作为一种解释，在这里我们考虑企业决策的短期性质。马歇尔考虑的是外部经济和内部经济的区别，这里我们考虑短期决策与长期决策的区别。设定用短期眼光进行判断的企业——与投资决策完全分开——价格等于短期边际成本。之前已经解释过，短期边际成本函数（短期情况下与成本轨迹一致）可以说总是递增的。因此，按照短期眼光采取行动的企业越多，市场在短期内就越稳定，或者说我们认为它越稳定。当然，这种短期决策一旦到了长期就会显现出非效率性，最终导致破产（不景气或产业的衰败）。然而，如果很多人都以短期目光考虑问题的话，那么破产就会被理解为无法预期的或者是不幸的偶然，经济动学就会被解释为短期均衡点的不连续系列（这种理解正好与新古典主义的比较静态相对应）。在欧美各国，最典型的是美国，战前的一些经营传统遗留了下来，各个企业都将经营决策的眼光放在短期，这反而发挥了维持市场上的竞争状态的作用。

然而第二次世界大战后，经济决策眼光的长期化趋势得到认可。技术创新从创造型转变为应用型，可预测性大大提高。利用宏观经济模型进行的预测被广泛实施，各国开始采取旨在中短期循环平滑化的凯恩斯主义政策。可以说凯恩斯理论实际上是建立在同意存在（因设备过剩而产生的）成本递减状态这一基础之上的。长期视角下，与企业投资和就业相关的经营决策变得越来越多，虽然经营眼光长期化本身也是一个很大的题目。但基本上来说，它在很大程度上受到了技术创新和需求动向变得容易预测这一第二次世界大战后的时代特征的影响。但与此同时，"所有和经营的分离"被提出以来，我们所看到的企业持续组织化倾向的影响也很大。伊迪斯·彭罗斯的企业成长理论和罗宾·马里斯的"经营者资本主义"就是反映这种倾向的概念。[1] 它还表现在认识到企业内"人力资本"（human capital）的重要性，并愿意在自己企业内部对后者进行训练且一直雇佣下去。特别是对于以产业化为目标的落后国家来说，以发达国家的经验为模板的企业和政府

---

[1] Edith T. Penrose, *The Theory of the Growth of the Firm* (London: Basil Blackwell, 1959). Robbin Marris, *The Economic Theory of "Managerial" Capitalism* (London: Macmillan, 1964).

第七章 成本递减的经济学

战略眼光的长期化很难改变。比如以"终身雇佣"和"现场学习"（on-the-job-training）为基础的所谓的"日本式经营"所拥有的"长期视角"在世界范围内引起广泛讨论，这是这一倾向的一种表现。这样一般都会认为在第二次世界大战后的世界上，成本递减状况总是伴随着决策的"长期化"现象而产生。但是如果按照本书的分析来讲，这意味着过度竞争，并存在结果出现垄断的危险。形成期的"日本式经营"以"产业政策"名义下的行政干预为背景，并借此避开了过度竞争问题的严重化。但是一般来讲，恐怕我们要面对这样矛盾的事实，即随着决策眼光长期化在世界范围内的扩大，市场竞争反而变得不稳定。

很明显，不仅后发国家和战后日本经济是成本递减的例子。举一个受国际性影响较强的最近的例子来说，关于半导体存储条的竞争，就呈现出前所未有的奇特情形。这种竞争的基础在于记忆容量巨大化趋势的可预测性和急速的成本递减。技术研发竞争当然不用说，投资的时机战略、资金的筹措能力等也往往会置企业于死地。这种激烈的竞争状况有可能导致巨大的国际性垄断或串谋的产生。当然必须考虑到这样的可能性，即作为半导体生产企业将产品差别化的结果，问题可以在某种程度上自然地得到解决。美国的半导体生产厂家采取的就是专门生产特殊产品的策略。但是日本的生产厂家却一味地以记忆容量的巨大化为目标，日本的生产厂家有可能以寡头的形式达到对全世界的支配。因此，就半导体产业来讲，很有可能需要国际性的"行政干预"作为解决对策，日美的"构造协议"中也包含这一类要素。美国总是以保障国家安全为理由，介入国际半导体战争，以便保护本国的半导体生产厂商。日本的厂家也摆出了参与国际合作的姿态。虽然现在的局势还处于混沌状态，但也许无国界化的"产业政策"时代的序幕正在拉开。如果这样的话，那么将日美的 MOSS 交涉（按领域划分的市场构造协议）单纯看成是国家利害冲突的观点就会过于狭隘。

然而，成本递减趋势表现最为明显的还是在后发国家。落后国家以"实现产业化腾飞"为目标，用最初的长期性眼光来考虑完成目标。但是以前，在欧美发达国家，除了一般的"短期眼光下的资本主义"以外，应当用来作为准则的模型并不存在。短期的资本主义秩序恢复机制陷入低迷，因此后发国家欲前行却会被绊倒、刚站起来却又会跌倒，如此重复下去。但最终结果是落后国家对以不景气为名的秩序恢复机制缺乏足够的耐受能力。后面我们会提到，在拉丁美洲就有很多这样的例子。然而另一方面，如果决心学习发达国家的发展模式，那么应当导入的产业、技术输入的预览就会非常明了。特别是在第二次世界大战后，无论是企业层面还是国家层面，技术进步和世界市场的动向变得容易预测，后发国家具备了采取"长期视角下的资本主义"形式的条件。这种"长期视角下的资本主义"当然是为了积极发挥成本递减的优势，以达到高度的经济增长。但结果往往是有意识地采取这种长期眼光的国家或产业，面临着潜在的市场不确定性，被卷入过度竞争，如果封锁国内市场则面临着垄断化的问题。很多东南亚国家依靠行政干预的理由就在于此，这正是我们所定义的"开发主义"。

这种无论是在众多发达国家还是后发国家都相继出现过的现象，是政策经营眼光长期化占支配地位的战后世界所特有的。如果我们所说的超级产业化有加速的趋势，那么今后这种倾向还存在增强的可能性。给马歇尔留下深刻印象的是外部经济的发展，与之相比，当代我们所面临的是经济决策的长期化，对应的就是马歇尔的理论中的内部经济的发展这一理论。很明显，如今关于竞争政策的基本态势正受到关注。以前的竞争政策是为了解决停滞状况（成本递增状况）下的垄断问题。这种垄断并不是我们所期望的，这一点没有任何改变。对于作为本书基本立场的自由主义特别是其主干部分的思想自由主义来说，垄断的持续很明显也是一种障碍。需要补充说明的是，这并不是因为分配结果的不平等，而是因为机会的平等遭到破坏，使得人们的选择范围变小。

在此之前，新古典主义认为停滞产业作为容易发生垄断行为

第七章　成本递减的经济学

的产业应当对其加强防范,而熊彼特则提出技术创新型产业容易出现垄断行为,这两种观点并立存在。它们分别对应的是对竞争结果的关注(均衡论)和对竞争过程的关注(不稳定性论)。在这里,我主张应当将警惕垄断发生的比重从停滞产业转向易产生成本递减的产业和时期,也就是从竞争的结果转移到竞争的过程。有必要恰当地选择成本递减产业和时期(如后述,设定重点产业),为维持竞争而采取适当的预防措施。为此,政府(或者国际协议)应当进行某种干预和指导,以预防垄断和串谋的发生,即维持所谓的"多头垄断"(polipoly)的状态,所谓"产业政策"其主要根据也在于此。产业政策从短期来看可能像是一种统制政策,但从长期来看其本质是一种竞争维持政策。认为只要去除行政干预就可以维持竞争的这种一般说法并非一般性真理。在成本递减状态和经济决策眼光的长期化这两个条件之下,行政干预是维持竞争所必需的。不过,这两个条件只要有一个得不到满足,行政干预就会带来危害。而且对行政干预的实施来讲,政治体系的状态将成为关键因素。我们可以预见各种各样不容忽视的问题,如包括与自由主义这一终极理念的摩擦问题在内的社会体系的整体状态。最后的这个问题,我们必须在后面再次进行讨论。

再次回过头来看,以对成本递减现象的应对为轴线,可以给过去的各种经济学说进行相对定位。古典主义和马克思学派不承认技术进步和成本递减,他们没有充分感受到产业革命的冲击,仅停留在创建资本主义经济学的阶段。与之相比,在"边际革命"的中坚力量中,至少马歇尔接近了产业化的事实,试图创造产业化经济学。在某种意义上令人感到不可思议的是,为什么产生于边际革命的新古典主义经济学会将成本递减的情况视为例外,回归到古典主义的资本主义模型上去(这个疑问必须要作为知识社会学的问题来解决,在此不打算深究)。很明显,目前为止经济学的主流是资本主义经济学,而不是产业化经济学。换言之,经济学家们都认为经济好像都已进入成熟阶段(成本递增的可能性较高)。

然而，产业的成熟只是产业化的一种情况。各种产业从诞生到经过幼年期，在青壮年期开展各种活动，然后进入老年期，这样完整的生命周期才是产业化。如果是这样的话，幼稚产业期（成本递减期）就是所有产业必须经过的一个阶段。特别是后发国家为了追赶发达国家，大规模进口生产技术时，这个国家的产业就被置于成本递减的条件之下。对于落后国家来说，这一意义上的"幼稚产业"不是例外，而是一种惯例。如果一直将"幼稚产业"视为例外，就不可能对产业循环进行一贯的分析。不仅后发国家如此，作为总体的产业化，就像我们在第二章提到的一样，是相对于自然的"人类中心主义"的一种表达，是永远都不会成熟的。21世纪世界的整体现状，是会成为青年型，还是成为老年型呢，我们不得而知——至少在本书中不对这一问题进行深入分析（参照第十一章）。然而在世界各地，或者说是所到之处，确实不断涌现出即将达到青年期的经济。为了应对这些问题，必须依靠真正意义上的"产业化的政治经济学"。从这个角度来看，本章所进行的尝试性分析在方法上没有什么突破，因此是极不充分的。但希望通过本章的分析，我们可以明确这样的事实，即迄今为止的经济学并不是单纯关于资本主义的——而不是关于产业化的——超越智慧的东西。

第八章 作为体系的开发主义

第一节 产业政策

产业政策的定义

从题目可以看出,本章我们将把开发主义作为一个综合的体系进行阐述。首先,基于前一章的分析,对长期决策在成本递减产业中起支配作用时,政府应以怎样的形式进行干预加以总结。我们将这种应当采取的干预形式称为"产业政策"(industrial policy)。当然,产业政策是按照不同的产业来进行定义的。关于政治经济体系中产业政策的定位问题,我们将在第二节之后进行讨论。

> 所谓产业政策,是指为尽可能发挥成本递减的优势而采取的政策。具体来说,它以维持特定成本递减产业中最优化的竞争状态为目标。若没有这种政策,成本递减产业的潜在增长能力就无法得到充分发挥。

对产业政策的认识多种多样,很多人将其理解为通过强有力的政府干预强行提高产业增长率的一种政策[1],甚至有人认为它只不过是不太明显的计划经济。如果产业政策是为计划经济服务的一种手段,就没有必要将这一题目单独拿出来进行讨论了。然而,

---

[1] 如 John Zysman, *Governments, Markets and Growth* (Ithaca: Cornell University Press, 1983), George C. Eads & Kozo Yamamura, "The Future of Japanese Industrial Policy," in Kozo Yamamura & Yasukichi Yasuba, eds., *The Political Economy of Japan*, Vol.1: *The Domestic Transformation* (Stanford: Stanford University Press, 1988) 介绍了很多观点。

从之前的分析中我们可以清楚地了解到，在成本递减的情况下，要维持最优化市场竞争是很困难的，有必要借助于某种形式的政府干预。前面的定义明确地表现出了这种必要性，而这种必要性在以发展经济、追赶发达国家等为目标的后发国家更高。从这一意义上讲，产业政策为"开发主义"提供了一种核心性的政策手段。

在上一章中也曾提到过，竞争的含义，不只包括在既有框架中（即静态地）进行有效率的资源分配。不论是市场经济还是计划经济，如果能使每个人发挥理想的作用的话，都能够实现静态资源分配的效率性。因此无法从原则上区分两者的优劣。计划经济所不具有的市场经济独特（从工业化的观点来看）的优势，在于市场经济同时拥有给人以强烈动机（motivate）的体系，这一体系能提供促进成本节约、品质提高、技术创新、组织创新的激励（incentive），增强企业成长动机。苏联解体的最大直接原因就在于，即便有官僚的指令，人们还是缺乏动机，也就是缺乏对劳动和创新的热情。即使是在市场经济中，政府干预本身依旧不能增强企业成长动机。只有利润动机才能最大限度地发挥递增型成本曲线所具有的可能性，进而使曲线移动。即便采取了补贴政策、保护主义政策或者鼓励投资政策暂时性地扩大了生产和资本设备，但只要这些政策中止，一切就会马上回到原来的样子。

成本递减的情况也同样，但激励的作用更强。点燃企业成长欲望的是成本递减，而不是政府干预。虽然有时补贴和保护主义也有意义，不过它们仅仅起到一种助推的作用。不如说成本递减情况下政府干预的主要作用在于控制过剩的扩大欲求。如果将苏联社会主义的失败同日本（以及东亚）产业政策手段的成功进行比较，可以发现产业政策并不是计划经济的产物。能增强成长激励的只有竞争，这是第二次世界大战后半个世纪以来我们得出的教训。产业政策原本是在拥有（称为成本递减的）潜在成长能力的产业中，为了维持竞争性环境而采取的政策，也就是促使竞争提供动机的政策。如果不在这种逻辑下来实施，产业政策就会沦为不彻底的计划经济手段。从理念上来讲，产业政策应当是"反

第八章 作为体系的开发主义

计划经济的",这一点并没有得到充分认识。

第二次世界大战后的日本,正是在某种程度上意识到这种政策并将其贯彻执行的例子之一。但值得怀疑的是,当时的日本政策当局是否真的明确意识到了他们采取的政策具有"反计划经济性"。不容否认的是,他们曾努力创造出能够融入国际市场竞争环境的日本企业。从这一意义上讲,很明显他们并没有考虑市场经济以外的其他体系。比如,他们始终反对企业的国有化。不管怎样,之后随着日本经济(在当时看来)的惊人增长,这种政府干预开始闻名世界,产业政策这一用语也随着日本的成功开始普及。不过这里所尝试进行的对"产业政策"的定型,并不仅限于对日本经验的阐述。就像上一章讨论的那样,日本式的"产业政策"包含有很多不必要的政府干预,这种日本经验有其固有特性,妨碍了有关产业政策的恰当理论的诞生。在这里,我们尝试以排除了日本固有掺杂物的最简化形式,对产业政策的内容进行定义。

这里必须再次明确,产业政策的目的是抑制过度竞争,或者说是维持"适度竞争"。其内容并不是单方向的,而是意味着要一方面减少竞争过程中的破产与失业成本,另一方面不能削弱竞争所具有的赋予动机的能力,要在这两个要求之间取得平衡。满足后者要求最需要的是给每个企业(包括潜在的新的进入者)提供平等的机会(垄断与此相违背),从这一意义上说,对企业进行差别对待的干预并不是理想的干预方式。因此,作为干预的手段,给每个企业进行数量上的配给,明显不如不加区别地对所有企业采取"价格"限制。考虑到这一点,产业政策可以规定为以价格限制为焦点,由以下四种政策手段构成。之后我们还将列举五种不应使用的政策手段,以此努力使产业政策的轮廓变得清晰。

基本政策

(1) 指定重点产业

预测技术和需求的可能性,将成本递减状况下的某个特定的产业指定为有前景的产业。这就是所谓的目标产业政策,以下将其译为重点产业的指定。产业政策在特别指定对象产业这一点上与宏观经济政策相区别。

(2) 分产业制订计划

必须使企业共享重要信息。让所有企业都能了解与这一产业相关的标准的变化趋势、技术预测、对同宏观经济的一贯性的考察等,追求预测的同质化。如果没有预测同质性,企业就不能做出统一的反应,指示关于价格的共同规则就会比较困难。也就是需要按产业划分的指示性计划(indicative planning)或教育性计划(educative planning)。(1)重点产业的指定从广义上讲也可以看成是指示性计划的一部分,但在这里为了更加明了,将(1)和(2)加以区分。

(3) 促进技术进步

促进技术引进与开发,维持成本递减的状况。过去的教训告诉我们,依靠市场的力量,技术的国际传播未必能够顺利进行。具体来说,可以考虑为研发提供补助(政府契约往往发挥补助金的作用)、实施对研究投资的税收优惠政策,形成进行研究开发的组织等。如果不努力持续依靠技术的引进和开发的技术进步的话,就无法在日益激烈的国际竞争中实现产业的自立,那些后发国家也就无法实现工业化的腾飞。

(4) 限制价格的过度竞争

为了抑制降价的过度竞争,制定政府公认的价格联盟。这样的联盟也可以认为是以限制"国内倾销"为目的。而将其适用于出口时,它将发挥限制低价出口的作用。作为价格限制的政府方针,可以考虑前面提到过的"抑制性价格战略",即沿平均成本轨迹,也就是监视利润率(这里所指的利润是减去资本租金后剩余的部分)使其保持在某一水平之下,分阶段地进行降价。虽然依靠"抑制性数量战略"即数量配

第八章 作为体系的开发主义

给也可以达到相同的结果,但之前我们已经提到,数量配给并不是一种理想的方式。

可以认为,以上四条是产业政策不可或缺的构成要素。换句话说,(1)和(2)指示性计划、(3)促进技术进步、(4)抑制过度竞争的政府公认价格联盟这三大支柱构成了产业政策的基本框架。但除此之外,产业政策还是否包括其他要素?比如人们常说的以下的五项政策((5)—(9)),至少是值得我们讨论的。特别是(5)和(6)所列举的保护主义政策和补贴政策,是17世纪的重商主义以来的人们争论的主题。这里必须说明,(5)以后的政策最多只是辅助手段。

根据需要而实施的辅助性政策

(5)保护主义政策

除非外国企业特别以某个国家为目标进行倾销式的价格操作,否则就没有必要因为是外国产品而将其拒绝在市场之外。但是外国产品的供给者,也有必要参加(4)中所提到的"抑制性价格合作",降低价格。也许这也略带有保护主义政策的色彩。降价本身的速度(这里所说的速度是用产业全体供给量除以降价幅度所得值)也必须要比仅考虑国内企业时有所提高。然而,外国企业可能不会遵守这种规定,这时就不得不实施保护性关税政策。[1] 由于上述原因,限制进口数量的政策并不可取。

(6)补贴政策

补贴政策包括与产品相关的价格补助,与生产要素相关的补贴(金融优惠政策也属于此类)等各种具体形态。与税收相关的优惠政策也是补贴的一种,按照纳税的方式可分为

---

[1] John Zysman, *Governments, Markets and Growth*.

对产品的补贴、对投资的补贴、总额补贴（lump-sum subsidy）等种类。由于最终的竞争均衡是不确定的，总额补贴的数额无法计算，因此总额补贴是无法实施的。与产品（或生产要素）相关的补贴具有与提高需求函数（或降低平均成本轨迹）相同的效果，能够提高利润，适用于因需求不足导致的利润为负的情况（上一章技术性附录中提到的"抑制性合作"不可能实现的情况）。这意味着将"抑制性合作"的政府方针压低到较低的利率水平，使抑制性合作从"不可能实现"变为"可以实现但不稳定"。这样就创造了实施补贴政策的条件，但这并不意味着必须长期实施补贴政策。出口补贴对国内市场相对冷淡，它是一种国际收支（获取外汇）政策和产业政策的混合体，从国际收支的观点来看，有时这也是必需的。

原则上不必实施的政策

(7) 限制投资竞争

从理论上讲，如果在价格的抑制性合作中对利润率加以监视，并且这种监视能够发挥有效作用的话，就没有必要进行投资合作。也就是说，因为降价竞争没有得到抑制而导致"因过剩设备导致共同破产"危险的发生，如果抑制能够发挥作用的话，设备扩大就会产生正的效果（降低平均成本轨迹，摆脱"抑制不可能的情况"下产生的效果）。具体的方法实际上只能是对问题产业的企业进行投资量配额。但之前说过，数量配额并不是理想的做法。特别是投资配额将在长期对企业的行为产生不可磨灭的影响，因而会削弱企业作为自主性主体的激励，使产业政策难以停止。因此，应当避免对投资的限制。

第八章 作为体系的开发主义

(8) 对金融部门的管制

　　约翰·齐斯曼将金融产业的统一管制视为产业政策的一种不可或缺的手段。① 具体的方法主要有与利率（存款及贷款利率）水平相关的指导、对股票和公司债券发行的指导、对银行贷款内容等的指导等。在第十一章中我们将会提到，金融部门是无法完全用递减或递增等概念进行约束的特殊的产业，将金融部门自身指定为产业政策的目标是没有充分根据的。金融部门的统管可以说是为宏观经济政策服务的手段，在应用到产业政策上时，是让企业遵从指导的一种间接手段，或者说是一种恐吓手段。正如齐斯曼所说，虽然作为手段这种统管具有强大的力量，但并非不可缺少，而且有损害企业自由的危险。金融政策与产业关系的深化会产生副作用，使产业政策的终止变得困难。另外在依靠引进外资的情况下很难采用这种手段。

(9) 限制进入

　　第二次世界大战后的日本，很大程度上一直实施了对新企业进入目标产业以行政性指导的形式加以限制这一做法（特别是外国企业的进入在法律上被严格限制），这种限制导致封闭性群体的产生。虽然这使政策当局更便于说服企业并进行指导，但从理论上看，这并没有什么意义。因为产业参与者数量的多少基本上不会改变问题的性质。虽然日本政策当局再三表现出试图从最优生产规模出发来限制企业的数量的意图，但是在可以预测到技术创新和需求剧增的"成本递减状况"下，企业的最优规模会一直增加，将其作为目标没有任何意义。限制进入不仅没有意义，而且基本上都带有阻

---

① 巴格瓦蒂认为与关税则政策相比，以特定产业为对象的国内政策是更理想的，表现出与这里的观点相类似的想法。Jagdish Bhagwati (Douglous A. Irwin ed.), *Political Economy and International Economics* (Cambridge, Mass.: The MIT Press, 1991), p.11.

止竞争的性质，违背了产业政策本来的宗旨。当然，限制外国企业的进入基本上也是没有意义的，我们也不希望实施这样的政策。不过在外国企业很可能采取违反抑制性价格合作规定的行动时，可能就有必要采取一定的限制（例如将同国内企业的合并作为条件等），这与保护主义的问题相同。

提到产业政策，人们大多会联想到补贴、限制进口、关税等"保护主义"措施，出口振兴政策大多也是打着产业政策的旗号来实施。但是，若考虑到实现成本递减的经济性是产业政策原本的宗旨，保护主义政策和补贴政策理论上说并不是产业政策的核心部分，仅仅是依时间和场所而加以灵活实施的辅助性手段而已，即便是采用了也应当尽可能早地将其停止。(7) — (9) 这三个政策就更没有实施的必要。作为战后日本经济特征的投资配额的尝试、金融部门的管制、准入限制对于原本的产业政策来说都是夹杂物。

但这些夹杂物的出现有其便于利用的理由。如前所述，当对经济的干预难以法制化，产业政策要求进行抑制性价格合作时，很难防止违反这种合作的行为发生。在战后的日本，支持干预的法律并不完备，特别是缺乏惩罚违反行为的硬性政策。相反，发挥了维持产业全体协调体制的作用的，是进口数量配额（初期时这种例子较多）、投资配额、针对金融的所谓窗口指导、对进入的许可、补贴（数额较少）等面向个别企业的软性（需要注意的是也包含消极的惩罚等非软性）措施。这就是著名的日本式"行政指导"（administrative guidance）的内容，但这些措施企业所特有的性质很难与行政当局的中立性共存。很明显日本式的方法并不是唯一的方法。虽然存在政治上的困难，但也存在这样的选项，即明确制定促进技术创新的法律和防止过度竞争的联盟法规，禁止除此之外的夹杂物一样的政策手段。这样，这里定义的"产业政策"虽然参考了日本的经验，但与前一节关于过度竞争的分析相比，可以说它不包括夹杂物，是一种理想类型。它的本质在于

第八章　作为体系的开发主义

（1）针对每一重点产业的指示性计划，（2）技术创新的促进，（3）对价格和投资过度竞争的抑制，综合这三点，可以认为其根本在于维持每一重点产业的"被间隔的竞争"（compartmentalized competition）体制。①

第二节　开发主义的政策体系

开发主义政策的标准模型

虽然产业政策是前一章所定义的"开发主义"的根本政策，但它原本是以培养个别产业为目的的经济政策，从开发主义这一国家的基本战略的观点出发，产业政策不过是支撑开发主义的支柱之一。产业政策要为整体经济做出贡献，需要其他的政策作为补充，而且需要各种制度和习惯的支持。可以说，这些制度和习惯中也包含了这个国家的文化和价值观。经济、政治和文化在一定程度上都是相互独立、以各种形式交织在一起的。因此，虽然不存在可以称得上开发主义的确定模型，但却存在一种不可或缺的共同特征。在这里我们将其称为"开发主义的标准模型"。我们首先对它的具体内容进行介绍。

（1）以基于财产私有制的市场竞争为原则。

（2）政府实施产业政策（也就是在对新兴有前景的产业——边际成本递减产业——的培养上作为裁定者和仲裁者对价格进行诱导，其中包括引进技术与促进开发）。

（3）将出口指向型产业包含在新兴有前景产业中。

（4）重视培养小规模企业。

（5）使分配平等，培养以大众消费为中心的国内需求。

（6）作为分配平等化的辅助措施，平等分配农用地。

---

① 这是我的用语。参照村上泰亮『新中間大衆の時代』（中央公論社、一九八四年）、一〇三頁前後。

（7）完善教育制度，至少普及中等教育。

（8）建立公平高效高能、超越任人唯亲的现代官僚制。

产业政策是抑制重点产业中的过度两极分化（破产的频发、垄断的形成等）的政策。然而，产业政策所支撑的重点产业的发展会引起其与其他产业之间的差距问题，导致整体性经济问题（其他产业破产、失业的频发甚至对政治的不满）。这些问题与没有实施产业政策的情况相比很可能更为严重。因此，虽然有必要采取一些政策来缓和两极分化，但按照以前的分类，这些基本上都属于分配政策，产业政策离不开分配政策。如果没有分配政策，产业政策恐怕将失败，必须将这两种政策看成一个整体，而且还需要一些机构（organ）在国内外的环境下调整并实施这些政策。将以上观点进行归纳总结，就形成上述开发主义的标准模型。

为方便起见，我们将八种制度上的要求分为三类，即狭义的产业政策（(1)—(4)）、分配政策（(5)和(6)）、无形的社会基础设施（(7)和(8)）。下面也会提到，这种分类方式并不严密。比如(4)中的小企业政策也具有分配政策的一面。当然，除这些条件外，还需要工业化国家所必需的公共产品（司法、国防、公共设施等）。以下对这八个要求进行更为详细的说明。

(1) 资本主义原则

毋庸置疑，这些特征中最为基本的是财产私有制和市场竞争原则。换句话说，"开发主义的标准模型"正是资本主义的一种，除此之外绝无他物。资本主义的一般特征在于最大化实现经济上（即货币交换）的个人行动的自由、增强提高个人收入的欲望或者说是"金钱欲望"（pecuniary），而开发主义继承了这一特征，对经济人（homo economicus）的想象力和精力有着基本的信赖，在这一点上同计划经济有着明显的区别。

(2) 产业政策

但是另一方面，这种标准模型，对市场竞争的"自我调整"（self-regulation）能力，用现在的说法叫做"市场均衡的安定性"

第八章　作为体系的开发主义

的态度不像古典式经济自由主义那样乐观。① 前面已有论述，在工业化条件下，规模的经济效益得以体现，技术创新速度很快，实际上（作为轨迹的）边际成本递减，市场均衡不稳定，出现"过度竞争"的可能性很高。将因工业化的激进而日渐严重的资本主义弊端转换为优势并加以足够充分利用的政策就是产业政策。但是，通过之前的讨论我们可以清楚认识到，产业政策的有效性仅限于处于成本递减状态的有前景的产业。因此，产业政策的核心是将目标锁定在从技术和需求这两种可能性来看具有前景的产业，也就是所谓的目标产业。例如，战后日本的通产省就为此使用了"生产能力提升标准"和"收入弹性标准"这两个判定标准。②

然而一般来讲，预测有前景的产业是十分困难的。事实上，自17世纪的重商主义（用李斯特的话说叫做重工主义）以来，错误地选择了应培养产业的例子并不在少数。如第二次世界大战后，拉丁美洲的很多国家都依存于石油、铜、银、砂糖、咖啡、棉花、橡胶等第一产业，（至少到1970年左右）一般的制造业仅具备进口替代的消极作用。③ 这就是没有考虑技术和需求的动态，拘泥于"静态比较优势标准"而对产业做出错误选择的例子。至少从开发主义的观点来看，这是一种错误的选择。实际上亚瑟·刘易斯以来的很多"经济发展理论"都源自对这种拉丁美洲的经验的分析，基本上都承认比较优势的标准。"开发主义的标准模型"包含了很多以前的经济发展理论所没有的东西，关于这一点我们将在后面加以讨论。

但第二次世界大战后的世界，对有前景产业的预测总的来说是比较容易的。直到20世纪70年代中期左右，技术创新与其说是创造性的不如说是朝着大规模化、体系化的方向发展，其中有一

---

① "自我调整"是波拉尼的用语。参照カール・ポラニー『大轉換』。
② 産業構造調査會『産業構造調査會答申』、一九六三年。
③ 参照細野昭雄『ラテン・アメリカの經濟』（東京大学出版会、一九八三年）、とくに第二部・第一章をみよ。另外可参照細野昭雄・恒川惠市『ラテン・アメリカ危機の構図』（有斐閣、一九八六年）。

大半被实践到美国经济中,需求也随之扩大,事实也证明了这一点。① 因此,从后发国家来看,技术与需求的预测和模仿更容易。战后日本和东南亚 NIEs 成功地划定了重点产业,这在很大程度上也有赖于这一历史条件。

然而,产业政策的困难之处,与其说在于指定重点产业,不如说在于取消这种指定,即让这种指定"退出舞台"(sunset)。一旦技术创新暂时停滞,对产品的需求扩大减速,那么成本递减的状况就会结束,这时产业政策就已经没有存在的理由。然而一旦产业和政府之间建立起所谓的恶性依赖,产业政策就会作为一种单纯的保护政策持续下去,就有可能阻碍经济整体竞争环境的发展。产业政策最大的危险就在于这种惰性的、产业官僚勾结共存的关系,关于这一点我们后面会详细讨论。

(3) 出口振兴政策

这种政策指定适合出口的产业,也可以看成是一种目标产业政策,包含以下几个特有的问题。第一,对于几乎所有的国家来说,没有出口产业就没有工业化。为了进口一国所缺乏的商品(常见的例子有能源和食品),以及为了支付和返还从国外所引进资金的利息,必须保持贸易盈余。例如,日本的通产省曾经指定重点产业时所使用的第三标准就是所谓的"经常收支标准",即这一产业的直接和间接效果综合起来必须能够实现贸易盈余。如果没有出口的增长,进口能力的极限不可能使经济实现持续增长。从这一意义上讲,振兴部分出口产业是开发主义的必要条件。也就是在广义的重点产业中,必须包含拥有出口能力的产业。

第二,出口能力的判定标准必须与产业的一般情况基本一致。李嘉图以来的古典"比较优势"理论认为,自然资源的不均衡导致了进出口的产生。拥有某一特定条件的国家应出口相应的产品,恰巧拥有地下矿产资源的国家应当出口石油或铜矿等资源,这就是所谓的初级产品出口论(staple theory),这一理论今天仍有很强

---

① 村上泰亮「二〇世紀の創造者アメリカ」、特别是 244 页以后。

第八章 作为体系的开发主义

的说服力。但是在技术创新持久常态化,消费行为日新月异的当今世界,成本递减和需求变化的效果吞噬了自然资源的比较优势。当然国内自然资源丰富是十分宝贵的,国内市场是最能靠得住的市场。但是没有理由认为成本递减效果越大,就越应当重视依赖于自然资源集约型产业的出口,或者考虑仅为国内市场服务的产业。也就是说,将初级产品出口与进口替代进行组合的所谓目标产业政策通常并不适合作为一项长期性政策实施。例如,最近拉丁美洲与东亚 NIEs 间工业化进展的差异最主要产生于前者倾向于重视初级产品出口和进口替代的组合,而后者则将精力放在依靠制造业产品的出口上。总而言之,没有必要以出口为理由制定特别的标准,除非这一产业通过间接的波及效果会导致显著贸易逆差的产生。

不过,无论哪种出口产业,在无法预期国外需求将会大幅增长的时期,即便是原来没有资格被指定为重点的产业,其出口产业的身份也会变得非常重要。对于出口产业来讲,国外市场比国内市场的需求前景更为重要,在需求预测中,汇率问题以及保护主义倾向的评价也都要考虑进来。例如,在发达国家采取保护主义的时期(如 20 世纪 30 年代),对发达国家来讲竞争对手较少的初级产品的出口预期就变得非常明朗。再如拉丁美洲的初级产品重点出口主义,在第二次世界大战之前尚可适用。但第二次世界大战之后,在所谓的美国控制下的和平时代,或是在 IMF-GATT 自由贸易体制下,出现了有利于出口的环境,也就是罗斯克兰斯(Rosecrance)所谓的"通商国家化"的趋势。换言之,在美国主导的和平世界里,相对进口产品的收入弹性实质上会上升,如果从一般产业中选出重点产业,就很可能自然而然地将出口产业选择进来。拉丁美洲各国战后拘泥于初级产品重点的做法,从这一意义上来看,应当说是错误的。不过如果美国对世界和平的控制地位瓦解,今后这种状况就有可能改变。

(4)中小企业培养政策

培养中小企业在某种意义上也是一种目标产业政策,但这并不是因为每个中小企业都会表现出成本递减的现象，也就是说既不是因为规模经济效益，也不是因为对中小企业技术创新能力的特别期待（有部分观点认为中小企业相比大企业拥有更高的技术创新能力，但在此我们不将其作为根据）。

产业政策原本是承认重点产业和非重点产业间的差距并以扩大这种差距为结果的政策，这也可以说是产业政策的阴暗面。虽然这其中包含工资或者相关人员的收入差距问题，但更为严重的是技术的差距问题。关于收入分配的问题我们会在接下来的内容中进行讨论，但是技术上的差距就会导致科学知识的范围、应用能力、产品的精度等方面差异的出现，就会将指定的尖端产业同尖端产业之外的所谓旧产业相互隔绝开来。在后发国家问题中经常讨论到的所谓现代部门同传统部门间的二元经济（dual economy）就是对这一差距问题主要从经济侧面进行的分析。但不应忘记，这其中包含了基本的技术样式的差别。二元经济存在引发行为模式的分裂、社会精神对立并导致产生政治问题的危险，也许还会导致所谓"二元文化"的产生。

尖端产业与旧产业的对立包含许多方面。制造业与农业的对立在很多情况下都被视为最为重大的问题。然而与此同时，大企业与中小企业的对立很明显也是十分重要的问题。作为典型的例子，我们考虑制造业内的大企业对中小企业的问题。不用说，尖端产业也需要那种对基本的创新性技术没有特别要求的周边零部件和服务的供给。但是在规格、品质、交货期等方面尖端产业对零部件产业的要求随技术创新的变化而变化，将日趋严格。如果没有能够满足这些要求的零部件制造者和服务业者，那么尖端产业就不得不自己供给所有的零部件和服务。用经济学术语来讲，就是必须实现所有关联产业的"垂直统一"（vertical integration）。但是，每个尖端产业都拥有各自的周边小产业无疑是一种资源上的浪费。能够满足各种产业要求的小企业群作为整体经济的共同基础而存在，努力培养使这些小企业群的技术和经营以便为各种尖端产业服务，这才是理想状态。马歇尔喜欢用"外部经济"这

第八章 作为体系的开发主义

一概念,其中也包含了关联中小企业的发展。小规模零部件产业的成长作为尖端产业"外部经济"发挥其作用,提升国家总体技术水平并维持尖端产业的成本递减状态,尖端产业也不再是孤立存在的。这就是解决所谓"技术差距"、避免产生"二元文化"的关键,其对开发主义能否成功所发挥的作用想必甚至超过资源分配问题。

在战后的日本,"二元结构"问题也曾引来激烈的争论。政府一贯采取保护中小企业的政策,很多大企业都发展了被称为"承包制度"(subcontractor system)的宽松的非正式垂直合作关系。结果日本成为产业发达国家中中小企业比重最高的国家。日本的中小企业保护政策虽然称不上是万全之策,但是作为产业政策的补充措施发挥了巨大作用。比较东亚(韩国、中国台湾地区、中国香港地区等)和拉丁美洲,经常有观点指出前者的中小企业更加有效率。[①] 回到马歇尔的说法,中小企业培养政策,就是在内部经济动辄就单独领先的现代状况之下,来维持外部经济或者社会基础设施的平衡。从这个意义上来说,这种政策与(7)教育和(8)官僚制的问题有共通之处。

小企业培养政策也有副产品,小规模企业为富有灵活性和创意的个人企业家提供了起步的平台。有的小企业会成为最具活力的大企业的萌芽。在美国,以亨利·福特为代表,这种例子不胜枚举。在日本,松下电器、索尼、本田最初也都是街道小作坊。将所有注意力集中在建立尖端大企业上,往往是热衷于开发主义政策的国家易采取的错误之举。由于尖端产业不得不自己培养零部件产业或进口零部件,开发主义很快就会失去周边的支撑而无法坚持到最后。举例来说,最大的教训就是在计划经济条件下,很难培养小规模企业。这不仅是管理对象的增加,计划内容的庞大等因素的影响,从企业家能力这一点来讲,小企业部门的活力是市场经济优势的最好体现。针对大企业的产业政策所特有的开

---

① 参照細野昭雄『ラテン・アメリカの經済』、三〇三頁。

发主义缺乏企业家能力的供给源，这可以说是重蹈了计划经济的覆辙。资本主义中最具有资本主义色彩的部分是中小企业而不是大企业（不如说大企业代表了工业化方面的因素），小企业培养政策如下所述在分配上有着巨大的效果，而在（4）中仅限于强调其拥有产业政策和分配政策的中间特性这一事实。

（5）分配平等化政策

因分配的不平等而产生的社会性不满往往成为实现经济腾飞的过程中的一条软肋，这一现象不仅出现在采取开发主义的国家。在实施开发主义性质的产业政策时，差距加大的问题会更加严重，因此分配问题存在进一步激化的危险。差距问题不仅停留在工资的差距上，还包括生活方式、生活感觉的差距。在发展中国家的超大城市中，我们可以看到雄伟的现代化大工厂、办公楼同惨不忍睹的贫民窟并存的二元结构现象，分配的不平等现象也随处可见。按照古典主义的观点，劳动力为了追求高工资从旧产业向新产业移动，不久的将来差距应该最终会消失。但是这种新古典主义的观点并不适合说明发展中国家的情况，这一点已经得到广泛认可。从亚瑟·刘易斯的"无限制劳动供给"（unlimited supply of labor）模型开始出现了无数的"经济发展理论"，所有这些理论都认为一些"过剩劳动力"将滞留在农业或城市的"非正式部门"，从这一意义上，经济发展理论事实上带有对新古典派主义进行局部批判的色彩。[①] 结果，为了解释这种过剩劳动力的产生，只能考虑决定劳动者行为的不是单纯的个人收入最大化的动机。现在，一种有力的观点认为，事实上家庭是决定个人行为的单位，其决

[①] 关于亚瑟·刘易斯和拉尼斯—费等古典式的作品，在此不进行深入讨论。另外经济发展论中忠实于新古典派传统的几乎唯一的例外，是 D. W. Jorgenson, "The Development of a Dual Economy," *Economic Journal*, Vol. 71, June 1961. 但是他的观点的意义，未必不是仅停留在指出新古典派的发展理论上。

第八章 作为体系的开发主义

策原理并不是单纯的收入最大化。①

更为一般地讲,仅从工资角度来考察劳动力这种做法本身是资本主义所特有的。在仍然保留有从前的生活感觉的过渡性社会中,对习惯了的土地和工作场所的留恋会成为巨大的负面因素进而阻碍劳动力移动。因此,工资差距不但不会轻易消失,随着新产业的成长,这种差距反而会扩大。结果使政治上的统一变得岌岌可危,开发主义本身受挫。为了解决这一问题,人们用传统的方法进行了一些尝试,如提供训练方案和促进移民政策等促进劳动力流动的政策。16世纪英国的济贫法以来,这样的例子比较多见。但是在民主主义平等思想较强的现代世界,促进移动本身已经成为导致强烈不满的原因。通过某种形式弥补劳动力结构变化导致的冲击等补充性政策,是现代开发主义不可或缺的一个支柱。

这样的补充性政策,是广义上的分配平等化政策,其实施方法不止一个。继承 J. S. 穆勒以来的传统,新古典主义经济学主张应当以与生产活动分离的形式、与价格形成无关的形式,也就是以某种总额补贴(lump-sum subsidy)的形式来实行分配政策。之所以这样,是因为"与价格和生产量相关联而采取的再分配"(举例来说比如日本的米价支持制度)会扭曲市场机能,使资源分配丧失效率。相反,以与生产断绝关系的形式实行的收入追加(不同于工资)不会成为提高劳动积极性的激励,例如给失业者发放的福利,反而具有使其失业状态持续的效果。众所周知,这是福利国家的批判论者经常使用的论点,不能否定其中含有相当的真理(举个极端的例子来说,如果收入的再分配总能达到完全的平等,那么除少数特别优秀的人外,将没有人在工厂或办公室工

---

① 作为强调家族的意义的观点,可以列举乔治斯库—罗金和阿玛尔西亚·森。N. Georgescu. Roegen, "Economic Theory and Agrarian Economics", *Oxford Economic Papers*, Vol. 12, Feb. 1969. A. K. Sen, "Peasants and Dualism with or without Surplus Labour", *Journal of Political Economy*, Vol. 74, No. 5, Oct. 1966. 我曾经也尝试讨论过同样的主旨。久保まち子·村上泰亮「わが国農村構造に関する一分析——特に偽装均衡理論を中心にして」、玉野井芳郎·内田忠夫編『二重構造の分析』(東洋經濟新報社、一九六四年)。

作)。在享受失业保险期间丧失求职活动的热情,或者有意识地将失业同就业进行组合的现象在有些国家十分严重。关于福利国家的一般性题我们将在第十一章中再次探讨。

劳动力的劣化现象是新古典主义再分配所共有的潜在问题点,当后发国工业化中表现出伴随生活的剧变时,这种现象拥有不容忽视的重要性,并可能导致社会整体的政治心理环境恶化。J. S. 穆勒以来,对成为经济学传统的生产政策和分配政策的严格区别,确实有积极的一面,即截断分配给生产所带来的扭曲。但是,在新古典派的态度中,确有不重视劳动积极性降低、生活意义丧失等"动机"(motivation)或"激励"(incentive)问题的倾向。生产政策与分配政策的严格区分,事实上意味着将解决分配政策负面影响的措施完全交由市场以外的体系(特别是政治)来承担。只有在政治足够稳定时,才能够采取这种做法。而发展中国家很难有如此稳定的政治。

关于分配平等化的第二种手法,可以考虑反新古典主义的"与价格和生产量相关联实施的再分配"。在落后国家的工业化阶段,如果通过价格支持等手段来维持将要衰退的旧产业,无疑将在资源分配上产生负面作用。但是另一方面,这同时也会保存在旧产业工作的人的劳动积极性,对整体经济起到一定的积极效果;以前的家庭单位将得以维持,成为消费需求安定的源泉;对政治心理的安定化也有积极影响。问题在于这种负面作用与正面作用的相互权衡。第二次世界大战后,日本为了维持农业(特别是水稻种植),每年要支付高额的价格支持金。在最近的日美贸易交涉中,这种农业政策所导致的负面影响引来众多批判,日本的经济学家中也有很多人持批判态度。但是另一方面,我们应当承认这样的事实:至少是到过去的某一时期,这一政策稳定了日本农村,使之成为劳动力再生产并向城市输送勤劳劳动力的场所。但是,正如米价支持政策所示,这种反新古典主义分配政策——与产业政策的情况相同——很难停止,也很难使其"退出"。

另外,分配的平等化具有另一种效果,即创造需求,这种效

第八章 作为体系的开发主义

果的重要性不容忽视。特别是在第二次世界大战后,在大量生产型技术得到发展时,这种效果更为显著。以汽车为例,大量生产统一规格的品种是最具效率的一种供给方式。对这种供给结构来讲最理想的需求结构是大众需求,也就是来自拥有相似收入水平的庞大数目的家庭需求。如果社会被分为少数的有钱人和大多数的贫民,那汽车的需求就会仅限于少量的劳斯莱斯和奔驰等高级车,一般性的需求就会转向数量庞大的自行车。但是,如果同样数额的国民收入能够平均分配,就会产生大量对本田和丰田的需求,就有可能出现进行大量生产的大型汽车制造商,这种波及效果将作用于整体经济。汽车是由欧洲人发明的,他们认为汽车和马车一样,都是服务于部分上流阶层的奢侈品,是亨利·福特的T型福特车打破了这一偏见。

同样的模式从汽车一直扩展到各种家用电器和电子产品。支撑20世纪特别是第二次世界大战后经济的,正是这种所谓的"高度大众消费"。在第六章中我们也曾提到过,16世纪之后,英国所有值得关注的经济发展期中都能发现这一现象。发展中国家在开始工业化时,不应当无视分配平等化所具有的创造需求的能力。如前所述,从维持劳动积极性、创造需求这些点上来看,反古典主义的方法是比较积极的。当受这种势力的支持,技术创新也变得旺盛时,很多情况下这种效果多少会抵消资源分配的扭曲。这时,就不如采取反古典派的分配方法。不过条件是之后能够顺利使这种政策退出。

(6)针对农民的平等化政策

在发展中国家的经济发展中,分配政策的最大问题是与农业或农民相关的分配手段。不用说,在工业化前夕的社会中,农民人口普遍超过半数,他们的生活形态和集团形态支撑起了社会的骨架。劳动积极性和对政治的反应也源自于农民方式的生活。在这种情况下,不让农民成为政治上抱有不满的阶层以及工作上精力不足的阶层,使他们参与到工业化进程中,是成功实现腾飞的必要条件。从这一意义上考虑,我们将(6)从(5)中独立出来进行讨论。

回顾历史，在16世纪的英国，毛纺织品等工厂主要设立在农村，以兼职的形式给农民提供就业机会，使他们逐渐脱离农业。19世纪下半叶日本的工业化过程中，德川时代的后半期，农村工业已经在相当一部分地区扎根，日本实行开放政策以后，用于出口的茶叶与生丝的栽培将农民和工业联系在了一起。明治维新是由当时作为统治阶级的武士（的一部分）领导的革命，但他们并没有废除武士阶级而成为大土地所有阶级。因此，农民（地主和佃农）的土地权利原封不动地转换为现代所有权，与以前相比，他们在分配上的地位至少没有恶化。不过现在再回顾历史，可以发现19世纪的工业化与现在相比速度要慢得多，从农业向工业的结构转变速度就更缓慢。欧美和日本的工业化中，幸运的是农业的分配问题并不太严重。

但是现在，工业化的速度过快，只有大企业能够承受世界市场上商品开发的竞争速度。曾经英国农村的毛纺织品家庭工业，至少在非高级品方面，制造出了在全欧洲数一数二的物美价廉的产品。开放时期的日本的茶叶栽培和养蚕技术也跻身国际竞争之列。这些产业都存在占有世界市场的可能性。但是现在，能够布局在农村的经济作物栽培在世界上的竞争力越来越小，落后国家依靠农村工业实现经济腾飞变得非常困难。因此，考虑与农村或农民相关的（再加上与各种传统产业相关的）分配政策的必要性反而越来越高。

战后的日本提供给我们一个参考案例。战后日本的工业能力遭到破坏，从某种意义上讲需要重新"起飞"。这时，主要是遵照占领军的意图，日本实行了资本主义国家罕见的彻底的耕地改革。所有的在外地主失去土地，所有的佃户成为自耕农。其结果是在工业部门持续高速发展期间，农民的勤劳程度丝毫没有改变，他们的收入平均起来甚至比城市的劳动者还要高。在这种生活基础之上，大量农民子弟开始从事农业以外的工作，农家的主人除周末外也到附近的城市去工作，或者去更远的城市去打工。至今，

第八章　作为体系的开发主义

"第二类兼业农户"（非农业收入高于农业收入）的比率占全部农户比例的将近八成。而且很多农户至今仍然保留有耕地，心理根据地依然还在农村。经过两代人四十年的时间，实现世界上史无前例的经济快速增长的过程中，农民阶层被排挤的现象很少发生。事实上，农民的平均收入 20 世纪 70 年代后已经超过了城市劳动者的平均收入。然而这种对农民的保护，是通过对农作物（主要是大米）的价格支持政策的形式来实施的，因此就有必要防止因农作物的非自由化而产生的外国农产品进口。战后日本的农业政策是反古典分配政策的典型案例，这种农产品非自由化政策现在正受到国内外经济学家的强烈批判。

与产业政策一样，反古典分配政策的问题在于很难停止实施这些政策。在日本的工业化完全步入轨道并且开始追赶上其他发达国家的 70 年代，本应该可以考虑改变政策，实施耕地改正法所规定的土地买卖的自由化、向弃农者发放一次性补助等新古典政策。妨碍这种转换的是执政党（自由民主党）的选举方针、相关官厅的组织利害关系以及借从水稻种植向其他类型农业（如养牛、柑橘栽培、高级作物的温室栽培等）的重点转换来突破当前状态的一种随意的观测。由于这一延迟，从前面所讲意义上的"农民的社会精神气质"就会在不断加速的工业化进程中被搁置而存续下去。不能否认，这种继承了"农民的社会精神气质"的东西今后对日本社会来说可能变得极为珍贵（参照第十二章）。但是它将来的形态肯定不会与日本农民喜爱水稻耕作、村落的共同体习惯等这些历史事实本身完全一致。

像这种政治上的，或者说是官僚的，而且还可能成为老百姓心理的各种障碍，在分析反古典主义政策时都是必须事先考虑到的问题，日本的例子就给了我们一个很好的教训。但是我必须再强调一遍，如果 20 世纪五六十年代的日本如果完全没有采取针对农业部门的反新古典主义分配政策的话，恐怕那些被迫弃农的人就会丧失劳动积极性，他们就不会只支持一个政党，国内政治就会混乱，导致高速经济成长无法实现。日本社会不仅会增长缓慢，也会变得充满纷争。对现在的那些发展中国家来讲，反新古典主义的分配政策是在努力实现工业化的初期应当采取的政策。就农业政策而言，价格支持政策、耕地再分配政策、促进兼业兼职经营等政策都是可以择机实施的恰当方法。

（7）教育政策

关于教育对于工业化的重要性没有必要多做解释，这里就为何强调到中等教育阶段这一问题进行简单说明。因为这里我们是在工业化的前提之下考虑问题，所以所谓必要的教育水平自然是指足以习得和使用工业技术的水平。使用中等教育这一表达方式，是因为对于以具备培养学习技术的能力为目标的教育来说，一般人们都认为普通教育制度中所说的"初等、中等"这两个最初的阶段是必不可少的。与之相比，高等教育旨在培养具有操作和批判既存观念体系（科学技术体系和社会解释体系）的能力。因此，工业社会中高等教育应该既能培养具有技术创新能力的科技人才，又能培养熟习无主观概念（形式合理性体系）操作的官僚及经营者，即为社会培养"专业人才"。专业人才并不是工业社会存续的充分条件。之所以这么说，是因为在工业社会中，非专业人才的必要性并没有消失。不过很明显，专业人才能力的存在是一个必要条件（参照下一条官僚制论）。因此，中等教育和高等教育原则上都是必要的，两者之间存在着如何平衡的问题。

但是众所周知，现在发展中国家针对优秀人才的高等教育，很多情况下实际上都是委托由工业发达国家的大学来完成的。虽然这个方法也存在问题，但的确也是解决工业化所必需的人才供给问题的一种手段。其存在的问题很明显，就是使得发展中国家文化个性的确立，即民族主义的形成变得困难，或至少使这一形成过程变得更加复杂。另一方面，可能同时也具有可以防止本国民族主义狭隘性的长处。这一问题由于牵扯到国家主义的现代意义，在此不再详述（参照第十二章）。但是应当承认，依赖外国的高等教育——同依赖外国资金一样——也是一种选择。因此，开发主义所要求的最低限度的条件，是培养大部分人具有使用已有

第八章 作为体系的开发主义

的体系性技术的能力,即中等教育。毫无疑问,如果缺乏这一点开发主义就不可能成功。比如,总体来说东亚重视教育的传统比较强,教育制度完善的速度较快。相反,拉丁美洲的教育普及往往难以推行。这就对这两个地区工业化进程的差异产生了巨大的影响。①

(8)公平高效高能、超越任人唯亲的现代官僚制

迄今为止,关于"现代官僚制"的分析,尚无人能够超越马克斯·韦伯。根据他的观点,促使现代官僚制成立的是"货币经济的发展"、"大国家与大众政党"、"现代大众民主政治"②。总之用我们的话来解释,可以认为韦伯明确指出,当工业化、国家主义、民主化这三个动力发挥作用时,对"合法支配"(legale herrschaft)来说,现代官僚制度是不可或缺的媒介。众所周知,他按照如下的制度特性对"现代官僚制"进行了定义。

① 对权限和权力严格分配的等级制度
② 以文书为基础的职务执行
② 非兼职的专职职务活动
③ 依靠专业教育和专业考试进行选拔
④ 职务执行手段由公共赋予
⑤ 工资薪酬(以及依靠年金的养老保障)与地位的终身性

关于从这些特性中产生的官僚式行为样式的特征,他提出了形式合理性(遵守法律与法律之外的一定形式)和中立性(即无主观性 sachlichkeit 或非人格性 unpersonlichkeit)。以下,我们将主要关注这些行为样式的特征。③

我们曾多次强调,经济体系与政治体系各自独立运转。行政

---

① 细野昭雄『ラテン・アメリカの経済』、二一一頁。
② マックス・ウェーバー『経済と社会 支配の社会学1』(世良晃志郎訳、創文社、一九六〇年)、第九章、第三節。关于三个成立条件,请参照78、84、107 页及其前后。
③ 韦伯同上书,33、93、99 页等。

裁量在将两者联系起来这一点上发挥着不可或缺的作用。当然，议会民主制介入经济体系的正规渠道，是通过议会立法，也就是合法性（legalism）渠道。但是即便是这种依法介入，通常都伴随某种行政色彩。像国民国家化和工业化这样的社会发展，如果给行政带来超过某种程度的"外延性扩大和内涵性扩展"的话，就需要依法实行行政组织——官僚制。① 合法性与官僚化在这一意义上是互补的。但需要注意的是，这两者同时也是相互替代、相互对抗的。特别是变幻莫测的工业化时代，尤其是向工业化腾飞的巨变期，"内面性扩展"的进展十分显著，因此对法律的依赖就会受到限制。为了应对这种变动的事态，就需要今天所说的社会经济法。即使以形式上的文章来提供法律判断，在这种法律之下——与民法和刑法的情况不同——若没有对经济和社会的相关解释，一般也无法做出判断，而这种解释并没有一个定论，无法实现从法律条文到实际操作细则的逻辑性演绎。

因此，法律的执行就会出现裁量的余地，由作为单纯的法律执行者的官僚做出的判断就会发挥巨大作用。这样，官僚的合法性和裁量性既相互依存，同时又互不相让。一个极端是作为法律的自动代理执行者的官僚形象，另一个极端用韦伯喜欢的表达方式说叫做"法官式的、经验性的"官僚形象。所谓的"法官式的、经验性的"是指，不是从形式上的合法性中追求根据，而是时常按照非形式的具体的价值判断（社会的良知），使用类推的方法，依据判例来解决问题的方式。如果写成"法官式的、水户黄门式的"，可能日本人会更好理解。在英国曾经的"名望家（honoratioren）支配"和日本的官僚制中可以看到这样的倾向。②

这样，在工业化、民族主义、民主化的动学之下，官僚式介入的发生是非常普遍的，通常被认为反官僚主义很强的英美也不

---

① 参照韦伯同上书，88页。另外这里所说的行政，用韦伯的话说，不是 verwaltung（包括法律创造和法律发现），是指 regierung。参照同书、22、23页，译注 1。

② 关于法官式的特性，可以参照韦伯上书，94—99页。另外，这里的法官，是对伊斯兰教国家法官的称呼。

第八章 作为体系的开发主义

例外。例如英国 16—18 世纪的大变革时期，依靠绅士阶层的"名族行政"支持了资本主义的确立。禁止圈地、对农村工业的监督、济贫法、手工业者限制法、流浪者法等的执行都委托给各地区治安法官的裁量。他们将"联邦制"作为一种团结精神来分享，形成了所谓看不见的、统合了的兼业"官僚制"，正因为如此，把英国指引到资本主义化、培养新产业的方向。但拥有这种团结精神的名望家阶层的出现，在很大程度上依赖于英国固有的历史条件（参照第六章）。当然，法国和德国也存在类似地方名族的势力，但他们却与国民国家化和资本主义化呈敌对状态，没有能够成为推进这两者的行政力量。地方和中央的近现代官僚制的培养，是绝对主义王政的历史作用之一。例如柯尔培尔是其设计者，俾斯麦则是其完成者。英美也不得不在大国化的同时设立官僚机构，但名族行政的传统反而可能妨碍近现代行政建设。① 直到近现代，在英国官僚选拔机构一直都不透明，而在美国则表现出类似买官制度（spoils system）的特异性。② 不用说，计划经济的情况下，官僚制的建设是必不可少的。因此除了英美系社会和小国，还没有一个国家能够未提前有意识地建设官僚制就成功实现了工业化这样的先例。

如今对于广泛出现的经济发展的复杂化、加速化来说，官僚制正越来越成为不可缺少的部分，不管对于哪个国家，官僚制的进一步完善都迫在眉睫。要想实施开发主义政策，近现代官僚制将变得更有必要。在开发主义政策下，官僚不单纯是法律上的执行者，因为裁量性的行政介入从开始就注定将得以实施。例如，重点产业的指定、价格设定的指导、补贴对象的选定等都是不得不委托给负责官僚机构做出指示的流动性课题。而且开发主义下的分配政策也带有依存于行政裁量的"法官式"性质，因此出乎

---

① 韦伯上书，111 页。
② 英国 1968 年的"布勒通委员会报告"，美国 1987 年的公务员改正法，被视为几乎去掉了这种特异性。

意料地受到大众的支持。

这种行政介入的成败,依存于先前列举的中立性和合理性这两种行为方式的存在状态。第一,一般来讲,很难使行政判断的中立性(不因人而区别对待)与其裁量性性质得以兼顾。每一个裁量常常会给相关各产业或者各阶层带来利害得失上的差距,这是在所难免的。但是,当裁量长期给某些产业或群体带来特殊利益时,行政就很难保持其中立性。即使是"法官式的、水户黄门式的正义",由于其非明示性性质,作为使裁量的中立性得以正当化的理论,它也有其局限性。与受益产业和阶层之间的关系加深,单凭印象也会超出正当化的可能范围。如若导致事实上的行贿受贿关系出现,官僚制的社会威信就会受到极大损害。虽然一方面,每一个官员的使命感,另一方面人事的运营方式(例如频繁的轮岗换岗),都可以抑制这种腐败的发生,但是如果这种关系长期维持下去的话,这种抑制作用也是有限度的。中立性的崩溃会麻痹官僚制本来的功能,导致对政策的不信任,阻碍社会的发展。

特别是在高等教育制度发展尚不充分、贫富差距严重的开发主义国家,官僚的补给源往往仅限于前工业化时代的特定阶层、富裕阶层,因此任人唯亲现象就会发生,某些政策的实施就会消极怠慢,丧失效率。很多人说在很多拉丁美洲国家,土地分配政策就因为这种消极怠慢而陷入进退两难的境地。与之相反,在东亚各国,中国以前的文人官僚制传统在催生现代官僚使命感上发挥了巨大作用。还有观点认为,日本、韩国、新加坡、泰国等国杜绝了腐败的官僚制度,这一观点虽然未得到充分证明,但却很有说服力。①

---

① 中根千枝『社会人類学——アジア諸社会の考察』(東京大学出版会、一九八七年)、二二三頁。中根千枝举了中国、朝鲜、日本的例子,但认为在泰国官僚制虽然有些变形,但仍发挥着有效的功能。如 Akira Suehiro, *Capital Accumulation in Thailand 1855—1985* (Tokyo: The Center for East Asian Cultural Studies, 1989) 中,包含有多与这一点相关的间接信息。大内穗・下山瑛二编『開発途上国の官僚制と経済発展』(アジア經濟研究所研究双書 No. 328、一九八五年)提供了很多基本信息。

第八章　作为体系的开发主义

第二，官僚的合理性成为一个问题。所谓官僚合理性，是指原本以法律为依据的"形式合理性"，其本身应该既非保守的也非进步的。但实际上，由于裁量的介入，相应地混入了"法官式、经验性"的性质，即出现了遵守以法律解释文书、实施手续记录的形式积累起来的框架这一倾向，由形式合理性转向以过去的经验为依据这一做法。从这一意义上讲，官僚的行为方式是守旧的、带有防卫性的，而不是进取性的、创造性的。因此，如果某个官僚机构或部局所负责的政策是特定产业的优惠政策的话，那么即使这一产业的地位有所变化，这种保护措施也往往仍旧被视为是有效的。这时，形式合理性的理论常常会被搬出来，用于使非中立性正当化。

不过，在发展中国家的官僚制度下，实质性的"目的合理性"因素往往会发挥作用。对于它们来说，发达国家所取得的成果是赋予它们的模式，这种"进步"的模式单纯发挥了克服形式合理性的作用。从这一意义上讲，开发主义的官僚，在有限的意义上讲是带有进取性和攻击性的，有时会发挥出超过政治家的创造性的作用。当官僚制同支撑它的有力的政治势力一体化时，这种发展中国家型进步主义特征常常就会得到发挥。英国的罗伯特·塞西尔、法国的柯尔培尔、德国的俾斯麦就是这种政治势力的代表人物。

但是，开发主义下的官僚制有一个特殊的课题，那就是使产业政策在恰当的时期退出舞台。官僚制所具有的守旧、防卫性特征会成为阻碍这一课题完成的要因。例如在日本，官僚制的编制原理是，当限定人事变动的范围（例如限制在一个部委内），而且与某种产业相关的介入权限被集中（比如说集中在某一个部委）时，维护已经获得的监督权的组织防卫趋势将更有可能与特定产业的利益紧密联系起来。这将导致出现偏向过去重点指定产业的非中立性的危险，并对开发主义原本目的的实现造成致命打击。当开发主义成功进入发达国家时，发展中国家官僚制所发挥的创造性作用甚至不及民间部门。开发主义必须在取得成功的同时，进行官僚制的再编即所谓的"第二制度革命"。这是古典自由主义所没有的、开发主义特有的重大课题。

虽然可能有些跑题，但在这里还要探讨一下官僚制和民主化趋势的关系。就像韦伯尖锐指出的那样，民主化趋势会催生反官僚主义这种一般说法仅是一半真理。的确，大众要求对法律和行政（结合具体情况和人）的实质性正义，也就是非形式的"法官式的正义"，反对官僚制冷酷的形式主义。但同时，大众对权利平等的要求，是以行政上的形式合理的"不将人进行差别对待"的中立性，进而以官僚制为先决条件的。在这一点上，"几乎所有的'民主制'潮流，都必然是具有分裂性的。①前者对实质性正义的诉求，实际上是一种自由主义的要求，并由此进入民主主义范畴。因此这种分裂也可以说是一种自由主义和民主主义的分裂。这样，虽然在民主化趋势之下，对官僚制的感情上的反对一般来说都比较强，但废除官僚制却不是大部分民主主义者的选择。攻击终于找到了自己出击的对象，把官僚所拥有的特权作为攻击对象，如对其社会威信的攻击和薪酬以及年金的削减。只要是处在不断维持官僚制的能力的前提下，想要抵御这种欺瞒性的攻击，只能通过秘密地牺牲中立性和合理性来提高其实现的可能性。例如，削减工资和年金，只会导致像"高官下海"一样的类似于贿赂制度的产生。官僚制是否能发挥作用，取决于民主主义的力量。

如目前为止列举的八条内容所示，"开发主义的标准模型"是一种简单的描绘，关于细节部分肯定还有修正的余地。但是就这一简单的描绘，也已经充分表现出了开发主义的基本框架。

第一，这是成本递减下资本主义所呈现出的一种样态，与计划经济明显不同。如果官僚依照法律依据强制执行指令的话，经营者们就会丧失凯恩斯所说的"血气"（animal spirit），开发主义就会同计划经济一样没有可以选择的余地。例如企业的国营化这一想法，就不应被包含在这里所说的开发主义之中。

---

① 韦伯上书，99页。

第八章　作为体系的开发主义

第二，在成本递减之下，无抑制的资本主义极度充满动力，同时体系原本也有极高的风险，难以维持。产业政策作为开发主义的核心，目标就是抑制这种风险，也就是抑制过度竞争、维持多头垄断。补贴政策、保护主义政策、投资抑制政策等等最多不过是一些辅助性手段。换言之，产业政策的精髓在于，通过给按产业区分的"分隔竞争"镶嵌框架来降低竞争破产的风险。

第三，作为开发主义的另一个核心，分配政策的目标在于，规避在开发主义的执行过程中产生的衍生性混乱所带来的风险。因此，没有必要拘泥于那种将生产和分配进行严格区分的新古典主义的方法。

第四，中立的有能力的官僚制的存在才是关键。

第五，开发主义政策的核心是产业政策与分配政策，这两者的共同点在于对变化过程的关心，具体来说，是一种认为应当重视变化过程中价格下降、企业破产、劳动移动的困难等现象的态度。工业化的分析方法归根到底不是均衡点的移动，而是包含了不确定性的不断自我组织的过程。与之相反，对于通过均衡的移动来分析经济的新古典主义来说，呈现过度竞争的市场状态、工业化进行中劳动力的大移动，都只不过是过渡性现象而已。关于这里所描绘的标准模型的细节部分可能还存在一些不同观点。但是必须通过某种形式来建立一种分析充满活力的、具有高风险的工业化体系的所有含义的模型。本章所进行的讨论，正是这样一种尝试。

第三节　非开发主义的失败案例

开发过程中的比较论——拉丁美洲的例子

在现代的状况之下，发展中国家是否能够依靠古典式的（或者不如说是新古典派的）经济自由主义步入工业化的轨道呢。资本主义总是伴随着繁荣与萧条的更迭。在古典派的经济自由主义之下，萧条有时候对于新古典派的所谓"幼稚产业"，也就是长期来看有前景的产业（长期成本递减产业）来说，是一个很大的磨练。在处于成本递减条件下的这一产业中，需求缩小、降价竞争将比其他产业更加惨烈，倒闭的情况也很多。于是，当萧条不可避免时，针对长期来看有前景的产业（长期成本递减产业），其进入市场和对其进行投资就会成为一项危险性较高的事业而遭到回避。只有拥有出众的长远眼光和资金筹措能力的企业才能够坚持到最后，而大部分的企业家们都会理所当然地选择成本递增产业。繁荣与萧条的更迭会将经营眼光的短期性、静态比较优势原则占支配地位作为后遗症遗留下来。

由于经济形势的更替，发展中国家为工业化所付出的努力要超过发达国家。如下一章将进行讨论的，在现在的国际经济体系中包含有使扩大或缩小的范围增幅的机制。落后国家本来就不稳定的政治，会因无法应对经济的不佳状况（萧条、通货膨胀、经常收支赤字）而更加不稳定，工业化的努力会屡屡受挫。再加上古典的（或新古典派的）政策对工业化开始期的分配问题持相对冷淡的态度，就算采取了新古典派的分配政策，将生产和分配加以严格区分，在起飞阶段的社会大变革中，财政负担也会过大，而且存在丧失劳动积极性，出现城市难民的危险。拥有长远眼光、致力于发展有前景产业的开发主义，无疑会拥有更大的机会。

在拉丁美洲各国的例子中，经常可以看到这些问题。拉丁美洲的很多国家，自19世纪以来（特别是19世纪70年代以来）的很长一段时间内，一直重视面向砂糖、咖啡、小麦、肉类、棉花、硝石、铜、银、石油等初级产品产业。这成为拉丁美洲经济的一种传统，其中确实有充分的理由。拉丁美洲拥有适合生产以上所列举的初级产品的自然条件，而且这些初级产品拥有诱使矿山和农场实现大规模化经营的"规模经济效益"。当世界对这些商品的需求增加时，受这种经济效益的吸引，国内外的资本就会蜂拥而至。但是国内资本在很多情况下都会被竞争淘汰掉，具有很强的串谋特性的寡头体制以及完全垄断就会确立起来，取得垄断地位

第八章　作为体系的开发主义

的有很多都是以本国的大资本为背景的外国企业。在规模经济效益所带来的成本递减状态的竞争之下，能够从本国筹措到丰富资金的外国企业就会占据有利地位。很多国内的寡头企业也会在金融上同外国资本结合在一起。引入外国资本的特性——用现代的话说叫做资本的自由化倾向——可以说是面向欧洲的拉丁美洲的一种历史特性。但是这种大规模化的利益，不久就将被消耗殆尽。因为与制造业相比，在初级产品产业中技术创新的因素要少得多。因此成本递减的效果仅限于相对短期之内，停滞性寡头或者垄断结构会生根发芽。最后剩下的，是拥有大农场和大矿山的寡头支配以及国外企业不断确立的垄断地位，还有国内产业间存在的差距和贫富两极分化。

有很多人将这种带有严重两极分化的初级产业中心型经济结构的归因于16世纪以来的殖民地支配结构的传统。然而，美国的"南部"虽然拥有同样的结构却仍迅速实现工业化。在拉丁美洲，逐步实现工业化的不是殖民地特征不明显的阿根廷（人口基本上均为白人），而是殖民地性土地制度遗留特征一直很强的墨西哥。正如这些事实所揭示的一样，拉丁美洲的经济特质无疑是依存于初级产品的经济运营的产物。同时需要注意的是，外国资本、外国企业对这种拉丁美洲特质的残存发挥了巨大作用。外国企业虽然比较关心初级产品产业的利害，但对当地国家的整体的发展却未必持合作态度。很多拉美国家的经验给我们揭示了对包括外国企业在内的过度竞争置之不理所带来的危险性，这对于今后的发展中国家——特别是向外国企业开放国门的发展中国家来说是一个很好的教训。

"从属理论"认为这种现象是政治性的"发达国家资本主义支配世界"的结果，但这种分析方法过于单纯。这无疑是拉丁美洲各国自主性政策选择的结果，事实上这一选择也暂时性地促进了拉美经济相对顺利的发展，这期间民主化的开展（后述的民众主义）过程中也有很多应予以关注。然而，初级产品产业所拥有的特质，特别是规模经济效益（技术创新的可能性较小）会导致两极分化扩大等经济后果,结果会给经济发展带来恶劣影响。问题在于这种政策选择无法变更,而不在于世界资本主义的历史必然性。

我们追溯一下历史过程,进行探讨。从19世纪70年代起一直到大萧条时期,在拉美各国虽然出现了前面列举的各种各样的问题,但初级产品的出口十分旺盛,以此为基础的传统富裕阶层的支配结构得到确立,重视特定产品出口的政策作为政治传统生根发芽。但是另一方面,伴随着大农场化,农村内部的不完全就业者增加,涌向城市的流浪人口也增多。再加上来自欧洲的移民,就形成了所谓早期的城市无产者,一般的制造业被以生拉硬拽的形式培养起来。但是大萧条之后初级产品出口的不景气袭击了拉美各国。从某种意义上讲,拉美各国对此的反应出奇地一致。政治上,在许多国家,以城市的中间层、劳动者为基础的"人民主义"(populismo),以初级产业出口产业为基础,打击富裕阶层的势力从而获得政权。这种拉丁美洲式的民众运动的特征,以议会民主制为基础,基本上支持资本主义,重视分配政策,以此来看,它与本书所讨论的开发主义具有很多相似之处。

但同时,两者也存在鲜明的差异。不同点之一在于采取"进口替代工业化"政策,即强大的保护主义政策,这些政策只是服务于以国内市场为目标的制造业。不同点之二在于强行采取考虑城市的中间层、劳动者利益的新古典主义式的再分配政策——也可以说几乎都是福利国家政策。这种分配政策以支持民众运动的城市居民为对象,并未伴随对农民和来自农村的流浪者的关怀。虽然也有政权实行针对农民的分配政策(例如墨西哥的卡德纳斯政权,1934—1940),但这只是一个例外。而拉丁美洲的"人民主义"的确是长年累月从独特的资本主义发展过程中自然产生的"民主化",真正的"工业化"从此开始萌发。可以说与东亚型的发展相比,从近半个世纪以前,拉美的工业化就已经开始了。

尽管如此,为什么今天人们都将东亚视为工业化成功的案例,而将拉丁美洲看成失败的案例呢(这种所谓成功和失败的判断也

第八章　作为体系的开发主义

都是相对的，我们暂且考虑代表现代的中心产业中有几个能够达到经得起国际竞争考验的水平）。最大的原因在于，拉丁美洲各国始终没有改变其重视初级产品出口以及进口替代工业化的方针，换言之，它轻视技术创新和需求的世界性长期动向而遵循"静态的比较优势标准"，更直截了当地说，就是没有采取我们所说的"开发主义"。正如前面所述，这种态度是19世纪以来的一种传统，人民民主政权也无法从这种想法中摆脱出来，依赖于初级产品出口，试图完成进口替代工业化和福利国家型的再分配。从战前到20世纪50年代，可以说人民民主政权对经济增长来说是成功的。但是将所有赌注都押在初级产品出口上，一旦出口停滞，财政就会随之膨胀以便应对，加上抑制进口和下调汇率，通货膨胀趋势就会持久化。人民主义政权没有抓住以技术创新的持久化为特征的战后新国际经济的机遇。

这样，在即将进入20世纪60年代这一时期，人民主义政权相继被推翻，传统富裕阶层占有很大比例的所谓保守派政权开始登场，但是为了不失去城市居民的支持，他们无法对人民主义的路线做出很大的改变。于是，很多情况下，"修正人民主义"的路线得到采用。沿袭了进口替代工业化和再分配政策的这些政权所采取的政策，唯一的新颖之处在于积极地使在带有国家主义色彩的人民主义时代暂时遭到抑制的外资引进政策得以复活，并试图突破出口依存的限制。但是，只要依赖受到良好保护的进口替代工业化，生产水平就不会提高，而且国内市场也会开始呈现饱和的迹象。经济的基本结构完全不会改变，而且还会产生国际性债务积累这一额外的问题。①《普雷维什报告》和"从属理论"的出现也是以此为背景的。

进入20世纪60年代后，为了控制人民主义和之后所谓的"修正人民主义"所带来的政治性混乱的局面，军事政权开始频频

---

①　关于以上"人民主义"政权的分析，恒川的分析比较详细。参照细野昭雄・恒川惠市『ラテン・アメリカ危機の構図』（有斐閣、一九八六年）、第二部。

出现。军事政权虽然在遏制大众运动这一点上有一致性，但在经济政策方面却没有共同特征。有些继承了人民主义的经济政策，也有些回到了人民主义以前。但是无论哪种情况，工业化的失败都会以军事政权的上台这种形式使民主化受挫。然而既然原本危机的原因出在经济方面，那么除非军事政权所采取的新经济政策能够取得成功，否则它就没有存在的理由——只不过如果经济政策取得成功，可以说军事政权也就失去了存在的意义。事实上很多新的经济政策都是在军事政权下得以进行尝试的。作为新的方向，一方面是试图采用依存于引进外资的开发主义政策的巴西、墨西哥等国家的出现（不过墨西哥不是军事政权），而进入80年代以后，一些国家开始采取彻底的古典式经济自由主义，如智利、阿根廷、秘鲁等。可以说，这些国家成为弗里德曼为代表的芝加哥学派的试验田。

后者自由主义政策的实验，为政策比较提供了非常好的实例。在这些国家，一旦实现贸易自由化，短期比较优势就会发挥作用，出口方面对初级产品的依存就会进一步增加，消费产品进口的比重就会增大。无论出口还是进口，在短期内都会集中到有利的产品上来。就国内产业来说，虽然采用了自由竞争政策，停止了补助、保护、国有化的方针，但国内的私人企业，尤其是中小企业的成长受到阻碍，以外国资本为资金来源的大企业和外资企业成为支柱产业主体的趋势又得以复活。被认为长期内有前景的产业，其比重反而会下降，不会轻易使出口增加。因此，如果世界的初级产品市场出现低迷状态，那么财政赤字的增大引起通货膨胀的趋势就会增强，同时还会出现因资金外逃以及利息返还负担导致的经常赤字增大的趋势。就像智利将耕地返还给地主那样，分配政策也出现了倒退。现在，像阿根廷、智利、秘鲁这样采取了经济自由主义政策的国家，经济状况都达不到拉美国家的平均水平。自由主义经济政策的实验，全都经历了惨痛的失败。①

---

① 参照如细野·恒川上书，第二部。

第八章　作为体系的开发主义

不过，像墨西哥和巴西那样采取近似于开发主义政策的国家也绝非处于非常良好的状态。虽然财政赤字和通货膨胀问题相对较小，但累积债务的状态同样恶劣。很大原因在于，与我们所定义的理想的开发主义相反，在重点产业中，有很多缺乏效率的国营企业，自然补贴和保护主义政策反而得以强化。在重点产业中，外国企业的比重也很大。虽然这一点本身并不是缺点，但从外国企业特别是美国企业获得开发政策的合作并不是一件容易的事情。分配政策特别是针对农民的分配和对中小企业的培养无法顺利进行，也是产业政策无法顺利实施的重要原因。如果不解决这些问题，那么拉丁美洲为开发所做的努力就不能够实现我们所说的理想的开发主义模型。有前景的产业无法成长，如果这一基本状况得不到改变，就很难步入到工业化的轨道上来。

东亚和拉丁美洲

与拉丁美洲形成鲜明对比的是韩国、中国台湾、中国香港、新加坡（如今泰国和马来西亚也将加入进来）等国家和地区，这些国家和地区没有特别的初级产品产业，这反而让它们能够幸运地从最初就以出口为目标，培养有长期发展前景的产业。实际上除此之外也没有别的方法（印度尼西亚和马来西亚这种拥有初级产品的国家其工业化会有些缓慢，这一点颇具启发性）。在指定重点产业这一点上，东亚国家很少会有先入为主的思维定式，因而很早就能感知到世界经济的变化。与拉丁美洲各国形成对比的是，这些东亚国家非常热衷于针对长时期有前景产业的目标产业政策，同时也没有因为向民众主义流派的福利国家式分配政策投入过多精力，而忽略了针对半自耕农和中小企业的对策。对普及教育所投入的力量，也远比拉丁美洲积极得多。[①]

我们从政治角度来进行一下比较。如前所述，当发展中国家以开发主义式工业化为目标时，为弥补产业政策而采取的分配平

---

① 细野昭雄『ラテン・アメリカの経済』，二一二頁。

等化政策就成为维持政治统一的关键。在拉丁美洲，很多大农场主和近现代部门的相关人员（很多都是外资企业或政府相关人员）往往拥有特权地位，当以上流阶层为基础的政权打着规定格式的自由主义旗号来反对分配政策时，支柱产业可以顺利发展并脱离对初级产品的依赖，出现真正意义上的工业化的光明前景的例子至今还不存在。作为对这种传统政权的对抗，"民众主义"政权应运而生，但它将重点放在城市的组织劳动者和中间层的福利国家式的分配政策上，并没有达到其最初的目的。当依赖于初级产品的经济陷入萧条时，以城市的组织劳动者为对象制定出来的新古典派（将生产和分配加以严格区分的）分配政策，只会导致伪装失业状态的城市流浪者的出现。当遇到萧条或通货膨胀时，就会出现政治不稳定，为工业化所做的努力就会受挫，拉丁美洲频繁发生的军事政变就证明了这一点。具有讽刺意味的是，拉丁美洲在真正意义上的工业化出现之前，民众主义形式的"民主化"就已经得到发展，这反而会发挥负面的作用。显然，在急速变化的国际经济中，追求针对民主主义决策的长期性智慧和忍耐是十分困难的。

在东亚的 NIEs，即使在所谓的"开发独裁"的情况下，仍将重点放在面向前现代部门的分配政策上，这也会在经济上充实国内需求并为其提供稳定性，从而发挥加速经济增长的效果。在东亚（中国除外），并未出现大量的城市流浪者。相反，我们可以看到中流化现象——我将其称为"新中间大众"（new middle mass）[①]。如果开发主义能够维持发挥互补作用的分配政策，那结果是开发主义社会将比其他任何类型的社会更加具有无阶级性、大众社会性的倾向。例如，在欧洲的社会民主主义社会中，虽然从收入这一货币层面来讲平等化不断发展，但在生产活动场所中的使用者与被使用者的威信仍然存在差异，生活方式的差距也保留了下来。如果开发主义得到充分发展，真正意义上的民主化得以实现并实

[①] 村上泰亮『新中間大衆の時代』。

第八章 作为体系的开发主义

现制度化,这种无阶级倾向就会促使"大众民主主义"的产生。我们可以看出,日本明显具有这种倾向,韩国和中国的台湾地区也有这种征兆。关于这一点,我们将在第十一章进行讨论,开发主义式社会也许拥有历史上前所未有的政治特质。

迄今为止的理论并不能完全解释拉丁美洲的开发普遍遭遇失败的原因。一方面存在着自殖民地以来经过几个世纪积累下来的社会结构的问题;另一方面,累积债务问题也成为当务之急。后者由于关系到浮动汇率制,我们将在下一章进行探讨。然而前者的历史背景问题,却有着不容忽视的重要性。正如古典经济自由主义的存在依存于欧洲的历史条件,特别是英国固有的历史背景(英国中世纪王权的特异性、农村工业的扩大、国家主义的早期产生、大众型消费社会的发展等)。因此,也存在一些观点,认为开发主义也不能脱离某种历史背景。例如最近,有一种观点十分盛行,这种观点认为日本和亚洲 NIEs 所显示出的东亚型工业化的成功,是受到某种特殊历史条件的支持。例如,有些人主张东亚所特有的勤劳、节俭和对组织的忠诚等价值观源于"儒家"传统,从这一意义上讲,儒家传统是工业化取得成功的关键。[①] 但是,在工业化逐渐步入正轨的过程中,虽然这种勤劳、节俭和对组织的忠诚等传统有可能会发挥作用,但并没有充分的理由可以就此认为工业化就是决定能否成功起飞的关键。再如,如今正迅速取得开发成功的泰国和马来西亚,如果说华裔居民及其文化的影响起决定作用,则可能有些言过其实。另外,在儒家传统最为根深蒂固的中国本土,在 20 世纪的头 20 年这一决定性时期,经济开发反而落后了,这究竟是为什么呢?日本也是儒学国家,这一点没有什么问题。关于这些观点,我们将在后面的第十二章中涉及,关于儒家工业化确实存在太多问题。

---

① 虽然直观上进行这种讨论的人较少,但作为被体系化被讨论的例子,可以举出森嶋通夫『なぜ日本は「成功」したのか』(TBS 不列颠百科全书、一九八四年)、莱昂·范德梅尔『アジア文化圏の時代』(福鎌忠恕译,大修馆书店、一九八七年)。

虽然存在历史背景的问题，但不能否认，拉丁美洲和亚洲NIEs之间所表现出的巨大差异，根源在于采取古典自由主义经济政策与采取开发主义政策这两种选择间的差异。历史背景的差异也可以被归结为左右这种政策选择的要因之一。像巴西和墨西哥那样，越是采取近似于开发主义政策的国家，看上去离工业化成功越近，这也是旁证之一。各种各样的因素都会影响这一选择。例如，拉丁美洲各国受到美国的影响，特别是受到古典经济自由主义的压力，与之相比，亚洲NIEs一般都受到其近邻日本的成功案例的刺激。只不过亚洲NIEs的开发主义并非原封不动地模仿日本，总体来说，跟日本相比，它们对外国企业更加开放，东亚各国都走上了各自的发展道路。不管怎么说，通过对这两个地区进行粗略地比较，可以明显得出上述这些结论。亚洲的NIEs取得了工业化的成功，而拉丁美洲各国在维持工业化上遭遇失败。作为教训之一，我们可以总结出这样的反论，即丰富的初级产品资源反而会阻碍工业化的发展。

第四节 开发主义与古典式经济自由主义

资本主义的各种形态

在此，作为归纳总结，我们再次将古典经济自由主义和开发主义进行对比。同时，我们还将涉及其他的经济体系，特别是社会民主主义的定位。但由于实际上静态和动态这两个维度交织在一起，这种比较绝不是一件容易的事。第一，从资本主义（私有财产制和市场经济）的形态这一意义上来讲，古典经济自由主义和开发主义具有同质性。这一点没有问题。但如果要讨论两者的不同到底在哪里，事情就会开始变得混乱。很多人试图以资本主义各种形态中政治性干预的强弱为尺度来对两者加以区分，其背后的原则是在多大程度上贯彻了"经济行动的自由主义"。但这种区别的尺度并不是一种十分有效的标准。

第八章　作为体系的开发主义

　　古典经济自由主义也并非完全排斥政治性力量的干预。事实上关于古典经济自由主义，也存在新古典派理解和原理主义理解这两种理解方法。在这里，我们从占大多数的前者开始考虑。众所周知，新古典派（虽然以例外为借口）承认并接受维系市场经济所不可缺少的最低限度的政治干预。比较有名的例子是公共产品和公共事业，上一章所讨论的"幼稚产业"也是一例。虽然新古典派经济学试图将这种"幼稚产业"的情形作为例外来看待，但事情并没有就此结束，它不断被非新古典派观点（例如"干中学"和"马歇尔的外部经济"等理论）攻击，这一点我们已经叙述过。而且几乎所有的新古典派经济自由主义者都接受反垄断法制，并认可中央银行（至少是货币供给量的调整权限）。从世界范围来看，很少有新古典派学者认为在采用固定汇率制度时，汇率决定的权限归政府所有。有观点认为这些应当被视为政治干预制度，是资本主义存续所不可缺少的最低限度的条件，然而这种观点有待证明。

　　例如，从原理主义的立场来看，这种观点就是无法自明的。第一章中曾经提到过，某一时期的米尔顿·弗里德曼曾认为禁止垄断是没有必要的。另外，弗里德里希·哈耶克曾认为没有必要将证券发行功能集中到中央银行。[①] 事实上，在现在的浮动汇率制下，在世界范围内证券发行功能呈分散状态，一国经济也并非不能脱离中央银行。弗里德曼和哈耶克等原理主义者试图贯彻自由主义（我将其称作行为自由主义）的理念，他们有着坚定的原则，那就是批判所有的政治干预（当然也包括开发主义的政治干预）。但是大部分新古典派经济自由主义者都理所当然地认同幼稚产业保护、反垄断法、中央银行和固定汇率制，对他们来说并没有上

---

　　① F・A・ハイエク『貨幣発行自由化論』（川口慎二訳、東洋經濟新報社、一九八八年）。F. A. Hayek, *Denationalization of Money——The Argument Refined: An Analysis of the Money and Practice of Concurrent Currencies*, 2nd ed. (London: The Institute of Economic Affairs, 1978). ミルトン・フリードマン『資本主義と自由』（熊谷尚夫ほか訳、マグロウヒル好学社、一九七五年）、第八章。

述那些原则。在他们的思想中，资源分配的效率主义、民族主义、民主主义以及自由主义等目标杂乱地混在一起。从这种混乱的观念中，无法产生出批判政治干预本身的任何根据。

如果从主张结果平等的"民主主义"立场出发更强烈地要求行政干预的话，新古典派学者就无法找到与其进行抗衡的手段，以消除失业为目标的凯恩斯政策也是一个很好的例子。新古典派的学者们，都认为曾经被称为"新古典派综合"的凯恩斯政策是正统的经济自由主义的一部分。但是就像重视行为自由主义原理的哈耶克和弗里德曼所强烈反对的那样，这种"综合"的尝试不过是一种思想迟钝而已。可能很多新古典派经济学家都认为，与任何思想上的对立均无关的资源分配的效率性是非常重要的。但如果真是这样，那么在提高行政干预的效率性时，就不能否定这种干预。从这个角度来看，是没有资格以行政干预过多本身为理由来批判社会民主主义和开发主义的。为了资源分配的效率性和民主主义，需要何时、在多大程度上牺牲经济行动的自由，关于这一点，新古典派经济自由主义自身并没有一个明确的判断。

在欧洲和日本，有关这种强有力的所谓社会民主主义（democratic socialism）的思想上的混乱更加明显。社会民主主义也基本上认同私有财产制和市场经济，从这一意义上说，它也是资本主义的一种形态，不过从包含了大幅度的再分配（福利国家制度、累进所得税、财产税等）和部分企业归国有等强烈的政治干预这一点上来说，它一般又与古典经济自由主义有所区分。但是社会民主主义者所描绘的方案中，是否具有固有的思想上的一贯性这一点值得怀疑。他们将社会民主主义解释为计划经济（社会主义）的好的一面和议会民主主义的好的一面相结合的产物。一方面，他们解释说在实现分配平等和避免萧条这些经济成果方面，社会民主主义足以同社会主义（计划经济）相匹敌，并辩解说这是抛弃了计划经济的传统。另一方面，关于苏联、东欧型社会主义和社会民主主义之间的差别，他们所重视的是是否存在政治层面议会制民主主义（是否承认多个政党）的区别。因此，大体来说，

第八章 作为体系的开发主义

社会民主主义是经济层面的效率主义与分配平等主义，及其同政治层面的自由民主主义的混合体。这两个方面在理论上存在可以兼顾的可能（可以回忆一下战前的计划经济争论，这种理论认为就连计划经济和自由民主主义也可以实现两者兼顾）。但是很明显，若只是限定在经济层面，自由主义因素对于这种混合物来说就不是必不可少的。如果经济增长和分配不能顺利进行，社会民主主义者就会毫不犹豫地牺牲经济行为的自由。否则，就无法解释为什么会出现企业国有化的理论。社会民主主义者总是说企业家应当采取反映劳动者利益的行为，应当促进劳动者参与经营。然而，当说到通过法律强制采取这些行为时，社会民主主义就会表现出反（经济）自由主义的特征。社会民主主义并不能够阻止干预主义的壮大。

另外，我们曾多次提到，开发主义也是资本主义的形态之一。虽然开发主义的确接受对经济的行政干预，但对干预程度的相对强弱的判定却并不容易。按照通俗的理解，开发主义是包含补贴和保护主义在内的强大的干预主义。然而，若与社会民主主义相比自无需多言，即使是与新古典派版本的经济自由主义相比，也无法断言开发主义更具有干预主义色彩。

这里包括两种论点。第一，如前所述，无论是社会民主主义还是新古典派版本的经济自由主义，虽然都承认干预主义，但却没有在原则上阻止干预主义的能力。他们与开发主义的区别仅仅在于是默认还是公开承认。第二，开发主义的理念和现实被混为一谈。在以前的章节中我们曾经解释过，开发主义所要求的最低限度的行政干预，是由一种垄断禁止措施和暂时性补贴以及保护主义政策构成的，未必能称之为是一种强有力的干预。开发主义给人的带有强烈干预主义色彩的印象，来自迄今为止的开发主义的实际案例（如日本等）。理想中的开发主义所要求的干预，要比这弱得多。不能说在各种资本主义的派生类型中，开发主义是特别具有干预主义色彩的。

事实上，干预主义原本就有很多层面，对其强弱进行比较没有什么意义。例如详细来说，政治对经济的干预包括依靠行政进行干预和依靠立法进行干预（依法干预）两种类型。仅仅通过对行政干预强弱的考察，无法衡量干预主义的强弱。比如美国的立法机关，当议会代表利用现有权益不断为保护主义和补贴立法时，经济行为的自由主义就会受到侵害，这与实行政治干预没有区别。也就是说，利害关系集团的民主主义和官僚干预主义，都是经济自由主义的敌人。即使开发主义更加依赖于行政干预（前面也提到过，通过依法干预的形式来实行开发主义也不是不可能），也不能就因此说它特别具有干预主义色彩。

然而尽管如此，很多学习过传统经济学的人，往往都有将开发主义视为异端的倾向。与承认凯恩斯主义的经济自由主义相比，甚至与社会民主主义相比，开发主义都更加被视为异端。这在某种程度上反映了新古典派思想范式的统制力之强，但不能将其归结为单纯的学派间的相互争论的深层理由也在此。如前所论，成为开发主义的资本主义体系基础的观点和成为除此以外的资本主义体系基础的观点很明显具有不同的性质。这种异质性，将开发主义从传统关于资本主义的各种观念中孤立出来。从古典经济自由主义开始直到社会民主主义，在这种基本上同质的谱系中，探寻开发主义的位置，应该说这一问题设定本身就不充分。

不管是社会民主主义还是新古典派经济自由主义，在用均衡论的方法或者静态分析方法来分析经济这一点上，两者是共通的，也就是基本上是关于工业化前的资本主义的分析。关于这一点，像巴龙、朗格或者是苏联的"财物平衡表"所示，计划经济论者的理论框架是带有均衡论和静态分析性质的。例如像哈耶克所严肃指出的那样，无论是支持资本主义还是批判资本主义，在用唯实论的观点来分析市场均衡的概念这一点上没有区别，仅仅是在均衡的维持是否可能，或者是否是我们所期待的这一点上存在意

第八章　作为体系的开发主义

见分歧。① 如果我们将哈耶克这样的原理主义者视为例外（关于原理主义的立场在后面还会讨论），从古典经济自由主义到苏联型计划经济，都将既非技术创新也非经营创新的古典资本主义作为标准模型（社会主义模型只不过是其反转而已）。与之相比，开发主义很明显是从包含了技术创新的工业化这种动学性质的观点来分析经济的。资本主义同社会主义的争论，从某种意义上讲，是站在同一竞技场上的争论，与之相反，古典经济自由主义同开发主义间的对立则表现在是围绕就终点的秩序进行讨论还是就无止境的变化过程进行讨论上。也可以说是关于资本主义的经济学还是工业化的经济学的争论。还可以说这两种观点之间的异质性，来源于是将超历史性体系概念的资本主义还是历史性体系的工业化作为分析对象来加以认识。正是这种历史性视角的有无，使得有些人从开发主义以外的观点来看待开发主义并产生了异端的感觉。

欧美各发达国家依靠资本主义的力量实现了对世界的支配，它们很难轻易放弃带来和谐秩序的稳定的均衡概念。按照欧美的传统视点，工业化和经济增长，只不过是偶尔从经济行为的自由主义——即资本主义——中产生出来的副产品。例如，对持续性经济增长的关心是最近的现象，实际上从第二次世界大战后开始，包括凯恩斯在内，战前的经济学家们并没有使用过经济增长这一概念。想必是来自发展中国家的挑战，引发了他们对经济增长的关心。赫鲁晓夫上台以来发起的美苏增长率竞争就是一例，追求追赶型成长战略的日本——以及东亚——的崛起也是一个例子。但是另一方面，对后发国家来说，以追赶欧美为目的的工业化或者经济成长是一个不容逃避的课题，无论资本主义也好、社会主义也好，都只不过是解决这一课题的手段。对于那些不得不意识到自己已经落后于历史脚步的国家来说，特别是对于被文明的落后感所困扰的非欧美后发国家来说，工业化的历史特性不证自明。

---

① F・A・ハイエク『個人主義と経済秩序　ハイエク全集3』（嘉治元郎・佐代訳、春秋社、一九九〇年）、第Ⅱおよび V 章。

毫无疑问，创造了工业化的历史并借此取得对世界的支配的是欧美文明。但是，欧美的正统思想事实上难以应对工业化这一事实。

然而工业化事实的积累并不以人的意志为转移，特别是第二次世界大战后，持续性经济增长的可能性得到广泛的认识，成本递减现象这一事实也开始逐渐被认识。如今，很多国家很多人都在积极利用这种认识。前面也曾提到过，这意味着无论是在国家政策方面还是企业的经营方面，长期决策都将成为常态。其直接效果表现为眼光长远的国家或企业将超过眼光短浅的国家或企业。但是，在眼光长远的国家或企业之间势必也会出现竞争，就像上一章所讨论的那样，这种竞争会变得看不到均衡点并且不稳定，国与国之间的竞争也带有同样的特点。决策眼光的长期化悖论反而使得市场经济体系出现不稳定局面。国家间的经济竞争激化，后发国家"为了赶超发达国家而做出的"努力增强，从世界范围来看，和谐之路变得遥不可及。因此，问题就又回到了这一基本点，即是否应当坚持经济自由主义。后发国家试图采取与古典资本主义相反的社会主义（计划经济）的做法就是一种表现，但是即便是在发达国家，人们也开始讨论古典经济自由主义同开发主义之间的选择问题，这就是产业政策的是非论。

但是，我们在这一问题上的选择，只能存在于迄今为止的对历史的动态分析之中。例如，对于大多数落后国家来说，放弃实现工业化的努力这一选择恐怕是不可能的。军事上的威胁并没有消失，国家经济实力的竞争也成为巨大的压力驱使着各国前行。也许很多后发国家会寻求对工业化的加速更为有效的途径，朝着采取开发主义的方向转变。拉丁美洲自由主义式经济政策试验失败的影响是巨大的。虽然东欧各国和苏联从某种意义上要重新实现工业化，但如果这些国家想快速赶超西欧各国，恐怕只能选择开发主义道路。如果西欧各国按照古典理念急于要求其实现贸易和资本自由化，就会导致大量失业产生，实际上会形成向西方移民的巨大压力。后发国家不会将古典经济自由主义原封不动地照搬套用，它们会尝试开发主义的不同变种。

第八章 作为体系的开发主义

而所谓的发达国家,包括沿古典自由主义路线发展起来的欧美以及到达开发主义境界的日本,其立场则非常微妙。这些发达国家正处在岔路口上,面临着选择。对于走在工业化道路前列的产业发达国家来说,技术创新的预测更加困难。因此,同后发国家相比,长期决策也会更加困难,进而使得彻底贯彻开发主义也变得困难。然而另一方面,至少就特定的产业来说(比如已经举过的半导体产业的例子),技术的预测在中短期内是可能的,开发主义式的政策也是适用的。在美国,关于产业政策的好坏,国民舆论呈现分两派的状态,这正是关于这一点摇摆不定的一种表现。然而,如果各国的民族主义很强,国力的竞争持续下去的话,不难预料,开发主义式思路也将会逐渐渗透到产业发达国家中。

换句话说,如果民族主义同技术创新重视主义相结合,开发主义就会成为自然而然的答案。不过,在这里,古典式经济自由主义和国家主义之间会出现矛盾。如果想在这种现代状况中维护古典经济自由主义,就不得不做出一个文明上的选择:是放弃对民族主义(国家的威信)的执着,还是采取反技术创新重视主义(某种反工业化)。至少基本的构图是这样的(这里可以回忆一下第一章我们曾经提到的"新保守主义"的问题)。是应该用超民族主义来取代民族主义,还是用超工业化主义来抑制技术主义,或者是采取第三种选择,用形式更加广泛的自由主义取代经济自由主义。这将是我们在第十章以后讨论的终极问题。

大众民主主义化

为解决这一问题做准备,我们先列举一下开发主义的两个问题点。第一个问题点是,大众民主主义化倾向。开发主义的特征之一,是重视以不削弱在非重点部门生活的劳动者和企业家的积极性为目标的分配政策。与均衡这一结果相比,开发主义理论更注重不稳定竞争这一过程,因此这是其必然结果。另一方面,静态和均衡理论,只关心均衡这一结果,而没有真正注意到这一过程中所产生的"摩擦性失业"和"无效率企业的淘汰"等问题。

均衡论中所提及的分配问题，是在生产方面资源分配结束后所进行的收入平等化政策，也是福利国家政策和累进所得税等理念之所在。在这里，分配问题原本所具有的两个侧面的对比清晰地展现在我们面前。一方面是帮助实现选择工作和生活方式的机会的平等，另一方面是加强收入均等这一金钱结果的平等。开发主义之所以考虑保护农民以及培养小规模生产者，是因为其目标是，在他们所属的非尖端部门中，也能够找到技术上的机会（引进新技术的机会和灵活运用旧技术的机会）、生活方式上的机会（主要是维护旧方式的机会）。作为副产品，很多人会为了维持小规模"经营者"的地位而能动地参与到市场经济中，非常多的人作为拥有长期生活规划的消费者开始创造出需求。不过相反，这将会留下无效率的小规模生产被放任自流这一问题。与之相比，均衡论式的经济自由主义所采取的形式，是通过市场竞争淘汰旧的生活方式和技术，并用金钱方面的收入再分配予以补偿。虽然参与到市场的机会是平等的，但就用金钱衡量的缺乏效率的活动来说，根本不可能生存下去。这里体现了古典经济自由主义作为自由主义其范围的狭小性。

这种开发主义分配的特征，在于它不会创造出完全脱离过去的生活和社会精神气质的、流离失所的阶层。以农业为例，在农业劳动力比率大幅削减这一点上，开发主义道路和经济自由主义道路之间并没有太大的差异。问题在于，是不怕出现间断尽快实现这种过渡，还是花上几代人的时间保持生活的连续性逐步实现这一过渡。例如在战后的日本，农民受到价格支持政策的保护，并在这种保护中逐渐以发展兼业化的形式适应了急速的工业化。就如在第六章中所介绍的拉斯赖特的观点所示，在产业革命以前的英国，兼业化也帮助农民适应了资本主义。这些保持了生活连续性的劳动者，不会成为除人身以外失去其所有资产的、原始意义上的无产阶级。这样，并没有出现流离失所的无产阶级，也没有出现工业化中的成功者和失败者所形成的阶级分化。

就日本的例子来说，农户拥有所有的农地和（比城市居民大

第八章　作为体系的开发主义

得多的）住宅，农户的收入（很多是通过兼业获得的收入）和城市劳动者的收入以相同的速度增加，大部分农家子弟都受到教育并在城市的产业中就职。经过一两代人的时间，日本人正逐渐脱离农业。但是在这期间，作为父辈们（现在他们正处于老龄化阶段）生活场所的农户的数目一点也没有减少。很多农民出身的城市工薪者现在仍保留着在新年或暑假举家回乡探亲的习惯。虽然出现了超市和24小时营业的便利商店，但城市小规模零售店的数量并没有因此减少，这一点着实令人吃惊。中小企业虽然内容不断变换，但数量却一直在增加。战前的农户、商店和中小企业没有落魄消失，而是形成了现在社会中间层的重要组成部分。在日本始终没有出现大的城市贫民窟。包括战后流入城市的人们在内的各个阶层，形成了我所说的"新中间大众"（new middle mass），他们带来了对大量生产的耐用消费产品的源源不断的需求。现在的日本社会，是一种非阶级分化构造的高度大众消费社会，这是一种史无前例的状态。

如果仅仅是日本特有的现象，尚且能把它视为暂时或偶然的。但是以中国台湾、韩国和新加坡为代表的东亚各国家和地区也都表现出同样的倾向。这里所指的伴随着分配政策而实施的开发主义，会创造出一种高度大众的社会。由于没有前例，很难预测今后将会发生什么。大众社会往往会出现无思想性、附和雷同性等一般情况下常见的必然属性。关于这一问题，我们将在第十一章中涉及，同时也会讨论采取开发主义可能带来的令人意想不到的负面影响。

官僚制的刚性

第二个问题点，是在实行开发主义政策时发挥核心作用的官僚制问题。已经多次指出，产业政策的问题点在于很难使其停止。一旦产业中技术进步速度减慢，或者一国的政治经济体制的未来蕴含有不确定性因素的话，就很难期待出现成本递减现象，产业政策就会失去意义。而且，农业和中小企业的保护政策和培养政策，也有可能会随着产业结构的变化和生活水平的上升而偏离目标。但是，即使出现这些变化，官僚们也很有可能不会轻易放弃干预的权利或惯例，这一点我们已经讨论过。

按照战后日本的经验，由于存在官僚制的上下纵向分割结构（各个部委组织的凝聚性和封闭性），个别产业同负责部委的共生关系就会增强，针对成长产业的产业政策，就可能随着这一产业发展的减慢而演变成对停滞产业的保护政策。针对农业和中小企业（例如小零售商店）——也有政治家对失去选票的恐惧——的典型的长期保护主义行政干预得以维持。美国的进口限制，就是这种长期的保护主义的代表案例。就农业保护来看，由于农民的老龄化和与国际价格的偏离，保护主义正面临着衰退。虽然从古典经济自由主义来看这是一个理所当然的结论，但是参照开发主义的理论，这种延长也超出了极限。就战后的主导产业来说，由于产业结构的变化、跨产业的企业活动的多元化、无国界化（特别是外国企业的进入）等因素，产业政策变得不再必要，甚至变得无法实行。但是各部委却试图尽量维护所谓行政干预的实质性权限。具有讽刺意味的是，为了实行主要来自美国的保护主义的要求，行政干预幸存了下来。以保护存款人为名，对金融产业的行政指导至今仍然强势。

以中曾根政权为代表的日本"新保守主义"，虽然带有克服这种抵抗的一面，但它本身也遭到了强烈的反对。如果使其退出的失败会在今后持续下去的话，战后日本的开发主义将被判定为是一个失败的例子。日本式的开发主义在很多方面都依存于非形式性的、法官式的行政干预——所谓的行政指导。这种非形式性的干预很难停止，也很难确认其中止，更难使其退出。日本的这一经验，为后发的开发主义国家来提供了有用的教训。必须在产业政策中事先加入使其退出的规则（即以退出告终的规则）。一方面可以考虑将官僚制的灵活化（抑制纵向分割，启用外部人才等）作为处理对策；另一方面，必须培养能够牵制官僚制的政治势力。

第八章　作为体系的开发主义

对开发主义的思考

再次思考可以发现，开发主义背景下的世界，与力学相比更类似于生物学或者生态学的情景。其对象是各个产业的生命周期（生涯），是产业内与产业间的淘汰与分工共存的过程。各产业从诞生开始，经过幼年期的急速成长，发挥青年期的活力，最后进入老年期。在此期间，会产生可以比作变异（mutation）和形质遗传的技术创新和组织创新。开发主义中的产业政策，是在这一生命周期中的幼年期（边际成本递减），为促进成长而采取的策略，分配政策则是保证各自的"种子"（产业或企业）永远有一定的空间（生息场所）的策略。在后发国家，这种幼年期在多数产业中会同时出现，而且表现十分明显。然而即便是在占有领先地位的国家，对特定产业（例如现在的半导体产业）来说，也能够非常明显地看出其幼年期。

工业化的现实是各种产业的生命周期的总体。单纯通过对来自环境的刺激做出反应的经济主体的统计是无法实现这一生命周期的。为什么产业会存在幼年期、壮年期和老年期呢？如果用技术的创造、应用和停滞来说明，就应该考虑为什么技术也会有这种生命周期呢？很明显，从一诞生被植入产业，与产业成长一同发生变化，最后逐渐衰退，技术是一种内在的成长因子。如果不沿着这一轴线进行动态分析，就无法明确产业以及工业化的生命周期。可以说，古典派以来的经济学，特别是新古典派经济学，分析的是壮年期的成熟经济，并从成年人的观点对其他的生命周期形态做出评价。这对于已经达到成熟状态的产业发达国家来说没什么，但如果忘记自己幼年期，而将产业发达国家自身的处方强加给后发国家的话，就会阻碍后发国家的成长。虽然这种比喻略显粗糙不一定合适，但对于试图挑战工业化的后发国家而言，与古典经济自由主义相比，开发主义可能更加适合。

开发主义的问题，或者说这是成长这一现象所共有的问题，在于如何伴随生命周期的形态切换自己的动作行为。具体来讲，各经济体会在克服后发性的阶段表现出各自明显的特点。再重复一遍，充分实现工业化的国家很难使产业政策退出。即使是在最顶尖的发达国家，也会存在作为这里所说的工业化政策对象的合适的产业。但是，为这些产业指定恰当的目标，最后在恰当的时期使其中止是一个不容小视的课题。与之相比，古典经济自由主义似乎完全不关心这种产业的生命周期，而是以尽可能地减少行政干预为准则。虽然实际中能否贯彻还值得怀疑，就算说这是虚构也无法反驳，但作为准则来讲，恐怕它是最为简明的，这一点不容置疑。当然，要维护这一准则，现实中可能要牺牲一些增长率，并可能引起对分配的不满。开发主义虽然以高增长率为荣，但却苦于对政策的控制；相反，古典经济自由主义以虽然牺牲了增长率但确保了运营规则的简明性为其自豪，这正是这两种经济形态的一种优劣平衡。顺利运行开发主义的最终结果是控制官僚制，其困难成为议会民主主义的负担。从这一意义上讲，开发主义成功与否完全依赖于议会民主政治的作用。

换句话说，关于开发主义运营的基本问题，是在成本递减趋势和决策眼光的长期化条件下，研究什么样的经济行为的自由主义是可能的。从古典式经济自由主义方面来看，现在可以考虑两种应对方式。第一是可以考虑"决策眼光的长期化"，例如第二次世界大战后偶尔会看到的暂时性现象，古典式经济自由主义依然发挥着有效作用，这可以说是一种消极的应对。第二是古典式经济自由主义对人类来说是最高法则之一，应当以牺牲经济增长等一切东西来将其维护到底，这是一种积极的应对方式。这两种应对方式的层面完全不同。关于这一点，我们将在第十章以后进行讨论。

第九章 国际经济的多样化

第一节 开发主义的国际含义

近现代文明的经济特性

在本章以前的讨论中，我们主要从国内经济的观点对开发主义进行了分析。当然，开发主义产生于20世纪的国际政治经济环境之下，对此我们也花了较大篇幅进行说明。但是关于开发主义反过来对世界整体经济所产生的影响的解释却还不够充分。在本章中，我们将尝试对这一点进行一些补充。内容主要有三个大问题。第一个问题是开发主义所代表的趋势对国际货币制度产生的影响。第二个是海外援助和海外投资的问题，这与开发主义的存在基础有着很深的直接关系。这两个问题从广义上来讲，可以归结为"国际公共产品"的问题。第三个问题是与世界范围内尖端产业相关的产业组织问题。如果应用开发主义的观点，每个产业都存在国际合作的想法，相反也许会出现为了维护尖端产业而造成国际对立的危险。无论哪种可能性变为现实，都会对依旧被民族主义所支配的现代国际政治产生强烈的影响。在进入这些要点之前，必须先从与先前不同的角度，对国际关系的历史进行一下简单回顾。

产生于欧洲的近现代文明，是不具有统一政治秩序的文明，是几乎最早的不被称为"世界帝国"大文明的例子。在政治方面，发挥调整国际（即国家间）关系的、备受瞩目的是势力均衡的力学。不过实际上，与国际关系相关的近现代政治学的主流，是并不太强调势力均衡的犬儒主义。但是另一方面，从认为自由贸易会带来和谐的亚当·斯密以来，经济哲学的乐观论十分强势，足以弥补政治悲观论。政治分裂、经济和谐，从这一意义上讲，自由贸易经济学是近现代文明意识形态统一的武器。它以"自由主义经济"这一单一形态为基础，关注近现代文明的经济侧面，使得世界大文明的统一成为可能。这种一元化的观点，在近现代文明中，从萌芽期的 16、17 世纪以来一直到今天都没有改变过。

如果将范围限定在近现代文明的历史中进行比较，我们会发现，对非经济力量、政治或军事力量的统合作用依存度最高的，是冷战时期美国控制下的和平。然而，这种美国控制下的和平并没有以"世界帝国"为目标。亨廷顿曾说，美国的目标不是实现"领土帝国"而是实现"功能帝国"，想必就是这个意思。① 与以"世界帝国"为目标的苏联的对抗关系先另当别论，美国的军事干预也仅限于威慑牵制。正因为如此，对美国控制下的和平而言，支持其文明的经济理论具有更加重要的决定性意义，也就是说自由贸易的理念不可替代。像 IMF 和 GATT，以美国为中心所建立的带有经济自由主义性质的国际制度，是这种单一理念的具体表现。从这一角度来看，我们也能够理解为何美国的经济外交如此坚持经济自由的规则，虽然这根本没有必要。

第四章中讨论过的"霸权国家理论"就与这种美国控制下的和平有关，其中有密涅瓦猫头鹰自言自语的特征。霸权国家理论是为使古典式（或者不如说是新古典派）自由主义经济和国家主义相结合而进行的一种尝试，在创造国际秩序方面能够发挥积极作用的是前者的经济自由主义，这一理论的中心概念——"国际公共产品"，被定义为是支持自由贸易的有形和无形的制度性环境。为国际秩序的形成发挥主要作用的是世界市场，军事力量的作用是一种辅助手段。霸权国家理论中也包含这样的内容——美

---

① Samuel P. Huntington, "Transnational Organizations in World Politics," *World Politics*, vol. XXV (April, 1973).

第九章　国际经济的多样化

国控制下的和平成功与否，与依靠古典式经济自由主义能否实现单一形态的支配有关。我们经常会听到一些意见，认为美国控制下的和平受挫的原因在于提供国际公共产品的美国经济实力的衰退，但这仅仅是一种肤浅的理解。更深层的原因在于，工业化的现实与古典派、新古典派经济自由主义所描绘的单一形态的世界原本就是不同的。

现在，持久性、连续性的技术创新和决策眼光的长期化，使自由主义经济（资本主义）的形态更为复杂。用我们的话来解释，"成本递减趋势"的常态化制造了古典资本主义和开发主义的马赛克图案。因此，因"成本递减经济"产生的各种问题与古典经济自由主义的理解之间出现不一致，而这种不一致又会进一步导致与民族主义的冲突。关于开发主义在国内经济上的含义，在上一章之前我们进行了大量的讨论，与此相同，其国际经济的含义也十分重要。开发主义一方面促进部分国家的迅速成长、激化国民国家间的竞争，另一方面它使世界贸易更加活跃并扩大。在第五章曾经提到过，这一点如今在现实中表现为工业化的扩散（NIEs开发主义模式的发展）和通商外贸国家化这两种倾向。对于这种倾向，以经济自由主义和国家主义为支柱的古典框架来理解是很困难的。

另外，最近（采用浮动汇率制以来）极为明显的古典经济自由主义模型出现了另一个问题，这就是工业化的扩散和通商外贸国家化所引发的货币、金融、投资问题。不用说，自工业化开始以来，这些原本都是一些基本的问题。但是，在工业化的背景下，一旦经济成长成为基本事实，所谓对成长货币供给的控制、对增大的金融资产组合的选择、直接投资等问题就会超越国境，进而左右全世界的经济。然而在19世纪大不列颠的控制之下，巨大的资本出口国英国（具体来说是英格兰银行）通过调整其资产组合维持货币用金的价值，几乎在全世界发挥了控制成长货币供给的责任。对外投资中的很大一部分，也仅限于对殖民地中初级产品产业的投资，很少扰乱国际资源分配（资源分配问题严重化时采取同盟主义应对)。由于存在这种状态,在19世纪和20世纪上半叶的经济学中,不仅从国内的观点,而且从国际观点考虑货币、金融、投资问题这一做法也出乎意料地遭到了忽视。

无论是古典经济自由主义理论,还是其现代版——新古典派理论,主要关心的是实物经济的静态理论,对货币经济问题并没有进行充分分析。如今已经出现了很多针对古典派和新古典派的所谓"货币面纱论"的批判或自我批判,也只有少数的经济学者能够完全承认将实物经济和货币经济分别进行分析的、新古典派的所谓"中立性假设"。将实物经济和货币经济的关联明确纳入到理论中来的,是20世纪前半期最伟大的经济学家J. M. 凯恩斯和克努特·维克塞尔。一般来讲,这种货币、金融、投资问题,很明显会给国际经济带来巨大影响,特别是20世纪70年代以后,随着浮动汇率制被采用、资本的国际性移动迅速活跃以及跨国企业投资的激增,货币问题最近已经成为最为重要的问题。接下来,我们将就其中一些重要的问题进行探讨,例如浮动汇率制的功能等。

强大美国的终结

重新回顾美国控制下的历史可以发现,我们对这些问题的认识绝对是不够充分的。如前所述,强大美国控制下西方世界的政治经济稳定产生了通商外贸国家化和开发主义两大倾向。然而这两种倾向的出现却是强大美国所没有预料到的。虽然强大美国所保证的自由贸易体制为新生独立国家工业化的腾飞提供了适宜的环境,但是在腾飞期所表现出的成本递减趋势下,国家经济很可能对出口极度依赖。一旦突破某一临界点而获得国际竞争力,后发国家就有可能以降价为武器通过疾风骤雨式的出口进入世界市场。最明显的例子,是依靠开发主义发展起来的日本和亚洲的NIEs,特别是面向开放程度较高的美国市场,这些国家的出口更是蜂拥而至。

然而,美国控制所带来的经济自由化的利益,不仅仅局限于

第九章　国际经济的多样化

新兴国家。以德国为代表的欧洲各国，总体上与第二次世界大战前相比，贸易依存度也有所提高。日本经济在战前几乎已经达到了发达国家的水平，而战后的经济运营又重新回到开发主义的模式，同时表现出欧洲和亚洲 NIEs 两方面的特征。正如罗斯克兰斯所说，战后世界经济的大趋势是"通商外贸国家化"。这种经济上相互依存的扩大，支撑了战后世界的繁荣，这一点为几乎所有西方国家所承认。为了适应这一框架，各国开始致力于调整产业结构，谋求经济政策上的国际合作。

然而，通商外贸国家化倾向，对美国来说（实际上对苏联也是一样）是意料之外的，某种意义上是一个令人焦急的发展过程。世界贸易的扩大当然是以实现美国控制为目标的，但是美国控制所打出的另一个旗号是对苏正战论，在对苏联的军事平衡方面是不可能放松的。虽然通商外贸国家化的经济中心主义意味着在资源分配方面向轻武装主义倾斜，但是从美国的想法来看，这种脱离军事的行为从某种意义上讲是很痛苦的。其中，当伴随有以技术的急速传播（技术的无国界化）为基础的开发主义政策时，通商外贸国家的发展就会令人瞠目结舌，世界贸易中，国与国的相对比重就会急速变化。日本是第一个例子，之后像亚洲 NIEs 等同种类型的例子接连不断出现。这些后发国家的经济至上主义，可以说是对美国控制所提供的安全保障体制的一种"搭便车"（free ride）行为，这些国家有意制定的促进出口政策和"产业政策"，从古典经济自由主义的角度来看应该也都是违反规则的。

当然，虽说美国控制有温情主义色彩，但也并非对后发国家的发展置之不理。比如 IMF 和 GATT 的章程中，也设有针对后发国家的例外国家条款。但是谁也没有预想到，后发国家的通商外贸国家式开发主义能够取得如此的成功，出现了贸易依存度超过百分之百的特殊情况（中国台湾地区就是一例）。包括当事人日本等开发主义各国在内，谁也没有想到甚至会出现在经济实力方面能够威胁到美国霸权地位的国家（日本是第一个）。这一点成为促使强大美国的基本构造改革重建的主要原因。

最终，在这一事态的认识上，落后的实际上是以军事实力为中心的——用前面的话说就是所谓"正战论"式的——作为"和平构造"支柱的超级大国。政治体制改革前的苏联几乎没有关注世界经济的扩大和深化。一个很好的证据就是在20世纪70年代的政策缓和时期，勃列日涅夫一味增强军事力量而忽视了经济结构的改善。然而，也不能说美国对世界经济结构的变化足够敏感。

> "这种认识在渐渐扩大，恐怕美国会成为最后一个承认这种认识的国家了，不过这也不足为奇。经济上最强大的美国，并不想认可国际性调整的必要性。最初，美国将对其他国家、美国自身以及给国际金融制度所带来的影响置之度外，只顾实施其国内经济政策。……直到（20世纪）80年代，美国的两届政权终于接受了因抑制通货膨胀而出现的低增长，并开始重视其政策的国际影响。然而，在制定应对国际经济现实的战略方面动作迟缓，这的确使应对变得更加困难。相对小一些的国家在国际比较优势结构以及在产品需求中，都积极寻求自己的位置。然而拥有巨大国内市场的大国，却尽量把对这一问题的思考拖后。"①

罗斯克兰斯的这一观点很好地分析了通商外贸国家化冲击的意义。贸易依存程度较低的美国，通过支持自由贸易体制来促进通商外贸国家化是一种历史的讽刺，不过这种倾向最终势必会波及到美国和苏联自身。在美国，最近情况正在发生急剧的变化，特别是1987年以来，出口对GNP的比率急剧增加，贸易依存度（出口+进口对GNP的比率）也在进入90年代后超过日本。这是美国出现通商外贸国家化的一个征兆。导致苏联急剧改革的原因多种多样，其中一个很大的原因是它被世界性的通商国家化潮流甩在了后列。苏联、东欧圈在世界贸易中所占的份额原本一直维持在10%左右，但进入20世纪80年代后明显下降，1988年下降

---

① 罗斯克兰斯：《新贸易国家论》，第177页，笔者对译文稍加改动。

第九章 国际经济的多样化

到 7% 左右，至 1990 年更是暴跌至不足 5%。

我预测认为，这种通商外贸国家化和开发主义的趋势今后也许还会持续下去。大国间几乎不存在爆发武力冲突的可能性。虽然世界首先会在政治经济上被分割为若干相互独立的阵营，而且不能排除阵营间出现战争的可能性，但这种事态即使有可能发生，也不会在短期内发生。无论怎么说，这些都是最坏的可能性，世界贸易不受到任何负面影响，保持相对和平状态的可能性应该更高一些。在这种状况下，通商外贸国家化的倾向只会增强不会减弱。（其中一些特殊的国家有可能面临被伙伴国排斥的窘境。）同样，开发主义的进程也不会减弱。将有越来越多的落后国家有意识地采用开发主义。亚洲、中南美的很多国家都是如此。苏联和东欧各国没有直接采取古典经济自由主义，这些原来的社会主义国家恐怕也会采取某种开发主义。开发主义将不只为亚洲国家所用，它会占据世界版图的大部分——只要东欧各国的新一轮工业化不以完全失败告终。

而且开发主义的扩散现象不止如此。如今被称为"第三产业革命"的技术创新大潮正在来临，这将关系到工业化的转型，也许——应该说是必将——创造出人类文明的新纪元。但是在达到这一结果之前，时间长短尚不确定的过渡时期，技术创新将被纳入到工业化体系中，从而激化所谓尖端产业领域的竞争。成本递减趋势在这些产业中将占据支配地位，企业进行决策时目光将会更加长远。如上一章所论，如果这种局面出现，即便是在被卷入其中的发达国家，也无法再依靠古典竞争的均衡维持功能，这样的例子早已屡见不鲜。

例如，如果 IBM 不受任何限制地一直扩大下去的话，可能将会完全垄断全世界的电脑市场。然而，事实上，美国国内的《反垄断法》却通过潜在的压力约束着 IBM。各国也都意识到了 IBM 的威胁并试图保护和培养国内企业，在这一点上至少日本是成功的。设想一下，如果日本对本国的电脑产业完全不进行保护，日本的电子产业就有可能变成为 IBM 提供半导体和附属器械的分包产业，或被 IBM 收购，此时的 IBM 恐怕就会所向披靡。这种垄断地位一旦确立，苹果电脑、兆级集成电路、笔记本电脑等恐怕就不会出现。类似问题的可能性过去存在，未来也仍将存在。例如，高清电视的普及，并不是完全依靠竞争来实现的，各国政府肯定要实行干预的。从新需求的爆发中产生的利益，绝不会将其交给特定国家的特定企业（如日本广播协会 NHK 的家族系列企业）的世界性垄断。从这些假设的例子中我们可以看出，率先实现尖端阶段的技术创新和与之相伴的成本递减的企业，显然很可能垄断世界市场。但同时，各国已经出台了一些政策，不允许这种情况发生。然而在此之前，这些政策都只是些不自觉的、特定临时性的东西。对于这种所谓的产业开发主义，如果不承认这些问题的存在，不能就这些问题的处理措施达成国际合作的话，就无法创造出一个稳定的国际经济体系。

一方面，通商外贸国家化问题、开发主义问题以及世界性金融和投资问题，都制造出了古典式经济自由主义体系所无法解决的课题。设计与这些课题适应的国际经济体系并不容易，我也没有做好充分的准备。但至少可以指出一些不容忽视的问题。在以下的章节中我们将进行这样的尝试。

第二节 国际公共产品的再探讨 1——国际通货

对今后的国际经济问题，我们基于贸易扩大原则上大家期待的这一视角进行考虑（如果不这样，就会过度破坏历史趋势之间的连续性。后面会讨论这一体系出现破绽的可能性，届时将会提及性质完全不同的异质目标的可能性）。如果设定这样的目标，为实现这一目标自然需要有形和无形的国际制度和约定。承接本书前半部分的讨论，为方便起见，我们暂且将其称为"国际公共产品"。我们已经提到过，国际公共产品的概念并不完整，特别是以新古典派所定义的国内公共产品的概念为依据进行类推的做法是非常危险的。国民国家中固有的东西，如语言、共同的习俗、领

第九章　国际经济的多样化

土主权等都无法在国际体系中找到。于是，国际公共产品和国内公共产品内容不同也就是理所当然的了。关于这种差别的讨论，我们将放在这一节的最后，暂时使用"国际公共产品"这一表达方式。新的国际经济体系下的国际公共产品的内容肯定会与以前的有所区别。以下我们将重点关注国际通货和对后发国家的（广义上的）援助这两点。顺便说一句，这一课题在普通的国内公共产品理论中并没有得到充分的分析。

首先我们来考虑一下通货以及货币。人们常说货币的提供是"公共产品"。但是无论是铜币、金币还是不兑现纸币，货币本身（由于不能共同使用并可限制其使用）并不是公共产品。货币之所以不同于单纯的金属片或纸片，是因为货币具有计量单位（所有的商品都可用其来表示价格）、支付手段（所有的商品都可以用货币购买）、储存手段（将货币储存起来，随时可以买到相同的东西）等功能。正是因为具有这些功能，即无论是给货币的转让方还是接受方都提供了利益（能够共同使用，不可能限制其使用），货币的提供才被视为公共产品。

但是需要注意的是，货币作为支付手段的功能和作为储存手段的功能，依靠的都是货币实际价值的不变性，也就是用货币所购买的东西（购买力）的不变性。因为没有人愿意接受价值下降的东西，也不会有人愿意将它们储存起来。货币的总量同物价水平（即货币购买力的倒数）之间——只要经济状况没有很大变化——存在很强的正相关关系（货币数量说），这一点被认为是16世纪以来货币经济的经验法则。因此，如果没有控制货币总量的制度，就无法保证货币的价值。货币数量过多会导致通货膨胀，过少则会引起通货紧缩，致使对商品的评价出现混乱，阻碍市场经济的正常运作。总而言之，维持货币的价值而不是货币本身的制度——按照经验法则来说就是控制货币供给量的制度——是市场经济成立所不可缺少的公共产品。以下将这种理想制度支持下的货币特别称为"通货"。

国际通货小史

与单个国家经济的情况相同，国际经济也需要某种支付手段进行贸易结算。众所周知，19世纪下半叶，将黄金作为结算货币的统一的"金本位制"在世界范围内基本得以确立。金本位制的问题之一，在于黄金产量变动所带来的影响。铸币用黄金的供给，不应被随时变动的黄金产量所左右。实际上，当时最大的经常收支盈余国英国，通过在伦敦金融市场上的操作（短期资金交易），对各国间黄金结算的必要量，也就是作为国际通货的黄金需求量进行控制。① 这种以黄金支撑货币的制度一直持续到第一次世界大战。战争开始后，取代英国成为压倒性盈余国的美国，自然就肩负起进行这一控制的责任。但有很多人认为，由于美国没有充分意识到自己的这种责任，世界经济陷入了以"大萧条"为代表的窘境。19世纪以来一直持续到1930年前后的"金本位制"之下，英国承担着控制货币这一提供国际公共产品的责任直到第一次世界大战，而第一次世界大战后的美国却没有担负起这一责任，这种说法得到了多数人的认可。如果说19世纪的世界是以英国为中心的"霸权国家"体系的话，在支撑大不列颠的"国际公共产品"中，英国独立的金融制度拥有极为重要的意义。

第二次世界大战后，世界范围内经济高速增长的很大原因在于取代金本位制出现的"美元本位制"的稳定，关于这一点也已经得到了广泛的认可。美国开始承担起提供国际通货这种公共产品的责任。在战后的一段时间里，所有人都对美元价值之强大深信不疑，没有人怀疑"固定汇率制"，即以美元为不动点，其他国家以维持对美元的汇率为目标而努力的汇率制度的有效性。这种"信任美元"的根据，首先在于对美国的国际收支持续盈余的预期，其背景中包含认为美国的技术进步将领先于其他国家，在生

---

① Charles Kindleberger, *A Financial History of Western Eruope*, London: George Allen & Unwin, 1984.

第九章　国际经济的多样化

产水平方面不可能落后于其他国家的预测。只要盈余持续下去，固定汇率制就能够得到维持。之所以这么说，是因为既然其他国家对美国提出要求的权力在美国对其他国家提出要求的权力之下，美国就始终可以满足用美元兑换其他国家货币的要求，这样对美元的信任就不会产生动摇。

只是这种信任的背后隐藏着通货紧缩的危险。如果美国——跟第二次世界大战前一样——将对其他国家提要求的权力全部以美元的形式加以回收，在国内积累经常收支盈余，并取消一切资本出口的话，世界贸易就有可能会失去通货而陷入通货紧缩并出现停滞。然而，只要美国还算英明，将盈余的一部分进行资本出口（包括援助），国际通货的量就会被控制在不发生通货紧缩的幅度之内，世界贸易就能够顺利扩大。第二次世界大战后的四分之一世纪就是这样运作的。对外投资与援助是实现这种控制所不可或缺的手段，IMF 和世界银行都是实行这一手段的制度产物。美国无疑承担了世界货币供给的责任，其力量的源泉在于经常收支盈余，长期来讲就是技术进步的高度化。

但是相反，如果美国陷入贸易赤字的话，情况就完全不同了。其他国家在贸易结算上对美国提要求的权力将超过美国对其他国家的这一权力，美国每年不得不以美元债务的形式支付不足的部分，对美元的信任就会开始潜在性地降低。另外，这个不足的部分会导致其他国家手中留有美元（美元债权），使得世界通货量增加，出现通货膨胀。从 20 世纪 60 年代后期开始，这种趋势逐渐变为现实。美国的贸易收支于 1968 年出现赤字，从那以后一直到今天都没有改变。20 世纪 70 年代开始出现经常收支赤字的持久化趋势，到 1977 年几成固定状态，特别是 1983 年以来更是达到了惊人的高水平。[①]

20 世纪 60—70 年代世界范围内的滞涨，实际上也是美国赤字

[①] 这里所说的贸易收支是指总统咨文中所说的 merchandise exports less imports, c. i. f. 1970、1973、1975 年计入了少量的黑字。

化的副产品。因越南战争而丧失资本和商品出口能力的美国，用以美元结算借款的形式来支付贸易赤字，各国仍然将其作为美元债权持续储存起来，并出现了将其作为通货储备增加国内通货的趋势。加上在这一时期，由于环境问题和资源问题的出现，世界范围内生产力难以提升。这两个条件加在一起，共同导致了滞涨的出现。滞涨是美国逐渐丧失维持国际通货价值能力的一个征兆。

不过，因为之前储备的美国对外债权的总额十分巨大，所以各国相对美国来说依然是借款国，并没有出现针对美国的挤兑风波。另外，纽约金融市场的完善为作为交易手段的美元提供了巨大的优势，而美国的政治实力和军事实力又为作为储存手段的美元增添了不少魅力。正因如此，美国才能够暂时性地采取"善意的忽视"（benign neglect）政策。但是众所周知，进入 20 世纪 70 年代后，美国的贸易赤字并没有得到缓解，国内的通货膨胀出现恶化，1971 年美元贬值，1973 年出现了向浮动汇率制的过渡。就这样，现在的国际经济体系在浮动汇率制的框架之下得到确立。回过头来看，这时的美国事实上已经放弃了独立提供国际通货这一重要的国际公共财产的责任。美国霸权主义地位的一大支柱就这样丧失了。

通货价值的稳定性

对于国际经济来说，现在最大的问题之一，是由此产生的浮动汇率制是否有资格成为国际通货制度（国际公共产品）。众所周知，对于浮动汇率制的评价意见不一。一方面存在一种消极的评价，认为既然固定汇率制都难以维持下去，其他的就更行不通，这种观点似乎得到了大量的支持者。然而同时也存在一种积极的评价，认为浮动汇率制才是理想的国际通货制度，虽然在实际采用之前这在学术界引起了诸多争论。只是如果站在后者这种积极评价的立场上的话，自然关于国内通货也应当进行同样的讨论，比如说与依靠中央银行的单一（国内）通货相比，依靠地区银行

第九章　国际经济的多样化

的自由发行制度更为理想。将理论贯彻到这种程度的说到底还是只有哈耶克，那些认为在国内采取单一通货论，在国际上采取浮动汇率制的人（即很多经济学家）必须要拥有充足的反对哈耶克的根据。① 如果拿不出这样的证据，采用浮动汇率制就变成了一种不符合本意的妥协，也就成了消极的评价。以下我们将在考虑选择开发主义还是选择古典经济自由主义这一问题的基础上，尝试对浮动汇率制和固定汇率制进行比较。

第一，如果对通货价值等的稳定性这一条件严格要求的话，浮动汇率制就是不符合要求的。如果按照以前的经验，主要通货（美元、日元、马克）间的汇率变动幅度，按年率算在3%—5%，五年内的变动幅度可能高达20%。这一数字超出了普通的销售额经常利润率，足以使企业由经营盈余变为赤字（反之亦然）②。美元、马克、日元等，无论持有哪种货币，都无法使国际交易中的价值保持稳定。③ 浮动汇率制下的贸易，必须要承担这一风险。虽然可以在期货市场上弥补一些风险，但这并不会起到足够的帮助作用。这是因为期货市场的先行期间只有半年左右，别说是为面向出口的生产所预付的投资成本，就连劳动力和原材料的成本也必然受到汇率风险的影响。就国内经济而言，浮动汇率制会导致可以被称为"大幅度的通货膨胀和通货紧缩交替"状态的出现。

---

① 参照哈耶克《货币的非国家化》。
② 如新开阳一《国际经济通论》（岩波书店，1991年），第86页。本文中所显示的数字是同书的月变动幅度平均值的12倍。因此要加上月单位变动幅度的散乱分布（标准偏差）。标准偏差每月不足3%，因此有可能出现三个月近10%的单方向的变化（概率在3%左右）。另外，营业额利润率在所有产业中一般是23%，制造业综合为3%—4%。不过由进口原材料成本引起的销售额的变动被抵消。主要工业国间原材料贸易一般较少，但必须考虑原材料出口国往往将汇率与美元绑定。但是从制造业平均来看，原材料成本的比例并没有大到足以改变本文观点的程度。
③ 以本国货币结算的贸易比例较大的美国，能够回避汇率变动对贸易的影响，这是一种没有学术根据的一般说法。因为风险完全由对象国企业来负担。影响取决于对象国的出口企业和进口企业（或者美国企业的当地法人）的经营体制。例如，对象国的进口企业如果对风险持消极态度，出口就容易受到影响而减少，如果对象国的出口企业对风险持消极态度，进口就不容易减少，等等。但是除非对象国整体比较异常地偏好风险，否则作为结果美国的贸易也会受到抑制。

这就会削减出口（以及与出口相关的生产）的积极性，促使企业将眼光转向国内市场。比较采用浮动汇率制前后的状况可以发现，产业发达国家的宏观成果和国际贸易的增长明显下降。① 采用浮动汇率制以后，贸易摩擦出现激化恐怕就不是偶然。

如果汇率的变动是完全随机，那么在某一期间内通过努力可以使损益相互抵消。或者说如果变动是循环的，只要能坚持循环的一个周期，损益就会相互抵消。但是看一下 1973 年以来的事实我们可以发现，无论随机说还是循环说都无法让人接受。很明显汇率变动包含了某种基础性变化的结果，这种基础性变化并不单纯是经济方面的，也包含政策层面或者说是政治层面的东西。而且基础性变化的结果中，不仅包含向某一均衡状态集中的趋势，恐怕也包括从这种均衡中脱离的趋势（如专家们所说的超调、汇率失调、泡沫）。

虽然关于浮动汇率制的运作存在无数的解释模型，但遗憾的是，这些解释的结果却千差万别，借用新开阳一的话说，就是通过对浮动汇率制的分析，更加深切地感受到"经济知识的不全面"②。导致模型构筑出现如此混乱的最大理由在于——后面还会详细讨论——在考虑汇率变动的因素时，必须要将资产选择行为（包含投机），特别是超越国境的资产选择行为考虑进来。虽然包含有投机因素的模型势必会包含预测成分，但这种理论模型（非预测模型）的一般解，几乎都具有发散性。③ 关于模型我没有能力进行更深层次的专业性讨论，但是依据以前的经验，以及整个理论成果来看，可以说还没有一个模型能够揭示出汇率变动是具有

---

① 例如参照新开阳一『通論國際經済』、一八五頁。另外可参照『國際金融と開放マクロ經濟學』（東洋經濟新報社、一九八六年）。也存在反对意见。比较方便的如たとえば、アラン・メルツァ「「固定・變動爲替相場制度下におけゐ物価、産出量及び通貨量の變動」、日本銀行金融研究所『金融研究』第五卷第二号、一九八六年四月所收。

② 参照新开阳一《国际经济通论》第十一章。引文为同一章第二节的标题。

③ 从数理角度讲，这种模型是高次的定差方程式，关于经济结构和预期形成结构除非有特殊的假设，否则无法避免发散性特殊解的出现。所谓合理预期的假定在这一点上也不会起到任何补救作用。

第九章 国际经济的多样化

趋同性或循环性的。现在，关于汇率的变化是循环的还是有恢复均衡的趋势，应当说全世界的企业都是在没有预期的情况下采取行动的。浮动汇率制在国际货币价值的稳定这一点上不能说是成功的。

出口指向型的长期远见

通过以上讨论我们可以得出一个重要结论：在由汇率风险导致不确定性增大的情况下，至少与贸易相关的长期性经营的积极性将会减退，并有可能导致经营眼光的短期化。这与上一章作为历史性趋势所讨论到的"决策的长期化"趋势恰好相反，这种趋势意味着浮动汇率制的导入将是一次巨大的考验，没有人知道这种影响将达到何种程度。然而，不管影响是大还是小，可以断言的是，汇率变动将在对出口积极性的影响方面，将企业和国家的性质区别开来。只有那些拥有克服汇率风险的经营体制或者经营哲学的企业，才能在出口中立于不败之地。按照标准的经济理论，关于对待风险的态度，可以分类为"风险厌恶者"（risk-averter）和"风险偏好者"（risk-lover），但这仅仅是一种形式上的区分。有的企业无论风险如何，都致力于推进出口，就这种态度来说，也无法断言是否可以称其为"风险偏好者"。凯恩斯将企业家致力于投资称之为"血性"（animal spirit），其实要在出口中立于不败，正需要这样一种"血性"①。

这种观点也许与经济学的主流背道而驰。例如，过去亚当·斯密曾主张"国家资本中除了自然流入到外国贸易中的那部分外，不应当再对其强制或诱导"。② 并解释说："与贸易商人的资本相比，制造业者的资本由于常常受到他们自身的监督支配，因而比外国贸易商的资本更加安全。……发展中的社会资本的大部分，

---

① J·M·ケインズ『一般理論』、一六一頁以降。
② アダム・スミス『世界の名著31、国富論』（中央公論社、一九六八年），第二篇第五章，第344页。

393

会首先被投资到农业,其次是制造业,最后是外国贸易。"① 斯密的这一想法是他重商主义批判的一环,认为可以将出口视为与国内贸易相同,或者说由于安全性较低,出口反而应放在国内贸易之后。这种观点用现在新古典派的说法,是静态的比较优势分析,并不符合当前国际贸易的现状。

像很多初级产品如农产品、石油、煤炭、生铁等,当产品等质(差别化不发达)时,国内市场同国外市场之间确实并无差别,剩余产品就会"自然地"流入到外国市场。然而现在,制造业正出现"产品差别化"(product differentiation),国际水平分工也因此越来越发达,在这种情况下,出口企业必须改良产品以满足国外市场的要求、努力做好差别化商品的宣传、构建销售网络并维持库存。也就是说,如今出口意味着从技术创新到店面库存的广义的附加性投资。能否采取出口指向型的经营,就取决于对这种投资有没有"血性"。

这样,浮动汇率制就将企业分为对出口有"血性"(即通商主义或开发主义)和没有"血性"的企业。例如,出口指向型特征明显的 NIEs 和日本企业,采取的是所谓确保登陆据点行为;而以前在很大程度上依存于国内市场的美国企业,当汇率变动到对他们不利时,就会马上撤退,在长期性出口业绩方面明显表现出差异。即便就某一国家来讲,浮动汇率制所引起的对贸易积极性的削减效果,对每个国家来讲也不尽相同。出口指向型企业所占的比率会因国家而异,而且有的国家自身也会采取促进出口的政策,国民的关切和热情势必会左右这一政策。按照以前的说法就是,是否是通商国家,两者的区别一目了然。

比出口积极性或者出口产品差别化的积极性更为重要的,是出口产业是否处于成本递减的状态。上一章曾提到过,在成本递减状态下人们不会为降低成本而苦恼。在这种状态下,企业最先追求的是需求。如果同国内需求之间产生良性循环,需求在国内

---

① 亚当·斯密同上书,第三篇第一章,第 353~354 页。

第九章 国际经济的多样化

就能够得到满足（这时价格也会下降）。然而，如果国内出现经济萧条，成本递减型企业为寻找需求而走出口路线，这时价格也将下降。这种伴随着价格下降的出口的增加，用以前的常识来说就是倾销，会受到指责。的确，这里也绝非没有古典出口倾销的因素（即国内价格联盟）。然而在成本递减的产业中，随着出口的增加，成本（边际成本或平均成本）递减是很自然的。这样一来，承受成本递减的压力就会与充满对出口的"血性"联系起来。试图利用成本递减状态的是开发主义，而开发主义式的产业或国家一般都是持续出口指向型，或至少是间歇性的出口指向型（或通商国家型）。

浮动汇率制所带来的影响，包括三个效果，即前面所解释的贸易缩小效果、市场的稳定化效果、甄别效果。第一，整体来看，贸易的风险增加，具有使贸易（与固定汇率制的情况相比）缩小的效果。第二，可以考虑稳定化效果这一副产品。之所以这么说，是因为就世界整体来看，由于惧怕风险，企业经营的眼光会倾向短期化，使得成本递减的作用得不到充分发挥，结果是成本递减趋势所带来的市场不稳定性从总体上会得到缓和。

但是第三，这种效果也不是千篇一律的。汇率变动的不确定性，会像筛子一样将各国划分为不同等级。在出口方面"血性"的有无，会导致决策是长期还是短期的差别，使不同国家的出口业绩出现差异。用图式的方式简单来讲，浮动汇率制会使得通商国家（特别是开发主义国家）同未成为通商主义的古典经济自由主义国家之间出口业绩的差异变得更为显著。例如亚洲 NIEs 和日本同最近的美国及拉丁美洲诸国之间的对比。这里第一、第二个结果同第三个结果发生冲突。在普遍的稳定化指向中，如果唯有通商国家（特别是开发主义国家）越来越集中能量进行出口的话，那么它们同古典式经济自由主义国家的对比就会越来越明显。这其中包含了激化国际政治摩擦的因素。就现在来说，想要看清贸易缩小效果、稳定化效果、甄别效果是怎样表现的，还是很困难的。其理由可能包含以下几点：① 亚洲 NIEs 等的通商主义或开发主义国家，正处于发挥其优势、扩大出口的时期；② 特别是亚洲 NIEs，到 20 世纪 80 年代后期一直采用对美元的固定汇率制；③ 20 世纪 80 年代后期以后，美国转向出口促进政策等。在这之前的 20 世纪 70 年代，是饱受国际货币制度更替和石油危机困扰的最为糟糕的一个时期，从这一点上来讲，相对来说看不出缩小效果也是理所当然的。更加广义地讲，现在被称为"第三次产业革命"的技术创新（成本递减趋势）的扩张效果同浮动汇率制带来的缩小效果、稳定化效果可以说处于势均力敌的状态。然而不容否定的是，开发主义国家同非开发主义国家间出现摩擦的可能性正潜在地逐渐增加。

国际货币中的责任分担

我们从与国际货币量的控制这一稍有不同的角度，来分析一下浮动汇率制。在金本位制和美元本位制之下，很明显有必要对用以维持货币价值稳定的国际货币量——即货币用黄金量和美元的发行额——进行控制。然而从理论上讲，在理想的浮动汇率制之下，这一问题会自动消失。原因在于，任何对国家货币的需求，在瞬时得以调整的汇率之下都应当立即与供给相平衡。当今发达的跨国信息网，已经让人们出乎意料地接近这种理想状态。得益于信息化带来的外汇交易技术的进步，主要货币几乎瞬间就能够得到，也不再需要使交易过程顺利进行所直接必需的货币准备（外汇交易信息化不发达的非主要货币国家需要一定的货币储备）。至少现在达到了这样一种状态，即人们不需持有国际货币作为支付手段。以汇率变动为代价，浮动汇率制这一理论模型表面上看解决了国际货币量控制问题。

然而实际上，各国政府共同意识到不能对汇率的过度变动置之不理。例如前面列举的对"贸易缩小效果"的戒备心就是理由之一。各国，特别是主要货币国，现实中保有相当数量的他国货币，并不得不以此作为市场干预资金来抑制汇率变动。对汇率市场的干预政策，正成为国际货币量控制政策的替代政策。

第九章　国际经济的多样化

原本只要存在国际贸易，就会存在某种"相当于国际货币的东西"作为交易手段，随之产生的是如何控制的问题。在浮动汇率制下，各国的国内货币随时都能够购买外国商品。虽然各国货币的通用能力会发生变化，但也不会出现在国际上完全被排斥的状况。从这一意义上讲，各国的国内货币也是一种潜在的或者说部分意义上的国际货币。如果贸易大国无限制地增发国内货币，显然也会给全世界造成通胀压力。

如果建立一个暂时性公式的话，将国内货币量通过出口倾向加权后的总和就是"国际货币量"。只不过由于国内货币量必须使用汇率来合计，这个公式的值会受到汇率的影响。[①] 后面我们还会提到，由于浮动汇率制下汇率变化受资本移动的决定性影响，因此"国际货币量"会在与贸易交易量无关的因素驱使下发生变动。在浮动汇率制之下，无法给出一个明确的形式来描述"国际货币量"的公式以及控制"国际货币量"的规则。

但是，从这一公式中我们可以读出以下含义。第一，主要国家（在世界贸易中所占比重较大的国家）会考虑到世界贸易的增长率并努力控制国内货币量，这一点实际上意义重大。但是仅有这些是不够的。第二，对于违反国际规律，进行过多（或过少）货币供给的主要国家，可以考虑通过主要国家的外汇市场干预来对该国的汇率进行操作，以消除其过多（或过少）的部分。虽然严格实施这一规则比较困难，但是主要国家现今对国内货币量的极度关注，以及针对汇率的主要国家的合作干预，的确也体现了对这一问题的关心。在浮动汇率制之下的"国际货币"，已经不再是一种具体的货币形式，而是呈现为一种极为复杂的制度。国际范围内的货币数量说，无法利用清晰的表达式进行表述。从这一意义上讲，所谓"国际货币"的控制，可以说是由主要国家共同

[①] 为了不引起误解，我们将其用算式表达。$M_w = \Sigma m_i r_i M_i$，M_w 代表国际货币量（以美元结算），M_i 代表以 i 国本国货币结算的国内货币量，m_i 代表 i 国的进口倾向，r_i 代表 i 国的汇率（以美元结算）。以美元结算当然只是为了方便而已。

承担的。国际货币制度这种国际公共产品，已经依靠所谓"责任分担"（共同负担）来进行供给。

这种共同负担的特点值得关注。因为，众所周知，公共产品的最大难题就是所谓的"搭便车"（free rider）问题，也就是所有人都会躲避负担这一问题。前面曾提到过，浮动汇率制看上去能够相对自然地分散国际货币供给的负担责任。这样一来，"搭便车"这一难题就可以很自然地得到解决。然而事实上，如何分配负担并不明确，很明显这依赖于汇率的变化方式，即浮动汇率制的存在形式（虽然也可以说正是因为不明确，关于负担问题才不会引起异议）。要想搞清这一点，必须要理解汇率的决定机制。最关键的一点在于用以进行贸易结算的外汇市场和进行资本移动的外汇市场之间的关系。

贸易与投资——实物活动和金融资产

众所周知，国际经济活动不仅包括贸易，还包括资本移动（直接投资和金融投资）。这两者在某种程度上由于各自不同的原因，以各自不同的机制运作。众所周知，贸易上的出口和进口（进而是贸易收支）取决于汇率水平；但资本的进出口，不是取决于利率水平，而是取决于利率的变化（准确说是变化的预期）。当然除此之外，利率的差异、投资风险的差异、各国的政策（特别是累积债务处理政策和对外援助政策）甚至各国的社会状态等因素都会对资本移动产生重要影响。但是，若假定汇率以外的因素不会引起任何变化，那么只要汇率没有变化，资本就不会发生移动。如果考虑固定汇率制的话，由于原则上汇率不发生变化，资本的移动仅由汇率变化以外的因素引起（不过众所周知，对固定汇率微小变更的预期都将导致大规模的资本移动，一般将这种情况视为固定汇率制的一种"例外的"异常状态）。因此，固定汇率制的情况下，资本收支原本是不可能控制的，应当考虑的只有贸易收支。

这样，固定汇率制的情况下就要承认以贸易收支为中心的汇

第九章 国际经济的多样化

率理论。但是在浮动汇率制下,由于汇率是变化的,不得不考虑资本收支。例如,"购买力平价说"认为汇率会使不同的货币之间,对可以用来进行贸易的产品的购买力趋于一致,贸易收支是均衡的。这种学说是贸易收支中心理论中一种具有代表性的理论,但是在浮动汇率制的情况下不能使用。①

在浮动汇率制的情况下,汇率总是在变化,贸易收支和资本收支也会随之变化。汇率会随对外汇的综合供求——经常收支(以下为简单起见将其视为等同于贸易收支进行讨论)与资本收支之和,即国际收支的正负而时强时弱。② 这里可以导出一个重要的结论,即浮动汇率制下的汇率使国际收支趋向均衡,而不会使经常收支趋向均衡。虽然这是众所周知的观点,但这里我们还是进行简单的例证。

按照当今标准的经济理论,假定出口由世界经济形势和汇率决定,进口由国内经济形势和汇率决定。这样理论上我们可以算出恰好能使贸易进出口均衡的汇率水平,假定汇率恰巧就由这一理论水平确定,如 1 美元 = 120 日元。然而,如果这时日本国内资金(例如储蓄超过投资的部分,即经济学家们所说的"可贷资金"(loanable fund))出现过剩,这一水平就无法维持下去。这时人们就会向外国(如美国)供给资金,买进美元卖出日元,使日元对美元的汇率降低,如降至 1 美元 = 140 日元,与进出口均衡时的水平相比汇率降低了。结果是出口受到刺激,经常收支转为盈余,填补资本流出额而使之趋于稳定。期间,即使汇率水平发生变化,日本的投资和储蓄行为也基本不会发生变化。例如只要在美国的投资收益没有变化,那么 1 美元 = 120 日元水平下的投资计划和 1 美元 = 140 美元水平下的投资计划就会完全相同。来自日本的投

---

① 众所周知,采用浮动汇率制以后,购买力平价就不再成立。如新開陽一『通論国際経済』、第 87 页。

② 在日本的国际收支表中,外汇储备的增减以及银行所拥有的短期对外资产,作为金融账目与资本收支区别对待。本文中所说的资本收支,应当包含金融账目中银行短期对外资产部分。

资换算成美元后价值下降至 6/7，但收益（以及本金）换算成日元后价值上涨至 7/6，用日元结算的收益率没有变化。只不过在汇率由 1 美元 = 120 日元变为 1 美元 = 140 日元的过程中，有可能会出现汇率投机，但这种投机是一种周边现象，并不能改变基本机制的整体结构。① 在资本不足的国家如美国，则会发生与上述现象相反的现象。

简单来说，资本收支额在汇率供求中，是由国内资金的过量或不足事先决定好的准既定事实，为使经常收支能够抵消这种过量或不足，就要不断调整汇率。在最终的汇率水平上，经常收支无法达到均衡，购买力平价也不会均等化。在资本过剩的国家，汇率较经常收支均衡水平低，对出口有利；在资本不足的国家，汇率会升高，对出口不利。这种观点得到了国际经济学家的广泛认可。

不过，以上是一种相当简化的观点，一般现实中我们面临的情况更加复杂多样。实际上以上简化的关键在于，国内资金流量（储蓄 – 投资 + 税收 – 政府支出）过于不足，无法通过国内利率进行调整，只能依靠收入水平进行调整，这是凯恩斯式的假设。另外，还假设包含国际性移动在内的存量资产选择对利率反应比较敏感，这也是基于重视资产选择（流动性偏好是其中一部分）精神的凯恩斯式的假定。众所周知，凯恩斯经济学的基本公式是"储蓄 – 投资 + 税收 – 政府支出 = 出口 – 进口"，左右变换可以得到"资本收支赤字 = 经常收支盈余"这一关系。如上所述，经常收支盈余会填补资本的净出口部分。总之，只要总体上承认凯恩斯的分析，就可以得出这样的结论：资本不足的国家会出现汇率不利于出口而有利于进口的状态，而资本过剩的国家将会出现与

---

① 如果汇率从 120 日元变为 140 日元，就会出现预期日元贬值而进行的投机。例如，投资者预期用 120 日元买进美元，然后再以 140 日元卖出将会得利。基于这种预期，投资者纷纷买进美元，日元将进一步贬值。不过，流入到美国的这部分投机性资金会引起美国国内的资金过剩，使美国国内的利率降低，在一定程度上抑制资金的流入。这种利率的变化又有可能给其他各方面带来影响。

第九章　国际经济的多样化

之相反的状态。在浮动汇率制之下，进出口会出现（跟购买力平价相比）不平衡。

例如，美国大幅度的贸易赤字（即资本输入）已经成为现实中的大问题，针对这一问题，有人提出了两种解决方案。一种是以资本收支为中心的解决方案，消除美国国内资本不足，具体来说是提高储蓄率和税率，或削减财政支出。另一种是以贸易收支为中心的解决方案，改善美国的出口能力以及外国的进口能力，日本市场的自由化作为后者的具体方案多次被强调，通过之前的讨论可以明显看出应当以哪一种方案为核心。不能说第一种方案和第二种方案同样都有效，起决定性重要作用的是第一种方案。

我们假设通过第二种方案的努力，美国的经常收支赤字缩小。但是如前面所列的凯恩斯等式所示，如果美国国内储蓄不足的状况得不到改善，那么投资（或政府支出）的比重就不得不减小，仅仅会在美国国内产生从投资到出口的重点移动。投资的减少从长期来看是一个严重的问题，也会妨碍出口能力的提高。虽然现在美国强迫日本市场自由化，但结果却会以使投资受挫而告终。很明显，除非增加储蓄和税收负担，否则不可能存在能够兼顾出口和投资的一箭双雕的良策（关于日本市场的自由化，将作为国际经济中的规则或规范问题在后面进行讨论）。如果拒绝接受这一结论，那么就只能回到朴素的前凯恩斯主义，认为在现在各国经济中，价格机制充分有效地发挥着作用。但这恐怕不太可能。

虽然可能大部分经济学家都承认这种观点，但问题在于其现实含义。事实上浮动汇率制下的资本不足，是一种陷阱，呈现出构造上贸易不均衡容易扩大的情形。原因是在资本不足的国家，由于汇率相对较高，出口产业（与面向国内需求的产业相比）处于不利位置。因此，产业就会减少出口，在世界市场上不断后退。相反像日本这种有资本过剩倾向的国家，出口就处于有利位置。这种非对称性对浮动汇率制而言是一个重要的问题，也就是说如果资本不足比较严重，就会产生削减进出口努力并进一步加重不均衡的倾向。就目前来看，这种趋势已经在中心国家美国表现为一个严重的问题,不仅如此,这也是受资本不足困扰的发展中国家所共有的问题,所谓累积债务就是其代表性问题。浮动汇率制下的国际体系,正在将这种维持差距的机制内在化。

只要采取这种制度,那么长期(姑且不论经济周期的因素)来看,那就要求所有国家必须采取不会引起资金不足的国内政策。比如美国,必须优先实施消除资本不足的第一种方案,否则,美国以及一些发展中国家就无法从累积债务的陷阱中挣脱出来。另一方面,像日本等资本过剩国家也必须调整这种过剩状态。但是从全世界范围来看,不应当追求完全对称性。因为包括储蓄比较困难的发展中国家在内,只要世界处于工业化的局面,成长和投资所需要的资金基本上就会处于不足的状态。在19世纪和20世纪,中心发达国家发挥了资本供给的作用,从这一点来看,这一推测也有足够的可能性。中心发达国家有供给资本的责任(这是一个重要的问题点,如果从全世界范围来看资本是过剩的,那么需要改变的就是资本过剩国家一方)。

第三节　国际公共产品的再探讨2
——海外投资与援助

再论公共产品

在这一节中,我们将重点着眼于后发国家来考虑国际公共产品的问题。如前所述,在分析现在的国际体系时,古典自由贸易模型并不是十分适合。工业化的现实同赫克歇尔—俄林定理所描述的世界均质化这一理想相差甚远。经过两个世纪的工业化还没有发生变化的,正是依靠我们所说的"技术动态"所产生的从发达国家到后发国家的序列化和非均等化。如果技术传播出现延迟,世界范围的不平等就会加剧,序列首尾的差距就会被扩大。但是如果出现有意识地引进并模仿技术的开发国家(开发主义国家),这一序列就会崩溃。某一国家会追赶先导集团而使序列模型崩溃,

第九章　国际经济的多样化

但同时又会在各处出现新的不平等和不稳定。也就是说，开发主义是一种使工业化世界的序列崩溃的模型。

至今，国际公共产品一直被认为是一种支持古典自由贸易体系的装置，而其实际背景总体上还是这种严格的序列世界，虽然顺序多少发生了变化。"霸权的稳定性"这一概念正是这种状态的一个集约性的象征。但是现在，如果由于开发主义效果、后发国家的追赶等原因出现根本不同的状况，国际体系的存在形式就会改变，国际公共产品这一概念的内容也必须随之改变。

在这里，让我们再次回忆一下国内经济问题，考虑对不利地区和产业提供援助或补助的问题（我们也称之为"非新古典派分配"的问题）。按照古典或新古典派的观点，在生产活动方面对处于不利状态的特定地区和产业进行援助或补助，因被视为会妨碍人员移动及资源的有效分配而遭到否定。但是在上一章中我们曾提到过，那些试图脱离农业进入城市制造业和服务业的人们，面临着找工作的困难、适应不同性质工作的困难、改变生活方式并放弃以前的生活文化等问题。可以说他们不得不成为无产阶级（只有身体这一种财产的人）。想到要做出这些牺牲，可能很多人就会尽量避免移动，并停留在所谓半失业状态。调整过程很长，无法加以利用的资源量很大，这将会导致被迫移动的人们对政治的不满不断郁积。

的确，如果不存在导致出现这种有利和不利之差的外在变化（比如偶然的一次技术创新之后暂时不发生新的变化，有足够的时间进行调整）的话，新古典派理论也许可以作为一种近似而得到承认。但是，第二次世界大战后，技术创新几乎成为一个连续性过程，高速增长得以持续，在这种情况下，成本递减成为基本趋势。在这种非古典状况之下，开发主义成为格外有效的方法。如果采用这一政策路线，技术创新就会得到发展，增长率也会得到提高。但同时，促使人们移动的压力就会增强，与之相伴的牺牲也始终存在。我们已经强调过，不伴有分配政策的开发主义，有可能会比古典经济自由主义更可能使社会崩溃，甚至使其文化灭亡。

　　让我们更详细地分析一下，在连续性的技术创新推动经济发展的情况下，技术创新型（成本递减型）产业将会扩大，而技术停滞型（成本递增型）产业将会缩小。就边际生产水平来看，前者将超过后者，与之对应的工资也会出现两极分化（不过在成本递减型产业中，工资未必与边际生产水平相等）。劳动力就会很自然地从后者向前者转移。但是依靠劳动力转移这种形式的调整缩小工资（或边际生产率）间的差距是很困难的。我们可以通过描绘新古典派的调整过程进行比较，可以发现，作为某种"外在"条件的变化（如技术变化）的结果，失业者从处于不利状态的产业中溢出，劳动力将向劳动集约程度更高的产业移动。然而在开发主义之下，虽然劳动力试图向技术创新型、成本递减产业移动，但这些产业未必是劳动集约型的。从经验上讲，技术创新型、成本递减型产业大多都是资本集约型的。也就是说劳动力会沿着与新古典派模型所认为的调整过程相反的方向移动。结果是产业间成长的不均一性增强，工资差距不会缩小。

　　赋予开发主义经济特征的，是产业内的过度竞争，是产业间成长的不均一性和工资差距。这种不均一成长和工资差距的出现，并不是由于新古典派所说的生产要素（劳动力和资本）移动的不完全性。这种产业间的差距，是由成本递减产业引导的成长经济所固有的特征，古典式竞争没有解决这一问题的能力。但是无论是与劳动力移动相关的摩擦，还是产业间、地区间的差距，都有可能酿成对政治的不满，威胁社会统一。例如，在很多立志工业化的国家，出现了长达数十年的大规模弃农现象，因此在相当数量的开发中国家，出现了拥有大量半失业人口的奇怪的巨大城市，贫富分化日益明显，导致政治不稳定。从这一意义上来说，对停滞地区及产业的援助和保护，对开发主义经济社会来说是不可或缺的——这与新古典派的主张相反。

　　前面已经提到过，本来公共产品是不应当用"可共用性"和"非排他性"等属性来进行定义的。所谓公共产品，是维持社会发

第九章　国际经济的多样化

展所必需的最小限度的制度基础，上述的两个属性将这种制度所表现出的特性——可以说是强制性地——翻译为经济产品的用语。如果是这样的话，应当说援助与补助是维持开发主义工业化国家所不可或缺的制度，从这一意义上讲，它们也是公共产品，或者说公共产品的概念应当扩大到这一范围。

自由贸易的陷阱

如果将话题从国内转向国际的话，问题就会得以更加深入。如果假定存在技术创新型、成本递减型产业发达的国家（在本章中暂称为发达国家）以及这类产业并不发达的国家（本章中暂称为后发国家）的话，那么我们所看到的发生在国内的一系列问题——均衡的不稳定性、成长的不均一性以及与之相伴的摩擦与两极分化等问题——很明显也会在国家与国家之间产生。从对国内的分析中我们也可以类推出，依靠自由贸易的力量，这些问题是无法得到解决的。而且由于无法实现国际范围内的人员移动，产业结构的调整只能依靠各国国内的劳动力移动。资本的移动是另一种途径，关于这一点我们在后面还会提到，但很明显国际范围内的资本移动也要比国内困难。因此调整资源分配的手段就会受到很大限制，自由竞争所带来的减轻两极分化的效果，也会比在一国之内要小，或者至少变得间接而且迟缓。

具体来讲，假设后发国家的代表性出口产业（以下称其为咖啡产业）由于某种理由而陷入萧条，调整就只能以劳动力在其国内向其他产业转移这种形式来进行。但是他们的工资最多不超过其国家所拥有的最具技术创新特性的产业（有可能是出口替代性产业，以下称其为汽车产业）的生产率范围。然而，汽车产业吸收劳动力的能力也是有限的。也就是说国际范围内的差距问题，依存于对后发国家来说最强的产业，即汽车产业在国际上拥有多大的规模及影响。

比如，发达国家的汽车产业也许更具有技术创新特性或成本递减特性。如果这样的话，后发国家"最强"的汽车产业，也会在国际自由竞争中遭遇失败而仅发挥出口替代性作用,咖啡产业产生的过剩劳动力就无处可去。发达国家同后发国家之间在增长率、生产水平、工资方面的国际差异,不但不会缩小,反而可能会扩大。从世界范围来看,后发国家就会出现结构性失业。这种问题是发达国家同发展中国家之间的一种典型状况。前面提到的"从属论"所指出的就是这种"令人绝望"的状况——只不过"从属论"所尝试进行的分析本身偏离了目标。

或许有人反对认为只有劳动力等要素的国内移动才是调整的手段这一观点。比如,有可能存在不同观点,认为移民(暂时性或持久性)也是手段之一。的确,最近在欧洲同其周边地区之间,或者从东亚到中东的国家之间,来自后发国家、以外出打工为目的的短期移民现象十分引人注目,很多情况下政府也会正式设置中介制度。在日本也开始出现这种现象,表现为外国人的"非法就业"。然而目前好像还没有将大规模的持久性移民作为解决经济问题的手段的例子。原因在于,如果出现这种"人的无国界化",民族主义就会消失。在这一点上稍有例外的美国,也并不积极接收移民。但是,暂时性移民今后作为经济援助的一种极为有效的形态将会得到认可。现在日本出现的很多观点都缺乏这种长期性预期,但是依靠暂时性移民并不能解决问题。如果移民者本国在经济上处在落后状态的话,暂时性移民就不得不一直持续下去,而且规模越来越大。只要是这个国家以及这个国家的人试图保持文化上的个性,移民这种手段就不会成为真正的解决方案。伴随移民出现的文化上的摩擦问题也有可能引起国际冲突。

另外一个比较有力的观点认为国际资本移动不是资源分配的调整手段。的确,资本的国际流动性最近得到了飞跃性提高。但不能因此而简单地说国际范围内资源的有效分配就能更快得以实现。第一,最近活跃的资本移动是一种资产选择行为,常常是汇率投机行为,未必是为生产而进行的"直接投资"。当然,尤其是依靠技术创新型跨国企业进行的对外直接投资正明显增加。跨国企业在进入后发国家时,会对资源分配的调整起到帮助作用。在

第九章　国际经济的多样化

讨论产业政策时我们提到过，吸引外国企业同开发主义并不矛盾。国际资本的流动化的确正在成为调节资源分配的有力手段。但是，像拉丁美洲，当外国企业的行为完全不受制约时，往往就会形成垄断，妨碍投资接收国的发展。这种情况下，接收国方面就有必要通过产业政策进行一定程度的限制。总体评价一下现状可以发现，国际性的资本移动从数量上还不能说是已经足够了，它正受到后发国家的适当限制。回忆上一节的分析可以得知，处于贸易赤字状态的后发国家（例如累计债务国）不能无视浮动汇率制的不利作用这一问题。像这样，在享受成本递减利益的国家和停留在成本递增状态下的国家混杂的世界中，如果能够忠实地实行古典式自由贸易主义的话，国际范围内的经济两极分化不仅不会被消除，反而可能被进一步强化。

对缩小这种两极分化的预期，我们将会在下一章更详细地讨论，这是今后世界体系存在下去的必要条件。富裕的发达国家同贫穷的后发国家之间的差距将会越拉越大，当这种印象无法消失时，一方面会出现后发国家反对发达国家的个别军事行动，并有可能连带引发战乱。但是如今几乎不可能发动国际军事力量来抑制这种反抗。另一方面，后发国家有可能通过在全球性的公害问题、资源问题、人口爆炸问题上不合作的方式，对世界体系的存在构成威胁。为了制订缩小差距的计划，试图有意识地利用成本递减利益的后发国家最好的突围策略可能就是成为开发主义国家，而且必须要为此提供适宜的国际环境。

进一步说，在某种意义上更为重要的是以下因素。自由贸易将使（特别是后发国家的）缺乏效率的产业消失，但同时也将夺去支持这些产业的社会精神气质，以及基于社会精神气质的文化共同体（natio）的生命——在以农业和传统手工业为支撑的国家经常会看到这种现象。自由贸易是一种总是以产业文明为名，暴力破坏固有文化的机器，正是所谓"功能帝国主义"。如果仅在一国之内的话，那些衰退并被吸收的产业和社会精神气质，也会为某些新形式的文化 natio 做出贡献，形成传统的连续性。然而当超越国境，经济力量不受制约地发挥出来破坏落后国家的社会精神气质（如工作上的社会精神气质）时，文化的传统就会被无情地切断。迄今为止，正是这种断绝被认为是产业文明的进步。但后发国家转向各种各样文化反抗以应对产业文明的"侵略"时，这种抵抗就会受到军事压制，这是一个历史事实。

但是现在，几乎不可能通过发动国际性军事力量来抑制这种反抗，再加上20世纪末，产业化的一元主义也开始举棋不定。当前出现了各种不同文化都能够为产业化的再探讨做出贡献的状况。如果考虑到这些，F.福山所预测的向"普遍性同质性国家"趋同的观点就变得相当奇怪。若是不在国际范围内提供缩小差距的期待并实施使每个 natio 的文化个性得以存续的政策，将广义的"再分配"政策或"援助"政策制度化，今后的世界体系就无法得以维持。

将这种意义上的"援助"按新古典派的方式（或者社会民主主义方式）来理解，恐怕就会有些偏颇。首先，国际范围内分配的平等化不可能是一个有效理念，原因在于平等性本身就是一个因文化不同而内容各异的概念。就这一点来说，国际上对最低限度福利也很难进行定义，因为对最低福利的理解也因文化而不同。热带地区和寒冷地区、森林国家和沙漠国家不可能存在共同的、一致的最低生活水平。最终，可以用来作为分配的国际标准的指标，只有那些能够从物理上或者生物学上进行规定的东西，最终只能带来为灾害、饥饿、疾病等提供援助这一结果。

对于援助，不少人都持讽刺态度，将其作为一种一时安慰的情绪上的"人道主义"。犬儒主义也曾指出，所谓援助并不取决于国际社会认为必要的最低限度标准，常常只是基于援助者一方的判断而进行的，这一观点也有一定的道理。援助活动依靠的是人而不是神，只基于对援助者一方文化的理解而进行的单方面的援助，对被援助者的文化是一种侮辱。援助也需要援助者和被援助者之间的某种共同理解，也就是需要"共同契约的可能"。只有就共同契约问题展开的相关援助才能被接受。

第九章 国际经济的多样化

工业化的发达国家和后发国家可进行共同契约的问题是什么呢。与冷战时不同，不可能是军事援助，也不可能是文化或者政治援助。比如说根植于传统的以援助别国的社会习惯和政治形态为名的单方面的（单边的）干涉——除过于明显地违反人类根本规范（思想自由）的情况外——是一种自傲的表现。相对而言，最可能进行共同契约的就是经济问题。工业化（先撇开其最终意义的问题不说）是发达国家和后发国家之间最容易沟通的话题。因此，这里所说的援助，与生产活动密切相关，并会左右工业化的战略。这样的援助，在干涉资源分配这一点上，与"新古典派模式—社会民主主义模式"的分配原则背道而驰。但是，如果以"福利国家"式的资金收入转移作为援助的原则，后发国家就会变得与要求结果平等的大众国家一样。由此将失去的，是文化和人类的多样性。世界性的"福利政策"实际上是画在画上的一张饼，这种描述使援助政策变得无比混乱。这种错误今后不应再重演。

作为国际公共产品的技术普及

普雷维什报告、沃勒斯坦理论、从属理论等所主张的，也是隐藏在自由贸易中的结构性差距的存在。但是他们的分析将焦点放在了政治性支配（国际性阶级支配）上，这是错误的。在包含"技术动态"的市场经济体系中，即使没有政治性支配的干预，差距也会结构化。差距形成的最大原因，直截了当地说就是技术。果敢地向这一问题发起挑战的，是开发主义国家 NIEs。这些国家一般被认为是以低工资为武器进入世界市场的，但是亚洲 NIEs 现代开发主义国家有意识地努力发挥技术创新、成本递减趋势的作用，低工资不可能总是用于弥补技术创新的速度差距。如果开发主义国家能够模仿发达国家的技术而作为第二、第三特权，由于不存在成果的不确定性，成本递减趋势会更加明显，再加上低工资的优势，它们就可以在世界市场上同发达国家进行竞争，更加快速地成长。这些经验告诉我们，技术的模仿存在多大可能、技术扩散是怎样进行的等问题具有决定性的重要意义。

作为上述意义的"关于生产的非古典模式分配",最为有效的恐怕是"技术转移"。针对将分配同生产活动联系起来而进行的新古典派的批判观点,在于接受分配的产业会滋生这种低效率。然而,新技术很明显是效率提升的一个很重要的因素,即便是实行技术转移这种"分配"也不会降低效率性。如果后发国家能够消化在开发主义体制下所转移来的技术的话,效率就能得到显著提升。考虑到今后的状况,应当从一开始就将技术转移的制度化追加到国际公共产品中来。

实际上,这时"知识产权"会成为障碍。如果没有任何知识产权之类的限制、技术扩散得以完美实施的话,各国的"生产函数"就会相同,古典式自由贸易同包含开发主义的贸易相一致的可能性就会增加。这时,赫克歇尔—俄林定理这种极端观点就成为可能。从这一意义上讲,可以预料到古典经济自由主义对技术扩散不存在任何阻碍作用,但同时,很多经济自由主义者都认为要想刺激发明创造,"专利权"、更广义地讲即"知识产权"是不可缺少的,古典经济自由主义的困境由此出现了。与自由相关的基本问题我们将在后面再次提到,但从真正的自由主义来讲,没有理由限制作为知识的技术传播。真正限制技术传播的是被称为财产所有权的陈旧的经济自由。技术与其说是产品,不如说是知识,甚至是思想。从最基本意义上的自由的概念中推导出的不是技术的占有,而是技术的开放。

前面曾提到过,并不是将技术商品化(专利化)并设定所有权就可以。技术可以勉强算是一种公共产品,无法在市场竞争中实现最优分配。因此,利用解释商品市场竞争的经济学理论无法使专利和知识产权合理化。合理化的观点认为,如果没有这种制度,技术开发的动机就会减弱,但这种观点也不像一般所说的那样绝对。技术进步在某种程度上是可以预测的,如果在这一过程中企业不断遭遇开发竞争的话,那么单是在竞争中落后的劣势,就足以成为技术开发的动机。

一方面,那种"不为超乎想象的个人发明家的独创发明提供

第九章　国际经济的多样化

回报，技术就不会进步"的时代正一去不返。另一方面，个人发明家得到使用费作为回报，未必有必要自己独占这项技术。的确，不能否定对技术开发报酬的保证将提高技术进步的速度。对产业来说最合适的道路是介于对知识产权的强化和无视之间。例如，就技术来说，既要承认对销售额征收一定比例使用费的权利，但也要考虑实施"准专利制度"，规定公开专利的义务。同时还要考虑缩短专利保护期限的改革。

从国际经济体系整体的视角来看，如果新技术不能在相当程度上进入发展中国家，今后世界体系的基础就很可能崩溃（关于这一点我们将在下一章中再次进行讨论）。从最近美国的政策上我们可以看出，尽量严格地理解知识产权，并试图将其范围扩大到数学手法或者基因构造，是一种急于改善经常收支的鲁莽做法，与国际经济体系的变化动向是背道而驰的。不仅是美国，即便是日本，在向发展中国家转移新技术方面也必须采取积极态度。在第四章我们曾经强调过，技术实际上包含被称为技术信息的周边性小技术和相关的经营手法。很多情况下，若离开技术指导和经营指导，技术转移就无法顺利进行。从这一意义上讲，技术指导和经营指导是重要的国际公共产品。[①]但即便如此，学习的主体性仍在被援助者一方，技术转移的本质是机会的开放，而不是结果的转让。

关于技术的探讨，还有着更广阔的外延。以上探讨的背景中，包含上一章所提到的对工业化全面扩散的必然性的预感。不仅是亚洲，不管是在中南美、东欧，还是中国和印度，工业活动都极有可能急剧扩大。这样一来，关于反工业化所论及的地球环境污染的危险性也会急剧增加。这时，最理想的是，来自发达国家的投资与援助将防止环境污染的技术也包含在内。对不是利用这种技术制造出来的产品，可以考虑禁止其进口（发达国家正出现这

---

① 关于技术指导、经营指导，应熟读小池和男・猪木武德编『人材形成の國際比較——东南アジアと日本』（東洋經濟新報社、一九八八年）。

种前兆——例如欧美之间的生长激素问题）。虽然发达国家会因此负担很大的成本，但环保技术的转移，既是对后发国家工业化的援助，又具有保护地球环境的外部效果，从这两方面意义来说，都具有国际公共产品的意义。

作为国际公共产品的资本援助

关于生产相关的分配问题，接下来我们要考虑的是对落后国家的资本援助。与"幼稚产业论"有关，我们曾经探讨过，如果资金充足，后发国家也几乎没有必要采取保护主义政策和补贴政策。但是在发展中国家资金一般是不足的，国内的资金筹措需要社会结构的变化和政治上的一大决断，无法轻易实现。因此，在资本不足的情况持续时，有必要从资本过剩的国家引进资金。

本来在金本位制和美元本位制的情况下，对外投投资和援助已不单纯是人道主义的问题，也是维持制度功能所必需的。固定汇率制之下的 IMF 也正是以这种形式运营的。在浮动汇率制之下，也需要以此为标准形式的对外投资与援助。这是对外投资与援助是必需的国际公共产品这一观点的首要意义。

比如日本的对外投资无论是对美国的还是对发展中国家的，都包含巨大的汇率风险。例如，由于持续采取错误的措施（前述美国经济改革的第二种方案），导致美国的累积债务无法消除时，不能排除最终美国也因通货膨胀而使美元结算的债务减少，以及出现事实上的延期偿付现象。为防止现行的国际经济陷入困境，这部分风险就由日本这样的资本供给国承担。另外发展中国家的累积债务，事实上已经在某种程度上延期偿付，但这也是由日本、美国以及其他发达国家来负担的。再重复一遍，在浮动汇率制之下，这种负担的必要性尤其高。前面已经提到过，这是因为资本不足的国家在出口上总是处于不利位置，这些国家的债务扩大、经济缩小的可能性较高。为了防止这一点，包括日本在内的资本出口国已经承担了相当一部分国际公共产品的共同负担（burden sharing）责任。

第九章　国际经济的多样化

　　这种观点可能会让经济学家产生怀疑，因为大部分对外投资都是民间企业的活动，可以认为其与公共产品的概念无关。例如不管是对后发国家还是对美国、日本的海外投资（包括金融投资和直接投资）的确都是基于民间企业的判断。但同时海外投资这一概念原本就不能脱离国境的概念，也就是国民国家这一政治概念。事实上，纯粹的理论经济学，或者至少是新古典派经济学，没有涉及海外投资固有的理论——费农的"产品周期"那样的记述性分析除外。但是在现实中，只有在克服了跨越国境这一困难之后，海外投资才有可能实现。具体来讲，这需要很多相关国家政府的直接和间接支持。例如不能有抑制向海外投资的制度和指导（例如大藏省曾经限制人寿保险保有海外资产），也不能提高国内利率（例如战前的美国并没有关注到这一点）。还比如，针对来自海外的投资，很多国家设置了一些限制。后发国家中有很多这样的例子，而发达国家实际上也几乎都进行了限制。经济学家将这些困难表达为伴随海外投资应有的风险溢价。问题在于，由谁来支付这种风险溢价，也就是克服由国境带来的有形、无形障碍的成本。最简单的答案是，政府通过补助和促进制度的形式来支付风险溢价，这样来看，就不难理解为什么海外投资的扩大是公共产品了。

　　举例来说，第一，在美国控制的和平（以及在不列颠控制的和平）之下，对外投资事实上已经发挥了国际公共产品的作用。第二次世界大战后世界（至少是西方世界）发展起来的原因之一在于，对战争受害国和发展中国家的民间直接投资十分活跃，这些投资往往伴随着技术和经营方式，这使得这些国家拥有了摆脱战后的疲敝和战前的单一经营经济的希望。现在如果发展中国家受到劳动集约型单一经营束缚的话，世界就会被分为两部分，一部分是享受物品和信息的辉煌发达的国家集团，另一部分是未能出现好转的 NIEs 和发展中国家，而后者会频发内乱（而且发达国家现在已经不可能实施武力干预），进而引起连带的叛乱，导致世界的动荡。也就是说，在某一点上，这就是从属理论所预言的世界。

第二，海外的民间直接投资，特别是在浮动汇率制下，有着较大的风险。资本不足的国家由于汇率偏差，出口陷入不利境地，使风险加倍。如果发达国家政府或民间不负担这一风险的话，工业化世界就会出现崩溃。对资本缺乏国家的投资援助，或者至少是某一部分，就算是违反新古典派的常识，也必须将其视为一种国际公共产品。

国际公共产品再考

在本节的最后，我们再次探讨一下前面使用过的"国际公共产品"和"分配"等词汇的用法。在第四章中已经讲到过，公共产品的概念是新古典派经济学的专业用语，作为其准则的"可共用性"和"非排他性"（特别是后者）并不是能够先验确立的概念。如果非要对相当于公共产品的东西进行定义的话，那只能说它是某一社会为了存续而无论如何都必需的制度。国际公共产品的概念具有同样的特征，但就国内公共产品来说，由于没有国家这种制度框架，这一定义就会显得更加没有边际。金德尔伯格认为，来自盈余国的投资与援助对当今的国际体系而言是不可或缺的"国际公共产品"，按照他的观点，体系所不可缺少的制度、社会制度、意见上的统一都可以称为国际公共产品。

但是，"国际公共产品"讨论的主要议题、安全保障和国际货币等问题，怎么看也不能将其硬归为"产品"的概念范畴。例如，可以说美国控制下的和平提供了安全保障这种国际公共产品，但这仅仅代表了超级军事大国美国的影响力强度，或者说对这种影响力强度的信任。本章曾说明过，浮动汇率制也只是各国货币的连动、主要国合作干预的意愿的集合体。如今，美国控制下的和平正在丧失发展能力（尤其是在军事方面），固定汇率制被更加不确定的浮动汇率制替代，开发主义国家大量出现，为了谋求国际体系的稳定，必须出现新的制度和社会体制。

按照本书的观点，讨论的焦点在于，发达国家同发展中国家

第九章　国际经济的多样化

之间，或者说发达国家同至少是 NIEs 和处于类似阶段的国家之间的经济利害冲突的调整。因此，必须加强发达国家至发展中国家（特别是 NIEs）方向的利益和资金的流动。本章一直强调"国际性分配"是必需的，理由是如果没有"国际性分配"，世界政治经济体系就无法存在。换言之，这种"国际性分配"并不是建立在平等主义基础上的。在一个国民国家中虽然可以行得通（即便是在这种情况下也很奇怪），但在世界范围内是无法得到谋求平等性的准则的。除非用文明的推土机压碎多样性的文化 natio，创造出完全一样的世界，否则就无法得到那样的准则。即使得到了这种准则，如果要实现它，也需要世界范围内的复杂庞大的计划经济——恐怕还需要为其服务的独裁政治。当然，那样的体制违反了自由主义。必要的是机会的平等，具体来说，就是能够有机会接触到技术和资金。

　　问题在于机会而不在于结果。后发国家能够利用技术和资金的机会是很小的，在接近技术的过程中受到专利制度的妨碍。像国内的中小企业一样，后发国家（及其企业）也没有利用资金的机会。这种现象的原因很大程度上在于以前那种认为很少有后发国家能够取得工业化成功的观念，以及建立在这种观念基础上的国际制度，另外还有风险溢价的增加，资金成本被提高等。另一个较大的论点，是前面所说的"投资援助必须建立在可能共同契约的基础之上"的观点。只有当援助方或投资方充分理解到被援助国或投资接受国对工程项目的那种自发的热情时，才应当进行援助和投资，这时风险溢价也会降低。

　　因此，原则上，被援助方或者投资接受方都希望承担工程的民间企业能够明确工程项目的责任，投资与援助应当以仅为民间企业补助国际金融机构的风险溢价的形式存在。这就是典型的"与生产相关联的分配"。只是如果按顺序来讲，国际金融机构也必定拥有各自的个性，所以需要多个机构的存在（比如世界银行、第二世界银行、第三世界银行、各地区的开发银行等）。总之，跨越现在仍然残留的经济开发风险观念的阻碍，提供平等参与世界市场经济的机会是原则之一，让世界收入平等化这一目标是没有意义的。为促进工业化，原则上是不希望进行所谓无偿援助的。

在本节最后，我们将提到几个注意事项。第一，对饥饿、疾病、天灾等实施的人道主义援助是应该的。因为对于这些不幸的事态，最容易诉之于作为人类的最低限度的共同契约可能性（这种情况下无偿援助就是适当的）。第二，限定在特定基础设施建设项目上的资金、技术援助会怎么样呢？各产业发达国家，关于什么是基础设施有一定的共识。但是这种共识能否与后发国家具有共同契约还是个问题。特别是道路、港湾、运河、水利、铁路、工业用地、通信网络等社会资本，是否适合于21世纪的社会，这一点并不明确。第三，从发达国家自身的利益来看，存在它们所希望的工程项目，其中包括预防和消除公害以及调节人口等。但是，关于这些问题，发达国家同后发国家之间很难形成共同契约。在这些问题上，即便是达成了操作的共识，也不得不采取无偿援助的形式。

这样看来，无论是国际公共产品还是分配，作为对问题的表达都是不充分的。国际公共产品不是一种产品而是一种社会制度、一种规范，是对以理解为名的共同契约的追求。分配不应当追求结果的平等，而应该以机会的平等为目标。虽然在这里探讨国际公共产品或分配问题，但问题的真正核心，是必须考虑对今后国际体系的存续而言必不可少的制度或者规则是什么。

第四节 国际产业政策的可能性

成本递减趋势所引起的国际性问题不仅局限于发达国家与发展中国家之间。就成本递减趋势内在化的产业来说，即使是在发达国家之间，也会产生世界性的竞争和不稳定性问题。例如，我们曾多次提到，在半导体产业中可以看到这种戏剧性的例子。我们经常会看到类似这样的情况：半导体 RAM 芯片的价格随销量的增加而急剧下降，而且由于技术创新，它的容量增大到原来的四

第九章　国际经济的多样化

倍。如果以横轴为数量,以纵轴为价格的话,这条向右下方倾斜的曲线会按照 16KB→64KB→256KB→1MB→4MB→16MB 的顺序向右下方逐渐减少。这基本上就是我们所说的平均成本曲线。众所周知,各国的半导体制造商不顾一切地展开殊死竞争。美国的制造商从通用的记忆芯片中撤退,转向面向顾客的产品差别化,而日本和韩国的制造商却在这一竞争中坚持到了最后。在日本有反垄断法,日本的一个公司不可能在世界上(包括在国内)形成垄断。① 各国的反垄断法都在预防垄断的发生,如果没有这些法律就会存在形成世界性垄断的条件。日本的几家公司相互竞争,也存在将世界其他的厂商挤出市场的可能性。不管怎样,处于成本递减趋势的产业中,将会在世界范围内呈现出用以前的竞争理论无法解释的情形。

在第七章中我们曾经提到过,小岛清和保罗·克鲁格曼很早就开始分析这一问题。小岛恪守可以通过"合作性国际分工"解决问题这一乐观主义路线来进行分析,但遗憾的是并没有提出一种论点来为"合作性国际分工"的可能性提供担保。② 另一方面克鲁格曼尝试了各种博弈论式的分析,最终对稳定解的存在持明显悲观态度,最近他又主张依靠阵营化分工共存,好像正在成为"新阵营主义"的理论家。③ 不管怎么说,跨越国家间的尖端产业的存在方式问题,将会与如何应对开发主义国家的问题一同成为今后讨论世界经济秩序时的重大课题。

在这里我们再举一些例子。比如像先前提到的,IBM 取得电

---

① 过去的公正交易委员会曾将市场交易量的 30% 作为临时的警戒线(1955 年第二十二次国会参议院商工委员会上横田正俊委员长的发言)。在野田酱油事件、北海道农林中金事件中,最终判决为"存在垄断引起的市场支配"。
② 如参照小岛清「わが国海外直接投資の動態と小島命題」、『世界経済評論』、一九八八年十一月号。
③ Paul Krugman," Is Free Trade Passe?," *Journal of Economic Perspectives 1*, pp. 131—44; Paul R. Krugman & Maurice Obstfeld, *International Economics, Theory and Policy*, Ill. : Scott, Fresman & Co., 1988. 最近他在会议报告和报纸上也有论文,在此无法介绍。对克鲁格曼的批评,参照如 Jagdish Bhagwati, *Political Economy and International Economics*, p. 4, p. 24。

脑产业垄断地位的可能性，在某些时候并不是单纯的幻想。但是IBM的垄断却因美国国内反垄断法的干预而得到了有效抑制。日本的半导体制造商群对世界的支配，被欧美的个别保护主义所抑制。日本通产省也在给本国企业施压，促使它们进行国际合作。但是在比较小的产业中，也存在日本企业群垄断世界市场的例子。

摩托车、普通照相机、家用录像机等产品，出现过类似于垄断的状况。虽然在欧美，有人鼓吹一种阴谋说，认为日本人在所有产业上采取的行动都是为了控制世界市场，但这仅仅是只了解古典派理论而导致的误解而已。在成本递减的状况下依然保持恰当投资和一贯努力的企业，实现垄断的可能性本来就很高，这偶尔也会变为现实。如果按照古典式的理解，只能认为日本关闭国门制造串谋寡头，并向国外进行廉价倾销。但是从以下所列举的几个例子中我们都可以看到，这并非事实。日本的企业在占领世界市场后就开始猛烈降价和改善品质，按照古典的倾销观念这是无法理解的。如果不脱离这些陈旧的理论，在考虑未来的世界经济秩序时就会犯下大错。

最近，施米格洛夫妇也曾指出，日本很好地维持了国内的竞争状况，确保了我们所说的"多头垄断"①。比如，在日本的摩托车产业中，本田、雅马哈、铃木、川崎等几家公司几乎垄断了世界市场，但此时形成了支配世界市场的串谋寡头，并没有倾销出口。日本的摩托车生产厂家之间存在着激烈的品质和价格竞争，其结果之一是，其他国家的生产商基本都倒闭，出现只由日本的制造商形成的寡头状态。其他国家的厂商没有考虑到一辆摩托车会有多大的技术创新的余地，更是连做梦也没有想到要对摩托车制造进行那样大规模的投资。但是现在回顾一下日本厂商的行为可以发现，摩托车产业中也存在大规模的收益，技术创新的可能

---

① ミシェル＆ヘンリック・シュミーゲロウ『日本の教訓——戦略的プラグマティズムの成功』（鳴澤宏英・新保博監訳、東洋経済新報社、一九九一年）、九〇頁以降。不过他并没有注意到成本递减的问题。

第九章　国际经济的多样化

性（即使仅考虑汽车技术的转移）也非常大。摩托车产业作为尖端产业再次得以发展。只有日本的厂商积极地利用了这种可能性，换来了今天的结果。在照相机、录像机等产业中也出现了同样的现象。

再重复一遍，日本企业取得对世界市场的支配，并不是国内串谋寡头体制的结果。在此所列举的产业中，不存在有垄断集团嫌疑的例子，也没有一个得到过补贴或税收优惠待遇。日本的企业只不过是有效利用了技术创新的机会而已。如今在这些产业中，其他国家的企业如果失去国家的保护，实际上就无法与日本的企业竞争。

但是这种状态是不是世界消费者所希望的尚且存在疑问。日本生产的摩托车的确精密耐用，能够满足高出平均水平的兴趣，但哈雷戴维森和 BMW 的个性不复存在，不仅对于车迷，对于一般的消费者来说，他们选择的范围都会缩小。无论日本产的摩托车多么优秀，依靠其他创意的摩托车的概念会更加多样化。摩托车产业是一个相对较小的产业，日本的通产省没有将其作为产业政策的对象，其他国家也没有将其作为保护主义的对象（只有美国最终还是通过暂时性补助挽救了哈雷戴维森）。因此，成本递减条件的效果原封不动地显现了出来。照相机和录像机可以说也是如此。

但是，就各国不容忽视的大型主要产业来说，虽然情况相似，但应对方法却不同。如果没有美国方面的保护主义，日本的钢铁和汽车恐怕很有可能占领美国的大半市场。美国的钢铁产业在 20 世纪 60 年代向 OD 转炉法转型落后以来，在技术创新方面又落在后面，在 80 年代的连续铸造技术方面又步了以日本为代表的很多国家的后尘。但是这些产业并没有被置之不理，从 60 年代末开始所谓"自主规制"引进到钢铁产业，特别是 1984 年以来的第三次钢铁出口自主控制，以 19 个国家以及欧共体为对象，内容详细全面。汽车的情况也是一样，如果没有 1981 年日本实施的自愿出口限制，那么至少占全部市场半数以上的小型车市场将会成为日本厂商的天下。家用电器（电视机、录音机、录像机、随身听等）的发展实际上也同摩托车一样，美国企业几乎都从国内生产中撤退。不同于美国，欧洲断然采取"保护主义"，以防止日本和亚洲NIEs 的进入。

必须注意的是，20 世纪 70 年代开始的这一状况超出了古典经济学能够理解的框架。第一，不能单纯地将 20 世纪 70 年代开始的"新保护主义"与传统意义上的保护主义同等看待。比如说，在 20 世纪 20 年代，哈雷戴维森、合众钢铁、克莱斯勒、RAC 等代表性企业并不需要保护主义，没有必要为技术创新神魂颠倒，即使投资滞后，也有充足的时间挽回。之所以情况会发生变化，是因为第二次世界大战后技术创新变得连续持久，成本递减趋势成为基本事实，出现了像日本一样有意识地灵活应变的开发主义国家。以前曾经讲过，在成本递减型产业中，即便是适用于规定格式的自由竞争原理，也不会达到均衡。拥有技术创新的热情和长期眼光的企业，有可能会利用成本递减这一事实，形成世界范围内的寡头或垄断地位。投资（研究开发投资与生产设备投资）时机的滞后，使各国的优良企业衰退，垄断使消费者的选择机会变少。始于 20 世纪 70 年代的"新保护主义"，原本源于朴素的国家主义，但从全世界的角度来看，它包含着作为无节制的开发主义的对抗手段这一全新含义，也有值得合理化的一面。

第二，日本和亚洲 NIEs 的出口，基本上都不是依靠卡特尔所支持的不公平行为，也没有依靠补贴、金融和税收上的优惠待遇。这些国家在踏上开发主义的初期虽然也有过优惠措施，但是在取消这些措施之后，这些国家的出口能力也并没有减弱。在上面提到的日本的产业中，针对汽车产业的进口限制措施废除得最晚，但也在 20 世纪 60 年代前期被废除（当时日本的汽车出口量很小，没有成为问题）。摩托车、照相机、家用电器等产业并没有得到特别的补贴和优惠，也没有卡特尔和倾销的嫌疑。这一点我们已经提到过（只是关于电视机的出口，20 世纪 60 年代出现了有名的倾销诉讼案件）。总之，正确地看待这些事实，对于积极利用成本递

第九章　国际经济的多样化

减趋势进行出口的企业来说，很难发现违反古典式自由竞争原理的地方。

这样一来，出口国一方以古典派的理由批判现在的所谓"保护主义"就是错误的，同时，用新古典派的理论攻击所谓"倾销"也是不正确的。用现在的例子来说，美国批判日本的出口违反了自由主义规则，自己并不愿意采取保护主义而是试图依靠对方的"自愿限制"，这种做法是错误的，而日本主张自己只要遵守了自由主义规则就无可指摘，这也是不正确的。用成本递增的经济学理论处理成本递减的问题，政治上的悲剧（冷静地看不如说是喜剧）由此产生。

与对国内产业政策的类推相同，根据成本递减的经济学，我们可以推导出理论上的解决策略。世界性的产业政策是应对世界规模的开发主义所必不可少的，也就是对于从世界角度来看的重点产业来说，在国际性的指示计划和国际性的出口价格削减的调度上需要达成共识。现在美国和欧洲各国所采取的进口数量限制，或者开发主义国家所采取的自愿出口限制，都可以看成是这种价格调度的一种极不充分的代用品。然而，产业政策的实施即使是在国内，一般也是非常困难的。诚然，固定价格的国际卡特尔事实上已经存在于钢铁产业中。总是有人解释说对于初级产品来说协定是必要的（例如洛美协定）。但是至少在国际上没有一个卡特尔是以降低价格并同时抑制其速度为原则的。即使从直观上来考虑，开发滞后的国家同先进国之间达成关于降价速度的共识也是十分困难的。用国际关系论的术语来讲，这意味着与尖端重要产业相关的抑制价格下降的"社会机制"的形成。但这种机制的形成的确是非常困难的。

不过，社会机制形成的经验却得到了相当的积累。钢铁机制、汽车机制、半导体机制、电脑机制等按照国际公认的形式进行培养不是不可能的。实际上这些产业的中坚力量是跨国企业，应该都具有国际合作所必需的技术信息。但现实是，这些企业在进入成本递增的状态或防守性姿态时才能达成某种协定。现在的钢铁产业就是一例。这里所说的产业机制，也像以前说的那样必须能够使其"退出舞台"，但事实上这也是十分困难的。

因此，取而代之，现在用得比较多的是明示性或默认的（所谓自主性的）数量限制。这一方法实际上可能使企业（特别是被保护的企业）丧失创新的动力。但是即便是数量限制，也难以轻易达成共识。无论是降低价格方面的协调共识，还是数量限制方面的共识，在某一个国家内达成共识并不困难，而在国家与国家之间却很难达成。克鲁格曼曾经警告过，在这种情况下存在一种危险性，即可能达成共识的国家会组成排他性的集团，就是说有可能出现新的区域主义。但这种倾向并没有像克鲁格曼说的那样强烈。

极端的可能性是，主张古典经济自由主义的国家组成集团，将开发主义国家拒之门外，但这对古典自由主义国家来说并不是有利的选择。一是这两种国家之间已经相互培养起密切的经济依存关系，例如美国的尖端产业有很多都依赖于日本的零部件供给和机床。另外有很多美国的跨国企业将重要的生产据点设在亚洲地区。即使需要对各种不利情况多加忍耐，但事实是，开发主义各国作为市场今后将高速成长。如果开发主义能如本书的预测，制造出高度大众消费社会的话，古典主义国家的区域主义最终会将自己排除在最有前景的市场之外。

例如，虽然苏联和东欧诸国多少也曾试图采取开发主义政策，但欧洲无法将这些国家拒之门外。如果拉丁美洲也能成为重要市场的话，那么它也会成为开发主义模式的地区。东亚圈在今后的20年间将会同其五亿人口一起成为世界上成长最快的市场，如果加上中国和苏联的沿海地区，其规模将更大。但是即便如此，由于当前国内的政治压力，也不能否认因对开发主义的态度差异而出现"新集团主义"的可能性。关于这一点，更进一步的讨论我们放到在下一章进行。在这里只能说克鲁格曼的预测过于片面。

第九章　国际经济的多样化

多形态性的含义

维持浮动汇率制下国际体系的条件是什么？前面已经提到过，这一体系从实物经济的资源分配意义上来看，未必是一个令人满意的体系。但是，如果将使资本的国际移动更顺利这一功能考虑进来的话，目前还没有发现其他更加有效的体系。从这一意义上讲，实际上维持这一体系并没有什么捷径。① 作为维持这一体系的方法，需要（1）理想上来说，不引起各国特别是主要国家资金的过分不足；（2）作为次之的选择，必要时对主要国家（特别是美国）进行投资；（3）对发展中国家实行伴随技术转让（特别是环境污染防治技术的转让）的对外投资或援助。换言之，主要国家对宏观经济政策的分寸把握，包括对外投资与援助中的风险负担以及技术转让，都是这一体系下新的、不可缺少的国际公共产品，这一负担事实上要由主要国家来承担。这些新的国际公共产品，与按照以前的常识所理解的国际公共产品（IMF 和军事实力）相比很难采取单一的制度形式。但是世界已经进入这种新体系时代，并由日美欧来共同分担。

总的来说，这一体系本质上是多形态（polymorphic）的。就像过去以古典式经济自由主义为前提时一样，各国在这一体系中受到的待遇不会一律平等。不过，即便是在过去的体系中，也曾有过 IMF 和 GATT 对不遵守自由贸易法则的国家实行差别待遇的情况。在浮动汇率制的体系下，实物经济意义上是否是发达国家这一轴线同是资本进口国还是资本出口国这一轴线都变得非常重要，这两条轴线划分出的四个集团发挥不同的作用。在发达国家中，也分为美国等资本不足国家和日本这样的资本过剩国家。而在非发达国家中，也分为开发主义取得成功、成为资本过剩型的亚洲

---

① 我曾经提出过与反对浮动汇率制相近的观点。村上泰亮《新中间大众的时代》、第六章第三节及第七章补论。之后在将经常收支和资本收支分别来考虑的多重汇率制上花费了不少工夫，但感觉难点较多。

NIEs等国家，以及资本不足型、饱受累积债务困扰的诸多国家。

而且总体来看，有一股巨大的潮流正超越国民国家，向所谓通商地区前进。再进一步，还存在着文化的不同，特别是政治经济思想背景的差异不断表面化的趋势。不得不说，这个体系事实上已经认识到了这些多元集团的存在。吉尔平曾将今后可能出现的体系称之为"商议型体系"（negotiated system），而这种negotiation，在上面所列举的不同性质的集团之间进行的可能性高于在两国间根据需要进行协商的可能，这一协商的王牌不是军事力量，而表现为投资、援助和技术转移。

若按照以前的观念，这里就会产生曲解。在下一章中我们将会讨论到，必须承认，对于不足以称为发达国家的国家，也在某种意义上从开发主义中受益，但是当这些开发主义国家成为资本出口国时，已成为资本进口国的发达国家——按照以前的观念理解——就会感到不安。从被开发主义通商国家（或者地区）急速赶超的发达国家角度来看，它们想把竞争对手称为"逆行国家"（adversarial state），而这正暴露出其一直以来的单轴式思考模式。现在的日美摩擦，是这种对立的表现形式之一，为了制定新的规则，必须首先克服先入为主的既有观念。

这种既有观念很容易导致文化上的对立。人们倾向于将自己无法理解的东西归结为文化差异。例如，日本人的经济行为带有"长期、多面、非正式交易"的倾向，而美国人则带有"短期、单一问题、正式交易"这种一般意义上的法律合同型的倾向。这种行为类型的差别是以历史性、社会性经验的差异为基础的，都有各自的存在理由。评价哪个好哪个差是不正确的。例如，就持久性技术变化情况之下的就业和长期投资来说，往往前者那种类型的交易会取得良好的成果。但是另一方面，这种类型的交易也有出现既得权利集团固定化的危险。诚然，如果未来，全球国家都建立在理想状态之上，技术创新也不再那样仓促，也许就会出现由平等的世界公民通过合同结合而成的体系。但是如果这无法成为现实，就必须要承认多数行为类型的共存。这是今后的体系所

第九章　国际经济的多样化

不可缺少的一个特征，但仅是现在的世界经济所拥有的曲解以及对这种曲解的不理解，就极大地阻碍了新体系的形成。现在的世界经济所拥有的多形态性问题，同其他很多实际性的、观念性的障碍一起，有可能会引发很多难以处理的摩擦，比如现在的日美摩擦。

第十章　新国际体制的蓝本
——多样态的自由主义规则

第一节　再论民族主义的历史

本章中，我们试图描绘出未来世界上通行的国际体制。不过，答案并不是由历史必然性产生的唯一的，即"进步主义"式的答案。同时，它既不会单纯地回到古典的经济自由主义和民族主义的组合，也不应该模仿英美式的体制。决定答案的关键，是对本书中列举的三条问题轴上的哪一部分以及在问题轴上各占多少比重等。换句话说，答案的核心在于脱离贯穿过去几个世纪的进步主义的一元性和单相性。找到答案的方法不能是"超越论的"，而必须是"解释学的"，关于这点我们在第十二章再详细讨论。在那之前，我们必须首先描绘出新国际体制的形态。为此，我想从如何看待民族主义（第一节至第三节）、如何看待开发主义（第四节、第五节）两个角度来论述。本节中，让我们先来回顾民族主义的历史。

海湾战争的意义

回首1991年，当时海湾战争刚刚结束，苏联保守派政变也宣告失败。世界各地民族独立运动高涨，民族主义好像又有抬头的迹象。从报纸杂志的大量报道中可以看出，很多人认为19世纪那样的国民国家和国民国家体制复活了，强权政治和军事能力依然在唱主角。但是这样的理解过于肤浅了。首先，海湾战争使军事力量在国际政治上的作用增强这种想法就单纯至极。

第十章　新国际体制的蓝本

第一，这次海湾战争与其说是美国军事力量的胜利，不如说是在看清当时国际形势的基础上运用外交手段所获得的成功。在向波斯湾派兵之际，布什政府抓住苏联国内局势混乱之机，施行了美国外交史上史无前例的谨慎的外交政策。如果没能得到联合国安理会的许可，美国就不可能在当地部署攻击性的军事力量与伊拉克对抗，或者说至少得不到（沙特阿拉伯之外的）阿拉伯国家的合作。有没有联合国的支持尚且不论，若没有国际上强有力的支持就不能发动武力，这是当时包括美国在内的各发达国家国内"民主主义的"舆论所主张的。因此，可以说海湾战争告诉人们，单个国家的军事力量已经很难得到支持。

第二，与布什相反，伊拉克的独裁总统萨达姆·侯赛因对于外交和战争的领导太过自以为是而又粗心大意。战争中人们一般都会犯下很多错误，犯错更多的一方就会失败。就算是这样，萨达姆·侯赛因的错误也太多了。例如，让我们提出以下三个不合常理的假设。假如伊拉克的侵略有正当的理由，或者多国部队造成大量的人员伤亡，再或以色列的平民出现了大量伤亡，以色列政府不得不出兵反击，那么参与多国部队的各国的国内舆论，不仅是阿拉伯国家，就连美国自己的舆论都会产生相当大的动摇。这样，多国部队本身就会分裂，速战速决也就变得十分困难。显然，从萨达姆的角度来看，应该消耗多国部队的人力，将战争引向长期化。但是，萨达姆在指挥战争时似乎并没有执行这种方针。鉴于海湾战争的实际战况尚未公布，我们还不能深入地讨论。只有一个事实是明确的——今后，萨达姆指挥的那样的愚蠢的侵略行为不可能再次发生。

海湾战争与其说是军事问题，不如说是外交问题。仅仅几张纸就决定了战争的形势。被国际和国内政治束缚的多国部队（特别是美军）不得不在短时间内以少量的牺牲获取显著的成果。而这一目标奇迹般地成为现实，是多重因素相互叠加的结果，这些因素包括国际局势使苏联和中国受限制、区域内大国（沙特阿拉伯）和美国间存在着事实上的安全保障同盟、萨达姆对于国际局势的判断能力较弱、伊拉克国内的分裂（什叶派和库尔德人的存在）阻碍了游击战的展开和沙漠的特殊地理环境等。在这些因素不能相互叠加的地方（比如越南和朝鲜半岛），即使美国拥有最先进的军事技术，我们也难以想象战争能像海湾战争那样转眼就结束。将来如果谁想发动侵略战争，就要吸取海湾战争的教训，采取以下的战术：事先进行间接侵略、建立傀儡政权等政治活动以不让外界认为自己是侵略；让平民全部参与到游击战中来；通过威胁或实际使用远距离弹道导弹和核武器来搅乱国际局势等。① 这样，受限制的大国或联军迅速向侵略国出兵解决问题就不会那么容易了。

由此，海湾战争告诉人们两个事实。第一，不能认为最近（特别是冷战结束后）军事力量的意义相对低下这一基本趋势发生了逆转。有人仅凭海湾战争就认为以军事力量为支撑的美国霸权主义再次抬头，这一观点有些过分。正战论（theory of just war）划分黑白的冷战时代已经过去。依据正战论发动武力已经不可能，只有获得国内广泛而充分的支持，同时有足够大范围内的国家间的协议（即集团安全保障协定）的支撑，才能发动军事力量。正义的观念退出舞台，政治逐渐变成了在协议基础上对于规则的追求。布什总统也仅仅是在联合国国际协议允许的范围内行使了武力，并没有颠覆萨达姆政权。人们一开始还因为海湾战争是"在电视上就能看到的战争"而兴奋一时，但当这股兴奋退去之后，谁都清楚全球化的大趋势没有发生任何改变。

第二，我们也了解到，依靠常规的战斗力量进行的局部的侵略很有可能发生。人们一般认为，最有可能出现问题的地方是以色列周边和印度、巴基斯坦这样有争议的地区。因为这些地区的问题一直是国际关系上的难题。但今后更需要注意的，其实是伴

---

① 关于间接侵略，在 1974 年联合国大会通过的对"侵略"的定义中有详细解释。美国干涉尼加拉瓜的内政与这一概念有关，后来不断就此出现争论（国际法庭判决 1986.6.27）。参考筒井若水《现代资料国际法》（有斐阁，1987 年）第 166 页。

第十章 新国际体制的蓝本

随苏联"半帝国"解体产生的纷争、区域性合作组织的重组及其中主导权的争夺（例如伊斯兰各国的霸权争夺）所可能引起的战争。朝鲜半岛是东亚范围内可能发生争端的地区之一。印度的军备扩张也是带来不安的因素之一。

但是上述地区中，几乎没有一个能满足这次伊拉克入侵科威特时的特殊条件——特别是世界石油主产地这一特殊背景的。过去，几乎所有纷争都与东西方冷战相关联，并引起两大阵营的武力介入（至少是威胁使用武力）。但是今后，对于世界各地发生的区域性事件，我不认为欧美和其他大国会自发地、积极地出头对侵略国进行制裁。因为要取得国内和国际上的支持非常麻烦，又需要很长时间（比如说，推崇"和平主义"的日本人将来会为解决在不产石油的遥远的国家发生的争端，而花上几十亿美元吗）。一方面，东西方冷战带来的些许安全保障效果正在消失，另一方面，这样的真空状态又很容易导致争端发生。要想缓解这种状态，也许只能靠那些感受到被侵略危险的国家共同建立集团安全保障同盟。关于它的可能性，我们将在后面继续讨论。

第三波民族主义

不过，民族主义时代再次到来的观点，某种意义上是正确的。现在，民族自决运动在各地都十分盛行。自波罗的海三国以强硬姿态寻求独立之后，前苏联所有的加盟共和国都开始主张独立，就连白俄罗斯和乌克兰共和国也不例外，最终苏联解体了。不难看出，以前被称为卫星国的东欧各国纷纷想要加强本国的独立性。此外，在南斯拉夫联盟中，斯洛文尼亚和克罗地亚冒着武力争端的危险谋求独立。这一连串的事件，看上去确实很符合民族主义情绪暴发的说法。

但是，决不能将上述运动简单地等同于之前的民族主义。第一次世界大战前欧洲的古典民族主义暂且不论，那之后的民族主义大致应该分为以下三次浪潮。这三次浪潮的共同点，在于或多或少都带有对帝国主义、扩张主义强国的"反抗"（reactive）性质。同时，三者由于历史背景的不同，性质上又有很大不同。

［第一次浪潮］第一次世界大战后中东欧独立国家的诞生

凡尔赛和约的签订导致古典国民国家体制瓦解，而这次浪潮就是该体制瓦解的副产物。其产生伴随着对来自国际联盟这一"修正国民国家体制"（或称凡尔赛体系）支持的期待。

［第二次浪潮］第二次世界大战后全世界范围内殖民地的独立

它是殖民地主义体制崩溃的结果。然而，来自联合国的支持并不像期待中的那样充分，实际上东西冷战体制起到了更大的支撑作用。西方以美国为中心的安全保障、经济援助体制与东方以苏联为中心的"半帝国"体制相互牵制，使新独立的国家得以生存。不过一些处于东西阵营交界处的国家不幸地进入分裂状态。

［第三次浪潮］社会主义联邦（主要是苏联）内共和国和卫星国独立的尝试

它是在社会主义意识形态基础上统一的"半帝国"再次分裂的结果。现在人们仍然在探讨什么样的集团组织可以代替这样的"半帝国"。

目前我们看到的是第三次浪潮。斯洛文尼亚和克罗地亚脱离联邦的原因，在于一直依靠独特的半社会主义意识形态（劳动者进行自我管理）支撑的多民族国家南斯拉夫联盟，一方面其周边各国意识形态上的统一逐渐变得脆弱，另一方面又被欧洲共同体和中欧联邦构想所吸引，导致国家的凝聚力急剧下降。这就像是缩小版的苏联。总的来说，民族主义的第三次浪潮，是多民族在社会主义理念下统一后形成的意识形态的"半帝国"走向衰落的表现。回过头来看，民族主义的第一次浪潮象征着古典的国民国家体制的失败，民族主义的第二次浪潮暴露出殖民地主义体制的漏洞。这样，古典的国民国家体制、殖民地主义体制以及当今社

第十章 新国际体制的蓝本

会主义"半帝国体制",都没能成为统一全世界的体制。

现在走向这第三波民族主义的各国,由于长期以来处在通过共同意识形态形成的统一联邦中,其本身的个性发挥一直受到限制,Natio 作为 natio 的正统性没有得到承认。但是虽然这期间处在联邦制之下,它们仍积累了作为国民国家所有的政治经验和制度成果。第三次浪潮和第一次浪潮大不相同,已经失去了国民国家要完全独立这种凡尔赛体系下的幻想。某种程度上,也摆脱了第二次浪潮中那种想要迅速脱离殖民地主义的急躁情绪。第三次浪潮不像前两次那么天真了。现在我们看到力图脱离"半帝国"的民族主义,在语言和习惯等文化方面在不懈追求个性,而更多的则仅仅是获得了一些政治经验,以探寻是否有可能成立一个能够接受自己民族主义的国家联盟。因而,这些国家能称得上是纯粹的国民国家的时间也许非常短暂。比如苏联的各加盟共和国,一方面对建立一个以俄罗斯共和国(现在的正式名称是"俄罗斯联邦",但本书中使用这一名称)为中心的经济联盟极为重视,另一方面又在通过观察加入欧共体和北约和伊斯兰主义联邦的形成是否可能,探索成立新的国家联盟。无论是戈尔巴乔夫构想的"新联邦",还是叶利钦主导的"独立国家联合体",其目的并无太大差别。两者的不同之处,仅仅在于对于主导权的争夺和经济政策的推行方式。

在东欧,以东德和西德的迅速合并为开端,我们可以看出各国寻求加入欧共体、成立单独的"中欧联邦"(捷克总统哈维尔)的态势。斯洛文尼亚和克罗地亚意图通过建立包括意大利北部和奥地利在内的阿尔卑斯—亚得里亚区域共同体,最终加入欧共体。无论是哪种情况,如果不在几年之内加入现有的集团或结成新的集团,这些国家在经济上都会出现停滞,各国也都充分认识到了这一点。在第三次民族主义浪潮中,人们没有多余的时间对联合国和不结盟主义等抱幻想。把这种状态单纯地概括成以往理解中的民族主义爆发并不恰当。一方面这确实是 natio 的自我主张,另一方面,它从一开始就留下了成立新国家联盟的余地。

第二节　民族主义的继承者

成立国家联盟的条件

独立经常是强制性的政治行为。一般情况下，获得独立必须跨越的障碍是政治单位中领土圈（territory）和文化（语言）圈（natio）的出入。即使是在三次民族主义浪潮席卷全球后的今天，这种分歧依然比比皆是。全世界范围内有无数这样的例子，这里就不一一列举了。一言以蔽之，一般而言，文化圈和领土圈是不一致的。顺便说一句，这里说的文化圈，指的是依据共同的语言和习俗（ethos）来区分的人的集合。本国语言古典文学有多少积累，就是判断共同性的一个有力指标。

当然，迄今为止推进国民国家或国民国家体制的，都是文化圈与领土圈高度一致的国家，包括西欧、北欧、大部分东欧国家以及大部分原白人殖民地。在亚洲，朝鲜半岛（虽然现在南北分裂问题仍未解决）的一致程度最高，日本应该紧随其后。但是，它们只是例外。在亚洲和非洲，大部分国家都保留了殖民时期的国界线，属于多民族（多文化）国家，它们独立后，以最先独立的国家为榜样，为了提高一致程度在意识方面持续进行着努力。其中发挥最重要作用的，是确立"国语"教育制度。除此之外，印度尼西亚的"Panca Sila 建国五原则"、新加坡的"儒教主义"等有明确口号的文化政策也不少见。然而，这些国家实行的意识方面的政策是否真正形成了文化上的个性，仍然是个问号。不能说只要确立了教育制度，文化的统一性就会自然加强。比如，在本应通过意识形态的教育完成统一的前苏联，现在留下的只是70年间荒漠般空白的文化。

在拉丁美洲发生的事情值得我们注意。拉丁美洲各国长期以来都是独立的领域国家（territorial state），却有两种毫不相关的文化并存——向往西欧的上流社会与印第安人、混血人、黑人等拥

第十章 新国际体制的蓝本

有的性质难以确定的文化（这是所谓与原住民文化融合的政策成功实施的结果），这让我们很难说在那里整个国家的文化个性已经充分形成。为了振兴本国特有的文化，各国领导人做出了各种尝试。如巴西总统瓦加斯宣扬追求"巴西特色"（brazilidade）、卡德纳斯总统强调墨西哥土著文化、阿根廷贝隆政府对上流社会西欧式的生活方式加以批评等。不过，这些实际上也象征着缺乏一个文化共同体（natio）①，并不能说因为国家一直保持独立，其文化上的个性就一定很强。

拉丁美洲的这种情况，也引出了以下的疑问：同样使用西班牙语、存有西班牙语古典著作的国家，能不能超越现在国民国家的领土界线，在更广的区域内建立一个地区性组织。在以国民国家为中心的制度占压倒性优势的时候，拉丁美洲各国曾经为建立国民国家做出了巨大的努力。与此同时，拉丁美洲地区为区域一体化和经济合作所做的一次又一次的尝试，也是在其他地方很难见到的。之前，在美国的主导下，成立了著名的美洲国家组织（1948—），此外还有诸如 LAFTA（拉丁美洲自由贸易联盟，1960—1980）及后来的 ALADI（拉丁美洲一体化协会，1981—）、安第斯国家共同体（又称安第斯集团，1969—）、中美洲共同市场（1961—）、加勒比共同体和共同市场（CARICOM，1973—）、带有一些反美性质的拉丁美洲经济体系（SELA，1975—）等众多组织。20世纪80年代后期，巴西、阿根廷、墨西哥等进行了建立中南美共同市场的尝试。可以说，这些尝试至少在区域内工业产品的出口方面获得了很大成果，也为工业化做出了一定的贡献。②

尽管获得了这么多成绩，拉丁美洲区域统合却并未引人注意。这是由于这一地区的经济增长从20世纪70年代以来就陷入停滞，特别是各国为长期积累的巨额债务所困，以及国内政治体制的反

---

① 細野昭雄・恒川惠市『ラテン・アメリカ危機の構図』（有斐閣、一九八六年）、二三八〜四一頁。
② 細野昭雄『ラテン・アメリカの經濟』、一四四頁以降。

复变化。另外，与一直把该区域视为自己势力范围的美国不能保持良好的关系，也使人对这一地区产生了不好的印象。相反，现实中统一与合作制度接连建立，显示该地区具有良好的基础条件，包括语言相通、区域内几乎没有边境争端等。当前对拉丁美洲地区的统一构成最大障碍的，也许是美国对独立自主的地区主义怀有的戒备心。当然，情况也在不断变化，美国的影响力有减弱的趋势（如美国在美洲国家组织的主导地位正在下降），美国本身也开始参与到北美自由贸易区等组织中。拉丁美洲各国并不想强化国民国家制度，而是在尝试建立独立自主的地区联盟。

像这样，当国家本身文化的统一性 natio 比较弱时，就有可能跳过形成国民国家这一阶段，直接进入其他形式的政治统一（如与他国结成联邦）。之所以有人将此视为发展缓慢或走弯路，是受民族主义这一先入为主的古典观念的影响。在当今世界政治经济局势中，形成国民国家不可能是唯一的目标。不仅拉丁美洲是这样，我们之后也会提到，在东亚也存在着相同的可能性。在阿拉伯世界，因为阿拉伯语通用的范围比领土国家大得多，所以必须意识到阿拉伯国家有可能在相当大的范围内实现地区统一。有人认为海湾战争让阿拉伯联盟的构想成为泡影，但即使泛阿拉伯联盟难以实现，在稍小的范围内建立进行经济和安全保障合作的区域组织的时机已经逐渐变得成熟。

埃及和叙利亚两国曾经联合成立阿拉伯联合共和国（1958—1961）。这个尝试虽然只成功了很短的时间，但迅速结成联邦在欧洲和日本几乎是不可能的。阿拉伯国家眼中国境的概念，与起源于农耕社会的各国有很大不同，阿拉伯人"领土国家"的观念非常淡薄。[①] 再来看看撒哈拉以南非洲的情况，那里各个国家的多民族性更加显著，国民国家尚未完全形成，如果有关于成立地区联盟的好的提案，其实现的可能性就会更大。较为极端的例子，有

---

① 黑田寿郎编『共同体論の地平』所収の諸論文をみよ。黑田寿郎「イスラーム世界の社会編成原理」、黑田美代子「民族国家の虚構性」。

第十章 新国际体制的蓝本

塞内加尔和冈比亚联合成立的塞内冈比亚联邦（1982—1989）、几内亚比绍和佛得角两国的统一计划（1981年计划中止）。另外，在撒哈拉以南，各区域也都在尝试进行经济合作（西非国家经济共同体、南部非洲发展协调会议、中非国家经济共同体、东部和南部非洲优惠贸易区等）。

这里我必须再次强调，成立了政治上的联盟，并在某种程度上行使state的职能，并不意味着单独的文化共同体（natio）也会消失，natio永远与人类共存。这是因为，如哲学家所说，人类对于自己所生活的世界的印象是"间主观的"（intersubjective），它只产生于每个人经历的相通之处。最能体现出这一点的，是人类使用共同的语言，在语言的基础上有相同的习俗、文化传统，如果没有语言，就决不会产生人类所特有的世界观。

我们所说的natio，本来只是拥有较多相同经历的人们聚集的地方。作为基本经验积累的场所，natio随着人类生活生产技术的进步，从狩猎者的群落、农民的村落扩大到之后的城市、国家。在这段历史中，帝国体制是一个特例，因为它以建立一个超越natio的大范围的政治统一体为目标。而在这段历史中最后出现的国民国家，则尝试让natio和政治统一体的范围再次重合。但是既然各个natio都是基于不同的共同经历形成的，就肯定会出现对立，在这种对立中，又能看到人们生活着的世界的影子。

正如第三章所述，解决这种对立有两种方式。一种是超越论上的"正义的方式"，另一种，用我自己的说法来说，就是解释学上的"规则的方式"。也可以说前者是"正战论的方式"，后者是"脱离正战论的方式"。过去的大帝国都在有文字记载的宗教基础上，采取了前者——"正义或正战论的方式"，中世纪的欧洲也是这样。整个近现代，人类在正义和规则之间、正战论和脱离正战论之间摇摆不定。但总的来说，随着交际行为（运输、通信以及所谓的信息化）的进步，我们还是在朝着规则的方式发展，但是今后有必要明确地选择发展的方向。第三章的论述在这里就不再重复了，总之我认为，人类要避免自身文明的毁灭，以后就必须选择与"正义的方式"相区别的"规则的方式"。

"规则的方式"是指这样一种姿态，它承认每个 natio 的独立性或者相互之间的差异，在此基础上寻求 natio 之间的"一致的可能性"（commensurability），在允许的范围内追求相同的规则。为明确起见，这里必须说明，文化的"一致的可能性"不同于文化的"分享的可能性"，而是指利用想象力在某种程度上体会到其他文化。追求文化间的一致性——也就是提高想象力以使有共同体验的范围扩大——是"规则的方式"的基本要求，而其基础中，自然包含着对各自 natio 独立性的认可。

另一方面，"正义的方式"意图在普遍的正义引导下，把所有人生活的世界，进而把所有 natio 对于世界的印象均质化。可以说这才是对分享文化进行的尝试。作为解决文化对立这一棘手问题的最终手段，这种方式也有过成功的先例。比如在公元前一千年左右，有文字记载的宗教出现，在此基础上又形成了帝国，我认为这是将让农耕文化和游牧文化和睦共存的共同规则，用普遍正义的语言体系化。不过一般说来，"正义的方式"伴随着"要把非正义消灭"的流血思想（正战论），有将 natio 的个性抹去的趋势。而随着当今核武器在世界各地的研发，正战论甚至很有可能带来人类的毁灭。考虑到民族主义的悠久历史，这种把 natio 的个性在顷刻间抹去的行为可以说是暴行。具有"帝国型"体制性质的"正义的方式"不但不能解决世界上存在的问题，反而会使其恶化。人类恐怕不得不采取"规则的方式"承认 natio 的存在了。

当然，natio 并不是一成不变的。如果经济上的利害关系能够长期保持一致，"统一的可能性"就有机会增大。由于人与人之间信息化的发展，文化圈本身也会随之扩大。看到同样的电视节目时，不同国家人们的感觉也开始接近一致。假使人类超越现有的国界，使用同一种语言，文化上的"统一的可能性"就会大大增加。因此，文化圈 natio 是不断流动的，是在一步步发展的。要让"规则的方式"稳定下来，在尊重现有的 natio 的同时，还要通过提高"统一的可能性"这种方式力争使其扩大。不过那时，"统一

第十章 新国际体制的蓝本

的可能性"十分有限。同时，认为整个世界是一个 natio 的世界大同主义，现实中会陷入"正义的方式"、正战论、精英主义。以现阶段人类的能力，人们应在可能的范围内寻找共同点。这实际上意味着应该在特定事务上和一定的范围内成立国家联盟，进行合作。①

联合国中心主义的再批判

基于"规则的方式"的"国际体制"到底是什么呢？国际联盟和联合国是模仿适用于一国内部的议会民主政治的产物，属于"规则的方式"型的制度。不能否认，只要承认各国的独立性，那么在"规则的方式"基础上建立的"国际体制"，就只能存在于国家间的自由、民主之中。然而，这与单纯的一国内部实行的议会民主政治有很大不同，不能仅从"议会民主政治"推断。最重要的不同点，是和个人比起来，国家大多拥有充分的自给和自卫能力，可以自我独立，从体制中退出也相对容易。关于国家间的自由与民主，过去有深刻的教训。比如像前面提到过的，国际联盟和联合国很难称得上是成功的。

国家间的自由民主会有哪些形式呢？为了便于比较，我们进行一个极端地假设——出现了一个世界国家（world state），国界完全失去了意义。统治这个世界国家的，应该就是与普通的议会民主政治类似的"理想的世界议会"。在这个国家，无论哪里的居民都有平等参政的权力，不可能仅有个别地区的居民（例如美国代表）拥有否决权，即不可能有人手握特权。这种模式将国家间的民主完全还原成人与人之间的民主，虽然目前不太现实，但还是可以将其作为我们比较的基准。②

回到国家间民主的萌芽——国际联盟和联合国的例子。第一

---

① 关于联合 integration 和合作在概念上的区别，巴拉萨进行了严格的分类。B·バラッサ『経済統合の理論』（中島正信訳、ダイセモンド社、一九六三年）、四頁。
② 1979 年后，"欧洲议会"议员由成员国国民通过直接选举产生，尤为值得注意。

次世界大战后成立的国际联盟，以国家为单位构成，原则是尊重各国的主权，规定"联盟总会或联盟理事会的决议，需要得到联盟中所有国家的与会代表的同意"（联盟条约第五条），这也意味着所有参加国都拥有否决权。如前所阐述的那样，当对加盟国实施制裁被提到联盟理事会的议事日程上时，这种否决权的平等主义就会受到制约。但是就重视平等主义的联盟条约来说，其细致的法理反而制约了联盟的权威性。

相反，第二次世界大战后产生的联合国，具有被明确制度化的二元结构。联合国一方面同样采用平等主义，从人口超过十亿的大国到只有几万的小国，所有加盟国（159个国家）在联合国大会上都被赋予每国一票的平等权利。① 但是另一方面，维和行动这一最大课题的执行权限掌握在安理会手中，并且只有五个常任理事国被赋予否决权。这种"安理会/联大"的明确的二元结构正是联合国的创新之处，包含了人们对五个大国的期待，希望它们能作为不变的领导国家进行有效的行动。这其实是一种对"领导下的民主政治"（guided democracy）的尝试。

也有一些"民主主义者"反对这种"领导下的民主政治"。不过历史上一些类似的政治制度获得了巨大的成功。例如，很多欧美国家采用的两院制议会制度下，"领导下的民主政治"观念在上院中得以延续。只是现在大多数国家里，下院占绝对的主导地位，在这中间美国对参议院（Senate）的重视反而成了例外。从历史来看，它的起源可以追溯到罗马共和时期的"元老院（senatus）/民会（comitia tribute）"的二元结构。这种罗马式制度的历史中所包含的经验直到现在仍然值得借鉴。

借用西塞罗内涵丰富的说法来说，罗马式制度的特征在于"表面上的权力掌握在国民手中，而元老院拥有实质上的权威。中

---

① 人口在10万人以下的国家有印度洋上的塞舌尔、西印度群岛的安提瓜和巴布达、多米尼加联邦、圣基茨和尼维斯等岛国。也有一些墨西哥沿岸的小国，如伯利兹（人口17万）等。本文中成员国数为1990年2月，人口数为1988年的统计数字。

第十章 新国际体制的蓝本

庸而和谐的国家体制通过这样的权限的均衡化得以维持"①。不过在公元前四世纪之后，即罗马的扩张期，民会的力量增强，名门贵族占据着的元老院的传统权威开始受到挑战，罗马的"领导下的民主政治"经受了考验。这种制度面临的问题：第一，上层机构（元老院）中，没有经过民众选举的名门贵族能做出多少超越自身利益的判断；第二，两个机构（元老院和民会）之间意见的分歧、利害冲突如何进行调整。这两个问题某种程度上是相互联系的。② 如果把五大常任理事国比作名门贵族，其他国家比作罗马的普通民众，联合国和罗马的民主政治显然十分相似。只是在罗马社会，著名的"patrones-clientes 关系"（简单地说就是主从关系）有效地发挥了作用。罗马扩张，市民权力主张者增加时，元老院和民会的分裂得以避免，实际上要归功于覆盖罗马全境的"patrones-clientes 关系"的凝聚力。众所周知，罗马的历史就是围绕着这种关系展开，国家的政治制度从民主政治发展到屋大维之后的元首政治（principatus），再到帝政。归根到底，是 patrones-clientes 这种纵向的关系而非普通市民间横向的联合，使罗马帝国的历史又延续了几个世纪。

回到联合国的例子，由于美苏两国间的冷战关系，安理会成了各国利用否决权进行较量的场所，越是重大事件就越难以做出决定。这种状态一直持续到海湾战争。上层机构（安理会）机能的缺失，即刚才提出的第一个问题，可以说比罗马时期更加难以解决。

最近，美苏冷战结束后，有意见称安理会已经恢复了正常的功能，在联合国中的作用愈发重要。但在我看来，联合国没能正常发挥作用的原因，不仅仅是上层机构（安理会）源自否决权之争的机能缺失。另一个重要的原因是下层机构（联大）构成的问

---

① キケロ「法律について」、『世界の名著 14、キケロ　エピクテトス　マルクス・アウレリウス』（中央公論社、一九八〇年）、二一七頁。Cicero, *de legibus*, 3, 28.
② 相关文献有很多，日语文献有弓削達『地中海世界とロ―マ帝国』（岩波書店、一九七七年）的第二章。

题，正是它与上层机构（安理会）间的摩擦加剧，把两个问题联系到一起。和刚才所说的一人一票的"世界议会"相比，现在联合国大会反映出的世界上每个人意见的轻重，在最极端的情况下是10亿对5万（中国对圣基茨和尼维斯）的差别，也就是两万比一的差别。举一个更便于比较的例子来说，相毗邻的印度尼西亚和马来西亚（过去两国的关系算不上友好）是1.7亿人和1700万人的差别，也就是10比1，对印度尼西亚很不利。联合国成员国中，人口超过1亿的国家有10个，人口超过1000万的国家大约有60个，它们和剩下的100个国家间在人口上有明显的差距，国家整体的社会学特性也有结构性的差别。如果我们进一步通过联合国会费来看各国经济实力，可以知道七国集团加上苏联这八个国家就承担了75%以上的会费，支付最少的80个国家仅负担占总会费0.01%的最低会费（即80个国家总共仅负担0.8%）。

不可否认，与前面假设的"世界议会"相比，在联合国大会中，小国或者非发达国家代表的权力被放大了。这种现实与理想中的"世界议会"相距甚远。不能单纯地认为这样的反向歧视是对弱者权利的认可而为之欣喜。这是因为假如联大是实行多数表决制的最终权力机构，那么联大与安理会的分歧就会更加严重，甚至可能使安理会常任理事国退出，联合国停止发挥其一切职能。与国际联盟的状况一样，成员国退出的危险性是国际机构特有的重大的弱点，这在国内议会中是见不到的。实际上，起到防止成员国退出作用的，是安理会成员国被赋予的否决权，它在事实上削弱了联合国的力量。由此，之前提出的两个问题又被联系到了一起。

让我们来看一看联大成为实行多数表决制的最终权力机构时会出现哪些具体问题。最可能出现的是对经济和资源问题的更高要求，这些问题容易在占联大大多数的南方各国（后发各国）间达成一致，但所谓南北间的对立可能使联合国持续不稳定。这种势头在目前的制度下已经出现在洛美协定、NIEO（新国际经济秩序）、77国集团等所谓AA集团（亚非集团）的活动中。近几年，北方国家（包括苏联）为应对这些"大众行为"式的要求，采取

第十章 新国际体制的蓝本

的基本上除了"仁慈的无视"(benign neglect)就是类似抵制的行为（比如延缓缴纳会费）等消极方式，从中表示出自己的不满。我们都知道，联合国的经济社会理事会与安理会不同，没有任何强制执行的权力。这成为了一个安全阀，使南方提出要求、北方无视的现状维持了下来。南北的经济问题恐怕是现在世界上最大的问题（至少是其中之一），但以联合国目前的机构构成来看，它还是无力解决这一课题。

实际上在冷战中，美苏两大阵营为了在南方世界拉拢支持者，都相对积极地进行了经济援助。美国自不必说，法国和英国也依靠以前建立的与殖民地之间的关系进行了同样的努力。苏联的军事和经济援助也是规模庞大。然而冷战的结束，反而削弱了人们解决南北问题的动机。显然，这些拉拢支持者的行动让我们联想到之前所说的罗马的 patrones-clientes。在罗马历史上，这种关系日趋明显，国家的政治制度从民主政治到元首政治，再演变成为帝政，让罗马帝国延续了下来。但是，在殖民地的记忆尚未磨灭的今天，大多数的联合国成员国应该很难接受领导国家影响力的加强——即形成现代的 patrones-clientes 关系。罗马帝国的历史不可能重演（参见下文）。

理论上存在着一种解决方式——限制联合国的作用。具体来说，就是使其不讨论经济问题，专注于解决安全保障（对于侵略行为的制裁）。不过这很难解决实质性的问题。经济问题尚且可以通过公正方案解决，而制裁问题的核心在于是否判定一个国家是侵略国，没有折中的解决方式。冷战时期，由于意识形态的影响，在朝鲜半岛、越南、阿富汗都出现了严重的战乱。除了苏联莫名其妙地缺席朝鲜半岛之外，联合国在问题的化解上几乎没有发挥任何作用。但正如前所述，冷战虽然结束了，在那些国内局势尚不稳定，没有完全成为国民国家的国度里，发生争端的危险性并没有减小。特别是随着苏联的解体，对新独立国家的军事介入和这些国家出现内乱的危险性正在增加。苏联加盟共和国间的关系就是如此。而这些国家和地区内部，还有少数民族问题这个定时炸弹。一直被美国视为自家"后院"的中美洲各国的问题与之类似。萨尔瓦多、尼加拉瓜、格林纳达、巴拿马、海地等，都曾被美国强行介入国内问题。

对于这些在本国周边存在的问题，俄罗斯、中国、美国三大常任理事国很有可能不顾联大舆论的反对，坚持行使自己的否决权。① 这时上层机构（安理会）中各成员国的正当性就会受到质疑。美苏冷战时，维持东西两大阵营间势力平衡的理论（如勃列日涅夫主义 Brezhnev doctrine 和多米诺理论）——至少在各自阵营的 clientes 之间——得到应用，但这种正当化已经不适用于现在的情况了。安理会已经把自己的实质（美、俄、中三个大国为维护本国利益而进行较量的舞台，或者说是大国间私自串通的场所）暴露得一览无余。尤其是俄罗斯共和国和中国的动向捉摸不定。联合国本应摆脱冷战的不良影响，现在却反而可能显示出其作为维持现状的机构的局限性。我们不能指望联合国在短期内制定规则，规定联合国对于侵犯领土的行为必须立即做出判断并加以制裁（或进行维和行动 Peacekeeping Operations）。此外，维和行动在存在停战协议、争端当事国同意的情况下才能开展，极端地说，这只是争端不那么重要（或变得不重要）时可能采取的一时的缓解方式。

显然，联合国并不能带来重大变革。它只是将现有的国民国家视为不变的存在，通过"集团自卫的规则"维持现状。例如，南方各国希望进行全球性的分配平等化革命，而北方各国希望在资源（石油、热带雨林、稀有金属、渔业资源等）的国际管理、公害的全球治理、人口管理等方面进行资源管理革命。双方唯一坚持不变的，是对对方改革要求的抵制。要想改变现状，不能靠联合国自身的内部决策，而要靠加入或退出联合国的意愿的表达。事实上，第二次世界大战后，大量新独立国家的加入给联合国带来了平等革命的色彩。但是成员国退出的可能性，往往会延缓急

---

① 美国入侵格林纳达时，联合国大会通过决议对美国的侵略表示谴责。

第十章 新国际体制的蓝本

剧变革的脚步。联合国如果以涵盖整个世界作为目标,为了避免成员国的退出,就必须引入否决权。而这又使其维持现状的倾向更加明显。在把每一个国民国家都作为基本单位平等对待的情况下,无论怎样改变国家间类似民主政治的形态,这种倾向都无法避免。联合国的存在以各国的独立性为前提条件,在此基础上,不可能建立一个以个人为单位的"理想的世界国家"。虽然也有人考虑到人口和经济规模的不同,提出变更表决权分配方式的方案,但是联大肯定不会通过这种激进的联合国改革方案。① 现在联合国的构成基本上仍以维持现状为目的,因此很难把世界的命运交付给它,借以实现建立"世界国家"的梦想。

在日本,人们通常把联合国理想化,认为那是实现国际化、世界和平和公平外交的地方。由此,产生了日本所特有的联合国中心主义。战后进步主义者和自民党政权以不同的方式利用了这种思想:前者利用它反对日美安保,主张正义;后者则用它给为实现经济优先主义所进行的"全方位外交"披上了一层伪装。其实,由于这种方便主义,日本人对于现实中的联合国的理解变得模糊了。联合国宪章的实质并不体现在其理想主义的前言(或第一条和第二条的一部分)。整部宪章体现出的是一种规则,而非不变的正义。这正如议会民主政治基础上制定的"宪法",并不代表正义本身,而只是规则。英国的宪法没有形成体系,也没有成文的具体规定,这恰恰显示出自由民主本来具有的类似规则的特征。就联合国来说,我们必须了解其由于规则体系不完整而带有的局限性。如果把"联合国中心主义"看成是绝对的正义,恐怕就会出现很多不合理的事情。例如,不武装中立论者就不可能支持联合国中心主义。不武装中立论与联合国宪章,特别是有关提供兵力的第43条并不完全符合。尽管在支持日美安保的自民党成员中

---

① 美国国内很多人主张进行这样的联合国改革。1985年美国国会通过决议,在财政事务中,如果在联大中拥有的票数不随会费的承担比例变化,就将下调承担比例(卡塞鲍姆修正案)。1986年联大中,虽然未对投票方式进行改革,但是实行了一些措施使承担预算较多的国家的意见更容易得到反映。

也有人努力推崇联合国中心主义,但联合国中心主义与日美安保并不一直保持一致。① 这种不一致性显示,联合国中心主义是日本人停止对外交的思考时出现的咒语,也只不过是逃避现实的一个借口。战后,日本人被既抗拒又追逐欧美的矛盾心理所困扰,同时他们也抱有侵略朝鲜半岛和中国所带来的罪恶感,以及在第二次世界大战中战败的挫折感。战后的日本人尽量避免与这种矛盾心理作对,因而总是拿出联合国中心主义这个挡箭牌,从表面上缓和对立。然而,一百多年来日本人患有的国际问题恐惧症,并没有因此得到一丝缓解。

当然,我也不主张"联合国无用论"。从全世界的立场来看,联合国还是发挥了一定的作用,它对于包括日本在内的先进工业国家也很有用。发展中国家和小国可以在这里讨论各自的想法并公之于众,因此它依然有必要作为世界各国交流的平台而继续存在下去。联合国的各下属机构在各自负责的方面起到了巨大的作用,可以说为国际社会上所谓"政体"的形成做出了贡献。不过,未来十到二十年内会变得更加重要的"国际公共产品"这一中心问题,即安全保障和技术、投资问题等,不能指望由联合国来解决。这一点我们会在下一节从其他角度论述。我们可以考虑另外设立一个能发挥实际功能的国际机构,来作为支持联合国的二级机构。如果后面所说的区域性安全保障同盟成立,联合国就可以在该同盟的行动的基础上发挥作用(例如在联合国解决柬埔寨问题的过程中,东盟起到了重要作用,这可以视为这种方式的先例),日本也就不需要积极参与联合国军和维和行动,谋求成为安理会常任理事国了。但是联合国本身并不具备打破当今世界混乱状态的能力。对于日本来说,在明确的基本外交政策体系没有建立的情况下,单纯的一厢情愿的联合国中心主义反而是有害的。

---

① 日美安保条约当然宣称遵循联合国宪章。但是当有否决权的安理会常任理事国是条约的当事者时,条约实际上可以不受联合国的制约得到执行(参考联合国宪章第五十一条)。这不只针对日美安保,也适用于其他同类型的共同安全保障条约。如华约也是如此。

第十章 新国际体制的蓝本

因为它会进一步加重日本人的"思想拒绝症",使日本的外交变成没有固定主张的"条件适应主义"。

第三节 地区性安全保障同盟的可能性

地区性安全保障同盟的历史

如果联合国也不可能成为有效的主导者,那么到底什么样的国际体系才是更好的呢?我曾提出采用"规则的方式"而非"正义的方式",如果把这与国际体系的具体形态结合起来,就能归纳出以下三个条件。包括:

[实用性或 pragmatism]提供一个实用的规则,以调整和解决安全保障和经济等方面的具体争端;

[多元性]承认各文化圈 natio 的个性;

[开放性]与此同时想方设法促进提高各文化间最小的"一致可能性"。

这其中完全不存在一个超越一切的理念,也未有意宣扬人们应该分享正义。规则的基础构成了最小的一致可能性。

这里含有一种取舍的关系。当所需的内容对最小的一致可能性要求较高时,可以设定一个能强有力地解决问题的规则,但这会导致加入这个体系的国家减少。像联合国那样,让全世界的国家都加入的话,一致可能性的内容就会变得单薄无力,能够解决的问题也只能是先前伊拉克侵略科威特这样,明确得不能再明确的领土侵犯问题。如果那些冠以联合国名义的规则没有实际效果,就要考虑两个改变的方向。其中一个方向,是为了获得更强的一致可能性,在更小的范围内成立国家联盟,进行合作。这里所说的"国家联盟"(下文为了简便,将只能算作"合作"的形式也纳入"联盟"的范围),是指承认一定范围内的国民国家成立的组织所具有的或多或少的正统性,与平常说的地区主义并不一定相同。

另一个方向,则是将重点放在需要解决的问题上。具体来说,就是将安全保障问题和经济问题二者完全分离。显然,为了获得安全保障的国家联盟和为了获得经济利益的国家联盟在性质上有很大区别。当然,这两种国家联盟在现实中经常发生重合,不能笼统地说应该优先成立哪一类。总的来说,进行经济合作要求具备的条件都出人意料地复杂(参照下节),打下合作的基础一般需要花费很长时间。现如今,冷战体制已经以意想不到的速度崩溃。这之后,安全保障体制的重建就变得十分必要,特别是对于还"陶醉于胜利中"的西方国家来说。

在此基础上,让我们首先来分析所有政治统一体肩负的最大的职责——安全保障问题。为了得到安全保障,至今人们已经构想过各种各样的国际体系。国民国家体系、国际联盟、联合国、冷战体制等,都可以说是以安全保障为主要目的而成立的。国际问题中安全保障问题所占比重很大,这在全世界都是一致的。战后日本的和平主义者企图无视这一事实,他们甚至对下列重要事实视而不见,而这些都是日本恢复和平的机会。其中包括,近现代之后(国民国家成立以后)也许是在安全保障方面最大的成功范例——第二次世界大战后西方的区域性集团安全保障同盟。例如北约、日美安全保障条约、美韩相互防卫条约、美华相互防卫条约(1979年废止)、太平洋安全保障条约(ANZUS)等。在近半个世纪的时间里,这些同盟不但没有遭到侵略,同盟内部也没有发生任何事件能让人感觉到武力争端的危险。19世纪经常出现的实力平衡(balance of power)的政治也完全没有发生失误。

实际上,这期间,东西阵营和主要大国之间都未发生过战争。二战结束后,大国间最后一次直接进行武力较量,还是在1950—1951年的朝鲜战争中,当时美国与中国发生了武力冲突。[①] 在至少

[①] 准确地说,1969年3月,中国和苏联之间围绕珍宝岛的归属问题发生的武力冲突是大国间最后一次有关领土的武力争端。但当时双方阵亡人数总共不超过100人,因此只是小规模的领土争端,没有必要称其为战争。

第十章　新国际体制的蓝本

40年内，大国之间没有爆发战争，这确实令人惊叹。这也可以说是16世纪初以来的最长记录。① 对于欧洲来说，这样长时间的无战争状态是两千年来从未出现过的创纪录的成果。由此，欧洲的经济也得到了前所未有的长足发展。而日本由于一直置身于和平和繁荣的环境，甚至忘记了长时间没有战争的事实。大国间的无战争状态，一半是美苏相互遏制的结果，另外一半则是集团安全保障同盟的成果。日本的战后进步主义者们一直认为日美安保激化了冷战的紧张局势，是让邪恶掌权，但在目前的情况之下，有必要重新讨论并思考这种冷战式的成见。

让我们抛弃成见，比较一下区域性安全保障同盟之外的外交选择与成果。先来看看为缓和冷战的紧张局势而提出的"不结盟中立"主义。② 倡导这一思想的各个国家（不结盟运动以及亚非会议成员国）之间，事实上频频发生争端。在亚洲有中印争端、印巴争端、中越战争、越南侵略柬埔寨、两伊战争等，在非洲有围绕埃塞俄比亚发生的争端（与索马里进行的欧加登战争、厄立特里亚争端、插手苏丹问题等）、西撒哈拉争端、利比亚侵略乍得等。这些战争都发生在不结盟运动或者亚非会议成员国之间。③ 从全世界范围来看，这些只能算是小事件，但对于当事各国来说，都是惨烈的战争。不能说美苏冷战对这些争端完全没有影响，但争端的最大原因显然还是在于当事国本身，在不结盟这个大目标之下，他们牺牲了成员国间的安全保障和和平。

---

① 根据对大国的定义不同，有时可以认为从1871年普法战争到1914年第一次世界大战间的44年是最长记录。但这期间，也有很多可以称为大国间战争的事件，如俄土战争、中法战争、中日战争、日俄战争等。朝鲜战争之后，越南战争和阿富汗战争规模较大，但很难说它们算得上是大国间的战争。海湾战争也不能说是大国间战争。

② 不结盟运动、不结盟国家会议是在铁托、尼赫鲁、纳赛尔的倡导下召开的，第一届会议于1961年在贝尔格莱德召开。以缓和国际紧张局势、反对军事联盟、禁止原子弹氢弹、打破殖民地主义、支持民族解放斗争为目的（现有99个成员国）。亚非会议在印度、印度尼西亚、缅甸、斯里兰卡、巴基斯坦的倡导下召开，第一届会议于1955年在印度尼西亚的万隆进行，中国也积极地参与其中（共29个国家与会）。反对殖民地主义，提倡树立人权、民族自决，反对核武器，推动全面裁军，倡导和平十项原则。

③ 中国虽然出席了第一届亚非会议——万隆会议，但没有参加不结盟国家首脑会议。不过显然中国在坚持不结盟中立主义这一点上与亚非各国协调一致。

不结盟中立运动对于缓和美苏间紧张关系这一根本目的，也很难说起到了什么作用。在其最初大力主张的裁军问题上，由于以开发核武器的中国和印度为代表，越来越多的亚非国家迅速提高本国军事实力，该运动推动裁军的能力逐渐减弱。本已对内部争端束手无策的不结盟中立主义，在外部（美苏间）争斗的牵制下，更加失去了效用。现在这类运动的范围已经缩小到联合国内部亚非集团，各国仅把重点放在表明对经济差距的不满，因此运动在安全保障方面已经完全不起作用了。出现这种情况，是因为受到美苏对立，或者说是资本主义和社会主义的对立这一被夸大的争端所限，各国无法全力寻找比民族以及部族自决更好的正义的方法。结果，不结盟中立主义非但没有平息美苏间的冷战，反而被冷战牵着鼻子走，付出了巨大的代价。这一运动是对于大国统治的反抗，也是冷战的产物，最终还是没能成为解决美苏正战论式的对立的外交路线。

接下来我们来看华沙条约组织。它也是一个集团安全保障同盟，但是性质与西方的北约大不相同。在建立一个能与北约相抗衡的防卫组织这一点上，华约可以说是成功的。但是，其内部也发生过武力冲突，仅公之于众的就有匈牙利十月事件、布拉格之春两次。因此，不得不说华约在维持内部和平上是失败的。这种失败的最大原因，在于华约不只在解决集团内自卫这一最基本的问题上使各成员国保持协调，还想要将管辖的范围扩大到经济、政治、意识形态等各个方面（想要强行扩大、强化一致可能性）。经济上，有一个十分著名的组织经济互助委员会（COMECON），而在政治和意识形态方面也有统管各国的理论，比如1968年出现的勃列日涅夫主义就倡导"限制主权论"，认为每个社会主义国家的主权都应该服从整个社会主义阵营的集体利益。至于北约，虽然可以自由退出（如1966年法国退出），北约各国之间的联系实际上却依然紧密。相反，如果没有勃列日涅夫主义的武力威胁，华约就无法延续下去。华约组织过于强硬、受束缚，而且是非自发形成的。其主要原因与苏联的社会主义性质有关——其最初的发展方

第十章 新国际体制的蓝本

向是由斯大林主义确定的。另外，对单一的正义的依附和中央集权制的性质，也造就了华约的这种特性。

西方的集团安全保障同盟在日本被认为是万恶之源。当然从马克思主义的立场来看，反对与资本主义的大本营美国结成军事同盟，是一种理念上的主张，它超越了和平与否的现实，为了主持正义，有时甚至可以牺牲和平。但是现在，世上也已不存在一种理念，能当做不实现和平的借口。再回到现实，在东亚和太平洋地区相对和平（武力冲突很少或局地化的状态）的维持上起到决定性作用的，恐怕是日美安保的存在。在这种意义上日美安保的影响已经超越了日本，扩大到了亚洲其他地方，甚至间接影响了全世界。

虽然在历史问题上谈"假如"已经没有什么意义，但我们还是要认识到，假如日美安保被废除，看世界地图也能一目了然，对于失去了日本这个中转站的美国来说，在韩国、冲绳、菲律宾设置的美军基地的军事意义将大大减弱，苏联的空军和海军也将会畅通无阻地进驻太平洋。20世纪60年代前，东南亚国家（印度尼西亚、马来西亚、泰国、菲律宾）里，游击战十分活跃。如果日本政府废止了安保条约，这些运动就会愈发活跃，导致包括颠覆国家政权、反美国家和亲美国家间发生战争以及美国和苏联对此的介入等一系列军事升级，东南亚也将变成世界上最难实现和平的地区。日本国内也会因与美国和东南亚贸易关系降温而发生长期的不景气，促成反美政权上台并使局势恶化，最终不能坚守不结盟中立路线，而转投COMECON体制。这里暂且不论这种结果的好坏。总之政府可能无暇提及"和平主义"等长期性的话题，而不得不忙于提高自己的军事实力，或者向华约军队提供军事基地（甚至是二者都必须进行）。

比起想象中东亚和太平洋地区的情况，北约的正面对峙状态（不算最终演变成军事冲突的事件）要平稳得多。可以说对于世界来说，日美安保与北约具有同等的战略意义，因为二者都让原本可能不稳的局势平静了下来。显然，日美—美韩—美华—美菲—

ANZUS 这条东亚太平洋地区的同盟链条的关键就在于日美安保条约。

日美安保是一个范例。北约很明显也是成功的例子。而以美国为中心,包括日美安保在内的美韩—美华—美菲—ANZUS 这条东亚太平洋地区的同盟链条,事实上发挥了与大型集团安全保障同盟相似的作用。众所周知,这些同盟关系原本是作为与苏联(甚至某种程度上是中国)对抗而结成的。尽管冷战背景消失了(中国也走上了现代化道路),但这些集团安全保障体制并没有完全失去意义。正如之前所指出的,大国间的同盟内和平得以持续了半个世纪之久,这已经是一个巨大的成果;同盟内各国的相互关系也异常紧密,使得军事冲突发生的可能性几乎成了零。除了那些为了某种"正义"甘愿牺牲现实和平的狂热信徒之外,恐怕没有人想要放弃这半个世纪的成果。尤其是在欧洲,完全听不到要求放弃集团安全保障体制的声音(在日本,废止日美安保的论调也只不过是极少数人的意见)。

继续进行比较,不结盟中立主义过分拘泥于对大国领导进行的观念上的反抗。虽然我们能够理解为了与美苏两大势力对抗而结成第三股势力的意愿,但不得不承认,想积蓄独立于美苏的安全保障能力困难重重,探索非资本主义的新型经济发展方式的努力(如印度和南斯拉夫的尝试)也都毫无进展。冷战结束后的今天,我们越来越深刻地认识到,不结盟中立主义没有任何实质性的内容。另一方面,华约的失败,不只是因为与西方联盟的对抗,还因为它被苏联所利用,以实现对加盟各国的支配。由此,随着冷战结束,挣脱这一束缚的运动集中爆发也是意料之中的。在不结盟运动和华约的失败的衬托下,西方安保同盟的"成功"更加明显。

从不结盟中立主义和华约两个失败的例子中,我们能得到以下的经验:以安全保障为目标的同盟要想获得成功,一定要有一个或几个大国参加,以对违反规则的行为进行制裁;同时还要将这些大国的影响力限制在安全保障的范围内。一旦安全保障方面

第十章 新国际体制的蓝本

合作的经验得到充分积累，各成员国的经济和政治体制自然会越来越接近。不过，如果把国家的基本方针定为"只要在经济和政治体制上没有共同点，就不结成集团安全保障同盟"，在同盟内部就会有强行推动一致化的行为，这也就接近了华约的失败。美苏冷战时代，不只是东方国家，西方国家（特别是盟主美国）也都将体制的一致性（主张自由市场和民主主义的美国式体制）作为加入同盟的标准。如果伴随冷战的结束，"被体制形式化的正义"的概念弱化，就有可能出现不论大国小国、政治经济体制的差别都可以加入的区域性集团安全保障同盟。我们通常会把区域性集团安全保障同盟与过去的美苏冷战联系到一起。的确，制造这些同盟的是美苏冷战。然而，如果同盟本来的目的在于维持现实中的无战争状态的话，就已经没有必要统一意识形态了。

有可能形成集团安全保障同盟的区域

哪些区域可能产生区域性安全保障同盟？在欧洲、东亚、阿拉伯国家、中南美、非洲都有可能发生什么？欧洲各国为统一所进行的活动已经是有目共睹的了。这已经超越了安全保障同盟的界限，成为包括经济在内的更广泛的合作，与欧洲共同体 European Community（EC）的名称确实是越来越相称了。仅就二战结束后这一时期来看，这要归功于煤钢共同体等一系列经验的积累。毋庸置疑的是，在提高西欧各国的凝聚力方面起到决定性作用的还是北约。切身感受到被侵略的威胁而成立军事同盟，可以说就是形成一个"命运共同体"，由于感受到了来自华约军队的压力，欧洲的统一更进一步。在此基础上，目前欧洲也在缓慢地进行着国内税制和农业政策的统一以及货币的统一。这对于国民国家体制的发祥地欧洲来说，是五百年历史上的重大事件，而促成这个飞跃的也是北约。欧洲统一的最新课题是东欧各国的入盟问题。有趣的是，赫尔辛基宣言之后的欧洲安全与合作会议（CSCE）和欧洲常规武装力量条约（CFE）承接了这个课题。构筑区域性合作关系时最需要的是维持安全保障这一点，人们应该早已烂熟于心了。

经济关系在一定程度上保持紧密，安全保障同盟就容易成立；在安保上无法达成一致，区域经济统一也就无从谈起。特别是区域内部出现可能导致军事冲突的紧张局面时，经济上的统一的好处根本无法估量。实际上，过去的欧洲之所以能凝聚成一个经济体，也是因为国民国家体制提供了最基本的共存的法则。

值得注意的是东亚的局势（下文中将东南亚和东北亚合称东亚，暂且不论中国）。东亚内部的经济相互依存关系虽然没有欧洲和美加关系那么紧密，但已经比其他区域（比如拉丁美洲）大很多。不用说大家也知道，这是因为20世纪70年代开始，区内产生了有实力的"开发主义国家"，需求和供给间出现了巨大的鸿沟，并且还在不断扩大。韩国、中国台湾、中国香港、新加坡已经进入了经济发展的初期阶段，泰国、马来西亚、印度尼西亚的状况也与之类似。这些国家的共同点是采取了"开发主义"式的发展方式，各国在国际经济上面临的问题也非常相像。现在虽然在各国间存在着经济差距，在经济增长迅速的今天，采取合适的经济政策的话，差距也很容易被弥补。例如，澳大利亚和新西兰经过很长时间才被承认是发达国家，而现在已经有国家的人均收入逼近了两国（新加坡），而如果这种趋势一直持续的话，韩国和中国台湾地区总有一天也会超越它们。

然而在东亚，并不存在集团安全保障同盟。表面上，经济关系的紧密化先行于安全保障组织的出现。确实，成形的安全保障同盟仅有于1977年解散的东南亚条约组织SEATO（泰国、巴基斯坦、菲律宾、美国、英国、法国、澳大利亚、新西兰组成的反共同盟），该组织很难称得上是成功。但是，美日—美韩—美华—美菲—ANZUS等两国间条约构成的安全保障网起到了间接平稳该地区局势的作用。马来西亚和新加坡以前依附于英国的军事力量，现在泰国和新加坡事实上也和美国缔结了军事协定。整体上来说，东亚各国（除了中南半岛三国）主要借助美国的军事实力间接获得安全保障，并且实现了经济的飞速发展。不过，安全保障的支柱难免会随着冷战的结束而迅速消失。

第十章　新国际体制的蓝本

东亚各国的外交目前都处于不稳定之中。没有一个国家希望美国从东亚撤出其军事部署，导致出现军事真空状态。但与此同时，也没有一个国家公然承认自己依附于美国的军事实力，或者强化这种依附。连韩国和菲律宾这些传统上与美国保持着较强军事合作关系的国家内部，都潜藏着反美情绪，最近这种情绪逐渐显现出来，上述各国都尽量避免与美国加强合作。（顺便说一句，在经济领域，对日本的态度也存在着同样的情况。既没有东亚国家想要将日本的投资赶出去，也没有国家想要加强在经济方面对日本的依赖。）迄今为止，东亚范围内，隐藏着的安全保障机制和表面的经济关系二者结合起来，发挥了重要的作用，尽管与欧洲相比这种结合还很脆弱。但是，现在这种模式的劣势正在逐渐显现出来。

不可思议的先例——东盟

东盟（东南亚国家联盟）有很多地方值得我们注意。它由印度尼西亚、马来西亚、菲律宾、泰国、新加坡、文莱六个国家组成。东盟不是一个安全保障同盟。不止如此，东盟还可以说是个不可思议的组织，它成立时连条约都没有制定（只有在1967年通过的抽象而模糊的《曼谷宣言》），很长一段时间内在国际法上也没有明确的定位。特别是刚成立的十年内，至少从外界看来，很难判断该组织想要进行什么样的区域合作，有人甚至认为它会迅速解体。[①] 东盟在初始阶段将自己定义为一个"单纯的经济文化集团"，实际上这只是一种托辞，以使自己同反共的集团防卫组织东南亚条约组织和ASPAC（亚洲及太平洋理事会）划清界限。现实中，经济合作的成果在进入20世纪70年代后才渐渐出现（可以说开始于1977年区域内特惠关税协定的缔结）。1976年的《东南亚友好合作条约》虽然也提倡区域内争端的和平解决，但至今还

[①] 山影進『ASEAN——シンボルからシステムへ』（東京大学出版会、一九九一年）、九頁以降。

没有处理过任何冲突（连处理争端的常务理事会都尚未成立）①。因此，表面上东盟没有一点儿实际作用。尽管如此，东盟仍明确地保持着固定的政治姿态。它所提倡的"经济文化中心主义"可以说是与其政治姿态相反的说法。

东盟的基本政治姿态有下列两个特征。第一，东盟想方设法将不结盟中立和亲西方这两条几乎矛盾的原则融合并折中。实际上，推动东盟成立的各国政府都在实施反共的政策，各成员国在军事上依赖美国（菲律宾和泰国，以及依附程度稍弱的印度尼西亚）或英国及英联邦国家（马来西亚和新加坡），东盟作为一个组织也承认这一点。但是在理念方面，东盟依然主张不结盟中立，并积极帮助中南半岛各国重建，与中国建立外交关系。这里体现了对于区域外大国介入区域事务的反对，因为外国的介入会让人们想到殖民主义，并在国内舆论引起一片哗然。普通的不结盟国家的理想主义（其实在苏加诺退任前的印度尼西亚就坚持这一思想）正在失去意义，另一方面，在巧妙利用西方安全保障能力这一点上，东盟的智慧也值得注意。当然，这不单纯是小国表里不一的外交。各国领导人都清楚，如果区域内争端不断，那么不用说发展，连国家的安全和独立都会受到威胁，因此他们的实用主义超越了两条原则的矛盾。

第二，东盟是在一些区域内争端仍没有解决的情况下成立的，其中包括马来西亚和菲律宾之间围绕沙巴的争端、印度尼西亚反对马来西亚联邦计划的问题、新加坡独立问题等。这违背了一直以来国家间强权政治的常识之一——只有在就目的和手段达成一致之后，才能结成联盟。此外，在这一区域同时存在着伊斯兰教、佛教、儒教、基督教，但宗教的不一致从来没有引发过战争。总的来说，东盟不符合欧洲式思维中"成立联盟必须具备的条件，是确定各国都坚持唯一一个正义的原理或者拥有同样的明确的利

---

① 同上山影进著作，第241页。括号内为马来西亚外交部副部长加扎利的讲话。有关人士也多次发表同类言论。有关《友好合作条约》参见该书第205页。

第十章　新国际体制的蓝本

益目标"的看法。稍微夸张地说，东盟的目标和理念都是在合作关系本身确立之后才确定下来的。这恐怕体现出了东南亚特色的——我所说的解释学的——思维方式，大概也是包括韩国、中国台湾和日本在内的东亚的共同想法。这样的外交观与欧洲式观点有很大不同，后者将国际关系视为强硬的合理性相互碰撞的台球运动。

无论如何，东盟虽然对区域外的大国（美国、中国、日本）怀有戒心，但并不拒绝它们的帮助。冷战时代里不只有一种正义的方式，也不是所有人都信奉同一种宗教。虽然有人说这是源于马来人种的共同个性，但这种强调种族性（ethnicity）的观点没有成为主流（实际上，从人类学的角度来看这种主张也有些勉强）。殖民地解放时的激情还没有退去，东西冷战的正战论占主要地位之时，东盟各国都未卷入理念之争。不过这也不一定代表这些国家缺乏方针或者实行孤立主义。军事上，菲律宾、新加坡、泰国分别以不同的方式维持着与美国的关系；经济上，它们也积极从区域外各国，特别是日本吸收资本，进口商品。可以说，东盟的目的应该是接受区域外各国影响的同时，形成足以阻挡这种影响力的自立性。

作为东盟成立的显著成果之一，不得不提到这个事实：印度尼西亚和马来西亚、菲律宾和马来西亚间曾经的区域内争端在25年内基本上得到了解决。不过，给人留下最深刻印象的，还是各国对于区域外大国不卑不亢，拥有明确的自我主张，并通过紧密团结使外界认识到了这一点。最近，东盟又提出了建立"东南亚共同体"的目标。现在的东盟，其实已经满足了这一节开头提到的"规则的方式"的三个条件，即实用性、多元性和开放性。东盟给后来的区域性组织做出了示范，把一种非"正义的方式"的外交政策介绍给了世人。

不过，最近来自区域外的影响力，特别是经济方面的影响力显著增强。美国和日本自不必说，韩国和中国台湾对于东盟区的投资也非常活跃。东盟进行封闭性经济统一的想法，从区内经济发展的观点来看并不明智。在 1980 年《工业化合作计划》因区内国家的对立而停滞不前的时候，日本和美国的投资没有理会这个计划，持续流向新加坡、泰国、马来西亚，最近来自韩国和中国台湾的投资也大幅增加。在处理区域性安全保障问题时奏效的、倡导"不急不躁平稳发展"的"协商"（印尼语 musyawarah）方式，到了经济问题上，已经赶不上变化的脚步，不再适用。① 较大范围内，东盟与韩国、中国台湾和日本的经济关系日趋紧密，也有与澳大利亚和新西兰紧密合作的意愿。当然，同美国的经济关系也在不断深化。如果东盟各国在解决政治合作问题上运用的强烈的实用主义对于解决经济问题也能发挥作用，东盟就完全有可能在保持自立的同时实现经济发展。但是一旦在做出判断前出现迟疑，东盟的凝聚力也许就会由于经济发展的不平衡而下降。是否进行更广泛的国家间合作，东盟正面临着新发展阶段的选择。

东亚、太平洋地区集团安全保障同盟的构想

回到整个东亚的安全保障问题，可喜的是随着柬埔寨恢复和平，其与中南半岛三国的关系趋于稳定，现在东亚地区几乎见不到武力冲突（除了菲律宾国内游击队的活动）。但是，潜在的威胁依然存在。作为东亚最大的国家，中国的动向依然值得关注。即使中国政治上不安定，还是有必要避免给予其军事扩张的动机。俄罗斯共和国（或以俄罗斯为中心的独立国家联合体）将军事势力范围扩大到东亚不是完全没有可能。但像冷战时那样，秘密要求美国积极参与安全保障已经不可能了。冷战后重新审视安全保障体制，正逐渐成为对于东亚来说最为紧要的问题。可以想象到的一个解决方法是建立一个地区性集团安全保障同盟，涵盖东南

---

① 参见同上山影进著作，第 189—191 页、第 278 页。"musyawarah"指通过协商对话取得全体一致。山影说，"尽量搁置意见的冲突，从可以达成一致的地方开始一步步前进的做法与'musyawarah'是相通的。……通过对话增进了解，在协议中写入模棱两可的内容，缓和对立。"参见同上山影进著作，第 275 页。

第十章　新国际体制的蓝本

亚各国、狭义上东亚的韩国和日本，以及区域外的大国美国、澳大利亚和新西兰。

我们已经说过，要成立集团安全保障同盟，就必须积极邀请大国（特别是军事大国）加入。只不过这时，不论大国还是小国，必须有平等的发言权。如果在规则中体现了这些平等主义的原则，这种同盟反而会在监视并牵制美国、日本等大国行动方面发挥作用。东亚及太平洋地区的社会形式过于多样，各国也有不同的历史背景。要想建立超越社会、历史差异的合作关系，就必须借鉴追求实用性、多元性和开放性的东盟的宝贵经验。也就是说，最容易被人接受的，是一边进行经济和文化上的合作，一边推进以安全保障为中心的政治合作。APEC（亚太经合组织首脑会议）本以经济问题为出发点，但也完全有可能利用这种形式来建立一个安全保障方面的合作机制。实际上，APEC的发展应该以东盟的经验为核心。如果日本和美国其中之一或两者都（在"正义的方式"的考虑下）想取得主导权，那么在这一区域内估计很难成立更广泛的合作关系。

作为日本，在推动经济援助外交的同时（更确切地说是之前）有必要明确自己将会承担在东亚安全保障中应当承担的责任。为此，一方面需要在宪法中承认集体自卫权（这意味着要修订宪法或者至少要修改宪法解释），表明自己维护东亚安全的意愿；另一方面，要声明对外派兵和参加维和行动会在"东亚及太平洋地区集团安全保障同盟"框架下进行。人们经常说东亚各国担心日本成为军事大国。然而，又没有一个国家希望或预测日本会实行非暴力抵抗（这表示牺牲整个东亚的安全保障，大胆进行理想主义的实验）。谁都不相信经济上极度利己的国家，会仅在安全保障方面放弃自己的一切利益。由此产生的不信任是人们担心的根源。日本人的厌战主义和令人难以置信的愧疚之心，就算为东亚人民所理解，责任的问题也依然存在——日本该如何为整个区域（以至于全世界）的安全做出实际贡献？如果这种贡献只停留在提供资金上，恐怕就不得不被人另眼相看了。美国作为一个自信的大国,并没有因为在海湾战争中接受了日本的军费支援而受到心理伤害。但是如果对东亚的邻国采取同样的方法,各国就会因为不想成为"日本的佣兵"而产生强烈的反感。

事实上,对于日本以及东亚各国来说,安全保障问题是极为重要的。像在前面所说的,即使冷战已经结束,各地区也仍然有可能发生冲突。冷战时期,东亚利用了两国条约形成的网络和东盟的稳定作用,通过这种"东拼西凑"的方式成功解决了安全保障问题。不管怎样,当时东亚取得了世界上最平稳的经济发展。但也因为如此,现在人们明显开始大意起来。之前强烈关注这一地区局势的三个大国——中国、苏联和美国,现在不再或者说不能保持积极的姿态了。当然,这些国家不可能永远消极下去。例如美国在冷战时期通过控制两国关系把握了外交的主导权,它仍然没有摆脱那时形成的惰性心理(无论如何主导权都在自己手中)。但是,正如放弃菲律宾军事基地所表现的那样,美国现在也不得不重新审视东亚的安全保障战略了。放眼望去,美国的外交在东亚问题上最为混乱。很有可能在这种摇摆不定的摸索过程中,突然发生巨大变化。中国和俄罗斯共和国如果能稳定国内的经济,就会马上投入精力进行传统的地缘政治外交。

更具体地说,朝鲜半岛统一、海峡两岸关系、中国沿海地区的自由贸易区地位等问题必须在近期得到有效处理。另外,假如经济能持续平稳发展,东亚各国又会面临是否改变防御性军事政策的问题。在某些国家,主张成为地区军事大国的政府可能上台。为此,我想在这里提出"东亚及太平洋地区集团安全保障同盟"的方案。这里已经不必重复东亚对大国美国加入同盟的期望,因为一直以来各国同美国的关系最为紧密,美国也不会任意扩张势力。同时,在目前美国和东亚间经济摩擦增多的情况下,如果安全保障同盟形成时有人反对美国的加入,就可能出现意想不到的冲突。

这个同盟是一种集团性自卫同盟,但它和有明确假想敌的北约并不相同,与日美安保等两国间条约也有差异。为了更容易理

第十章 新国际体制的蓝本

解,可以认为它弥补了联合国维和机能的不足之处,是一个小型的联合国。例如,关于多国间关系,可以做出如下规定。当然,这只是一种方案供大家讨论。

Ⅰ. 成员国拥有平等的表决权。绝不可能有大国拥有特殊的权利。

Ⅱ. 当成员国的领土受到侵略或攻击时,同盟军可以进行武力介入。派遣同盟军需要得到除当事国外全体成员国的同意。

Ⅲ. 同盟军的编制计划在平时就要进行准备。成员国必须做好随时加入的准备。

Ⅳ. 同盟可以要求成员国提供有关军事力量、军事行动、整备计划等的报告。

Ⅴ. 成员国必须就裁军进行协商。

与联合国宪章不同,这里不存在安理会/联大式的二元结构。由于其管辖范围仅限于一个地区,各方达成的协议效力会更强,武力介入也可以更迅速、更全面具体地进行。

对于包括美国在内的候选成员国来说,可能各国会有不同因素使得它们考虑是否应加入同盟。但是从日本的角度来看,推动同盟的建立至少有一个重要原因。日本经济上的海外扩张和对外援助规模十分庞大,如果日本不拿出一个完整的政治方针,来明确如何负担与其经济规模相称的地区范围内的"国际公共产品"(其中最大课题是安全保障),最终肯定会招致东亚各国的强烈反对。不建立一个包含"共同承担安全保障责任"内容的政治合作框架的话,那时的事态日本恐怕难以招架。日本必须成为推动同盟成立的"背后主力"。

地区性安全保障同盟的功过——共同屋檐的问题

地区性安全保障同盟进行活动远远比联合国容易得多,这一点是公认的。因为同盟可以不顾忌区域外无关各国的态度,迅速进行武力制裁。而伊拉克入侵科威特的情况就有些特别，因为这关系到石油的问题，所以引起了全世界的关注。有不少冲突都没有受到太多全世界范围的关注，但对于冲突发生的地区有深远的影响。在这里只举南斯拉夫问题一个例子。尽管这一问题对于其西部的近邻欧共体来说，影响在某种意义上比入侵科威特大得多，欧共体却并不想以武力强力介入。这一点值得深思。假如南斯拉夫加入了欧共体，估计就不会出现这样的事了。联合国（安理会）的反应，甚至比欧共体还要温和。然而在当事国眼里，冲突的意义远远大于海湾战争。因此，对于这些在世界范围内被无情忽视的冲突，地区性安全保障同盟能提供最有效的解决方式。

不过在地区性同盟中，也存在着一个重大问题，即各同盟之间可能相互较量。例如，很多人都担心欧共体在经济上与别国发生更严重的对立。东亚和太平洋地区各国推动建立同盟时，欧洲和亚太地区之间的较量也有可能升级。当然这时，至少目前各同盟几乎不可能直接付诸武力，敌对关系仅仅停留在经济上。但是地区性安全保障同盟中各成员国结合得越紧密，经济上的对立就越有可能升级。我们也不能完全忽视这种可能，即地区性安全保障同盟将地球分割成几个政治板块，进而成为争端的导火索。

为了避免出现这种情况，一个方法是让大国同时加入两个组织，并在其中承担责任。这时，国家联盟的屋檐就会重合，重合的部分就是各大国。比如说，苏联可以分为斯拉夫国家联盟和伊斯兰国家联盟，这时，就可以让俄罗斯共和国作为一个特殊成员加入伊斯兰国家联盟。如果在欧共体和斯拉夫国家，或者中欧联邦和东欧联邦这种相互接纳政策能够实施，那么它在处理欧共体与上述各国关系方面就也能奏效。以前的观念中，人们认为同盟必须实施同样的正义，在这种观念下，很难想象"重合的屋檐"构想能够实现。但该构想从"规则的方式"来看，完全有可能实现。

这一构想能否实现，很明显关键还是在于美国。现实中，美国在安全保障方面可以参加东亚及太平洋地区组织、包括以色列

第十章 新国际体制的蓝本

在内的中近东组织、中南美组织以及欧共体等各大组织。我们不妨把这种地区性安全保障同盟间相互容纳形成的连锁，模仿戈尔巴乔夫所说的"共同的家"，称为"重合形成的共同的屋檐"系统。这个系统与地区性同盟一起，能够覆盖整个世界，代替联合国发挥作用。

当然，最大的问题是美国和俄罗斯共和国会不会承担这种责任。但实际上，美国和俄罗斯与这些地区的关系一直以来都十分复杂。只要两国不突然转向孤立主义，两国也不可能只为了处理长期形成的关系，切断和上述区域的联系。在不能通过正义的意识形态进行干涉的情况下，最合适的还是将这些联系在地区性安全保障同盟的框架下正当化。例如，现在正在进行的"中东和平进程"就是一个典型，一旦各方达成一致，就必须成立一个包括美国在内的安全保障同盟。不过，关于地区性安全保障同盟，还有最后一个问题，那就是它与经济上的国家组织（管辖范围由经济合作关系到经济统一）之间的相互作用，有时这会产生重大影响。这一点我们会在下一节中进行深入讨论。

第四节 经济组织的多样性——与开发主义间的关系

经济组织的标准形态

正如之前所说的，国家组织可以分为两种，除了前边讨论的安全保障组织，还有在经济方面进行合作的组织。两种组织经常被混淆，因此有必要对它们加以区别。关于哪一类较容易建立起来、哪一类应首先建立等，我们可以从多种角度进行讨论，并没有一个唯一正确的答案。人们通常认为在所谓无国界化趋势发展的今天，经济组织更容易建立，但其实也不能一概而论。此外，安全保障组织与为经济利益成立的组织也不一定一致。在这里，我们必须首先考虑更普遍的问题。

经济组织也分很多种类型。其中结合较弱的组织，仅针对特定的问题和政策保持"合作"关系；而结合较强的组织中，有一种"统一"的关系，内部各国在大多数问题和政策上遵循相同的规则。根据贝拉·巴拉萨的理论，按照结合从弱到强的顺序，经济组织可以分为自由贸易区、关税同盟、共同市场、经济同盟和完全的经济统一体五种。① 国家间"合作"式的结合较弱的组织有很多，而以建立较强"统一"关系的典型例子之一，就是现在的欧共体。这里无论结合强弱，我们统一称之为"经济联盟"或"经济联盟圈"。

首先，经济联盟圈本来与地区主义（例如地区性集团安全保障同盟）毫无关系。对于经济联盟，可以用经济学传统理论中的"关税同盟理论"来解释。该理论对于国家间可能成立的各种集团，比较了其内部免除关税带来的贸易自由化效应（贸易创造效应），与对外设置关税壁垒带来的贸易保护效应（贸易转换效应），并研究怎样构造集团（对于这个集团来说）能带来最大的利益。② 最近的关税同盟理论事实上过分注重复杂的技术讨论。大致的结论可以概括为：有互补关系的国家间结成的集团比互斥（互相竞争）的国家间结成的集团能通过同盟和合作获得更大的好处。不过，实际上一般各国在国内都实行保护主义的政策，而且保护主义通常在与其他国家存在竞争的产业上体现得更为明显。因此，不少情况下，有相互替代关系的国家间形成的关税同盟反而能带来更大的收益。③ 当然必须注意，上述这种情况只会在同盟或合作开始时出现一次，是静态的观点。在动态的情况下，例如各国进行联合的努力越来越强，目的从合作变为建立同盟时，重要的仍然是结构上的标准——各个国家间的关系是互补的还是互相替代

---

① 巴拉萨整理了统一与合作的关系的相关理论。参见 B. 巴拉萨《经济一体化理论》第 4 页。
② B. 巴拉萨在有关国际经济学的著作《经济一体化理论》中，以此为中心进行了总结归纳。
③ 雅各布·瓦伊纳提出了著名的反对意见，认为关税同盟带来的利益在竞争性的经济中更大。这是一个很好的例子。Jacob Viner, *The Customs Union Issue* (N. Y. : Carnegie Endowment for International Peace, 1957)

第十章　新国际体制的蓝本

的。这种互补性和代替性的关系（虽然会受到运输费的影响）基本上仍然是与地区没有关联的纯粹的经济关系。位于同一地区，不代表着互补关系也较强。比如，与其与附近的商家搞好关系，不如吸引距离较远的顾客。经济组织不一定成为区域性组织。

通过看互补性和替代性哪一方占主导地位，我们就能够判断是垂直分工还是水平分工。生产同样的商品（即替代品）并进行贸易的国家，一般称为处于"水平分工"关系。另一方面，一些商品的原料与成品有相互补充的关系，生产这样商品的国家在贸易上属于"垂直分工"。虽然不能将生产众多商品并进行贸易的各国之间的关系简单地归为水平分工和垂直分工两类，但我们下面的讨论还是要以这种大致的分类为基础进行。

让我们来举一个垂直分工的例子。从原材料到商品的生产过程是垂直分工的典型例子之一，就是过去的殖民地和宗主国间"帝国主义式的联合"。也就是说，帝国主义是基于互补关系的、经济上合理的统一形式，或至少带有这种性质。虽然这里帝国主义式的联合可以算是一种经济联合，但显然不是区域性的联合，因为殖民地和宗主国相隔较远。不过在"帝国主义式的联合"内部各国间很容易出现贫富差距。究其原因，是因为原料采集产业与商品制造产业间，在生产效率提高率和需求收入弹性上有很大差异，贸易（区内及区外贸易）的收益大多到了后者——宗主国产业部门的手中。因此人们就有必要以军事实力为基础，平息因为贫富差距产生的对政治的不满（一个典型的例子是过去英国和印度围绕棉纺织品问题关系紧张）。一旦军事上的主导地位确立，这种压力也会带来经济之外的剥削。

战前的地区主义起始于1932年渥太华会议上通过的帝国特惠制，它是一种特殊的经济联盟，英国等宗主国在其中拥有从食品和原材料资源到成品市场的垂直方向上完全的主导权。联盟的构成方式与帝国主义的结构基本一致。但是第二次世界大战后，殖民地主义消失，各国不再可能以获得经济利益为目的发动或威胁使用军事力量。战后的新兴独立国家不会冒着垂直分工引起经济差距的风险加入联盟。帝国主义和战前型的地区主义现在都已经完全不可能再次出现。最近能看到的与此相近的例子，有苏联和东欧地区的社会主义联盟，使之得以实现的是政治、军事以及意识形态上的统治，但随着社会主义概念的崩溃，这种联盟也不太可能再次出现。很多人说需要对地区主义保持警惕，但实际上战前那样的地区主义，即垂直分工型的、以军事威慑为基础的地区主义已经不可能再次登上历史舞台。不能将最近建立经济联盟的种种尝试与战前的地区主义混淆。

欧共体——一个经济联盟

水平分工型组织的一个例子就是欧共体。欧共体作为一个成立时间较长的组织，其政治和文化的色彩更浓。长期融合的结果，就是形成了经济上的统一。这个组织的特征之一就是各方面的融合都在区域联盟的基础上进行。一般认为在欧共体内部，生产商品的各个国家间"水平分工"更为明显。水平分工是一种竞争性的（相互替代性的）关系，按照传统的静态理论（关税同盟理论），欧共体经济上的统一应该不会带来太大的收益。我们以汽车产业和电子产业为例。在技术和市场不发生革命性变化的情况下，欧共体的统一只会淘汰众多欧洲制造商中的少数，稍稍提高生产效率。如果保持目前的状态，即使欧洲的制造商数量减少，也不会给对外竞争或区域内消费带来太大利益。

尽管如此，现在欧共体仍在积极推动包括关税、各国税制、补助金制度、货币制度、金融制度等在内的、区域内各项经济制度的统一，并为此付出了巨大的努力和成本，原因何在？欧共体各成员国之所以敢做出如此巨大的牺牲，不外乎是为了模糊国界的概念，扩大市场以获得规模效益，以此为契机推动技术革新，使各自国内的企业一步步进军欧洲，最终成为真正的世界性企业。这是一个动态目标。其中最主要的目的，必然是缩小欧洲同日美间最近十年内逐步扩大的技术差距。在这种意义上，欧共体的统一，其根本目的在于通过经济上的联合获得动态的利益，更深入

第十章　新国际体制的蓝本

一些的话，也许说是以欧洲为单位进行的一种"开发主义"的尝试也不为过。只用经济联盟的静态理论，很难完全解释各国对欧共体统一为何怀有巨大的热情。

以往关于经济联盟的理论，归根结底都只是静态地研究贸易本身。① 另一方面，现实中经济上的相互关系正在以惊人的速度多元化。除了贸易，投资、技术的竞争和转移、环境污染的国际传播等各方面都被纳入其范畴之内，这些也正带来动态的变化。就贸易本身来说，伴随着成本递减产业的兴起，产业内及产业间的自由竞争越来越不稳定，市场对于企业间和国家间相互协调（合谋）有着潜在的需求（参见第九章）。利用这样惊人的紧密化、多元化、动态化的经济关系，获得前所未有的广义上互补的利益，才是现代经济联盟的目标。

当然，现在依然有很多人仅从对贸易有利还是不利这种静态的观点讨论是否应进行经济联合。比较极端的是朴素的保护主义者，他们一心想着保护区域内产业不受进口的冲击。在推动经济联合以及经济合作的人中，应该也有一些朴素的保护主义者。因此，有一种警惕论认为经济联合会妨碍世界贸易的发展，我们不能说这是毫无根据的。但是事实上，一个国家完全可以单独实行保护主义，这时可以将关税设定在对自己更有利的水平（所谓的"最佳关税理论"就是说明这一点）。如果一个经济联盟的成立仅仅是为了共享保护性关税（以及其他贸易壁垒），这就成了"靠大家的力量打破经济自由主义的规则"。这种保护主义，其理论根据是"相互应酬的力学"，也是一场零和博弈导致的悲剧。不过经济联盟推动论者还是占了大多数，他们运用动态的思维，力图避免这种保护主义，并且相信它是完全可以避免的。

然而，假如这些人的目标没有实现，没能得到动态的利益，问题就会出现。欧共体各成员国间的"水平分工"大多数都是竞

---

① 之前所说的巴拉萨尝试分析动态问题。但之后理论一直未能成功体系化。当然也包括我个人的理论在内。

争性的（相互替代的）关系，在这种关系下，一旦技术革新不能同步进行，各国间的联系就会被破坏。与区外各国的关系也是如此。例如，如果美国、日本、东亚成功进行了技术革新，而欧洲技术革新的努力没有任何成果，区域外（日美和亚洲新兴经济体等）的商品就会跨过关税壁垒被出口到欧洲，欧洲与区域外各国就会逐渐开始水平分工，欧洲内部的水平分工关系随之被打破。从政治的观点来看，为了维持欧共体的紧密联系，强化保护主义是不可避免的。技术革新失败时，欧共体统一的实质就将转化为单纯的"有赖于所有成员国支持的保护主义"。

关于欧共体统一的动机，有两种意见。一种被认为是一直以来静态的、以贸易为中心的保护主义。实际上，正因为欧洲各国是水平分工，这种保护主义才得以成立。欧共体进一步扩大后，伴随着希腊、西班牙、葡萄牙等欧洲较落后国家的加入，水平分工的状况可能会有所改变，这一点我们暂且不论。另一种则认为是以扩大市场、促进竞争、革新技术为目的的动态、多元的发展主义（甚至是开发主义）。欧共体推动论者的大多数都主张后者——积极的观点，但政治上可能前者——消极的观点更受支持，此外也有可能由于得不到期待中的动态效果，消极的观点最终成立。

很难评价欧共体的统一并预测它的未来。但是从欧共体统一中政治和文化融合的趋势来看，统一无论如何都会进行下去。问题在于经济统一朝哪个方向发展。假如欧共体一味地坚持保护主义，它就不得不停止向区域外部的出口。它也将无法满足将要加入欧共体的各国和中东欧各国发展的需求。最终，西欧只会变成一座供人回顾近现代历史的博物馆。长期来看（虽然短期内很有可能引发世界经济低迷），世界经济并不会因此受到太大影响。我个人认为，欧洲还将会因"欧共体扩大"及东欧的二次工业化等持续发展，不会变成单纯的博物馆。

第十章 新国际体制的蓝本

东亚经济联盟是否有意义

经济关系的紧密化、多元化、动态化不只促成了欧盟的统一，还在世界各地撒下了经济统合的种子。具体的例子在这里就不一一列举了。在拉丁美洲，人们正尝试建立一个与其他以美国为中心的同盟有所区别的经济联盟。北美也在尝试建立"北美自由贸易联盟"。每个区域的尝试都有各自的特征和优缺点。这里让我们看一看东亚（包括东南亚和日本、韩国、中国台湾和中国香港）。

东亚各国之间也存在着分工关系和资本供求的区域内互补关系。不过，这种分工关系和欧洲的不同，既不是水平的也不是垂直的，而是显现出"雁阵分工"（由日本学者赤松要提出）的态势。即存在着零部件生产和整件生产、低技术生产和高技术生产、低级品生产和高级品生产的分工，它们属于制造业中的技术阶段性分工，提升技术的竞争也非常激烈。这种状态是经济发展历史阶段不同而造成的偶然结果。目前，追赶先进技术的激烈竞争关系与下游—上游间的互补关系同时发挥着作用。换句话说，水平关系和垂直关系同时存在，造成了"雁阵分工"的形态。由此可以说，东亚内部的经济互补关系比欧洲更为紧密。（如果澳大利亚、新西兰也加入经济合作，它们首先将作为原料供给国与其他国家和地区构成互补关系）。另外，同一制造业的生产效率提高率，一般是后发展技术的国家更高，从而造成了发达国家（如日本）与发展中国家间的经济差距，引起人们对于剥削的指责。在这一区域进行经济合作和经济联合所带来的潜在利益比欧共体能带来的利益更大。

但是，在东亚区域尝试进行经济统一，真的有利可图吗？经济统一的第一步通常是将区域内的自由化和对外设置壁垒组合在一起。假如东亚圈将统一的重点定为对外设置贸易壁垒，那只能说这是一个坏主意。因为东亚区域内各国都各自实行着开发主义政策，其中也包含着保护主义的成分。结果，东亚现在成为了全世界在经济上最为复杂多样的区域。对外采取共同的保护主义政策,不仅是多此一举,没有任何意义,而且对于东亚地区来说,即使不这样做,区外各国采取强力的对抗性保护措施的呼声也会持续高涨。尤其是美国不加入这个经济联盟的话,对抗就会更加强烈。所以可以说东亚也是最有可能引发保护主义在世界范围内升级的区域。贸易增长最显著的地区为了短期的经济利益而加高贸易壁垒,这简直就是自杀。

对于东亚圈来说,将统一的重点放在区域内的贸易自由化才是明智之举。特别是日本的市场自由化能够给东亚经济带来巨大的好处。如果新加坡、韩国、中国台湾也紧随其后进行自由化,效果就会好上加好。从长远来看,日本从自身的自由化会获得巨大的经济利益,新加坡、韩国、中国台湾也是如此。当然,如果成员国的目标只是自由化,就完全可以将其作为全球范围内自由化的一部分,没有必要再打着区域统一的旗号了。

除此之外,经济统一还包含着很多内容。货币统一就是其中之一。统一货币意味着:第一,区域内汇率将保持稳定;第二,区域内的资本移动将变得活跃。但要是对外(如美国)贸易的比重较大,保持区域内汇率稳定就没有太大意义。真正有意义的是推动区域内资本移动自由化本身。为了达到这一目标,应该在统一货币前做大量准备工作,包括统一金融制度。而最重要的还是要使东京交易市场脱离日本政府的干预,成为自由、开放的市场。现实中,统一货币并不在人们讨论的范围之内,现阶段需要为实现区域内的资本自由化而进行制度改革。从这些可以得出一个十分明确的结论——东亚地区经济联盟目前只是个目标。现在东亚各国应该做的是推动贸易、资本的自由化。

经济政策联盟

之前所论述的是纯经济上的合作和统一的问题,合作的成果主要通过参与国间的贸易与对外投资体现出来。一般的经济合作或协调中,有的也很难说具有经济的性质。为解决石油问题而成立的欧佩克(OPEC)就是一个很好的例子。欧佩克各成员国间并

第十章 新国际体制的蓝本

不进行石油贸易，所以不存在有关区域内贸易的互补性和替代性的问题。欧佩克的目标是维护对外贸易中产油国的利益，它在现实中作为世界市场上的石油卡特尔，起到了巨大的作用。这样的联盟是一个政治性的联盟，仅仅是为了维持价格卡特尔的经济政策而成立的。如果把类似于欧共体的、为了获得经济利益，对于政策并没有太高要求的组织称为经济联盟的话，那么类似于欧佩克的组织，与其说是经济上的联盟，不如说是"经济政策联盟"。我们应该把经济联盟和经济政策联盟区别开来。

经合组织（OECD）等经济组织，不是着眼于个别问题，而是旨在解决与整体经济相关的政策问题。经合组织可以说是发达工业国家的集团，虽然没有特别的共同政策，但为发达国家相互协调提供了机会。比它级别更高的有世界经济峰会、七国集团、五国集团等。这些不同层次的发达国家集团大多要维持当前世界经济秩序的稳定，是较为松散的经济政策联盟。稳定活动取得了一定的成果——对于这类发达国家集团的活动，目前没有太强烈的反对声音。因为现在非发达国家才是最害怕世界经济不稳定的。当然，发展中国家也并非没有不满。这些不满体现在它们曾经联合成立七十七国集团，发表《内罗毕宣言》和《建立新的国际经济秩序的宣言》等，并尝试结成有力的联盟，由此，我们可以真切地看到"南北对立"的形势。20世纪70年代是发展中国家通过行动表达不满的一个高峰。不过，现在这种对立形势已经不复存在，至少与之前的情形已经大不相同。发达国家不清楚新秩序应该是什么样的，发展中国家则苦于多年积累的债务，随着新兴工业国（地区）的出现，其内部也发生了分裂。

问题的焦点实际上还是"开发主义"。发达国家由于拘泥于古典经济自由主义的理论，不了解处理开发主义的方法。但是开发主义显然在膨胀，国际货币基金组织和关贸总协定的附加条款已经无法解决。开发主义不仅在东亚，在拉丁美洲也在传播，如果将其形式稍作修改，在苏联和东欧地区也会传播开来。其成功的范围不断扩大的话，对于众多现有的发达国家来说就是一场噩梦。① 结果，可能出现一个发达国家的组织，标榜固定经济自由主义的原则论，否认开发主义。具体来看，这一组织会攻击开发主义初期出现的关税和非关税贸易壁垒，敦促他国严格保护知识产权。与之相对，新兴工业国（地区）和类似的国家也会组成对抗性的经济政策同盟，并推动支持同盟的经济统一。在接下来的十年时间里，拉丁美洲和苏联、东欧各国尚未做好准备时，东亚地区将会处在最前线，受到发达国家古典自由主义的攻击。这当然是最差的情况，但我们不能无视其出现的可能。也就是说，之前的"南北问题"可能会变成新的"东西问题"，两边的火力很有可能都集中在东亚。

东亚各国在开发主义问题上受到美国和欧共体的指责时会做出什么样的反应？如前所述，我们应该承认发展中国家的开发主义是世界经济规则的一部分。至少本书这样主张。但是也许获得认可并不容易。这时，东亚各国就应该团结在一起进行抗议，坚持自己的主张。日本作为至少在过去实行过开发主义的国家，在面对这些抗议活动时恐怕也会束手无策。无论如何，这已经不是经济联盟，而是政治上的同盟。但是，抗议又有引起文化上甚至民族对立的危险，因此不利于维护世界秩序。

决定这一问题是否会变得更加严重的，有三个关键。第一是除日本之外的东亚各国本身的态度；第二是欧美发达国家的态度；第三则是日本的态度。首先，让我们从最后一条——日本的态度看起。事实上，从经济实力来看，掌握着"新东西对立"的关键的是日本。例如，如果日本偏向欧美发达国家，东亚经济联盟圈就会失去其最大的动力，也无法产生太大的影响力。日本应该做

---

① 现实中，世界经济处于"变动汇率制"之下。第九章曾经说过，这种制度会导致资本不足国家和资本过剩国家间的不平衡持续加剧。不平衡长期持续的话，资本不足国家和资本过剩国家可能分别形成组织。现在，亚洲新兴工业国（地区）和日本是大量资本输出国，也一直是贸易上的搅局者。因此这些国家可能形成组织，通过资本流动左右世界经济。东亚经济圈不能忽视也是因为这一点。

第十章 新国际体制的蓝本

的,只有劝说东亚不推动成立经济政策联盟(以及支持它的经济联盟),对于发达国家则要劝说它们应该承认开发主义。为此,日本有必要摒弃常有的自卑感和优越感交织的外交心理,采取不卑不亢、综合性的外交。不过,日本的议会政治能否将其实现,在这里还是个问号。

接下来,又该如何预测东亚各国的态度呢?可能大多数东亚领导人都认为成立经济联盟是危险的。东盟一直以来奉行"不急不躁、安全至上"的行动准则,因此很难想象东南亚的政治家们会冒着与美国对立的风险,参与到由日本主导的经济秩序中。我认为马来西亚总理马哈蒂尔提出的 EAEC(东亚经济共同体)构想只不过代表了极少数人的意见。特别是在韩国、中国台湾和新加坡,还有不少人反对这种日本主导下的经济统一。战前和战时对于日本人的坏印象依然存在于很多正在活跃着的政治家心中,年轻人也受上一代的影响,对日本人印象不佳。也许有关日本人"残暴行为"的正确事实还没有为人们所了解。但是不能否认的是,在日本侵占的领土上,人们并没有把日本人视为领导人而去尊敬他们。现在日本人在海外的活动依然不受人们欢迎(过去人们说在战争中不能违背上级的命令,而集体色情旅行有与之相通的地方)。因此只要"东西"间存在着的政策对立不变得更加激烈,建立经济政策同盟的方案在东亚就无法获得大多数人的支持。

然而也不能说政策的对立完全不会出现。其中一个原因是美国对古典经济自由主义十分执着,沉醉于自己第一大国的地位。东亚也有不稳定的因素。那就是在逐渐走向富裕的过程中,将不满和不安都通过反美运动发泄出去这一大众民主主义的危机。还有就是日本人怀有的同样的反美心理。假如这些条件全都朝着不利的方向发展,就会出现最糟糕的情况,可能会出现一个与现在的发达国家对抗的亚洲集团。

我们以东亚集团为例,分析了区别于单纯地经济联盟的"经济政策联盟"背后的危险之处。其实现在世界上几个地区都有可能出现这种形态的联盟，东亚不如说是其中可能性较低的地区。虽然欧共体作为经济联盟，正努力将自己打造成开放的、动态的组织，但它也有可能推崇"依靠大众的保护主义"，即变成实施保护主义的经济政策联盟。美国也有可能在表面上维护自由主义的规则，实质上则企图成立一个支持保护主义的联盟。虽然包围拉丁美洲的美国势力日渐衰微，但也有人认为美国、加拿大、墨西哥组成的北美自由贸易区，就是一个保护主义的联盟。最近很多人把这些经济政策联盟和战前的"领地经济"联合起来，并警告由此我们有可能回到灰暗的20世纪30年代体制。

然而，被认为是"领地经济"的战前情况与今天的情况有着本质上的不同。战前的所谓"领地经济"是在殖民地统治及类似的基础上形成的，其目标是建立以军事霸权国家为最高统治者的自给自足经济。仅从经济学的观点来看，这相当于垂直分工，有其合理性。但在今天，殖民地消失，军事力量的使用被严格限制，不管是北美地区还是欧共体，或者是想象中的东亚地区，都已不可能强制形成经济上的自给自足区域了。仅就经济上的合理性来说，这些集团一直有成员国退出甚至分裂的危险。正如预测东亚情形时解释过的，这些集团如果能够形成，就只能是政治性质更强的"经济政策联盟"。在政治性质较强这一点上，它与战前的领地经济是相通的。因此，我们可以把经济政策联盟称为"新地区主义"。试想新地区主义下的世界，坚持古典经济自由主义的美洲地区、坚持古典保护主义的欧共体地区、坚持原来的开发主义的东亚地区三者可能会出现对立。在没有恰当的解决办法、各方政策彼此针锋相对的情况下，前景是黯淡的。为了防止出现这种情况，我们必须首先把开发主义也纳入考虑范围内，在形成一个世界性的规则方面达成一致。对此我们将在下一节进行具体讨论。

第十章　新国际体制的蓝本

第五节　新经济自由主义的规则——开发主义的对策

开发主义定义的扩大

本节将以如何应对开发主义为中心议题，提出"经济自由主义的规则"。进入正题之前，我想就"开发主义"的定义简单进行说明。本书中，为了方便起见借用了现成的说法，称"开发主义"。这种说法也许会给人一种印象，认为这是发展中国家为了能实现经济腾飞而应用的模式，或者是主要适用于发展中国家的过渡性的模式。但是，之前的讨论中已经明确，本书所说的"开发主义"的含义比上面所说的更广泛。在已有的定义中也提到过，开发主义是"以成本递减为基础，并对其加以利用的思想"。这样的理解才抓住了开发主义的本质。与之相反，可以认为古典的经济自由主义是"以成本递增为前提的思想"。贯穿本书的一个主题实际上就是在"成本递减还是递增"问题上的对立。可以说成本递减趋势在能够利用外国技术的发展中国家更容易出现，当然在成功进行技术革新的发达国家也可以看到。这种广义上的开发主义不仅存在于发展中国家，也存在于发达国家——只是在那里同时伴随着发达国家特有的困难问题。

在此基础上，让我们再次为开发主义下一个更广泛的定义。在第八章中，我们将开发主义定义为国家政策之一。为了让开发主义成为对国家有效的政策体系，必须有一个包括产业政策、特殊的分配政策、教育政策等在内的综合性体制。而"有意识地利用成本递减"的企业也在实践着"开发主义的经营"。因此可以说，开发主义的经营，其实施者是企业，是为了帮助那些不能全面把握国家大局的企业。国家的（作为一种政策的）开发主义与企业的（作为一种经营方式的）开发主义当然不是毫无关系。国家的开发主义带来了企业的开发主义，并将后者作为自己的目的。不过反过来就不对了。因而，国家的开发主义和企业的开发主义应当加以区别。① 研究开发主义时，不光要考虑到国家的政策，也必须要考虑到企业的经营方式。

像我们再三提醒过的，这里所说的成本递减趋势包含有技术革新的效果。除此之外，将技术革新要素明确纳入到经营和政策的考量中，才是开发主义式的经营以及政策的精髓所在。标准的经济学中，技术革新被认为是上天所赐的，总是突然出现，无法预测。但至少在二战之后，技术革新变得不再难以预测。二战后，在多数发达国家中，企业进行与设备投资规模相当的 R&D 投资（研发投资）已经成为一种常态，尤其是在日本，1985 年后，一般企业进行的研发投资已经超出了设备投资。② 这意味着在经营者的头脑中，技术革新已经成为与设备的运转一样平常的现象了。而在发展中国家，有发达国家技术革新的范例，因此尽管在"从实践中学习"的过程中面临着失败的风险，但技术革新的实现也已经完全可以预料到了。这样，在技术革新常态化的战后经济大环境中，"成本递减"成了可以在各产业中普遍观察到的现象。特别是从 20 世纪 70 年代后期开始，以"信息生产"为核心的超级产业化开始进行。我们所说的"'开发主义'模型把'技术这种信息的生产活动'纳入到体系中"这一点，与超级产业化的理论相吻合。这里可以看出工业化理论已经变得更加完整。开发主义体系是为了完成工业化，在这种意义上（过去只是在这种意义上）应该说它是比古典的经济自由主义更先进的理论。

发展中国家的开发主义

既然开发主义是工业化最彻底时的形态，它为战后的日本和

---

① 为了使国家的"开发主义政策"获得成功，必须有足够数量的企业，利用成本递减趋势，实行开发主义。国家政策可能能成功建立起一批这样的企业，但政策不一定能一直有效。相反，即使国家不出台政策，当一个产业明显处于成本递减状态时，企业本身也会实行开发主义。

② 儿玉文雄『ハイテク技術のパラダイム』（中央公論社、一九九一年）、六三〜六五頁。他巧妙避免了重复计算两种投资。

第十章 新国际体制的蓝本

东亚各国所利用并获得巨大成功就是理所当然的。对于旨在"向工业化起航"的发展中国家来说,只要下决心沿着发达国家的发展道路发展,就很容易明确应该引进什么产业、什么技术。尤其是在第二次世界大战后,无论是在企业的层面上还是国家的层面上,技术进步和世界市场的动向都不难预测,发展中国家发展"长远的资本主义"的条件已经具备。日本的"开发主义"的先例,起到了指引它们前进的作用。

在国家政策和企业经营方面,开发主义都是在战后的日本第一次获得成功。之后,中国台湾、韩国和新加坡采用日本的方式,并进一步推动开发主义发展。包括中国香港在内的东亚"四小龙"受日本的成功所启发,对开发主义模型加以改良以适应本国/地区的经济,成功地实现工业化,被人们称为新兴工业国(地区)/地区(基本上完全成为发达国家/地区)。现在,泰国和马来西亚等东盟国家都在朝着这一方向发展。最近几年,泰国和马来西亚的经济增长率达到10%以上,印度尼西亚的增长率也在7%左右。东亚经济的高增长在全世界都是出类拔萃的。

这里我想再次强调,这些国家(地区)的政策手段不同于日本。关键在于这些国家(地区)非常明显都是外向型经济,是典型的贸易立国。比如在中国台湾,有些年份贸易依存度(进出口总值与国民生产总值的比例)甚至超过了100%。也就是说海外市场与内部市场各占一半。日本的政策还不能说完全是外向型的。即使是在高度经济增长期,其出口与国民生产总值的比例最高也只有10%左右,几乎比其他所有发达国家都低。日本国内市场有一亿人支持着,其规模之大使得日本的封闭性得以延续。相反,其他的东亚国家更偏重于贸易,它们对出口对象——发达国家提出的开放市场的要求必须更加敏感。因此,对于外国企业的进驻,这些国家一般都比日本更加开放,虽然不能说是没有限制,但对于外国的直接投资大多持欢迎的态度。日本拥有巨大的国内市场和高储蓄率等有利条件,没有外资也能发展,但是不具有这些有利条件的东亚其他国家,就不得不集中发展出口,积极引进外资了。

像这样，开发主义的政策体系也反映着各国的特点。正如第八章中说过的，开发主义是一项国家政策，产业政策和反古典式的分配政策是它的两大支柱。不过，这里所说的"产业政策"，包括三个要点：① 针对每一个重点产业制定指导性计划；② 促进技术革新；③ 抑制价格和投资方面的恶性竞争。它不会超出我所说的"维持'重点产业中的分离竞争'体系"的范围，也并不一定是在日本的经验中看到的限制较大的体系。开发主义如果想获得成功，日本特有的集团主义，特别是日本式的严密的封闭性，不一定是必须具备的。初期采用的保护主义的措施，实施的内容和时间也各不相同，在某些情况下甚至不需要采取这些措施。开发主义中也有很多（非日本式的）类型。

当然，我们可以从包括日本在内的东亚各国的经验中看到，实行开发主义需要具备一些最基本的条件，如政治安定、存在中立的官僚制度等。但是，最核心的还是不拘泥于古典的比较优势的原则，即不只看市场发出的短期信号，而要根据技术和需求的长期变化来选择重点产业。只要从现在开始，人们逐渐了解这条发展的原则，在拉丁美洲、东欧、苏联以及其他地区，采用开发主义并成功的例子就会越来越多。只不过，各地区文化特征不同，使得实施的具体手段也有不同。

回顾工业化的历史，可以看到此前工业化推进的形式，实际是发达国家在技术上保持领先，并夺取世界经济成长的果实。因此发达国家与发展中国家之间的贫富差距非但没有缩小，反而越来越大。19世纪后多次出现的高度增长期中，都出现了成本递减现象。不过那时产生的利益都被开发新技术的发达国家所取得，剩下的大多数国家都只能获得蝇头小利。古典的经济自由主义，其本身的规则体系在概念上具有高度的完整性。这一点是毋庸置疑的。然而不得不说这一理论在现实工业化进程中起到的作用，仅仅是将发达国家最大限度地获取由拥有先进技术带来的好处这一行为合理化。由此可以看出，古典的经济自由主义有一个巨大

第十章　新国际体制的蓝本

的缺陷，导致它不能成为在全世界通用的普遍规则。自由贸易体系不但不能保证"平等"，实际上连"效率"都不能保证。之所以这么说，是因为如果技术不被发达国家垄断，可以自由地推广普及，整个世界的产值显然会提高。此外，这种古典的经济自由主义规则带来的不良影响还波及了发展中国家。

发展中国家所采用的"开发主义"可以说是对抗古典的经济自由主义的一种手段。当然二战之前，也有不少国家和殖民地进行了与开发主义类似的努力。战前的日本和几个拉美国家就曾进行过尝试。但是直到二战之前，发达国家都还能通过军事力量压制发展中国家的不满。通过种种经济上的威胁和压迫进行的政治操控也因军事力量的存在变得更加有效，这是帝国主义的残余。然而这种手法今后已经不能再用了。因为实行民主主义体制的发达国家现在已经失去了对抗共产主义这最后一个借口，无论如何都不可能再为经济利益发动武力。还能使用的手段就是以违反国际经济法则为由进行经济制裁。而现在实行开发主义的发展中国家飞速增多，发动制裁也随之变得越来越难，在经济制裁的实施上各国也不容易达成一致。特别是如果东欧和苏联也实行开发主义，欧美各国的应对的方式应该很难统一。

选定特定区域内的几个发展中国家（比如东亚）作为制裁的对象是否可行？这种情况下，作为反抗，发展中国家当然会成立"为统一经济政策而组成政治联盟"。这样联盟的成立也是我在上一节警告过的、可能导致国际体系瓦解的一个因素。如果在一个地区内有足够多的发展中国家实行开发主义，该联盟就有可能成为一个独立的经济圈（发达国家手中没有必需的资源）。联盟的核心很有可能是退出发达国家集团的国家（如日本）。这时，若在组织内部能顺利的构建一个互补的关系（参照下一章第二节），这个经济圈甚至可能比发达国家发展得更为迅速。同时，发展中国家也可以通过在全球规模的环境问题和资源问题上不予以合作来进行抵抗。还可以不参与防止核扩散。最终，区域集团间发生军事对立的风险可能会增加。

但是，与曾经的帝国主义时代不同，想直接组织发展中国家的这些行动已经不太可能。要默认发展中国家的开发主义相当困难，而承认开发主义是迟早的事。这不是为了获得温情主义或人道主义的"结果的平等"，而是维持世界体系的需要。今后的"新经济自由主义规则"必须以某种形式承认发展中国家为实现开发主义而进行的努力。那时，经济自由主义才能成为在全世界都适用的普遍规则。

开发主义的核心在于选择随着技术革新的进行表现出明显的成本递减趋势的产业。这在发展中国家意味着要从发达国家获得技术。因此，正如在上一章已经揭示出来的，新的经济自由主义的规则首先必须能让技术更容易地从发达国家转移到发展中国家。特别是发达国家非常关心的环境保护和资源保护方面，更要将技术以近乎无偿的形式转移给发展中国家。由此可见，美国和其他发达国家（很遗憾日本也在追随他们的脚步）扩大知识产权的范围，并对其使用加以严格限制的行为是错误的。近两年，在美国，所谓"实物专利"自不必说，连一种数学算法和基因的构造都被赋予知识产权，这简直是荒谬至极。经济学上也认为，技术不只是单纯的私有财产，还明显地具有公共产品的性质。将视野拓宽一些来看，现在的尖端技术也不过是在全人类智慧积累而成的塔尖上。我们从美洲印第安人那里了解了农产品，从阿拉伯人那里学习了数学和天文学，从中国人那里得到了指南针——从前人那里我们继承了太多太多。

从这种历史的观点来看，专利制度只不过是和资本主义一同出现的新制度。用自己的智慧进行创造的权利当然应该被认可，成果也应登记备案，但不应该限制他人使用这些成果。针对专利的内容，可以在收取一定的使用费后，让专利持有人承担将它向一般民众公开的义务。在一定期限内允许独自享有专利权也是不得已而为之，但我们应该将这一期限大大缩短。收取专利使用费的时间也应缩短。最近，在关贸总协定乌拉圭回合谈判中，由总干事邓克尔提出的方案包含有发达国家要求的将专利期限延长、

第十章 新国际体制的蓝本

承认实物专利等内容,可以说这个方案的基本态度就是错误的①。我在上一章也说过,有人认为弱化专利权会导致人们失去发明的动机,这种担忧是没有必要的。最近美国打出的强化、扩大专利权的基本方针,才是固执于古典的经济自由主义导致的(正如近现代将土地私有化一样)重大错误。的确,考虑到来自既得利益者的阻力,转变对知识产权的看法不是一件容易的事,但今后经济自由主义中规则的制定必须朝着这一方向发展。

说到发展中国家问题,一般人们会想到对援助和投资的利息减免。这些方法固然不应予以否定。不考虑所谓人道主义援助的问题,对发展中国家基础设施建设进行的援助和投资补助,只要从长远来看是投向了正确的领域,援助和被援助双方就都不会有遗憾。不过,关于基础设施之外的私人企业的援助和投资补助,现阶段存在着很多问题。指定重点企业和产业当然是发展中国家的事,可一旦这种选择造成了(也许短期看来是)失败的结果,就可能引发政治摩擦。究其原因,在于有关援助和补助的风险溢价计算结果不能确定,这反而带来了阻碍发展的风险。风险最小的是以技术转移形式进行的援助,而能使其最公平地进行的方法就是放松专利权的限制。本书一贯主张经济发展水平差距的主要原因是技术普及的差距,只要找不到缩小后者的方法,不平等的问题就不会得到解决。当然,消除"结果的不平等"本身,与本书同时提出的"自由主义"主张相左。但是,技术比产品本身蕴藏着更大的机遇。以技术为名的知识普及,基本上等同于"机会的平等",也意味着自由主义的进步。

即便如此,人们对技术普及还是持有各种各样的意见,甚至心理障碍。从前,发达国家也许并没有特别的意愿去帮助各发展中国家发展。例如,19世纪时,恐怕没有欧美人会关心在遥远的东方、与自己毫无关系的岛国日本的经济发展。但是现在,情况

---

① 专利有效期在中国是 15 年,在印度是 14 年。中国、印度和泰国不承认实物专利。在《邓克尔草案》中,规定专利有效期是 14 年,并允许实物专利的存在。

发生了翻天覆地的变化。通过信息化，再遥远的国度我们也有机会亲身感受，而东欧和俄罗斯开始再工业化也产生了巨大的影响。之前，欧共体各国已经对苏联和东欧各国提供了大笔的资金援助。这不仅仅是为了防止东欧难民入境、占领未来的市场等衡量利弊的结果。双方同样作为欧洲人而有一种亲切感，同时在美国国内也有很多东欧移民及其后裔。因此在东欧和苏联走上开发主义道路时，欧洲和美国人没有理由阻止他们的脚步。还有一个例子就是日本，它也必须对正走在自己走过的道路上的众多邻国提供帮助。

发达国家和开发主义

然而，一旦这种开发主义（国家政策上的开发主义）作为一种规则被承认，它就会与古典的经济自由主义规则产生摩擦。之前的论述在这里就不重复了，简单地说，站在古典式自由放任主义的角度来看，开发主义对于政府的介入的依赖，无论如何都是有悖于规律的。之前，国际货币基金组织和关贸总协定的规定，都允许发展中国家作为特例采取保护主义。如前所述，这种单纯的列为特例的方法已经不能解决问题了。但是，比发达国家和发展中国家关系问题更重大的，不如说是发达国家之间的问题。当发展中国家实质上成为发达国家、有超越先行者的趋势时，新旧发达国家会因对规则的理解不同而经常发生争执。

例如，美国历史学家戴维·兰德斯在其大受好评的著作中生动地描写了整整一百年前，19 世纪 80—90 年代，英国和德国间发生的类似争议。[①]

"19 世纪 70 年代后，英国人开始注意到其新的竞争对

---

① デイヴィッド·S·ランデス『西ヨーロッパ工業史1』（石坂昭雄·富岡庄一訳、みすず書房、一九八〇年）、三五四～九〇頁。下面的引用是从 357 页开始的。原著为 David S. Landes, The Unbound Prometheus, Cambridge: Cambridge University Press, 1969。

第十章 新国际体制的蓝本

手——德国的存在。……在新兴工业的各大领域,德国都明显占有优势。……但是,英国人不断强调,德国人使用的方法并不是光明正大的。……这样的抱怨达到最高潮,是在署名罗斯·霍夫曼的文章《1896年的疯狂行为》发表之后。议会里,政府购买德国巴伐利亚州制造的铅笔、进口德国犯人制造的刷子等都遭到了指责……"

1996年还没有到来,但至少直到现在,兰德斯所描写的一个世纪前的德英关系,与现在的日美关系出奇地相似。企业家的性格、教育制度、金融结构、对于技术等的态度等问题上,两国没有一点相同之处。这里再引用一段稍长的描述。

"另一方面,德国的体制中,技术革新被制度化了。即变革会自动进行。……此外,对于技术革新的感受性上存在的差异,由于企业经营上合理性的不同而变得更加明显。英国的制造业者依旧抓着古典的算术式不放。也就是说,他们提前测定成本、危险性和销售量等,在此基础上选择与设备投资相比能获得最大收益的投资方式,之后尝试利润最大化。……他们往往会犯这样的错误:将投资与目前的运营状况和收益而不是未来的预期收益联系在一起。……德国人的算法则完全不同,他们不是将收益,而是技术效率最大化。……现在手段对德国人来说已经变成了目的。事后进行研究的经济学者……通常把两种损益计算做如下区别,即德国的企业经营者注重更长远的展望,其中纳入了被竞争对手英国看作定量的技术变革这一外部变量。"[①]

我想提醒大家,以上的论述同本书中关于开发主义的论述,特别是从长期角度进行的论述,非常吻合。显然,与德英之间发生的事类似,在一百年后的今天,这种戏码在日美两国间也在上演着。兰德斯的著作是在日本尚未完全崛起的1969年写成的,我

---

① 兰德斯同上著作,第383~385页。对译文稍加改动。

们不得不为这种巧合而惊叹。

发达国家间的工业化竞赛中，很明显人们都在重复同样的事。为了追上走在前面的人，跟随者不仅要学习，还要加入新的元素。这时受跟随者社会特性的影响，先行者和跟随者采用的体系之间就会产生差异。实际上，如果体系间的差距不大到能够带给跟随者好处，跟随者就很难赶超前人。结果，各国各自认为正确的"合理性和规则"观念的差异变得突出，从而引发争端。这在经济上的竞争中非常常见，国民国家形成之后在欧洲大陆与英国、荷兰与英国、英国与法国之间都曾出现。此外，人们一直以来都认为，有关理念和规则的神学上的争论不会结束，而会发展成为真正的战争。一个世纪前，表面上在经济战争中稳操胜券的德国，在外交策略和军事战争中一败涂地，英德关系问题也就此解决。

然而，历史不会重演。现在的日美关系与一百年前的德英关系并不相同。一方面，技术革新的"自动化"比19世纪末期有了长足的进步，两国间的对立也变得十分危险。20世纪末的挑战者日本将开发主义政策与经营融合到一个体系中，让对立越来越明显。同时，另一方面，利用"战争"的手段来解决这种摩擦和对立已经几乎不可能了。再者，还必须考虑到和英国相比，美国文化的性质更加理念化。结果，现在争议更偏向于理念方面，而且最终也很难得到解决，这比以前的情况更加复杂。要想解决这些问题，就必须首先从正面解决规则的问题，虽然这有悖于国民国家成立后强权政治中犬儒主义的光荣传统。

修正规则的提案

"理念国家"美国已经将有关规则的争论拿到了正式的场合。1974年的"贸易法第301条"、1976年的"综合贸易法"中的"超级301条"就是其中的代表。日本是这些法律的主要对象，这也是理所当然的。不过，日美间的经济摩擦只不过是最初的案例。最终，随着东亚各国迈入发达国家的行列，它们与美国之间有可能持续发生摩擦。最近，韩国、中国台湾、泰国与美国间已经出

第十章 新国际体制的蓝本

现了这种苗头。俄罗斯和东欧各国最近也对东亚型的发展显示出了很大的兴趣，拉丁美洲也有国家想要走东亚式的发展道路。这样，在全球范围内，开发主义和古典的经济自由主义在规则上的对立会愈发重要。美国坚持古典经济自由主义的正确性，不断指责日本和韩国进行不公平贸易。大多数经济学家也都不顾学术史上有关马歇尔冲突等发生的争论，都从意识形态上将经济自由主义正当化。在这种环境中，有人说，这种对立可能会和过去市场经济与计划经济间的对立一样加剧。

这里，我们必须从超越经济学领域的更广的角度，来分析经济自由主义和开发主义的优点和缺点。关于国内经济的问题，我们已经讨论过多次。开发主义的长处在于可以利用成本递减的优势。而其劣势有：第一，一旦政府为实行开发主义开始对市场进行介入，这种介入就有扩大化、长期化的趋势。尤其是当介入变得不再必要时（即目标产业中成本递减现象消失），官僚也不会轻易地放弃手中的权力。这时，开发主义就退化成对停滞产业的保护主义，经济整体失去增长力，开发主义的优势也将不复存在。第二，更本质的问题，即开发主义只在政府有能力进行产业调整时有效。如果没有一个可以抑制低价竞争、投资竞争的政府，开发主义就只能为企业制造一个高风险的环境。此外，目标产业和其他产业间会出现差距或者分配的不平等。如果政府不能弥补这种差距，开发主义就会带来不平等（如曾经在日本引发问题的双重结构）和政局不稳。这一点我们有关国内经济的章节中已经多次讨论。

现在的首要任务，是站在国际经济的视点上重新探讨这些短处。结论是针对两个短处分别制定出两个规则。第一，全世界必须就"日落复审规则"达成一致，停止对发展中国家的不公平待遇。这虽然十分困难，但也并非不可能。因为国际货币基金组织和关贸总协定中同样有类似的特殊条款。第二，开发主义不能成为世界经济的基本规则，这一点是决定性的。这是由于现在不存在一个世界政府，没有办法抑制国际范围内的低价竞争和投资竞争,也不可能有对各个国家产业间差距的扩大加以调整的国际分配政策。假设最强的经济大国也实行开发主义并飞速进步,这比不允许发展中国家利用开发主义更有可能造成世界不平等,加剧人们对政治的不满。日本所遭受指责的内容大致都集中在这一点,虽然没有从理论上系统整理过。接下来,让我们假设美国与日本一样,具备了开发主义国家的特征。可以想象日美的角逐将给世界带来何等混乱。如果将开发主义作为国际经济中唯一的普遍适用的规则,就会出现比古典经济自由主义时期更残酷的"过分竞争",各国都会取消个性产业和企业,用日本或美国式的方法改变世界。恐怕谁也不希望世界上出现这种恐怖的局面。

开发主义的劣势,反过来也成了经济自由主义的优势。第一,如果能够认真贯彻经济自由主义,政府就根本不可能介入,也不会出现官僚的介入什么时候、因为什么结束等麻烦的问题。第二,经济自由主义应该有一个能进行自动调整的机制,所以它不需要世界政府或类似的世界性的调节机构。因此它即使在没有世界政府的世界中,也有资格成为国际经济的普遍规则。这些都是经济自由主义的主要优势。它的劣势当然是不能充分利用成本递减中所蕴藏的增长力。

判断这两种制度类型应该如何组合十分困难。但是无论如何,我们首先必须承认成本递减趋势存在这一事实。换句话说,对现代经济学家不经考虑就认为是正确的、有关经济自由主义的没有根据的乐观主义,我们应该摒弃。在此基础上,应该从超越单纯经济问题的视点来重新考虑两种规则的组合方式和制度的选择问题。我的观点可以归纳为以下几点。

多相的经济自由主义规则的个人设想

Ⅰ. 工业发达国家应该采用经济自由主义,放弃开发主义。最大的原因在于将开发主义作为国际经济的普遍规则,等同于假定世界政府是存在的。

Ⅱ. 发展中国家必须承认开发主义,尤其要顺利地推动技

第十章 新国际体制的蓝本

术转移。这里的关键是放松专利权的限制。同时，有关发展中国家的对策必须明确制定出"日落复审规则"。

Ⅲ. 必须承认各国的市场制度可以有各自的特征。只要遵守国内的规则，国外进入的企业就应该无一例外地得到承认，并被给予与国民同等的待遇。

Ⅲ中的规定与Ⅰ中规则的普遍性问题稍有一些关联，我们接下来会逐步深入地分析。以上三条组成的规则，虽然是自由主义的，但在多相性这一点上与古典的经济自由主义有很大不同。"古典的经济自由主义"是在任何环境中都主张经济自由主义（尽量减少对于经济行为的限制），也就是单相的经济自由主义。

日本应采取的对策——废止许可认可制

决定这三个规则能否在国际上为人所知的关键在日本，日本采取怎样的措施对应决定了这一点。根据这些规则，日本作为发达国家，必须将自己从开发主义的典型转换为全新的经济自由主义。与此同时，对于发展中国家，必须允许它们实行开发主义。日本如果明确表示要从开发主义变为经济自由主义，必将给全世界带来巨大的冲击。不过这里，我们会遇到一个经常令日本经济的研究者十分头疼的问题，即很难将日本的开发主义作为一个明确的制度加以定义。正因为如此，很多研究者经常从制度上对日本的开发主义进行没有太大意义的实证研究。可以作为开发主义明确证据的制度，在20世纪60年代后期在日本已经所剩无几，70年代后，可以说在日本已经没有明显制度化的政府介入了。

下面我们简单回顾一下历史。日本政府于1960年通过了"贸易汇率自由化大纲"，由此，开始了废除开发主义制度的努力。1963年，日本接受了《关贸总协定》第11条规定，废除了进口外币配额和出口补贴。1964年，开始接受国际货币基金组织第8条规定，同时加入经合组织，并努力达到其要求。在20世纪60年代前期，之前的制度在很大程度上已经被废止，到1976年关于软件的制度被通过，贸易和资本的自由化基本完成。仍然在实施的所谓"残留进口限制"目前仅针对农林业水产品为主的12种商品；"国家贸易商品"（第17条商品）共有6种，而且没有发动过保护措施（第12条）和非自由化条款（第25条）。① 与世界其他国家相比，日本限制进口的商品非常少。虽然关税税率根据计算方式有所不同，但日本的一些税率在发达国家中是最低的。在一般被视作贸易壁垒的补助金方面，日本的政府补助金与国民生产总值的比率属于发达国家中较低的。尤其是在去除有关大米的补助金后，比值会减少将近一半。② 其中，对于研究开发的补助金非常少，较多的是对于中小企业的补助金。总之，已经没有什么制度需要自由化了。当然还是有些例外：第一，有关大米的对外保护主义；第二，面向中小企业的优惠税率、补助金、政府融资等政策；第三，全体许可认可制度，特别是其应用，应当注意在金融产业、运输通信产业等今后的重点产业中存在的这些问题。

如上所述，日本国内开发主义的运用手法，是不依靠制度的、非正式的、在习惯中形成的体系，也是所谓"行政指导"的体系。当然在一直持续到20世纪60年代的高度增长初期，都有明确的开发主义制度。在这一背景下，逐渐形成了有关政府和产业关系的惯例以及相应的企业行动模式。之后，构成日本式开发主义实质的主要内容，包括行政与企业关系的固定化、企业行动的模式化。于是，日本在考虑放弃开发主义时，面临着两个问题。第一，国家实施的开发主义制度中哪些该废止或者改变；第二，企业经营中形成的开发主义能否改变、是否应该改变。第二个问题我们将在后面讨论，这里先来看第一个问题。

日本现存的制度中，是否仍有制度能成为开发主义的关键？

---

① 继续限制进口的商品在1989年前包括煤炭和20种农林水产品，共21种商品。而之后的两年间贸易自由化继续推进，1992年前，桔子、橙汁等7种商品实现了自由化。国家贸易商品有大米、小麦、大麦、炼乳和奶粉、黄油、生丝，以前包括在内的牛肉也在1991年实现了自由化。

② 见图7-1和图7-2。

第十章　新国际体制的蓝本

按照商品或产业来看，日美间曾存有争议的桔子、牛肉也都实现了自由化，余下的只有与大米有关的各种制度。大米的自由化显然也只是时间的问题了。由于没有人继承上一代的产业，第二类兼营的大米农户今后将会急剧减少，来自农户的政治压力也将减小。由此，制度上的自由化从一种商品到另一种商品，不断扩大。但是，这样就能完全脱离开发主义吗？其他国家会接受日本放弃开发主义吗？我们没有必要被外国人的批判牵着鼻子走，仅就这个问题来说，答案是否定的。这里有明确的理由。

我们不从商品的观点，而从行政手段的角度来看。行政手段可以分成以下几类：

① 消极的、使用权力的干涉，如许可认可和禁止；

② 积极的、使用权力的干涉，如政府采购、政府融资、国库补助金、优惠税率；

③ 不使用权力的干涉，如行政指导。

等等。① ① 就像"大棒"，② 就是"胡萝卜"。日本的特征是③中的行政指导发挥着巨大的作用，而我们不能忽视，支撑它的隐形的基础仍然是①和②。只是②这个"胡萝卜"作为介入手段不能立即产生效果，"大棒"①中"禁止"的作用在战后的日本非常小。结果，日本官僚最经常使用的，是①中的"许可认证"，在行政指导的过程中，它成了一种威胁的方式。行政指导的频繁使用和许可认可制度的蔓延，是手心手背的关系。在那些进口自由化和资本自由化已经完成的商品或产业中，依然残存着许可认可制度，它以"公共性"这一暧昧的概念作为根据。

但是，许可认可原本是什么？行政法学者说：

"许可是在特殊情况下解除一般情况下实施的禁令，以保

---

① 上野裕也『日本の經濟制度』（日本經濟新聞社、一九七八年）、一九頁以降。分类参考金沢良雄・今村成和『經濟法・独占禁止法（改訂版）』（有斐閣、一九六七年）、三七頁以降。

障某些合法行为的进行。"

简单地说，就是将本来不被认可的行为作为例外处理。① 这种法理在适用于一些经济行为时，意味着法律上不承认它们，与自由主义的理念相抵触。当然，某些原本被认可的行为（简单的例子如开车）过于普及，并被认为很有可能对社会造成重大影响，即形成"混乱"（congestion）时，自由主义也会考虑允许经济主体在一定范围内进行介入。既然开车本来并不是违法的行为，进行驾驶测试、发生事故时用刑法和民法进行处理就已经足够了，不需要在所有情况下都让官员参与管理。同样地，站在自由主义的立场来看，投资某一产业等经济行为，只要满足一定的条件，原则上应该可以自由地进行。在满足必要条件的基础上，无论申请者是日本人还是外国人，都应该自动而迅速地给予许可。当然，世界各国没有必要设置同样的必要条件（如上述规则Ⅲ）。

许可认可制度基本上是"反自由主义的"（illiberal）。因此，让日本的经济制度自由主义化的最简单的方法，第一是"废除许可认可制度"，或者至少是"自动认可化"。和颁发驾驶执照相同，关于工厂和店铺的开设资格、东京证券交易所的会员资格、大阪新机场的竞标资格、律师联合会的入会资格，也应该规定只要满足一定的标准和通过某个考试，就可以在一定期限内给予许可。这可能会给人这样的印象：来自外国的进口以及企业进入市场在很大程度上变得自由了。这个印象是十分重要的。如果依赖于官员根据其在日本社会的经验，判断能否进入日本市场进行投资，外部进入日本市场的积极性就会受到影响。举例来说，东京金融市场现在受到其独特的许可认可制度的约束，所以虽然交易量很大，但很难成为国际性的市场。外国企业对日本市场抱有很大不满的最大原因，恐怕就是企业进行各种活动时，到处都会遇到许

---

① 田中二郎『新版·行政法·上卷·全訂第二版』（弘文堂、一九七四年）。对于许可认可问题，在日本只有森田朗在『許認可行政と官僚制』（岩波書店、一九八八年）中进行过研究。参照同书第二章。

第十章 新国际体制的蓝本

可认可带来的不便,以及主管机构中盛行的、带着日本社会不良风气的官僚主义。

重要的是,如何理解制度在理念上的结构。就算简化、放宽了许可认可的手续,仅凭这些,很难让人相信已经脱离了开发主义。最近经常可以看到日本对美国等施加强大压力的国家单独放宽许可认可的标准,这可以说违反了机会平等的理念。这样做反而会让不仅是美国之外的国家,连美国自身都怀疑日本不遵循"规则"行动。外国如果认为日本原则上坚持许可认可制度,放宽这种制度在长期甚至会加剧经济摩擦。自由主义是有原则的规则,而不是结果。最近日本的对策,经常偏离这条基本道路。

例如,在"结构改革协议"中对进口数量这个结果做出承诺,使美国也认为日本是官僚统治的、反自由主义的国家。事实上,不应该对结果加以承诺,而应该宣布停止许可认可制度。而这之所以不容易实现,主要是因为众所周知的官僚组织的自我防卫,同时也不能忽视日本社会长期形成的惰性——"法官式的,即水户黄门式的正义"观念带来的影响。比如许多日本人都有这样的毛病:既不服从警察的管理,又要批评管理不到位。能否克服这一障碍,是现在日本的议会民主政治(包括选民)面临的最大挑战。这也考验了日本人是否依然生活在以自我为中心的狭小的生活圈内。

我们已经提出了多样态的自由经济规则(及在日本的应用)的方案,而我们不应仅仅公布这一提案。实际上有决定性的重要意义的,是在哪里或者哪个组织中协商并制定这一规则。这个决定显然必须获得所有经济大国的一致同意。因为只要一个经济大国缺席,规则就会被破坏。因此能对规则进行协商的,实际上只有经济峰会或者七国集团等少数经济大国的会议。在有54个议席的联合国经济及社会理事会中进行的,只是发达国家和发展中国家无休止的辩论。联大显然也不适合作为讨论的场所。虽然人们对只由发达的经济大国决定这一点可能有所抵触,但因为上面所说的新规则本来就对发展中国家有利,所以发展中国家无论如何都会接受。这样问题就变得与各发达国家间的协议息息相关,也就是交由各发达国家的议会民主政治处理。这个问题我们将在下一章中讨论。

即使上述问题得到解决,日本脱离了"国家层面上的(作为政策的)开发主义",仍然存在一个重大问题。这么说是因为就算国家放弃了开发主义,"企业(经营中的)开发主义"也不会消失。最近日本企业的所谓体质问题经常成为人们批判的对象。关于这一点,为方便起见,我们也将在下一章中进行研究。

什么是大国——日本和美国的作用

当然,并不只有日本承担着对未来的责任。总的来说,世界将来的走向(至少在现在)是由所谓工业化的发达国家的选择决定的。与其说这是因为发达国家是让新世界体系成功建立的原动力,不如说是因为它们掌握着使其失败的关键。直到美式和平成立之前,下一个霸权国都是通过战争产生的。能在战争中脱颖而出,从各方面证明本国优势地位的国家,才是新世界秩序的实际建设者。使美式和平成功的原动力,是美国在所有方面绝对的国力。就算达不到维护美式和平的实力,成为霸权国的最低条件也是在经济和军事实力上具有优势。但是现在,被称为大国的各个国家,各方面的实力也不平衡。不管是美国、欧洲、日本,还是中国或者俄罗斯共和国,都在某一方面上有很大的弱点。只是与此同时,在其他方面有足够强大的实力。当今世界的特征,不是人们常说的大国的"多极化",而是各大国国力构成的"不平衡化"。

例如,美国和欧洲在经济上不再宽裕了。不过,美国有强大的军事实力、巨大的国内市场、一直以来作为霸权国家所获得的声望和以此为基础的政治实力。欧洲在过去四个多世纪的时间内,为现代化做出巨大贡献,获得了称赞,欧共体统一如果能顺利推进,区内巨大的市场也是一个有力的武器。日本的优势在于包括技术革新在内的经济增长力,但它在国际舞台上还没有什么经验,

第十章 新国际体制的蓝本

之前采取的政策也不能让其在国际上获得威信。因此，日本的政治影响力之小与其综合实力极不相称。中国和俄罗斯共和国都拥有包括核战斗力在内的军事力量，以及易守难攻的有利的地理位置，但经济实力（特别是非军事的技术实力）过于弱小。但是，各国在不同方面拥有的国力，无论哪一个都足以使世界陷入混乱，甚至摧毁世界新秩序。这里我想特别提醒日本的读者们注意，日本的经济实力，更确切地说是其操控经济的方式（即开发主义）也具有使世界大乱的强大力量。关于这点接下来我们会提到。日本人由于长期的小国意识所限，还没有意识到这一点。

当然，与过去相比，发展中国家已经获得了相当大的自由行动的权力，这也是使世界不稳定的因素之一。新兴工业国（地区）的经济实力也不可小觑。不过就现状来看，只要这些国家不能巧妙地联合在一起，它们仅凭自己的力量还无法使世界体系崩溃。此外，可能会出现一些冒险主义国家，在各地区挑起争端，像之前说过的，国际上对这种局部冒险主义的压制能力还很弱。但是，只要没有像伊拉克那样的常规武装力量和远距离弹道导弹，这些冒险主义国家应该不会立刻撼动整个世界秩序。因此，可以说破坏世界的能力集中在几个大国。今后，应该像这样理解"大国"这个词的含义——大国是能单独阻止新的世界体系建立的国家。

上面列举出的都是这种意义上的"大国"，而如果按照本书中的提案，必须要求这些大国选择率先遵守前边提出的新的"多样态的自由主义规则"。之前所说的国家中的哪些对此进行的选择会产生巨大影响？我个人认为，应该是美国和日本。中国和俄罗斯共和国只有在实行军事冒险主义，即使用核武器等情况下，才会给世界带来致命的混乱。只要国内的局势不足以逼迫它们实行冒险主义，这些国家就会着重经济发展，至少短时间内对外会采取被动的态度。欧洲各国现在则必须将精力用于欧共体统一和援助东欧。欧共体的确有可能实行保护主义，成为封闭的"经济政策联盟"甚至"新地区主义"，短期内可能使世界经济陷入混乱。但是，正如前边所说，如果这不引起连锁反应，即美国和东亚没有为了对抗欧共体而进行"新领地化",欧洲的保护主义化(像苏联和东欧)只会引起欧洲自身经济的衰退,因此欧洲也不会彻底走向保护主义。美国和东亚是否进行"新领地化",取决于美国和日本的选择。最终,现在有让世界崩溃的实力,并能自由实施行动的,只剩下了美国和日本。

对于美国的选择的重要性,没有人(虽然对于为什么重要可能有不同的观点)会有异议。不过,应该有不少人反对将日本看成两个"大国"中的一个。这样想的日本人出乎意料地多。然而,不清楚自己的实力也会给世界带来巨大的损失。战后日本人一直希望获得"角落里的幸福",而现在的情况已经不允许这种天真的想法继续下去了。像之前所讨论的,日本如果继续以其一贯的开发主义的方式发展经济的话,在与其他国家特别是以古典的经济自由主义为基本理念的发达国家的贸易中,日本就会一直保持优势。第九章说过,即使在变动制之下,这种趋势也不会因汇率的变动而改变。最终,外国的企业甚至产业本身都有可能逐渐消失。现实中情况虽然不会那样简单,但人们能广泛感受到种种潜在的威胁。人们经常说的"日本问题",其真正的要点可能就在于此。

当前,由于开发主义的作用在理论上尚未被完全理解,所以提出"日本问题"的外国人也只是对问题有一个模糊的概念。在不少日本人眼中,"日本问题"是欧美发达国家的人们刁难的借口或者发的牢骚。日本人想反问,不了解自己设计的开发主义所拥有的神奇力量,勤奋地工作、储蓄、专心于技术革新为什么不对?而如在全书中一直论述的,日本人带来的是一个将工业化的理论往前推进的新奇体系,它已经超越了单纯的勤奋、节约等工业主义上的美德,也超越了重商主义和统治主义。

至此,我们已经多次讨论过应该选择古典的经济自由主义还是开发主义。有关站在终极标准(本书所说的自由主义)的立场上,什么样的体制是人类最需要的,我们将在下一章进行讨论。这之前,通过功能上的预测,我们也能得到大概的答案。开发主义如果被当成世界通用的规则,那么理论上的结论就是世界将充

第十章　新国际体制的蓝本

斥没有国界的"过度竞争"。统治世界的超大企业或者它们形成的卡特尔，将击败传统的国内产业和企业，制造出一个看似多彩，实则一成不变的玻璃球似的高度大众消费社会。政府屈服于超大企业的影响力，国家的地位逐渐下降，人类不分人种和文化，只是通过瞬间的游戏相互联系。有些人把世界主义看成最终理想，其实彻底的工业化统治（即开发主义）才是通往世界主义的捷径。日本持续宣扬开发主义的正当性，就等于开辟了一条通往新的"进步主义"的道路。身着小西服的日本的企业战士们不知不觉中创造出的体系，绝不是日本特色的武士帝国，恐怕仅仅是困扰于无休止的混乱的、超现代的世界主义者社会。

很少有人认真分析这样的未来社会。非要举一个例子的话，这个世界与1980年美国出版的科幻小说《赛博朋克》中描绘的世界十分相似。[①] 在主导性的尖端产业中，令人毛骨悚然的巨大（很多是日本的）超级企业占有统治地位并相互竞争。个人的生活、国家的文化也在这一洪流中翻滚，最终被冲走。已经分不清是哪个人种的英雄们，也只是偶尔现身一下之后，马上又被激流吞没。20世纪三四十年代的奥尔德斯·赫胥黎和乔治·奥威尔的反未来小说包含着反工业化的思想，但他们并没有想到世纪末会出现市场竞争的"横行现象"，也没有准备扼制这一现象的理论。相反，80年代的科幻小说《赛博朋克》十分轻快，乘着超级产业化的波浪划向未来。学者的著作中与之相近的基本上只有罗伯特·莱克的近作《国家的工作》。他在书中构筑了"象征性的分析者"（symbolic analyst）活跃着的、没有国界的"近未来世界"，受到了肯定。[②]

然而现实中，赫胥黎和奥威尔描绘的世界没有出现，《赛博朋

[①] 如威廉·吉布森的著作《神经漫游者》、《整垮珂萝米》《计零》（均由早川文库出版）。代表不可思议的日本的"财阀"和东京、尖端技术等事物在书中频繁出现。给这些事物加上专有名词"日本"作定语，并不是说它们专属于日本。
[②] ロバート・ライシュ『The Work of Nations』（中谷巌訳、ダイセモンド社、一九九一年）。

克》中科幻的未来最终可能也不会到来。原因在于，现代人一方面认为赫胥黎和奥威尔的跨时代的反未来主义不符合时代的潮流，另一方面又不想被淹没在工业化的洪流中。保护地球环境的声音（虽然有人出于狭隘的心理，反感其人类学）是反抗超级工业化的一种表现。更现实地说，维护国家经济利益的保护主义、对经济衰退地区和失业人口进行再分配的要求、由此产生的狭隘的爱国主义政治，也都反映了对超级工业化的抵制。反对日本飞速走向开发主义，也是由于害怕不慎走向超级工业化。归根到底，这些抵制行动都是来自我们对于一元论的"进步主义"怀有的不信任，这在现在已经很难消除了。可以说日本人有充分的思想准备，接受这种不信任。怎样改变开发主义的结构，也许是"大国日本"面临的最大课题。即使脱离了"国家层面的开发主义"，也还有"企业层面的开发主义"问题。这是尚待我们解决的最大课题。

第十一章　技术·经营·议会政治
——有关三个问题的备忘录

第一节　技术发展的视角

预测失误的可能性

这本书要解决的，恐怕也是当前人类面临的问题，最终可以概括为以下几点。

在决定统治权结果的强力政治特别是战争，不可能出现的情况下，怎样使包含着不均衡成长危险的工业化进程得以进行？这时，怎样保证人类的自由？

这是一个巨大的问题，它曾经有明确的答案——近现代进步主义的一元论。具体说就是名为国民国家体制的强权政治与古典的自由竞争相结合，共同走向长期的理想状态；也可以说是以黑格尔为代表的（也是弗朗西斯·福山祖述的）19世纪的决定论。但这已经不再是这个问题最佳答案了。不仅如此，这个问题一般也没有一元的答案。核破坏力和资源限制，加上自我发展的工业化，人类在历史上恐怕第一次不得不直面如此多元的局面。要想实现向新世纪乃至新千年的软着陆，就不能再使用暴力的一元论了——包括反工业化论、环境主义论、资源有限论等。

与之相对，本书中我们自己提出的答案则更加简单，基本上是"中期的"、过渡性的答案。它既不是为了对20世纪90年代后的几年进行预测而进行的"短期"分析，也不是为制定21世纪的方针而提出的"长期的"文明论。正如我们一直所说的，虽然人们的确已经预感到古典意义上的民族主义和工业化行将消失，但是能代替它们的新民族主义、新产业化尚未成形。

我们在前面已经明确了本书理念上的准则。那就是在第一章解释过的"维持'自由主义'的世界秩序"。这里所说的"自由主义"是使人类成为人类的根本规定，它的概念超越了进步主义和保守主义的对立。与以往的近现代进步主义不同，不能从根本上具体地给我们展示出正义的规范和理想社会的最终形象。因此，本书想要做的，是描绘出"中期的"蓝图，它不会脱离自由主义的世界秩序这一目标范围而安然度过过渡期。换句话说，本书的主要课题是从充满预测和选择的各种可能的途径中选出一个相对令人满意的答案。预测时当然要选择最有可能走上的道路，选择时则要把行动拉回到目标范围。我并不想给出一个绝对的答案，其中有些地方虽然称不上是错误，但有可能引起争议。不管怎样，本书的论述是由预测和选择（提出备选方案、判断优先顺序）构成的。于是，一方面预测有可能失误；另一方面，"新规则"要求的选择实际上有可能是无法实现的。

那么接下来让我们来整理预测中的失误和不能实现的选择。这时就有必要再次分析之前或明或暗地进行过的预测中有哪些可能是错误的。另外，与预测的错误相似的是，我们有可能犯下了另一个错误，即对国际政治经济中有重要地位的国家（实际上就是所谓的大国）做出选择的能力抱有过分的期待。其中特别需要注意的是：

Ⅰ. 有关古典民族主义衰退的预测。如对苏联和中国国内政治进行的预测。

Ⅱ. 有关古典经济自由主义衰退的预测。这在很大程度上与有关开发主义扩大的预测相联系。它们共同的背景，无疑是有关技术发展的可能性的预测。

Ⅲ. 有关大国间克服摩擦能力的预测，或者说是选择的不可实现性。对日美间异质性讨论的未来走向进行预测非常

第十一章　技术·经营·议会政治

重要。

Ⅳ. 有关自由民主主义能力的预测，或者说是选择的不可实现性。

第一条中的苏联和中国的问题，与"古典民族主义的衰退"这一预测有关。本书中提出的一系列民族主义衰退论中，最容易猜到的应该就是对于联合国功能的评价了。在书中，我一直称联合国在今后的世界秩序中无法起到核心作用，而一般看来，海湾战争后重新审视联合国的论调也有不少。和大多数人的意见不同，本书对于联合国的未来十分悲观的原因，是将来的重大国际纷争中，可能有很多都与苏联及中国这样的社会主义"半帝国"的分解以及内部动乱有关。这时，我认为俄罗斯共和国和中国这两个安理会常任理事国不会听从联合国的决定，而很有可能以自己的生存作为赌注，行使否决权。做出这样的预测显然需要认真分析俄罗斯共和国与中国复杂的国内政治，但是非常遗憾，本书有关这一点的分析不能算是充分。俄罗斯共和国和中国很有可能在建立联合国的安全保障机能方面给予合作并做出巨大贡献。但是从外部来看，我（恐怕世界上所有人都）不能完全信任联合国安理会。关于联合国最后还要多说一点，不管安全保障问题如何，联合国在解决世界经济问题上的能力还很弱。

另外的三条可以分别称作：Ⅱ"技术发展的问题"、Ⅲ"日美间的异质性争论"、Ⅳ"民主主义的问题"，我们在下面会依次讨论。关于这些问题，本书并不会下最终结论，而是作为今后的重要课题记录下来。

从经济预测的角度

让我们来看一看上一部分的Ⅱ中说到的"古典经济自由主义的衰退"。经济实力国际分布的急剧变化、与之相伴的保护主义的扩大、被称为"新领地主义"的经济政策联盟的萌芽等，都能让人立刻联想到"衰退"。之前的论述中曾经提到，美国经济实力的

反古典的政治经济学（下）

相对衰退破坏了霸权国体系，不仅使古典的经济自由主义弱化，还弱化了亚洲以新兴工业国（地区）为中心的"国家层面的开发主义"所占比重增大的趋势。我们也预测这种趋势可能会持续，但是与之相反，第一，也有人预测美国经济将再次焕发活力，停止相对衰退的脚步；第二，有人反驳称开发主义的成功很难长时间持续。

对于这两点我们都必须进行细致的研究。关于第一点，我认为如果美国经济仍将重点放在钢铁、汽车、DRAM半导体等发展中国家眼中易于采用开发主义的产业（用下文的话说就是20世纪型的"老旧"产业），美国经济在世界经济中的比重就不会再次扩大。即使比重下降的趋势得到遏制，恐怕也不会转向上升。美国经济再次在全球领先的机会，也许在21世纪型的"新"产业真正发展后才会到来。发展何时能够开始，取决于美国能否迅速地调整国内经济布局。

这时所面临的问题，也是现在困扰着美国的诸多问题，包括过少的储蓄、过于宽松的财政、企业家精神的衰退、混乱的产业政策等问题。前两点可以通过适当的宏观经济政策比较轻松地解决，这也是解决后两个问题的必要条件。然而从美国议会民主政治的现状来看，解决这两个看似简单的宏观经济问题并不容易。而且就算解决了这些宏观经济上的问题，后两个更加微观的结构问题也需要有别的解决方式。首先，想让一度恶化的美国企业的经营体质再次恢复活力就不容易。哈佛大学的W. 阿伯纳西、罗伯特·海兹、罗伯特·莱克、麻省理工学院集团等美国一流的经营学家们，从20世纪80年代起就不断警告美国大企业经营的停滞状态，提出有必要再次进行革新。① 但是不得不说，在之后的10年，

---

① Robert H. Hayes & William J. Abernathy, "Managing Our Way to Economic Decline," *Harvard Business Review*, Vol. 58, July-August 1980. W・アバナシl、K・クラlク、A・カントロウ『インダストリアル・ルネッサンス——脱成熟化時代へ』（望月嘉幸監訳、TBSブリタニカ、一九八四年）。ロバlト・ライシュ『ネクスト・フロンティア』（竹村健一訳、三笠書房、一九八三年）。マイケル・L・ダltウゾス、リチセlド・K・レスタl、ロバlト・M・ソロl『*Made in America*』（依田直也訳、草思社、一九九〇年）。

第十一章　技术·经营·议会政治

状况的改善，至少在"旧"产业群中是微乎其微。[1] 20 世纪 80 年代后期之后，美国的出口确实有了迅猛增长，但这很大程度上是得益于这期间（正如广场协议所期望的那样）美元的连续贬值。不过，美元贬值不会永远进行下去，事实上 1988 年的一段调整之后，出口的增长率也达到了顶点。最重要的是，"旧"产业群只要依然有保护主义和出口刺激政策的支持，就不能说活力已经恢复。

近几年，在美国人们也经常问，引入所谓"产业政策"能否使美国经济恢复活力呢？必须注意的是，实际上美国与本书中定义的不同，已经成了消极意义上的世界第一的"产业政策"大国。特别是在国防产业上，可以看到来自政府的大规模扶持政策。全国研究开发投资中的联邦政府补助金远远大于日本，其中通过国防部发行的比例也很大。此外，国家还频频出台对停滞产业的保护政策，救济特定企业。问题在于这种美国式的"事实上的产业政策"（de facto industrial policy）与本书所提到的产业政策看似相同，实则不然。它不是从国家经济整体的视点来考虑的，最多是为了国防，多数时候是为了特定地区和特定企业的利益施行的扶持措施的集合，因此缺乏整体性和透明性（例如，税的减免措施从政府外部无从知晓）。迈格辛纳和莱克认为，美国的这种"事实上的产业政策"，无异于引入保护主义。[2] 因此，当前要想重振美国经济，不能依靠引入产业政策，而是要改变"产业政策"的视点，甚至可以说是要废除之前的"事实上的产业政策"。不过如果这样做，问题就转移到了决定政府援助的政治过程的性质如何上。只要美国国会的"利害集团自由主义"（interest-group liberalism）（西奥多·洛维）和行政机构的业余主义不发生变化，"产业政策"

---

[1] 吉森贤在《美国企业家精神的衰退》（日本时报社，1991 年）中对此进行了详细论述。参见第 22 页。
[2] 参见吉森贤《美国企业家精神的衰退》第三章。Ira Magaziner & Robert Reich, *Minding America's Business* (N.Y.: Harcourt Brace, 1982).

的性质就不会轻易改变。①

假如美国下定决心真正转变产业政策,那么最重要的就是产业政策研究的核心——"targeting",即指定合适的重点产业。美国曾经引以为傲的产业,如汽车和钢铁,今后进行技术革新的可能性很小。即使将它们指定为重点产业,所获得的成果最多也只是与其他国家处于同等水平,不会使美国经济整体的相对低位有显著的提高。美国经济的机遇不在于这些产业的复兴,而在于争取在21世纪体系中的重点产业上世界领先。具体包括哪些产业还不清楚,这里可以试举几个例子。如高度依赖于基础研究的化学产业的优化和全新的通信产业(使用大规模数字通信线路的产业),当这些产业主导超级工业化的新局面时,各国经济实力的分布会发生巨变,那时,目前基础研究根基最为雄厚的美国,其经济就很有可能再次腾飞。为了明确这会在什么时候发生,我们必须展望今后技术发展的趋势。

另一方面,"古典的经济自由主义的衰退"的原因,一半还在于日本和发展中国家中开发主义的扩大和发展。本书中预测开发主义将会持续发展,当然可能也有人反对这一点。例如有人悲观地认为,20世纪70年代以来亚洲新兴工业国(地区)的巨大发展,只是众多偶然因素交汇的结果,这种繁荣不会长期持续下去。但是,不管发展是因为幸运的偶然还是其他原因,东亚各国经济已经腾飞,这是不变的事实。资本主义工业化的历史上,没有一个国家在经济腾飞、大量出口工业品之后,又回到工业化之前的水平。因为人们会利用积累起来的经营能力、技术知识、勤奋的劳动等一切手段争取继续进步。

东亚各国已经积累了大量的人力资源。今后这些国家当然会采取各种手段努力维持经济发展的势头,为此,短时间内还会采取国家开发主义政策。因此,即使自由发展的势头与之前相比有

---

① · Th·J·ロウィ『自由主義の終焉』(村松岐夫監訳、木鐸社、一九八一年)。他所说的自由主义是与保守主义相对的概念,也是美国独特的用法。

第十一章 技术・经营・议会政治

所减弱,作为反对古典的经济自由主义的国家,我们仍然不能忽视它们的存在。拉丁美洲、东欧、苏联等地区内的国家也不会忠实地遵守古典的经济自由主义。为了保护本国经济,至少会在某些方面采取开发主义政策。所以就算开发主义本身不会扩大、发展,非古典的经济自由主义的工业化形式,也会在国际政治经济关系中继续占有较大比重。

开发主义国家的行动连续引起摩擦,在世界经济中遇到巨大阻力,导致国家衰落时,刚才所说的事态可能会发生逆转。但是为了突破这种阻力,我们会在后面研究"雁阵型"这种阻力较小、较为和谐的形式。最坏的情况,就是发达国家可能联合在一起,企图在政治上打压开发主义的发展。不过,对此开发主义国家并不会束手就擒。当然,发达国家集团和开发主义国家集团间的对立可能激化,出现之前提到过的世界秩序的混乱局面。于是,预测开发主义会急剧倒退,等同于预测世界会走向混乱。

技术革新的动力

作出上述预测,是源于我对技术革新动力的看法。这里我来介绍一下它的具体内容。观察之前 200 年间工业化的历史,很容易发现其中有波动,而且波动具有明显的周期性。我曾经尝试过这方面的研究,这里只简单地归纳一下其中的要点。① 最为人所熟知的是康德拉捷夫所发现的著名的平均长约半个世纪的周期性波动,熊彼特、费尔南・布劳代尔、华勒斯坦等都是在这一学说基础上

---

① 第一次出现是在村上泰亮「轉換する産業文明と二一世紀への展望」、『エコノミスト』一九八三年四月五日号。之后又出现在村上泰亮『新中間大衆の時代』第八章。村上泰亮「二〇世紀の創造者アメリカ」。此外,还出现在 Y. Murakami, "Technology in Transition: Two Perspectives on Industrial Policy," in Hugh Patrick ed., *Japan's High Technology Industries* (Seattle: University of Washington Press, 1986).

进行的研究。① 这个半个世纪的波形，从经济上来看，包括以景气和物价上涨为特征的向上的 25 年和具有相反特征的向下的 25 年。但是从技术的角度来看，某种程度上是相反的。也就是说，经济不景气会不断造就新技术，是创造型的时期；经济景气时，技术的应用与需求的创造相联系，是应用型的时期。关于这一点，上述的学者也基本持有一致的意见。这个事实既可以理解为技术在经济中得到应用需要 25 年的时间，也可以理解为经济停滞诱发新技术的开发需要 25 年。很难判断哪种理解是正确的。这里我并不打算也觉得没有必要下一个结论。

下面将这种波动用最简单的上下方向的线来象征性地画出来。技术的向上和向下通过创造性向上和向下表示。经济的向上和向下表示景气和不景气。标明的年份仅是大概的时间。

这里，我们以峰—谷—峰为半个世纪波动的一个单位（康德拉捷夫一般以谷—峰—谷为一个单位）。不过，半个世纪的波动并不是最长的波动。比如 1775 年左右开始的第一段波动和 1825 年左右开始的第二段波动，明显具有技术上的同质性，这体现在铁制机器和蒸汽动力的使用上。第一段波动是以棉纺织物这一单一产业为中心的技术突破（breakthrough）的阶段，而第二段波动则产生于棉纺织产业周边不断聚集的相关技术，在各产业，特别是铁路、蒸汽船、工程机械中的扩大应用，它是技术成熟（maturation）的阶段。图 11-1 中，用普通的实线和虚线表示突破，用实线和粗虚线表示成熟。

相同的模式在一个世纪后重复出现。支撑第三段波动的是以电力、石油等新型能源和人工材料（水泥、玻璃、橡胶、人工染料等）为基础的全新的技术体系。而 1925 年左右开始的第四段波

---

① N. D. Kondratieff, *The Long Wave Cycle* (N. Y.: Richardson & Snyder, 1984). シュンペ | タ | 『景気循環論 I』（金融経済研究所訳、有斐閣、一九五八年），Fernand Blaudel, *The Perspectives of the World* (*Civilization and Capitalism 15th—18th Century* Vol. 3), (London: Collins, 1984). T. K. Hopkins & I. Wallerstein, et al., "Cyclical Rhythms and Secular Trends of the Capitalist World - Economy," *Review*, Vol. 2, No. 4.

第十一章　技术・经营・议会政治

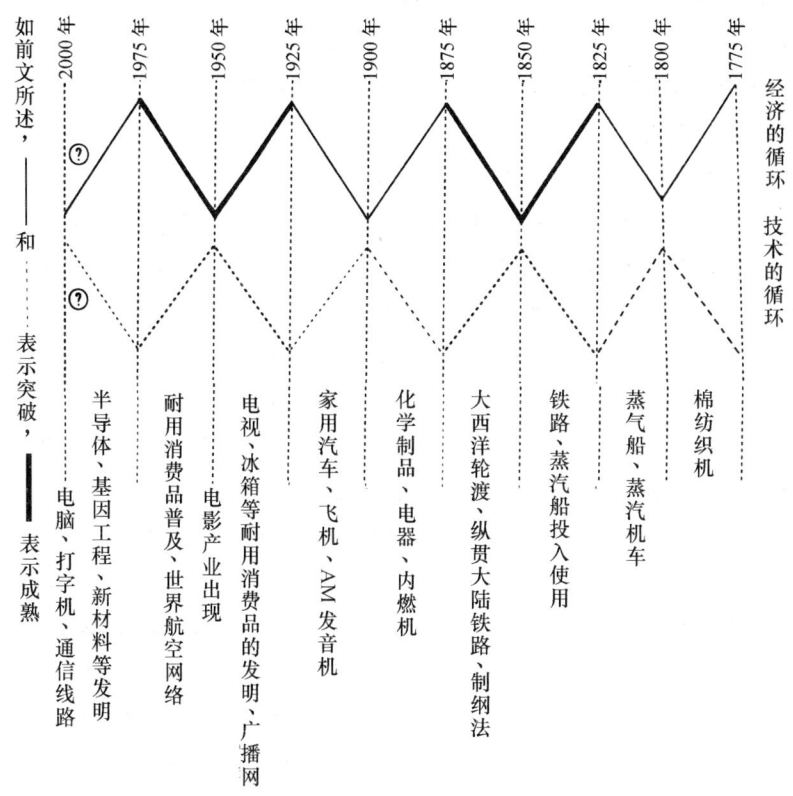

图 11-1

动中,这些技术被全面应用,催生了大众对于耐用消费品、运输、通信等的需求。我将第一段和第二段波动一起称为"19世纪型体系",将第三段和第四段波动一起称为"20世纪型体系"(需要注意的是这比准确的纪年早约25年)。与一般的说法一样,将第二波和第三波的分水岭称为"第二次工业革命"。这样,工业化的波动就由25年波动、50年波动和100年波动三个层次构成。

其实更确切地说,这种周期性不是单纯的重复,而是螺旋形的运动。例如,20世纪型体系出现时,有19世纪型体系建立的众多产业构成它的基础,突破不像19世纪型体系那样仅在棉纺织物产业出现，而是在各大产业中同时发生。这时不仅汽车、电灯、电话等新产品登场，工厂中所有的机器和人员配置也因为交流电的使用发生了跨时代的变化。此外，很多欧美国家几乎在同时等待新技术的发明。随着工业化的推进，可以实现突破的国家和产业越来越多。工业化的"厚度"也在几个波动的叠加中增长。

用"周期性"的观点来看最近的事情，我们可以说明第二次世界大战结束后的 25 年是经济状况极佳的时期。具体地说，那个时期处在第四段波动的后期，与第二段波动后期的维多利亚时期的繁荣相当，不仅是 50 年波动的成熟期，还处在景气和技术应用的 25 年中。而且该时期内经济繁荣的基础比鼎盛的维多利亚时期更加牢固（由于有力量推动其螺旋向上）。那时被实际应用的技术，其实基本上在战前和战时就已经被创造了出来。其中包括很多 20 世纪标志性的产品和技术，如广播网（1926）、传真（1926）、含氟冰箱（1931）、聚氯乙烯（1935）、电视（1936）、FM 收音机（1936）、尼龙（1938）、荧光灯（1938）、聚乙烯（1941）、青霉素（1942）、喷气式飞机（1942）、火箭（1943）、核能（1945）、复印（1950）等。进入这一时期后创造出的较为基础性的发明在该时期内（到 1975 年）没能商品化，如二极管（1951）、基因结构（1953）、太阳能电池（1955）、激光（1958）、光纤（1970）等。20 世纪的第三个 25 年是应用的时代、收获的时代，之前的发明在众多领域得到应用，并被大规模化、系统化。这为技术革新的常态化提供了支持，也创造出了前所未有的繁荣。

那么，紧接着现在，即 20 世纪最后的 25 年又会出现怎样的变化？这一时期最显著的特征是与一个世纪前有很多相似之处。回顾 19 世纪最后的 25 年，内燃机（1876）、电话（1877）、电灯（1879）、电车（1879）、汽车（1885）等发明层出不穷，简直就是"第二次工业革命"。不过这些发明虽然在一部分地区和一些人群中得到使用，但由于缺乏基础设施的支持，并没有引起广泛的需求。随着交流输电（1886）和交流诱导电机（1888）的发明，电力开始在工业中被大范围使用，而对于普通人，在日常生活中

第十一章　技术·经营·议会政治

用电还是遥不可及的事情。因此，要想将20世纪型的技术同大规模的需求联系到一起，还是要依靠道路和交流输电网等基础设施的支持。

和一百年前的情况类似，电脑、二极管、光纤、基因、新材料等这半个世纪中的发明同样具有很大的冲击力，足以被称为"第三次工业革命"。二极管的发明等把以前仅存在于理论中的机器带到了现实中，可以说具有重大的意义，但是直到现在，商品化了的只有一些零件，它们只是为了提高原有机器的性能。当然也有超级计算机和工厂用大型计算机、通信专用线路等，而它们只在有限的企业和大型研究所中被使用。机器人、打字机、电脑等依次出现，它们在突破原有的"机器"的概念的过程中，起到了过渡性的作用。机器人和电脑主要是为了提高现有生产活动的效率。当今，如果没有大容量的通信线路和通信卫星等基础设施在全世界范围内的建设和制造，真正的信息产业和信息社会就不会出现。只有当"以大众为目标的信息"流动起来并为人利用，需求的大潮才能被掀起。正如 C. 佩雷斯所说的，制度和技术尚"不匹配"①。

不过，如果按一百年前的样子类推，现在也有不利的一面。1873年，很久没有现身的不景气到来，那之后直到19世纪90年代中期，经济一直处于低谷中。那时基本上维持着"突破波动的前半段的局面"，需求远小于供给。从19世纪90年代中期开始到第一次世界大战，欧洲经济之所以比较繁荣，恐怕很大程度上是因为欧洲强国同时开始了军备竞赛。结果，从前的霸权国（英国）和模仿者兼挑战国（德国）发生冲突，军备竞赛升级，其影响一直持续到20世纪，引发了大规模战争。的确，本世纪末同样可能是经济（由于没有大规模的大众需求）封闭、国际政治混乱的时

---

① 佩雷斯的《技术革新的不匹配学说》与此相近。C. Perez, "Structural Change and the Assimilation of New Technologies in the Economic and Social System," *Futures* 15, No. 4 (October), 1983.

代。同样是世纪末,二者有着相似的不利局面。

当然,正像我们经常提到的,本世纪末具有一百年前没有的特征。第一,由于核武器的出现,军备竞赛的升级得以遏制,特别是在美苏冷战结束后,已经变得不太可能。只是这会使军事上的需求减少,成为使世界经济更加低迷的一个诱因。

雁阵形式的可能性

第二个区别同样重要,即可以消化新技术的国家显著增多。由于技术普及速度的加快,可以实现技术突破的国家,以及可以迅速适应并吸收新技术的国家远远多于以前。在技术上不再是只有一个国家(18世纪末的英国)或少数国家(19世纪末的英国、德国、美国等)有突出实力,而是呈现出很多国家"雁阵式"的发展态势。不仅是欧美,日本也有实力进行技术突破,俄罗斯、东欧、东亚、拉丁美洲也有迅速开发新技术的潜力。这种雁阵式的排列方式,如果能加以利用就能创造出互补的结构,各国可以互相为对方创造需求。同时,参与的国家越多,基础性的发明得到实际应用的机会也就越大,大众需求也有可能从发达国家扩展到发展中国家。例如,日本在进入20世纪70年代之后,为在全世界创造出大众需求做出了巨大的贡献(以20世纪60年代的二极管收音机和自动控制高速铁路为开端,日本发明了随身听、录像机、自动照相机、民用复印机、民用传真机、卡拉OK、高画质电视机等)。当然美国(发明打字机、计算机等)的贡献也很大,但如果没有热衷于民用技术的日本,最近15年世界的需求将远不及今天。

但是在雁阵中,一旦在最前方的国家的技术出现停滞,队形就会被压缩成一条横线,形成相互竞争的姿态,原先在前端的国家就会感到竞争的威胁,走向保护主义。但是如果走在最前列的国家遵循我们提出的"新型多样态的经济自由主义的规则"转让技术,同时创造更新的技术,情况就会发生变化。与此同时,在发达国家已经达到饱和的需求能够转移到发展中国家的话,世界

第十一章 技术・经营・议会政治

经济的停滞就可以避免。现在，类似的事情正在东亚以日本为中心进行着。例如，日本国内汽车需求达到饱和时，东亚其他国家对汽车的需求便开始增长，这时，日本即使不出口成品汽车，也可以输出生产汽车所需要的资本。只要发达国家和发展中国家的差距不拉得太大，技术和需求的正向连锁反应就有可能发生。能使之前所说的"新规则"顺利落实的理想的配置，就是相对发达国家和相对不发达国家之间的这种经济上的互补关系，美国和欧共体应该有意识地创造这种排列方式，并加以利用。从种种迹象分析，雁阵编队中较为靠后的国家（新兴工业国（地区））内，实际上潜藏着巨大的大众需求。这样的状态是19世纪末帝国主义统治时期无法想象的。① 能够继承发达国家已经饱和的高度大众消费的国家已经大大增多。

之前描述的长期波动模型基本上只适用于发达国家经济。但是最近，许多实行开发主义的发展中国家也在以雁阵的形态追赶着发达国家，上面的长期波动模型并不适用于这些发展中国家。发展中国家有关技术和需求的内在动机的长期波动受发达国家的影响，而且稍微落后。20世纪的最后25年经济可能低迷的看法，特别是不能保持雁阵式的互补关系时，也不适用于新兴工业国（地区）等国家。因此，发达国家的经济自由主义和发展中国家的开发主义还有可能会平衡发展。虽然雁阵中的各个国家可能不能保持理想的队形，但是以新兴工业国（地区）为代表的开发主义式的发展不会停止。

实际上，在第四段波动前期的经济低迷时期（特别是20世纪30年代），在苦于赔偿的德国和尚不发达的意大利、日本等国家，仍然有大量潜在的大众需求没有得到满足。可以说这些国家与现

---

① 有些学者注意到了该问题，但做出了较为悲观的判断。如中冈哲朗《新技术与第五个康德拉捷夫长波的可能性》，收录于篠原三代平编《国际通货・技术革新・长期波动》（东洋经济新报社，1988年）中。的确，此前发达国家美国和发展中国家日本之间，相互依赖的机制并不十分有效。这是因为日本阻拦外资进入，美国也不积极把技术转移给制造国。这样的关系并没有出现在日本和东亚各国间的关系中。

在的新兴工业国（地区）家起着类似的作用，即提供需求。只是当时的英国、美国和法国等强国害怕与这些国家竞争，纷纷实施了"领地化"的保护主义。结果，国际上的强权政治、努力扩大自己势力范围的"领地主义"使互补的经济关系没能建立起来，进而又导致了围绕着收复领土和争抢殖民地的"半帝国主义"的纷争。不过现在，帝国主义间已经不可能再出现军事斗争，这是一个好消息。当然这不能保证不重蹈 19 世纪的覆辙。机械地运用长期循环理论，预测开发主义国家的经济将出现停滞，是对发展中国家内在动机评价过低的结果。真正的问题是发达国家，特别是大国，能否选择多样态的经济自由主义，创造出雁阵形的发展结构。

企业的开发主义

在 20 世纪末的环境中，"开发主义"会发挥什么样的作用？在上一章我们说过，开发主义就是"要利用成本递减的趋势"，它包括"国家（政策层面上的）开发主义"和"企业（经营中的）开发主义"，或者说是国家的开发主义和民间的开发主义。日本无疑必须放弃国家的开发主义。成为发达国家的日本，如果继续使用开发主义作为国家政策，在世界经济中独占鳌头，就会导致全世界有保护主义色彩的民族主义盛行，使日本被孤立，不得不实行新领地主义。这会将日本和世界都引向深渊。幸运的是，日本已经去除了国家政策中开发主义的成分，而且制度也已经相当完备。不论是关税税率，还是进口配额，在发达国家中日本都是制度上封闭性最弱的国家。问题在于人们经常说的官僚对制度实施的干涉，本书为了解决这个问题提出要废止许可认可制度，实行自动承认制度。

不过就算这个问题得到解决，现在日本经济的开发主义体质能否消除仍然是个问号。因为开发主义式的经营方式已经成了日本企业的一个特征，就算破坏了其基础——国家的政策，它也不会轻易消失。众所周知，对于日本（其他发达国家也都是如此）它们无论实行什么制度、采取什么政策，成本递减现象都是一直

第十一章　技术·经营·议会政治

存在的。即使禁止发达国家的政府采取开发主义的政策，其国内的各企业利用成本递减的想法都是不可阻挡的。一旦人们预测一个重要的技术革新型、成本递减型产业将要出现，各国的众多企业就会一同开始开发主义式的经营。世界各地的企业都会以递减的成本轨迹为指针，以长远的眼光行动。

我曾多次指出，二战后，我们可以发现，各方面的经营决策者都将眼光放得越来越长远。这一时期恰好处在成熟的 50 年波动的后半段，技术革新不是创造型的，而是应用型的，同时预测经济走势也变得更加容易。人们广泛应用宏观经济模型进行预测，在凯恩斯主义的影响下，中短期的循环也平缓了不少。一个证据就是研发支出成了投资的重要项目。二战之后的时代的特点就是技术革新和需求的动向变得容易预测，这直接影响了经营眼光的长远化。

经营体质的这种变化也使企业的市场行为中新的类型层出不穷。在递减的成本轨迹之下，很多企业行为都相当激烈，如市场占有率竞争、被视为"新型倾销"的价格战、争先恐后的投资竞争、分秒必争的技术开发竞争。最近，我们所说的这些"过度竞争"带来的不稳定，经常被人们视为日本企业的特征而加以批判。很多人将其与日本文化的特殊性联系在一起，但如之前所阐述的，这些企业行为不是日本固有的，日本只是先人一步，对能利用成本递减趋势的经营方式进行了系统性的开发（当然，日本的固有文化对这种经营方式的普及起到了推波助澜的作用，并使其得到贯彻）。例如，小岛清和保罗·克鲁格曼认为成本递减带来的不稳定竞争的问题不是日本企业特有的，而是现在世界经济的基本性质之一。[①]

---

① Paul Krugman, "Is Free Trade Passé?" *Journal of Economic Perspectives 1*, pp 131—44; Paul R. Krugman & Maurice Obstfeld, *International Economics, Theory and Policy*; P. Krugman, *The Age of Diminished Expectations: U. S. Economic Policy in the 1990s*, Cambridge: MIT Press, 1990. 最近虽然他在会议报告和报纸上也发表了一些论文，但由于并非正式发表，这里暂不介绍。

这种性质的企业间竞争就是"过度竞争",经常会对企业本身造成破坏。很难想象以过度竞争为标准状态的国际经济体系能维持下去。关于这一点,小岛清十分乐观,他期待着这些采用开发主义的企业之间形成一种"一致基础上的国际分工"。相反,克鲁格曼认为这种企业间的国际竞争只会导致垄断或者串通的垄断,做出了悲观的预测。[①] 克鲁格曼的理论显然与本书之前的(主要考虑国内经济的)论调是相同的。他在此基础上更进一步,主张无论如何都要建立能规范这些企业行为的国际规则,而由于对于规则的看法不同,国与国之间可能会分别形成几个新意义上的"板块"(我们所说的"经济政策联盟")。虽然不清楚克鲁格曼具体设定了哪些条件,但他想说的可能是北美联盟、欧共体、东亚联盟分别采取不同的规则来控制过度竞争,使得三个组织的性质也各不相同。确实,小岛的预测也许过于乐观了。但像克鲁格曼说的那样,因为对有希望的成本递减产业采取不同的处理方式,世界就会出现"新地区主义化",这个结论下得又过早、过于悲观。因为在意见不统一导致"经济政策联盟"成立之前,还有很大的政治协商的余地,这是用经济理论不能完全解释的。如果将成本递减倾向的扩大和企业经营眼光的长远化看成不变的趋势,短期内,现实很可能会在小岛和克鲁格曼提出的两个极端之间不停摇摆。我们很难找到一个国际性的解决方式为我们指明方向,今后最激烈的经济摩擦恐怕就会由此产生。

　　很多人也许并没有认识到这个问题的紧迫性。特别是日本的企业和企业经营者还缺乏危机感。这主要由两个原因造成。第一,现实中只有在日本,这种经营活动在尖端产业中成为主流。其他国家很少有企业做出类似的行为。以半导体为例,韩国企业显示

---

① 小岛清《我国海外直接投资的动态和小岛命题》,《世界经济评论》1988 年 5 月号收录; Paul Krugman, "Is Free Trade Passé?" *Journal of Economic Perspectives 1*; Paul R. Krugman & Maurice Obstfeld, *International Economics, Theory and Policy*。有人也对克鲁格曼的观点提出了批判。如 Jagdish Bhagwati, *Political Economy and International Economics*, p. 4, p. 24。

第十一章 技术·经营·议会政治

出这种倾向，但还不足以对日本企业构成威胁。第二，日本企业由于有产业政策的调节，业界内部有相互协调的习惯，因此国内还没有真正达到发生自相残杀性的价格战和设备投资竞争的地步。不过一旦第一个因素消失，美国的企业具备了同样的经营体质，世界市场上日美企业相互竞争，局面将非常可怕。只有日本企业实行开发主义，掩盖了事态的严重性。同时也给了日本的经营者们置之不理的借口。但是，最先注意到事态的严重性的，应该是日本人自己。其他发达国家的政府和企业直接而深切地感受到的，是日本企业这种可怕的体质。

最近，甚至有一种"阴谋论"，说日本的企业企图称霸世界。说实话，日本的经营者们现在基本上都是从工薪族晋升而来的，他们只不过是沿袭了之前"市场占有率第一主义"的组织习惯，认真履行着自己的职责。他们仅仅是有一种"只要其他企业不停止追求占有率，自己的企业也不会停下来"的竞争心理，没有人胸怀征服世界的"远大理想"。不过，这种规规矩矩完成任务的努力，最终也有可能演变为征服的行为。开发主义式的企业系统自成体系，自动运转着。只要这种经营方式不被遏制，日本企业的过度竞争就会延续其席卷全世界的劲头，永不停步。

发达国家中生产方式和需求类型的预测

以上所说的日本企业的行为，不会在不断变化着的世界经济中自然地受到抑制吗？简单地说，"企业的开发主义"今后会自然而然地消失吗？这里，让我们回顾一下之前提到过的罗宾逊和E. H. 张伯伦的理论。在20世纪30年代的大萧条中，他们注意到卖方市场上商品分化越来越严重，认为在每一个分化了的市场上（根据定义）都是垄断企业占据主导地位。我们暂且不看垄断的坏处，只将目光集中在他们未加强调的分化市场带来的其他变化。在分化市场中，垄断均衡在价格统治的基础上成立，由此"均衡的不稳定性"问题将得以解决。尽管类似商品之间会进行间接的竞争，但那只存在于需求者的心理活动，不容易被垄断市场的企业发现。包括技术变化在内的成本预测更加困难而玄妙。因此，企业此时不会继续沿着平均成本曲线（或类似的曲线）一味地努力增加产量，扩大市场占有率，而会争取加剧分化，提高品质。这种间接的竞争关系应该不会导致不稳定。只要需求者睁大眼睛仔细选择，罗宾逊和张伯伦所说的"不完全竞争"和"垄断竞争"就能算做本书所说的"适当的竞争"（adequate competition），没有必要依靠产业政策来支持。这时，第七章提出的"马歇尔问题"就可以得到解决。

最终，我们知道了成本递减的情况有两种，而两种情况下应采取不同的对策。一种情况是商品分化时，发生过度竞争的危险性就不大。如果说有什么不放心的，那就是像罗宾逊和张伯伦所担忧的，分化商品间的间接竞争可能会变弱，带来出现垄断的危险。第二种情况是商品特性等各方面都相同时，就很有可能发生过度竞争，需要政府的介入。虽然大部分时间事态处于两者之间，但必须预见到今后哪种趋势会加强。

和20世纪30年代罗宾逊和张伯伦的理论出现时相比，商品分化的趋势现在是增强了还是减弱了？虽然没有充分的实证研究作为根据，但至少当前，这种趋势比20世纪30年代要强。商品质量十分接近、很难出现分化的产业，在发达国家中已经度过了成本递减的阶段，没有什么发展的余地了。例如钢铁、中级耐用消费品（电器和汽车）、石油化工制品、合成纤维等。在日本，这些产业被冠以"重厚长大"产业的名号，对于它们政府已经不出台具体的产业政策了。钢铁和汽车产业与世界接轨，实际上已经迈入了合谋垄断的时代。钢铁业事实上已经形成了国际卡特尔，汽车业中日本企业在自我限制出口。如果按"长期波动论"来说，康德拉捷夫波动成熟期的后半段结束，主导这段波动的各产业都已进入相对停滞的时期。

取代这些产业的，用日本人的话说是"轻薄短小"产业，即高附加值产业（高附加值不是指财务收支上的高利润，而是指原料费、人工费等成本所占比例较低，利润和研发成本所占比例较

第十一章 技术·经营·议会政治

高)。它们是20世纪第四个25年初期(即20世纪70年代后期和80年代)的主角,而且至少近期还会一直留在这个位置。这些产业也是所谓多品种、少量生产的产业,容易发生商品分化。假如这些产业能成为发达国家经济的重要组成部分,罗宾逊和张伯伦的理论就能重新适用,我们也就没有必要担忧均衡的不稳定性和过度竞争了。

多品种、少量生产的生产方式能够实现,一部分要归功于供给方面。首先,很大程度上依赖信息化的"超级工业化"型技术具有潜在的能力。也可以称之为"21世纪型体系"的生产技术。CAD(computer-aided design)使人能频繁地变换模型,计算机可以进行复杂的库存管理工作,NC工程机械和工程机器人使各道工序能够正确而迅速地完成并相互衔接,品质管理也实现了自动化。上述这些组合而成的所谓"FMS(flexible manufacturing)"让多品种、少量生产的生产方式不再局限于熟练工人的家庭内生产,成为工业化的主流。①除了这些,供给方面的变化还包括强烈的拓展需求、降低成本的经营意愿。日本的汽车工业就是一个很好的例子,各企业在原先大量生产型的汽车生产中创造出了多品种、少量生产的典型。特别是丰田被称为"看板方式"的工序、库存管理系统,已经驰名全世界。可以说日本企业实行开发主义的趋势也是多品种、少量生产的开始造成的。

另一方面,需求结构的变动也促使多品种、少量生产方式出现。第二次世界大战后的高度大众消费时代,恰好是康德拉捷夫波动成熟期的后半段,这段时间内,需求一浪高过一浪,先后有20世纪60年代被称作"三种神器"的洗衣机、冰箱、电视(或吸尘器);60年代后期出现了对"三C"——彩色电视、汽车、空调等耐用消费品的大量需求,各种商品的普及率都接近了百分之百,

---

① 儿玉文雄『ハイテク技术のパラダイム』、四四~七三页的内容是目前关于FMS最详实的论述。美国也有人对此进行过研究,如第85页等。据我所知,最早对此进行论述的是 Michael J. Piore & Charles F. Sabel, *The Second Industrial Divide—A Possibility of Prosperity* (N.Y. : Basic Books, 1984)。

逐渐达到饱和状态。人们真正感受到饱和状态大约是在 20 世纪 70 年代后期，从那之后，就再也没有使用周期较长的产品出现。录像机、随身听和卡拉 OK 虽然也有相似的一面，但普及率并没有达到百分之百。打字机也可以算是这类商品。之后，商品开始更加细分化，突出功能和印象上的细微差别，使用时间不到一年的小型商品逐渐风靡市场。这支撑了整个 80 年代的需求，使我们安然度过了高度大众消费的 10 年瓶颈期。所谓"分众"的出现，就是大众消费的此类多品种、少量化现象带来的。① 从那时起，更多的人认识到，在高度大众消费时代达到饱和之后，商品分化的时代又到来了。但是，商品分化和多品种、少量生产的系统一直以来都被认为只不过是填补了高度大众消费停止之后的空白。我们还不清楚它是不是单纯的过渡时期的产物，会不会影响 21 世纪型的体系。②

21 世纪的消费

21 世纪体系中的高度大众消费会变成什么样子？它是否真的存在？具体的形态我们无从预测。就像 18 世纪的人无法预言 19 世纪，19 世纪的人无法预言 20 世纪那样，我们也不能准确地预测出 21 世纪的大众消费会是什么样的。但是，如果将其放在以信息化为基础的"超级工业化"的背景下，也许就能描绘出它的轮廓。

第二章中曾经提到过，代表 19 世纪体系、20 世纪体系和 21 世纪体系的分别是机械、能源和信息。按照朴素的"投入价值理论"的解释，代表 19 世纪体系的商品的特征，在于对"机器"进行了大量投入。棉纺织物、制造棉纺织物的机器（棉纺机、棉织机）、制造这些机器的机器、蒸汽机车、蒸汽船都是不能只依靠人

---

① 只举了本时期有两个代表性的分众论观点。藤冈和贺夫『さよなら、大衆』（PHP 研究所、一九八四年）、博报堂生活综合研究所编『「分衆」の誕生』（日本経済新闻社、一九八五年）。

② 美国此类研究的先驱是 Sabel & Doringer, *The Second Industrial Divide*。在德托佐斯等的 *Made in America* 中也有类似观点。目前这类研究在日本非常流行。

第十一章　技术·经营·议会政治

的力量的制造的。所有机器只不过是模仿了人的动作。另一方面，20世纪里唱主角的商品（同样需要大量的"动作"投入）其特征是同时需要投入大量能源。能源拥有机器运转（以及人的动作）所不能替代的作用。例如，仅有机器的动作也无法使电灯、电话和无线通信发挥作用。电动机和内燃机的运转也不能单纯分解成机器的动作。由此看来，能成为21世纪主角的商品的特征，就是大量的信息投入。如果说大众消费商品也有一些21世纪的特色，那就是商品中包含着比今天多得多的信息。用现在最尖端的技术来说，那些商品中应该利用多媒体CD、大容量磁盘、（加入）各种网络，或兼具几种功能。

当然信息也分不同的种类。其中，区别"工具（instrumental）信息"和"自在（consummatory）信息"十分重要。"工具信息"是指可以帮助我们达到某种目的的信息，也可以说是作为材料以及中间产品的信息、用于投资的信息。制定经济政策所需的信息、经营所需的信息、外交和军事战略上需要的信息、研究所需的文献信息、技术信息、技术要领等都属于这类信息。这些信息最终都会物化为中间产品和投资产品。与此相对，"自在信息"是指能让人感受到拥有信息带来的愉悦感的信息，也就是消费所需的信息。为了让消费者的愉悦感成为商机，这些信息必须与信息接受者的个性相符合，与对善恶的分辨等接受者固有的世界观一致。自在信息，即消费所需的信息，从本质上就一定是分化了的。这其中包含着"信息"一词中一般所没有的知识、艺术、语言交流等元素。在这种意义上，21世纪大众消费产品的主流，肯定是分化了的商品。

超级工业化也是一种工业化，因此在"21世纪体系"里，首先必须大力推动"工具信息"系统的发展。具有工具信息性质的体系中，规模最大的是自然科学和工学，而经济学和经营科学也与它们不相上下。这些体系的价值最终将由预测的准确性来检验，预测的目标范围越大越好。因此，要想发展工具信息体系，就必须努力将自己的眼光放长远。超级产业化所及之处，人们的目光必将长远化。

　　第二，"21世纪体系"必须全力通过大众消费品的分化创造信息。这能不能顺利进行还存在着疑问。目前，很多人有一些简单的想法，将计算机技术运用到普通的耐用消费品中。例如在汽车上加装燃料控制装置和 ASB、洗衣机的智能化等。然而，将新技术与高度大众消费产品结合的做法不会持续到过渡期之后。因为设计出的新产品并没有超出以往消费品的范畴。而打字机和机器人也许超出了这一范畴。这是因为它们都是以计算机功能（高速处理信息的功能）为基础创造出来的。但是，我很怀疑它们能不能成为大众消费品（能不能成为百分之百普及的商品）。计算机通信和多媒体化有可能成为连接工具信息化和自在信息化的纽带，但其是否具有大众化的潜质也值得怀疑。不过，寻找能处理高密度信息的商品的努力，今后仍将持续。毕竟无论如何，要想发现 21 世纪的消费需求别无他法。这个努力（暂且不管其成功与否）让我预感到人类会尽可能尝试使商品分化。

　　不过这里出现了一个悖论。各自分化的商品为什么能形成大众消费？在这条鸿沟上架起桥梁的是多品种、少量生产的技术。但是确实，不可能根据每个人的特征分别建立不同的生产体系。因此在基础方面，需要建立大范围的基础设施、如大容量通信线路（如超级 B-ISDN）和卫星，并不断开发出它们新的用途。但是巨大的基础设施投资最终也会走到尽头。消费链末端的分化和基础设施的巨大化将分道扬镳，最后无法支持资本主义经济信息化的进程，超级产业化也许会让路给转换产业化。

　　目前，我们还可以期待多品种、少量生产方式带给我们一些东西。生产方式面临的课题，是如何将庞大的基础设施与个性化的商品和服务联系起来。而多品种、少量生产方式仅是出现在一家企业的内部的最原始的例子。即使是这种原始的形式，也需要比 20 世纪型体系高几倍甚至几十倍的精确度、将品质管理贯穿到每一道工序的自动操作、保守作业的无人化、常态化的生产体系

第十一章 技术·经营·议会政治

改善等。① 如果给21世纪型的生产体系命名的话,与其说是多品种、少量生产,不如说是"弹性制造体系（FMS）",就其内容,更确切地说是"接受人类提供的信息的能力较强的生产消费体系"。不管如何命名,从现在开始到21世纪,这种尝试仍将不断进行,恐怕从长远来看,商品分化的趋势也将成为主流。当然,像刚才所说的,制造同质性商品的产业也将继续发挥作用。（例如无公害原料的开发和用于防治公害的投资。）不过,在大众性商品越来越占据工业化主流的时代,同质性商品产业很难长期生存下去。

由此,我们可以进行如下预测。总的趋势上,在同质性商品生产中被广泛遵循的"开发主义"起到的作用会减小。经营者会继续将目光长远化,但是专注于特定的同质性商品的做法肯定将有所改变。您也许认为这个预测过于大胆。与这样的预测相反,21世纪生产同质性商品的产业仍将占据主流,消费者们同现在一样,持续购买强调形象和功能上细微区别的"机器"……这种情况可能发生吗?从本质上来说,这意味着在即将进入商品分化时代之时,各国的大企业虽然稍稍落后于时代的脚步,仍纷纷学习日本进行"开发主义式的经营"。第一,超大企业可能会巧妙地利用媒体,让消费者不断购买（虽然比原先的产品更精巧,但实质并没有改变的）"机器"。但是,像加尔布雷斯、布希亚主张的那样,出现企业主导政治的可能性不大。这是因为消费者在购买商品时会更加挑剔,做出买与不买等决定更加自由,也有可能厌倦某样商品;媒体也有分化、小型化的趋势,不会一切都听从超大型企业的摆布。

现在,很多日本的经营者都以"拥有长远的眼光"为荣,满足于自己迅速开发的"多品种、少量生产方式"。其实,所谓"长远的眼光",今后意味着为了商品分化,要积蓄力量进行不同类型的技术革新。在这一点上,人们普遍认为美国的化工、医药产业

---

① 参见儿玉文雄『ハイテク技術のパラダイム』,五四页。

做得很好。① 第二，多品种、少量生产方式（推广来说就是 FMS）不一定意味着实行开发主义。丰田公司的看板方式就是一种独特的生产方式，它依赖于开发主义背景下产生的转包体系。丰田方式不会变成未来 FMS 的典型。

不过总的来说，在需求的饱和已经初露端倪的情况下，由多品种、少量生产技术支撑的商品分化非常有可能抑制过度竞争，阻止日本企业走向世界。问题是日本的企业如何克服成功带来的惰性，如何能够尽快适应真正的"经营目光的长远化"（包括商品分化和 FMS 化在内）。现在，企业正分化成两类，一类依然在利用大量生产带来的成本递减的优势（代表性的有汽车和 DRAM 半导体制造商），另一类则追求商品分化和多样化（如索尼和松下）。但是这种分化还不十分明显，也不足以为人们所认知。仅靠目前这种程度的分化，和多品种、少量生产的趋势，还不能改变日本企业的性质。

国际性产业政策的可能性

在商品分化还不彻底的过渡阶段，开发主义仍有可能暂时占据优势地位。另外，长期来看，也许会出现新的进行大量生产的产业，在那里开发主义大行其道。我们有必要考虑这种事态发生时的对策。理论上的一种解决方式，就是像第九章中说的那样，针对每一个尖端产业出台"国际性的产业政策"。既然理论允许针对国内产业制定产业政策，就没有理由禁止形成一个国际性的产业政策。政策可以规定相关发达国家政府达成一致的基础上，对某产业进行国际介入，抑制厂商进行投资竞争，过快压低价格导致两败俱伤。最近在美国，劳拉·泰森等提出了名为"战略性贸

---

① 参考了伊丹敬之＋伊丹研究室『日本の化学産業——なぜ世界に立ち遅れたのか』（NTT 出版、一九九一年），该书对日美的化工产业进行了对比。

第十一章 技术·经营·议会政治

易产业政策"的同样内容的提案。① 可以说现在国际性介入已经有了眉目。

最近,其他国家也出现了类似的例子。比如 DRAM 半导体制造商的竞争就呈现出前所未有的局面。原因在于集成芯片容量的增加和成本的急剧减小。不仅是技术开发的竞争,投资时机的把握、资金周转的能力等都至关重要。这样激烈的竞争完全是过度竞争,很有可能催生大规模的国际垄断和串通垄断。的确,必须看到,半导体的生产厂家可以通过产品细分化自然地解决问题。美国的半导体厂商好像都将自己生产的范围缩小到某种特定产品,从而生存下去。但是日本的大企业一味地追求增加库存量,因此也不排除日本企业将会垄断世界市场的可能。虽然这是大势所趋,但日本的厂商现在肯定也有不安——这种战略会不会一直奏效?

于是,在半导体行业中,很有可能有人提出进行国际性的"行政介入"作为解决问题的方案,有关半导体的"日美结构协议"中就包含着一些这样的因素。美国政府经常以保障国家安全为理由,介入国际半导体战争,保护本国的半导体制造企业。日本企业也感到很难拒绝国际合作。现在的局势仍然是一片混乱,但人们可能已经开始尝试制定超越国界的"产业政策"。如果真是这样,那么把日美间关于半导体进行的 MOSS 交涉(重视市场的个别协议)看成单纯的国家利益的碰撞,就未免过于狭隘了。这种国际交涉在某种意义上是对克鲁格曼所警告的"新领地主义"的抵制,对于半导体等特定产业,日美两国之间的协议也产生了一些效果。当然这种协议必须扩大到其他产业,形成包括欧盟和新兴工业国(地区)在内的多国协议。但是现在很多国家连国内的产业政策都没有制定,因此很难想象各国能就一个世界性的产业政策达成一致。正如之前所说的,在全球范围内实行开发主义

---

① Laura D'Andrea Tyson, "Managed Trade: Making the Best of the Second Best", in Robert Z. Lawrenca & Charles L. Schultze eds., *American Trade Strategy*: Options for the 1990s, Washington, D. C.: The Brookings Institution, 1990.

政策非常困难。

在此之前,并非没有与"国际性的产业政策"类似的政策。有关纤维、钢铁、电视等都有多国或日美两国间的协定;此外,各种家电、汽车、工程机械等行业也有国际规则,以出口的自主限制为主。只是其中的大多数都是因为发达国家产业相对衰退而制定的,可以说是消极的产业政策。虽然在发展中国家实行开发主义政策较为容易,但制定这些政策的主要原因还是发达国家产业中商品高级化、细分化的努力不够。以商品的高级化、细分化对抗低工资并维持"雁阵"的队形,固然是明智之举,它是英国棉纺织产业之后的又一次成功,并且正在东亚逐渐产生效果,但我们也应吸取其教训。发达国家叫嚣实施保护主义政策的原因是发展中国家的"倾销"和贸易不平等,用我们的话来说,就是出于对开发主义机制的不理解,完全不顾现在世界对于发达国家和发展中国家共存的要求。这种对于发达国家停滞产业的保护主义既不能被古典的经济自由主义认可,也不能为本书提出的"多样态的经济自由主义"的立场所接受。

举例来说,日本对于大米的保护在开发主义时期可以作为分配政策起一定作用,但当前日本要放弃开发主义时它就已经失去了意义。这种保护主义虽然可以被认为是紧急避险(关贸总协定条约第十九条规定的保护措施),但按照对于出口国取消保护主义政策(如出口国中该产业的完全自由化)的要求,应该加以改变。就日本的大米来说,反对美国等国家对本国大米产业给予补贴完全可以理解。假如这些国家对日本的出口急剧增加,就可以允许暂时实施保护条款,但不应该长久地实施下去。欧洲各国对于农业的保护,美国对于纤维、钢铁、汽车等的保护,都同样是对于停滞产业的保护主义,这些很有可能引发更严重的保护主义。

主要发达国家由于苦于产业的停滞,所以很容易就这种对于停滞产业的国际性保护政策达成一致。但它带来的结果无论对整个世界,还是实行保护主义的国家都是不利的。贝纳通为什么没有出现在美国?美国的钢铁和汽车产业在20世纪70年代后为什么再也没能支撑起美国经济？我们有必要进行反思。不过，发达国家倾力投入、相互竞争的尖端产业，情况就不同了。在这些产业中全球性的过度竞争是面临的主要问题，为抑制竞争而实行国际性的产业政策基本上无可厚非。只不过像有关国内产业政策讨论过的那样，国际上价格的降低也必须有一个时间表，并写入政策中。因为如果只规定要保持价格稳定，发达国家的尖端产业就很有可能迅速串通起来进行垄断，从而衰退成为停滞产业，这是雁阵形、互补式的发展所不愿看到的。

这里我们不得不再次强调，想让各国就指定哪些产业作为国际性产业政策的对象达成一致并不容易。在新的主导产业出现、停滞产业想要取得突破性进步之时，国际上很难立即达成一致。同样，当发展中国家成为新的发达国家，发达国家陷入停滞时，国际性的协议就更难达成。各国在国际性产业政策的内容上恐怕会产生意见分歧。各国对于规则的理解不同，就很有可能引发克鲁格曼指出的"新领地主义"。无论如何，那时争论的焦点（与日美结构协议这一典型类似）将是如何区别"企业的开发主义"和各国承认的"natio 的个性"。最近在日美摩擦中，争论的焦点不是日本国家政策的异质性，而是日本企业经营的异质性，就体现了这一点。在下一节，我们将举三个异质性问题的典型例子——系列化、雇佣结构、资本成本以及相互持股，探讨日本企业应该走什么样的道路，选择时容易犯什么样的错误。

第二节 从日本企业异质性的视角考虑 1
——系列化和雇佣制度

经济的个性

作为一个国家，日本在新的世界体系中应该发挥什么作用？我们暂且不论安全保障的问题，单看世界经济的规则。上一章也曾提到过，一共有三条规则：① 发达国家要将经济自由主义作为首要的规则，且使国内认可这一点；② 曾经实行过开发主义的发达国家，要推动承认发展中国家的开发主义（特别要为技术转移提供支持）；③ 要承认其他国家（及本国）在经济体制上存在的个性。

　　这三条规则看上去是合情合理的，实际上却包含着各种各样的问题。尤其是上一章中很少涉及的第三条——有关"经济的个性"的规则，与之相关的问题十分复杂。究其原因，是因为第三条规则与古典的经济自由主义相冲突，后者以世界文明最终融合成一个整体为前提条件。另外，该规则还与未来计算机主宰的世界的均质性相对立。假如世界融合为一体，文明没有国家的界限，人类就会失去共有的主观的历史——从乡愁到对古典作品的欣赏；视线被未来的技术固化，人类自身将被淹没在工业化的洪流中。正因为如此，尊重支撑人类文化的 natio 的区别，进而认同经济体系的差异是非常必要的。我们所说的 natio 的差异的重要性，必须在某种程度上反映在对经济体制差异的承认上。认为经济体制的建立完全独立于习惯和传统等共同的主观要素，是受到了"近现代进步主义"的迷惑。

　　实际上，从第二次世界大战后到现在的半个世纪时间里，主导日本人心理的准则是要以过去的霸权国（即美国和英国）的经济体系为范本，使日本的体系尽量接近它们。但是，我们之前也引用哈耶克和弗里德曼的理论说过，一直以来被认为是正统的英美式体系并不是经济自由主义唯一可能的形态，也不是最彻底的形态。换句话说，人们认为规则仅是从"自然权利的理论"一种理论中推导总结而来，正确的规则只有一种，这种想法过于狭隘。欧美人，特别是英国人和美国人确实为经济自由主义的制度化和理论化做出了巨大的贡献，这与英国和美国独特的历史背景和文化个性有关。简单地说，美国的体系是自由主义唯一的范本这一说法没有任何理论根据。

　　美国人坚信自己的体系是最好的，是出于其文化的个性，我们对此不应品头论足。问题是其他想通过借鉴历史经验来接近经

第十一章 技术·经营·议会政治

济自由主义的国家（例如包括日本在内的东亚各国）一直都不能明确给出有本国特色的经济自由主义的解释。我们可以理解其他国家由于依附于美国的霸权，所以对规则的解释也与美国相同。但是现在霸权国已经不复存在，各国宣扬自己的个性并相互理解不但成为可能，更成为不可或缺的事情。因为如果不这样，就不可能达成一个长期稳定的国际协议。

不过由此，对于规则的解释又变得十分困难。因为之前所说的三条规则引出了两个区别的问题，即古典的经济自由主义和开发主义的区别、开发主义和各国个性的区别，而且两个问题纠缠在一起。应该去除的日本国内残留的开发主义的痕迹，与应该认可并保留的日本的 natio 的个性二者如何区别，是有决定性的重要意义但又极为困难的课题。新闻界也经常指出，现在日美经济摩擦中最大的争议其实就是这个问题。这个争论焦点由于所谓的"日本特殊性理论"，即认为日本式的开发主义是日本文化的必然产物的理论，显得更加混乱。① 从历史上看，二者事实上本来就有关系。但是之前人们一般认为两者间没有一元性的因果关系，必须将两者区别开来。下面我们就从系列化、雇佣制度、金融构造三个论点阐明两者的关系。

系列化还是异质

"系列化"现象是日美结构协议（SII）中的重要议题之一，美方认为这是为了阻止外国企业进入日本市场而进行的一种串通行为，并表示不满。系列（曾被译为 grouping，现在则使用其罗马

---

① 我曾经在村上泰亮·公文俊平·佐藤诚三郎《作为文明的家社会》（中央公论社，1979 年）中，对此进行过论述。该书中论述了从 12 世纪武士的"家"到 20 世纪后期的大企业，组织形式都是类似的，但并未主张日本式经营是"家庭式"组织的必然归宿。但这种论点后来经常被误解为单纯的日本特殊性理论，经常遭到批评。这里也有我们表述不清楚的责任。我在之后的论文中更加清晰地解释了我本来的主张。Yasusuke Murakami & Thomas P. Rohlen, "Social-Exchange Aspects of the Japanese Political Economy: Culture, Efficiency, and Change", S. Kumon & H. Rosovsky eds., *The Political Economy of Japan Vol. 3: Cultural and Social Dynamics*, Stanford: Stanford University Press, forthcoming.

字形式 keiretsu，成为一个固定单词）的意思并不十分明确，日美经济摩擦中提出了以下一些例子和解释。例如，

Ⅰ．融资系列和相互持股系列——三井集团、三菱集团、住友集团等巨大的融资系列以大银行为中心，过去被称为"成套"的集团，最近这些融资系列演变成为相互持股系列。不管是什么样的形式，集团内从事不同业务的各企业之间相互提供原料、资金等，有很紧密的关系，所以被批评是一种壁垒，阻碍了其他公司的进入。

Ⅱ．转包系列——汽车产业（如丰田）是这种系列的典型，为了生产特定的最终产品（如汽车），形成了层层转包的体系（指定其他企业而非在本厂内生产汽车各部分零件），这同样让外国零件生产者很难进入日本市场。

Ⅲ．流通系列——流通制度的组织由从批发商到零售商等众多层级的流通业者组成，实际上也阻止了外国企业（如玩具反斗城）进入日本零售市场。

除了上述三种形式之外，还有一些与系列相似的体系，不过这里讨论这三个例子就足够了。为了方便，我们将系列分为"横向系列"和"纵向系列"。系列内各公司分别负责从原料采集到最终使用，形成所谓"上游—下游"的关系，或有"投入—产出"关系时，我们称其为"纵向"，如果没有则称其为"横向"。Ⅰ是横向的系列，Ⅱ和Ⅲ是纵向的系列。

系列没有一个明确的定义。为了方便讨论，这里我们将系列定义为"通过长期持续的经济上的交易关系形成的企业群"。之所以使用"经济上的交易"一词，是为了与在政治上的统治关系下依靠命令或威胁持续进行的交易，或者说是假交易（如原始王国中的进贡和封建制度下的地租）相区别。与之相对，定义中的系列应符合：系列中的持续交易只是市场交换的一种形态，并满足互惠的原则（对于参加的各方都有利）。如果不是这样，特殊研究系列这一概念就没有意义了。总之，上面提出的是叙述性的定义，

第十一章　技术・经营・议会政治

目的是让研究更方便，所以对此应该不会有异议。

之前所举出的企业间的三种关系符合这种定义。汽车产业中的"母企业—承包企业"的关系，显然属于定义中的"系列"。承包企业仅把自己的产品提供给一家公司（母企业），与母企业的命运紧密相连，所以交易自然会持续进行。承包系列是最明确、最容易建立起来的"系列"。容易建立的一个原因是最终组装（装配）企业和零件制造商的规模一般相差很大，二者的交涉能力也有差距，因此在制定价格时二者分处领导者和追随者的位置且比较固定，从而形成（非库尔诺式的）稳定的双方垄断（有时是需求垄断）。这种形势不一定只对母企业有利，导致剥削的产生。因为这种形势受很多因素的影响，而且这种市场关系可以长期保持稳定。① 系列是如何产生的是一个有趣的课题，但这里暂时不作深入分析。

流通产业中常见的批发商—零售商、制造商—专卖店的关系也可以算作"系列"。很多时候，零售商销售的一种商品都只由一家批发商或制造商提供。这种情况在日本尤其常见，交易也比较容易长期持续，因此很多也可以看成是系列。只不过这时，每种商品分别来自不同的批发商，供给上的关系是多边的，所以联系不如全面依存于母企业的承包关系那么紧密。可以说批发商—零售商型的"流通系列"所具有的"系列"的性质比承包系列弱一些。此外，这种依存关系中由于存在着上面所说的交涉能力的差异，容易形成制造商—批发商—零售商的组织关系。不过，流通产业中不只有这一种形式的系列。例如，商场—供货商之间某种程度上也可以说有持续的交易关系，但这种关系与前面所说的关系正好相反。从交涉能力来看，相比商场和小型供货商，买方的发言权更大，这与批发商—零售商系列相反。而以交涉能力的强

---

① contestable 是指厂家可以自由进入市场，因此市场至少潜在上是竞争性的。原著是 W. J. Baumol, J. C. Panzar, & R. D. Willig, *Contestable markets and the Theory of Industrial Structure*, San Diego : Harcourt Brace Jovanovich, 1982。

弱关系判断，商场——供货商的关系也许算作承包系列更加合适。从商场的例子我们得知，承包系列和流通系列（虽然交涉能力的强弱关系不同）有很多共同点，其中最重要的一点是两个系列都与实物商品相关联。

与此相比，I 所表示的"横向系列"即融资系列和相互持股系列等都与金融相关。因此，我们甚至可以把纵向系列和横向系列称为实物系列和金融系列。不过，金融产业有其特殊的性质，所以金融系列也有实物系列所不具有的特性。根据事实来看，即使是系列内部的企业，也基本上没有企业只从一家银行（所谓的主银行）接受融资，或其一半以上的股权都由一家法人股东持有。至少就日美经济摩擦中存在争议的大企业之间关系来看，可以说大企业间没有类似承包系列中那样的集中依存关系。所以在这种情况下仍然出现了系列关系（长期持续的交易关系）的话，其原因就不可能是集中的依存关系。这时金融产业的特殊性产生了很大的影响，有关这一点，将在后面论述相互持股时详细讨论。

观察日美摩擦的争论点，可以发现针对融资系列和相互持股系列，受非议的不是金融方面的持续交易，而是由此衍生出来的系列内企业间进行的实物上的持续交易。它经常被指责是阻碍美国向日本出口的壁垒。比如美国企业不能挤进三井系列企业的中间产品交易等。的确，企业集团一旦通过金融上的联系牢固地建立起来，就会产生间接的影响，使集团内实物的交易扩大并保持长期稳定。不过后面我们也会谈到，这终究只是金融集团的建立所带来的间接的、次要的效果。并没有直接的理由证明同一家主银行下的企业之间在商品供给上可以形成长期持续的交易关系。

除此之外，实物系列同样可能在金融方面制造出额外的效果。进行实物交易的企业间由相互依存关系产生债务担保和持股关系的例子比比皆是。比如很多母企业都持有承包企业的股权，或负责承包企业借入资金时的中介及债务担保。回顾日美经济摩擦争端的始末，可以发现系列原本的作用和其次要作用常常被混为一谈。日美经济摩擦逐渐陷入的、实物方面的结果主义（为什么美

第十一章　技术·经营·议会政治

国对日出口一直没有增长）倾向又加剧了混淆。这样的混淆对本书要进行的经济自由主义规则的研究十分不利，也十分危险。关于这一点我们在之后会继续讨论。

这样，要研究"系列化"时，必须首先明确区分横向系列和纵向系列，即金融系列和实物系列，并分析它们各自具有的性质。这一小节中，我们主要研究纵向系列的问题。本小节中提到的内容有些也适用于横向系列，而横向系列特有的问题，我们将在后面的"相互持股"小节中讨论。

下面让我们离开定义的问题，开始具体的讨论。有关系列现象的实证研究还不充分，因此对于很多问题我们不能在这里得出定论。但我们还是能指出几个比较清晰的问题。第一，一般来说系列化是日本民间企业自由行动的结果，是通过长期积累下来的成果选择交易上有利的对象之后形成的"持续交易"。除了个别的例子之外，人们很难发现日本的通产省和大藏省等行政机构积极地支持融资系列化和承包系列化。① 也就是说，系列并不是依靠政府的介入产生的，而是各企业追求长期经济效率的结果。系列化有可能演变成为对政府实施的分产业行政指导的抵抗行为，所以政府没有理由推进系列化。现在，长期持续的交易关系不只出现在日本，在欧洲各国也很常见。例如彼得·卡赞斯坦和施米格洛夫妇指出，和日本相比，德国向少数大规模产业联合企业集中的现象更为突出，三大银行（德意志银行、德累斯顿银行、德国商业银行）的触角伸到了几乎所有主要企业的董事会。德国的产业

---

① 有一些例外：以前的国有大型企业（运输邮政省管辖的国铁和电电公社）旗下也有一些关系类似于承包商的企业，如所谓的电电家族和国铁相关企业。这中间，重视的不是成本，而是稳定的供给，这使企业的供应商固定化。这种现象与许多国家国防产业中政府采购对象的固定化相近。不过现在，国铁和电电公社实行民营化，成为 JR 和 NTT 公司，承包关系也变得不那么固定了。另一个例外是通商产业省为了保护小规模零售商，实施支持流通系列的政策（如限制大型商店新建分店）。但是这只是从政治角度制定分配政策的结果，通商产业省对此持消极态度。

联合企业恐怕同时具有横向系列，也具有纵向系列。① 如果将系列化本身看成违反规则，可以认为是经济自由主义的国家就会变得更少。不能把系列化当成是"非市场式的"现象。

一般来说，市场竞争在各国不同的历史、经济条件下形成不同的产业组织，也可能引起各种各样的结果。众所周知，垄断常常是在不加限制的市场竞争中自然产生的，可以说很能体现市场的特征。不过，现在很多国家采用的市场竞争的标准规则中，垄断是不受欢迎的，日本和美国的法律都禁止垄断。采取这类措施的基础在于有关市场竞争动力（在20世纪30年代）的特定解释和社会上实现平等主义的呼声。然而，以哈耶克和米尔顿·弗里德曼为代表的新自由主义经济学家对于禁止垄断的法制化持怀疑态度，最近所谓可竞争性（contestability）的理论也为他们的主张提供了支持。与之类似，我们研究的系列化也是一种市场现象，将市场之外的人为干预排除在外。但是正如垄断时出现的那样，即使是市场本身形成的行为，也会被视为违反规则，并引起反对。将垄断视为违法的根据是新古典派的市场构造理论。系列化中与这一理论起到类似作用的，一定是分析不同生产活动间的结合的理论，即"组织的理论"。

在深入分析有关组织的理论之前，我们必须明确注意以下几点。串通垄断或卡特尔是由在同一个市场上互相竞争的同行业企业构成的，而系列无论是哪种形态，都是由不同行业的企业组成的，两者形成鲜明的对比。的确，同行业企业之间，即同一市场上长期的合作关系容易演变成相互串通的卡特尔。同行业企业间合作关系的最高形态是合并，但我们都知道，在反垄断法中，同行业企业间的合并原则上是不受欢迎的，因而受到严格监视，而

---

① Peter Katzenstein, "West Germany as Number Two", Andrei S. Markovits ed., *The Political Economy of West Germany*, N. Y.: Praeger, 1982. 参见ミシェル＆ヘンツク・シュミル ゲロウ『日本の教訓——戰略的プラダマテズムの成功』（鳴澤宏英・新保博監訳、東洋經濟新報社、一九九一年）、二二八頁の前後。

第十一章 技术·经营·议会政治

且法院经常判决禁止合并。① 而系列化的最高形态，是企业的垂直统一和企业间联合（不同行业企业合并），但是在反垄断法中，对此原则上并不加以禁止。因为如果从法律上否定垂直统一，生产过程各阶段就都必须由独立的企业进行，这显然不合常理。现实中，以汽车产业为例，福特公司曾经拥有全美首屈一指的铁厂，连玻璃、橡胶都在企业内部生产。垂直统一如此高度化，却没有人认为这违反了反垄断法。②

比较企业间的两种纵向关系，可以发现系列化中竞争的成分比垂直统一中的更多。也就是说，系列是跨越不同市场、不同行业企业间的长期合作关系，只要这些市场上存在（至少是可能存在）着竞争，就不能认为系列不包含竞争。在所有生产阶段的市场中，系列外部的企业甚至外国企业都有机会加入系列。至少和完全不可能加入的垂直统一相比，加入系列的可能性要高很多。从竞争性这一点来看，认可垂直统一而不认可系列化是不合理的。

但是，要想加入到系列这种长期的合作关系中（可以说从定义来判断）需要很长的时间。特别是现在，在系列化中技术的共同开发已经成为不可或缺的一部分，而这显然需要一定的时间来进行。我们还需要注意，加入和退出遥相呼应，因此退出也需要很长时间。即使合作关系出现对企业或系列其中一方不利的情况，也不能简单地切断双方的联系。企业间长期性合作关系的特征是

---

① 1953年修订前的日本《反垄断法》中，"不正当的业务差别"是被禁止的。其母法——美国的反垄断法体系，也在两种判例间摇摆不定，即是严格地将市场占有率高视为违法，还是较为宽松地、只在以主导市场为明确目的时视为违法。前者类型的判例较少。

② 20世纪60—70年代是美国反垄断法的"黄金时代"。虽然尝试阻拦跨行业合并，但未能确立完整的法律体系。其后，从1974年最高法院对通用动力公司事件的判决开始，反垄断法的执行力度逐渐降低。里根政府之后这种倾向加重。这可以说是由于反垄断法的基础理论仅仅是各行业的市场结构论，导致的必然结果。参见中岛修三《相互持股与企业法》（商事法务研究会，1990年），第135页。本书是倾注作者心血的力作，但中岛先生的立场和我并不一致。有关20世纪70年代后期之后的宽松化倾向，参看松下满雄的著作。此外，在日本，除了1951年的"日本石油输送公司事件"之外，没有否定垂直统一的先例。在1953年东京高等法院对"新闻销路协议事件"做出判决后，垂直统一一直被认为不与反垄断法相抵触。

双方会在相当长的时间内保持利害关系,即存在所谓的胶着性。对每家企业来说,这样的胶着性有时有利,有时不利。因此,只因为加入需要花费一定的时间就批判系列化是不正确的。总的来说,系列中这种胶着的关系,处于比较容易断绝的"现货市场"(spot market)关系和原则上会长期持续下去的垂直统一关系之间。经营学家迈克尔·波特称这种关系为"半统一"(quasi-integration),今井、伊丹、小池称其为"中间组织"。①

这种中间组织功能上的特征正是其折中性,它兼具现货市场关系和垂直统一两种关系的特征。现货市场关系中,企业和企业随着经济环境的变化迅速联合或分离。在美国,现货市场关系较为常见,例如,刚才提到过的麻省理工学院集团在《美国制造》一书中说:

> "在经济循环的不同周期,零部件厂商和工人的境况是相同的,即在需求最旺盛时他们都被充分利用,而在经济最低迷时则被冷落,与边际资产类似。在这种待遇下,忠诚和信赖无法得到加深。汽车制造商害怕零部件厂商倒戈,将新车的设计等内部消息泄露给竞争对手。因此,汽车制造商将计划严格保密,几乎完全不帮助零部件厂商发展技术。"②

现货市场性的企业间关系的长处在于能够迅速应对短时间内的变化,短期成本也富于弹性。但是由此也产生了不足,即无法维持长期稳定的企业间供求关系以及技术上的合作关系。另一方面,垂直统一的优点是可以使中间商品的供给保持稳定,但是其短期成本不易变化,而且长期来看,技术和需求出现变化,不得不对商品进行变革时,一些中间产品生产者就会完全失去作用。总之,依存于现货市场关系的企业完全不可能预测未来会发生什

---

① 今井賢一・伊丹敬之・小池和男『内部組織の經濟学』(東洋經濟新報社、一九八二年)、六〇頁など。Michael Porter, *Competitive Strategy* (N.Y.: Free Press, 1980).

② 参见 M. L. 德托佐斯等《Made in America》(《美国制造》),第 260 页和第 408 页。本文中引用的是第 248 页之后的内容。

第十一章 技术・经营・议会政治

么,而实行垂直统一的企业则可预见将来和现在不会有明显差别。

承包系列等中间组织的优势在于可以实施折中的经营方针。从母公司的角度来看,它们可以稳定地获得优良商品,也可以与业绩不好的承包企业断绝关系。换句话说,母公司和承包企业就将来可能发生的事情达成了某种共识,从而为进行技术开发上的合作、建立金融上的合作关系做好准备。当然,它们也清楚,预测并不是绝对准确的,所以也考虑到了合作关系随时可能会中断。显然,现货市场型、中间组织型、垂直统一型这三种企业间关系在功能上的优劣,取决于对未来经济环境进行预测的可能性的大小。不能预测、有可能预测、非常有可能预测三种状态,分别对应现货市场型、中间组织型和垂直统一型关系。之前我们已经几次提到,二战后经济的特征之一是技术革新有常态化的趋势。技术革新会持续进行无疑是大势所趋,但是技术革新的具体内容仍然很难预测。这正是"有可能预测"的折中状态,由此可以认为中间组织型的关系是最高效的企业间关系。日本的承包系列实际上也不是战前就有的,而是战后才出现的。

目前在日本之外的国家,人们也广泛认识到了这种中间组织的优点。例如,前面引用过的麻省理工学院的报告中,针对汽车产业和纤维产业,建议企业间应强化长期性的联系。麻省理工学院是经济学中新古典派学者的大本营(事实上该学派的代表人物罗伯特・索洛是该报告的编者之一)。这里的学者们承认系列化并不违背经济自由主义的原则。此外,迈克尔・波特在积极宣传他所说的"半垂直统一"[1],奥利弗・威廉森也开始转而承认半统一的存在。至少将所有系列现象都视为违反经济自由主义原则的人越来越少,美国国内民众对长期合作关系的评价也越来越高。最近经常能听到消息,称美国的大企业要发展自己的承包企业。

不过,虽然我们能看到变化的苗头,大部分的美国企业,如汽车零部件制造商等,仍然不会轻易转向在企业间建立长期的合

---

[1] Michael Porter, *Competitive Strategy*.

作关系。他们还会反驳说日本式的系列阻碍了美国企业进入日本市场。但是最近，在电器产业中，越来越多的东亚企业进入了日本企业的承包系列之中。所以加入日本的系列并非不可能。尽管如此，为什么美国的零部件制造商依然感到很难进入到日本的系列中去？进一步来说，美国企业为什么不积极建立长期持续性的交易关系？关于这一点它们有充分的理由。中间组织固然有其功能上的优势，但实际操作中要建立中间组织并维持，一般来说并不容易。支持中间组织的协议涉及的时间范围很长，企业数量很多，很难明确成文。协议最多也只是私下形成的契约（或称亚契约）。各方都希望其他成员遵守亚契约，采取合作的姿态，从中获得"信赖感"。

与"信赖感"类似的情况之一，就是各方相互信任，进行交易时就会有对各方都有利的结果产生，这可以说是幸运的情况。用最近博弈论中的话来说，就是处在完全不合作战略和完全合作战略之间的"以牙还牙"（tit-for-tat）战略（确切地说是"对方合作自己就合作，对方不合作自己也不合作"的战略）占主导地位，通过这一决策过程的不断反复；最终形成双方合作的局面。① 的确，"以牙还牙"与完全不合作这种刻板的姿态相比更接近合作。只要经济环境良好，完全不合作的姿态就会有所松动，信任私下契约的人也会逐渐增加。但是，目前我们只能验证（或者模拟）在博弈结构不变、对方战略已知、眼光长远等理想状态下，各方才有可能倾向于进行合作。经济一旦不景气，博弈的结构就会变化，对方也将改变战略，自己也更加注重短期的变化，进行合作的努力就会半途而废。如果有这样的过程，很多合作都可能半途而废。因此本段开始所说的"幸运的"情况确实非常必要。

然而，发展势头良好的战后经济也免不了发生变化。于是，为使合作能够支持私下的契约，除了良好的经济环境之外，还要

---

① R. Axelrod, *The Evolution of Cooperation*, N.Y.: Basic Books, 1984. 我认为阿克塞尔罗德的证明反而揭示了利己主义者相互合作是多么的困难。

第十一章 技术·经营·议会政治

具备某些条件。一般来说,那就是社会上"相互信赖"的风气,更准确地说就是社会要将合作和信任视为美德,对违背它们的行为加以制裁。至少和美国比起来,日本社会这种倾向更强,人们可以自觉地遵守私下契约。相反,在美国社会中,这种倾向显然与传统的个人主义相抵触。所以,美国的零部件制造商称日本式的交易是"集团主义",在心理上有一定的抵触。

一直以来,依存于现货市场型模型的新古典派经济学实际上并没能充分认识到系列身上的这些问题。仔细研究可以发现,系列是一种中间组织,它在市场上自然地出现是非常正常的,虽然它不符合现货市场型关系的特征,但不能说它违反了经济自由主义的理念。战后持续的技术革新常态化的趋势恐怕会将很多国家的企业引向"系列化"。在美国,假如经济持续增长,不合作的姿态有所松动,经营者们的眼光变得长远,也会出现如麻省理工学院集团建议中的类似系列化的现象。然而出现中间组织的可能性(按我的说法就是可以反映出 natio 的差异)各国都各不相同。由此可能会引起国际上的摩擦。这种各国制度的对立问题正是我们从上一节开始谈论的焦点。下面,让我们从普通的"组织理论"的角度,把这个问题和其他类似的问题一起进行研究。

日本式雇佣制度是否特殊
——组织理论的族谱

的确,日美经济摩擦的根本原因之一,是美国不能适应甚至厌恶日本所谓的"集团主义"。这又是双方还不能冷静地理解、接受对方的 natio 所造成的。美国人对于日本的集团主义有各种各样的理解,但都是不正确的。特别是在研究经济和经营系统时,关于集团主义的哪一部分、哪种类型对于经济和经营会产生怎样的影响等,人们提出了很多不同的意见,但都是臆断。在这样的混乱中,很容易产生一些极端的言论。因此我个人认为有必要把日本的集团主义作为历史上的分析概念加以明确。① 但是,这里暂时不深入讨论,首先从企业组织的普通理论的观点进行研究。

集团主义式的经营大概可以说是指企业整体形成一个"持久的(公司)集团"(corporate group)进行活动。"持久的(公司)集团"是英国人类学者创造的词汇,指那些存在时间长于成员生存时间的集团。由于长期的利润无法计算,也无法最大化,企业的目标不在于获取利润,企业的好坏以某种"效用"衡量。根据这个定义,在个人既是资本家(所有者)又是经营者的古典式企业中,企业的生存往往只能持续一代人的时间,不可能成为"持久的(公司)集团"(即使企业所有者有继承人或共同经营者,显然也不能保证企业能永远存在下去)。令人惊讶的是,这种古典式的企业先后与马克思主义经济学、新古典派经济学共存了一个世纪。"企业的持久集团化"则是古典企业的概念消失后出现的。也就是说它意味着企业经营的继续不受所有权转移的影响,打破了"所有权和经营权必须完全一致"的惯例。

众所周知,19世纪后期,马克思完成《资本论》时,工厂已经开始扩大生产规模,为了筹集建设所需的产业资金,出现了"股份公司制度",所有权和经营权也开始分离。20世纪型的"组织化的资本主义"(organized capitalism)和"法人资本主义"(corporate capitalism)逐渐形成。1932年伯利和米恩斯所著的《现代股份公司和私有财产》一书,宣告了这种经营方式的成熟。书中通过实证研究证明了企业规模正在变大,同时股权分散到很多人的手里,不再有股东能够主导经营,经营者掌握了企业的管理权。② 在这样所有权(股权)分散的状态下,股权的转移(股票的买

---

① 仅举最新的例子。Yasusuke Murakami & Thomas P. Rohlen, "Social-Exchange Aspects of the Japanes Political Economy: Culture, Efficiency, and Change,""S. Kumon & H. Rosovsky eds., *The Political Economy of Japan Vol. 3: Cultural and Social Dynamics* (Stanford: Stanford University Press, 1992).

② A. A. Berle & G. C. Means, *The Modern Corporation and Private Property*, Brace & World, 1932;北島忠男訳『近代株式会社と私有財産』(文雅堂、一九五八年)。

第十一章 技术·经营·议会政治

卖）——除了其他股东收购股权接管企业时——不会对经营的内容产生太大的影响。因为之前所定义的"所有权和经营权的分离"已经实现，而且经营者在业务方面拥有很大的管理权。于是，正像伯利和米恩斯非常关心的那样，权力强化的经营者对业务的管理会发生怎样的变化是一个大问题。经营者自始至终都仍然只是单纯的股东代理人，还是作为个人在社会上发挥影响？20 世纪 30 年代，人们对后者予以肯定，在声讨资本家的社会主义革命之后，都期待着一场"经营者革命"（J. 伯纳姆）的发生。① 今天，在美国，仅尊重股东的权利、批判"所有权和经营权的分离"的观点并非主流的观点。

当今经营学和经济学中所称的"企业组织"或"组织"，就是指伯利和米恩斯之后出现的持久的集团。各企业发展出独特的组织结构和习惯，"企业精神"也逐渐形成。不论谁是股东，谁是经营者，通用还是通用，丰田还是丰田，公司的特性不会突然改变。在企业持续发展的同时，第二次世界大战后，企业组织的理论也得到了完善。首先，20 世纪 50—60 年代，艾迪斯·彭罗斯提出了"企业成长"理论，罗宾·马里斯研究了"经营者资本主义"（managerial capitalism），这时他们所设想的不是利润最大化，而是一种企业"效用"，即经营者的效用，最大化的原理。② 而盖瑞·贝克尔在《人力资本》中从另一个角度深入分析了持久集团化的趋势。③ 但是这些先驱性的研究尚不完善，不能当成企业组织的一般理论。在经济学中，用 K. J. 阿罗的话说，学者们研究组织时

---

① J. Burnham, *The Managerial Revolution* (Bloomington: Indiana University Press, 1st ed. 1941). 宫本忠晴『企業と組織の經濟学』（新世社、一九九一年）、第七章。宫本先生的这部书对这里尝试论述的理论进行了明确的整理。

② Edith T. Penrose, *The Theory of the Growth of the Firm* (London: Basil Blackwell, 1959). Robin Marris, *The Economic Theory of 'Managerial' Capitalism* (N. Y. & London: Free Press and Macmillan, 1964). 另外，A. Wood, *A Theory of Profits* (Cambridge: Cambridge University Press, 1975) 也论述了类似内容。

③ G·ベッカー『人的資本論』（佐野陽子訳、東洋經濟新報社、一九七六年）。原著为 Gary S. Becker, *Human Capital* (N. Y.: Columbia University Press, 1964).

"不去研究组织本身的内容,而是把它当成一个质点"①。

进入20世纪70年代,一些有决定性意义的研究开始出现。在较为理论性的研究中,奥利弗·威廉姆森(O. E. Williamson)的"内部组织"理论十分著名,他使用"交易成本"这一概念,将组织的理论纳入到新古典派的体系中。上一小节论述的持续性的交易和垂直统一的问题,实际上也是他研究的重要课题。虽然在威廉姆森之前还有伟大的 R.H. 科斯(R. H. Coase),同时期的其他学者也曾做过类似研究,但能够成为其集大成者与代表人物的只有威廉姆森。②

此外,偏向实证性的研究中,值得一提的是继承制度学派的多林格(Doringer)和皮奥里(Piore)的重要研究。两位学者认为二战后劳动者更倾向于固定在一家企业工作,认为这是企业内制度产生的半竞争市场性分配的结果之一,并发展出了"内部劳动市场"(internal labor market)理论。③ 与之类似的还有日本学者小池和男的研究。他收集了马克思主义出现后日本的资料,以根据企业内部制度进行的劳动分配为中心,提出了与多林格和皮奥里非常接近的理论。他研究的内容显然已经不局限于日本,对全世界都有普遍的意义。④ 从战后世界经济起步时开始(即早在日本式经营引起全世界的注意、人们关注"日本问题"之前)交易的持续性和组织的持久性就已经为学者们所关注。技术革新的常态化支撑了战后经济的高度成长,企业持久集团化的趋势就在这时逐渐变得明显。

---

① K.J. 阿罗《组织理论》(村上泰亮译,岩波书店,1976年),日语版序言第 ix 页。

② 威廉姆森的代表性著作是《市场与等级制》(浅沼万里、岩崎晃译,日本评论社,1980年)。原著为 O. E. Williamson, *Markets and Hierarchies: Analysis and Antitrust Implications* (N.Y.: Free Press, 1975)。科斯写过一篇著名的古典式论文。R. H. Coase, "The Nature of the Firm," *Economica*, Vol.4, Nov.1937.

③ P. B. Doringer & M. J. Piore, *Internal Labor Markets and Manpower Analysis*, Heath Lexington Books, 1971.

④ 代表性著作有小池和男『職場の労動組合と經營參加——勞資關係の日米比較』(東洋經濟新報社、一九七七年)。

第十一章　技术·经营·议会政治

多林格和皮奥里与小池和男曾分别指出了美国和日本劳动者固定在一家企业工作（正规劳动者工作时间的长期化）的倾向，并以此作为分析现代企业的基础。出现这种倾向的最大原因，恐怕就是第二次世界大战之后技术革新常态化的趋势。技术革新一旦常态化，企业就不得不"边实践边学习"（learning by doing）。作为其中的一部分，企业必须一边改进技术，一边训练劳动者（有时甚至是让劳动者自己训练自己）。这样的训练很难以基于已有技术体系的学校教育或训练项目的形式进行，因此企业必须使工作和训练相结合，进行所谓 OJT（on-the-job training）。只是经过 OJT 的劳动者，其掌握的技能大多只适用于个别的企业甚至个别工序，很难应用到其他地方。于是，劳动者为使自己的技术变得更加熟练，能进行的最佳选择就是一直留在一家企业中。另外，经营者也害怕自己花费大量成本培养的熟练劳动者流失。为了防止流失而采取的对策，区分了各国采取不同经营形式的企业。例如，美国有"根据不同职务制定的年资制度（需要裁员时首先暂时解雇那些新来的职员，而让一直在公司工作的员工继续工作）"；日本则采用了"职务间劳动流动制和终身雇佣制（尽量避免解雇）"。

日美两国的制度虽然都是为了培养并留住熟练劳动力，但内容却截然不同。在多林格和皮奥里的理论出现之前，美国学术界中很多人都认为以年资制度为代表的劳务管理系统，只会使劳动市场变得支离破碎（balkanization）①。年资制度的确不符合一般人眼中的平等的概念，也不符合能力第一的原则。而多林格和皮奥里认为，这一制度可以使熟练劳动者适应技术革新，因此整体上对于经济是合理的。他们将其命名为"内部市场"（internal market），想借此使其正当化。然而，内部市场理论明显超出了古典市场竞争理论的范围。在日本，小池和男没有理会人们围绕是否认

---

① 科尔和邓洛普的文章中曾经有所叙述。C. Kerr, "The Balkanization of Labor Markets", in E. Bakke ed., *Labor Mobility and Economic Opportunity*, Cambridge: MIT Press, eds., *New Concepts in Wage Determination*, 1957.

同日本企业惯例、在意识形态上进行的激烈争论，宣扬日本熟练工培养体系的合理性。可以看出，两国学者的态度极其相似。

这里就出现了一个问题：两种培养熟练工的体系都是合理的，那么其内容为什么截然不同？美国对先任职制度可以适用的职务范围进行了严格的规定，适用范围十分狭窄。相反，日本对于转职的规定十分模糊，适用的范围也很广。与这些制度配套的雇佣保障制度中，美国经常使用暂时解雇制度，日本则尽量避免暂时解雇。① 整体来看，两国制度的共同点是都将"内部晋升制度"吸收进来，区别在于美国的制度中还有市场的成分（每个个人分别就自己的工资和晋升进行交涉），而日本的制度中没有这种具有市场性质的要素。实际上，多林格和皮奥里与小池都没能充分解释这种区别。多林格和皮奥里不知道日本的情况，而进行严格的实证研究的小池也在避免下一个普遍性的结论。如果必须分出高下，小池总结出的"日本的体系（只要技术革新能顺利进行）看上去在提高生产效率上具有优势"，较为先进。② 但他到底还是没有说明两者为什么会有差别。下面，我就斗胆尝试对此做一解释。

在此之前，先让我们从之前的讨论中确认这一事实：人们一般所说的"所有权和经营权分离"的趋势，与企业持久集团化的倾向明显是同一种趋势，它们都可以分成几个阶段。包括：

Ⅰ. 所有者（资本家）和经营者（经营者）一致的阶段（马克思）；

Ⅱ. 经营者的业务功能开始脱离所有者（股东）的阶段（伯利和米恩斯）；

Ⅲ. 经营者和劳动者组成的集团与所有者（股东）相互独立的阶段（多林格和皮奥里及小池）。

---

① 参见小池和男『職場の労動組合と經營参加』第七章第213页之后的内容。小池更加谨慎，虽然没有像这里所说的那样进行严格的区分，但我认为这种论点也可以接受。

② 参见小池和男『職場の労動組合と經營参加』第218页和第240页。

第十一章 技术·经营·议会政治

明显表现出这种倾向的只有日本和美国,而西欧仍然处在第一阶段。就大企业中可视为家族式或个人统治的企业的比例来看,进行数量上的严格比较虽然有些困难,但各国都有估算的数据,如西德、法国和英国为50%,美国不到30%,日本约15%。[1] 这样的结果可能与欧洲企业最近的低迷有关。日本的比例较低,很大程度上是战争结束不久解散财阀的结果。仅比较日本和美国的情况,不难发现日本的"大范围的部门间流动 + 无解雇制度",和美国的"年资制度 + 解雇制度"同样属于上述的第三阶段,在经济上都是合理的。美国的企业经营从某种程度上来说也在"集团主义化"。

集团主义的问题

日本和美国的企业在经营上有着明显的区别。为了说明这种区别,这里我们使用奥利弗·威廉姆森的理论框架。他的理论的最大特征,是认为为了减少由人们坚持的"机会主义"(opportunism)带来的麻烦,而有必要使企业组织化、阶层化。不过,他所说的"opportunism",至少是其译文"机会主义"表达得不够明确。坦白地说,所谓的"机会主义"就是指用出其不意的招数来追求自己的利益,是利己主义的表现。换句话说,威廉姆森认为经济交易中充满了敌意和怀疑。为了克服机会主义,即控制敌意与怀疑,经济自由主义不仅需要"市场",还需要一个"组织"。不管怎么说,威廉姆森的想法虽然与亚当·斯密一样以自爱(self-love)为基础,但后者并不重视那些陷害别人的行动,是豁达而乐观的看法,因此两者相差甚远。这也许象征了现代美国以及新古典派经济学的瓶颈。

以刚才所说的"是选择垂直统一还是像系列那样的中间组织"的问题为例,威廉姆森认为难以明确规定内容的长期合作关系(如系列等序列关系不明确的关系),容易受机会主义的影响,最

---

[1] 吉森賢『アメリカ企業家精神の衰退』、八四~八五頁より。

终很难持续下去。同时他还承认最近人们越来越倾向于认同中间组织的存在。① 的确，之前引用过的麻省理工学院报告中也提到过，日本常见的母企业和承包企业间的共同研发项目中，项目各方的关系随时都可能发生变化。同样，虽然日本企业间一直以来都有这样的默契，即承包企业面临危机时母企业会予以支援，但这其实也随时都有可能破裂。因此，日本的"系列"之所以能成立，是因为各方都相信他人遵守"约定"，即相互之间达成"和谐与信任"。另外，还因为各方实际上都长期遵守协议，并从中获取了巨大的利益。这不意味着日本人都有道德、遵守约定，而美国人都十分狡猾。美国人尊重个人行动的自由，因此很可能产生机会主义；而日本人从小就被教育要相互理解、保持和谐的关系，所以不能允许机会主义的存在。除此之外，第二次世界大战后高度成长期的环境非常有利于企业间维持"和谐与信任"的关系。可以说至少在战后日本的经济领域，日本人的观念和日本经济的繁荣使"信赖"的风气得以在社会上传播开来。

用同样的方式，我们可以分析前面提到过的雇佣体系的问题。所谓"终身雇佣"无非是指劳资双方达成默契，企业尽量不中途解雇员工。而默契的形成又需要员工对企业的信任，包括相信企业会避免中途解雇，不会将其作为不提高工资的借口。与之类似，职务调动能够在相当大的范围内进行，也以劳动者的理解为前提，防止他们觉得这是将他们强行调离熟悉的岗位。其实，劳资双方可以对这些心照不宣的规则随意采取机会主义的行动。尽管如此，这种体系仍然能发挥作用，就是因为双方都认为对方也会遵守约定，而这又在很大程度上得益于战后经济长期的繁荣。不过，与此同时我们还必须看到，重视"和谐关系"的道德（这很有可能产生于种植大米的农业集体）起到了一些约束的作用。从美国人

---

① 参见青木昌彦『日本企業の組織と情報』（東洋経済新報社、一九八九年）、一九頁。O. E. Williamson, *The Economic Institutions of Capitalism* (N. Y.: Free Press, 1985)。

第十一章 技术·经营·议会政治

重视"个人意愿的发挥"的价值观来看,这种"和谐的关系"是强制性的、表面的,他们很容易认为背后有股力量在支配着这种关系。"和谐的关系"当然只是理想,而不是现实,甚至在现实中有可能成为权力统治的遮羞布。然而,如果认为日本普遍存在着"看不见的统治关系",就是陷入了"发挥个人意愿"这一观点的陷阱。

我曾经将这种情况形容成"日本国内,社会交换(social exchange)的方式,明显正在渗入到经济领域"①。社会交换是指不重视交换对象带来的利益,而是为了发现交换行为本身的价值,建立互信。最接近社会交换本质的是人类学中广为人知的库拉圈和夸富宴,最近日本流行的互赠礼物的行为也与之相似。在日本,这种方式(这里暂不讨论其产生的历史原因)也被应用到经济领域。无论是日本的系列还是日本式雇佣体系,都有明显的社会交换的成分。但是在一般美国人看来,与阶级统治无关的社会交换无法出现,因此在经济行为中掺杂社会交换,造出的是一个奇怪的组合。

我认为有必要再次强调,用朴素的文化决定论解释两国习惯的差异是极其危险的。日本式经营体系是各种因素相互作用形成的复合体,有其深刻的历史背景,也不能否定它受到了日本处于发展中国家阶段等长期性因素的影响。但是,也不能忽视一些短期性因素的影响,如战争期间经济统治的历史、战后的经济环境和社会的变化等。美国式的体系也同样如此。不能否认,19世纪上半叶托克维尔倡导的美国独有的自由与平等的观念,对体系的建立发挥了重要作用。与此同时,我们也要看到,20世纪上半叶美国式的大企业经营方式取得的巨大成功,是充分吸取经验教训的结果。美国的企业经历了战前的低迷,在战争中乘势发展,战

---

① Yasusuke Murakami & Thomas P. Rohlen, "Social Exchange Aspects of the Japanese Political Economy: Culture, Efficiency, and Change."

后也继续领先于其他国家的企业。① 不过，巨大的成功也有可能使美国企业难以适应战后"持久集团化"的趋势。这可以说是发达国家的缺陷。无论是日本还是美国，某种程度上都受到了偶然因素的影响，不能仅用文化决定论解释。小池极力主张在日本的各项条件下，日本式经营是一个明智的选择。美国式经营也是在美国所处的环境中做出的最佳选择。

两种环境存在着种种差异，其中也包括与文化相似的长期条件的差别，用本书中经常出现的用语来说，就是当前各国 natio 的差别。只是这些差异只存在于整个 20 世纪、企业适应持久集团化的趋势的过程中，我们并不因为它们就否定持久集团化的趋势。新古典派理论倾向于无视这种趋势，认为组织是众多现货市场式交易交织在一起的结果。其实，应该说该理论的结构本身就不适于讨论这一问题。摘掉新古典派的有色眼镜，美国和日本的企业间及企业内关系体系都在朝持久集团化的大方向发展。也就是说，除了企业内部仍在培养个人意识和信任感，美国企业在功能上也在集团主义化。使差异产生的原因有先后的差别，而最根本的还是 natio 的差别。当然，虽然"文化上"差异的存在是不争的事实，但只重视这一点，强调"异质性"的观点，并不是均衡的观点。

第三节 从日本企业异质性的视角考虑 2
——相互持股与金融政策

资本成本的差异

"系列化"和"日本式雇佣体系"经常在人们比较日美经济时提起，也经常成为两国发生摩擦的导火索，而最近，甚至有人开

---

① M. Piore & C. F. Sable, *The Second Industrial Divide*, N. Y.: Basic Books, 1984. 书中指出，其他形式的雇佣体系原本在美国也是有可能存在的。

第十一章 技术・经营・议会政治

始怀疑日本式经营中所谓的"长期经营"趋势。但是理论上,只要遵循工业化的理论,对于各企业来说就有必要将经营眼光放长远,这一点不言自明,不能批判它是违反了经济自由主义的规则。不过,长期计划的执行需要具备一定条件,如筹措投资资金(以下称为资本成本),日美在这方面存在着很大的差别,经常出现经济摩擦也是很自然的。

最近,美国有人批评说,日本国内资本成本较低,是因为有日本特有的"相互持股系列"提供支持,还有人甚至称这是"不公正"的。的确,日本的很多大企业之间(特别是金融机构和非金融业法人之间)都相互持有对方的股份,并对分红有严格的要求。上市公司股票由金融机构、非金融业法人和个人各持有三分之一,其中法人持股的比例比世界其他地方高出不少。就具体的持股关系来看,以三菱系列"金曜会"的成员企业为例,其股份的不到27%(1988年时)掌握在金曜会的其他成员企业手中。[①]此外,日本企业的分红明显比其他发达国家要低。在美国,股东对每一期的分红收益极其敏感。有人说在20世纪70年代,养老金管理机构等机构投资者成为主要投资者后,这种倾向变得愈发显著。这就意味着,日本经营者可以不顾股东(短期内)的投资意向,大胆地进行投资;而美国的经营者只要不能在每一期获得足够大的盈余,就有可能无法继续实施投资计划。因此,人们开始抱怨日美企业间存在着无法跨越的障碍。最近,也有很多日本的经济学家认为这些批评和抱怨是合理的。然而,我并不赞成这种批评论——除了后面要说的有关行政介入的问题(为稳定经济而实施的金融政策)。

在深入讨论之前,首先让我们来看一看各国的实质资本成本有没有差异。由于关系到通货紧缩因素、实际税务负担的评价、会计差额的调整等,实质资本成本的计算非常困难,在进行国际比较时必须十分慎重。之前进行的研究大多显示,日本的资本成

[①] 中島修三『株式の持合と企業法』、七五頁。

本（股票成本和借入负债成本之和）比美国的低。但其实应该说，至今两者孰高孰低还没有一个明确的结论。① 仅就股票成本进行比较的话，20 世纪 80 年代后日本更低，而 80 年代后期更呈现出异常的低水平（股票收益率 PER 异常高）。另一方面，美国的负债成本更高（在黑色星期一之前），这在扣除税款之前尤为明显。当然，仅仅比较日本和美国还不够。纽约联邦银行的经济学家认为日美间存在差异，同时，他们还比较了日本和德国，推算出 20 世纪 80 年代后日本和德国的税后实质资本成本基本处于同一水平。②

最近国际上资本的流动性确实越来越强，但发达国家的资本成本之间依然有很大差别，并不是只有日本与众不同。一般来说，由于各国金融制度、储蓄倾向等资金供给因素、宏观经济政策的稳定性、企业破产的概率各不相同，各国资本成本也不尽相同，并随时间的变化而变化。显然，资本成本低并不能证明一国的企业违背了自由竞争的法则。如果不是这样，那么不只是日本，包括最近的德国在内，大多数资金过剩的国家（即经常收支黑字国家）就违背了所有法则。这虽然是理所当然的，但为了今后讨论方便，我想再次强调这一点。

此外，我们一定不能只研究 20 世纪 80 年代这一特定时期里日美资本成本的差异。回顾 70 年代，很难说日美的资本成本间有很大差异。美国的实质负债成本反而更低，而两国的股票成本几乎没有差别。税务方面，日本的法人税率更高。我们可以负责任地说，20 世纪 70 年代日美资本成本的差距远远小于 80 年代。但是

---

① 重原久美春、佐藤节也《企业的资本成本问题》，日本银行金融研究所《金融研究》，第 9 卷第 2 号，1990 年 7 月对之前的研究进行了很好的总结。美国的经济学家之间关于日美之间有没有差异也存在争议。此外，今井贤一、小宫隆太郎编《日本的企业》（东京大学出版社，1989 年）收录的、小田切宏之著《利润率与竞争力》也值得参考。

② Robert W. McCauley & Steven A. Zimmer, "Explaining International Differences in the Cost of Capital", *Federal Reserve Bank of New York Quarterly Review*, Vol. 14, No. 2 Summer 1989; James M. Poterba, "Comparing the Cost of Capital in the United States and Japan: A Survey of Methods", *Federal Reserve Bank of New York Quarterly Review*, Vol. 15, No. 3—4. Winter 1991.

第十一章　技术・经营・议会政治

在 70 年代，美国的钢铁和汽车产业都出现了衰退。在那时称霸美国的实际上是联合型企业，它们通过收购与自己领域完全无关的企业而实现扩张，并引起传统的大企业纷纷效仿，因此资金并没有被用于产业投资。相反，20 世纪 80 年代后期，尽管美国的产业投资终于活跃起来，但这一时期日美资本成本的差距反而扩大了。总之，资本成本的差异和投资行为的差别没有太大联系，不能说前者是后者出现的原因。投资行为乃至经营行为的差别可以认为是由更广范围内结构上的原因造成的。

也许是和日本进行比较的结果，现在美国国内越来越多的人批评经营者重视短期变化的想法及其原因——机构投资者对短期变化的重视。之前也曾说过，海兹和阿伯纳西、麻省理工学院集团、罗伯特・莱克等学术界、新闻界的大多数人都持这一观点，他们同时还批评机构投资者把短期收益率放在第一位的做法。① 的确，在纺织、钢铁、汽车、电机、工程机械等众多重要产业中，投资行为、企业经营都开始重视短期的变化，这是不可否认的。

出现这种现象的原因是什么？第一，美国的机构投资者们真的都将短期利益放在首位（或像人们常说的那样，基金经理（fund manager）都以短期业绩为重）吗？假如事实的确如此，那么这与之前说过的、整个工业社会中出现的经营眼光长远化的趋势就是矛盾的，不管我们如何评价机构投资者（养老金管理机构等）的做法。② 这对于美国的经营者来说自然是不利的，但责任并不在日本等其他国家。问题在于从整体上看美国的机构投资者是否真正重视短期变化。关于这个问题，人们有很大疑问，也有不少研究对此进行了反证。③ 如果证明是正确的，美国众多重要产业

---

① 引自 M. L. 德托佐斯等《美国制造》，第 102 页之后的内容。
② 养老金基金等大多数机构投资者应该承担义务，保护关乎人的一生的长期利益。有些人可能会怀疑它们是否应该注重短期利润。但是严格地说，这种超长期的问题不应只从工业化意义上的"长期"观点角度进行判断。
③ 关于这一点吉森的立场最为明确。吉森贤『アメリカ企業家精神の衰退』。此书第 103 页之后，介绍了与机关投资者责任说对立的论点。

中经营者重视短期变化的原因就在于经营者自身。虽然很难判断，但我认为直到最近，美国式经营方式本身存在着结构性问题这一点是不可否认的。

有关美国式经营我们可以做出很多种判断，之前所说的20世纪70年代美国的情况可以作为重要的依据。20世纪70年代日美的资本成本之间不存在差距（至少比80年代的差距小），那时的主角是逐个收购无关领域的企业并扩张的联合型企业，如海湾和西部公司和LTV钢铁公司等。除此之外，美国钢铁公司、ITT公司、福特、杜邦、美国罐头公司、施乐等著名企业也都进行过跨行业的收购。但是现在看来，我们不得不说经营联合型企业的目的不是扩大生产范围，企业通过收购在财务、税务上获得金钱利益后，就放弃收购的业务。成功收购前的风险伴随着高回报，利率也很高。用于产业投资的资金也随之减少，经营者们于是为了防止公司被强占，开始重视短期利益，在财务方面采取保护措施。进入20世纪80年代前期后，这种趋势又有所增强，为了进行LBO（以被收购企业的资产进行担保，借入资金实施收购），发行垃圾债券的手法被普遍采用。20世纪80年代后日美资本成本差距的扩大主要分为两个阶段，80年代前期是美国负债成本的上升造成的，后期则是日本股指上扬造成的。不过，前者，即美国负债成本上升的直接原因，很可能是里根经济政策带来的繁荣中，用于高风险高回报投资的资金需求的爆发（如上述为LBO而发行垃圾债券）。也就是说，20世纪80年代资本成本的差异是资金从生产性投资转向投机性投资引起的，而非后者的原因。那么，为什么经营者们纷纷专注于在金融和财务方面做手脚，远离生产现场了呢？这其中有尊重个人行动自由的传统等诸多原因，而最直接的原因是没有有效的手段对抗强行收购。① 其表现之一就是现阶段工业化所要求的企业的持久集团化趋势与股东权利间的矛盾。

---

① 20世纪60—70年代，政府曾经努力将反托拉斯法用于跨行业合并上，但并丝毫没有成效。这可以从直到80年代，兼并仍十分盛行看出。

第十一章 技术·经营·议会政治

相互持股的历史

这里我们暂时不管日美比较（特别是资本成本差）的问题，探讨相互持股在日本产生的原因。首先要提醒大家注意的，是股价的上升趋势（以及日本经济的高增长）不可能是相互持股产生的原因。确实，总的来说，20 世纪 50 年代后国际上资本收益高得惊人（具体原因是股价上升式的名义利润增加；无偿增资时可以获得购买股票的优先权等），同时，企业的内部资金也有富余。不过，如果企业持股的目的只是获得资本收益，那么股市低迷时，显然企业所持股票应当会减少。然而，无论是证券恐慌（1966 年）之后，还是石油危机（1974 年）之后，法人持股的比例反而都有显著的上升。另外，就算企业是为了获得直接利润（分红和资本收益）而持有股票，也没有必要相互持股，而是应该大量持有蓝筹股。的确，股价的上升趋势是相互持股发展的一个条件，但从以上的介绍中可以看出，这显然不是其主要原因。

日本很早就有相互持股的现象了。20 世纪 50 年代这种现象就已经非常普遍。有关这一点已经有很多人做过解释，这里就不一一重复了，只列举一些直接原因和间接原因。第一，日本个人储蓄率（家庭储蓄率）之高世界闻名。个人储蓄率从第二次世界大战结束后不久开始就一直稳定在很高的水平，大量的资金从个人流向法人手中，使日本经济得以高速增长。第二，这些个人储蓄并没有被用于投资股市。20 世纪 50 年代，战前的资本家基本上全都没落，个人资产和收入的分配虽然平等，但水平非常低。在人人都贫困的状态下，人们自然而然地会避免将储蓄用于进行高风险的股市投资，而开始存款。结果，企业通过银行获得个人存款的融资方式，即"间接融资"成为主流。企业依赖于个人储蓄，而个人储蓄又偏向存款性资产，间接融资方式由此产生。

有人说间接融资方式是大藏省和日本银行通过政策，人为制造出来的。的确，这些省厅实施保护银行业的方针政策，给人以"银行不会破产"的印象，也使人们认为银行存款是风险极低的资产。事实上，战后日本没有一家银行宣告破产。邮政储蓄可以算作把钱存入国有银行，因此是零风险的资产，而日本人认为银行储蓄和邮政储蓄的风险是相同的。因此，银行储蓄和邮政储蓄与其他类型的金融资产有了明显的区别，令人们很难改变对存款的偏好（国民生活白皮书在1974年才指出用于股市投资的资金比例增加）。

不过，如果问没有这些行政介入的话是否会出现直接金融，答案恐怕是否定的。要劝导日本人不选择能规避风险的资产，而去投资股市，就有必要由一个国营金融中介机构提供担保，分担风险。这实际上会使证券行业国营化。金融业的保护政策某种程度上是不可欠缺的，但如果为了发展直接金融而将金融业国营化（不管以什么样的经济自由主义规则来看），就是明显的倒退。间接融资方式是战后日本特殊的环境下自然出现的，应该看成是"市场性的"现象。间接融资方式在国际上固然是独特的，而这正是因为战后日本经济偶然具备了这些独特的条件（收入分配平等的基础上，高储蓄率和工业化的愿望相叠加）。今后如果有其他开发主义的发展中国家也具备了这些条件，就很有可能也会采用间接融资方式。

第三，人们偏好将个人资产用于储蓄，还意味着认购股票的只有法人。日本经济既然是资本主义经济，那么企业就必须努力发行股票，这是理所当然的。但是如果个人（家庭）不购买股票，那就只有依靠法人购进股票（所谓第三者配额等）。为了将法人购股的成本降到最低，相互持股的现象越来越普遍。这是因为相互持股可以使双方的资金抵消，不需要再筹措资金。20世纪50年代后期到60年代前期，日本法人企业通过发行股票筹措的资金的比例，数量上与其他发达国家相当，但内容几乎全部都是相互持股（第三者配额）[1]。之所以仅凭这种形式就获得了充足的自有资本，显然是由于间接融资方式不断地供给资金。也就是说，间接融

---

[1] 如首藤惠『日本の証券業』（東洋經濟新報社、一九八七年）、一四頁。

第十一章 技术·经营·议会政治

方式为相互持股提供了方便。

不过，虽然"间接融资方式"是相互持股出现的主因，但它并不能解释相互持股为什么能延续下来。间接融资和相互持股的组合在任何时候都有可能转变为直接金融和个人持股（即所谓的证券民主化）。而实际上，促使企业增加自有资本的诱因没有得到加强。像后面要说的，这不但是因为受到金融机构坚持间接融资的影响，还因为受到了1965年后"证券萧条"的冲击。尽管随着企业的成长，实物资产在不断增加，但资本金并未增加，和实物资产相比明显小很多，而股价的上升也没能改变这种状况（为获得账外资产而进行股市投资是在20世纪80年代后达到的顶峰）。和资本金扩大时的情况相比较的话，这时企业被强行吞并的危险性增大，因此相互持股成了对抗强行吞并的手段。

事实上，20世纪50年代前期，投机集团经常垄断收购其他企业，所以整个50年代法人都在迅速提高保护性持股的比例。不过就像刚才所说的，这一时期里自有资本比例和法人持股比例同步增大，可以认为企业也有充实自有资本的意愿。但是进入20世纪60年代，自有资本的比例开始下降，只有代表相互持股的法人持股比例不断上升。也就是说，相互持股已经不是为了筹措自有资本，而是为了防止企业被强占。60年代到70年代前期是间接融资方式的全盛时期。在此基础上成立的相互持股集团，通过其间接利润（下文叙述）更加促进了相互持股。那之后一直到最近，法人持股比例都在持续上升（目前具体数字尚不清楚，但有传言说企业也已开始卖出股票）。原因包括1965年后为重振股市而接管冻结股票的政策、70年代为防止资本自由化而安抚股东、80年代过剩流动性导致的"法人购买"等。不过这期间有一个很大的变化——日本个人投资者终于开始不去存款了。1975年后，股票按市价发行，自有资本的比例转而上升。由此我们可以区分出以下三个时期。

I 20世纪50年代：自有资本比例增加，法人持股比例增加。

Ⅱ 20世纪60年代至70年代前期：自有资本比例减少，法人持股比例增加。

Ⅲ 20世纪70年代后期及以后：自有资本比例增加，法人持股比例增加。

20世纪70年代后期之后，个人投资者的资产也有大幅增加，新增加的投资可以在公开市场上被充分消化。既然如此，为什么相互持股的现象反而越来越普遍？这无非是出于两个目的，即防止公司被强行收购和建立企业集团。另一方面，间接融资的地位明显被弱化。日本的"杠杆率和资产负债率"也被称为流动的他人资本比例，这一比例在80年代末已经比美国的还低。支撑日本的金融系列的，从曾经的银行融资逐渐演变成了相互持股。而金融系列各企业间的联系也变得松散。现在，我们必须认识到，相互持股的目的就是防止企业被吞并以及建立企业集团。

相互持股是特殊的吗

经济自由主义的规则允许相互持股行为的存在吗？上一小节中，我们知道并没有充分证据能够证明相互持股与资本成本的降低间有某种联系。日美投资行为的差异并不只是由于日本实行的相互持股这一特殊制度，还是由结构上的原因导致的，如资金量（储蓄倾向）的大小、宏观经济管理的稳定性以及企业经营中的"开发主义"性质等。不过相互持股是否违反经济自由主义的规则就另当别论了。这也是我们从上一章开始就一直讨论的中心问题（此外还必须考虑相互持股的间接效果，下一小节我们将就此进行讨论）。

这个问题还与另一个问题有关，即强行收购是否违法。在最古老的企业理念中，股东是企业的所有者，也是企业的实体（虚拟法人说）。因此，通过购入股权进行收购是股东自由地行使自己的权利，这一权利构成了经济自由主义的基础。这也是古典理论

第十一章 技术・经营・议会政治

的一般看法。的确,收购可以起到规范经营者的作用(虽然最近不少学者都对这一作用持怀疑态度)①。然而另一方面,当经营者制订好长期经营计划时,收购必然会中断计划的实施,因此经营者自然会加以防备。这算是违反规则吗?当然在最古老的企业理论中,经营者只不过是代理人,将股东的想法付诸实施。经营者本身没有任何权力妨碍对已取得股权的收购行为。但是,古典理论与之前所说的"企业的持久集团化倾向"存在着冲突。在现实中,20世纪60—80年代的美国国内,掀起了一股特别的M&A(并购)风潮,并遭到了强烈的反对。假如日本在70年代相互持股没有广泛存在的话,恐怕相当多的日本大企业都会被美国的联合型企业吞并;日本的企业也会和当时美国的企业一样,陷入生产投资停滞的状态。问题是这种状态是不是不得已的。

本书经常提到古典的经济自由主义与工业化之间可能发生的冲突。显然这里又出现了一个当前最重要的课题。在研究这个问题时,必须考虑今后世界通用的规则是什么。

第一,不能将此前法律的立场绝对化。这种法律的观点就是对于相互持股的批评之一,认为它会伤害股东的权利,违背现行法律的精神。然而从现在研究的角度来看,这一批评就是本末倒置的。这么说是因为目前的问题在于现行法律的基础——古典的所有权概念,而企业与其他的物质财产性质是否相同值得怀疑。换句话说,就是19世纪下半叶形成的"有限责任的股东"的权利与所有权是否相同还是个问号。

商法第200条规定,"股东的责任以其所持股票的认购价格为限"。这条规定免除了股东在面临重大损害的补偿要求时负有的刑事和民事责任。例如经营责任人(或中层经营者)违反劳动或公害相关法案时,需要承担责任,也许还要缴纳罚金甚至进监狱。但是股东决不会受这样的刑罚。股东的责任本来就比一般的所有

---

① J. Stiglitz, "Credit Markets and the Control of Capital", *Journal of Money, Credit and Banking*, Vol. 17, 1985, pp. 133—52.

者轻，因此其权利自然也小很多。现实中，法律在对股东的权利是保护还是限制的问题上一直摇摆不定，没有一个明确的标准。现行法律也没有制定明确的方针。这也可以说是"虚拟法人学说"和"实体法人学说"之间的争论。在21世纪，我们必须重新审视股东的权利，得出一个定论。

第二，无论是赞成还是反对，都不能用民族主义的眼光去看待这一问题。我们经常听到有观点认为相互持股是日本"特殊的、异常的"现象，所以应该废止，但只因为这一点就否认相互持股，其实就是认为"否定一个国家特有的东西就能与世界接轨"，这是非常幼稚的想法。同时，这也与以往否定日本式雇佣方式的意见类似。然而，需要注意的是，现在世界上越来越多的人同意日本式雇佣方式也有优点，不管自己是否利用这种方式。日美结构协议中也没有涉及日本式雇佣的内容。反之，仅仅因为出于爱国主义情节，觉得日本经济决不能衰退，就认可相互持股，那也是不正确的。不管是从民族主义还是之前所说的法律的角度，都无法确定能防止收购的合适的方针政策。因此必须如本书所提倡的，在承认超级工业化趋势的基础上，寻找一个能让整个世界——准确地说也要能对发展中国家特殊对待——长期共存的规则（本书曾经指出超越超级工业化的转换产业化的社会尚未成熟）。

正如之前所说的，超级工业化的过程必然伴随着企业持久产业化的趋势。所以企业必须保持一定程度的连续性。这意味着不能把企业看成物品，也不能把股东看成一般的所有者。以这种观点来看，我们并不一定能禁止企业采取一些措施防止自身被收购。为此可以想出各种各样的方法，并不是只有通过相互持股。一种方法是"本公司持股"，它在日本被禁止但在美国是被允许的。欧洲有很多企业都不是股份公司或者没有公开股权信息，这也可以起到防止收购的效果（虽然在股票继承时会出现问题）。德国也有不少企业实行相互持股（如德意志银行和戴姆勒·奔驰公司），重要企业的董事会中几乎都有大银行的代表。在美国，有一种股票只拥有普通股票一半的表决权。各国为了解决工业化和古典的经

第十一章 技术·经营·议会政治

济自由主义的矛盾而采取了不同的方法。附带说一句,今后实行开发主义的发展中国家中,很有可能为了防止外国资本的收购而将间接融资和相互持股结合起来运用①,因为相互持股可能是所有方法中最有效的。

相互持股的副作用

相互持股也存在着一些问题。在对于相互持股的批评中,应该重视的不是违反规则等,而是它对于实体的副作用。具体来说,就是通过相互持股建立一个跨越多个产业市场的跨行业集团时,在各市场上,系列带来的压力会妨碍正常竞争(这是前面所说的金融系列给实物市场带来的副作用之一)。美国对日本的批评最终也集中到了这一点上,他们提出的具体对策就是要求日本强化反垄断法的执行力度。其实,20 世纪 60 年代后期到 70 年代前期可以说是美国反垄断法的"黄金时代",其在各方面的执行都非常严厉,而其中又以跨行业合并的起诉最为活跃。那时,宣扬副作用的弊病的理论十分流行,而那些理论现在又被用来批评日本。但是在美国国内,从其后的最高法院对 1974 年通用动力公司案例下达的判决开始,反垄断法的执行出现了明显的缓和趋势。特别是里根上台后,美国反垄断法的执行出现了重大转变,对于跨行业合并非常宽容,基本上不加以制止。在推动缓和的里根政府之后上台的共和党政府批评日本反垄断法的执行,难免给人以顾左右而言他的感觉。不过在这里,我们不去考虑美国国内反垄断政策的变化,只研究跨行业合并的副作用这个问题本身。

的确,如果相互持股集团内企业"同生死共患难"的意识和相互信任增强,企业就很有可能倾向于优先购买同一集团内企业的产品。虽然还没有明确的证据证实优先购买,但有研究显示系列内的贸易比例比平均水平高且并非偶然,因此不能否认这种倾

---

① Michel Albert, *Capitalisme contre Capitalisme*.

向的存在。① 于是问题又变成了这种情况到底有多重要。从新古典派的静态理论来看，不属于任何系列的企业（例如现实中的外国企业）在贸易上会处于不利的地位，市场也不能达到所谓的"完全竞争均衡"。不过，也不能将反垄断法理解成为达到完全竞争均衡而制定的法律，无论是强调分散经济权利的哈佛学派，还是注重效率、强调每家企业的自由的芝加哥学派，都没有拘泥于静态的均衡概念。现实中也不能利用这种概念来支持反垄断法。假如运用了这种新古典派的理解方式，就会遇到一些重大问题。对于如何处理一直以来饱受争议的非价格竞争（如广告竞争）和商品分化，新古典派理论并没有给出一个明确的标准。

更重要的是，在本书一直研究的、技术革新持续进行的动态下，完全竞争均衡这种静态的概念没有任何意义。因此，反垄断法的实际作用，只能是在较大范围内维持竞争状态。而用什么来定义竞争状态的维持也是个难以解决的问题。在这一点上立场最为明确的是坚持新自由主义的芝加哥学派，他们认为只应禁止消除价格竞争的卡特尔，允许其他所有市场现象的出现。当然这里我并不是想采用他们的观点，只是要强调，他们的学说明确指出，新古典派的理论过分注重静态的完全竞争均衡，不能作为标准。目前，日本的反垄断法只不过是禁止"实质上限制竞争的"股权购买（反私人垄断法第 10 条、第 14 条）；美国的法律解释虽然也在变化，但也没做出更严格的限制。

那么日本的相互持股到底构不构成对竞争实质上的限制？回答这个问题时要考虑到几方面的因素。

第一，一般来说，某企业优先采购系列内企业的产品（实物贸易），就相当于限制了贸易，这家企业在获得方便的同时牺牲了（至少是短期的）效率。与之进行交易的企业虽然获得了利润，但从系列整体来看效率仍然降低了。金融系列不可能在实物贸易方

---

① 公平交易委员会《对企业集团的调查报告》，1989 年 5 月。

第十一章 技术·经营·议会政治

面达到高效率。① 如果系列外部的企业能提供更便宜的商品，却仍然坚持购买系列内的商品，肯定会给发展中的市场（特别是海外市场）带来不利的后果。因此，优先进行系列内的（实物）贸易也应该是有限度的。

第二，实质上限制竞争的程度，在不同的市场环境下各不相同。举一个极端的例子来说，当某家企业占有相当大的市场份额（如接近30%），形成格列佛式垄断时，如果它加入了相互持股系列，那么只要市场份额稍有增大，那家企业就会获得主导市场的绝对实力，等同于"实质上限制了竞争"，从而可能成为《反垄断法》（第10条）的适用对象。不过，当市场竞争激烈时，相互持股系列对实物经济产生的副作用就仅限于这些。在日本，包括三菱、三井在内，有至少六个相互持股系列，还有很多不属于系列的大企业，它们之间的竞争非常激烈。这可以看成是七家规模相当的企业相互竞争，也就是我所说的"多寡头"竞争（实际上，七在寡头竞争中是一个特殊的数字）。一般来说，在不同的市场上，相互持股系列给实物经济带来的损害也不一样，有必要针对每个市场分别进行实证研究。调查后，政府就有可能对某些市场启动反垄断法。然而，如果因为有限制竞争的副作用就将相互持股全面禁止，那将是极不公平的。

另一方面，相互持股系列（及其出现前的融资系列）都为系列内的企业提供了一种安全保障，长期来看这是系列的优点。以前很多企业在发生可以克服的暂时性的经营危机时，由于有系列的支持，主银行都立刻开展救助行动。其中一个著名的例子是住友银行援助马自达公司，那时系列内部其他企业也参与了救助；人们经常把它和美国政府毫不犹豫地救济克莱斯勒公司的事例做

---

① 中谷巌曾发表过论文，论述系列追求的是稳定性而非效率。I. Nakatani,"The Economic Role of Financial Corporate Grouping", M. Aoki ed., *The Economic Analysis of the Japanese Firm*, Amsterdam: North-Holland, 1983.

比较。① 由此，我们可以认为系列就是民间企业相互之间提供保险的机构。保险费是前面所说的由于"优先与系列内公司进行贸易"产生的潜在的成本损失，也是必须长期持有一定股票带来的潜在的资产损失。当然从长期来看，企业不可能一直处于明显不利的位置。这就与股价问题关系十分密切。进入20世纪70年代后日本的股市（除了石油危机这一经济普遍不景气的时期）持续上升，资产收益看上去也越来越多。但是这种趋势现在已经不存在了，企业间业绩的差距也有增大的趋势。如果确实是这样，那么由于可能导致资产减少，相互持股就应被禁止。最近一些人放弃了其他公司的股票，这也许是变化的开端。相互持股系列依赖经济环境，能发挥的作用有限。今后要长期维持相互持股系列，恐怕远远比现在困难。

仔细研究可以发现，与承包系列和日本式雇佣一样，相互持股中也存在着默契。显然没有任何企业就相互持股行为达成过书面协议。即使是从系列内企业优先采购这一点，双方也都是出于一种默契才维持这种关系的。系列的安全保障作用也不是事先约定好的。这里的默契能否保持稳定，与经济环境和尊重"信任与和谐"的社会风气有关。仅有社会风气绝对无法维持默契。如果没有以间接融资为代表的战后的金融环境，相互持股就不可能出现。现在，经济环境（如股市的上升趋势）看上去每况愈下。相互持股虽然称不上怪异，但也是一种独特的现象。在日本，它只是在"开发主义阶段"出现的过渡性的现象。不过，认为它违反了自由主义的规则就有些过分了——考虑到今后发展中国家可能还会采用这种方式。

行政介入金融的问题

外国人普遍认为日本战后的金融体系是政府设计并建立起来

---

① Richard Pascale & Thomas P. Rohlen, "The Mazda Turnaround", *Journal of Japanese Studies*, Vol. 9, No. 2, 1983.

第十一章 技术·经营·议会政治

的。虽然之前已经说明过这种观点并不正确，但这里我们从政府制定政策的角度来对之前的研究加以总结。战后日本的金融政策有两个重点。一方面，这些政策的确是为了保护一般储蓄者而出台的银行保护政策，而这一目标可以说已经成功实现了；另一方面，政策确实还有其他目的，即把产业资金的来源固定在银行贷款上，通过对银行的控制间接实施产业政策。日本银行进行的窗口限制、对于发行民间债的严格限制、对于所谓证券民主化的消极态度（如通过固定交易手续费方便大宗交易）、禁止存款证券化（CD）等，都是为了将融资方式统一为间接融资。不过之后也会说到，以开发主义的观点来看，大藏省和日本银行的金融政策是否有必要兼具产业政策的功能，值得怀疑。现在我们已经应该放弃"国家开发主义"，因此不需要兼顾产业政策。但是，想要把这两个政策重点分开，只抛弃后者，实际上相当困难。

其实，金融产业在世界各国都受到了最严格的限制。美国和德国的规定也很严格，不能简单地说哪些国家的限制比日本弱。各国的金融政策在保护存款人和投资者的方针上是一致的，与此同时，又与其他政策（如在美国是与住房政策）联动，这些政策都很难与保护存款人的政策分离开。世界各国对金融进行的政策干预之所以很强，有其特殊的理由。那就是因为金融市场有特殊的性质，很难用古典（和新古典）的市场概念加以解释。

金融学家将当今金融市场的这种特性称为"信息不对称"。也就是说，最终贷出资金的个人与最终借入资金的一方（日本大多数情况下是企业）拥有的信息有很大差异。借入者对自己的投资计划了如指掌，将风险也精确地计算在内，而贷出者一般没有任何信息。结果，贷出者由于无知，经常上当。显然，这也是前面所说的"机会主义"的一个实例。如果反复受骗，资金就会逐渐停止流动，成了躺在贷出者手头的货币和贵金属。金融机构的存在，就是为了代替贷出者审查并监视借入者的投资计划，弥补双方的信息差，在贷出者和借入者之间起到中介的作用。银行利用大型审查和监管部门的优势，是发挥金融中介功能的最典型的机构。证券公司的基金业务和债券收购业务也发挥了同样的金融中介职能。信托银行和保险公司在管理存款者资产的过程中也起到了相同的作用。

当一个金融中介机构建立起来之后，资金的流向就会变成从最初的贷出者，到金融中介机构，再到最终的借入者，形成一个三角形。然而在三角形的每条边上，信息的不对称依然存在。第一，金融机构和最初的贷出者之间（银行和存款人之间、证券公司和投资者之间）存在着巨大的信息差。如在大银行和大证券公司与个人存款者和投资者之间明显有着很大的信息差距。特别是像现在这样，新金融产品接连上市时，个人投资者的知识根本跟不上现实的步伐。第二，金融机构和最终的借入者之间（银行和从银行借钱的人之间以及证券公司和债券发行者之间）一般也存在着信息差。金融机构拥有更丰富的金融相关信息，借入者和债券发行者（在日本一般指企业）关于自己的投资计划当然掌握着更详细的信息。这种情况下，差异可能更多地显现在信息内容的不同上。这样，尽管有金融机构，但信息的不对称还是没有被消除。利用这些差异捉弄对方，即采取"机会主义"式的行为的可能性依然存在。

有一种方法能进一步缩小信息差，这就是在金融机构和客户企业之间建立长期持续的交易关系。通过持续的交易充分了解对方，从而在心理上获得亲密的关系。由此，这类金融交易的特征就是原则上是一对一的长期交易，或称"对等交易"（蜡山昌一）。金融机构本来是服务业性质的企业，为拥有不同信息的顾客提供各自需要的信息。① 这种关系虽然在金融机构与小宗借入者之间有所弱化，但在金融机构和大宗借入者之间依然明显。金融市场实际上就是很多"对等交易"的集合。每一笔对等交易间都有潜在的替代性或竞争性的关系，但是最终的结果不一定和完全竞争市

---

① 蠟山昌一『日本の金融システム』（東洋經濟新報社、一九八二年）、一四頁。这里用语表达的范围比蜡山所说的广。

第十一章　技术·经营·议会政治

场中出现的一样。也就是说，金融市场原本就很难成为完全竞争市场。

与之相对，股票和债券的公开市场制度的创立，让人们都能看到隐蔽于"对等交易"中的竞争关系，并使这种关系得到强化。不过公开市场也并没有什么特别的功能来克服信息不对称。所谓的"大众股东"实际上（即使没有对他们进行暗箱操作）经常处于不利的地位。"证券民主化"只不过是种呼声，现实中很难实现。而且公开市场并不能覆盖所有的金融交易。最终的借入者（如大企业）和贷款给他们的人（金融机构）之间的关系并不完全平等。支持着系列化的"信赖关系"的萌芽，潜藏在金融交易之中。日本的融资系列利用这种特性阻止机会主义的出现，节约交易费用，并达到了很好的效果。我们已经说过，融资系列实质上已经逐渐被相互持股系列代替，而系列的成员并没有变化。因此，应该承认相互持股对防止机会主义有一定的作用。

我们还要注意金融机构和个人存款人及投资者之间的关系。这时信息集中在金融机构一方手中，即使银行的经营状况出现恶化，普通的存款人也无从知晓。此外，基金操作不成功时，个人投资者也无法了解具体的情况。一般经济学在研究这种情况时，经常使用"委托人—代理人"（principal-agent）的理论，这与患者和医生、委托人和律师之间的关系相似，即银行和证券公司作为代理人应该诚心诚意地代表个人存款人、投资者的利益，实施行动。这是因为存款人希望能安全地收回债权，而银行在此基础上要实现利润最大化（如果有规模效益），扩大企业规模。证券公司的基金业务也是如此。个人投资者和证券公司对于风险抱有不同的态度。小到基金亏损，大到银行和证券公司破产时，这种态度上的差异都有可能出现。

加入某些诱导性因素（比如打赢官司后给律师报酬）可以促进"委托人—代理人"关系的更好维持。然而就金融制度而言，人们几乎不能提供这样的诱导性因素。于是，就像给医生和律师授予职业资格那样，政府也对金融机构设置了准入制度，并规范它们的行为。现实中，没有一个国家不对金融机构加以规范。美国和日本都有强制性的规定。对银行实施的规范有很多种形式，如资格制、利率限制、业务限制、资产负债限制（如自有资本比例规定）、业态限制（美国限制州际业务，日本对设立分店进行限制）。各国规范的强度不同，不能简单地说美国的规范比日本少。例如美国的州际业务规定可以说是有利有弊，发挥着巨大的作用。总之，不管是美国还是日本，或者是其他国家的规范，都是要解决信息不对称的问题。

在各项规定中，对于个人存款人来说尤其重要的应该就是救济制度——安全保障（银行破产时对存款人的补救措施）。通俗地说，美国安全保障制度的中心是由国家提供实际担保的、大规模的存款保险制度；而在日本，金融监管部门对银行公开或不公开的严密监管、大银行的实力为安全保障提供了支持。不过实际上进行这种比较并不十分正确。例如，美国的存款保险机构在监督、检查拥有2500多名员工的大银行时，可以采取包括停业和清算、收购和接管存款、救济在内的多项措施（日本实际上也有小规模的存款保险制度）。采取这些措施的权力与存款保险制度相互补充，也与日本的制度和常规交织在一起。例如池尾和人认为，"尽管制度的形式有所不同，但日美的安全保障机制在功能和本质上都极其相似"[①]。20世纪80年代，美国的存款保险支付数额增加引起了世界的注意，这显示了制度的失灵。失灵的原因，恐怕是里根政府停止了这些补充性权力的使用，急剧推进自由化（deregulation）。最终，美国仅仅依靠存款保险机构也不能够提供充分的安全保障。

之前我们说过，建立安全保障制度的一个重要原因，是因为银行可能采取机会主义式的行动。同时还有必要指出，这中间还包含着"保护弱者"的福利精神。银行既然也是一个企业，那么

[①] 池尾和人『銀行リスクと規制の經济学』（東洋經济新報社、一九九〇年）、一五〇頁。

第十一章 技术·经营·议会政治

即使它尽最大努力经营,仍然有可能破产。例如,在美国破产的银行有很多,但破产并不都是机会主义失败的结果。对于这种情况,从经济学的角度来看,存款人自身也要负一定责任。然而实际上,只要有银行破产,政府或金融机构就会采取措施补偿存款人(如存款保险制度)。我们只能将这看成与失业保险类似的社会保障政策。在世界各国,安全保障制度都是对机会主义的补偿措施与社会保障政策的混合体。

不管怎样,日本从来没有银行破产。不能否认,日本的安全保障制度起到了良好的效果。其主要原因就是金融监管部门在公开和不公开的情况下都进行了严格的监管,并适时干预。另一个主要原因是银行的规模较大,使得危险得以分散,同时节约了检查的费用。由于有州际业务的限制,美国的银行规模一般比日本的小。不过,日本大银行的优势并不只在于规模庞大。不能忽视大银行的背后有金融系列的支持,银行以主银行的身份,借助系列的实力援助危险的融资者。这种状况长期持续带来的好处(没有政府资金的投入)就是主银行自身的经营也稳定下来。现在的相互持股系列也沿袭了融资系列的形式,构成了日本式安全保障制度的一部分。这样,安全保障机制在系列化和大藏省及日本银行这两个支柱的支持下发挥作用,使日本的银行极为安全。只看安全保障的效果的话,日本一直以来实行的制度显然要优于美国的制度,特别是里根政府之后的制度。

之所以会有这么大的差异,一个重要原因是日本的安全保障制度具有非新古典派分配政策的性质。按新古典派的学说来看,自由的竞争市场和独立于市场的中立的再分配政策(存款保险机制)两者组合在一起,能带来最佳的效果。但是像第八章所说的那样,由于市场和分配通过一些因素联系在一起,用这种将政策一分为二的办法不能获得想象中的效果。存款保险是一种再分配机制,它明显会产生出机会主义倾向——一般称为道德风险,制造出负面的结果。在有存款保险的情况下,银行一般可以通过

"破产"获得最大利润,这就是再分配导致负面结果的典型例子。①只要这样的负面结果存在,新古典派所说的市场与再分配的组合就不会起到作用。采取斟酌使用的政策,一般能取得更好的结果。

　　这样的政策目标的混合性,不只体现在安全保障政策之中。在美国,大萧条之后政府制定了很多针对金融的限制政策,它们都是为了保障安全性,维护个人的利益,而不惜牺牲市场的竞争性。比如州际业务限制、以格拉斯—斯蒂格尔法案为代表的业务限制(日本所说的"围墙")、被称为"Q条例"的存款利率限制等。人们觉得这些规定都是从长期的经验教训中总结摸索出来的,因此一定能保证将竞争性和安全性完美地结合在一起。对这种看法我不敢苟同。20世纪80年代证券公司发明了MMMF(货币市场基金)之后,严格划分银行与证券业务范围的规定因失去作用而被逐渐撤销。人们提出了三种替代规定,即欧共体的全能银行型、美国的股份制银行型、日本的母公司型,按理论来看,这三种规定没有高下之分。② 现在美国支持采用股份制银行的方案,但实际上从大萧条直到现在,美国都在做着或大或小的立法的努力,而这一方案也屡屡遭到严厉的反对。③ 今后对于进行证券业务的股份制银行,政府很有可能再次出台限制政策。规定的多样性,特别是美国围绕规定出现的摇摆不定的情况,体现出了对金融产业进行限制的困难,同时缺少有力的决策者。

　　恐怕没有一种普遍适用的方法能解决信息不对称的问题。现实中,各国的金融制度除了要消除信息不对称,还面临着其他的政策课题。日本的产业政策和美国的住房供给政策就是其中的代表。德国的情况有些复杂,一般认为德国人知道国家在政治上会与大企业进行协调,在此基础上强化大银行的统治能力。可以说

---

① 参见池尾和人上述著作,第128页。池尾建议在可变保险金体系中回避这个难点,但实际操作恐怕很难(参见第130—131页)。
② 参见池尾和人上述著作,第211页。
③ 馬淵紀寿『アメリカの銀行持株会社』(東洋經濟新報社、一九八七年)、第二章。

第十一章 技术·经营·议会政治

这是与"产业秩序化政策"相互重叠的,这里我们暂不讨论。通过欧洲、美国和日本在处理业务限制的撤销时采取的截然不同的措施,我们可以看到金融制度能明显地反映出各国历史背景的差异。欧洲和德国的全能银行方案与 19 世纪之后的传统有关。美国的股份制银行构想,早在 20 世纪 30 年代就已经被提出,作为应对重视各州独立性的州际限制的方法。日本的母公司方案,是在尊重美国占领部队制定的反垄断法(其中的股份公司禁令)的基础上提出的。我们不去追溯这其中文化差异方面的原因,但可以说方案的不同很大程度上是由带有偶然性的历史原因造成的。

无论如何,这些金融制度的优劣,无法用与经济自由主义的符合程度这条标准来判断。如在安全保障制度上,不能说美国的存款保险制度比日本的更加符合自由主义。日本在政府日常干预上施加的力度较大,而美国政府在银行破产时做出是否救济的决定则具有更大的影响力。最重要的是联邦政府是否对保险机构实施财政援助,做出这一决定时甚至没有任何规则作为依据。我们也不能判断应对业务限制撤销的三种方案中,哪一个更加符合经济自由主义。虽然各国的金融制度都不相同,但我们应当承认这些差异。这就是我们暂时得出的结论。

国际化的影响

事情到这里还没有结束。金融产业的特征除了"信息不对称"之外还有很多。从表面来看,就有全球化和广义上的证券化(securitization)两个特点,二者具有相同的结构。简单地说,资金(准确地说是金融资产)已经跨越了现实中的国界,也超越了商品之间的界限。金融资产可谓是无孔不入,甚至可以说是在寻找一切缝隙以进入其他领域。20 世纪 70—80 年代的美国,为寻找这样的途径、制造机会并大赚一笔提供了一个广阔的竞争平台。这期间出现了存款证券化(CD)、贷款出售、货币市场基金(MMMF)及之后不计其数的新金融产品,它们都突破了以往我们对金融的理解。在金融产业,国界已经不是地理上的国界,而是由法律、税制和习惯造成的制度上的差异，只要制度依然存在，人们就有机会利用各国的差异来获取利益。最早、最具代表性的例子就是欧洲美元市场这样的所谓离岸市场，它躲开了各国设置的利息税，发展壮大起来。如果流入这个市场的资金增加，虽然市场最终还是会在利息方面受到某些机构的限制而稳定下来，但一开始还是会对正常的秩序产生非常大的干扰。欧洲美元市场的动向最近不那么引人注目了，不过这并不意味着无国界化的脚步停了下来。比如最近逐渐为人们所接受的"利率交换交易"，就是以债券被赋予的利息取得权为交易对象（证券化）。结果，债券是通过何种货币发行的已经不再重要了。金融资产自身尽管没有移动，但金融的影响力则跨越国界，深入各个国家。金融上恐怕已经没有国界了。这会促使今后人们更积极地利用制度的差异来获利（这也是一种寻租）。

证券化波及的范围更广。债券被尽可能分割成小部分，作为金融交易的对象。另一方面，"债权—债务关系的存在"这一事实本身也成为金融交易的对象。世界进入了所谓后证券化的时代。西德联邦银行曾发表过这样的言论：

> "今天，看上去金融和资本市场已经完全脱离了世界的商品市场，单独进行自我再生产。然而，金融和资本市场本质上是为了给其他市场提供服务，因此金融业工作者不能像魔术师从帽子里拿出兔子那样，从金融界本身赚取收入。"[1]

当然，这也许只是用均衡理论的观点看待现实。只要世界经济一刻不停地发展下去，不平衡的状态就肯定会不停地出现，以此为契机就会出现新的证券化浪潮。如果这种趋势持续，金融产业就将沉浸在一次又一次的技术革新中，产业中最重要的则是为了分散风险而实现的规模效益。真是这样的话，金融产业就将变

---

[1] 借用了高桥琢磨《金融中心的兴亡》（日本经济新闻社，1990年），第396页的论述。

第十一章　技术·经营·议会政治

成"收益递增、成本递减"的产业，大型金融机构会专注于扩大规模和范围。在国际上开展有关金融的产业政策的合作与协调也会变得必要。但是，如今的金融产业被各国的经济所左右，存在着不稳定的因素。

理想中的日本金融政策

为了应对这种局面，应该采取什么样的政策呢？如果把国内经济的稳定放在第一位的话，首先应该用非正式的斟酌使用的规定对国内的金融系统加以约束，分散并最终遏制国外对国内金融的影响力。此前日本金融部门的行动就是这样的。现在日本还应该继续采取这种处理方式吗？由之前研究的"多样态的经济自由主义的规则"可以得出结论——我认为这种方式是错误的。应该允许各国的政策存在差别。既要允许日本实行相互持股，又要允许美国实行控股公司制。但是，对于会对国内产生影响的外国参与者，必须给予"国民待遇"（由此可以引申出所谓的透明化），而为了保证能够获得这种待遇，必须采取斟酌使用的手段，那就是废止许可认可制，实行自动承认。显然，不能给予外国参与者国民待遇的制度事实上就是锁国制度。对于发展中国家来说，虽然让外国参与者进入可能会导致国内市场被它们所主导，但依然不会实行锁国制度。现在的日本就更是如此了。

第一，此前金融部门的规定并不能充分满足国民待遇提出的"开放性"的需要。通过美国和德国的比较我们可以明显看出，店铺规制等对业态的限制、利率限制、跨行业限制等手段本身并没有错。国际间的差异最终很有可能缩小，但目前每个国家采取不同的限制手段是不可避免的。问题在于这些规定和限制是否也对外国的企业（总部在外国的企业）平等实行。如果赋予了外国企业国民待遇，就不能再依靠以往的封闭规定体系形成的习惯性做法了。外国来的参与者不会按照日本企业那种"信赖关系"和"和谐"的观念办事。另一方面，日本的金融机构恐怕也不会轻易改变一直以来业内乃至系列内形成的习惯做法。例如最近的利库路德事件中新增股票提前分红的问题、野村证券等很多证券公司对特定顾客的损失补偿事件等,实际上都是证券市场上的陈规陋习留下的后遗症。官僚被派遣到金融机构就职,也是为了理清过去的关系,这几乎到了贪污的边缘。国民待遇意味着让全世界都看到这些公开、不公开的一切,以往的默契不再成立。实际上,没有任何产业像金融产业那样残留有这么大的许可认可行政的力量。美国虽然也有一系列规定,但许可认可在法律的规范下成了自动的程序。不过,要是日本的金融相关企业频繁寻求海外投资的话,就不存在这种单向通行的特权了。

附带提一下,只要日本继续对金融施加行政干预,东京就有可能失去世界金融中心的地位。东京现在之所以能跻身三大金融中心,主要是由于有庞大的资金来源。如果东京市场继续按不能为外人理解的惯例操作,特别是金融部门继续采取斟酌使用的措施的话,外国的金融机构就不会把东京当成金融操作的最佳场所。只有日本的金融机构积极行动,金融交易才能在东京顺利进行。但这样一来,有可能进行的交易只有一半会在东京进行。在外人看来,东京周围有一道不透明的制度壁垒,太危险。比如肯定有人怀疑从东京能不能自由汇款。这就是出于对金融部门许可认可制度巨大影响的担心。东京的实力相对减弱,加上周边国家自由化的推动,新加坡也许会成为第三大中心。当然如果认为不应该把成为金融中心作为目标的话,则另当别论。

这时又有一个重大的问题。此前日本的金融市场一直被认为是不透明的、不能信赖的,而实际上进入市场内部来看的话,则会发现这里人们都缔结了长期稳定的协议,否则,行政干预和系列化就都不可能出现。但是日本式的稳定的金融世界实际上并不完美,到处都是漏洞。经常钻空子的机会主义之所以没有成为大问题,是由于有"信赖关系"的约束和不公开的制裁系统。如果是20世纪80年代美国华尔街金融工作者的话,他们就会利用日本金融制度的漏洞尽其所能制作新金融产品,推动证券化。日本的金融界人士也许也注意到了这些机会,但他们还是被金融界内部

第十一章　技术·经营·议会政治

的人们心中的和谐观所束缚着。

如果现在打开国门，即给外国企业授予国民待遇，那么美国和其他国家的金融企业就会进入市场。这时，金融界的局势就可能变得混乱，就像美国20世纪70—80年代发生的那样。这种状况进而又有可能导致全球性的金融危机。要是各国想通过恢复国内至上的斟酌使用的措施，使局面恢复到之前的封闭状态，日本外部的世界金融就很有可能崩溃。不仅如此，事实上，只要不是终止一切交易之类的措施，斟酌使用的措施（特别是对于外国金融机构采取的）就都存在漏洞。例如有关利率交换的应对明显就是这样。对于这种紧急事态，应该暂时允许日本制定独特的解决方法和限制性条款。但如果不将这些条款事先公之于众，就违反了国民待遇的原则。

问题就此并未完全解决。如果各个国家之间，乃至大金融中心之间在规则上存在差别的话，很多金融交易就会利用其中的空子大行其道。因此，至少三大金融中心应该制定通用的金融规定。这样，就只留下两种选择，要么拒绝国外企业进入本国市场，尽可能保持不透明性，要么做好心理准备接受外国企业的进驻，并给予其国民待遇。不存在一种介于两者之间的妥协方案。一旦大堤上出现了蚁穴，金融体系的结构就会发生变化，有时甚至可能引起席卷全世界的大规模变革。总之，解决方法只能是二选一，金融产业具有的不稳定的特性不允许选择折中方案。

一边对外一直实行锁国政策，一边输出大量的资本在现在已经不太可能。而完全的锁国在现实中也不可能发生。国际政治上有很多选择是不可能的。于是，日本可以做出的选择只有以下这条：允许企业自由进入金融产业，明确国内有关金融的规定，最重要的是将许可认可制度的使用降到最低。这些措施对于所有产业都应当采用，而对金融产业，由于其特性就更有必要利用了。不过需要注意的是，这并不是说日本国内的金融规定应该与美国的相一致。没有必要在法律上明文禁止系列化等。只是对于任何国外的参与者，都必须赋予完全的国民待遇。这就构成了对"多样态的经济自由主义规则"最初的尝试。

像上面所说的,在经济自由主义这个主题下,我们可以进行各种各样的灵活变换。决定哪种变化能被允许的是国际规则。但是要将国际上的经济自由主义规则和各国传统的手段融合在一起,还要解决很多重大问题。如果没有这个过程,发达国家就无法制定出共同的经济规则,国际经济秩序也没办法建立起来。所谓的规则也许是从相互给予国民待遇开始,最终实现统一的。而最终其形式既不同于古典的形式,也不同于美国等国家所设计的提案。不过这才能体现出与以往古典的经济自由主义不同的、多样态的经济自由主义时代的特征。这个时代强烈地要求日本人放弃对原来坚持的习惯,为新规则的制定做出贡献。这只是一个尝试性的要求,如果更进一步的话,应该说就算用强制手段也有必要建立一个国际金融的统一规则。或者说日本应该为率先召开制定统一规则的会议积极地做准备。而它的前提条件就是废止不成文的隐蔽的行政干预,准备好接受中立的国际机构(国际证券交易委员会)的监管。不管多么困难,最先要就规则的具体内容达成一致的就是先行于其他产业的金融产业,特别是纽约、伦敦、东京三大金融中心。

第四节 从批判民主主义的视角考虑——自由与平等

自由主义与民主主义

本书所指出的当今世界课题的重点,某种意义上在于所有国家的自由与民主,具体来说与议会民主政治相互关联。本书大体上提出了两个构想,一是"多样态的经济自由主义的规则",二是"相互重叠的安全保障同盟(共同的屋檐)"。能够承担实现这些构想的任务的,现在显然只有议会民主政治。不过,想让它接受并实现这些目标并不容易。假如议会民主政治,特别是在"大国"里没能成功解决一系列问题,那么那时恐怕就会出现本书不敢想

第十一章　技术・经营・议会政治

象的惨剧。与以议会民主政治为前提的开端相比，事态的发展更加难以预测。而这里我们在展望议会民主政治的基础上指出其弱点，并研究如何弥补不足。

　　本书论述的基本条件是"自由主义"。在经济制度方面，它表现为"多相的经济自由主义"这一形式。那么，在国内的政治制度方面，自由主义又应该表现为何种形式呢？回答这个问题之前，我们需要再次确认，本书所说的"自由主义"是指对人类改造世界的行为（几乎可以说是人类本能）的重视和尊重。在之前的论述中，我们还曾将这种"改造世界的行为"称为广义上的反省（reflection）、自我参照（self-reference）、对世界的重新解释等，它们表达的意思是相同的。于是，既然改造的发起者和评价者只能是人的个体，自由主义就也可以视为重视这些个人的"个人主义"。不过在下一章中也会提到，需要注意的是，这里所说的"个人"并不是孤立的个人或自给自足的个人，而是在改造世界的过程中与他人交流讨论，并继承历史的智慧的个人。真正的自由主义必须是扎根于半主观土壤中的个人主义。

　　这样，我们就可以用另外一种方式表达上面的问题了，即什么样的制度能对每个人各不相同的印象、意见、思想加以总结，做出能代表整个社会的决定。这种意义上的政治制度，或者至少可以说是自由主义的政治制度，不能单纯地集中所有人的利害要求，而要综合他们对世界的观点并从中找到一致的地方。当然，这个问题的答案不只有一个。将自由主义的基本要求具体化的制度可谓多种多样，但都有所不足。假如确定了一个唯一的自由主义制度，不允许人们进行批判，那么这本身就违背了自由主义。因为自由就是要允许人们对所谓唯一的制度加以评价。实际上，自由与民主（具体表现为议会民主政治）也是众多不健全的政治制度中的一个，各国的议会民主政治就是它的不同形式。

　　自古以来，人们对政治制度的讨论就没有停止过。而争论最为激烈的，都是同时存在众多国家（state），必须在多种制度中间进行选择的地区和时代，例如战国时代的中国、城邦时代的希腊、国民国家诞生时期的欧洲等。① 在中国的诸子百家之中，我们就能看到从贤者政治（儒家）到一种民主主义（墨家）等各种政治思想。只是他们的制度理论还没有形成一个非常完整的体系。在古代，整个东西方范围内最擅长体系化的是亚里士多德，他曾经将制度分为君主制、贵族制、民主制，后来的洛克和卢梭也继承了这种理论。② 古代的这些政治制度论的共同之处，一方面是都感叹理想中的国王或领导人在现实中不可能出现，另一方面则是对民主政治的强烈怀疑。近现代议会民主政治的创始人卢梭、麦迪逊、J. S. 穆勒等显然也抱有同样的担心。

民主主义一词，由 demos 和 kratia 构成，意为民众（demos）拥有做决定的权力（kratia）。其具体的实施形式历史上只有"多数制"一种。因此，人们一般认为民主主义就是通过多数表决进行选举、做出决策。法律实证主义者汉斯·凯尔森曾断言民主主义只体现在选举过程的形式上。③ 但至少在原来的理解中，多数决定制不只是投票之后统计票数的机械性制度。投票前肯定要有讨论的过程，投票者从中获得新的想法，或者改变自己的意见，之后再进行真正的投票。"机械的多数决定制"认为人的意见不会受这种讨论的影响，结果通过这种制度得到的并不是能代表全社会的利益，仅仅是个人利益的总和。这是因为不管是多贤明的人都会只被自己眼前的利益所吸引，如果不能汲取历史的经验教训，不了解其他人的想法，就无法改变自己狭小的视野。所以机械的多数决定制就成了占多数的人（组成派系（faction）后）获得私人利益的工具。在这一背景下，人们不仅追求参加投票机会的平等，还要求享受结果的平等。这样，整个社会的、长期的利益就

---

① 在日本，宫廷政权与武士政权持续对立的镰仓时代前后，也有一些著作论述理想的政治局面，如慈圆的《愚管抄》和北畠亲房的《神皇正统记》。
② 『アリストテレ全集 15、政治学經済学』（山本光雄訳、岩波書店、一九六九年）、第三卷第七章、一○七頁以降。
③ Hans Kelsen, *Foundations of Democracy* (Chicago: University of Chicago Press, 1955). ハンス・ケルゼン『民主政治の真偽な分かつもの』（古市惠太郎訳、理想社、一九五九年）、第一部一章～三章。

第十一章　技术・经营・议会政治

会被无视，导致民主主义社会的倒退。

再回到之前有关自由主义的问题。当感到社会的决定与自己的理想不一致时，人们"应该"会有在决策机构表达自己意见的欲望。这正是对思想上的自由的诉求（之所以说是"应该"，是因为不表达自己的想法也是一种思想上的自由）。这种意义上，自由主义会使人产生要求，让参与决策的机会的大门永远向每一个人敞开，也就是追求机会的平等。总的来说，机会的平等是自由主义的一个必备的属性——虽然对机会可以进行各种各样的解释，这一点在后面也会提到。因此，坚持自由主义的政治制度必须让每个人都能参与进来，成为较低级的"民主主义"。

然而这并不一定意味着多数决定制就是自由主义的本质。多数决定制仅仅是在没有更好意见的情况下为了方便而不得不做决定的制度。从古至今，指出这一点的人不胜枚举。例如最近哈耶克说：

> "个人主义（按上下文来看也可以说是自由主义——作者）肯定所有政府都是民主的，而不迷信多数决定制，不认为它是万能的。特别是绝对不能认同可以将多数决定制'通过绝对权力来源于民众的假说正当化'的观点。……个人主义强烈反对一个信念，即'多数人的意见才是真实的，是对于将来的发展最有影响的，所以必须接受这些意见'——因为这是世上所有对民主主义的误解中最危险也是最致命的。"①

在这段文字之后，哈耶克又指出，从自由主义的角度来看最重要的是，有的地方可以强制实施多数决定制所通过的提案，有的地方则绝对不能采纳多数人的意见。表达自己思想的自由就是最重要的例子。经常有人提出反对意见说：难道可以给人以自由，让他们表达"否定思想的自由"的思想吗？答案当然是应当给予

---

① 『ハイユク全集3、個人主義と經濟秩序』（嘉治元郎・嘉治佐代訳、春秋社、一九九〇年）、三四頁。

这种自由。因为对于否定思想的否定会切断获得思想上自由的动机，而自由主义的本质恰恰在于这种动机。多数决定制不应涉及包括思想的自由在内的所谓人权的领域。在多数决定制的使用范围上加以限制的必要性，相信大家都有深入的理解。

自由主义原则上不能与缺乏充分讨论的机械的多数决定制共存，人们对此还缺乏了解。重视自由的意义在于重塑自己眼中的世界，反省自己，重新解释世界。听取别人的意见，意识到自己的不足时，人才能找回自身的价值。多数决定制只有在言论发挥其本质作用时才带有自由主义的性质。一旦民主主义变成了"机械的多数决定制"，忽视言论的重要性，自由主义和民主主义就将成为对立的概念。自由与民主（议会民主政治）可能导致这种对立，因此实际上它就是一种妥协。这象征着机会的平等与结果的平等之间的对立。如前所述，机械的多数决定制会成为获得结果的平等的工具。自由主义虽然承认机会的平等，但是与结果的平等没有关系。这不是说拒绝结果的平等，而是对它并不关心。

在政治史上，自由主义和民主主义的关系、自由和平等的关系经历了从对立到协调的过程。自由和平等原则上应该是什么样的关系？对于这个问题，较为通俗的答案是自由和平等都是重要的。某些情况下，这个答案确实成立。例如，身份制度和种族歧视的法律会阻止一些社会阶层的人参与管理社会，主张自己的利益，也会限制他们表达自身的诉求，制造出机会的不平等。这些制度和法律显然会妨碍平等（机会的平等），进而破坏自由。法国革命中制定的"市民革命"的宪章中，经常同时宣扬自由和平等的理念，并获得人们的共鸣，就是因为它打破了上述限制（同时值得注意的是除了自由和平等，宪章中还宣扬了另一个理念——博爱）。

在身份制度和种族歧视的法律尚未消失的阶段，对自由和平等的要求同时存在。反对身份和地位歧视的洛克、卢梭、麦迪逊等 18 世纪的思想家都坚持了这种共存的观点。但是那时已经没有场所可供他们各抒己见，并且他们十分担心民主主义的环境出现恶化。洛克所处的社会是"理性人"（reasonable person）的社会，

第十一章　技术・经营・议会政治

人们可以自由地讨论，但要想成为其中的一员，就要接受足够的教育，拥有大笔财产（所有权）①。这样的社会中产生的不如说是限制选举制度。《社会契约论》的作者卢梭也警告民主政治有堕落成愚民政治的危险——"如果有一个由神构成的社会，那么社会中的神就会用民主政治制度进行统治。但是这样完美的政体并不适用于人类社会"②。

19 世纪的民主化潮流

最终，可以让自由和平等共存的环境没能长期存在。18 世纪末出现的欧洲工业社会需要大量流动的劳动力和富于创造性的企业家精神，要求赋予所有阶层的人最大的行动（在各地区、各职业间流动，创立企业的）自由。因此，前所未有的人获得了行动的自由，并一直要求获得与其他人同等的自由。使这种行动的自由大众化并膨胀的，毫不隐讳地说就是利益心。用预言大众社会出现的人——布克哈特（Burckhardt）的话来说，就是"起源于英国，没有限制、不顾一切的商业和交通的时代开始了"③。然而行动的自由对于大部分"大众"来说是苦涩的，经常伴随着陷入贫困，甚至丧失人格。结果，社会开始出现不稳定，新生的工人阶层对政治的不满开始加强。为了应对这一态势，各国政府从 19 世纪下半叶开始，纷纷或多或少地制造"结果的平等"，出台今天所

---

① ロック「統治論」（宮川透訳）、大槻春彦編『世界の名著 27、ロック　ヒューム』（中央公論社、一九六八年）所収、第五章と第六章をみよ。
② ルソー「社会契約論」（井上幸治訳）、平岡昇編『世界の名著 30、ルソー』（中央公論社、一九六三年）所収、二八六頁および三〇四頁。毋庸置疑的是，卢梭所说的"一般意志"提供了最强有力的民主主义观念。不过，卢梭并不是只会总结出这一点的单纯的思想家。麦迪逊的《联邦党人》的第十篇十分著名。マデイソン「ザ・フェデラリスト第十篇、派閥の弊害とその匡正策」（斎藤真訳）、松本重治編『世界の名著 40、フランクリン　ジェファソン　マディソン他　トクヴィル』（中央公論社、一九八〇年）収録，第 336 页之后的内容。他所说的党派（faction）可以理解为包括现在所说的政党。
③ Jacob Burckhardt, *Historische Fragmente, Aus dem Nachlass* (Stuttgart, 1957), S. 281f. 译文为仲手川良雄『ブルクハルト史学と現代』（創文社、一九七七年）、第 45 页之后的内容。

说的收入再分配和福利政策。在英国，政府开始不断制定或废止法律。德国等当时的发展中国家则出色地制定出了成体系的法律。从罗伯特·欧文到俾斯麦，各国领导人进行了不同的尝试。其中较为中立的是 J. S. 穆勒，他认为生产问题和分配问题可以分开处理，并将通过分开处理而获得结果的平等的方法理论化。而新古典派的分配理论也是在这时出现的。

除此之外，正如第三章强调过的，国民国家之间为了战争，需要组建国民军队，发扬爱国主义精神。工业化和民族主义的推广都需要动员民众，让政府不得不采取措施，迅速扩大民众参加政治活动的范围（所谓的普通选举），并在经济分配上实现平等化。各国的保守派政府也早已不能维持以教育程度和资产为标准的限制性选举。民族主义的冲动逐渐为"大众专制政治"提供了土壤。这样，民主主义的优势在工业化和民族主义的压力之下确立了下来。以民众讨论为基础的多数决定制体现出的自由主义因素，随着民主主义的进步逐渐减少了。

之后不久，在 19 世纪后期，批判不平等的声音成为主流，越来越多的人认为不平等带来了自由的缺失。这个意见在某种程度上真实反映了当时的状况。19 世纪后期，包括限制选举制和分阶级教育的制度在内，很多歧视性的制度仍然存在。机会的平等由于歧视性的制度受到损害，是从机会的平等化到自由的转变过程中必须经历的。不过这一点也只在一定范围内是正确的。有人虽然被赋予了选举权，但没有向候选人提供资金的能力，这就有可能被认为构成了参政的不平等。另外，就算考学时完全按照考试的成绩决定入学资格，贫困者所处的家庭和社会环境都不利，因此他们可能认为受教育的机会实际上仍然是不平等的。显然从这些看法能得出一个结论，即机会的平等无限接近结果的平等。但至少在我们所了解的社会背景下，要想保证结果的平等，就需要政府的大范围介入。众所周知，市场经济不可避免地会产生不平等的结果。以同样的方式不加限制地追求机会的平等，在现有的社会体制下是不可能的。

第十一章　技术·经营·议会政治

将这一点的来龙去脉完整地呈现在世人面前的是马克思主义。它认为资本主义在本质上就包含着"结果的不平等"——剥削，因此在资本主义制度下不可能有自由。各阶级之间由于有本质上的不同，不会出现通过讨论产生的民主主义，所谓中产阶级民主主义的根本就不可能获得成功。占多数的工人阶级的"个人利益"才是"社会的利益"，资产阶级虽然极力遏制工人阶级，但最终会被多数人打败。那时，真正的民主主义才能实现，无产阶级革命和其后的无产阶级专政，才是无可争议的、真正的民主主义。由于"拒绝讨论、多数决定制和个人利益"获胜，所以社会主义是"机械的多数决定制"的终极形态，能够完美的呈现出自由主义和民主主义之间的对立。由此，民主主义化的趋势在20世纪又加快了步伐，这很大一部分要归功于马克思主义，它以结果的平等这一理念为中心，通过阶级斗争的形式，沉重打击了"讨论的民主主义"。

如果结果的平等依然是人们的终极目标，那么就没有超越平等的观点，也就不存在一个标准能居高临下，恰当地评价平等的程度，人的目标就将永远是追求更加平等。于是，即使有（以某些外部标准进行的）评价认为人们生活水平、教育水平的差距缩小了，也不能看成目标实现了。这种对平等的要求，就算生活水平和受教育程度提高了，也不会减弱。人们将有足够的精力审视社会，与此相关的知识越丰富，对于平等的要求和差距意识就越强烈。实际上，把平等本身作为目的，几乎就是把嫉妒等一部分人类最原始的感情正当化。利益上的民主主义就演变成了感情上的民主主义。

不过，完美的"结果的平等化"根本不存在。曾经有一段时间，歧视性的规定制造出了不平等并使其延续，但当这些规定被撤销之后，就应当制定维护平等的规定了。但是，只要人与人之间存在着一点差异，那么无论在什么社会体制下，就都不可能不通过斟酌使用的规定就自然达到完美的平等状态。对结果的平等越敏感，平等的定义的内涵就越丰富、越复杂。所需的规定也随之变得繁冗而复杂。具体的（生活状态的）平等比形式上的（法律上的）平等更需要严格的规定。要想实现后者，只需要消除法律上的歧视，但要实现前者，就有必要出台社会保障制度和收入再分配政策，并且要在实施时特别小心谨慎。此外，对于某些特殊规定到底是促进还是妨碍了平等，需要通过复杂的社会机制用事实加以判断，这既烦琐，又不容易得出结论（例如对少数民族和女性实施的反歧视政策长期来看会不会消除歧视的问题）。于是，领导人的判断，确切地说是官僚的判断起到了决定性的作用。

在19世纪的"市民革命"的目标实现之后，人们必须正视自由和平等的困境，民主主义式的平等成为了主流。卡尔·曼海姆提出的"从根本上民主化（fundamental democratization）的趋势"已经成了20世纪的一个不可抹去的要素。

> "今天，越来越多的阶层努力参与到社会和政治管理中，他们要求有人来代表自己的利益。"

1934年，曼海姆发表了以上言论[①]。他所针对的是纳粹主义和共产主义的统治（在载有这段文字的书出版之前，他就被纳粹政府逐出了德国）。他认为这些政治体制的来源是民众中"不理性"情绪的增强带来的民主主义的非正常化，将它们称为"消极的民主化"（negative democratization）。他提出要通过恢复理性（进行有计划性的思考）、还原民主主义，来改变这些非正常现象。但是这种进步主义式的提案也有一些问题。虽然在任何社会民主主义中都可以讲求"理性"，但问题在于到底什么是"理性"。不过显然，这位善良的进步主义者也将纳粹式的和共产主义的统治视为民主主义的一种归宿。日本的军事当局管理体制也可以算在其中，而我们从20世纪30年代出现的强权体制中看到的，不是民主主义的不足，而是自由主义的缺失。

---

① カール・マンハイム『変革期におる人間と社会』（福武直訳、みすず書房、一九六二年）、五一頁。

第十一章 技术・经营・议会政治

第二次世界大战后的大众民主主义

前面我们已经几次提到,在战后的前期,即20世纪70年代之前,很多社会民主主义的政权相继出现,他们尝试并最终实行了进步主义式的政策,这些政策都建立在计划的基础上。也就是说,在这一时期,政策的核心理念(包括保守党政府在内)是"进步主义式的",因此可以称这一时期为"政策上的进步主义"的时代。战后的所谓西方阵营与实行计划经济和一党专政的社会主义国家苏联激烈对立,不断指责苏联缺乏"自由"。但与此同时,为了与东方阵营对抗,西方国家也开始纠正市场上过度的自由(资本主义)风气,强调平等的理念。其具体的表现,就是实施凯恩斯主义(有效需求管理型)的失业政策,以及旨在维护平等的福利国家政策。这样,虽然自由的理念这一基本条件没有发生改变,但在政策理念上,政府的介入和平等占据了核心位置,使很多国家的政府成了"大政府"。

战后的这种进步主义风潮,是由几个原因造成的。第一,当然是像之前所说的,它受到了"根本上的民主化"这一长期趋势的推动。可以说,像曼海姆指出的,战后进步主义的目标是通过社会民主主义来清除战争中出现的法西斯主义等种种"消极的民主化"思想。第二,二战的政治影响也加强了"根本的民主化"的趋势。战争中进行的总动员可以说是一种平等主义型的政策,为战后的政策打下了基础。这种情况出现在很多国家里,不仅是日本这样的战败国,还包括英国等战胜国。战时的英国政府为了获得劳动党和殖民地的合作,承诺在战后实施社会保障政策并解放殖民地,这在很大程度上决定了英国战后的发展。除了以上两点原因,东西对立的间接影响,如生活水平上的竞争当然也非常重要。

同时必须特别强调的是20世纪70年代前、战后高增长期特定的经济环境。前面也曾提到,这一时期处于50年成熟波形的后半段,高级大众消费的发展是其主要动力。众所周知,在战后的第一个阶段，整个西方世界取得了令人瞩目的高速增长。人均收入（即物质生活水平）的增长率可能达到了人类历史上的最高水平，而贸易的增长率甚至更高，世界各国的相互依存关系得到了前所未有的深化。这次划时代的高度增长背后的关键词，就是"高度大众消费"（high mass consumption）（W. W. 罗斯托）。也就是说，战后的发展在需求方面依靠的是汽车、家用电器、电子制品等耐用消费品的全面普及；在供给方面依靠的则是现有技术在应用上的改良、生产大规模化、系统化。在20世纪前期，技术上的准备已经相当完善，汽车、无线电、电视、空调等（除了彩色电视）都是在战争之前就已经发明了。关于这一点之前已进行过论述，因此高度大众消费的对象不是生活必需品，也不是奢侈品，而是中间产品，即耐用消费品。这一点这里就不再赘述了。

为了扩大耐用消费品的需求，一个有效的方法是使收入在大众（全国居民）之间的分配平等化。这样，大部分消费者的收入水平就将达到平均收入。一旦将收入平等定为目标，低端的家用电器和汽车就可以开始大量生产了。相似的生活方式会加剧人们的跟风心理，人们的消费需求会一步步地转向高品质的耐用消费品。由此，收入分配的平等化也满足了耐用消费品时代生产者的需求。假如同样数目的国民收入分配到极少数的富豪和为数众多的穷人手中，情况会是怎样的呢？那时，虽然稀少的劳斯莱斯和奔驰车会十分畅销，但对于大多数人来说，拥有汽车的梦想决不可能实现。在这种情况下，汽车产业不会发展壮大。

因此，维持高度大众消费的重要政策之一就是收入平等化政策，而这其中最重要的是让劳动者也能一直享受到技术进步带来的利益。就连本来对平等的概念持怀疑态度的保守党政府，也不能对收入平等化政策给经济带来的好处视而不见。各国的经济计划和经济白皮书中，收入分配对需求的影响是不可缺少的话题。说保守党政府会有意识地制定这样的政策可能有些过分。但是采用平等化政策（虽然不情愿）之后，如果民间需求能持续旺盛，企业效益也保持在高水平，经济不断发展，就没有理由认为不能

第十一章 技术·经营·议会政治

继续实行这种政策。战后的第一阶段中，收入平等化政策和经济增长政策同时存在，甚至可以说是相互促进。两个政策在一般情况下不一定能共存。它们之所以能共存，原因还是在于当时正处在50年成熟波形的后半段，环境非常有利。

凯恩斯主义政策与此也极其类似。保守派政府也完全没有理由反对经济的增长，虽然他们经常把古典的经济自由主义的原则抛在脑后。然而凯恩斯原来的政策提案有巨大的问题。当政府试图通过大规模的公共投资推动经济发展时，如果公共投资没有产生连带效应，带动民间投资的扩大，那么公共投资就会一直持续下去（若是以经济增长为目的则会一直增加）。但是，民间投资还取决于长期的预测和社会心理，能否被触发并不确定。假如没有触发民间投资，凯恩斯的政策就只会带来国债的积累。因此像战前那样，经济从结构上就不太可能发展时，这种政策也将收效甚微，只相当于注射了一针兴奋剂。

凯恩斯自己也曾经说过，这种政策是短期性的。虽说如此，但当人们意识到这是兴奋剂似的短期措施时，政策就会对社会心理起到反作用，人们的期待就会产生连带效应。战后凯恩斯政策获得成功的原因一方面是需求结构本身较容易被刺激，另一方面是各国政府在出现黑字之后进行了微调，减税并降低基准利率。伴随着债务增加的危险的大规模公共投资并不是主要原因。凯恩斯自己可能会怀疑均衡财政下减税和改变利率对投资的刺激效果。但实际上，高度大众消费和相关投资具有强大的爆发力，只要实施减税、降低利率，经济就很容易恢复景气。这可以说是非凯恩斯情况下的凯恩斯式政策，并不是凯恩斯政策的原型。这种凯恩斯式的政策也只有在战后前期的特殊环境下才有可能实施。

一旦劳动者也能不断获得技术进步带来的利益，劳动者们的需求就会转向耐用消费品，并引起增长的良性循环。耐用消费品在消费支出中的比重增加，成为最重要的项目。劳动者们驾车上班，在超市购买食品后放入冰箱储存，每天换上整洁而干净的衣服，通过电话聊天，收看电视节目的样子，对于李嘉图和马克思来说可能是无法想象的，但也不是不可能实现的。耐用消费品是人类在生理要求得到满足的基础上自然出现的，并不是为了生存不可缺少的。它们是某些生活方式社会化的产物，而这些方式来自人与人之间的沟通。用经济学术语来说，高度大众消费有几大支柱：相互依存的消费（interdependent consumption）、示范效应（demonstration effect）、炫耀消费（conspicuous consumption）。这个世界上不只有物质，还充满了想象力，马克思等19世纪的人们想象不到的事情都有可能发生。

由于20世纪型工业化理论获得了比19世纪更加巨大的成功，结果的平等主义也迅速向前发展了。不过同时，利害集团为了私人利益行使否决权，占大多数的"弱者"越来越支持"不加讨论的机械的多数决定制"。20世纪50年代到70年代中期，发达国家都是这样。当然这只会发生在经济增长率较高，结果的平等主义容易实现的时期。当需求饱和、技术难以提高时，战后的进步主义政策就会失效，新保守主义就会成为解决问题的途径，这在前面已经提到过。

开发主义的平等社会

战后前期独特的"高度大众消费结构"和它所依靠的"常态化的技术革新"影响了整个20世纪。工业化和根本的民主化像19世纪时那样交织在一起，并发生化学反应使它们都变得更加稳固，工业化和民主化的趋势也都深入到了国家内部。整个20世纪下半叶，工业化和民主化不断进行，进而产生了超级工业化。超级工业化我们将放在后面讨论，这里首先联系发展中国家出现的"开发主义"，来研究它的形成过程。鬼才卡尔·施米特在1929年发表了一篇精彩的预言式论文，他在文章中说，开发主义的形成与变化就是从19世纪的"工业主义"到20世纪的"技术主义"的变化过程。

"今天广泛传播的技术信仰以一种信念为基础，即要从技

第十一章　技术·经营·议会政治

术中找到绝对中立的基础。……的确，看上去好像没有任何事物像技术这么中立。……技术能为无数人服务。……这时，不分国家、民族、阶级、信仰、世代、性别，所有人都是平等的。……因此好像可以说只有这才构成普遍和解的根基。……但是，技术的中立性与其他领域（指神学、形而上学、启蒙思想、经济学等——作者）的中立性不同。技术永远只能是工具和武器。它能为无数人服务，正因为这样它才不是中立的。"①

可以看出，19世纪人们将所有问题归结于经济问题，而20世纪人们则相信技术能解决一切问题。用本书的说法来说，这种变化出现在工业化随着100年波形发生深化的时期。施米特在20世纪20年代就率先注意到了19世纪的波形和20世纪的波形的微妙但重要的区别，预测到了技术发展的停顿。之后我们会从人类学的角度讨论技术主义走向停顿的原因。

很多国家都出现了技术主义的迹象。这种迹象在德国比英国更为明显，这在上一章描述英德对抗时曾经说过。苏联的技术主义也让各国胆寒。但是，最具代表性的技术主义国家（至少在前期最具代表性）是美国。通过"科学管理"实现大规模生产的方式起源于美国，很多工学技术（包括核能在内）也都是在那里诞生的。不过美国前进的脚步也被限制住了。用布克哈特的话来说，美国的技术主义也是在"理论上加尔文式的乐观和实践中不知疲倦的营利活动、两者之间英美式的妥协"的基础上实现的。清教的传统放缓了技术主义全面深入的脚步。② 不过，美国比欧洲各国更加崇尚技术主义是无可非议的。

与之相对，20世纪下半叶，真正贯彻技术主义，并为了利用

---

① カール・シュミット「中立化と脱政治化の時代（一九二九年）」、清水幾太郎編『現代思想1、カール・シュミット——危機の政治理論』（長尾龍一ほか訳、ゲイセモンド社、一九七三年）所収、一四四～四五頁。
② ズルクハト『世界史の諸考察』（藤田健治訳、二玄社、一九八一年）、一六一頁。

技术主义而"发明"了产业政策的国家是日本。这是因为日本人一致认为要摘掉发展中国家和战败国的两个帽子并取得发展,关键就在于提高技术。日本在从启蒙主义到工业主义,再到技术主义的过程中,并没有太多的负担,这也是有利因素之一。而在日本之后,有类似历史背景的东亚新兴工业国(地区)也认识到,技术是赶超发达国家的关键。日本等东亚国家的政策都没有理会19世纪以来古典工业化的常识,而是将技术主义发挥到极致。技术主义的先驱者确实是美国,但说紧随美国对技术主义加以完善的是日本以及东亚各国一点也不为过。

我在第八章曾经指出,开发主义由产业政策和分配政策构成,分配政策经常是以"反新古典派的"形式,对农业和中小企业等既有产业提供保护和补贴。因此,在拉丁美洲出现的一系列问题并没有发生在日本及东亚新兴工业国(地区),包括特大城市中的贫民窟,非正式部门中就业者的聚集,甚至劳动者人格的丧失等。对新兴工业国(地区)现象持否定态度的人曾预测并一再警告在东亚有分配不平等化的危险,但实际上,不仅在韩国、中国台湾、中国香港、新加坡,乃至最近迅速成长起来的东盟各国(菲律宾可能是个例外)国内,分配问题都还不算是致命问题。于是,东亚国家的社会中,经济上人们非常平等,阶层的界限也不那么明显了。我在1980年将这种现象称为"新中产阶级"(new middle mass)的扩大,当时还有很多人对此有疑问,特别是在欧美,不少人不能相信日本社会平等化的进程如此之快。但我所说的的确是事实,东亚各国也出现了类似的现象。①

在日本,"结果的平等化"趋势非常明显,这体现在企业组织内部工资差距较小;企业内人与人之间关系协调、相互平等、跟风消费(相互依存式的消费)的方式。这一方面是受到了工业化

---

① 村上泰亮『新中間大衆の時代』、第二部。最初的论述记载于「新中間大衆政治の時代」、『中央公論』一九八〇年十二月号。只是我之前的学者并没有充分指出这种现象与开发主义之间有紧密联系。

第十一章　技术·经营·议会政治

前社会传统的影响,而发挥更大作用的是开发主义的政策和经营,以及它们引发的高度大众消费的飞速发展。像上一节所说的,日本的开发主义式经营方式是为了应对不断进行的技术革新而研究出来的。开发主义在分配方面与技术主义互补,并使技术主义成为现实,由于它获得了成功,技术主义也得以被贯彻执行。因此,技术主义和结果的平等主义通过开发主义联系到了一起。在大多数人看来,技术主义和结果的平等主义都是最理想的。由此可以推断,开发主义也会大受欢迎。

显然,技术只是工具,而不是价值。技术主义不可能是价值观。发展中国家追求技术主义时,存在着一种更高的价值——民族主义。但是,当日本、美国等发达国家奉行技术主义时,技术主义就成了没有灵魂的怪物。其他国家可能会认为,发达国家会用技术实力取代军事实力来主导世界。不过,在技术主导的政治中,想发动人民并不容易。因此,只拥有技术的国家的政治是没有灵魂的政治,它只不过能调整一些利害关系。这样的政治下,国民共同的价值观念变得淡薄,也没有地方可供大家进行议论、表达自己的意见。于是,在政治上"不进行讨论的多数决定主义"会逐渐占据上风,政治只会成为人们争夺经济上再分配并最终达成妥协的工具。这也是战后日本政治的弱点,它之所以没被暴露出来,很大程度上是由于开发主义政策和经营方式带来的巨大经济效益。正因为经济增长带来的大量剩余资本,大规模的再分配政策(结果的平等)才得以实现,使农业和中小企业获得补贴,就业保持稳定,福利制度迅速完善。政策能保持连贯性,是因为官员们吸取了欧美发达国家的经验教训。

不过现在,经济增长迅速放缓,也没有先例可以学习,于是潜在的缺陷还是一点点地暴露了出来。当下日本的议会政治中,一方面选举区内利害关系错综复杂,另一方面政治家们又好像都在事后才想办法填补漏洞。人们缺乏改变现状的积极性,因此以整体、长期的眼光来看,现在的政策体系很难改变。从前,保守党政治家在议会上投票通过官僚们制定的政策是自然而然的。但是目前，各省厅不是在积极地制定新政策，而是着重解决组织内部的纷争，而且这种趋势越来越严重。政治家们也忙着在选区内扩大影响、寻找资金支持以谋求连任。

现在日本政治的问题也是各个发达国家都面临着的问题，它实际上是议会民主政治自身具有的问题之一。例如，在美国，20世纪60年代之后，人们频繁地指出"利害集团自由主义"（西奥多·洛维）的弊病。"机械民主主义"趋势加强，即使是在被认为"有良知"的参议院，元老议员也不再具有权威。总统制保证了美国政治上的一贯性，但受到大众传媒的影响，现在投票率还不到50%，一旦出现危机，政府很有可能被淹没在民众的舆论之中。主要起源于阶级斗争观念的欧洲的"权力政治"，而如今它也很难满足"新中产阶级"的要求，并可能导致政策摇摆不定。无论在哪里，政治都很难做出长期连贯性的选择。

以前人们就预料到了议会民主制的缺点，前人认为要想解决这些问题，就要使代表（representative），而不能是利益代理人（delegate）在选举中获胜。最初体现出这一想法的，恐怕是1774年埃德蒙·伯克在布里斯托尔选举中的演讲。1791年的法国宪法中也体现了这一精神，而 J. S. 穆勒在《论代议制政府》一书中，将这一观点明确理论化。① 可以说现在标准的议会民主制理论是在"代表原理"的结构基础上发展起来的。例如在魏玛宪法（第21条）中就有如下的规定。

"议员是所有国民的代表。议员只能凭良心办事，不能听从别人指使。"

日本国宪法的第43条也完全可以这样解读。虽然"代表原理"长久以来一直受人尊重，但不得不说的是，这种古典的方式

---

① エドマンド・バーク「フランス革命についての省察」、水田洋編『世界の名著34、バーク　マルサス』（中央公論社、一九六九年）、二七三頁の前後を参照せよ。J. S. ミル「代議政治論」、關喜彦編『世界の名著38、ベンサム　J. S. ミル』（中央公論社、一九六七年）、四〇五頁以降。

第十一章 技术·经营·议会政治

现在不一定是有效的。

在缺乏积极性的状态下，日本的政治能像我们所说的那样绕开陷阱吗？具体来说，它能否积极致力于解决堆积如山的问题，包括许可认可制度的废除和放宽、推进技术转移、协调国际间的产业政策等？我们曾说过，在日本国内有必要废止许可认可制度，给予外国人和外国企业国民待遇，但也要看到，消除构成障碍的官僚（各省厅）的组织纷争，是政治体系的课题，依靠官僚的能力对自身进行制度改革很难解决。为了获得解决问题的能力，必须进行"政治改革"。不过这里所说的政治改革与现在人们提出的小选举区制、政治资金规定等为核心的方案不同，并不是为了使政治脱离金钱。选举制度实际上各有利弊，政治学并不能通过比较明确比例代表制与小选举区制的优劣。问题不在于金钱本身，而是在于那些善于利用金钱的人被选了出来。我提出的改革提案中，最重要的是坚决强化"选举违法连带责任制"，提高议员的薪酬。这样，也许就会新的人才涌现，在他们的身上不会有以往议会议员的习气。但想到决定改革的是现任的议员，前景便黯淡了不少。

再论自由主义

本书一直强调，古典的民族主义和古典的经济自由主义早已失去了左右时代发展的能力。贯穿论述的一个主要课题是"技术发展"的重要性。但是写到这里必须指出，这种论证虽然必要，但是不充分的。技术的不断进步对历史起到的作用，在此之前竟然没有被明确地评价过。这是因为没能区别资本主义（私有财产和市场经济）和工业化（其中技术发展占据核心位置）。当然，不是没有人试图对二者加以区别。例如费尔南·布劳岱尔提出了"资本主义"、"市场经济"、"日常的结构"的分类方式。他的用语有些难懂，其主要意思是："市场经济"是在很多社会、历史发展阶段出现的竞争性的经济贸易体系；而"资本主义"则是包括垄断和投机等在内的自我扩张的体系。① 最近，竹内靖雄也基于类似的想法区别了"市场游戏"和"金钱游戏"，将后者称为资本主义。② 上一小节说过的卡尔·施米特以相似的方式提出了"产业主义"和"技术主义"的分类。每个人的说法都不一样，研究起来极为不便，但可以总结出它们的共同点：要区别自古以来一直存在的"市场"和工业革命之后才出现的自我扩张的系统。人们也都认为这些区别来源于规律性的、间断性的技术革新。

本书的论述之所以以技术为中心，也是为了明确这一点。"成本递减"现象孕育了不断的技术革新，"开发主义"则是利用技术革新的方法。"成本递减"和"开发主义"最清楚地显示出经济体系由19世纪型转变为20世纪型的过程中高涨的工业化，也促成了"技术主义"的出现。本书的目的就是通过介绍这些来明确200年来工业化的进程。无论是古典的民族主义还是古典的经济自由主义，都已经不适应这一进程。因此可以说，世界经济可能已经落后于这股潮流20年甚至更长的时间，可以说最多在"技术主义"出现之前才刚能跟上其步伐。如果只是想让人们摆脱古典的观念，就没有必要接着论述下去了。

但是，为了批判古典理论而使用的"开发主义"等概念，也存在着无数的问题。"国家以及企业的开发主义"是我们所说的技术主义的最明显的表现，于是可以说日本是最奉行技术主义的国家。但问题是技术主义来源于产业主义但又与之有所区别，它到底是单纯的过渡阶段，会迅速结束，还是会成为21世纪体系的（至少是超级产业化）的核心？同时，从真正的自由主义角度怎样评价技术主义也是不得不回答的问题。一般不可能对这些长期性问题的答案做出预测，本书从中期的角度分析问题的方式也很难给予解答。不过这里为了做一小结，从文明长期的统一趋势做出

---

① フェルナン・ベローデルほか『ズローデル・歷史を語る』（福井憲彦・松本雅弘訳、新曜社、一九八七年）。

② 参见竹内靖雄『市場の經濟思想』（創文社、一九九一年）、八章参照。

第十一章 技术·经营·议会政治

几点推测。

想要从现有的材料中推测出文明的"地形"确实非常困难。在从前的工业化中,技术主义、开发主义的实践尤为引人注目,而超级工业化则是一座大山。它的背后,一座更大的山——转换工业化在云雾中若隐若现。行进在这种地形中时,最关键的概念不是技术,而是信息,而且是最广义的信息。要想跨过技术主义,在超级工业化和转换工业化之间架起一座桥梁,我们必须借助信息化的力量。信息化现象是当今超级工业化的推动力量,二者共存,最终可以跨过超级工业化,将人类推进转换工业化的社会。人们为了超越工业化,经常提出环境主义和地球资源主义等攻击性的思想,但这些思想的力量恐怕不及信息化内部蕴藏的实力。

的确,技术也是一种信息,技术主义也是信息化的一种。但是,信息能扩展到比技术更广的范围。信息还是所谓更广的"智慧"的一部分。人们不断自我反省,力图超越自己。工业化只不过是超越自我的一种表现。人只要还存在,就不会停止自我超越。除此之外别无选择——虽然不清楚远方有些什么。

不过,当前出现的信息化,是我们所说的"手段的信息化",它推动着超级工业化的进行。它具有巨大的冲击力,涉及社会的各个领域,仅就对经济的影响来说,现在也已经超乎想象,就像本章第一节中说过的那样。在包括信息在内的很多商品服务领域出现的商品分化、金融活动中出现的证券化等现象,改变了人们印象中的市场,并表现出网络化的趋势。这时,原有的新古典派的(一般均衡论的)理论框架便失去效力,也没有必要去研究市场上的成本递减现象了。以分化的(用以前的说法是垄断的)市场为节点的网络将会出现,经济交易和社会(包括政治)交易的界限变得模糊。以现在被认为处在边缘的市场(如金融市场)为开端,经济和政治体系将被重新构筑。如果还停留在以手段的信息化为基础的超级工业化世界,基于均一市场的"技术"以及处理"技术"相关问题的"开发主义",它们的作用就会大大减弱。技术主义、开发主义无疑只是在向21世纪过渡的过程中特有的现象。举例来说，现在火热的日本式经营，热度不会延续到21世纪。

　　古典的经济自由主义在超级产业化进程中必然不适合作为经济理论指导，而现在我们也无法想象取而代之的自由主义会呈现出什么样的形态。本书中的"多样态的经济自由主义"也只是为了安然度过过渡期而提出的。然而即使只是为过渡期所设计的，如果与未来完全没有联系，也将毫无意义。回到第一章的论述，人可以说是没有自由就不能生存的动物。人在与其他人交流的同时，眼中的世界也会被重塑。这中间就体现出了与他人分享信息的"喜悦、美好、正确性"。信息并不只是一种手段，它是自在的。当前研究者尝试开发出实现"手段的信息化"的方法，也提高了人们对信息的关心。由此，人们也会更加关心自在的信息，更简单地说也就是智慧和感觉。

　　从工业主义到技术主义的转变，与从技术主义到信息主义的转变紧密相连，信息主义也许要回归到已经算不上一种"主义"的、人的行为本身中去。这一连串的变化，也可以说是从经济自由主义到技术自由主义，再到信息自由主义的连续变化。经济到技术到信息的过程，某种意义上是抽象化、一般化的过程。这一过程也是自由主义为达到更高阶段而走的一段弯路。

　　当然这个过程进行得不会非常顺利。但是有一个主题是明确的。那就是人与人的交流，从物物交换推进到生产体系（技术）中的相互理解，进而来到对知识获取机制（信息）的理解。在外延上这是普遍化的过程，在内涵上也是多样化的过程。假如没有包容不同事物的巨大容量，今后世界恐怕不会继续发展下去。我们要尽可能在存异的同时探索出一个公共规范，多样态的经济自由主义的研究如此，日美经济摩擦也是这样。制度问题、政治问题等困难的问题不计其数。而21世纪的关键在于不同人和事物之间的相互理解。

第十二章 对于理解的解释

第一节 文化说明的三种形态

一般性的结构框架

在上一章的最后,我们强调了不同文化之间相互理解的重要性。但是这个"理解"又该如何解释呢?到目前为止,我们或多或少能够感觉到,这个问题一直若隐若现地出现在很多课题的背后。比如说,保守主义和进步主义的对立、真正的自由主义、人本主义、正义和规则、共同约定的可能性、知识和情报、一元历史观和多元历史观的对立、古典经济自由主义和多样态的经济自由主义、自由主义和民主主义等在前面所提到过的课题,都和理解的问题有着很深的联系。但是,要把这个问题从尽可能全面的视角公平地进行回答这一点是很困难的。过去500年间,主导着近现代、现代的欧美思想主流很大程度上倾向于认为人类能够通过唯一正确的认识最终到达并且建立起公正合理的社会启蒙主义和进步主义,他们认为启蒙主义的理性或者说合理的(rational)解释才称得上是真正的理解。但是,这种想法本身,却是我们今天必须要进行批判的对象。这就要求我们的视野不能只停留在一般的水平上。

现在,人们经常会感受到有很多东西仅靠启蒙主义的理性和进步主义的知性并不能被完全满足。但是,要深入探究这些并不能够被满足的东西,我们必须要设定一个超越近现代理性的视角。试想一下思想家们的情况。一方面,以笛卡儿为出发点,莱布尼茨、斯宾诺莎、牛顿等为首的无数理性主义的巨匠在近现代的思想史上留下了光辉的印记，而另一方面，与这些主流立场相对的少数派也一直存在，其中包括了詹巴迪斯塔·维柯、大卫·休谟、埃德蒙·伯克、托克维尔、雅各布·布克哈特、威尔海姆·狄尔泰、奥特加·伊·加塞特、弗里德里希·哈耶克、格奥尔格·伽达默尔等在内的一流的思想家们。这些少数派的共同点是虽然提出了新的观点，但是对新观点的认识却不够充分，因此仅仅消极地认为他们是反进步主义和反合理主义是不够的。为了能够正面地认识他们，我们需要重新考虑一下最基本的概念框架。

实际上，从19世纪末开始，欧洲自身也开始了对这个基本框架的重新思考。虽说笛卡儿主义是近现代式思考的代表（在下面我们也会提到），但是19世纪末期以来，标榜反笛卡儿主义的哲学主张在欧美不断出现。这股反笛卡儿主义的先驱，要首推埃德蒙德·胡塞尔的现象学（phänomenologie）。他在方法论的姿态上，打破了主客观不分的状态，至少在这一点上可以说他是反笛卡儿主义的。马丁·海格尔将胡塞尔的现象学以"现实主义的解释学"（hermeneutik des daseins）的形式进行加工润色，并且在此基础上将人类的这种不能仅仅停留在解释学（其循环式的构造）上的现象命名为"实际存在"来对问题加以解析。这种现实存在主义倾向，在对存在论表现出强烈执着的让—保罗·萨特和对解释学的丰富发展给予很大关注的梅洛·庞蒂那里得到了继承。利科、德里达、德勒兹、加塔利等后继者们又将现象学和作为现象学加工润色产物的解释学交叉到了一起。20世纪各种形式的反笛卡儿主义成为各种哲学现象的基线，特别是现象学（解释学）的这种尝试成为了这种现象的重要支柱。还有一些学派看起来同反笛卡儿主义相去甚远，例如，实用主义派（在这里要特别注意查尔斯·桑德斯·皮尔斯）、论理实证主义（分析哲学学派）（在这里要特别注意后期的维特根斯坦和理查德·蒯因）、构造主义学派（要注意对无意识的或者是集团意识的构造的重视），但也可以明显地看

第十二章 对于理解的解释

出这些学派中的反笛卡儿主义的要素。①

但是，我们可以看出，只要沉浸于西方的知识传统中，他们的突破和努力就很难产生决定性的成果。连胡塞尔最后也又回到了超越论主观的命题，也就是他所谓的"新笛卡儿主义"②。之后从梅洛·庞蒂到吉尔·德勒兹的流派都标榜反笛卡儿主义，采用了"脱离构造"（déconstruction）这种消极的说法是他们共同的特征。欧美人站在超笛卡儿主义的立场上进行了探索这一点是毫无疑问的，但是，他们是否朝着那个方向进行了积极的探索，使得新的思想能够完全浮出水面这一点却值得怀疑。这种怀疑来自于他们对于笛卡儿主义被推翻后的空白的迟疑和恐惧。

事实上，在试图理解非欧美社会文化的过程中（例如在想要分析日本社会现状的时候）欧美人也总是出现类似的立场模糊不清的状况。欧美人中，感觉到笛卡儿主义的局限性，认识到启蒙主义不足之处的专业人士不在少数，但是他们关心反笛卡儿主义的学说却并不意味着他们一定会尽力克服对非欧美文化的偏见（克利福德格尔茨和哈罗德·加芬克尔等少数的学者除外）。不仅如此，非欧美社会中的知识分子们，还借用欧美的模式来批判本国知识状况的落后，以此来彰显自己知识的权威性。典型的例子就是第二次世界大战后日本的进步派知识分子。他们之中的大部分人都将非欧美的本国文化消极地描绘成缺乏合理性，条理不够清晰，论证不够合理而且缺乏连贯性，依存于环境的变化等，认为只有通过与欧美的知识体系相一致才能够达到对文化的普遍理解。

但是，拥有悠久历史的非欧美文化至少在某种程度上说是有一定的整合性的，不过近现代进步主义这个"眼镜"却没有看到

---

① 对于这种以现象学为中心的看法当然也有人持反对态度。たとえば、R·ロー ティ『哲学の脱構築』（室井尚ほか訳、御茶の水書房、一九八五年）。R. Rorty, "Philosophy in America Today," in Consequences of Pragmatism (1982).

② 胡塞尔"笛卡儿式省察"，收录在細谷恒夫編『世界の名著51、ズレンタール フッサール』（中央公論社、一九七〇年）所収、一七九頁。

这一点。他们看到的仅仅是非欧美文化的不足，也就是所谓的"缺乏态"的理论。当然我们并不是说近现代主义这个"眼镜"不是个好的眼镜。只不过，所有的"眼镜"在一定程度上都会有一定的偏见和误差。而且人类不可能拥有绝对准确无误的"眼镜"，在这种情况下，我们只能通过不同的"眼镜"来进行比较对照。

到目前为止，由于欧美文明拥有的压倒性的军事和经济能力，欧美以外的视角（眼镜）被屏蔽掉了。但是，今后随着军事影响力的下降，经济影响力的不断扩散，人类要想能够继续生存，必须要寻找一个能使不同文化相互理解、共存的途径。一方面，非欧美各国应该建立与欧美社会不同的体系，另一方面，欧美人民也必须要接受将来世界的多样性。东亚、伊斯兰、俄罗斯等国的社会都跟欧美社会完全不同。我们在上一章提到的系列化和雇佣体系也说明了并不是所有的国家都原封不动地采用美国的制度和体系。拥有几千年甚至是几万年历史的世界各国的社会体系全都是千篇一律的，那才是很怪诞的事情，这种情况如果不是在思想的强制下是无法实现的。我们前面提到过的"多样态的经济自由主义的规则"就是为了应对世界并不能够简单地向同一化收敛这种状况而提出的。因此，相互理解就成为一个非常重要的课题，但是仅仅把这句话挂在嘴上是不够的。我们真正需要的是重新对理解的内涵进行思考。为此，我们必须要探索出批判欧美思想主流，当然也包括非欧美思想所需要的一般性框架。我们必须要找出除了欧美"眼镜"以外的其他的度量方法。理解的核心可能就在于此。虽然我们都知道这并不是一件容易的事情，但是必须要朝着这个方向努力。

三种行为和三种文化

首先，文化从广义上来讲，是指属于某个集团的人们的共同的行为方式。行为，不仅仅是指外部可以看得到的身体的动作，也包括人的内心的各种活动。从其他的角度来说，文化可以说是某个集团或者是社会中人们所共有的对世界的认识的基本框架，

第十二章　对于理解的解释

用哲学家的话来说，就是将人们的"生活世界"（lebens-welt）（胡塞尔）或者说是"活着的世界"（monde vécu）（梅洛—庞蒂）中共通的潜在的基本结构称为文化。文化潜在地控制和维持着人们的行为的基本方式。

正如哲学家们经常说的那样，我们生活的世界是由我们所关心的事物也就是对象构成的。这个对象既包括事物（身体也包含在内）也包括别人和自己。自己是一种拥有特殊性质的对象，关于这一点我们在后面会详细讨论。由此，我们可以将行为（action）分成三个领域。

　　以事物为意向的行为（也称为以自然为意向的行为，自然包括身体）
　　以他人为意向的行为
　　以自己为意向的行为（也可以称为反省的行为）

与此相对应，文化也可以分为三个不同的侧面，即关于自然的文化（技术文化）、与他人相关的文化（集团或者组织文化）、作为反省行为的文化（狭义的文化或者文化的表现）三个方面。这三个侧面，对人的实际行动重复产生影响，在一些基本的行为模式中也有很多的相同之处。例如，我们可以举出列维—斯特劳斯的例子。他从部落社会的三个侧面中看到了共通的上下式（同心圆）模式、对称式模式等基本结构。① 但是一般情况下，三个侧面是不会被统一起来的。虽然解释反省的努力都可以通过文化表现的形式表现出来，其中也进行了对三个方面进行统一的尝试，但是很少能够达到完全整合的状态。人们在一般的情况下都是在稍微有点儿折中的并不是完全整合的环境中共同生存的。因此，在谈论到文化的时候，将文化分为三个侧面这种方法还是很有效的。如果硬要将这三个侧面统一起来，可能会造成对其他国家文

---

① クロード・レヴィ=ストロス『構造人類学』（荒川幾男ほか訳、みすず書房、一九七二年）、第八章、一四八頁以降。

化的夸大的评价；而只重视某一个侧面的话，也会导致理解出现偏颇。

例如我们可以把对日本文化论的说明区分成三类。首先，要说明关于自然的行为中的共通性，我们可以举出强调温和湿润的气候模型、指出岛国性格的地理地政模型、致力于研究主食植物水稻的农耕技术模型等例子。其次，分析与他人相关的行为的组织论的模型在战后曾经成为争论的焦点。此外还有同族团模型（及川宏和有贺喜左卫门）、村落模型（托马斯·史密斯）、纵式社会模型（中根千枝）、家或者家本模型（公文、佐藤、村上和弗朗西斯·修）、社会的交换模型（本尼迪克特、村上罗琳）等。将焦点放在经济集团和政治组织的模型可以说是数不胜数。再次，人类反省行为的说明主要是从具体的哲学和宗教上着眼来进行解释。例如，东西方思想对立模型、儒教模型、残留的古代思考模型等。土居健郎和河合隼雄的精神分析模式也可以放入这个范畴。在大多数的讨论中，对这部分的说明都是杂乱无章的，因此有必要把说明的种类加以清晰的整理区别。不过，虽然说是经过整理，想要将日本文化仅用一种说明方式来进行解释的这种"日本人论"式的方法还是行不通的。例如，美国人论、英国人论、德国人论等读起来虽然可能很有趣，但是却不能把它们拿到正式场合去讨论。之所以这么说，是因为在欧美人之中明显存在着过剩的普遍性愚蠢。日本人论能够成立，也是由于非日本人对日本的理解的不足以及日本人对外国理解的浅薄所引起的暂时的现象。但是，在当今社会，当这种无知所引起的动荡和政治经济问题上的争论同时作用时，就难免引发政治问题。

第二节 若干的哲学准备

生活世界和反省

为了理解"理解"的含义，我为大家准备了一个一般性的框

第十二章 对于理解的解释

架,就是我们广义上所说的"现象学"(phenomenological)。在日常生活中,我们实际上都在经历着一种意识的朴素状态。在这种朴素的状态中,我们的意识面向对象,被对象所吸引,或者用现象学上的话来说就是我们"意向"了对象。但是在这里我们所说的"对象"只是作为一种表象,或者说是作为现象的一种对象,哲学意义上的是不是实在的问题,在我们朴素意识的阶段是不存在的。而且,朴素意识的对象,我们默认为是由我们自身、他人以及其他的事物所构成的。教给我们自身及以外的事物区别的并不是医学和心理学。教给我们他人和事物区别的也不是生物学和物理学。这种区别是与意识共存的,各种专门科学的区分标准不过是这种区别的精确衍生。

当然,从哲学上来说,我们可以怀疑这一点(笛卡儿"自我怀疑"意义上的怀疑)。但是对于朴素意识来说,这些是已经"自明"(evident)的了。如果没有朴素意识的自明的话,哲学的怀疑也就不成立,从这一点上来说,这种朴素意识可以说是所有一切的出发点。如果我们连这点都不能单纯的确信的话,我们就会从根本上动摇,导致日常行动都难以进行。这也就成了精神医生要面对的精神分裂和抑郁症患者的世界。[①] 我们拿哲学家和精神分裂患者比较一下,就会发现哲学家的怀疑是多么的难得。

最重要的是,我们的注意力会朝向对象,也就是说,是不会朝向"内在的自我"的。在日常的行为活动中,我们会自然的区分身体、他人和事物,但是另一方面,我们会忽略作为行为主体的自身。这就是我们朴素的日常意识中所出现的世界的样子,也就是胡塞尔所说的"生活世界"(lebenswelt)和梅洛—庞蒂口中

[①] 关于自明性的精神医学的含义,木村敏『時間と自己』(中央公論社、一九八二年)、七〇頁可以作为参考。另外可以参考ブランケンブルク『自明性の喪失』(木村敏ほか訳、みすず書房、一九七一年)、七四頁。

常说的"活着的世界"(monde vécu)①

生活世界是由各种脉络(contexts)所堆积成的整体。各种感觉、知觉、判断等绝不是孤立存在的。它们都在各自的层面上保持着某种逻辑关系，而这种逻辑关系又是上一层逻辑关系的一环，上一层逻辑关系又包含在更上一层逻辑关系之中⋯⋯因此，虽然我们生活的世界实际上是聚焦在某个特定的对象上，但其地平线(horizont)却往往超出了这个特定的对象而得到延伸。按照洛克等经验论学者的说法，世界观可以还原为类似感觉的要素的集合，但是对于作为一个广阔整体的生活世界来说，对世界的认识只不过是一种类似于尸体解剖的东西。

简言之，生活世界的性质可以在以下的前提中得到体现。

意向性前提(intentionalität)（普林塔诺·胡塞尔）——朴素意识是面向对象的，不会注意内在自我本身。

身体性前提——朴素意识可以识别自身和其他事物。

他人性前提（间接主观性的前提）——朴素意识相信可以和有其他意识的存在体进行沟通(communicate)。

逻辑整体性的前提（海德格尔的 bewandtnisganzheit）——朴素的意识也是由各种逻辑聚集而成的整体，换句话说，就是具有广阔地平线的整体印象。

这些前提在关于现象学的讨论中是众所周知的。对于直面科学与反科学的对立、世界观的争斗、东西方的对比等问题的现代人来说，回到所有想法原点的朴素意识是很有必要的。近现代的世界观，或者说笛卡儿主义归根结底还是从这种朴素意识中派生出来的。

但是，要描绘人类意识的独立性，仅仅依靠以上四个前提是

---

① 胡塞尔认为要虚怀若谷地把握住"生活的世界"，这种"判断中止"的姿态是必要的。但是，这种姿态只能通过哲学家的极其高度的一连串解释学反省才能够实现，并不是一般人能够实现的。一般来说，生活世界（就像本文中下面所叙述的那样）应该定义为前反省式的，是相对更加朴素的世界意象。海德格尔之所以没有使用判断中止这一概念并非偶然。

第十二章　对于理解的解释

不充分的，还需要下面要提到的中轴性前提。就是说，人类的意识并不单单停留在朴素的状态，而是经常对自身进行反省。这里所说的反省（reflection）并不是道德意义上的反省，而是广泛意义上的，以意识来眺望意识。事实上，我们现在尝试的意识记述本身也是反省的一种。之所以这么说，是因为当我们用语言来记述朴素意识的时候，会重新瞭望意识、认识意识，并且在不知不觉中重塑意识，对其进行再次的解释。也就是说，是因为我们站在更高层次的意识立场上。这样一来，从日常会话到科学哲学等所有的表现行为，都带有反省的要素。即使在某些情况下没有外在地表现出来，意识也总是在进行反省。用流行用语来说的话，反省就是人类意识的"自我提及"（self-reference）。于是，我们必须追加这第五个前提。

> 反省的前提——人类的意识本来就是一种反省（reference）。就是说，人类的世界解释本来就是根据解释本身提出新的解释。以反省为起点，自我开始显著化。

人类是一种反省的动物。完全的朴素意识实际上并不存在，已经反省过的意识经过再反省才是现实的情况。从这个意义上来说，所谓的朴素只是一种相对的状态。

反省就是一种用意识来完善意识的过程。这两种意识并不是相同的。正确的来说，"后反省意识完善前反省意识"才是我们所说的反省。后反省意识瞭望着前反省意识关注着（意向）包括自身、他人、其他事物在内的对象的姿态。通过这种形式，以反省作为契机，前反省的内在自我成为对象的一种，并变得显著化。另一方面，这时后反省的自我还没有成为对象，变得显著化。因此，反省行为中，"自我"拥有"显著化的前反省的自我"和"潜在的后反省的自我"这两重意思。要是用一个简单的比喻来形容自我的话，前反省的自我就是演员，而后反省的自我则是观众或者是舞台导演。一方面，演员面对舞台这样一个逻辑关系体（和其他的演员、舞台装置一起），忘我地进行演出。另一方面，对于观众和舞台导演来说，演员只是舞台的一个要素，是从一部戏的整体进行评价的对象之一而已。但是，一个好的演员应该具有当舞台导演的潜质，而一个优秀的舞台导演也应该有能够对演员角色移入感情的能力。

正如我们在这个比喻中所能够看到的那样，自我可以看成是德国作家夏米索笔下的两重分身。我们不能简单地说哪个形象更接近于真实。在某种意义上说，不管是前反省还是后反省都只不过是影子而已。虽然说是影子，但是不能否认自我概念的重要性。这种对认识结构的理解方式当然并不是我独创的。① 根据我的理解，在各种现象学的接近中共通的就是这种理解。在欧美之外的哲学中，印度的陈那、因明的思想都与此非常接近。②

我们可以将反省分为几大类。第一个重要的区别，就是全体反省和局部反省的区别。全体反省是指反省行为涉及所有的对象。前反省的对象自然也包含在其中。人文学和大部分的社会科学都是将内在自我作为对象包含其中的。所以说，这些学科都可以说是全体反省的尝试。另一方面，局部反省是指只对对象的一部分通过反省进行再解释，其中特别需要强调的是，这种反省是不触及内在自我的。自然科学就是这种自我排除型的部分反省的典型，自我（也就是科学家们）被置于反省所涉及的范围之外，作为不会卷入自己分析的世界的观察者，扮演着类似于超越论（transcendental）主体的角色。要把这种反省行为缩略为自我排除型的局部反省，需要一定哲学立场（一般来说是笛卡儿主义）的帮助。自然科学，尤其是最近物理学和生物学的尖端理论中，出现了想要突破反省的"局部性"的倾向。但是，我们这里还是必须着重强

---

① フッサール「デカルト的省察」、『世界の名著51、ブレンターノ フッサール』、二一六頁。
② 長尾雅人「仏教の思想と歴史」、長尾雅人編『世界の名著2、大乗仏典』（中央公論社、一九七八年）、六一～六二頁。モークシセーカラ・ダプタ「認識と論理」、前掲『世界の名著2』、四六三頁のグルマキールティの詩頌、第一章六の自己認識の頌、五四一頁。

第十二章　对于理解的解释

调自然科学思考的局部性的性质。

接下来,我们来思考一下我们在这里所讨论的问题的核心分类。通过自我的两重分身的哪一个更接近于真实这个问题,我们可以将全体反省分为两类。也就是说存在两种可能性,一种是重视后反省的自我,将作为超越生活世界认识主体的"自我"从生活世界中分离;或者重视前反省自我,将作为生活世界构成要素的"自我"再度埋入生活世界中。这样,全体反省(以及非自我排除的反省)可以分为两部分,我们将其分别称为

　　超越论的反省(transcendental reflection)
　　解释学的反省(hermeneutic reflection)

这种名称的意义我们会在下面的文章中进行说明。

除此之外,我们还必须解除反省这个词的使用所招致的一些误解。例如,反省这个词在日语中,可能会有观想、冥想等静寂主义(quietism)的含义。但是,我们这里所说的反省是一个非常有活力的词,一方面(作为自身)是创造性的,另一方面(在更广的背景下)也可能是破坏性的。对于动植物来说,这种意义上的反省是不存在的。对于它们来说虽然可以对世界进行再观察,但是那只是小规模的适应环境而已。只有人类可以不断挑战世界,将我们的身心投入到无限的活力中去。从这个意义上来说,像在第一章中提到过的,人类是"反省的动物",意思是人类从本质上已经被植入了非适应性和非调和性的因子。

人类的这种非适应性、非调和性的侧面,自古以来就是被警告的对象。例如,佛教就曾经强烈地警告过这一点。如今警告人类非适应性和非调和性的代表,可以说是所谓的环境主义。但是,现在的环境主义的警告内容,仅仅是对过去400年间的人们努力对自然(事物)这一对象进行"部分的反省"(自然科学)这种现象的一种警告,或者说只不过是一种对工业化的批判。从自然科学和工业化中看到的反省的部分性,在某种程度上来说是可以改变的。但是,人类反省所同时具有的创造性和破坏性的性格自身

却是不可改变的。像环境主义这种程度的思想，并不具有这样的力量。即使工业化可能会变成转换产业化，人类也会发现，更准确地说是创造出新的创造和破坏的挑战机会。

我们在这里所说的反省，含有一种能动的意思。话说回来，人类为什么要进行这样的创造和破坏呢？即使这种创造会产生巨大的牺牲也在所不惜。要说明这个问题，我们必须要提出人类的特性的一个阴暗面，也就是佛教中所说到的"业障"。但是，我们也可以从中看到光明的一面。人类都有一种追求"真善美"这种终极的完美状态的冲动。就像我们在第一章中所描述的那样，我们追求"道理"（integrity）的心理也来源于此。但是，正因为如此，现实的人类才会进行破坏、创造甚至于迷茫、纠结、抗争。对终极事物的憧憬和创造破坏的活动让人的外在和内在巧妙地贴合在一起。所以说人类既有及其崇高的一面也有十分愚蠢的一面。

近现代的进步主义，普遍意图在追求崇高的过程中摆脱愚昧。但是在近现代进步主义的创造破坏尝试遭到挫折的今天，我们不能不重新正视这个光明和阴暗的两面性。举例来说，有的人把环境主义与和平主义作为新进步主义的候补，这种想法很容易陷入盛气凌人的自然观和顽固的社会观之间的愚蠢的争论。要解决这个两面性的问题，就要回到"反省"这个人类行为的原点，重新思考超越论和解释学的反省这两个基本思维模式的作用。

超越论的反省

在超越论反省中，"自我"站在超越了前反省的朴素意识的立场上，与朴素意识相对甚至于低级化。继续用刚才的比喻来说，"自我"可以说是站在观众或者舞台导演的立场上，已经回不到舞台上，也无法回到出演现实这出戏的演员的立场了。对于超越论的自我来说，"对象"已经不是事物、他人等原本意义上的对象。包含事物和他人等要素在内的（前反省）世界的意象成为"对象"，这些对象也在高级化。从超越论自我的角度来看，反省前的意识所拥有的意象，只不过是由无数尚且朴素的世界解释整理而

第十二章　对于理解的解释

成的。超越论自我面对的是由各种可能的解释的集合所组成的体系、体系的体系，或者是超体系。各种对世界的认识（当然也包含原来的对象）的个性不会成为问题，我们追求的只是超越这些意象的超意象。这种超意象就是通常所说的"法则"，因此超越论的认识也可以说是"认识法则"的努力。

在超越论认识，即法则认识的过程中，"自我"占据了什么样的位置呢？正如我们在意向性前提中所提到的那样，认识关心的是对象而不是自我。超越论的反省也并不是面向超越论（后反省）的自我的。为了使超越论的自我显著化，需要能够进一步俯瞰并超越的超·超越论自我的目光和超·超系统水平的反省。这种情况下，只要想要明显感觉到自我，超越化的过程就不会终止。事实上，这种自我的高次化之所以能够进行，是因为超越论反省本来就是一种整体的反省，也就是说，世界整体都被作为反省的对象。但是，从我们眺望的世界来看，后反省的自我（超越论的自我）总是被排挤在外。因此，为了将被排挤的后反省的自我也纳入"整体"，超越论的反省不得不一直进行着超越化的过程。

这种持续超越化的过程，可以将其比喻为向上的过程或者说是垂直的过程。想要将这种超越论的反省过程程式化的尝试也不在少数。

例如，唯认识系的佛教哲学，可以分为见分（看）、相分（被看）、自证分（自我觉悟）、证自证分（进一步自我觉悟）这四个不同的论证方面，并且通过眼耳鼻舌身五识→意识→末那识→藏识→顿悟的形式来说明更高级的认识阶梯。[①] 在日本，空海在著名的《十住心论》中提出了能够即身成佛的一种意识阶梯。[②] 在这些论述中，都尝试性地描述了超越论反省的高级化。但是，这种无

[①] ヴアスンドウ『釋論』の「中正と兩極端との弁別」、『世界の名著2、大乘仏典』。脱作护"认识和论理"也收录在『世界の名著2』。四分论在『成唯識論』中有所论述。

[②] 『秘密曼荼羅十住心論』、『日本思想体系5　空海』（岩波書店、一九七五年）所收。

限认识的高级化已经超出了人们的普遍能力。因此，认识高级化的阶梯，或是在某种意义上让位于神智论（gnostic）的修行（唯识系的佛教将其称为瑜伽的修行）或是走向足以断绝无限向上的绝对存在的导入。公元前10世纪之前在世界各地发生的"有史宗教"中就普遍包含着这种尝试。

有史宗教是罗伯特·贝拉提出的，他认为宗教的进化论是以

原始宗教（primitive religion）
→古代宗教（archaic religion）
→有史宗教（historic religion）

的方式展开的。① 贝拉所说的"古代宗教"指的是一种说明世界和社会起源，特别是从祖先神到现存人类的族谱，并且基于宇宙论神话的信仰体系。美索不达米亚、埃及、印度河流域、爱琴海、克里特岛周边、玛雅、印加、墨西哥以及律令化之前的日本等地方都可以看得出古代宗教的痕迹，而且各种有史宗教都可以找得到作为它们各自祖先的古代宗教。周朝之前的中国神话、易占体系之于儒家，梨俱吠陀时代的早期印度教之于佛教，古犹太教之于基督教都可以作为其例子。古代宗教将现存的社会制度神圣化，将王权神权化，并作为最终形态，形成神政国家（theocracy）。而且其救赎的可能性，只是局限在拥有共同祖先神的人种和地域之中。古代的宗教社会只是亨利·法兰克弗特所谓的一种"哲学以前"（before philosophy）的社会。②

相对地，在公元前10世纪中叶的所谓的"枢纽时代"（卡尔·雅斯贝斯），以希腊为中心的地中海地区、南亚次大陆、黄河

---

① ロバート・N・ベラ |『社会変革と宗教倫理』（河合秀和訳、未来社、一九七三年）所収。

② Henry Frankfort, H. A. Frankfort, John A. Wilson & Thorkild Jacobesen, *Before Philosophy: The Intellectual Adventure of Ancient Man* (Chicago: University of Chicago Press, 1946). 译文：邦訳は、H・フランクフォート、H・A・フランクフォート、ジョン・A・ウィルソン、ト｜キド・セコブセン『古代オリンエントの神話と思想——哲学以前』（山室静・田中明訳、社会思想社、一九七八年）。

第十二章　对于理解的解释

流域这三个地方，超越论的思想形成了体系。希腊哲学、佛教等印度教派的思想、儒家等诸子百家思想等都可以说是当时超越论体系的实例，当今意义上的"哲学"也在那时诞生。这些思想都可以说是"有史宗教"及其基础，之后的基督教和伊斯兰教也是各种宗教和哲学之间交融后诞生的"有史宗教"。

有史宗教的内容，第一，就是超越论反省的体系化，但这并不能超越观想哲学。第二，也是特别重要的一点，就是对于人类存在的终极意义这一问题所产生的作用。但是这种作用并不是单纯的。表面上来看，超越论主义所包含的无限向上的力量，引导人类实现终极的意义。但是，实际上人类（至少是普通的人）并不具备完全贯彻超越论思考向上趋势的智力和忍耐力。有史宗教通过将某种形式的绝对（也就是说超越了超越论）超越性的导入，通过引入具体绝对的神或者是原理，赋予人类关于超越论或类似超越论思考的实践性的指导方针。换言之，有史宗教就是将超越论思考的成果与普通人分享的处方。借用尼采的尖锐的话来说，宗教只不过是民众的柏拉图主义。①

"古代宗教"和"原始宗教"中神圣和世俗是交织在一起的，神的存在不过是人的一种延续，将宇宙原理设定在无限向上的彼岸时，或者引入安于无限向上并使其中断的绝对神明时，超越世俗现实的世界、彼岸的世界、神圣世界的观念第一次产生。有史宗教通过这种超越现实的意象，第一次赋予了人们一种无关人种和地域的普遍救济观念。其意义之大是在人类历史上无与伦比的。

就像我们在后面还会论述到的一样，有史宗教也存在着各种差异。其中最关注于对现实中日常世界的分析的，是由基督教的谱系所产生的文明，也就是欧美文明。关于这一点，基督教的构成可以说是一个重大的原因，我们会在稍后论述这个问题。在这里，我们想先谈一谈开辟了从宗教到现实的道路的笛卡儿。在基督教中，人类是以类似神的姿态被创造出来的。但是，区分心／物

---

① フリードリッヒ・ニーチェ『善悪の彼岸』，引自序文。

体、认识/延长、主观/客观的笛卡儿的二元论，表明了神和人类所拥有的这种特殊的关系，并提供了一个确立人类对物（corpus）的世界的认识主权的概念框架。通过这种自我认识能力的确立，人类从走向超越论思考的无限向上的课题中解放出来，即在中途折回，将精力倾注于对物的认识成为可能。其最大的产物应该要说是自然科学了。

严格地说，自然科学是不将自我（也就是科学家）作为反省对象的部分反省的一种，并不是真正意义上的超越论反省。但是，可以十分确定的一点是，自然科学并不是针对日常生活的个别现象（也就是说单个的事物或他人），而是致力于作为俯瞰的庞大体系的"法则认识"，在这一点上，超越论主义的精神得到了贯彻。自然科学学者并不将各个事件（体系的样态）作为研究的问题，而是要找出各个事件共同的"法则性"。因此，这样得出的科学的部分性理论会被更加统一的理论所超越，最后会形成完全统一的唯一的"科学"。这种彻底的关注现实的追求，在基于其他的有史宗教的文明中是没有的。而且，我们可以明确，这种把握现实的努力向前推进，才使欧洲产生了进步主义。

笛卡儿提出了四个有名的规则，作为推动自己分析的方针。这四个规则是：明白清晰且判断明确、尽量分解、从单纯到复杂、一一列举。① 根据这个原则，物体被分解为只能延长和运动的原子，产生了所谓的原子论机械论的接近，成为以后的自然科学分析的基本的方针。心（mens）被认为是"我思故我在"的超越论自我的体现，个人主义由此产生。这种笛卡儿主义的哲学，一方面，对自然的分析性思考和对自然的加工，也就是说产生了带来近现代科学和技术的对自然行为；另一方面，带来了个人主义的行为和相对应的体系，也就说，带来了培养了契约和竞争的体系的对他人的行为模式。我们今天所看到的这种资本主义工业社会

---

① デカルト「方法序説」、野田又夫編『世界の名著22、デカルト』（中央公論社、一九六七年）所収、一七七頁。

第十二章 对于理解的解释

即使不算是笛卡儿主义所创立的,其维持和发展中笛卡儿主义发挥的作用也是明确而不可否认的。

解释学的反省

我们在近现代的哲学传统中极易忽略这一点——超越论的反省并不是反省的唯一的方式,也不是反省的高度化的唯一途径。在这里,我们有必要对前面提到过的"解释学的反省"这一反省的另一形态进行关注。在这个第二类型的反省之中,高级反省(后反省)的自我被刚刚超越的体系中的低级的自我召回,新旧世界的意象重叠在了一起。高级的自我自身融解,被重合的自我在原来的生活世界中找到了新的位置或地位。如果将这个"自我"作为不动点,可以说就是"自我"改变了对世界的解释,也可以说对世界的认识被重合连接在了一起。

例如,我们假定登山者在能见度不到一米的大雾中迷了路,终于从森林中走了出来可以休息一下。在那之前他一直在漫无目的地走,在以连自己的位置都弄不清楚的对象为指向的意识下忘记了自我。这时雾色稍微散去了一些,可以看到周围的情况了。定下神来一看才知道,也许自己差一点就掉进了万丈深渊。此时,他需要重新找回自己的位置,然后再继续前进。也就是说,在世界中明确自我的位置,然后探索新的世界。在新的地图中重新明确自己的位置,作为登山者再次迈出步伐,就是我们所说的"解释学的反省"。与此相对,参照以往的知识和经验找出迷路的理由,形成登山科学,则是"超越论反省"的姿态。

超越论的反省,在长期来说可能会产生作用,但是却不能解决登山者眼前的问题。作为登山者来说,必须要下功夫维持这种站在"解释学的反省"的立场回归山脚的做法。实际上,在登山者的头脑中,这两种反省是混在一起的。但是,在现实中,要想生活就必须要进行解释学反省,并且这种反省不得不先行于超越论反省。解释学的反省所产生的这种再解释的过程,就是人类生活的过程。在一个人的一生,或者是集团(国家、地域、血缘、家族等)的历史中,这一过程被不断重复。生活中的智慧,就是这种反省的一种积蓄,是一种很自然的反省方式。

这里我们所说的解释学反省的核心是将后反省的意象与前反省的意象重叠,问题在于这种重叠所具有的意义。超越论的反省中没有可以被称为重叠的步骤。在超越论反省中,后反省的意象必须要超越前反省的意象。低级(前反省)的意象被作为具体特殊事例定位在高级(后反省)意象的低端,形成了各种世界解释所构成的金字塔的底边。也就是说,通过建立包含特殊体系的一般体系,将特殊的事例嵌入在一般法则之中,但它们并不重叠。与此相对,解释学的反省中,反省前的世界认识和反省后的世界认识是重合在一起的,两者在具体的特殊点上是具有相同资格的。在它们之间并不存在特殊和一般或者具体和抽象的上下关系。

两个意象并不是直接完全重合在一起的。但是反省后的世界的认识要求重新解读反省前的世界认识,同时反省后的世界认识自身也发生变化,这样才达到了两个认识的重合。雾散后发现自己处于断崖之上的登山者也并不是将自己的登山计划全部抛弃。例如,登山者们也许会将在地图上已经描绘出的路线和新的发现结合起来,重新解读地图,然后沿着新的路线前进。

这种第二种类型的反省,和哲学家们至今为止所说的解释学(hermeneutics)有着很深的渊源。在近现代,提起解释学,我们立刻可以想到威尔海姆·狄尔泰。在他之后,对于解释学的定义,人们也有着不同的解释。但是,将过去的伟大的语言作品(最显著的例子就是圣经)用现在的语法词语进行解释,也就是所谓的"追加体验"(nacher-leben)是解释的原意这一点上,大家的意见是一致的。换言之,把我自己当成作者,将过去已有作品中的对世界的解释埋入我的世界认识中,并使它们重叠。也就是说,如果我能够相信自己和这部作品的作者有共同的交流圈(我们在前面说过"他人的前提",所以可以允许这样的假设),解释学就可以说是我们所说的第二类型反省的自然扩张。

由此,我们再回过头来说,第二类型的反省是对于自身的解

第十二章 对于理解的解释

释学,并赋予了对于以前意义上的解释学来说是基础性的方法。也就是说,以前意义上的解释学是指对过去作品追加体验的自己和那之前的自己重合。人类可以(也只能)通过对他人和作品,甚至过去的自己的追加体验,超出自己的人生范围对历史进行把握。在关注于适用范围扩大的可能性这个意义上,尽管说法可能有些难懂,我们还是想将这种第二类型的反省称为"解释学的反省"或者"历史论的反省"(historiological reflection)。

在解释学的反省中,自我的两重身份并没有被完全分离,而是在摇摆中重合。因此,并不会出现评价解释学的努力并使之正当化这种高级认识主体耸立的现象。超越论的认识(有史宗教)是不会从这种类型的反省之中产生的,类似超越论的反省认识(自然科学)也很难产生。解释学的反省并不是像自然科学那样的法则性认识。并且,为了解释进行的努力只能是自己亲手为自己找到理由。关于这一点的讨论,自从海德格尔以来,就作为"解释学的循环问题"广为人知。

> "最重要的并不是从这个循环中抽身出来,而是如何用正确的方法进入到里面去。……理解的这个循环……是现实存在自身的实际存在论的构造表现……在这个循环中,最原始的认识的积极可能性被隐藏了起来。……了解,从实际存在论的意义上来看,是将现实存在自身变成可能的存在,因此历史学(historiologisch)认识的存在论前提,是在原则上超出了最精密的各种学说的严谨程度。"①

超越论的反省,是沿着无限的即垂直向上的过程,最终到达神圣的彼岸世界。与此相对的,解释学的反省,是停留在世俗的阶段,无限地持续进行再解释。从习惯于有史宗教和自然科学的角度来说,解释产生解释的这个过程,可以看成是个恶性循环。但是,在这种无限循环中,人们反省自己的对世界的认识,并试

---

① 海德格尔《存在与时间》原著153页。

图解读他人的世界意象,特别是通过一些伟大的语言遗产的追加体验,不断重复世界的再解释。很明显,这个过程以将他人生活世界融入自我的形式在不断进行。于是,这种不断重复的再解释,就成了一种人类之间互相分享生活经验并且发现其中贯穿着的内容的过程。如果这种共同贯穿的内容表面化,就是"最原始认识的积极可能性",无限循环也就有了意义。

伽达默尔等所说的"共同感觉"(gemeinsinn)、common sense、bon sens 就是这种共同贯穿的内容的一种表现。在此之前,康德的(作为与理性(vernunft)相对立的)"判断力"(urteilskraft)和"趣味"(geschmack)或者帕斯卡尔的(与几何学精神(esprit géométrique)相对立的)纤细的精神(esprit de finesse)也是类似的概念。这种由感觉、能力、精神所能够捕捉到的东西,可以称之为教养(bildung)、传统或者说是兴趣。这些概念的共同之处在于它们对于具体的总体人性的一种关心。

解释学虽然最开始是用于文学和美学领域的,但是对美学领域的关注,却可以说是表现了最广义上的解释学的反省的特征。不管怎么说,美的感觉、愉快的感情,这些都是只有在朴素的意识总体中才可以看出来的,在普通的超越论反省中通常会被忽略。在超越论主义中,随着认识主观向高级上升,生活世界的细节部分被冲刷掉,也就是说抽象化在不断进行。例如,追求社会分析科学化的马克斯·韦伯的观点中,没(mò)价值性或者说客观性的制约下得到的世界的认识是脱离人类的黑白世界。[①] 胡塞尔所说的"现象学还原"所得到的世界解释也是经过适当变换(geltungs-variation)筛选之后的中性意象。不管是韦伯还是胡塞尔,从他们的观点中都得不到美的根据。

再举例来说,任何的宗教,都不能容忍对偶像崇拜的懈怠和对美以及愉悦感情的依赖。超越论主义所关心的人性,实际上是

[①] 这种表现是从大森莊藏「身体动作と意志の未来」、『思想』一九八二年八月号、七页借用来的。

第十二章　对于理解的解释

从特定的角度抽象出的理念。而解释学所关心的是生存中具体的人性的总体。人们期望能经由这种总体性达到真善美。

超越论反省这个类型，在自然科学中经常出现。但是，自然科学只是部分反省的一种。因此，可以说超越论反省的正统的代表是有史宗教，解释学反省的代表是历史（记载口口相传的历史）。在有史宗教之前，宗教和历史是作为历史神话融合在一起的。但是，有史宗教产生之后，宗教由绝对理念（绝对的神和宇宙原理）支撑，已经不需要历史的正当化来支撑。（因此"有史宗教"实际上是一种讽刺的叫法，表示历史独立出去之后的宗教。）不管历史如何，都不能伤害到宗教绝对正确的权威，历史不过是总结历史教训的故事而已。像大家所熟知的一样，创造了最彻底的超越论有史宗教的印度人，基本上对历史没有表示过什么兴趣。他们认为，对自己的历史倾注关心是"亵渎神灵"的行为。

这样，宗教和历史作为反省行为的两个不同的坐标，不是毫无关系，而是垂直相交的。在现在，科技逐渐代替了宗教的职责。不管怎么说，在现实生活中，反省的两个类型共同发挥作用，相互关联，在这种关联中，人类得以生存。好的导演拥有好演员的一面，反之亦然，这个比喻在这里也同样适用。连有史宗教自身，在现实中实际上也是混淆了超越论主义和解释学方法。比如，与印度教的观点相比，可能儒家学说的思想中会有更多的解释学要素。

实际上，笛卡儿自身也在《方法序论》中提到过"暂定的某个道德的规则是为了自己而制定的"①（其原文较为冗长，在这里我们不加以引用，而是对其进行简单的概括）。他所遵从的第一准则是服从法律和习惯，保持幼时开始被教诲的宗教信仰，在最稳健、远离极端的意见的指导下进行自我引导；第二准则是一旦下定决心就一定要尽力坚持态度；第三准则是要致力于自我克制，与其改变世界的秩序，不如改变自己的欲望。将思想革命家笛卡

---

① 笛卡儿「方法序説」、『世界の名著22、デカルト』所收、一八〇頁以降。

儿在《方法序说》里所写的变成可能的是被称为道学者流派的生活规律，并不是由他的"我思故我在"为首的认识原理。就像在第一准则中清楚地表现出来的那样，这些准则，是从"我们必须和他们共同生存的人之中个性最鲜明的人"那里学习来的，用我们的说法，就是解释学反省的结果。笛卡儿对于人类的反省分为两种类型这一观点持肯定的态度。可以说他应该已经顿悟到了人性的样态。也许他自己也会对之后"笛卡儿主义"的膨胀感到不满。超越论主义和解释学的方式通常都是被一起使用的。

不过，至少在现实当中的宗教的实践和在历史讨论中对传统把握的尝试都有各自的界限。宗教的创始或者改革是需要巨大的（超越论的）反省能力的。但是实际上，即使宗教创始人或者是改革者拥有一定的能力，这种反省也是不彻底的，实践中的教义的内容也会有分歧。因此，宗教间的争端、各个宗教内正统和异端的争论都是很激烈的，不时还会招致流血镇压和战争。虽然本应该消除人们不安的宗教反而引起了杀戮这件事很讽刺，但是这却象征性地表现了超越论主义在现实形态中所包含的矛盾。超越论主义会引发人们对理念的坚决追求这一点，本质上是革命的或者说是革新的。另一方面，作为尝试把握传统的历史学，其视野被限定在社会的具体经验范围内。在这个意义上，对历史的关心，其实是保守的，或者说是传统主义的。在历史学中包含的解释学侧面，或许有被过去的桎梏所束缚这个缺点。

对于有史宗教以后的人类来说，常常面临着或宗教或历史（传统）的选择。但是，这两个方向，至少是在现实中是各有缺点的，需要进行相对化。迄今为止，有史宗教被认为是人类所实现的最高成果。连信仰科学的人，也丝毫不会隐瞒他们从有史宗教那里得到的遗产。但是，就像我们所论述的那样，有史宗教并不是绝对的。当然，对历史、传统、教养、兴趣的追求等也不是绝对的。这些相对性从其他的角度来说，就是在宗教可以横跨几个社会传统的同时，人类的传统、教养应该也可以横跨几个宗教。如果不是这样的话，对于宗教传统的对立根深蒂固的现在地球社

第十二章 对于理解的解释

会来说，人类之间的联系就会变得十分薄弱。例如信仰自由、世界教会主义（ecumenicalism），除此之外别无其他的根据。

各种有史宗教——基督教的特异性

这一部分，我们横向分析一下各种有史宗教的不同。它们的不同，尤其体现在"绝对超越性"的建立方法上。代表佛教的印度教系的有史宗教（包括迦叶教）、儒教、基督教（伊斯兰教与其类似），它们三个在这一点上都有明确的区分。

第一，印度教系的佛教，在超越论思索的向上中并没有很明确的限制。它仅仅是宣扬在与日常经验相距甚远的思索彼岸，超越论向上的收敛极限（涅槃、顿悟）是可能存在的。要是考虑到绝对超越性的话，佛教会将其看成是一种认识的收敛极限，或者说"宇宙原理"（dharma）。在佛教中，这是一种高度抽象的"缘起"原理——一切存在都是依存于他物，与他物相对而存在。

第二，中国的儒教，将绝对的超越者的作用依托于历史上的人物，试图有意识地切断思索的无限向上。孔子把周文王、周武王和周公视为理想的圣人，墨子又追溯到夏朝的大禹，孟子更是将早于大禹的尧舜作为理想的圣人。但是实际这些圣人们在历史上存不存在都是问题。特别是孟子之所以举出尧舜这些可能是虚构的人物，是为了反对依据过去历史、试图切断无限向上的孔子的智慧。但不管怎么说，儒家的任何学派，他们所说的圣人都是人，而不是超人类的东西。这就是所谓的过去历史的绝对化，超越这个框架的"怪、力、乱、神"得到了抑制。但是，既然是讲述过去的历史，就不可避免会混入解释学的思考。

第三，基督教（或者说某种程度上的伊斯兰教）拥有同佛教和儒教不同的构造。拿撒勒的耶稣虽然和尧舜不同，是确实存在的人，但他也是以"神迹"为证明的"神之子"，是拥有绝对性的存在，而这一点正是基督教信仰的关键所在。基督教既不是神话过去的彼岸，也不是思索的彼岸，而是在现实的世界中让神直接显现。这一点在有史宗教中算是特例。也就是说将日常的经验

（当时是犹太王国）中真实表现出的对"神耶稣基督"的信仰中吸收进超越论的思考，然后将超越论思考的无限向上切断。基督教不允许像印度文明（特别是佛教）那样对超越论思考无限向上的融合。实际上，即使是修道院式的冥想，在基督教中也是被视为是非常危险的。这也使得基督教和基于基督教的文明可以拥有很强烈的现世指向。

宗教的始祖都会被赋予神性，这与平民化都是在宗教的普及期极容易见到的现象（例如瞿昙·佛陀也是如此），但是像正统的基督教那样严格的教义化的宗教却很少。在现实中，将人类的耶稣和神性同化的教义，在常识上来说是伴随着很大的困难的，关于三位一体的争论就体现了这种困难。例如，否定阿里乌斯派异端（认为基督和神是完全不同性质的）的公元325年的尼卡西会议和否定聂斯脱利教派（认为基督并不是生为神灵）的公元431年的以弗所会议都是为了确定教义所进行的有名的会议。比起基督教中的三位一体说的难懂，将耶稣、穆罕默德作为单纯的预言者的伊斯兰教的构造要简单得多。

另一方面，基督教和伊斯兰教有共同的特征，即继承了古代犹太教的宇宙创世神话（所谓的旧约圣经）的。佛教和儒教基本上从先于他们的古代宗教（梨俱吠陀神话、伏羲、神农、黄帝的神话还有易经占卜体系）中脱离了出来，并没有创造神的观念。但是基督教和伊斯兰教中，古代宗教中的创造神的观念被原封不动的继承和维持。这种以创造神为中心的宗教体系是古代的，例如在旧约的世界中，虽然有关于乐园的逸闻，但是并没有作为彼岸的天堂（或者是地狱）的观念。出现这种情况，很可能是因为在从典型的古代宗教的旧约世界到有史宗教的新约世界的变化过程中出现了很大的断裂。这种断裂，是由于作为历史性现实的神之子耶稣的出现所造成的。神和神之子结合的"三位一体说"的重要性，也从这一点体现了出来。

不管怎样，由于日常现实中神灵显现，使得基督教中，日常的世界作为神的创造物的实在性得以确认，成为应当努力认识的

第十二章　对于理解的解释

对象。例如，托马斯·阿奎纳就从和基督教相关的神学中基本上独立出来，建立了一种完整的"社会科学"体系。它的包容性、精致性，都是包括亚里士多德在内的迄今为止的东西方思想家所没有达到的。例如熊彼特就认为如果没有以托马斯·阿奎纳为代表的中世纪的宗教派，就不会有"社会科学"。① 在被称为近现代的几个世纪中，相信基督教的人们对现世的把握是最有贪欲的，这一点是毫无疑问的。即使在中世纪，这种热情也毫不输给其他的有史文明圈。这同基督教中对于神的观念的塑造绝对不无关系，基督教或者是基于基督教的文明，通过和超越论的无限向上明确划清界限，来反转到现世指向。

与此相对的，我们可以举出佛教的例子。佛教本来就是"诸行无常，诸法无我，涅槃寂静（三者合起来被称为三法印）"，对世俗世界毫不关心。特别是随着大乘佛教的发展，

> "人并没有自我，……唯一称的见证者和思维者其实是不可能有的"
>
> "愚蠢的人们，构架了主体、客体等的本体"。②

这种认识明显的在不断地上升。自我、主体、客体这些概念是经不起指向无限向上的彻底的认识批判的，这一点在佛教里有着鲜明的体现。相反的，在压制无限向上的基督教中，自我、主观、客体这些观念就经常会出现，日常生活的世界存在着救济的可能性，世俗的能动主义得以体现。与新教同时开始，体现出能动主义的马克思·韦伯式的理解，恐怕有点过分拘泥于工业化问题，因为在中世纪，神召式的勤奋观所发挥的作用就已经绝不弱小。

笛卡儿主义的构成认为超越论的主观（心，menus）和客观对

---

① J·A·シュンペータ「『經濟分析の歷史1』（东畑精一訳、岩岩書店、一九五五年），たとえば一六五頁。
② ヴァスバンドゥ「二十詩篇の唯識論」、前揭『世界の名著2』所收、四三五　三六頁。

象（物，corpus）这种两分法是由神赋予的，它使得断绝超越论向上的认识手法明确的固定下来，成为近现代西欧超越论主义（transcendentalism）实用化的巨大发展的起点。基督教这一有史宗教产生了笛卡儿主义，经由笛卡儿主义这种定式，带来了对认识的主观的绝对化和对被认识的客观的彻底探究（科学）。另一方面，没有神的超越论主义，就像从许多20世纪的思想中可以看到的那样，将人类引向无限的不安。海德格尔和萨特引入"死"和"无"的概念，就说明了这一点。近现代如果没有了基督教式、笛卡儿式的超越论主义是不能成立的。

关于保守与进步、自由主义、个人主义

下面我们再次就具体的社会现象来进行讨论。就像我们在第一章中所说的那样，现在的近现代进步主义失去了意义，同时近现代的保守主义也即将要失去存在的理由。弗朗西斯·福山将这种状态称为是"历史的终结"，认为思想的辩证法在这种状况下已经成为不可能。但是，如果没有思想的话，人类也就不再是人类了。确实，最一般意义上的进步主义和保守主义的对立，是一种超越论思考和解释学思考的辩证法关系，这种在作为反省动物的人类中是很常见的。卡尔·曼海姆曾经论证过是否只有在近现代社会所具有的物力论之下，进步主义和保守主义的对立才是可能的。近现代的特征在于超越论主义基调下的思考的动力，因此，近现代的进步主义是"进步主义下的进步主义"，与此相对的近现代保守主义是"进步主义下的保守主义"。行将终结的并不是历史，而是起源于欧美的近现代，即使在其结束之后，人类自身内在的动力也会继续活动，作为思维方式的解释学和超越论（保守主义和进步主义）之间的辩证法也会继续存在下去。

例如，对于如何超越近现代，如何超越工业化这个课题，两种思维方式当然也会有所不同。在现在的思想状况中，近现代培育起来的超越论思考虽然不断表现出各种缺陷，但是仍深深地扎根于我们的头脑之中，对我们产生巨大的影响。与此相对，指出

第十二章　对于理解的解释

一般意义上的解释学思考，已经成了一种解毒剂。我们在本书中讨论时的风格，是在进步主义的惰性中使人想到保守主义也是因为如此。但是，我们讨论的真正的焦点，是制造出这两种思维方式之间对立的基本结构本身。本书中，我们将其规定为"自由主义"。真正的自由主义是人类的根本特性，超越了解释学和超越论之间的对立。

我们在第一章也曾提到，反省行为或者说自己的语言及行为能够得到充分的实现，这对人类来说是自由最根本的意义。对世界进行再解释或者重新思考这种动态才是自由。普通意义上的"行动自由"充其量不过是这种再解释的努力的派生物。例如，佛教的修行中，即使行动的自由被严格的束缚也能，或者说正是由于被严格的束缚才能获得真正的自由。老子和庄子也主张将世俗行动的自由抑制在最小限度才能获得心灵和思想的自由。只是，这一点可能对某些宗教者或者求道者适用，而对于一般人来说可能就有些过于困难了。因此，概括来说，一般行动自由和思想自由是成正比的（正相关），要想在禁闭和拷问中保持思想的自由是不可能的。另外，信仰自由、表达自由、集会自由是与思想自由直接联系的行动自由。从到目前为止的历史经验来说（解释学的），对行动自由应该给予极大的尊重。这种意义上，即使从真正的自由主义的立场来看，对行动的自由主义也不会有所异议。然而，说行动的自由主义是思想的自由主义的保证，就有些不明事理了。

进一步进行补充的话，行动的自由主义的形式并不是唯一的。特定领域、特定类型的行动自由主义并不能被自由主义的普遍原则所引导。例如"经济行动的自由主义"中，有从"古典的"到"多样态的"之间很多的变种。在政治行动自由主义制度化中最常见的议会民主政治中，也可以看到各种变种。政治上自由主义和经济上自由主义的组合，也有各种各样的可能。因此，将古典经济自由主义和两党型的议会政治视为最优组合的英美式理念也并非是绝对正统的。

但是同时，各个领域的行动自由主义的任意组合都能够顺利地发挥作用这种看法是与历史经验（解释学的知识）相背离的。例如，我们可以从反面举例来说，曾经在20世纪20年代的"计划经济争论"中，社会主义拥护论认为只要议会民主政治（自由、民主）被确立，计划经济中所体现出的经济行动自由的不足就会得到充分弥补。但是，这种认为政治行动自由可以脱离经济行动自由而确立的想法的危险性，在苏联和东欧圈的社会主义经验中显而易见。从历史论（解释学）来说，"各个领域的行动自由都是正相关的"这种想法是恰当的。但是，总的来说，自由主义的概念在迄今为止的进步主义框架中以一种顽固的形式被过度考虑了。本书所主张的"多样态的经济自由主义"也是为了改变这种不平衡的一个尝试。但是，历史总是试图扩大新的可能性。被想象成信息化彼岸的转换工业化社会的思考是什么，这个问题等待着我们去回答。在转换工业化社会中，区别政治和经济之类的方法也许已经没有任何作用。行动的自由主义被设定的场合，也许会变得完全不同。但是我们在这本书中，并没有尝试对转换工业化社会进行讨论。

　　行动自由主义的"多相性"问题，实际上自古以来就有论述。最早应该是在清教徒革命之后的英国社会中，论述宗教行动自由，提倡各个教派之间应该"宽容"（toleration）的洛克的主张。实际上，信仰自由是思想自由中最容易直接被引出的论题。但是，洛克所说的，超出了单纯的宗教行动的自由化。换言之，他所说的超出了关于宗教的"相对主义"。他主张的是，各个宗教的教派都是正统的（并没有所谓的异端），而且"对于全人类的慈爱、谦虚和善意"也就是说"自然间的友好关系"是存在的，由此"宽容"被引导出来。[1] 由于相信超越宗教主张的这种共同性，洛克的宽容观念被导出，从这里我们可以看出它和单纯的相对主义的差

---

[1] ロック「寛容についての書簡」、『世界の名著27、ロック　ヒュｌム』（中央公論社、一九六八年）所収、三三〇、三六一頁。

第十二章　对于理解的解释

别。这种宽容的理论虽然在超越宗教领域时会产生是否适用的问题，但是，原则在行动自由的所有领域应该都受到尊重。人类生来就拥有对自由的权利这种自然权的思想，在以神为关键的连结丧失时，很容易变为毫不关心同他人的联系的相对主义。如今，世界性的自由主义就处在这样的危险之中。能够帮助人们脱离这种危险的，只有人类的"友好关系"以及建立这种"友好关系"的相互理解，而不是适用于全世界的正义行动规范的再发现。

人类都是同质的或者说应该是同质的，这种主张在某种意义上来说是很危险的。之所以这么说，是因为这种想法容易被背叛而且容易助长随波逐流的心理。我们应该将人类或者说社会虽然是各不相同，但是却有"共约的可能性"这种观点作为出发点。使得自由主义社会继续存在的关键，是非相对主义的相互宽容、非性格共享的共约可能性，以及在此基础上形成的规则。这就是我们一直以来讨论的"理解"的内容。对有的人来说，这可能是最低限度的，甚至是有些靠不住的。但是，即使是这样的理解，在现在的状况来说也是很困难的。从这种最低限度的理解出发，对现在来说是非常必要的。达成这种理解的最低限度的方法，我们可以从亚当·斯密斯的"同感"（sympathy）中寻求。① 按照这本书的说法，这是对向唯一正义和普遍法则的冒进式倾斜的克制，是将不同的人和社会的形象重叠，进而探寻共同点的努力，这意味着比起超越论的姿态，解释学的姿态起到了更为主要的作用。自由主义多相性的关键，就在于解释学的反省。

个人主义的概念也和自由主义的问题有着很深的关联。反省、自我言及这些行为是以作为生物个体的人类为单位所进行的活动，这一点是无法改变的。因此，在思想领域中对个人的尊重，也是真正的自由主义所必然导致的结果。言论、信仰是以个人为单位进行的，这是普遍的事实，今后我们也要不断确认并尊重这一点。因此，从众心理（这种大众社会的现象）显然并不是人们所希望

---

① アダム・スミス『道徳情操論・上』（米林富男訳、未来社、一九六九年）。

出现的。

但是,行动上的个人主义到底有多大的意义,还很值得讨论。当然,迄今为止,人们都认为在思想的个人主义和行动的个人主义之间,有不可忽视的正相关关系。但是,行动总是伴随着思想的再反省。因此,思想所描绘出的世界的景象,本质上是间主观的。个人的行动总会在他人中找到某种渊源,而且也时常会成为他人行为的原因。行动的个人主义,只要不伴随着反省(特别是解释学的反省),也就是说只要思想的间主观的扩张没有到达一定的程度,就会与自由主义本身产生矛盾。最近,"被启蒙的自爱"(enlightened self-love)经常被提倡,但是至少从表现上来说,这种概念并不恰当。自爱或者说个人主义,并不应该是由对唯一正确的世界形象的启蒙(enlightment)来补充修正的,而应该是由对间主观的、被再次检讨过的事物的宽容来接受的。"被启蒙的自我爱"让人们对单一的世界认识的收敛有所期待。但是,在今后的历史中,我们要面对的现实,要求我们忍耐这种将多样态的各种世界风景重叠在一起的工作。与此相近的是亚当·斯密的"同感原理",而不是"被启蒙的自爱原理"。

第三节 日本文化中所谓的"暧昧性"

宗教共存现象

在这部分,我们会在前面讨论的基础上,以日本文化特征为例进行讨论。这意味着要尝试从宗教和哲学角度对日本文化进行说明(这在第一节中被称为是第三类型的说明)。但是,这种尝试,并不是意味着否定其他两种类型的说明,即对于自然态度的说明和对他人(组织性的)说明。这一点我们在后面也会提到。

大部分观点认为,关于日本文化的说明,经常与欧美的知识传统相比较而进行,结论通常是日本人的思考缺乏明确性和一贯性,是暧昧(ambiguous)的。明治以来,日本人的自我反省大多

第十二章　对于理解的解释

都是这种形式，而且第二次世界大战之后的进步派的知识分子中，这种倾向更加明显。在欧美人对日本文化的批判中，也是无原则、墙头草、表里不一、无道德、不值得信赖等等否定的评论居多。但是，对于一个拥有一亿人口、在世界上经济数一数二、相对安全安定的国家（把个人的好恶抛开不说）单纯的认为它的文化没有原则、充满矛盾是很不合理的。之所以会出现这种情况，是因为透过其他国家的人们的有色眼镜，不能很好地看到日本社会的原则或者是日本人的思考论理。其实，连日本人自身，在明治以来的现代化的潮流中也开始用他人的眼镜来看待自身，以至于看不到自己的论理。这个眼镜，就是起源于欧美的超越论主义、进步主义的视角。但是，就像我们前面所论述的那样，超越论并不是绝对的。

首先，从比较宗教的观点来看，这种日本批判的模式，与其说是受到了有史文明（基于有史宗教的文明）的影响，不如说是强调了其影响并没有结果。由比较宗教的观点形成的一种主张认为，日本人的信仰的是有史宗教（佛教和儒教）和古代宗教（国外的研究者经常把这称为是神道）之间不可思议的混合物。关于"古代宗教"我们已经进行了说明，所以在这里就不再进行详细的描述，简单地说就是在超越论思考体系化之前的信仰体系。从古事记、日本书纪和考古发现来推测，公元7世纪之前日本人的信仰体系，确实已经具备了古代宗教的所有的特征，甚至可以说它在今天还有所影响。

从世界史来看，很明显地，从公元前1000年的前半期开始，古代宗教开始转变为有史宗教。关于有史宗教的起源有很多的推测。就像铃木秀忠指出的那样，大约在公元前2000年中期（距今约3500年前）发生的冰川活动，使欧亚大陆中部草原上的游牧型种族（例如说雅利安语言的种族）南下并和欧亚大陆南部的农耕型种族"大邂逅",这与有史宗教的起源可能有着密切的联系。①大邂逅在地中海东部到希腊,印度河恒河流域,黄河流域这三处发生,这和三大有史宗教(或者说哲学)的发祥地明显是相互对应的。有史宗教很可能是将游牧和农耕这两种不同的生活体验普遍成一种抽象概念和一般法则,将不同的文化进行融合,努力使两种类型的人们实现共存。换言之,大邂逅引起了基于解释学思考的互相宽容所不能解决的事态,这样一来,俯瞰不同世界解释的超越论思考体系的产生也就是不可避免的了。

一旦被确立之后,有史宗教就依靠超越论思考所产生的正义观念和抽象思考的威力,形成史无前例的规模的巨大社会并不断扩大,对周围社会的原始宗教或者古代宗教施加影响进行征服。大多数情况下,这种"二次邂逅"都伴随着军事侵略或者是非通商性的支配这种物理性的冲击。日本古代宗教和中国有史宗教的相遇也是二次邂逅的一种,但是,特殊的是,两者相遇过程中很少有物理性的冲击。从文明的中心即黄河流域的城市群到日本列岛之间有海洋的阻隔,所以地政学上的距离很远,而且对于日本的军事侵略的威胁,由于中国历史的特征之一——不断的王朝更迭而没有持续。因此,有史宗教对日本的影响只是观念上的影响,没有物理层面的支撑,因此其影响力才会比较薄弱。

但是,这种状况并不是只出现在日本。古日耳曼体系在遭遇基督教时的情况某种程度上跟日本是类似的。日耳曼民族在遇到了母文明(罗马文明)之后,母文明很快就崩溃了。在没有受到母文明的物理影响这一点上,日耳曼民族可以说是更彻底。相遇的时期和场所也是很相似的。两个地区都是在5世纪之前,民族的移动非常的剧烈(日耳曼民族的经常性移动非常有名,从中国南部和朝鲜半岛也曾有相当大规模的人口流动到日本),这种流动逐渐稳定下来之后,就与具有制度性意义的有史宗教有了真正的接

---

① Suzuki Hideo, *3500 Years Ago*, *Bulletin of the Department of Geography* (Faculty of Science, University of Tokyo), Oct. 1979.

第十二章　对于理解的解释

触。墨洛温王朝和加洛林王朝都试图通过基督教的帮助建立起其正统性，大和朝廷向律令制国家的转化如果没有中国文化的引入也是不可能的。这两个二次邂逅都是发生在欧亚大陆的末端，这一相似之处也很具有启示性。而且作为物理性影响缺乏的结果，两者都没有能够从有史文明那里继承强力的宏观政治秩序。这一点，大致上可以认为是"封建制"这种分权的政治经济结构在两个地区同时出现的一个重要原因。

但是，之后的宗教（知性的）的发展却有很大的差异。在欧洲，基督教脱离了其发源地近东的环境，并被彻底化，天主教会严禁包括古日耳曼信仰在内的所有异教，从阿里乌斯派开始，直到以聂斯脱利教派、卡塔里派等为对象的15世纪宗教审判，不断镇压异端教派。宗教改革和由此引发的宗教战争，就象征了追求唯一正统性的这种强烈的意志。与此相对，在日本，就像我们经常说的那样，古代信仰、各种佛教、儒教、被称为日本新教的镰仓新佛教等等信仰体系，没有经过大规模的镇压和战争就得以共存。16世纪，一向宗（净土真宗）教团对武士支配体制进行了大规模的军事抵抗，但是这基本上可以说是圣俗之争或者说是俗世之争，而不是宗教战争。举例来说，天皇的宫廷（到今天为止也是如此）都是施行古代信仰的祭礼，但是天皇本身却大多数是佛教徒。这种宗教共存的现象在欧洲来说是不能想象的，人们据此认为有史宗教在日本并没有扎根。

但是，我们必须要注意，异端教派镇压和宗教战争这种尖锐的宗教对立是只有西方型（基督教、伊斯兰教型）有史宗教才具有的特征。在印度，包括佛教和迦叶教的各种印度教式信仰大都能够和平共存。在中国，儒教、道教、佛教虽然在谁作为国教这一问题上产生过争论，但大体上却是呈现一种以祖先信仰为轴心不断融合的趋势。恐怕这是没有绝对人格神这种明确的中断点或者转折点的东方型超越论思考所共有的一种倾向。而且，马克斯·韦伯曾经指出过，东方型有史宗教的本来的形态，是以不建立人格神的抽象的宇宙原理为核心，需要高度的"知性的理解"。①但是，对于民众来说，这种要求是很难实现的，于是人们开始向为了现世利益的混合的宗教形态寻求救赎。东方型有史宗教的特征是高度的知性形态和卑劣低俗的民众形态的分裂，在西方型有史宗教中，相对比而言这种分裂的倾向就小得多。日本宗教共存的现象的一部分原因，可以归结到东方型宗教结构的共同特征上来。

日本的有史宗教

但是，将日本的宗教共存现象单纯的归结到源于东方文化的一般特征，还是存在问题的。例如，研究印度哲学的权威中村元认为日本人的思维方式，比印度人和中国人更暧昧和折中。他认为，如果按照与具体性相比对抽象性的喜好程度、或者与实用主义相比对形而上学的喜好程度排序，顺序应该是印度人、中国人、日本人。罗伯特·贝拉和 S.N. 艾森施罗特也持同样的观点。② 引用中村的话来说：

"日本人的思维方法，很基本也很明显的一点，就是肯定地接受自身生存于其中的环境世界或者说客观的各种条件。将存在的现象世界作为一种绝对的存在，倾向于否定在脱离现象的情况下才承认绝对性这种立场。"③

也就是说，中村认为，日本人并没有跟现世相对的彼岸的概念，并不曾真正信仰有史宗教。

与此相对，家永三郎却持有相反的意见。④ 他也认为，在公元

---

① マックス・ウェーバー「アヅア的宗教の一般的性格」（安藤英治訳）、『ウェーバー宗教社会論集　世界の大思想Ⅱ・7』（河出書房、一九六八年）所収、一九六頁。
② ロバート・ベラー『社会変革と宗教倫理』、とくにたとえば、二〇頁以降、二一七頁など。
③ 中村元「東洋人の思惟方法3」（春秋社、一九六二年）、一一頁。
④ 家永三郎『日本思想史における否定の論理の發達』（弘文社、一九四〇年）。

第十二章 对于理解的解释

6世纪之前的古代日本，未区分现世和彼世的"连续的世界观"和对现实所持有的"肯定的世界观"是占支配地位的。这正是基于古代宗教的文化中共同的、不加限制的乐观态度。但是，家永认为，自从与建立律令国家相联系的中华文明传入日本，否定现世的观点就开始捕获日本人的心，日本人最初的思想作品——圣德太子的《宪法十七条》和《三经义疏》就是其证据。在公元8、9世纪律令国家建设时期，紧张和期待暂时遮盖了厌世主义的基调。空海和最澄，特别是前者的大胆的力度，是史无前例的。但是，到了公元10世纪以后的平安时期后期，发觉到现世有限性的"厌离秽土"的佛教厌世思想几乎成为了所有艺术作品的基调。惠心院源信的《往生要集》是这个时期的代表性的宗教作品，在与地狱惨状的对比中，向往极乐净土，劝导大家超越现实的净土教的手法，虽然很朴素但也是超越论思考的一种形式。

13世纪以后，武士政权掌握实权之后，佛教的厌世思想更加的盛行。气候也从13世纪以后开始变冷。[①] 宫廷贵族们眼看着势力衰弱，本应强盛的王朝体制却日渐衰败，感叹末日的来临是理所应当的，但是连新兴的武士也大多皈依了佛教，而且认为既然皈依了佛教就应该彻底信仰的人也不在少数。这样做恐怕是因为他们亲身感受到了杀生，对同伴互相残杀的生活产生了恐惧。秩序的崩溃和内战也使一般百姓苦不堪言。净土真宗（一向宗）、日莲宗、禅宗等镰仓新佛教，针对佛教信仰从武士向一般百姓渗透这种状况，试着对教义进行改革，试图使所有人都能够直接（不用通过神职者这个媒介）得到救赎，从这个意义上来说，它与西欧的新教有着相似之处。净土真宗的创始人亲鸾、曹洞宗（禅宗的一派）的创始人道元所尝试的与超越论思考的斗争，已经不能再说是简单朴素的了。16世纪，一向宗的信徒支配了一部分地区，同作为支配者的武士阶层进行了激烈的争斗，有很多的信徒为此

[①] 安田喜宪《气候与文明的兴衰》（朝仓书店、1990年）参照Ⅴ-1章。例如，289页。

而丧命。而且从 16 世纪到 17 世纪这数十年间，有一百万日本人改信基督教，但后来也遭到武士政权的镇压，牺牲者不计其数。（罗马教会将 260 名受难者列为圣人。）这些事实都说明日本人并非单纯的守护着自古以来的肯定现世的观念。中世纪的日本人的言行，不时可以看出赫伊津哈所描绘的中世纪西欧人的影子，特别是会让人联想到那句有名的"死亡象征"（memento mori）。

但是，即便如此，中村所说的在某些层面上还是真实的。空海、最澄、円仁、法然、亲鸾、道元、日莲、莲如这些日本有名的宗教领袖们，或多或少，都能够到达带来救赎的超越论绝对者的境界，也就是说与佛合为一体，或者在现实中即从平凡人类的现实经验中得到顿悟。确实（这一点同认为人类绝不能成为神的基督教是不同的）佛教承认人类有可能通过把握终极的真实（达到涅槃或是顿悟）成为"佛"。但是，在印度和中国，认为能够实现这种可能性的除了瞿昙·佛陀之外没有其他人了。日本的佛教指导者们却认为不管是什么样的人（实际上连动物和草木）都可以变成佛。9 世纪的空海和最澄提出了只要不断进行严格的修行，就能成为佛（即身成佛）。13 世纪的道元在发展今天所说的现象学学风的同时，（通过禅的冥想法）认为可以从现象世界中看到终极的真实（身心脱落）。而且，道元的这种彻底的思考，与我们在这里介绍的现象学的方法有着不可思议的对应之处。①

从某种意义上来说，最彻底的应该是亲鸾。有名的卡尔文教义认为相信神一定会救赎人类是对神灵的亵渎，但是亲鸾的教义却与之正相反，他认为怀疑佛不能够救赎人类就不是对佛的绝对皈依。就像他的"善人尚能往生，更何况恶人"这句名言中所说的那样，卡尔文的神是抛弃了人类的神而亲鸾的佛是守护着人们的佛。从超越论主义的构成来说，卡尔文的主张和亲鸾的主张理论上都是可能的。因为终极的超越论真理和现象世界之间的距离

---

① 例如，《正法眼藏》、参照现成公案、一颗明珠、即心是佛、有时等条目。

第十二章　对于理解的解释

凭人类的认识尺度无论如何都是无法测量的，无限远而又无限近。① 在现世中曾一度现身的基督教的神，对神和人之间的距离是无限的这一点有着很严格的要求。但是，在追求允许无限向上思索的东方型宗教的理论可能性的时候，从大乘佛教中可以看出，日本的佛教思想家们都有一种共同的，试图在现象世界中看到救赎可能性的倾向。因此，对于包括亲鸾在内的大乘佛教哲学来说，认为它们放弃了超越论主义这种评价是不公平的。正确的说法应该是它们贯通了某种特定的可能性。如他们那样对信仰的危机如此敏感的人恐怕也没有了。但是不能否定，这种佛的教义在民众的理解中，极易与安易的现世肯定直接联系起来。

超越论主义的相对化

作为一般论来说，像 E. B. 泰勒那样，将有史宗教的发展仅仅从人类的反省思考的内在进化来说明是有很大问题的。例如，就像我们前面所说过的那样，有史宗教产生的原因，是游牧和农耕两大不同性质的互相抗衡的文化（与当时的交流效率相比）过于突然而激烈的相遇。在自然行为、对人类行为、哲学宗教这三个文化侧面，互相影响，互为因果。这种文化各个侧面间的相互作用，特别是广义的技术（关于自然）文化和组织（关于人类）文化在历史中是如何与宗教、哲学相互关联的，在日本文化中也很有思考价值。

首先，我们先来看一下关于自然的文化。日本人认为日本的气候非常温和，这一点是否正确呢？从纬度上来看，日本列岛所在的纬度接近中国南部、伊朗、叙利亚、阿尔及利亚、华盛顿特区到佐治亚州、加利福尼亚州南部，离亚热带比较近，夏季的温度较高。从和大陆的关系来看，地处大陆东部边缘这一地理位置

---

① 现在读起来仍有新鲜感的龟井胜一郎的作品『王朝の求道と色好み』（文藝春秋、一九六二年）、四〇页，有这样一篇关于空海的文章。"能否说关于佛和人类之间的距离的自我意识不是一种妄想呢"。而且在龜井『中世の生死と宗教觀』（文藝春秋、一九六四年）、一五四頁以降、对于亲鸾也有类似的论述。

具有很重要的意义。特别是在冬季，在太平洋低气压的影响下，冷空气会从北方或者西北方吹来，使得气温降低，并且由于和大陆之间隔着海洋（日本海），降雪量也很大。与地处大陆西侧的地域，例如西欧和加利福尼亚不同，日本四季变化显著，特别是冬季的严寒，使得日本没有热带动物植物（例如鳄鱼、椰子），也没有热带的传染病（例如疟疾）。

因此概括起来，日本列岛的气候，平均来看与温带相近，四季变化比较显著。而且，由于被海洋所围绕，又多山脊峰峦，所以雨量很大，使得日本列岛很少遭受旱灾之苦，植被十分茂盛。总的来说，日本列岛的气候确实是很温和的。但是，如果从短期来看，除了四季变化之外，台风及其引起的局部洪水、地震、火山喷发等间歇性的变化有很大影响。大致上，我们可以说日本列岛的气候，从整体上、长期上来讲是温和的，从局部、短期上来说是易变的。

人类的世界意象当然会受到人和自然关系的影响。但是，居住在日本列岛上的人们，并没有面临像是冻死、饿死，或者是在沙漠中干渴而死这样的危险的威胁。因此，即使在古代宗教时代，也找不到象征自然威胁的神灵。例如，水神、太阳神（天照大神有时并不被认为是太阳神）、火神这种宇宙级规模的神的观念并不存在。他们恐惧的只不过是招致鬼祟的沼泽神、河神、山神等跟在固有名词之后的、象征局部地区灾害的神而已。自然对人类整体都抱有敌意这种对世界的解释，在这样土地上是产生不出来的。拥有绝对权威强制服从的唯一神这种观念也很难产生。日本人在学习超越论思考的时候，比起绝对神灵，更容易倾向允许包容的神，具体来说就是阿弥陀信仰和菩萨信仰的原因或许就在于此。日本人的世事无常感，也不是从现世整体的虚无，而是从意想不到的天灾、个人的兴衰荣枯、四季的变迁这些小事情中感受到的。正因为如此，日本人的无常感才更真实，也因为如此，比起儒教他们会更亲近佛教。但是，说日本的自然环境，促成了日本人对现世的彻底否定则是毫无道理的。

第十二章 对于理解的解释

其次，我们来看一下组织文化。宗教特别是有史宗教并不仅仅是与每个人的救赎相关联，实际上，它已经成为一种将政治正当化的历史形态发挥作用。这种政治的统合，又反过来帮助了宗教的存续。就像我们在前面提到过的那样，有史宗教在历史上起到了将不同文化进行统一的作用，政治不应该无视其需要有史宗教的一面。从这种政治角度来看，从公元7世纪的律令化到19世纪的近现代化之间数千年的时间里，日本人实际上并没有遇到过全面的宏观政治统合的问题。

公元7世纪的律令国家，在很大程度上是为了防止当时迫在眉睫的中国唐朝的侵略，才进行了国内统合，完善制度的尝试。当时的日本人，把圣德太子和苏我氏作为初期的领导者，将儒教、佛教式的中国模式作为社会结构的基础。但是，唐朝的侵略最终还是没有到来，社会制度的基础理念的统合停留在了不完整的状态，过去古代的制度遗产被妥协性地保留了下来。这之后的几千年里，日本社会几乎没有经历过异文化的物理性冲击，也就是军事侵略（除了14世纪忽必烈对日本的两次侵略），也没有过大规模的移民。律令国家也就是王朝体制被本土化，产生了10世纪以后的平安时期的宫廷文化，也产生了诗歌、随笔，还有小说《源氏物语》等许多优秀的文学作品。但是这些作品的内容，应该是象征了对美好宫廷生活的沉溺，对未解决的理念上进退两难困境的现实社会的逃避，以及与此密切相关的自我满足。

京都的宫廷贵族政府自我满足的结果就是地方行政的懈怠，律令国家的解体和地方无政府化的开始。对于这种状态的反应之一就是远离京都的东日本开始出现了新型组织。这种组织形态，类似于欧洲的封建制，以武士为指导者，以拥有农耕和军事复杂功能的地缘性集团为基本单位。公文、佐藤、村上所谓的"家"制度。在13世纪，被称为"幕府"的家的联合体确立起来，最初是在东部，然后在全国，开始作为事实上的政府发挥作用。之后一直到19世纪的700年里，这种武士政府和宫廷贵族政府共存的状态一直持续着。虽然武士政府在事实上的支配权力不断扩大，宫廷贵族政府渐渐地变得名存实亡，但是武士政府不敢从宫廷贵族政府或者说其核心——天皇那里夺去名义上的却无可取代的正统性。武士政府自身的正统性虽然时常会受到威胁，天皇地位却从未被否定过。日本的国家主义者中，虽然有人想将这一历史现象神秘化，但是这实际上是由于没有外部侵略的危险，完全的政治统合并不是真的必要所导致的。例如，假如当时忽必烈的侵略再强势一些，日本可能就会在武士的领导下成立一个完全统一的政府。但是，实际上武士政府并没有面对这样一种需要挑战历史既成事实（fait accompli）的状况。像这种有两个政府的国家，恐怕在世界历史上也是不多见的。

这种两巨头的形式，不同于欧洲中世纪圣俗两种秩序的分离。因为日本的宫廷贵族政府无论如何也算不上是宗教组织。值得注意的是，直到19世纪为止，都没有出现过与这种现实进行对抗，追求政治结构统一原理的思想尝试。宫廷贵族出身的历史思想家的两大著作，僧正慈円的《愚管抄》和北畠亲房的《神皇正统记》也只是承认了武士政府实际存在的理由。两个政府的形式，一直持续到在面对西欧列强的物理威胁时才不得不放弃。

但是，宏观的政治统一的缺失并不意味着社会的分解。规模较小但是充满活力的某些集团在社会的基层形成。其中最主要的就是我说的军事·农耕集团——家，到了16世纪，又出现了农民结成的有很强的自治性格的"惣"（可以认为是武装了的村落）。只要这些集团存在，对单个的日本人来说就有了生活手段和心理保障上的安定的基础。从这个意义上说，家、惣、村（德川时期，作为大规模化的家的分支组织，半自律性质的集团村被制度化，惣也被吸收到家里来，成为了村）等集团对日本人的历史经验具有决定性的意义。但是，在这里我们就不深入探究这些集团发展的历史了。① 这样，一般日本人的生活，就是在这种不确定的宏观

---

① 有兴趣的读者可以参阅村上泰亮・公文俊平・佐藤誠三郎『文明としのてイエ社会』（中央公論社、一九七九年）。

第十二章 对于理解的解释

社会环境下，被这些微观的小集团所包围。镰仓时期的大部分宗教改革者，都是试图为这些在微观视野下生存的一般日本民众提供救济的途径，而并非想为社会全体的提供构想。政治对于超越论思考的要求在日本并不强烈。

日本的情况，与最近经常被称为"儒教式"的新兴工业国（地区）的情况也是明显不同的。儒教虽然不像佛教那样有巨大的影响，但从公元7世纪以来在日本长久地发挥了重要的作用这一点是无可否认的。但是，例如近现代之前最后一个社会——德川社会，也称不上是儒教社会。的确，要说德川政权（幕府）有公认的意识形态的话，那既不是佛教也不是神道，而是经过适当变形之后的儒教。而且，德川时期日本的学校和学校的设施中，儒教的经典经常被作为教科书使用。但是，儒教的规范却并没有被遵守。举一个代表性的例子，17世纪儒学者浅见絅斋（《靖献遗言》）曾批判过，武士之间流行的非血缘养子的这种行为，是公然违反儒教规范的，这种现象在中国和韩国都是不可想象的。而且，武士道还认为武士对君主的忠诚应该放在儒教最大的品德孝敬父母之前。

推广来说，勇敢和对军事集团忠诚等武士美德和崇尚稳健且秩序和谐的儒教理想基本上是不相容的。13世纪以来，实际支配日本的是武士，而且他们固有的道德也逐渐在向一般民众渗透。例如，赤穗浪士的复仇得到了市井民众的喝彩，对百姓有很大影响力的"心学"也是以武士的道德为骨架所形成的。当然，武士道德和儒教之间还是有对集团的忠诚和等级制度等相似点的。

但是，二者的不同点有决定性的意义。武士集团（后面我称之为家）自从11—12世纪在东日本起源以来，就基本上是业绩指向型的人为组织，其极高的集结度，是近邻武士集团长期不断斗争的产物。另一方面，儒家学说背景下所说的家以及族是具有一定属性的自然集团，并不能轻易适应工业化的要求。与此相对，日本的这种业绩指向型组织（家）的传统，对于近现代官僚制和企业的产生，很明显起到了正面的作用。从这个意义上来说，日本工业化成功的理由就在于日本的微观基层的组织传统并不带有儒教的性质。

　　本来，对于有史宗教的发展来说，对自然或者对人类行为的某种条件（严峻的自然和种族之间的大邂逅）是必要的。但是，事实上，有史宗教的征服，常常在无视邻近社会的内在条件的情况下得到实现。由于被高度抽象化，有史宗教时常将邻近社会的思想作为普遍性很低的事物而将其吞并。这种抽象化的能力在直接的应用在关于对自然行为（技术）和对人类行为（组织）的解释（例如科学和法律）上是就更是如此了。而且，由于有史文明形成了大规模社会，因此也具有很高的军事征服能力。但是，17世纪到19世纪的日本在地缘政治上几乎与有史文明相分离。基于这个原因，日本国内对政治统一的要求十分薄弱。另外，在自然环境方面，日本社会也缺乏引发超越论思考的诱因。

　　在这样的地理环境和国内条件下，我们只好承认超越论思考与有史宗教对日本社会所起的支配作用并不是压倒性的。但是，就这样将其与古代思考的残存连接起来有些太过于单纯。以天皇为中心的贵族政府的残留，很大程度上是政治动学变化的偶然结果。中世纪以后支配日本社会的武士的家型集团，并不是单纯的古代氏族的复活。经过了上千年的时间，社会构造超越了单纯的支配者的交替并进行了转换，这中间产生了不能说是"古代"的文化遗产（平安时期的宫廷文化、镰仓新佛教、室町都市文化、德川町人文化等），并作为超越民俗文化的现象被世界所知。不仅是近现代化以后，纵观历史，日本人的处理方式在具有传统主义的同时，也具有变化包容性。这种传统和变化的两重性反映了不依赖于理念的革新而依赖于逐渐扩大的世界解释正在逐步渗透。

　　这些特征正是我所说的"解释学的思考"的特性，在日本历史上有着很深的根基。例如，公元7世纪对中国文明的吸收，16世纪对西欧扩张的应对，19世纪对欧洲近现代化的适应，然后是第二次世界大战失败后对美国文明的吸收，这些都是通过对各种文明的"解释"进行的日本社会自身的变革。从这些变化的局面

第十二章　对于理解的解释

中我们可以找出明显的共同的形态。从揭示了唯一正义和统一的原理的超越论主义（例如启蒙思想和近现代进步主义）的立场上来说，文化之间的关系，是征服和被征服的"正战论"的关系，被征服的文化，只能忠实地模仿征服一方的文化并与之同化。作为征服文化的分支，嵌入其中成为它的一部分。

但是，日本对其他文化的吸收，并不是这种意义上的模仿，也并不是一种嵌入。日本文化并没有作为中国文明，伴随基督信仰的近现代西欧文明，近现代欧洲文明，美国文明中的任何一个的分支文化嵌入其中。日本的接受形态，并不是一种"嵌入"而是一种"重合"。从公元8、9世纪的表音文字（各种假名）的发明开始，到二战后"产业政策"和"日本式经营"各种外来形态和传统形态重合互相磨合，形成一种不同于两种形态的一定的复合形态。这种共通的形态，正是我们一直在说明的解释学思考的形态。

批判这种与其他文化相对应的类型没有原则，太过于实用主义之类的就是典型的超越论。欧美人对日本的批判和日本的进步派知识分子对自己文化的批判，都是从"能够展望唯一正义和进步的发展史"这一信念上展开的批判。只要站在进步主义超越论的立场上，就必然会产生这种批判。但是问题是超越论思考并不是人类反省的唯一方法，尤其是近现代进步主义这种形式，已经不能解决现在世界所面临的各种课题。正如我们在这本书中说过的，现在重要的是在不抛弃自身文化的同时，理解并利用他国文化。这个方法的基础，在于解释学的思考，日本的历史性经验，虽然是在局限的条件下获得的，但也可以作为其中的一个例子。在依靠军事力和正义观念进行文化征服变得不可能的今天，能将国际关系从乱局中解救出来的，不是超越论而是解释学。

进一步说，日本的解释学思考的历史背景，是非常深远的。例如，日本有关教养和兴趣的概念中有很多独特的东西。不管哪个社会，贵族阶层都拥有显示其地位的"教养和兴趣"。但是，日本的特色之一，是形成了和歌、能剧、茶道、插花、俳句这些跨越阶层的"兴趣"。这也证明了长期以来日本人之间一种"共通感觉"形成并扩散开来。只是，这与其说是日本人的特质，不如说是受惠于某种自然条件的孤立社会的特征。

现代政治中理解的必要性

现代世界也可以从超越论和解释学这两大流派的角度来把握。例如，一方面，美国现在依然在向各种人种和文化的"大邂逅"进行挑战，它是追求超越论思考文化的代表。美国建国就是从英国新教中最强硬派的移民开始的。近现代超越论主义最接近纯粹的形式就是在适于其发展的国土上被培养起来，随后成为了理念和正义的国度美国的基础。在19世纪中期访问美国的托克维尔这样写道，

"虽然美国人没有读过任何关于笛卡儿的著作，……实际上他们却严格地遵从着笛卡儿准则"。[①]

在现在，美国同世界上的其他任何国家相比，都具有更强烈的超越论思考，相信唯一正义，对近现代的意义毫不怀疑，具有强烈的笛卡儿倾向。虽然到目前为止，高举现代化发展的另一个观念旗帜的苏联成为强敌，但是现在，不用说日本，连欧洲也没有一个国家有像美国那样对进步的强烈信仰。正如我们前面所说的，日本经济的发展指向，是在追赶欧美过程中采用的社会体系自我运动的结果，并没有体现思想上的进步主义。但是，美国只要保持这种进步指向（超越论指向），对美国人来说，要么在思想上将世界合并，要么思想上被孤立，除此之外没有别的方法可以为自己的思想找到容身之处。因此，在处理国际问题的时候，美国让人感觉到一种危险性，即总是依赖于抽象的理念，拒绝其他类型理念。

[①] アレクシス・ド・トックヴィル『アメリカにおけるデモクラシー』（岩永健吉郎・松本礼二訳、研究社、一九七二年）、三一頁。

第十二章　对于理解的解释

另一方面，在工业化国家中，日本也许是解释学型指向的代表。最近，施米格洛夫妇将日本称为"战略性实用主义"国家，意思是日本能够将各种不同的观念重组，然后适应环境并生存下去。① 这其实就是说日本是利用解释学方法的国家。美国对于日本人看问题的方式最为不满的一点可能就是那种不从唯一正义出发的性格。但是，解释学思考显然也是人类的反省方法之一，这一点是无可非议的。

然而，解释学的态度，有拘泥于过去的历史经验、自闭化这样一种缺陷。日本虽然并不拒绝变化，但是这种适应性的变化并不是一开始就沿着规定好的原理所进行的。所有的美国评论家都指出这是日本的问题之一。的确，在目前千变万化的国际形势下，日本的这种渐进式的适应模式很有可能引起重大的摩擦。但是另一方面，对于频发的具体问题理念不加以否定，而是依次进行处理，也许正是日本的优点所在。参考美国和日本的例子进一步思考，要形成一个包罗各种文化和人种的国际社会，最重要的是什么呢？俯瞰各种文化的特殊性的抽象而普遍的框架是必要的，这个答案至今为止都被认为是常识。虽然这个答案并不是错误的，但是这个答案无异于像全新的"超宗教"的诞生一样困难。因此，将异文化作为自己的文化进行体验这种"解释学的姿态"才是现在来说最重要的。其实效性也随着最近交流手段的迅猛发展而得到了显著的提高。换言之，人类现在需要的，与其说是共同的宗教和科学，不如说是对传统和教养的宽容和共约可能性的扩大。

---

① ミシェル&ヘンリツク・ンュミ︱ゲロウ『日本の教訓』。

跋——著者简约

最后我们回顾一下本书中所提到的各种问题，可以再次注意到这些问题大致有一些共通性。在第一章中，我们曾设定了分别与工业化、国家主义、经济自由和平等相关的三个问题轴，通过这些轴线，我们可以发现一些共通的问题。

与国家主义相关的问题轴体现出了正义与和平的矛盾。诚然，正义与和平相一致，也就是使正义变为现实的完整的秩序并将其维持在和平之下，是人类永恒的愿望。但是，就像奥古斯丁所说的那样（《上帝之城》第19卷第27章），正义与和平的一致只有在"上帝城"才能实现，在"地上城"是不可能存在的。的确，在现实的形态之下，正义与和平总是处于矛盾状态，令人感到遗憾。这一点不必以奥古斯丁任何观点做依据，是一个难以改变的一般性结论。原因在于，一方面，人们所提倡的正义（即使在被称为有史宗教的最彻底的形态下）是一种自以为是的东西，呈现出多种正义相互争斗的形态，而另一方面，放弃所有正义主张的和平主义最终将成为对行动自由的放弃，进而成为对思想自由的放弃。除了那些完全从行动的维度被解放出来的最高层的思想家以外，没有人有能力突破这种矛盾。如果按照奥古斯丁创始的基督教神学的正统立场，以实现"上帝城"为目标而进行的努力有一天会使正义单数化，成为一种具有趋同性的模型。可以说这是近现代进步主义的原型。但是，通过本书可以很明显地看到，虽然存在脱正战论、它与文明的帝国主义的组合、冷战的正战论等阶段，但是对那种趋同的期待却一直被近现代以及现代的政治史所辜负。

同时，这一观点可以说是行动自由和秩序之间的更加广泛的矛盾的集中表现。只有在宗教家称为"上帝城"的理想社会，才有可能实现人类自由的行动与社会秩序的和谐。在历史上的某一时期（如西欧近现代）存在局部的（如经济方面的）和谐。但是直到今天，人类历史上还从未有过那种和谐全方位地与历史共同发展的局面。不过我并不是说要放弃对它的憧憬。我只是说要警惕人们对人类历史的这一阶段抱有过于急切的愿望。

与此同一类型的问题，在我们第二条列举的工业化问题轴中，表现为经济行为的自由同市场秩序的矛盾问题。站在西欧近现代主流的立场上来看，市场秩序的自我统制力或自我维持力足够高，技术进步也被很好地吸收并实现和谐。不过，市场指向型的工业化虽然有很多优点，却根除了很多前工业化的文化，向工业化腾飞以后，每次技术革新的潮流都会改变以前的生活方式和社会风气。特别是在国际背景下，由于存在技术上的差距，总的来说发达国家同落后国家之间的差距最近变得越来越大。市场机制将带来世界范围内的均质和和谐，大概仅仅是一个神话。

与此同时，最近出现了看上去相反的现象。有意识地利用技术创新的常态化的开发主义开始形成，市场秩序的内容发生了巨大的变化，不稳定性增强。一部分"开发主义式的"落后国家正不断实现高速的经济增长，这也是不稳定性的一种表现。总的来说，古典意义上的经济自由和市场秩序（包括支持这一秩序的社会环境）的维持，正变得越来越难以协调。这又是一种矛盾的状况。

而我们在很长一段时间内没有感受到这种矛盾，这是由于有启蒙主义式的"人类进步"的理念，也就是相信经济进步会把整个人类社会带入某种理想的状态，这种亚当·斯密以来的趋同模型的力量。在过去的两个世纪中，常态化的技术创新使人们惊讶而迷惑，支撑了这种进步的意识形态。但是从现在来看，这种古典式的"进步的一元趋同模型"，最多只能为发达国家服务，而无法保证包括落后国家在内的全人类的进步。我们在整本书中反复提到，现在很多前兆都表现出了这种缺陷。这里没有必要再重复指出。

概括来说，"神"已经死了，"进步"的观念也死了。当然，这里所说的"神"的观念，指的是基督教中典型的略有排他性的狭义观念，"进步"的观念也是与自然科学和工业化相联系的单一的狭义观念。出现一个更广义的神的概念来捕捉人们的心并非不可能。更为多元的进步的观念也有可能存在，这也是人们所期望的。在遥远的将来有可能产生出与以往截然不同的进步主义。

让我们把对未来的梦想先放在一边，此时此刻最为重要的，是清算以前意义上的正义和进步的观念，这是贯穿本书的主题。在第一章中提到过，这一主题的起点在于我们所说的意义上的思想自由主义。针对将这种意义上的自由主义作为第一原则的做法，可能也存在反对意见。但是，要想取得大多数人对这种思想自由主义的赞同，我们必须要超越单一形态的正义，需要超越单线式进步模型。但是，旧的进步主义带有很强的惰性，对单纯明快的正义和进步的观念的思想的饥渴症在现实中是不容忽视的。一个劲地强调正义和进步是危险的，这从对社会主义尝试的失败可以比较明显地看出来。但在美国极为强势的（例如像弗朗西斯·福山一样）回归古典模型的姿态下，事实上这种危险被内在化了。压制众多国内外的自由是社会主义最大的失败，而在国际上强制推行古典模型（古典式经济自由主义同国家主义的组合模型），也可能导致全球范围内对自由的压制。新的模型必须要为各种正义的竞争、各种进步观念的竞争，总的来说是为思想的斗争提供足够的场所。关于提供这种场所的"规则"（与正义相区别意义上的）必须要达成共识，必须要摸索所谓超自由主义的模型。但是目前人们并不拥有足够广阔的想象力，以引导自己发现这种模型。前面各章中所提议的"多样态的经济自由主义"和"重复的共同屋脊"模型，是我个人为渲染这种想象而做出的努力，当然还是十分不全面的。但可以肯定的是，需要很多人共同为之努力，特别是需要注意避免陷入以前那种试图回归古典式进步思想的思想

跋——著者简约

短路症候群。谨慎起见，在此举几个例子。

最近引起人们关注的环境主义和地球范围内的资源保护主义包含有这种危险。针对破坏环境的生产活动和消费活动，自然有必要从部分工学上进行抑制，从这一意义上讲，包括发展中国家在内的所有国家的人们，现在都是环境主义者。例如，人们一致认为因使用氟利昂造成的臭氧层空洞、二氧化碳增加引起的地球温室效应、放射性物质的随意丢弃，酸雨的扩大等都是危险的问题，亟须处理。解决这些问题的技术几乎都已被开发出来，问题在于，如何在政治上改变社会制度以适应这些技术。这种部分工学性的或者渐进工学性的环境主义必须要引进到今后所有的政治方案中。

然而，对于这些容易达成共识的问题，人与人之间也潜在着意见上的差异。例如由于人种不同，皮肤中防紫外线的黑色素的量不同，因而对于臭氧层空洞问题的紧要程度（解决问题所必须投入的资源量）的判断有可能会因国家而异。而对二氧化碳问题的意见，也可能会因是否居住在寒冷地区和是否居住在海岸地区而出现不同。虽然维持现状也是一种方案，但后面我们会提到，关于这种稳定框架会产生一种分配问题。最终这些问题将会引起人们围绕什么才是最理想的地球环境秩序的基础性讨论。

但是，在提出环境应有的秩序的形象时，正义的主导权之争就会开始。不用说，各国、各地区都拥有各自固有的历史记忆。例如关于"让地球充满绿色"的印象，水稻耕作社会、以小麦耕作为中心的社会、以根茎作物种植为中心的社会以及游牧社会肯定不尽相同。而且在农耕以前，原始森林带的特征也因地区而异。例如，像中世文献巨匠托尔金的《指环王》中描绘的那样，对十二三世纪的西欧人来说，森林的扩大是十分可怕的，而另一方面，日本人对森林就不怎么抱有恐惧。京都学派认为日本属于常绿阔叶林带，而实际上火田农耕以后的日本我们能够看到的，不过是不妨碍农业生产的二次植被。日本人受水稻耕作农业影响，对"绿"有亲切感；相反，欧洲人眼中，也许人类应当与"绿"慎重的保持对立。同样，大草原居民、绿洲居民、稀树草原居民都对"绿"各自拥有不同的印象。不仅是植物，对包括动物在内的自然秩序观念，也因畜牧比重的大小，捕捞比重的大小不同而存在巨大差异。另外，对动物的残忍性的观念也因此有很大区别。一方面，有人惧怕将海豚和鲸鱼拿来食用；另一方面，有很多人却难以理解用羊和牛来供奉神灵的行为。总而言之，理想的生态秩序观念，因国家和地区而异。除非确立强大的世界权利，否则有关环境的秩序的观念，眼下不会得到统一和单数化。

无论是部分工学式的答案，还是正面的反工业化式的答案，环境主义的实现在政治上遇到的困难都会只增不减。其中还包含了发达国家同发展中国家的对立问题。例如针对二氧化碳问题，要强制发展中国家禁止采伐热带雨林的话，发达国家应当首先大幅削减本国能源的消费量，但是很少有发达国家（特别是美国）表现出要采取这样的政策的姿态。如果要防止酸雨，发达国家必须无偿为发展中国家提供污染防治设备。虽然也有人提出在国际间买卖二氧化碳排放量的方案，但其结果恐怕只能是进一步扩大发达国家同发展中国家工业化的差距。不管怎么说，只要世界各国的经济实力不平等化，就找不到实现这种政策的出路。这与以"科学预测"理论为支柱的之前的进步主义相比，在实现的可能性上面有着天壤之别。环境主义至少必须允许发展中国家实行工业主义。单纯依靠环境主义的正义的观点，从国际上来看不会得到任何实质性成果。除非环境主义的正义的观点将工业化的事实也考虑进来，否则会对人类造成不可挽回的前后顺序的颠倒。

环境主义是最为明显的例子，而联合国中心主义和社会民主主义也与之类似。为了应对国民国家体系显示出的好战倾向，人们很有可能倡导世界国家主义，并迈向其替代品联合国中心主义。但是，联合国的组织较为脆弱，仅依靠它来维持国际秩序是很危险的。联合国重视主义至少也需要地区安全保障体制的支持。如果将分配平等化作为一种正义而去追求的话，社会民主主义也会被拖入为福利而设计的官僚制和计划经济体系之中。分配的正义，

跋——著者简约

到底还是无法成为指导将来社会的唯一的理念。

最终，适用于 21 世纪的答案，既不可能是进步主义的迅速复活，也不是拘泥于以前的保守主义见解（例如古典式经济自由主义和国家主义的再发现）。各种进步和正义的主张一起竞争的超自由主义是必要的，而支撑它的规则，只能通过我们所说的意义上的"理解"制定。最近在日本流行共生这一口号，但共生是一种结果。地球上所有人实现共生的基本条件是"理解"，这一点即便是没有本书的长篇大论，有心的人恐怕也早就已经知道了。另外，"宽裕的社会"的观念最近也十分流行。然而"宽裕"在某种意义上也是一个结果。其实质不是将劳动时间缩短到欧洲水平，而是确立了完整性（条理）的每一个人能够自由地思考、自由地行动。这样，本书的讨论转了一圈又回到了第一章所讨论的内容。21 世纪的关键，是每个人即使平凡，也都拥有各自的思想，并且可以相互理解。但是无需反复强调，这仍是一个极为艰巨的课题。

索　引

アーリーインダストライション　早期工业化　⑤271
相対取引　相对交易　⑥416
ASEAN　⑥265, 289
天下り　空降任职　⑥124
アメリカ　美国　⑥448, 527
有賀喜左偉門　有贺喜左卫门　⑥475
安全保障（集団安全保障同盟）　安全保障（集团安全保障同盟）　⑤132
　日米安全保障条約　日美安全保障条约　⑥255, 260
　安全保障維持　安全保障维持　⑥262
　東アジア・太平洋圏集団安全保障同盟　东亚太平洋地区集团安全保障同盟　⑥269
　地域的安全保障同盟　地区性安全保障同盟　⑥253
　集団安全保障同盟と主権の委譲　集团安全保障同盟和主权的委托
　地域的集団安全保障同盟　地区性集团安全保障同盟　⑥255
安保廃棄　安保废弃　⑤214

安保廃棄論者　安保废弃论者　⑤213
暗黙の契約　私下的契约　⑥381, 412
安楽死　安乐死　⑤61
イエ　家　⑤521
EAEC構想　EAEC构想　⑥289
生きられた世界　活着的世界　⑤478
意思決定　决策　⑤72
　長期的意思決定　长期决策　⑤72
　短期的意思決定　短期决策　⑤72
イスラーム　伊斯兰　⑥500
イスラーム教　伊斯兰教　⑤82
一元　一元
　一元主義　一元主义　⑤197
一元的　一元的　⑤271
　一元的革命史観　一元的革命史观　⑤337, 349
一元論　一元论　⑤330
一点主義　一点论点主义　⑤71

640

索 引

今村成和　今村成和　⑨327
移民　移民
　　短期移民　短期移民　⑨194
　　恒久的移民　永久移民　⑨194
依頼人―代理人の理論　委托人―
　　代理人理论　⑨417
インド―アジア的貿易世界　印度
　　―亚洲式的贸易世界　⑤220
インフォーマル部門　非正式部门
　　⑨108
ウィッグ史観　辉格史观　⑤313
ウィルソン米大統領　美国总统威
　　尔逊　⑤96
ウェーバ＝プロテスタンディズムの
　　テーゼ　韦伯：新教的纲领　⑤256
ウェストファリア条約　威斯特伐利
　　亚和约　⑤82, 123, 128
ヴェルサイユ条約　凡尔赛条约
　　⑤78
ヴェルサイユ条約の戦責条項　凡
　　尔赛条约战争罪则条款　⑤90
永続的集団　持久集团　⑨383
　　企業の永続的集団化傾向　企业
　　的持久集团化趋势　⑨393, 405
APEC　APEC　⑨270
FMS　FMS　⑤237, ⑨355
エラスムス主義　伊拉斯谟主义
　　⑤12, 307
エリート　精英　⑤7
エンクロジャー　围挡　⑨281
援助　援助　⑨198

資本援助　资本援助　⑨203
王立協会　皇家学会　⑤340
大塚史学　大塚史学　⑤272
階級間対立　阶级间对立　⑤299
解釈学　解释学　⑤45, ⑨492
　　解釈学的　解释学的　⑨267,
　　525, 529
　　解釈学的反省　解释学的反省
　　⑤26, ⑨482, 490
　　解釈学と超越論の間のディアレ
　　クティーク　解释学和超越论之
　　间的辩证法　⑨504
　　解釈学的循環　解释学的循环
　　⑨493
開発主義　开发主义　⑤180, 194,
　　241, 246, 267, 353, ⑨4, 140,
　　157, 190, 281, 288, 292, 307,
　　337
　　開発主義国　开发主义国家
　　⑤334, ⑨199, 215
　　開発主義的分配　开发主义式分
　　配　⑨147
　　通商国家型開発主義（開発主義的
　　通商国家）通商国家型开发主义
　　（实施开发主义的通商国家）
　　⑤232, ⑨221
　　国の開発主義（開発主義政策）国
　　家的开发主义（开发主义政策）
　　⑨98, 293, 316, 322, 348
　　企業の開発主義（開発主義的経営）
　　企业的开发主义（开发主义式经

641

营）下293，316，322，348
無意識の開発主義　无意识的开发主义 上353
開発独裁　开发独裁　上267，下134
外部効果　外部效果　上251
科学的管理　科学管理　下54
核兵器　核武器　上195
革命　革命　上350
　革命史観　革命史观　上269
　ブルジョア革命　资产阶级革命 上298
　一元的革命史観　一元的革命史观 上337，349
重ね合わせ　重叠　下492，526
過当競争　过度竞争　下63，92
　ボーダレスな（地球規模での）過当競争　无国界的（全球性的）过度竞争　下321，365
カトリシズム　天主教义　上81
株式持ち合い→系列　相互持股→系列　下399
カルヴィン主義　卡尔文主义 上307
カルテル　卡特尔　下215
　国際カルテル　国际卡特尔 下216
為替レート　汇率
　固定為替レート制　固定汇率制 下171，203
　変動為替レート制　浮动汇率制 下193，203，219

環境（環境保全技術）環境（环保技术）下202
環境汚染　环境污染　上349
環境主義　环境主义　上483
雁行形態　雁阵形式　上178，下338，345
雁行的分業とNIES　雁阵分工和新兴工业国　下171
間主観的　间主观的　下240
ガンジー　感性　上94，120，121
関税同盟の理論　关税同盟理论 下277
漢民族　汉族　上105
寛容　宽容　下506，507
官僚　官僚
　官僚的合理性　官僚合理性 下121
官僚主義　官僚主义　下315
官僚制　官僚制　下117
　官僚制と民主化傾向の関係　官僚制与民主化倾向的关系　下123
　官僚の依法的性格　官僚的合法性格　下119
　官僚の裁量的性格　官僚的裁量性格　下119
　官僚の硬直化　官僚制的刚性 下149
　カーディ的・経験的な官僚　审判官式的、经验性的官僚　下119
　開発主義的官僚　开发主义式的官

索　引

僚　㊦122
機会主義　机会主义　㊦389，414
議会民主政　议会民主政治　㊦7
企業家　企业家　㊤275
企業家能力　企业家能力　㊦107
技術　技术
　技術主義　技术主义　㊦448，454
　技術革新　技术革新　㊤338，348，㊦53，180，214，293
　技術進歩　技术进步　㊤91
　技術先進国　技术先进国家　㊤174，175
　技術占有　技术占有　㊦297
　技術移転の制度化　技术转移的制度化　㊦200
　技術の競走　技术的赛跑　㊤179
　技術の模倣　技术的模仿　㊤199
　技術伝播ー加速化　技术传播ー加速化　㊤239，240
　技術の伝播　技术的传播　㊦190
　技術移転　技术转移　㊦299
　資本に体化された技術進歩　被资本一体化的技术进步　㊦55
　技術ペシミズム　技术悲观主义　㊤59
　技術変化のダイナミックス　技术变化的动态分析　㊤172，175，178，186，㊦199
　技術革新のダイナミックス　技术革新的动学　㊦338

技術オプティミズム　技术乐观主义　㊤19
逆行的国家　逆行国家　㊦221
旧左翼　旧左翼　㊤20，60
宮廷対地方の理論　宫廷对地方理论　㊤314
救貧法　救济法　㊤280
　救貧法の再見　救济法的再现　㊤296
教育　教育
　中等教育　中等教育　㊦115
　高等教育　高等教育　㊦116
　教育政策　教育政策　㊦115
強制栽培制度　强制栽培制度　㊦93
行政指導　行政指导　㊦49，97
「行政指導」システム　"行政指导"体系　㊦311
共通の屋根→国家連合　共同屋檐→国家联盟　㊦274
　重複によって共通する屋根のシステム　重合形成的共同的屋檐系统　㊦275
共同体→文化　共同体→文化
　共同負担　共同负担　㊦183，204
共約　通约
　共約性　通约性　㊤134，㊦209
　共約可能性　可通约性　㊦241，254，507
　共約可能性の拡大強化　可通约

643

性的扩大、强化 ⓓ258
認識の共約性 认识的通约性
　ⓤ153, 157
共約不可能性——知識化の 不可
　通约性——知识化的 ⓤ238
キリスト 基督教 ⓓ500
均衡論 均衡论 ⓓ142
近代化 现代化 ⓓ265
近代科学 现代科学 ⓤ339
近代化理論 现代化理论 ⓤ240
近代国際法 现代国际法 ⓤ86
近代主権国家 现代主权国家
　ⓤ76
金本位制 金本位制 ⓓ170
クエーカー教 贵格会 ⓤ114
グループ主義 团体主义 ⓤ131
　通商グループ主義 通商团体主
　　義 ⓤ232
　東南アジアのグループ主義 东
　　南亚的团体主义 ⓤ232
　経済的グループ主義 经济团体
　　主义 ⓤ233
グローバル化 全球化 ⓓ423
軍事 军事
　軍事＝政治の国家 军事、政治
　　的国家 ⓤ230
　軍事投資の不胎化 军事投资的
　　冲销 ⓤ217
　軍事力 军事实力 ⓓ30
　一国単位の軍事力 以国为单位
　　的军事实力 ⓓ229

ゲームの理論 博弈论 ⓤ31,
　154, 156, ⓓ32, 211
経営（長期的な経営）经営（长期
　経営）ⓓ176
経営者革命 経营者革命 ⓓ384
計画経済論争 计划经济争论
　ⓓ12
経済的自由主義 经济自由主义
　ⓤ19, 39, ⓓ310
　単一相の経済的自由主義 单相
　　的经济自由主义 ⓓ310
　多相的な経済的自由主義のルール
　　多相的经济自由主义的规则
　　ⓓ309, 429, 473, 506
　古典的な経済的自由主義 古典经
　　济自由主义 ⓓ137, 297, 302
　古典的な経済的自由主義と産業化
　　の間の軋轢 古典经济自由主义
　　与工业化的对立 ⓓ405
　古典的な経済的自由主義の衰退
　　古典经济自由主义的衰退
　　ⓓ333
　経済的自由主義と国家の理論
　　经济自由主义和国家理论 ⓤ148
経済統合 经济统一 ⓓ281
形式合理性 形式合理性 ⓓ121
経常収支基準 经常收支基准
　ⓓ103
軽薄短小 轻薄短小 ⓓ354
啓蒙主義 启蒙主义 ⓤ13, 108
系列 系列 ⓓ369, 390
　融資系列 融资系列 ⓓ370

索　引

流通系列　流通系列　下370

下請け系列　分包系列　下370

毛織物産業　毛纺织产业　上274

結果の平等主義→平等　结果平等主义→平等

兼業農家　兼业农户　下114

現象学　现象学　下477

　　現象学還元　现象学还原　下495

源信　源信　下515

現実主義的政治理論　现实主义的政治理论　上152, 158

業　業　上28, 66, 下484

合意的国際分業　合作性国际分工　下211

公共財　公共财产　上149, 下189, 300

　　国際公共財　国际公共财产　上160, 182, 226, 下157, 168, 201, 252, 273

工場製工業　工厂制工业　上342

高度大衆消費→大衆消費　高度大众消费→大众消费

後発国　落后国家　上352, 下193, 207, 298

　　技術的後発国　技术落后国家　下284

　　先発国－後発国　发达国家－落后国家　上180

　　後発国型進歩主義　落后国家型进步主义　上242

後発者効果　后发者效应　上176

国際司法裁判所　国际法院　上111

国際的中間階級　国际中产阶级　上172

国際連合　联合国　下244

　　国際連合の評価　联合国的评价　下204

国際連盟　国际联盟　上90, 206, 下244

穀草式農業　粮草轮作农业　上281

国民国家　国民国家　上76, 266, 下204, 228, 237

　　国民国家の統合　国民国家的统一　上325

　　国民国家システム　国民国家体系　上82, 154, 196, 222, 228, 234

　　国民国家システムの衰退　国民国家体系的衰退　下228

国連中心主義　联合国中心主义　上207, 下43, 253

個人主義　个人主义　上274

コスモポリタニズム　世界大同主义　上22

後反省的意識→反省　后反省意识→反省

コメコン　经济互助委员会　下258

コモンウエルス　英联邦　上127, 326

コンテスタビリティ　可竞争性　下70

コンドラティエフ・サイクル　康

645

德拉捷夫循环 ㊤177

産業化　产业化　㊤193, 347, ㊦197, 202

プロト産業化　原始产业化　㊦271

産業革命　产业革命　㊤319

　第三次産業革命　第三次产业革命　㊦166, 180

産業主義　产业主义　㊤41

　産業主義的美徳　产业主义美德　㊦320

　反産業主義　反产业主义　㊤41

産業政策　产业政策　㊦74, 77, 87, 100, 163, 209, 213, 335

　後ろ向きの産業政策　消极的产业政策　㊦364

　国際的産業政策　国际性产业政策　㊦362

産児制限　生育限制　㊤288

参入規制　限制进入　㊦95

シェア極大　市场占有率最大化　㊦31

自衛　自卫　㊤110, 115

　集団的自衛　集团自卫　㊦272

　自衛の正義　自卫的正义　㊤89

ジェントリー勃興論　绅士崛起论　㊤271

シカゴ学派　芝加哥学派　㊤31, ㊦132, 410

仕切られた競争　分离竞争　㊦97, 296

指示的計画　指示性计划　㊦45,
91

実感的平和論　真实感觉和平论　㊤109

実行による学習　干中学　㊦26, 48, 55, 386

資本（資本輸出国）资本（资本输出国）㊦220

資本（資本輸入国）资本输入国　㊦220

資本移動　资本移动　㊦184, 195

資本調達コスト　资本周转成本　㊦394

資本主義　资本主义　㊤266, ㊦3

　資本主義の定義　资本主义定义　㊤248

　工業資本主義　工业资本主义　㊤267, 346

　資本主義の経済学　资本主义的经济学　㊦3, 143

　資本主義の病　资本主义的弊病　㊤277

　産業化と資本主義　产业化与资本主义　㊦247

　短期的視野の資本主義　短期视野的资本主义　㊦75

　長期的視野の資本主義　长期视野的资本主义　㊦76

ジャイナ教　耆那教　㊤114

社会工学　社会工学　㊤58

社会的交換　社会交换　㊦392

索　引

社会民主主義　　　　　　　　　　　ⓓ414
重工主義　重工主义　ⓤ333　　　　剰余価値　剩余价值　ⓤ344
重厚長大　重厚长大　ⓓ354　　　　植民地主義　殖民地主义　ⓤ304,
私有財産制　　　　　　　　　　　　ⓓ234
終身雇用　终身雇佣　ⓓ391　　　　食料危機　粮食危机　ⓤ284
従属理論　从属理论　ⓤ170, 305,　所得弾力性基準　收入弹性标准
　ⓓ128, 194, 205　　　　　　　　　ⓓ101
自由土地保有　自由持有土地　　　　知的所有権　知识产权　ⓓ200
　ⓤ302　　　　　　　　　　　　　　所有と経営の一致　所有与经营一
儒教　儒家学说　ⓓ136, 499　　　　致　ⓓ383
能動的な根本特性　能动的根本特　　心学　心学　ⓓ524
　性　ⓤ37　　　　　　　　　　　　新左翼　新左翼　ⓤ20, 61
ジュネーブ第三条約　日内瓦第三　　新ブロック主義→ブロック　新地区
　公約　ⓤ90　　　　　　　　　　　　主義→地区
需要の創出　需求的创造　ⓓ111　　親鸞　亲鸾　ⓓ517
準統合　半统一　ⓓ377　　　　　　スーパー・ゲーム　超级博弈
商議型システム　商议型体系　　　　ⓤ157
　ⓓ220　　　　　　　　　　　　　　スーパー産業化　超级产业化
証券化（セキュウリタイザーショ　　　ⓤ43, 51, 235, 347, ⓓ456
　ン）　证券化　ⓓ423　　　　　　　ストア派　斯多亚学派　ⓤ27
情報　信息　ⓤ52, ⓓ356　　　　　スワップ取引　换汇交易　ⓓ423
　情報資本主義　信息资本主义　　　生活世界　生活世界　ⓤ37,
　ⓤ347　　　　　　　　　　　　　　ⓓ478
　情報主義　信息主义　ⓓ458　　　生活への脅威　对生活的威胁
　手段的情報　工具信息　ⓓ357　　　ⓤ110
　即自的情報　自在信息　ⓓ357　　静学　静态　ⓓ142
情報化　信息化　ⓤ237, 238,　　　経済統合の静学理論　经济联盟
　ⓓ241, 456　　　　　　　　　　　的静态理论　ⓓ281
　手段的情報化　手段的信息化　　　静学理論　静态理论　ⓓ280
　ⓓ457　　　　　　　　　　　　　　正義　正义　ⓤ89
　情報の非対称性　信息不对称　　　単数の正義の世界　一元的正义

647

世界 上228
複数の正義野システム 多元正义体系 上228
体制に体化された正義 被体制形式化的正义 下261
自衛の正義 自卫的正义 上89
正義のアプローチ 正义的方式 下241
正義の戦い（正戦） 正义之战（正战） 上104
正義の複数性 正义的多元性 上223
政策のジグザグ行進 政策的曲折推進 上334
生産関数 生产函数 下22
　長期生産関数 长期生产函数 下22
　短期生産関数 短期生产函数 下22
生産性向上基準 生产效率提高标准 下101
政治改革 政治改革 下453
聖戦論 圣战论 上105
正戦論 正战论 上102，123，224
　正戦論の再登場 正战论的再次登场 上199
　反植民地主義的正戦論 反殖民地主义的正战论 上209，216
　冷戦の正戦論 冷战正战论 上209
生存への脅威 对生存的威胁 上110
成長（成長会計）増长（增长会计）下17
不均一な成長 不均衡增长 上172
清貧差別化 产品差别化 下178，359，360
セイフティ・ネット 安全网 下418
世界イメージ 世界印象 上4，37，下490
世界国家 世界国家 上101
世界システム 世界体系 下196
世界帝国→帝国 世界帝国→帝国
世界連邦 世界联邦 上101
絶対主義 绝对主义 上80，267，299，319，322
専制主義 专制主义 上323
戦争犯罪裁判 战争犯罪审判 上99
惣 惣 下523
創造的破壊 创造性破坏 下65
ターゲティング 目标产业政策 下91
耐久消費財 耐用消费品 下444
多極化 多极化 下317
多元主義 多元主义 下7
多国籍企業 跨国企业 上236
多数決 多数决定制 下433
　メカニカルな多数決 机械的多数决定制 下433，435，439，

648

索　引

446, 452
多占　多头垄断　⑦212
多相　多相　⑦219
只乗り　搭便车　⑦163
脱構築　脱离构造　⑦471
妥当競争　正当竞争　⑦64
ダルマキールティ　法称　⑦481
中間組織　中间组织　⑦377
チューダー朝　都铎王朝　⑤314
長期生産軌跡　长期生产曲线　⑦23
長期平均費用軌跡　长期平均成本曲线　⑦30
通貨　货币　⑦169
帝国主義　帝国主义　⑤92
　帝国主義的統合　帝国主义统一　⑦279
　機能の帝国主義　功能帝国主义　⑦159
デカルト　笛卡儿
テクノロジスム　技术主义　⑦146
動学的　动态　⑤105
　動学的経済　动态经济　⑦26
東西（東西問題）东西方（东西方问题）⑦110
新東西対立　新东西方对立　⑦288
新しい東西問題　新东西方问题　⑤227
東西冷戦　东西方冷战　⑦231
投資競争の規制　投资竞争限制　⑦94

動態的　动态的　⑦94
特許　专利　⑤179
　特許権　专利权　⑤179
　準特許制度　准专利制度　⑦309
　特許制度　专利制度　⑦201
トランス産業化→産業化　转换产业化→产业化
ドラ本位制　美元本位制　⑦171
ナッシュ均衡　纳什均衡　⑦62
natio
NIES　⑤171, 231, 240、⑦103, 346
日米安保　日美安保　⑤326
日没　日落　⑦150
日本人論　日本人论　⑦476
日本的経営　日本式经营　⑦74
乗っ取り　强行收购　⑦399
バランス・オブ・パワー　势力均衡　⑤86、⑦158
パワー・ポリティックス　强权政治　⑤123, 152
反産業化→産業化　反产业化→产业化
東アジアとラテンアメリカ　东亚与拉丁美洲　⑦134
東インド会社　东印度公司　⑤93
ビスマルク　俾斯麦　⑦120, 122
非同盟政策　不结盟政策　⑤212
非武装中立　非武装中立
費用逓減　成本递减　⑦15, 88, 178, 191, 292

649

長期費用逓減産業　長期成本递减产业　下29

費用逓減下の経済　成本递减下的经济　下160, 180

長期限界費用逓減の場合　长期边际成本递减的情况　下28

費用逓減の経済学　成本递减的经济学　下60, 216

費用逓増　成本递增　下15, 293

費用逓増型　成本递增型　下191

費用逓増の経済学　成本递增的经济学　下216

福祉国家批判　福利国家批判　下109, 198

不戦条約　反战条约　上111

ブッダ　佛陀　下500

フレキシブル生産システム　弹性生产体系　上237

浮浪民規制法　流浪者限制法　上280

ブロック（ブロック経済）　地区（地区经济）　下291

ブロック主義　地区主义　上131, 下279

新ブロック主義　新地区主义　下211, 218, 291, 319, 363

プロテスタンティズム　新教　上306

プロト産業化→産業化　计划产业化→产业化

プロレタリアート　无产阶级　上250, 290

分業（水平分業）分工（水平分工）　下278

米価支持制度　米价支持制度　下109

平和論　和平论　上106

ボーダーレス化　无国界化　上236

文化的ボーダーレス化　文化无国界化　下133

経済的ボーダーレス化　经济无国界化　下130

技術のボーダーレス化　技术无国界化　下239

保守　保守

保守主義　保守主义　上12, 25

新保守主義　新保守主义　上17、下150

保守と進歩の再定義　保守与进步的再定义　上22

身分の不整合性　身份的不统一性　上292

名望家支配　名望家支配　下119

誘引　激励　下88, 110

有史宗教　有史宗教　下486, 496

輸出振興政策　出口振兴政策　下102

幼稚産業　幼稚产业　下24, 29, 42, 78, 203

抑制が不安定　抑制不稳定　下40

抑制が不可能　抑制不可能　下37

抑制的協調　抑制性合作　下36

索　引

ラテン・アメリカ　拉丁美洲　⑦101, 125
利害集団リベラリズム　利害集団自由主义　⑦451
利潤インフレ説　利润通货膨胀说　⑤286
リスト、フリードリッヒ　李斯特・弗雷德里希　⑤237, 244
リベラル・デモクラシー　自由主义的民主　⑤39
ルイス、アーサー　刘易斯, 阿瑟　⑦101, 108
ルール　规则　⑤89、⑦507
　ルールのアプローチ　规则的方式　⑦241, 253, 268, 275

多相的な経済自由主義ルール→経済的自由主義　多样态经济自由主义规则→经济自由主义　⑦306
修正ルール　修正规则　⑦306
レスター学派　莱斯特学派　⑤271
経済政策的連合　经济政策联盟　⑦287
連続型史観　连续型史观　⑤271
ローマ　罗马　⑤103
　ローマ帝国　罗马帝国　⑤79
ワルシャワ条約機構　华沙公约组织　⑦258
湾岸戦争　海湾战争　⑦228

651